▎民国·比较法文丛

世界刑法保安处分比较学

翁腾环 著

商务印书馆
The Commercial Press

2014年·北京

华东政法大学法律史研究中心
校勘整理
主持人　何勤华
勘校　本馆政法室

国家重点学科华东政法大学法律史
学科建设项目资助

中国政法大学图书馆提供版本

总　　序

比较法(法文 droit comparé,英文 comparative law,德文 rechts-vergleichung),有时也称"比较法学",是指对不同国家或不同地区的法律理念、制度、原则乃至法律用语等进行比较研究,发现蕴含在其中的一些共同性要素,以实现各国、各地区之间法律的沟通、交流和融合,使其获得更好地适用的一门学问。它既是一种法学研究的方法,也是一个法学学科,是近代西方社会进步、文化发达、法律昌盛的产物。

近代比较法诞生于法国。1869 年,法国创办了世界上第一个比较立法学会,试图通过比较各国的立法经验,来完善本国的法律制度。1900 年 7 月 31 日至 8 月 4 日,在法国举行的第一届比较法国际大会上,与会代表提交了 70 余篇学术论文,会议的召开宣告了比较法这一学科的诞生。1901 年,刑部大臣沈家本(1840—1913)奉命修律变法,主持修订法律馆,参照外国的经验建立和完善中国的法制,许多外国的法典和著作被引入中国,比较法开始了其在中国的旅程。

1912 年,中华民国政府建立后,对比较法的研究十分重视,出版了王宠惠的《比较民法概要》(1916 年)、王家驹的《比较商法论》(1917 年)、董康的《比较刑法学》(1933 年)和王世杰、钱端升的《比较宪法》(1936 年)等作品。与此同时,日文汉字"比较法"

("比较法学")一词也被学界引入中国。除了专著以外,一些比较法译著也得以出版,如意大利学者密拉格利亚(Luigi Miraglia,1846—1903)的《比较法律哲学》(1940年版)等。在此基础上,中国近代的比较法学科开始形成。

在此过程中,有几件事情对中国近代比较法的发展和定型意义特别重大。一是该时期出版了一批比较法的著作,发表了一批比较法的论文①。二是比较立法的事业有了进一步发展,从1912年至1949年,在比较各国立法得失的基础上,中华民国各届政府先后制定了《中华民国临时约法》,以及宪法、民法、刑法、刑事诉讼法、民事诉讼法、土地法、银行法等主要的法律。三是比较法教育有了显著发展,各公立、私立的法政专门学校和法学院,扩大了外国法律课程范围,并将比较法制史、比较法学概论、比较民法、比较刑法、比较司法制度等都定为选修课。四是创办了比较法学会与比较法研究的杂志。

正是在上述基础上,中国近代的比较法研究开始走向繁荣。这当中,有几部作品所起的作用特别巨大。比如,攻法子所著《世界五大法系比较论》(《政法学报》1903年第2期)和张鼎昌的《比较法之研究》(《中华法学杂志》新编第1卷第9号,1937年),对比较法的基本问题进行了阐述,因而奠定了比较法总论的框架体系、历史与理论基础;又如,李祖荫(民法)、王世杰(宪法)、许鹏飞(刑法)等人的研究成果,属于比较法各论的代表作品,它们的出版,构成了中国近代比较法各论的主要内容;此外,龚钺所著《比较法学概要》②一书,虽然与当时出版的法学通论的内容大同小异,但它是

---

① 根据笔者的统计,该阶段我国共发表比较法的论文约有150余篇。
② 商务印书馆1946年。本书简化字版也由商务印书馆纳入《民国·比较法文丛》2012年出版。

中国近代唯一的一本以"比较法学"命名的著作,开了比较法总论专著之先河。

总体而言,民国时期的比较法研究,呈现出如下几个特点:第一,传统的法律比较与现代的比较法研究互相交叉;第二,比较法的发展与近代中国学习西方、模范列强的大背景息息相关;第三,受日本影响比较深,并在日本的引导下形成了中国近代的比较法(比较法学)学科;第四,比较宪法、比较刑法和比较民法等部门法的研究比较多,比较法总论性质的研究比较少;第五,比较法理论研究阙如,缺少比较法研究之概论性、总括性作品。在民国时期出版的40余部比较法著作中,总论性质的比较法著作只有上述龚钺所著的一部;第六,没有专门搞比较法的法学家,当时写有比较法的论著、对比较法研究作出贡献者基本上都是法理学、法史学或部门法学的学者,如梁启超、董康、程树德、杨鸿烈、吴经熊、王世杰、钱端升、王家驹、李祖荫、王宠惠、黄右昌、吴传颐、乐伟俊、朱志奋、许鹏飞、杨兆龙、白鹏飞和丘汉平等,没有一个纯粹搞比较法研究的学者;第七,对先进法律理念的崇尚和对先进法律制度的追求,成为贯穿于中国近代比较法研究中的一根主线。

1949年新中国建立以后,由于种种原因,比较法学一直不被重视,成为几乎被忘记的学科,20世纪50年代中国的法学杂志,如《政法研究》、《法学》、《政法译丛》等,极少刊登比较法方面的文章,即便是几篇刊登出来的文章,也往往以批判为主。这种局面持续了30年,直至1978年改革开放以后,比较法学才受到重视,获得了发展。1985年推出了龚祥瑞的《比较宪法与行政法》①,1986年,

---

① 法律出版社。

面世了上海市社会科学院法学研究所翻译的《各国宪政及民商法概要》(全6册)①,1987年又出版了沈宗灵的力作《比较法总论》②等。

20世纪80年代后期以来,在学界的努力下,我国的比较法学开始了较为迅速的发展。1988年,中国社会科学院法学研究所成立了比较法研究室,同年中国政法大学也成立了比较法研究所。之后,北京大学、华东政法学院、苏州大学、西南政法学院等,也都成立了比较法研究机构。1990年10月,中国法学会成立了比较法研究分会,沈宗灵、江平和刘兆兴依次出任了会长。自1979年北京大学创办《国外法学》之后,1987年中国政法大学创办了《比较法研究》,进一步推动了比较法研究的发展。比较法研究的著作和论文不断面世,优秀学者辈出,比较法学成为了我国法学领域中的一个重要学科。

改革开放30多年来,我国的比较法学虽然取得了长足的进步,但还存在着一些不足,除了高水平的作品还不多,研究队伍还比较弱小,政府和学界对它还没有足够重视之外,我们对历史上尤其是民国时期比较法研究成果的梳理、分析、继承和发扬光大方面,还做得非常不够,这不能不说是一个重要的遗憾。为此,在商务印书馆领导于殿利和政法室主任王兰萍,以及中国政法大学图书馆馆长曾尔恕的策划和鼓励下,我们从民国时期出版的40余种比较法著作中,精心挑选了一部分,陆续整理、勘校、解读后,予以重新出版。

① 法律出版社。
② 北京大学出版社。

总　序

在《民国·比较法文丛》整理、勘校和出版过程中，除了商务印书馆的全力支持之外，国家重点学科华东政法大学法律史研究中心、上海市社科重点研究基地华东政法大学外国法与比较法研究院对本丛书给予了项目经费资助，中国政法大学图书馆则为本丛书提供了原始版本。此外，我们还得到了各位勘校者以及相关专家的支持和帮助，对此，均表示我们诚挚的谢意。当然，对于丛书中出现的各种问题或缺陷，则完全由我们承担责任，也希望广大读者谅解，并批评、指正。

何勤华
于华东政法大学
外国法与比较法研究院
2012 年 10 月 1 日

凡 例

一、"民国·比较法文丛"收录1949年以前法律学术体系中比较法研究的重点著作,尤以部门比较法居多。入选著作以名著为主,亦酌量选录名篇合集。

二、入选著作内容、编次一仍其旧,唯各书卷首冠以作者照片、手迹等。卷末附作者学术年表和题解文章,诚邀专家学者撰写而成,意在介绍作者学术成就,著作成书背景、学术价值及版本流变等情况。

三、入选著作率以原刊或作者修订、校阅本为底本,参校他本,正其讹误。前人引书,时有省略更改,倘不失原意,则不以原书文字改动引文;如确需校改,则出脚注说明版本依据,以"编者注"或"校者注"形式说明。

四、作者自有其文字风格,各时代均有其语言习惯,故不按现行用法、写法及表现手法改动原文;原书专名(人名、地名、术语)及译名与今不统一者,亦不作改动。如确系作者笔误、排印舛误、数据计算与外文拼写错误等,则予径改。

五、原书为直排繁体,除个别特殊情况,均改作横排简体。其中原书无标点或仅有简单断句者,一律改为新式标点,专名号从略。

六、原书篇后注原则上移作脚注,双行夹注改为单行夹注。文献著录则从其原貌,稍加统一。

  七、原书因年代久远而字迹模糊或纸页残缺者,据所缺字数用"□"表示;字数难以确定者,则用"(下缺)"表示。

目　录

序一 1
序二 2
序三 3
序四 4
例言 5

第一编　总论

第一章　绪言 9
第二章　保安处分之意义 13
第三章　保安处分比较学之意义 15
第四章　保安处分性质之比较 17
　　第一节　保安处分与刑罚 17
　　第二节　保安处分与行政处分 21
　　第三节　保安处分与惩戒处分 23
　　第四节　保安处分与保安警察处分 25
第五章　保安处分之渊源 28
　　第一节　学说 28
　　第二节　主义 31

目 录

第三节 学派 ································ 36
第一项 保安处分旧学派 ···················· 36
第一款 固守旧学派 ······················ 37
第二款 改进旧学派 ······················ 38
第二项 保安处分新学派 ···················· 40
第一款 刑事人类学派 ···················· 41
第二款 刑事社会学派 ···················· 42
第三项 保安处分最新学派 ···················· 51

第四节 万国监狱会议 ·························· 55
第一项 佛兰克孚尔特会议 ···················· 56
第二项 伯鲁塞尔会议 ························ 56
第三项 佛兰克孚尔特会议 ···················· 57
第四项 伦敦会议 ···························· 57
第五项 斯特克孚尔姆会议 ···················· 59
第六项 罗马会议 ···························· 60
第七项 圣彼得堡会议 ························ 61
第八项 巴黎会议 ···························· 62
第九项 伯鲁塞尔会议 ························ 62
第十项 伯达拍斯特会议 ······················ 62
第十一项 华盛顿会议 ························ 63
第十二项 伦敦会议 ·························· 73
第一部 立法 ······························ 73
第二部 管理 ······························ 76
第三部 预防 ······························ 77

第五节　国际刑罚会议 ………………………………… 80
　　第一项　立法 …………………………………………… 81
　　第二项　行政 …………………………………………… 83
　　第三项　预防 …………………………………………… 85
　　第四项　幼年人 ………………………………………… 87
　第六节　国际刑法学会 ………………………………… 89
　第七节　刑法统一国际会议 …………………………… 91
第六章　中国保安处分之渊源 …………………………… 92
　第一节　学说 ……………………………………………… 92
　　第一项　法家学说 ……………………………………… 93
　　　第一款　管子 ………………………………………… 93
　　　第二款　商君 ………………………………………… 96
　　　第三款　晏子 ………………………………………… 98
　　　第四款　韩非子 ……………………………………… 99
　　第二项　儒家学说 …………………………………… 101
　　第三项　道家学说 …………………………………… 102
　第二节　历代法制 ……………………………………… 103
第七章　保安处分之沿革 ……………………………… 110
　第一节　世界保安处分之沿革 ……………………… 110
　第二节　中国保安处分之沿革 ……………………… 112
第八章　刑法二元论 …………………………………… 115
第九章　刑法一元论 …………………………………… 117
第十章　近世各国保安处分之立法 …………………… 120
　第一节　德意志 ………………………………………… 120
　　第一项　1927年刑草之矫正保安处分 …………… 121
　　第二项　1934年刑法之保安矫正处分 …………… 123

目 录

第二节　波兰 …………………………………………… 127
　　第一项　保安处分 ………………………………… 128
　　第二项　关于未成年人之规定 …………………… 130
第三节　意大利 ………………………………………… 132
　　第一项　对人保安处分 …………………………… 133
　　第二项　对物保安处分 …………………………… 143
第四节　日本 …………………………………………… 145
　　第一项　保安处分 ………………………………… 145
　　第二项　保护观察及保护监督 …………………… 148
　　第三项　少年法 …………………………………… 148
第五节　苏俄 …………………………………………… 158
　　第一项　1922年刑法 ……………………………… 159
　　第二项　1927年刑法 ……………………………… 160
第六节　瑞士 …………………………………………… 166
　　第一项　1893年刑草之保安处分 ………………… 166
　　第二项　1908年刑草之保安处分 ………………… 169
　　第三项　1918年刑草之保安处分 ………………… 171
第七节　奥地利亚 ……………………………………… 172
第八节　法兰西 ………………………………………… 173
第九节　西班牙 ………………………………………… 174
第十节　古巴 …………………………………………… 175
第十一节　英吉利 ……………………………………… 177
第十二节　中国 ………………………………………… 178
　　第一项　暂行新刑律之类似保安处分 …………… 178

第二项　旧刑法之类似保安处分 …………………… 179
　　　第三项　新刑法修正案初稿之保安处分 ……………… 179
　　　第四项　新刑法 ………………………………………… 183

第二编　分论

第一章　保安处分之适用 …………………………………… 191
第一节　保安处分人之适用 ……………………………… 191
　第一项　少年人 ……………………………………………… 191
　　第一款　道德责任论与社会责任论 …………………… 192
　　第二款　各国立法 ………………………………………… 196
　　第三款　比较研究 ………………………………………… 210
　第二项　精神病人（心神丧失人、精神耗弱人） ………… 216
　　第一款　精神病之种类治疗及保安处分 ……………… 217
　　　第一　睿智缺损性精神病 …………………………… 217
　　　第二　疲惫性精神病 ………………………………… 222
　　　第三　感情性精神病 ………………………………… 223
　　　第四　神经性精神病 ………………………………… 225
　　　第五　精神之中间状态 ……………………………… 226
　　第二款　精神病之诊断 ………………………………… 227
　　第三款　各国立法 ……………………………………… 233
　　第四款　比较研究 ……………………………………… 239
　第三项　喑哑人 …………………………………………… 244
　　第一款　喑哑之原因状态及影响 ……………………… 245
　　第二款　各国立法 ……………………………………… 249
　　第三款　比较研究 ……………………………………… 251

目 录

第四项　吸食鸦片或其代用品人 ………………… 255
- 第一款　鸦片之起源 ……………………………… 256
- 第二款　鸦片成瘾之理与慢性中毒惨状 ………… 257
- 第三款　鸦片之成分 ……………………………… 257
- 第四款　吗啡猛烈之毒性 ………………………… 258
- 第五款　类似鸦片醉性植物 ……………………… 260
- 第六款　中国鸦片输入之沿革 …………………… 261
- 第七款　中国鸦片之痛史 ………………………… 263
- 第八款　各国立法 ………………………………… 265
- 第九款　比较研究 ………………………………… 271

第五项　酗酒人 …………………………………… 285
- 第一款　概说 ……………………………………… 285
- 第二款　酒精中毒之种类及治疗 ………………… 293
- 第三款　各国立法 ………………………………… 294
- 第四款　比较研究 ………………………………… 298

第六项　习惯犯、常业犯、游荡成习犯、懒惰成习犯 … 300
- 第一款　龙伯罗梭之论述 ………………………… 301
- 第二款　各国立法 ………………………………… 305
- 第三款　比较研究 ………………………………… 308

第七项　患花柳病人 ……………………………… 318
- 第一款　立法理由 ………………………………… 320
- 第二款　花柳病之种类症状危机及治愈期间 …… 321
  - 第一　梅毒 …………………………………… 322
  - 第二　淋病 …………………………………… 323
  - 第三　软性下疳 ……………………………… 324

第三款　各国立法 ………………………………………… 325
　　　第四款　比较研究 ………………………………………… 325
　第八项　患麻疯病人 …………………………………………… 328
　　　第一款　概说 ……………………………………………… 328
　　　第二款　麻疯病之原因症状危机及治疗 ………………… 329
　第九项　受缓刑人 ……………………………………………… 331
　　　第一款　通论 ……………………………………………… 331
　　　第二款　各国立法 ………………………………………… 336
　　　第三款　比较研究 ………………………………………… 341
　第十项　受假释人 ……………………………………………… 344
　　　第一款　各国立法 ………………………………………… 351
　　　第二款　比较研究 ………………………………………… 362
　第十一项　外国人 ……………………………………………… 365
　　　第一款　各国立法 ………………………………………… 366
　　　第二款　比较研究 ………………………………………… 368
　第十二项　危险风俗人 ………………………………………… 371
　　　第一款　概说 ……………………………………………… 371
　　　第二款　龙氏之奸淫罪防范论 …………………………… 372
　　　第三款　德国刑法之研究 ………………………………… 376
　第十三项　娼妓 ………………………………………………… 377
　　　第一款　上海娼妓之统计 ………………………………… 378
　　　第二款　龙伯罗梭之论述 ………………………………… 379
　　　第三款　本项研究 ………………………………………… 387
　第十四项　累犯 ………………………………………………… 388
　　　第一款　累犯之统计 ……………………………………… 389

目 录

第二款	各国立法	390
第三款	比较研究	392

第十五项 法人 396
    第一款 公法人之犯罪与制裁 399
    第二款 私法人之犯罪与制裁 400
    第三款 各国立法 401
    第四款 法人之研究 411

第十六项 有亲权人或监护权人 414
    第一款 各国立法 416
    第二款 本项研究 417

第十七项 妨害国家或社会或个人之重罪犯人 418
    第一款 各国立法 418
    第二款 本项研究 419

第十八项 危险业务或营业之人 421
    第一款 各国立法 421
    第二款 比较研究 423

第二节 保安处分物之适用 425
  第一项 危害公共安全之物品 425
    第一款 各国立法 425
    第二款 本项研究 427
  第二项 善行保证金 428

第二章 保安处分之种类 430
  第一节 通论 430
    第一 国际刑罚会议三分法 430

第二　法兰西三分法 …………………………………… 430
　　　第三　意大利二分法 …………………………………… 431
　　　第四　个别法 ………………………………………… 432
　第二节　剥夺自由处分 …………………………………… 432
　　第一项　感化教育 ……………………………………… 432
　　　第一款　各国立法 …………………………………… 433
　　　第二款　龙伯罗梭之论述 …………………………… 437
　　　第三款　比较研究 …………………………………… 451
　　第二项　监护 …………………………………………… 457
　　　第一款　各国立法 …………………………………… 458
　　　第二款　龙伯罗梭对于精神病院之论述 …………… 461
　　　第三款　万国监狱会议之决议案 …………………… 465
　　　第四款　比较研究 …………………………………… 466
　　第三项　禁戒 …………………………………………… 481
　　　第一款　各国立法 …………………………………… 482
　　　第二款　龙伯罗梭防范酗酒之论述 ………………… 484
　　　第三款　比较研究 …………………………………… 490
　　第四项　强制工作 ……………………………………… 508
　　　第一款　各国立法 …………………………………… 509
　　　第二款　比较研究 …………………………………… 514
　　第五项　强制治疗 ……………………………………… 525
　　　第一款　概说 ………………………………………… 525
　　　第二款　本项研究 …………………………………… 526
　　第六项　保安监置 ……………………………………… 527
　　　第一款　各国立法 …………………………………… 528

xvii

目 录

　　　　第二款　本项研究 …………………………… 529
　　第七项　预防拘禁 ………………………………… 531
　第三节　限制自由处分 ………………………………… 536
　　第一项　保护管束 ………………………………… 537
　　　　第一款　各国立法 …………………………… 537
　　　　第二款　本项研究 …………………………… 545
　　第二项　驱逐出境 ………………………………… 567
　　　　第一款　各国立法 …………………………… 568
　　　　第二款　比较研究 …………………………… 570
　　第三项　丧失公务员资格 ………………………… 573
　　　　第一款　各国立法 …………………………… 573
　　　　第二款　本项研究 …………………………… 575
　　第四项　善行保证 ………………………………… 578
　　　　第一款　各国立法 …………………………… 578
　　　　第二款　比较研究 …………………………… 580
　　第五项　去势 ……………………………………… 581
　　第六项　酒铺禁例 ………………………………… 583
　　　　第一款　各国立法 …………………………… 584
　　　　第二款　比较研究 …………………………… 584
　　第七项　限制住居及禁止住居 …………………… 586
　　　　第一款　各国立法 …………………………… 586
　　　　第二款　比较研究 …………………………… 587
　　第八项　禁止执行业务或营业 …………………… 590
　　　　第一款　各国立法 …………………………… 590
　　　　第二款　比较研究 …………………………… 592

第九项　褫夺亲权及监护权…………………… 593
　第四节　有经济性质之处分………………………… 595
　　第一项　没收………………………………………… 595
　　　第一款　各国立法………………………………… 595
　　　第二款　比较研究………………………………… 598
　　第二项　解散法人…………………………………… 602
　　第三项　公布判决…………………………………… 603

第三章　保安处分之宣告………………………………… 606
　第一节　一般宣告…………………………………… 606
　第二节　特别宣告…………………………………… 607

第四章　保安处分之执行………………………………… 611
　第一节　感化教育之执行…………………………… 612
　　第一项　感化教育执行之时期…………………… 612
　　第二项　感化教育执行之场所…………………… 615
　第二节　监护之执行………………………………… 615
　第三节　禁戒之执行………………………………… 617
　第四节　强制工作之执行…………………………… 619
　第五节　强制治疗之执行…………………………… 621
　第六节　保安监置之执行…………………………… 622
　第七节　预防拘禁之执行…………………………… 623
　第八节　保护管束之执行…………………………… 623
　第九节　驱逐出境之执行…………………………… 625
　第十节　丧失公务员资格之执行…………………… 627
　第十一节　善行保证之执行………………………… 628
　第十二节　去势之执行……………………………… 629

目 录

第十三节 酒铺禁例之执行 ………………………… 630

第十四节 限制住居及禁止住居之执行 …………… 630

第十五节 禁止执行业务或营业之执行 …………… 631

第十六节 褫夺亲权及监护权之执行 ……………… 632

第十七节 没收之执行 ……………………………… 633

第十八节 解散法人之执行 ………………………… 634

第十九节 公布判决之执行 ………………………… 634

第五章 保安处分之期间 ……………………………… 636

第一节 通论 ………………………………………… 636

 第一 定期制与不定期制 ………………………… 636

 第二 法定期间与宣告期间 ……………………… 639

第二节 感化教育之期间 …………………………… 640

第三节 监护之期间 ………………………………… 643

第四节 禁戒之期间 ………………………………… 646

第五节 强制工作之期间 …………………………… 649

第六节 强制治疗之期间 …………………………… 651

第七节 保安监置之期间 …………………………… 653

第八节 预防拘禁之期间 …………………………… 654

第九节 保护管束之期间 …………………………… 654

第十节 驱逐出境之期间 …………………………… 656

第十一节 丧失公务员资格之期间 ………………… 657

第十二节 善行保证之期间 ………………………… 658

第十三节 酒铺禁例之期间 ………………………… 659

第十四节 限制住居及禁止住居之期间 …………… 660

- 第十五节　禁止执行业务或营业之期间 ………… 661
- 第十六节　褫夺亲权及监护权之期间 ………… 662
- 第十七节　其他之期间 …………………………… 662

第六章　保安处分之免除及延长 ………… 664

第一节　免除 ………………………………………… 664
- 第一　执行中之免除 ……………………………… 664
- 第二　执行前之免除 ……………………………… 665

第二节　延长 ………………………………………… 667
- 第一　法定期间内之延长 ………………………… 667
- 第二　无期间限制之延长 ………………………… 668

第七章　保安处分之时效及许可 ………… 670
- 第一　时效与许可兼采之立法例 ………………… 670
- 第二　仅采许可执行之立法例 …………………… 671

新旧译名对照表 ……………………………………… 673

翁腾环先生学术年表　　　　　　　　葛磊　678

一元始复　灿若星河
——《世界刑法保安处分比较学》导读 ………… 葛磊　682

编后记 ………………………………………………… 696

序 一

　　刑事之要旨,不外二端:一则惩之于事后,一则防之于未然。由前之说,则历代之刑法是也;虽沿革之际,或宽或严,小有异同,而考其范围,举不出惩戒报应主义,由后之说,则即现今各国之保安处分是也。此项法制,历经学者之研讨,如所谓预防主义、感化主义、教育主义之类,盖不知绞几许脑浆,费几许时日,递演递进,至近三十年,各国新刑法及改正案中,始克有保安处分之规定。呜呼,何其难哉!今者我国立法院,毅然采用于改订新刑法中,特定专章,以为改良社会之计,可见心理相同,无古今东西,一也。顾此种立法,原为晚近之新产物,则各国规定各有详略,若非比较而研究之舍短取长,力求尽善,窃恐施行之际,未必尽与社会适合。翁君有见及此,爰于执法之暇,将世界新刑法关于保安处分章移译,详为比较,并评述其利害,以飨国人。走书来京,问序于余,且先以节本见示,虽仅窥豹一斑,而其用力之勤,宅心之厚,已可概见,故乐为序之。

民国二十四年三月居正序于司法院

序　二

近数十年来，保安处分多为各国刑法所采入，1930年勃拉克第十届国际刑罚会议决议保安处分可以采用后，全世风行。诚以保安处分实足补充刑罚制度之不及，保障社会之安全，对于犯人能改善者改善之，不能改善者隔绝之，使不致妨害社会，破坏治安。

德国自国社党秉政后，大改刑法，对保安矫正处分尤着重焉，并于1934年1月1日施行而著效矣。然则，我国此次修正刑法特增保安处分一章，固非偶然，乃国际潮流之所趋也。同时就我国社会观之，产业不振，经济日衰，刑事激增，罪犯盈监，在今日刑法科罚，徒刑最多之制度下，诚有法律穷尽之势，则防范于未然消弭于将来之保安处分，尤见为必要也。惜乎国内目下尚无关于保安处分之专著为之阐明。今翁君有志于此，搜集中外材料，著为《世界刑法保安处分比较学》，且示以目录及绪言嘱为之序。余虽尚未见全豹，然一麟一爪，已足证其非凡品，其裨益于学者之研究与新制之施行，岂浅鲜哉。

且余忝长法部，督促有责，整理提倡，两不容缓，值此新修刑法施行之日，欲期保安处分制度，运用得宜，以济科刑唯徒执刑唯监之穷，正赖专家之指导不少，而翁君之书，适于此时问世，心窃幸焉，因不辞浅陋而为之序。

郐阳王用宾序于司法行政部之期无小轩（民国二十四年四月十一日）

序　　三

《尚书》有言："刑期无刑"，"辟以正辟"。孔子曰："导之以政，齐之以刑，民免而无耻，导之以德，齐之以礼，有耻且格"。欧西先哲如辛尼加（Senèca）、柏拉图（Plato）、圣奥古斯丁（St. Augustine）、教皇克利门十一世（Pope Clement XI）亦皆倡言刑罚目的不只在报复，且应重感化，是近世新刑事学说中之目的刑主义、改善主义、预防主义，中外往哲皆已开其端矣。至于今日，新旧刑事学派在理论上虽各执一端，而对于保安处分之预防政策、改善主义，实同表赞成，良以刑法之目的，在于保护社会之法律秩序，倘对于幼年犯及精神病者，或虽已执行刑罚尚不能脱离危险性之犯人，不施用保安处分以为之救济，则除报复意义外，刑法保障社会安全之重要意义，终不能完全实现也。现代文明各国刑法，几无不有保安处分专条。我国最近颁布中华民国刑法，保安处分亦列有专章。此刑法之最大目的，已由理论渐进于实施，而期其完备矣。翁腾环先生近著《世界刑法保安处分比较学》，关于保安处分之沿革，理论实施，罗列极详，评述亦当，实可为极有参考价值之巨著。此种学说，在我国尚少专书，倘国内法学专家，继起研究，著为文章，对于新刑法之实施，必多裨益，岂止为学问而学问已哉。是为序。

民国二十四年五月二十七日陈立夫序于南京

序 四

老子曰:"法令滋章,盗贼多有"。孔子曰:"道之以政,齐之以刑,民免而无耻"。叔向贻子产书曰:"吾子相郑国,作封洫,立谤政,制参辟,铸刑书,将以靖民,不亦难乎?"余束发读之,尝废书而叹!以为刑罚制度,决难收惩一儆百辟以止辟之绩效也。近顷各国统计,累犯数字,与年俱增,一般刑事学家,颇疑刑罚反为促成犯罪之主因,宏识卓怀,足与吾国古哲后先辉映矣;亡羊补牢,于是保安处分(Sichernde Massnahmen, Masuresde sûretè.)尚焉。保安处分之目的,在消灭人之恶性,预制乱萌,防卫社会,凡实施此项处分之国家,收效颇巨,吾国最近公布之修正刑法,亦遥承其绪余者也。顾斯制学理上之根据与各国法条上之规定,纷披散逸,稽考为难,永康翁腾环君,从政闲暇,广搜博采,详加比较,汇成专书,颜曰《世界刑法保安处分比较学》,在远不遗,走柬勾序,际兹新法初布,国人获此巨制,备悉本末,嘉惠良深!固不仅蜚声法苑已也。爰不辞谫陋而序之。

中华民国二十四年孟夏　王覲序

例　　言

（一）本书全部共三十余万言，分总论及分论两编。总论为说明保安处分之一般观念，分论即将世界各国之各种保安处分，详为比较，并评述其利弊。

（二）本书将世界各国最新之刑法，关于保安处分章，择录说明，俾阅者可以知各国立法之现状。

（三）本书将各国保安处分之学说，详加评述，以求理论与实际之调和。

（四）本书将本国历代诸家之学说，有关于保安处分者，均行搜集，以明吾国过去文化之发达。

（五）本书将历代法制，有类似保安处分，尽量搜罗，并加注释，藉以发扬中华法系。

（六）本书将本人历年所学之医药常识，阐明心神丧失、酗酒、喑哑、花柳、麻疯等病之症状、危机及治愈之期间，俾法界得知其底蕴，藉以吻合万国监狱会议，刑事裁判官应有医学常识之决议。

（七）本书在比较研究项内，将各国保安处分，拟题探讨，尤其本国新颁之保安处分，更加评述，以明其立法之得失。

（八）本书称"现行律"，即前清现行刑律；"暂行律"，即民国元年三月十日颁行之暂行新刑律；"旧刑法"，即民国十七年九月一日施行之刑法；"新刑法"则指民国二十四年一月一日公布之《中华民国新刑法》而言。

（九）本书不仅适于法律学者、法官及律师等研究之用,即普通民众亦可应用及之。

（十）本书在吾国为创作,罣漏繁复,自知难免,希海内宏达,有以匡正为幸。

翁腾环识
于上海江苏高等法院第三分院
中华民国二十四年三月十四日

第一编 总论

第一章 绪言

沧海桑田,变幻无常,国家法制,能独不然?考诸刑法,自原始时代,穴居野处,社会尚未形成,固无刑法可言。及人群进化,交接日繁,遇有侵害,舍自卫外,别无他道,而其自卫作用中,最主要为复仇。迨文化渐趋发达,由私人之复仇,而转入于血族团体之复仇,乃以复仇之权,委之团体酋长,使其代行。至国家组织完备,其复仇之权,又归于国家元首及各级官吏,于是刑法之制出焉。斯时,国家代人民行使复仇之权,杀人生命,国家即夺其生命,伤人身体,国家即伤其身体,刑法思想之简单,诚以此时为最甚。嗣后鉴于复仇之危险,非仅损国家之元气,亦失道德之观念,乃创赎罪制度,调和加害者与被害者之仇隙,藉以维持社会之安宁。及至中世纪,人口繁多,竞争日剧,风俗习尚,大非昔日,兼之国家元首,威权日张,于是严刑峻罚,无所不用其极,个人在法律上,不得对于国家主张权利,所有法律,仅为官吏之处务规程而已。罪刑之配置,亦不以法律规定,一依国家之任意,与官吏之擅断,其欲得公平之结果难矣。后人所称之"警察国主义"[①]、"威吓主义",即指斯时之刑

[①] 在国家发达之过程中,曾有警察国时代,在现代尚有人存其思想,如德国哲学家倭尔夫(Wolff)之学说是也。所谓警察国主义,即国家依其警察制度之作用,不可不在某程度上制限人民之自由。盖人类最后之目的,则应完成治安、风俗、卫生、司法等警察制度,以图全体人民之安宁,然此国家警察制度,遂被运用而为权力阶级之政权,乃至全权之拥护。此种制度,至欧洲大战后方绝其迹。刑法为司法中之一部分法规,当然亦不能离开此种制度,学者故名之曰警察国主义之刑法。

法制度而言也。

　　降至十八世纪，产生陆克（John Locke）之"自然法论"，主张国家权力之行使，应以法律规定范围。社会契约说学者霍布士（Hobbes）、卢骚（Rousseau）等，又唱言社会之成立，由于个人之集合，即个人与社会缔结无形之契约。是国家刑罚权，乃由于个人之委托，故对于个人之处分不可过酷，人民应有自由平等之权。以之反对中世纪专横擅断、严刑峻罚之警察国制度，而促成法兰西革命之"人权宣言"，以树立"罪刑法定主义"。于是罪刑之配置，全由法律预为规定，则司法官有一定范围，可资依据，不敢流于专横，人民亦有法律准绳，不致无辜受罪。其刑法以"事实主义"、"客观主义"为基础，"应报主义"为依归。视犯罪为自由意思之产物，谓人类达于精神业已成熟且健全者，能依理性行动，识别是非，且有迁善避恶之自由，断不为环境所推移（意思自由说），若舍善而作恶，是违反正义之行为，作恶应有恶报，恶报即为刑罚（应报主义），亦即镇压将来之犯罪也（一般预防主义）。又视各人之自由意思，均系平等，而无差别（客观主义），处刑之轻重，全凭其行为所生实害之大小以为断（事实主义）。其立说虽为后世学者所反对，但其影响于法治国之成立，确乎有不可磨灭之精神，后人称之曰"法治国主义"①之刑法制度也。

　　十九世纪中叶，自然科学勃兴及《进化论》倡导，而刑法上亦因

---

　　① 警察国制度之刑法，对于罪刑配置，不以法律预定，由司法官酌量犯罪之情状而任意处罚，结果严刑峻罚，无所不用其极，酿成刑法学家之反响，乃有法治国主义之产生。法治国者，以保障人权为主要之目的，在刑法上形成客观主义之组织，即系对于各种犯罪，均制定处刑之范围，且概括规定，由司法官酌量犯罪情节而科以适当之刑，以免司法官流于专横擅断，故学者称之为法治国主义。

此蒙极大之影响,遂至发生"实证学派"。认应报主义之刑罚,决非唯一减少犯罪之方法,依统计之所得,从前施行之刑罚,反足以增加犯罪,尤足以增加累犯。此派学者,如龙伯罗梭(Cesare Lombroso 刑事人类学派)、克特尔氏(Ketteler 刑事社会学派)等,发明于前,菲利(Ferri)、李斯德(Franz Von Liszt)等,继之于后。创"目的主义"、"人格主义",及"主观主义"。认人类意思,不能有完全自由,每为生理要素及社会环境所左右(意思必至说),故犯罪非发生于自由意思,乃由于上述之关系也。科责于人,不能以应报主义而科以刑罚,应注意犯人之个性(个别主义),以特别预防犯罪为目的(特别预防主义)。又科刑之标准,以犯人之社会危险性大小为断,则刑罚之目的,非罚犯罪之事实轻重,应视犯罪者之人格(人格主义),时人名之曰"新法治国主义"①之刑法制度也。

至二十世纪初期,李斯德门下之立布曼(Moritz Liepmann),又创"教育刑主义",其在1927年国际刑法学协会之汉布鲁会议席上发表意见,谓从来之刑罚思想,以为不给犯人以痛苦,则不能达改善之目的,然据数世纪来执行刑罚所得之实际告诉,其累犯之增加无已,已证明该刑罚无裨于实益。夫犯人之改善,不在压迫,而须依据改善可能之确信力,用暗示之感化作用,铲除犯人之恶意愚钝及偏执之性质,使其成为社会之良民,以达于社会防卫之目的(社会防卫主义)。认刑罚之本质是教育,而倡导"刑法一元本质论"以明之。此是以李斯德之《目的刑论》为基础,已超出于其上,使实证

---

① 十九世纪末叶,实证学派感法治国主义仅意识个人,不意识社会,结果社会累犯增加不已,乃倡导刑法主观主义之组织,以犯人为本位,一面拥护人权,一面防卫社会,使个人与社会调和。易言之,即一面认国家之独立性,但国家非离个人而独立;一面认个人之地位,但个人不得离国家而生存,故学者有新法治国主义之称。

学派之刑法理论,又开一新生面,俾得排斥法治国主义,另树"文化国主义"(Der Kulturstaat)①,为近世最新之学说焉。

总观以上所言,刑法受社会之推动,自复仇主义以至于警察国主义,而世界刑法为之一变;警察国主义以至于法治国主义,而世界刑法为之再变;法治国主义以至于新法治国主义,而世界刑法为之又再变;新法治国主义以至于文化国主义,而世界刑法为之四变,前后五千余年,刑法之思想,有如此之变迁,吾辈岂可忽视耶!现在文明各国,刑法一以感化为本,鉴过去对于犯人,仅科刑罚,不能达社会防卫及预防犯罪之目的,有时科之以刑罚,反不能达此目的,故近三十年来,各国新刑法及修正之草案中,又有保安处分之规定,虽其详略各有不同,然其浸润改善主义则一。顾名思义,知其有二大目的:一为社会之适合,二为社会之隔离,前者,如幼年犯罪之感化教育处分,酗酒人及吸食毒品者之禁戒处分,心神丧失人之特别治疗处分,及习惯犯、常业犯之强制工作处分等是;后者,如对于心神丧失人之犯罪,以及认为有社会危险者,使之与社会隔离是。此种处分,有三特质:刑与保安处分得合并宣告,是其一;不定期拘束,以消灭其危险性,是其二;预防犯罪之发生,改善犯人之个性,是其三;诚为现代刑法进化之表现也。其他如保安处分之性质、学说、渊源等,容后详述之。

---

① 教育刑主义主张教育刑可以包容罪刑法定主义,而不至废罪刑法定主义理论之基础,为对于国家思想之转移,即废弃法治国思想,而代以文化国思想,认文化国之任务,在于一般人民之幸福与国家文化向上之前提下考察法律制度,亦即调和现实之社会与个人(犯罪人)之刑法制度,时人名之曰文化国主义。

第二章　保安处分之意义

保安处分(Sichernde Massnahmen，Masuresde Sûreté)者，为社会防卫及预防犯罪发生之公法也。申言之，即认其人有社会之危险性，应予以改善治愈及除去其危险性，而使其适应于社会生活之谓也。例如对于有犯罪行为之人，有时仅科刑罚，不能达社会防卫之目的；有时科之以刑罚，反不能达此目的者，国家则以一种有改善效果之法律以临之，此种有改善效果之法律，即保安处分之本体也，兹分别说明如下：

（一）保安处分者为防卫社会之法律也。近世刑法之社会防卫论，主张保安处分即系社会之防卫，国家根据此种防卫权，为维持社会之安全。又谓防止犯罪行为，须从保安社会立场看之，少年犯及心神丧失犯，虽不负道德上责任，然而应负社会上责任，故国家为社会防卫起见，不得不有保安处分之法律规定焉。

（二）保安处分者为预防犯罪发生之法律也。过去各国之刑法，均以道德责任为中心原则，认人类之意思自由，并有鉴别是非能力，若有犯罪事实发生，法院仅审断犯人而非少年或心神丧失，毋庸再虑其他，即可按法科刑。少年犯或心神丧失犯，因缺乏自由意思，无鉴别能力，所以刑不及之，除此以外，认为有罪必罚，亦应认刑法为应报之方法也。其根据在因犯罪所生之损害，而不在犯人之人格，结果累犯频增无已，刑罚显然宣告功效不足，故世人颇疑刑罚,反为促成造罪之主因。当时各国对于此种刑法,均发生反抗,另成实证学派,不认人之意志自由,即谓人类之意思或行为皆由一定原因必然发生。又谓刑罚为社会防卫之一种手段,刑罚权之行使,不在报复,而在预防将来之犯罪,故保安处分,为预防犯罪发生之法律也。

（三）保安处分者公法也。犯罪之发生为社会之病态,国家行使社会防卫权,依刑法以处理之,保安处分为刑法中之一部分,刑法已认为公法,故保安处分为公法,自无庸疑矣。

由上述意义观察之,保安处分之目的,含有直接与间接二大部分：直接目的,一为被处分人之改善(Besserung)及治愈(Heilung);一为危险(Gefahr)之除去;间接目的,则在于保护生活之利益。故适用保安处分,须参酌此二者以定其种类及程度焉。

第三章　保安处分比较学之意义

保安处分比较学者，乃比较各国之保安处分，而以发现保安处分原则之异同及适用也。质言之，即凡关于保安处分之学说主义原则及其过去与现行之法规，详为比较，论其得失之学问也。与保安处分沿革学、保安处分解释学有别。保安处分沿革学，即就古今保安处分为历史之论究，亦以发现历代保安处分原则之异同为主旨，换言之，即历代之保安处分比较学也。保安处分解释学，系就一国之现行保安处分，分条论究，而以得其立法之原则及适用为主旨，即通常所研究一国之保安处分学，略言之，即刑法中之保安处分法也。

保安处分学，在十八世纪时代，鲜有人研究。至十九世纪初期，刑法之实证学派产生，创目的刑论，认刑罚以外，应有保安处分以佐之，使刑法达于感化主义及预防主义，于是法律学者，对于保安处分均专心研究，极力促其实现。非仅如此，即万国监狱会议、国际刑罚会议、国际刑法学会、刑法统一国际会议，关于保安处分，莫不列为议题，力求发现原理原则，以俾完成保安处分之国际化。

我国清代以前，刑法承袭《唐律》，其刑罚目的，纯以威吓观念，固无保安处分之思想可言，及至民国初年，欧风东渐，对于刑法，略有保安处分之萌芽。如《暂行律》之第十二条第一项，精神病之行为不为罪，但因其情节得施以"监禁处分"之规定是。惜乎一时法律学者及立法诸辈,格于未脱应报主义思想,对于保安处分仍未能顾及。观其大理院之判例,谓精神病人监禁,亦属行政处分之一种云云(民国二年非字37号),则可推知当时保安处分思想之幼稚矣。民十以后,关于保安处分之研究,略有披露于各杂志,迨至近年,各大学法科之科目中有刑事政策一科,于是保安处分之意义知之者日益众矣。故促成此次修正刑法有保安处分之产生焉。然保安处分,非仅在吾国刑法史中初次之发现,则欧洲诸国,亦认为刑法新思潮之结晶,足见其在各国已视如此之重要,亦可见其一斑矣;何况于吾国初有保安处分之国家,对于斯学之研究,岂可忽视乎!

第四章　保安处分性质之比较

保安处分,已如上述,虽具有其特质,然亦有其他类似之名词易于混淆误解,诚恐阅者失之毫厘,谬已千里,特将其相类似之名词,择录比较之。

第一节　保安处分与刑罚

刑事新旧学派,皆认保安处分为预防犯罪之方法,但新学派谓保安处分与刑罚(punishment)仅有形式上与分量上之差异,最新学派,认保安处分则无区别之必要,兹分述其三派之学说如下:

一、旧学派

1.实质之不同

保安处分者,以预防犯罪及其他类似犯罪之恶害为本旨之行政处分也。保安处分之实质有二:其一、教养处分;其二、保护处分。前者在教养不适合于社会共同生活者,使其适合于社会共同生活,如少年犯之感化教育是。后者则在对于不适合于社会共同生活者,由社会隔离之,如对于精神病人之监置是。反之,刑罚则在于使犯人受因犯罪所生之痛苦,而剥夺其自由,如对于犯罪者处以徒刑是。即一为对于将来之预防,一为对于过去之应报,此保安处分与刑罚实质之不同也。

2. 目的之不同

保安处分直接之目的,在预防将来之犯罪及其他类似犯罪之恶害,由此目的观察,无为保安处分之必要时,则不施以保安处分。反之,刑罚之目的,则在于确保刑罚之威信,由预防犯罪之目的观察,虽不必科以刑罚,然为确保之威信起见,亦非科刑不可,因确保刑罚之威信,虽有时发生预防犯罪之效力,然究不能谓其在犯罪之预防,此保安处分与刑罚目的之不同也。

3. 动机之不同

保安处分者,预防将来犯罪及其他类似犯罪之恶害之处分也,苟有预防之必要,应即施之。易言之,既有预防之事情存在,纵在未为犯罪及未发生类似之恶害以前,亦无妨施以保安处分。反之,刑罚则非已有犯罪之行为不能科之,对于未为犯罪者,或必为犯罪者不必科之以刑罚。由是可知其二者之动机,保安处分为预防将来犯罪及其他类似犯罪之恶害时而发动,刑罚则非有犯罪之时不可科之。此保安处分与刑罚动机之不同也。

4. 废止之不同

保安处分因预防将来犯罪及其他恶害而存在,苟预防之情事消灭,则保安处分应即撤销,例如少年犯既已悛改,应即释放,精神病人既已治愈,应即解除其监禁。反之,刑罚在对于过去之犯罪加以应报,其加害之犯人,纵于开始执行前,业已悛改,亦必待其刑罚终了,然后释放,此保安处分与刑罚废止之不同也。

5. 性质之不同

保安处分性质上原为行政处分,有预防之情事存在,随即科之,反是,则取消之,非为民事裁判及刑事裁判有确定之性质,故保安处分通常由行政官厅为之。法院所施之保安处分，以犯罪行为为动机而施之，故使形式上属于司法处分而已，此保安处分与刑罚性质之不同也。

据以上所言，旧学派认保安处分与刑罚迥不相同，然于不同之中亦有认为类似者，兹录其学说如下。

（一）保安处分为国家处分，有强制力，限制个人之自由者有之，剥夺个人之自由者有之，由此点观察，则与刑罚酷相类似。

（二）自理论言，保安处分在预防将来犯罪及其他类似犯罪之恶害，不必过去之犯罪及其恶害为必要。然由实际观察，有时于特定人依其已为之犯罪及其他恶害，始知其为危险人物，为防止此危险，而施以保安处分者，如以少年人及精神病人所为之犯罪为动机，加以保安处分是，此亦与刑罚有罪然后罚之，颇相类似。

（三）最近之法例，有对于心神未充分发达及精神耗弱之犯罪行为人，不科以刑罚，而代之以保安处分者，于此情形，谓保安处分与刑罚无密接可乎？不宁惟是，旧派学者，亦认保安处分在刑事政策上甚为必要，兹述其言如下：

保安处分，以预防犯罪为任务，刑罚则以镇压犯罪为职司，欲镇压及减少犯罪，因有赖于刑罚之励行，他方则以保安处分之活跃为必要。换言之，刑罚与保安处分，如犯罪攻击军之两翼，如仅用其一，即难收镇压及减少犯罪之效力，此保安处分与刑罚所以形成刑事政策上之二大纲目者也。

二、新学派

李斯德受叶宁格思想之影响，于《法律之目的》出版五年后，即主唱"刑法之目的观念论"，认为刑法原始之形态是对待扰乱生活条件之本能反动，其后逐渐进化，本能之反动变成目的之行动，于是刑罚之本质遂不仅限于恶害之报应,而另有其社会之机能。其视刑罚之作用,可分为改善、威吓及排害处分三种,而其目的则在保护社会。对于犯人又分为矫正可能与矫正不能者二类,主张对于矫正可能者加以矫正,矫正不能者,则施行社会隔离处分。认刑罚为二元之制度,于刑法中应有保安处分之规定,以达于改善主义之作用。由是观之,可以知其否认旧学派之谓保安处分之性质为行政处分,乃谓保安处分为刑法中之一部,亦即刑事制裁之一方法也。故视保安处分与刑罚,只有形式上与分量上之差异而已矣。

三、最新学派

自立布曼出,将李斯德之实证研究更加探讨,发现所谓矫正不能者并非绝无改善可能,而区别之标准又复不易确定。主张对于一切犯人,均应施以矫正,以冀其改善。自此以后,目的主义之主张遂益趋彻底,宣告刑罚之本质是教育而非报应,应尽扫刑罚威吓之要素,而代以教育之成分,此即所谓教育刑主义,亦即一元之刑法本质论。绝对否认保安处分与刑罚有区别,视保安处分与刑罚无一不以防卫社会为最后之目的,根本上已无区别之必要矣。

总观以上三说,前者谓保安处分为行政处分;次者,谓保安处分与刑罚有形式上与分量上之差异;后者,谓保安处分与刑罚无区别之必要,三者各异其说,似无相容余地。余以为从前刑罚报应观念,建筑于社会心理之上,在社会心理未改变以前,欲将刑罚中特有之报应观念与痛苦之成分完全驱逐,使成为不含任何其他性质,纯粹建筑在社会防卫观念上之社会防卫处分,事实上一时是绝不可能,除报应思想自己泯灭外,在理论上已无法解决之尖锐冲突,故近代世界各国,除苏俄外,在立法上均形成刑罚与保安处分之二元制度,亦无怪其然。若他日刑罚报应之思想日形淡薄,防卫色彩渐增浓厚,则保安处分与刑罚自然不致有所区别矣。日本冈田朝太郎,亦谓两者之争点,系过渡时期应有之非难,实则刑罚与保安处分同属预防犯罪之必要方法,以之规定于刑法法典中,不但适用便利,且于刑罚之根本观念,因对人思想之分量愈多,则刑罚与保安处分之距离愈近,斯言诚为不谬也哉。

第二节 保安处分与行政处分

保安处分在旧学派认为即行政处分(administrative execution),新学派认为刑法中之社会防卫处分,已如上述。在余观之,应从后说,今将保安处分与行政处分两者之异同分述如下:

1. 职权之不同

行政处分由行政官厅为之,其处分虽以必基于法规而行为原则,但合于公益之目的,亦得自由裁量。保安处分由司法机关为之,其处分一依法律规定者为限,不得比附援引。前者处分之权在于行政,后者处分之权在于司法,此其两者不同之一也。

2. 形式之不同

行政处分之成立形式,不以要式为限,只能认为出自有正当职权之官署表示之即可生效力。其处分对于特定人为之者,通常以书面通知其人,若关系多数人,或不特定人,以普通之公告方法行之,或揭示于众目共睹之场所,或载于公报,或于处分之目的地,建立标牌;但有急迫情事,如解散集会等事则以口头或电话为之,亦无不可。保安处分之成立,须有宣告、送达等形式,至于仅登载公报,或口头、或电话等方法行之,即不生效力,此其两者不同之二也。

3. 效力之不同

行政处分之效力，其处分对于特定人为之者，即及于特定人为限，若对不特定人为之者，其效力及于全体。前者如不许该店发卖某种出版物，后者如不许人民道路通行等是。保安处分，只能限于特定人为之，如少年犯之强制教育，习惯犯之强制工作等是。此其两者不同之三也。

4. 发动之不同

行政处分之发动，不仅在于有违法行为为前提，即如命人民种痘，或要塞地带内建筑之许可，实非先有违法之行为，国家亦得处分之。保安处分之发动，须有犯罪之行为为前提，例如酗酒犯之禁戒，外国人犯罪之驱逐出境等是；对于未为犯罪及未发生类似之恶害以前，虽无妨施以保安处分，然因无特别预防之必要，故不得宣告，此其两者不同之四也。

5. 范围之不同

行政处分有公用征收，撤销特许，停止公民权，限制土地所有权之"剥夺"；有特种营业公司设立之"许可"；有资格、学位，专卖权之"赋与"；有一切各种义务之"免除"；有禁止各种买卖，不许道路通行之"禁止"等处分。保安处分则不然，只能对于特定人之禁戒、监护、强制工作、感化教育、外国人驱逐等为限。前者不仅对于社会有危险性者而预防之，即无社会危险性者亦得施以行政处分，其范围大。后者仅对于社会有危险性者而处分之，其范围小，此其两者不同之五也。

6. 目的之不同

行政处分之目的，在法律关系之范围内，赋予人民权利，或课负义务，而维持社会之安宁秩序为目的，例如经一定试验者，予以文官法官、外交官之资格或学位,或予城镇乡住民,以所在地之公民权(权利),或命学童之就学,建筑物之拆毁,不许道路通行(义务)等是。保安处分之目的,即在于社会之防卫,预防特定人将来之犯罪为目的,实无权利义务之可言。其焦点完全在于改善犯人之个性,与行政处分截然有别,虽违警罚法,亦以预防为目的,不过为行政处分中之一部分,而未能及于全部,此其两者不同之六也。

总观上说,可知行政处分与保安处分完全异其性质,但亦有相类似之处,试为略述如下:

(一)行政处分为国权之行使,有强制力,保安处分亦然。

(二)行政处分为国家单方之行为,保安处分亦然。

(三)行政处分如有违法或不当处分,得向上级官署提起诉愿,或行政诉讼撤销其处分,保安处分亦得上诉于上级法院,请求撤销原处分。

(四)行政处分之目的,大部分以预防为目的,与保安处分之目的同。

有如上述类似之性质,故社会一般人士,均误认为保安处分即行政处分,如不知法律之细微,实有难言而喻。例如行政处分中之格毙,与刑法中宣告死刑之枪决,同是断人之生死,表面视之,似无区别,然实则前者为行政之紧急处分,后者为刑事上之科刑。故研究法学,不可不慎之。

第三节　保安处分与惩戒处分

保安处分之性质非刑罚,为社会防卫之处分,已为近世一般学

者所公认,至于惩戒处分(disciplins)之性质,亦非刑罚,两者颇相类似,然究其性质完全不同,兹说明于下:

1. 性质之不同

惩戒处分,即官吏或从事于一定业务者,违反其职务之际,国家为维持官规及行使监督权起见,得本国家之特别权力,使违反行为者不致继续于将来,或排除之于官吏关系及从事业务之外,而行使处罚之权,此等处罚,即惩戒罚,其权力为惩戒权,其性质为行政处分。

保安处分,对于社会有危险性之人,而为预防将来之犯罪,使其回复于适合社会之生活,其性质纯属于刑罚以外之制裁,此保安处分与惩戒处分性质之不同也。

2. 权力之不同

惩戒处分,系国家居使用主之地位,及监督权之地位,于官吏应有之特别权力所生之行为也。保安处分,系国家对于一般人民之统治权作用,无论何人皆得处分。故惩戒处分,限于官吏中可得科之,倘一经退官,即无受惩戒处分之余地矣。保安处分虽在官吏退官后,仍得对于其在官中之职权犯罪,付以保安处分,或与刑罚合并宣告之。此保安处分与惩戒处分权力之不同也。

3. 目的之不同

惩戒处分之目的,在维持官吏关系之秩序,或儆其将来,免蹈前愆,或竟予排除,以肃吏治,与社会之公共秩序,关系较浅。保安处分之目的,直接预防将来之犯罪,间接保护社会公共之秩序,此保安处分与惩戒处分目的之不同也。

4. 裁量之不同

惩戒处分,通常在惩戒官之自由裁量,非必科以特定之惩戒处分也。保安处分则不然,对于社会有危险性之人,惟以法律所规定内,宣告一定之保安处分,此保安处分与惩戒处分裁量之不同也。

5. 处分种类之不同

惩戒处分之种类,如停职、转职、降级、减俸、申饬及记过之矫正惩戒;或免官、免职之排除惩戒。保安处分之种类,如感化教育、监护、禁戒、强制劳动及驱逐出境等。以此而观,足见保安处分与惩戒处分种类之不同也。

6. 对象之不同

惩戒处分之对象,第一须为公务员及有其他之资格或身份者。例如职官吏员、陆海空军人,及受刑执行之在监人等是;第二须为从事于一定业者,例如律师、会计师、公证人、医师及药师等是。保安处分之对象,如少年犯、精神丧失人、习惯犯、常业犯、酗酒犯及外国人之犯罪等是,此保安处分与惩戒处分对象之不同。

7. 处分机关之不同

惩戒处分之实施机关,为监督特别义务关系之行政长官或各种惩戒委员会,换言之,其实施处分之机关系行政机关。保安处分实施之机关,即在于法院,易言之,即司法机关也,此保安处分与惩戒处分机关之不同也。

第四节　保安处分与保安警察处分

研究刑事政策之旧学派,谓刑罚为犯罪者之应报,以镇压犯人之恶性为目的,认为于刑罚之外,有预防之方法以辅之,预防之方法,即保安处分,实施保安处分之职权,应归于保安警察(peace preservation police；police of preservation of peace），所以保安处分即警察处分（police execution），亦即行政处分。查违警罚法中，"未满十三岁人及心神丧失人之违警者不罚，但应告知其父兄或监护人，责令自行管束，若无从查悉其父兄或监护人时，得施以感化教育或送交收养儿童处所教养，及酌量情形送入相当病院，或心神丧失人之监置处所"之规定，与刑法中少年犯之感化教育，心神丧失人之监护及保护管束等规定，确有颇相类似，无怪世人误认保安处分即行政处分，如不知其两者之性质，实有区别之处，试行比较而得其两者不同之要点如下：

1. 实质之不同

保安警察为维持社会之安宁秩序，与防止公共危害之警察也。其处分虽以预防为目的，然观违警罚中，有拘留、罚金之规定，犹未能脱开处罚之性质，与保安处分两相比较，实有云泥之别。何则？因保安处分一以预防为目的，绝无处罚观念之夹杂，此保安处分与保安警察处分实质之不同也。

2. 范围之不同

保安警察处分之范围，颇与刑法相类似，惟受处分者之恶性稍轻耳，亦有主罚与从罚之分，主罚如拘留、罚金、训戒等是，从罚如没收、停止营业、勒令歇业等是。其处罚之客体，系妨害公安、妨害秩序、妨害公务、诬告、伪证、湮灭证据、妨害交通、妨害风俗、妨害卫生及妨害他人身体财产等行为。保安处分之范围，只在预防，而不及刑罚，如感化教育、监护、强制工作、禁戒、保护管束及驱逐出境而已。受处分之主体，除少年犯、精神丧失人、习惯犯、常业犯、酗酒犯、患花柳病人、患麻疯病人、外国人犯等之特定人而已。不适用于一般普通之犯人。故前者范围广，后者范围狭，此保安处分与保安警察处分范围之不同也。

3. 机关之不同

保安警察处分之机关,由警察行政机关处罚之,保安处分之机关,即在司法机关宣告之,此保安处分与保安警察处分机关之不同也。

4. 性质之不同

保安警察处分,系由警察机关处分,其性质为行政处分中之一。保安处分,系由司法机关行使,其性质为刑事上社会防卫之一,此保安处分与保安警察处分性质之不同也。

5. 目的之不同

保安警察处分,在于维持社会之安宁秩序,防止公共危害为目的外,犹带有镇压性质,故其处分得及于社会一般之人。保安处分则不然,除改善特定人之个性及预防其将来犯罪者外,余无其他之目的,此保安处分与保安警察处分目的之不同也。

6. 发动之不同

保安警察处分之发动,系违反违警罚法及其他法令,然后对其行为而处分之。例如未满十三岁之不罚施以感化教育,及心神丧失不罚施以监置处分,其发动均在于违反警察罚法然后处分之。保安处分中少年犯之感化教育处分及心神丧失人之监置处分,其发动不在于违反违警罚法,乃在于触犯刑法之罪然后处分之。足见前者之发动在违反警察罚法,后者之发动在触犯刑章,此保安处分与保安警察处分发动之不同也。

第五章　保安处分之渊源

渊源亦称为法源，但渊源之用语，有种种之意义，有解为法律之原动力为渊源，有解为构成法律之内容为渊源，有解为法律之形成为渊源，学说纷纷，莫衷一是，依余之见解，所谓渊源，乃指法律所自构成之材料而言，保安处分之渊源，亦应同此之解说也。而所谓保安处分之渊源者，即学说、主义、学派、万国监狱会议、国际刑罚会议、刑法统一国际会议、国际刑法学会等类是也。

第一节　学说

学说者，学者自己所倡学术上之说也，易言之，即学者所下法理上之见解。盖法律有不明或不适合于社会时，学者欲补其缺点，而下以自己之见解以明之。学说之所以为法律之渊源者，则因立法者取其见解以供参考也。夫学说不过学说而已，非即有法律之效力，欲使有法律之效力，则必加以国家之制定。例如查士丁尼帝采用三十九大法学家之学说，编成法典，而赋以法律之效力者是。故学说得为法律之渊源，其中有关于保安处分者，亦即为保安处分之渊源。今将其近代各学者之学说分述如下：

一、社会契约说

为法之卢骚(Rousseau)、荷之格罗特(Grotius)、意之贝卡利亚(Beccaria)、德之费希特(Fichte)等所主张。略谓吾人相聚而居,集成社会,互结契约,共图生存,苟有背约,而至侵害个人与社会,或破坏共同之生活者,则社会有行使其刑罚权,可以剥夺人民之自由;但不能剥夺其生命,故刑罚中不应有死刑之存在。不但此也,各个人虽因契约关系而各自牺牲自己绝对之义务,以供国家行使其刑罚权,然不过认犯罪者为违反自己义务损害他人权利,或使他人权利发生危险之一种行为耳。刑罚不过为制裁违反义务者之一种手段,对于施刑不得过于严酷,若超出于必要之范围外,亦有乖于正义。以上所说,虽为后世学者,皆以为空论而排斥之,然其能改革严刑峻罚之惨无人道思想,而维护个人自由,及统一刑法体系,使法律成为科学之研究,不得不归功于斯说。易言之,其能视科刑不能超出于必要范围及废除死刑之存在,于促成保安处分之发生,实有最大之功绩。

二、功利说

此说谓法律系以功利为基础,刑罚应以利益为前提,故科刑须采有利益之方法行之。其立论乃依刑罚防止犯罪之定理,以说明刑罚之功用,不从犯罪事实说明刑罚之正当原因,全部精神即在功利与防止四字,亦足为促成保安处分产生之一学说。创此说者,系近代学者边沁(Bentham)氏为其代表。

三、意思自由说

谓善因必有善果,恶因必有恶果,当犯人行为之时,原有择善去恶之自由,无如彼不就善,偏至种成恶因,其受恶报,盖亦正义之要求,当然之结果,视刑罚为应报之工具,主此说者,如黑巴(Herbart)、康德(Kant)、黑格尔(Hegel)、亨克(Henke)等是。及至俾克迈尔氏、瓦哈氏等出,受意思必至说之影响,亦认刑罚为应报外,应有保安处分之预防方法辅之,此说亦可为保安处分之渊源。

四、意思必至说

此说认刑罚并非因有犯罪而科之,乃欲使将来不至于犯罪,故刑罚非对于犯罪之当然结果,即犯罪非科刑之原因,不过为其条件耳。易言之,刑罚者,预防将来之犯罪,拥护社会利益之手段也。故刑罚之目的,非刑罚之本体,而存于社会之利益。且科刑之标准,不可依意思自由说之客观观察,或罪之大小而定,应从能达犯人之改善与否以为断。因人之犯罪,由于内界与外界原因而成立,即犯罪由于必要之原因而成立也。如杀人之行为,亦不过为一种最可恐怖之命运器械,所以不必处以残酷之死刑,宁可讲求一般保安方法,并加以惩治及教育之改善较为适当。主此说者,系近代学者格洛斯(Grose)唱之,为发生近世保安处分最有力之渊源。

五、特别预防说

近代学者葛罗尔曼氏颇主张此说,谓强制权之成立,由于违悖法律秩序,而处罚犯罪即系根据此种强制权之作用,刑罚为一种威吓手段,适用刑罚之结果,能使有趋于违法意思之犯人将来可以视作无危险性之人矣,可知刑罚能以威吓性之力量矫正犯人之性向,故于科刑之程度不可不注意于犯人之个性。若普通刑罚之威吓力对于穷凶极恶之犯人失其效力时,更须讲求特别之保全方法。即依物理之手段防止法之毁损,或将犯人驱逐于人类共同生存团体之外亦无不可。此说亦促进保安处分之发生为最有力之渊源。

六、改善说

此说有道德之改善,知能之改善及法律之改善等说,虽其主张之目的不同,而对于改善之立脚点则一。总之此说之立论,即谓刑罚原系一种改善之方法,从其目的上观察,绝非一种恶意,社会对于腐化堕落及欠缺道义心之犯人,当然须科以刑罚,以改善其个性;而成为社会之良民,塞奈加(Seneca)、包卢斯(Paulus)、克劳西(Krause)、斯得彩(Steltzey)、喀鲁斯(Groos)等主之,亦为保安处分之渊源。

七、警戒说

近代学者宝厄(Bauer)氏为此说之主张者,谓国家采用刑罚,应视同国民教育及警察制度,宜施以预戒之训告,以期补足人类之缺点,不得以刑罚为压迫或威吓为目的。此说亦与保安处分之产生有关。

八、社会防卫说

此说谓刑罚(包括保安处分)为各个人自然付与国家之防卫权,故刑罚即系社会之防卫权,国家根据此种防卫权,对于各个之犯人,得科以刑罚,亦即处罚犯人可以预防将来之犯罪。认定刑罚为一种教化迁善之强制方法。近代学者塞芬(Servin)、叔尔才(Schulze)、伟兰(Wieland)、马丁(Martin)、立布曼(Moritz Liepmann)等主张之,亦为完成现代保安处分最有力之常说。

第二节 主义

孙中山先生说:"什么是主义呢？主义就是一种思想、一种信仰和一种力量,大凡人类对于一件事,研究当中的道理,最先发生思想,思想贯通以后,便起信仰,有了信仰,就生出力量,所以主义是先由思想再到信仰,次由信仰生出力量,然后完全成立"。又据日本学者说:"方建某事业,可为其根本之思想,曰主义,依此主义而定其目的,设各种方法,可生极大之力量"。以此而观,可以知主义之意义矣。其与学说之不同,即在发生力量之一点,学说仅为学者所下法理之见解,未必能生若何之力量。易言之,主义由个人或多数人之思想确定其计划,以至于发生力量,然后方得完成。学说只有意思之表现,即能成立,故学说之力量弱,主义之力量强。凡国家之立法,必先立定其主义,然后能产生完美之法律。反之,即散漫无章,自相矛盾,安能得至美至善之法律耶! 主义之重要,于此可见其一斑矣。现在世界各国,对于凡百事业,莫不先有主义而后行之。故主义为法律之渊源,已无疑义,亦即保安处分之渊源也。兹录其各种主义,分述于下:

一、报应主义

谓犯罪者乃违反正义之行为,而刑罚基于正义之要求,是故善因有善报,恶因有恶报,恶报即刑罚,亦即对于犯罪者所加之应报也。大抵最初刑罚之发生,率存报应观念,在国家权力未固之时,即谓刑罚之应报,乃神意之应报,及至康德出,又创道德之应报,黑格尔、亨克等复唱法律之应报。此等之人,只认刑罚之报应为其天经地义,余无他道,迨至近代,受特别预防主义之打击,亦认刑罚之外,应有预防之方法辅助之(即保安处分),诚为应报主义思想之改变也。

二、民约主义

或称为契约主义(contrat;contract),又称为社会契约主义(contratsocial;social contract)。谓犯罪行为为破坏社会契约,理宜屏弃团体之外,惟无条件之排斥,无裨实益,若容留于团体内,于公安上无极大妨碍者,则以刑科之。至于科刑之目的,霍布士(Hobbes),则曰单纯契约(simple contract)易于破坏,故以刑罚胁吓之。毕加利亚(Beccaria)则曰刑之执行,匪特足以保全犯人之义务,且足以防止他人之蹈其覆辙。费希特(Fichte),以为犯人应服改善之刑，以赔偿契约之违反焉，此种主张，实为促成保安处分之嚆矢也。

三、特别预防主义

特别预防主义，以使犯人不再犯罪为刑罚之目的。详言之，即谓特别预防主义，应从犯人方面观察，而以预防犯人再犯为目的，故甚注重于犯人之恶性，视其能改善与否而定科刑之种类，不专以处自由刑为限，凡足以使犯人改善恶性之方法皆为所采纳，即认刑罚之外，应有保安处分之规定，以预防个人之性格而不至蹈入于法纲，使其复为社会之良民也。

四、社会适合主义

社会适合主义，又名曰改善主义，其改善之原动力各有不同，有道德改善主义、智能改善主义及法律改善主义之分。谓刑罚以矫正犯人之不道德性，使其回复为社会之良民，即道德改善主义也。主之者，如克劳西（Krause）氏是。又谓科刑可以补足犯人之不完全知能，而使成为有充分能力之国民，即智能改善主义也，主之者，如喀鲁斯（Groos）是，又有谓依科刑以开发增进犯罪人对于外界守秩序之意思，因使成为无害一般公安之人。故在此主义之下，犯罪人究能成为道德之善人？抑能成为智能之善人？均非所问，只使无害于吾人之共同生活足矣，此主义名之曰法律改善主义，斯得彩（Steltzey）主之。此等主张，虽微有不同，而其认刑罚为改善则一，故亦可为保安处分之渊源。

五、目的主义

目的主义认处刑之轻重及处治之方法，则不纯以犯罪之事实为标准。谓犯罪虽为科刑之前提，不能认为科刑之原因，刑罚之原因系存于犯罪行为之外，刑罚之目的在维持法律秩序，及保护国家社会并个人之利益，不专以镇压与威吓为手段，要以改善犯人之环境及性格为主旨。刑罚既系一种保护国家社会并个人利益之方法，所以认刑罚为非因犯罪而科加，乃系为防压犯罪而科加，既系为防压犯罪而科加，应以实利为原则，因此对于犯罪行为应否科刑，及科以何种之刑？当以能否达到保护目的而决定。又对于科刑之轻重，亦不因犯罪行为为责任之大小而决定，处刑之方法，不专以自由刑为限，凡足以改善犯人之方法，均应采纳。盖谓对于犯人以去恶向善为目的，自非专赖刑罚所能生效，于刑罚之外，应采保安之方法以改善之。此主义由李斯德（Franz Von Liszt）、白林斯（Abolphe Prins）、喀鲁（Rene Garraud）、删答雷（Quetelet）等唱之。

六、人格主义

人格主义，谓预防将来犯罪之手段，当以犯人之社会危险性为标准，而分其种类，定其轻重。即科刑之标准，不能视犯罪事实之大小，应视犯罪者之人格，予以根本上之治疗。并不问其治疗方法为刑罚与否，应于科刑之先，区别犯人之种类，对于何种犯罪及何种犯人应科以何种之刑，配置适当，再行科加。故刑罚之外，应有保安处分之规定，李斯德氏可为此主义之代表。

七、主观主义

认犯罪虽为科刑之前提，究不能以犯罪为科刑之原因，凡人之犯罪，其原因存在于犯罪者行为之外，即犯罪之原因由于生理之内界与环境之外界所促成。科刑之目的，不能将犯罪与行为者全然分离，而作客观之论断，应视犯罪因行为所表彰之犯罪性向，而作科刑之认定。易言之，科刑应视犯罪者之性向如何以为断，即学者所谓主观主义是也。认保安处分亦为改善犯人之一种方法，应予以规定，近代学者刻忒勒（Kettler）氏、李斯德氏、牧野英一氏等主张之。

八、感化主义

感化主义,谓刑罚之本旨,以矫正犯人之恶性,施以感化,使得勉为良善,是其最终目的。不得谓犯人无改善之希望,则行夺其生命,无论何人应视其个性如何?施以适当之感化,以消灭其对于社会之恶性为宗旨,此主义近代之实证学派学者均主张之。亦即倡导保安处分为最有力者。

九、个别主义

科罚于人,不能谓有罪必罚及所犯之事实轻重为断,应审查犯人对社会危险性之大小与犯罪之动机及其个人之性格如何而决定之。则在犯罪预防政策上,亦当依类别之如何而有差异。时人名之曰个别主义,此主义为现在最风行之主义,创之者如龙伯罗梭、菲利、刻忒勒、李斯德等是。亦即主倡产生保安处分之一主义也。

十、社会防卫主义

谓科责于人,非基于意思自由之观念而为应报,乃社会自卫之必要,以预防犯罪为目的。犯罪既非以自由意思为前提,则科刑之责任,自亦无关于自由意思之有无,而当认定社会之责任有无以为断。此主义立布曼(Moritz Liepmann)女士为最有力之主张者,亦即刑罚保安处分化之主义也。

以上各主义,均为近代产生之主义。盖刑法之思想,每随时代潮流之变化,当原始时代,多主张复仇主义,及至中世纪,转入威吓主义,嗣至近代自然法勃兴,又趋于应报主义、客观主义,十九世纪末叶,刑法又演进于目的主义、主观主义、人格主义、特别预防主义及个别主义等,刑即已趋于缓和化,此等现象,学者命之曰"刑罚经济"(Strafoekonomie)。惟于此尚有当知者,在现在科学时代之刑之缓和化,不在刑之分量上实现之,乃在刑之性质上而实现之。易言之,其刑之分量,容有甚长或不定期之宣告,在其性质上,则所以应社会防卫上之必要,而对于刑之种类,亦不限于刑罚之范围内,若能改善犯人之个性者均所采纳,是以近世各国,于刑罚之外又有保安处分之规定。故以上所述主义,均可为保安处分之渊源,学者不可忽视焉。

第三节　学派

促成保安处分发生之学说,已如上述,虽对其性质与科处之观念,各家互有争论,然归纳之,不外三派:其一、旧学派;其二、新学派;其三、最新学派。旧学派偏重于理想,根据哲学上之精灵论为基础,从纯理方面(ratio)为理想之说明,谓物体为精神之现象,精神乃万象之本源。即各人之意思得以自由决定,不能由内界与外界之关系所左右,认保安处分为刑法以外之行政处分。新学派偏重于实验,根据哲学上之唯物论为基础,依经验方面(empire)为科学之说明,谓物质为万有之终极,实为万象之原因,即各人之意思不能自由,必因生理与环境之关系而左右之,认保安处分与刑罚并列。最新学派亦注重于实验,惟其与新派不同者,即在于认保安处分与刑罚无别,创刑法一元论,发挥其理论,为二十世纪初期之最新刑法思想焉。

第一项　保安处分旧学派

旧派以毕加利亚(Cesare Beccaria)为先导,主张社会契约说。谓刑罚权,乃社会各员将自己之防卫权,让与于社会,而其职权惟以正义与社会之必要为限,即在刑罚亦以维持一般安宁之不得已范围内,有正当之价值,本此理论,乃极力非难当时刑罚之峻酷与不当。又谓刑罚应止于一身,主罪刑均衡说,对于犯罪现象之发生,仅从社会及客体方面观察,于犯罪方面主体忽而不论,故处刑完全以应报主义及事实主义为基础,认人类达于精神业已成熟且健全者,能依理性行动,识别是非,且有迁善改恶之意思自由,无如彼不就善,偏至种成恶因,恶因应有恶报,故犯罪者不可不处以刑罚。又认各人之自由意思,均系平等,而无差别,处刑之轻重,应依其行为所生之实害大小而决定。此说在十九世纪初期,握有极大威权,及至刑事新学派出,将旧学派之立脚点根本推翻,然其势至今犹不能消灭。推原其因,亦在于旧学派中自知其说之非完善而能主张改进者也。如俾克迈尔(Birkmeyer)氏之谓刑法之外,应有保安处分辅之,方能收刑法之效果。及瓦哈(Wach)氏谓对于旧学派完全抛弃旧有基础固颇不谓然,但主张仍以旧派之立脚点为基础,加以改进,图谋健全之发达,对于利益观念,亦主张采用,兹将俾克迈尔氏及瓦哈氏对于保安处分之见解,约略述之如下:

第一款 固守旧学派

固守旧学派之代表俾克迈尔氏,谓意思自由为刑法成立上不可缺少之要素,新学派所主张之意思必至说,不能阻碍刑事责任之概念,且破坏刑法之本体。盖犯罪为自由意思之产物,刑罚为对于犯罪事实之报应手段。惟对于新学派所主张之预防政策则颇为心许,不过只认此为刑法以外之一种保安方法,谓与刑罚仍有严格之区别也。认刑罚之目的在犯罪之镇压,而保安方法则为犯罪之预防。前者为已犯罪而科罚,后者谓犯罪未发而预用。吾人因严守此种区别,故不得不反对指刑罚为保安之说。又谓保安方法与刑罚同为剥夺自由，被科加者所受痛苦亦复相若，惟其性质则与刑罚不同，以其与犯罪无必然之关系也。盖对于保安方法虽无犯罪行为之存在亦能采用，例如对于精神病之处置，虽与犯罪无涉，亦得施用。故保安方法有时虽施用于有犯罪行为者，然非因其有犯罪行为而施加，乃重在防止其危险性，并非犯罪之镇压，实为犯罪之预防。即从报应刑之目的观察刑罚，亦只认刑罚为一种手段，除达到报应之目的外，尚有必要之目的，即报应刑之效果为威吓或改善犯人之一种处置，可知报应刑之处置亦能达到犯罪防压之效果也。至欲收防压之圆满效果，则两者应相辅而行，即对于一般不能科刑之场合，例如幼年及精神病者，或虽已执行刑罚尚不能脱离危险性之犯人，势不得不采用保安方法以为之救济，俾能得社会上之共同生活。惟对于应科刑之犯人，则不能施用保安方法以代之，例如对于浮浪人或少年犯罪者，如谓刑罚与保安方法可以选择施用，则大误矣（参阅郭先生著《最新刑事政策》第七七至七八页）。

第二款　改进旧学派

改进学派之代表瓦哈氏，对于新旧学派有极精密之见解，主张仍以旧派之立脚点为基础，加以改进，图谋健全之发展。谓旧学派大半拘泥于因袭主义，缺乏进步发展之理想，固守报应主义，故有人谓报应刑为代表旧学派之主张，目的刑为代表新学派之主张，旧学派将刑罚必要之目的轻轻看过，因新派之介绍有认识，此为其最大缺点，但前此之旧法本为旧派之制作品，不能谓为毫无目的，其维持国家秩序之目的，即在报应刑主义之刑罚中亦当承认，若从历史追溯，报应主义之刑罚亦曾负过保持国家之责也。又谓新学派对于因刑事威迫力以防压犯罪之效果毫不注意，仅注意于犯人之本身，而刑事社会学派主张对犯人科以性向刑（依其性质之关系而科刑谓之性向刑），即系对于科刑纯以性向为标准，对于性向有改变可能者，施以威吓教育改善等手段，其不能改善者，则驱逐于社会共同生活团体之外，其结果将为刑法基础之责任及报应观念全然抛弃，而对于客观之犯罪事实全不顾及，只求刑罚之轻重与主观之性向一致，使刑罚变为伦理化矣。要知刑事上之处置并非调和训戒人类性格之场所，强制之使囚徒否定其自己固有之意思，无论事实上未必可能，且非改善犯人之良法，而对于刑事官吏又岂能认为适当之教育家或亦心意上之向导师乎？至若成年之囚犯，早已失去适当教化之资格，所谓忏悔改悛等当属偶然之事实，且非对任何人而有效，若仅因其外貌纯良即认为业已改善，乃属掩耳盗铃之举耳。又谓刑事社会学派，亦有与旧学派一致之处，即两派均承认刑法之必要，对于科刑之条件亦为两派所公认，但对于刑法之必要非因刑罚有治疗犯人之效果，实系据吾人经验上理性之发动，自然有为国家而存在之必要，或为人类生活所不缺者。现代刑法已脱离此种复仇或利己观念，有为一般利益之实在价值，且刑法为吾人道义上之感觉所发生，而为人类共同生存之基础，与正义观念不可分离。故刑法之必要既系由于此种关系而生，不问各人任意所定之刑罚目的若何也。至所谓正义报应，并非复仇反坐损害赔偿观念，不过为侵害共同生活之犯罪行为，依消极之观念而执行一种实际之处置耳。故又可谓刑法为吾人共同生存之条件，而以保护秩序为任务，因刑法之威迫力，以历史之证明，实有保持国家之力量也。吾人一方承认报应为原则，同时并承认责任能力概念，故认其无根本改变旧刑法之必要，不过现行刑法除根据罪刑均衡主义外，其不适合此种主义者，尚须改正增补耳。

依刑事政策之本义，对于刑法应斟酌人类实际之生活关系，于不妨害吾人道义上理想上之基础范围内行之。若对于各种犯罪不顾实在情形如何，呆呆板板依照法律之规定诉追或处罚，亦属错误。要之，吾人一方应保持旧刑法之基础，却不可不图刑法健全之发达，但欲希望完全无缺，则非可能，不过善者因之，其次利导之，其次整理之而已。并谓保安方法为刑罚以外之事，置而不论，惟对于俾克迈尔氏认报应为达刑法目的之惟一方法，颇不为然耳（参阅郭先生著《最新刑事政策》第八〇至八四页）。

总而言之，旧派亦认保安处分为犯罪之预防，不过与刑罚有别，刑罚以镇压犯罪为职司，盖保安处分以预防犯罪及其他类似犯罪之恶害为本质，若有预防之情事存在，纵在未为犯罪及未发生类似犯罪之恶害以前，本无妨施以保安处分。刑罚则不然，刑罚为过去之应报，非如保安处分之无为处分之必要时，则不施以保安处分。反之则失刑罚之威信，况又刑罚则非有犯罪之行为在先不能科之，故谓刑罚为镇压犯罪之报应，保安处分为行政处分之预防，亦促成保安处分成立之一学派也。

第二项　保安处分新学派

十九世纪中叶，自然科学勃兴与达尔文（Darwin）之《进化论》倡导，对于精神科学顿失信仰，而刑法上之见解，亦发生重大影响，主张刑法应以实证之研究，方能合于法理，于是遂产生所谓新学派也。新学派中因其立脚不同，又有刑事人类学派，刑事社会学派之分，兹将其内容分述如下：

第一款 刑事人类学派

刑事人类学派,又可分为刑事生物学派及刑事心理学派,两者合称为广义之刑事人类学派。刑事生物学派,以研究犯人之物理关系为原则,研究心理关系为从属。反之即为刑事心理学派研究之范围也。试行分析说明之。

一、刑事生物学派

刑事生物学派为意大利医学家龙伯罗梭所倡导,本派之根本观念为认定犯罪原因由于个人生理之关系所必然也。系从生物学观察而来,将犯人之体相及心相之组织而为研究,发现重大罪犯之头盖骨与普通人不同,大抵下部较为发达,脑髓之形体上、组织上、亦现见其不同之处,并常现一种遗传或病之变质,著有《犯罪人》一书以说明之。学者加罗弗罗,谓犯人之心理具有特异之变态,将犯人解剖,发现此种人只顾目前之欲望,欠缺道义之观念。此外尚有两种原因,一系不具同情心,一系缺乏名誉心,对于有伤名誉之事以为与己无害,对于有益名誉之事以为与己无利。龙伯罗梭又谓罪人有一定之特征,创"罪人定型说",并主张"生来犯人说"。所谓生来犯人者,即系因禀性上之机能而成立者,其为犯罪行为,完全出自冲动其本能之关系,与粗暴禽兽之行为相等,故生来犯人所演出之罪恶,与自由意思无关,则无责任能力可言,但为维持社会之安宁秩序起见,不得不采用危险之防止法,其防止之方法,即刑罚以外之预防方法,亦即保安处分是也。

二、刑事心理学派

刑事心理学派,系研究刑事一般心理之作用也。易言之,为研究人类关于刑事之精神活动之心理关系。由陆克(Locke)创心理学研究后,其后心理学乃成为一种重要科学,刑事心理学,亦即其中之一种也。其研究之结果,谓犯人之精神状态,计有三种,一常人、二精神病者、三判断力薄弱者。以常人而言,其因受外界之影响所发生之结果亦必无甚异点,但对于心神丧失人,则必起异常之状态,至于判断力薄弱者,则介于常人与精神病者之间,故对于精神病者及判断薄弱者之处置,不可同一而论,须观察各人之性格如何以为断。又谓犯罪之远因与犯人之性格,均与犯罪有莫大之关系,对于处刑之标准,不可不据此而定之,至于处刑之方法,亦以保安处分为最宜。

第二款 刑事社会学派

刑事社会学派,系以研究犯罪之社会原因为目的,乃与刑事人类学派相对立者也。刑事社会学派又有刑事社会学派与新刑事社会学派之分。刑事社会学派,系以统计为根据。新刑事社会学派,以刑事社会学为基础,兼顾及刑事人类学。试行分析说明之:

一、刑事社会学派

刑事社会学派之代表,为比利时学者刻忒勒(Kettler)氏,谓犯罪系以围绕犯罪者周围之情事为其犯罪之主因。详言之,犯罪之原因,不在个人而在社会,犯罪乃社会之产物,个人非其成立之原因,用统计之方法以证实其主张。例如热带及温带地方,由于生活容易,风俗之犯罪比较为多,意大利杀人罪五倍于比,十六倍于英。反之,在寒带地方,因生活困难,财产之犯罪为多。至于季节之气候关系、宗教关系、职业关系,俱足为犯罪之原因,故对于犯人之科刑,应以改善为目的。

二、新刑事社会学派

新刑事社会学派,乃折衷刑事人类学与刑事社会学两派之主张。

系谓犯罪乃由于围绕犯人之社会关系,与犯人之本性必然所发生也。社会关系,则为因生存竞争而起之关系,亦即后天之关系,犯人个人之本性,则为属于犯人之性格,亦即本于先天所生成。故此学者,对于刑事人类学之无责任能力说亦不否认,对于刑事社会学之社会关系亦所采纳,惟偏重于刑事社会学派,故世人称之为新刑事社会学派。对于处罚之标准,应视犯人之内界与外界关系而定之,学者又有名之为德国刑事社会学派,主其说者为德之李斯德氏,兹再录其立说,以供研究保安处分者之参考:

(一)李氏谓吾人对于现行刑法只主张改革或变更,并非破坏或倾覆,所要者为实行有效,且适合于刑罚目的之刑事政策。换言之,即系要求现在刑法比前更为适合刑事目的,且能有防压犯罪之能力;但如欲防压犯罪,当从犯罪本身从事研究,且不止从抽象的概念研究,还须将犯罪视作社会及个人的产物,因吾人确信犯罪系由环绕犯人的社会关系及犯人固有性格所必然成立者。而犯人之性格有一部分为先天的,即系生来已如此,有一部分为后天的,即系由于发育关系或生存命运关系所致者。总之,犯罪既为社会及个人关系的产物,则只须对于此种关系上施以一定处置,便能防止犯罪之发生。

(二)吾人以犯罪为生存力的发现,若专从抽象的概念依严格的义理区分窃盗与欺诈、谋杀与故杀、正犯与从犯,便以为任务终了,或以发现新学理为学问上最后职责,均为吾人所反对。例如因犯罪由某种关系所必然发生的产物,遂将"意思自由"为定理,当作刑法的基础,亦为吾人所反对。质言之,吾人不承认将犯罪认为超越因果律的自由意思所发生,或说有目的之犯罪防压方法为不可能。

(三)有谓犯罪单由社会关系所发生,或单由个人关系所发生,固有极力争论之必要,其一方以为犯罪原因的社会关系不能变更,他方又谓犯人生来的性质无从改善,认犯罪为不可能,吾人以此种见解亦属不当,且确信实行有效的刑事政策为犯罪之可能性也。

(四)吾人既认定实行有效的刑事政策有犯罪之可能性,兹将吾人对于此种问题研究所得者再分述之:

(甲)因犯罪为一切社会关系所发生,故社会各种组织实为一致,复因社会关系之变化,而犯罪之成立亦发生屈曲,或增加、或减少、或与未发生变化时相同。吾人欲证明此种观察之得失,当以各国社会上各种统计为参考,比利时学者刻忒勒氏曾以德国一种统计为根据,证明犯罪之原因,盖以德国犯罪地理的区域观察之,从东北地带至东部皆为犯罪巢穴,因该区域内多为贫苦无食的小民所集合者也,且所犯以窃盗为最多,更足证明因经济压迫足以使犯罪增加,而窃盗罪为尤甚,以此足征社会关系为犯罪构成之一大原因。吾人藉此再进一步推求,又可知由于该种原因所发生之结果不仅及于一身,且能远及一族。例如因父母贫苦,在母胎中已感营养不足,出生后复因父母贫苦,无资就学,自难享受教育,又足造成愚庸之结果,一变而为犯罪之人;但刻忒勒氏谓个人只有混乱犯罪原因的力量,无造成犯罪原因之可能,未免漠视个人之价值。而刻氏所认为重要者为统计上平均的抽象人格,即"平均人"其实并无价值。例如有一人拥百万元之巨款,另一人贫无立锥,若平均则各有五十万元。又如一人之年龄为十岁,另一人为九十岁,若平均各为五十岁。此种平均数目,实与事实不符,故不能认为适当也。

(乙)精密的观察刑事统计,因身份、年龄及男女等不同,将犯罪分为种种类别,所谓统计上的"平均人",亦不过略如数字上之等级而已,若吾人引用此种材料以供刑事政策上之应用,当然为不可能。总之,刻氏漠视个人的特质,以机械的观察社会,乃其一大缺点。吾人承认个人有特别的价值(但系由于社会造成),故对于刻氏此点不予赞同也。

(丙)吾人应先明了刑事的立脚点,方能限定刑事政策实行的范围。吾人主张劳动者应改造其住所,限制劳动时间,以及改良待遇,并使受相当的教育,发展各个人的国民思想,因此便能减少犯罪行为;不过此为实行社会政策,而不属于刑事政策之范围。惟吾人确信社会状态有改善的可能,并利用社会政策的法则确能影响于犯罪之发生,因此不得不反对所谓属于社会物理学派的悲观论者。

(五)(甲)此外尚有一派与吾人之见解完全相反,且有说明的必要,即刑事人类学派是已。此派为意大利之龙伯罗梭氏所创立,在罗马诸国最为发达。彼等将犯罪视为行为者生来资质上必然的产物,各种犯罪行为皆为行为者之本质,即由各个人物理的或心理的性质所必然发生者,是与吾人所主张由于社会关系而间接发生者不同,此种主张见于欧西古代诗歌俚语中者不少。例如谓高尚的思想蓄于优美的容态,而鄙野的精神出于丑陋的状貌,如此穿凿附会,影响人心,当非浅鲜。龙伯罗梭氏及其门徒对于个人性格的研究,为其甚大之功绩,因其对于犯罪不徒须了解犯罪自体的概念,更须研究犯人本身,且热心努力于新学理之发现,及研究方法之改良。例如彼等对于人类之研究,除计量其头盖骨外,又依学术的机械,测度人的脑髓耳目口鼻,及言语笔迹喜怒爱憎等情事,因此即决定所谓"罪人定型"。

(乙)当时学者及一般人对于龙氏所说明之"罪人定型",只注意于各形象中各个的特质,而对于包含罪人形象最重要的精神本体不甚注意,据龙氏所说,如果犯人之手腕不一定较寻常人为长,犯罪人之身体不一定较寻常健,而其言语笔迹行走容貌亦与寻常人无不同之处,则所谓各个人之特质当然不在犯人形象之列矣,又何所区别乎?要之刑事人类学者之主张系以遗传率为中心,使人类的性质全然服从自然之观念,即以此为基础者也。

(丙)意大利学派的学者根据上述见解,多不相信刑罚力的效果,遂不得不努力于代替刑罚的方法。吾人为反对意大利学派之见解者,因此种争论,即为刑事政策是否有实行可能的重要问题。所谓旧学派即系欲保存从来旧有见解之人,尚非吾人所急于反对者,吾人以为最危险者系不信仰人类有教化可能而属于极端的自然派也。

(丁)吾人虽对于遗传律不加反对,而对于龙氏所主张之生来犯人辄否认之,盖子孙因父祖的遗传而致生缺陷者,于事实上亦所恒常,但不过为一种性质的萌芽或倾向的表现,未必不能因教化而转变,或竟能完全涤除。有时因"遗传的负担"关系,或企图自杀,或陡发狂疾,或患神经衰弱及其他疾病,甚至乘危冒险,发生不测,因此遂变为犯罪人者,固非事实所无,然所以陷于此种状态者,亦无非由于生存的命运外界的关系所致。所以龙伯罗梭氏一派之主张最为刻忒勒氏所反对,即系因其将社会原因完全否认,而专从个人性格立论;但有时彼等亦曾研究犯罪统计,并于刑事人类学会议设置刑事社会学一分科,不过无诚意从事耳。彼等之最大缺点,即系对于各方面之考究皆发生不条理的弊病,例如彼等谓妇女因生理上及心理上之差别,其犯罪较男子为少,但实际上各国妇女犯罪的关系与男子犯罪的关系有同样的比例,若根据彼等之理论比较,则与事实完全相反,要知现代妇女亦与男子同立于竞争场中,下自女工,上至官吏,及知识阶级中,妇女与男子皆立于同等地位,未必妇女之犯罪能特别减少。总之,若专从刑事人类学派的见解以立论,则终难彻底也。

（戊）属于龙伯罗梭氏一派之斐利氏,对于犯罪发生之说明,曾谓与气候寒暖甚有关系,即冬季多财产犯,夏季多风俗犯。单就冬季而论,窃盗案件确较夏季为多,此种犯罪之直接原因系由于天寒地冻,无衣不暖,无火不温,不得不求衣服及燃料之供给,或因职业减少,无从获得供给机会,惟有从事窃盗,以救其急需,此即因经济关系而发生犯罪者也。此外尚有若干瑕疵足供吾人驳诘之材料,例如彼等主张所谓"遗传的负担"上所存病的萌芽足为犯罪的倾向,以为其说不可破矣。殊不知近代科学及各种学问均日臻发达,对于此种遗传性病,能以疗养及养育方法渐予减灭,即父母患结核病之儿童,于适当时期中亦能疗治除根,此犹可治,则他种情形亦必不难得同样之结果,即神经衰弱者亦能于适当时期中使之复原,故吾人主张防压救济为有可能性,而彼等所谓"罪人定型"的定律未必足信,要之吾人对于"遗传的负担"虽认为确有其事实,但不承认该种受有遗传性的人定必犯罪耳。

（六）据以上所述,吾人确信刑事政策有遂行的可能,若将犯罪认为生来个人的素质,或为必然的果物,则刑事政策非中止不可。至对于"遗传的负担"须予以某种作用,使之消灭,亦不必求之刑罚之本身,于刑罚以外亦有种种方法足达到同一目的。例如对于幼者施强迫教育,或将放免之犯人置于一定劳役场所,此种问题皆刑事政策范围内所有事也；但刑事政策须与社会政策同时进行。盖刑事政策原非欲在社会的关系本身上发生作用,只欲在社会各个人身上发生作用,惟此等关系非刑事政策所能单独支配,须与一切教化改善机关及其他种种设备相辅而行,方有成功的可能性也。

（七）以上所述大概与万国刑事协会的纲领一致,吾人因欲发愤实行此种见解，故屡有超越现行刑法之见地，并非对于现行刑法欲有所颠覆，不过欲改正补充之耳。因欲解决此种问题，纵须与有力学说相反对，亦非得已。吾人确信属于旧派的人终能翼赞吾人之计划，且知彼等所反对者为学问上的组织而非目的也。

学者中有谓新旧两学派之异点在处罚之目的物，旧学派注重处罚行为，例如对于窃盗罪只处罚窃盗。新学派注重处罚行为者，例如对于窃盗罪只处罚为窃盗行为之人；但此种说明并非适当。盖依旧派主张虽在处罚行为，而结果仍系处罚行为者，依新派主张虽在处罚行为者，而结果仍系因行为者所为之行为而处罚。引申言之，即系行为者因行为所表彰之"犯罪性向"而处罚，且因"犯罪性向"之程度如何而酌定刑罚之轻重，实际上新学派对于因行为所表彰之"犯罪性向"加以观察，于观察之结果，不待行为者之实行，而先事预防，犹如侍疾之医生，不待疾病发生而先为预防，所谓犯罪预防者是也。吾人对于实行此种犯罪预防之结论无用踌躇，例如对于无保护人之幼年者，当其未犯罪时，即须实施强迫教育，乃系认定刑罚为侵害他人自由之具，决不可滥于施用。换言之，即系科罚犯人须有确定之条件，未可单因犯罪嫌疑而科刑也。

（八）新旧两派从严密的区别，一系将犯罪与行为者全然分离，视作别种事物观察的行为为目的物；一系将犯罪因行为所表彰之犯罪性向（即行为者一身之性向）为目的物。依此种区别，两者之见解完全相反，实无融通之余地；但两派之反对并非十分强硬，盖在理论上界限分别，且于学派之争大半离开终局的目的，实行严密的研究，至于实际上关系立法及司法等事项犹常相接近，兹更分别说明如下：

（甲）兹举一累犯情形作例证，现代的立法对于累犯条件及效果加以种种之特别规定，究竟何以对于累犯罪之犯人处以较重之刑，此为吾人所应研究之问题。例如德国对于窃盗罪初犯之处罚仅为五年以下之徒刑，累犯则须处十年以上之徒刑，两相比较，处罚累犯之刑约计比初犯高出三倍以上，何以吾人认此种处罚方法为正当？实际上单观察为此种裁判目的物之犯罪行为，即可处罚此种重刑乎？抑为参酌此种因行为所表彰的"犯罪性向"而处此重刑乎？于此情形，决非将行为分离而为观察，当然系将行为与行为者之经历相结合而下判断。惟现今学者的见解，对于累犯须至何种程度方能适用特别规定之刑罚，其主张不一，至主张对于不能改善之习惯性犯人须加以一种继续的无害处置，或设法驱逐于社会之外，则颇相同也。有谓社会上无不改善之犯人，仅有尚未改善之犯人，又对于吾人所要求之继续无害处置，认为条件过酷，予吾人以反驳者，所在皆有，乃为程度之差别，而非实际上之差异也。

又有人将乞丐为例证，以为反对吾人主张之材料。谓市上之乞丐，无论处罚若干次，决无悛改者，若以其难望悛改，遂处以终身监禁，岂非过于残酷乎？吾人对于此种例证，可以德国现行刑法的规定作反证。查现今德国刑法对于乞丐之处罚，除拘留三四日外，再科以二年间之劳役，在表面观之，对于乞丐之处罚较窃盗为尤重，盖在普通情形之窃盗，实际上不过处以二三周之禁锢耳，但应知劳役制度并非刑罚，乃为一种例外之保安方法，目的不在赔偿而在改善，故不能谓为过于残酷也。

以上的观察，即系表示对于轻微犯罪有长期的剥夺自由之可能，劳役惩戒场虽与刑罚处置有别，但实际上或与刑罚处置相等，或较刑罚处置尤为痛苦。例如德国对于流氓或痞棍之处罚，多系禁止于劳役惩戒场中，而一般流氓痞棍对于此种惩戒，不但认为较处徒刑为嫌恶,且以为较处徒刑为羞辱。故现今通说对于轻微的违警罪,以留置于劳役惩戒场最为适合正义。

(乙)吾人更举一少年的例证以说明之,查德国普鲁森地方之司法省。曾命令法官,对于少年被告事件,所处自由刑应较成年者为长。盖谓准据少年之心情,与其处以短期自由刑不若处以长期自由刑为有利,在法院方面,依据现行法之解释,对于少年犯罪只有减轻刑罚的见解,决无对少年加重其刑罚之原因;但司法省发出此种命令,审判官亦欣然乐从,对于少年犯罪实行加重其刑罚,此非因行为者本身较成年者有过重的关系,盖因行为者因行为所表彰的意向有注意之必要,实际上即系要使刑罚在行为者方面发生作用,欲求达到实施感化教育之作用,决非短期间所能奏效,吾人且主张对于无保护人之幼年,无论有无犯罪行为,须一律施以强迫教育,且其期间务须延长,以施至成年时为止,如此方能发生终身之效力。至对于少年犯罪处以较重之刑罚,实为立法上至当不易之理,但非对于各个行为者一体如是,此乃作大概的论断耳。

(丙)以上所述,吾人对于累犯及少年犯之见解,与现行法之立脚点及现今通说并非根本相反,然总计累犯及少年犯之数目,已超过犯罪全数之半,吾人只须对于此过半数罪犯考究其由行为所表彰的行为者之个性,便能达到吾人之理想矣,吾人尚可将此种原则应用于其他场合也。

(九)论者或以为吾人之见解全属一种理想,但与其谓为纯粹之理想,毋宁谓为正确之事实,大抵所谓刑事政策,系确信人类及社会有改善之可能,有实在的根据,方能有健全的理论。关于此点,无论学问与美术均属相同,即美术家要有实际的生活,方有描写的可能,而实行理想的刑事政策亦须有实在的经验方能推行顺利，故研究监狱中犯人实在的生活状况甚为必要，但对于各个的实验或观察不过作为实行的根据，尚非吾人研究之最终目的也（见郭元觉先生所著《最新刑事政策》第四五页至第五七页）。

据上所述，李斯德之学说，仍认刑事政策于预防之外又有镇压犯罪之可能性。反对刻忒勒氏刑事社会学之漠视个人价值，及否认龙伯罗梭刑事人类学之生来犯人与罪人定型说。另倡新刑事社会学，采长舍短，确能别有见解。至其对于遗传之负担，须以某种作用，使之消灭，亦不必求之刑罚本身，于刑罚以外，亦有种种方法足达到同一目的等语，益促保安处分之发生。李氏之言论，对于刑法之改进，实有莫大之功绩也。

总观上说，新学派之主张，均足为保安处分之渊源。盖彼等之思想，完全建筑于目的主义、人格主义、特别预防主义及改善主义之上，绝对否认事实主义、客观主义及应报主义之旧思想。将刑罚之作用，分为改善、威吓及排害处分三种，而其目的则在保护社会。又分犯人为矫正可能者与矫正不可能者二类，主张对于矫正可能者加以矫正；矫正不可能者则施行社会之隔离处分。认刑罚与保安处分有形式上与分量上之差异，但应同并入于刑法之中，此点与旧派之认保安处分不应规定于刑法之内，而谓为行政处分，确乎有截然不同之处矣。

第三项　保安处分最新学派

保安处分最新学派之代表，在德为立布曼（Moritz Liepmann）女士，在日为牧野英一教授，彼等从犯人改善立场，观察刑罚作用，产生"教育刑主义"。据立布曼之立论，认为无论何种犯人，必有一二点良善之性质,对于刑罚须注意诱发其善良之性质,使犯人再成为社会有用之分子。谓从来之刑罚思想以为不施犯人以痛苦,则不能达改善之目的,然据数世纪来执行刑罚所得之教训,已证明此种思想适与事实相反,故犯人之改善不在压迫其意思使之屈服,而须依据改善可能确信力,用暗示之感化作用,消灭犯人之对社会危险性,同时更发展其有用之性质与基础。又引用人道学派之标语,所谓:"刑罚之本质是教育,否则即失其所据以存立之基础",创教育刑主义,认教育受刑者之目的,在变化受刑者反社会之恶性,使其本能与行为成为衷心服从社会共同状态一分子。又对于所谓矫正不能之犯人加以否认,并引证教育家之见解,以为所谓不能矫正,是在于行刑不得法之证明,人类中绝对无矫正不能与教育不能理由之存在。

其对于教育刑主义之主张,不以客观之秩序或权力之要求为教育之动机,而以主观之感化必要为教育之原因。教育刑之教育本旨,立布曼以为在明了受教育者困难之所在,而发挥其善良之性质使之社会化,行刑教育之目的,在使受刑者释放后,再为社会一分子。虽教育刑主义之基本观念为社会教育,然亦非绝不承认理智教育之价值,从而否认龙伯罗梭所谓教育犯人增加知识,如虎添翼,适足以资其恶,而应根本废除监狱内之学校之说。其谓监内之教育,对于犯人之改善,有极大之功绩。惟理智之教育,对于已经修习初等教育之犯人无多大关系,仅是局部之问题,不如普遍社会教育之重要。教育刑主义一面主张刑罚应该教育化,同时承认教育刑之界限;尤其在今日行刑状态下,更不能无制限之教育刑行使。教育刑论者以为教育之施行,不单以国家行使刑罚权之法律制限,及被告或受刑者在法律上、刑法上及行刑法上地位之保障为前提,并须合于刑罚经济之原则,以避免滥用。欲合于刑罚经济化,应将监狱改为精神病院式之建筑,尤须权力避免适用自由刑,而代以罚金或保安处分,使教育行刑以达于实现。又对于一切犯人,应适用不定期刑,谓刑罚与保安处分无一不以防卫社会为最后之目的,故刑罚即保安处分,保安处分亦即刑罚,此之谓"一元刑法本质论"也。

此外,日本牧野英一教授,亦极倡教育刑主义,但与立布曼一元刑法本质论稍有分别。他主张"行刑三位一体"为原则,以为教育刑论是由社会责任论必然产生之结论。所谓矫正不能之犯人,在观念上固不应承认,即在行刑上应稍变其以刑罚为教育之态度。谓刑罚之教育意义,常因用语不一,有时称为社会防卫,有时称为矫正不能者之隔离,致隐讳不显而被忽视,其实须知最有效之防卫社会方法,莫过于使刑罚教育化。因为必须如此,然后使社会之精力,能最经济之利用,故教育化刑罚之执行,为社会对付犯罪之最好方法。他认为行刑之对象是监狱,同时是受刑者释放后之社会,故主张行刑之基础应建筑在下述三个原则上:

第一,凡人均应劳动,故受刑者亦应劳动;

第二,人应借劳动而修养,故受刑者亦应寓修养于劳动;

第三,人依劳动而发挥能力,故受刑者亦应借劳动以达自给自足之目的。

此三个原则,即行刑三位一体之原则,其思想之背景,在认犯人亦是人,于犯人之待遇,亦应不失其为"人之待遇"之性质。又认为刑罚之本质是教育,故刑罚之目的不可于与犯人消极无益之痛苦,而在完成其道德社会之人格(见《法律评论》第十卷第五十二号张衡枢先生所著《教育刑主义概观》内)。

观以上诸说，可知教育刑主义认刑罚之本质是教育，今后刑罚应扫其威吓之要素，而代以教育之成分。刑罚之执行，非为使犯人受痛苦，乃革除犯人反社会之性格，虽现实之教育刑尚未实现，而理念之教育刑相信足以成立。归结刑罚是感化方法之一种，应避免适用自由刑，而代以罚金或保安处分。此种学说，目下已征服世界刑法思想界矣；但旧派起而反抗者亦所不少。如日本帝大泷川幸辰教授，可为反对派之代表。谓刑罚之本质为犯罪之报应，有犯罪即有刑罚，若刑罚趋于教育化，其结果势必使（一）犯罪之规定愈加抽象，（二）刑罚之裁量范围愈形扩大，若是则非废弃罪刑法定主义之原则，教育刑不能实现，若废弃罪刑法定主义，则非承认法治国转退为警察国不可。认刑罚即有痛苦，痛苦与教育不能相容，故刑罚不能收教育之效果；况又犯人之反社会性，大半为社会所造成，犯人乃被社会排挤而出者，社会之环境依旧，纵使犯人被教育后复归于社会，亦不能见容于社会，至如确信犯人，已绝不能以教育使其同化于社会，为最显著之明证。故教育刑非仅现实不能实现，则理念亦绝不能存在云云。两派主张大异其趣，是丹非素，互相水火，成为剧烈之论战。盖前者主意思必至说与感化主义，后者主意思自由说与应报主义，因其两者之立足点不同，故不得不然也。于此以外犹有一因，过去刑罚报应之基础已建筑在社会心理上，在社会心理未改变以前，欲将刑罚中特有之报应观念与痛苦之成分完全驱逐，使成为不含其他意味，纯粹建筑在社会防卫观念上之社会防卫处分，事实已一时绝不可能，此种现象除非应报思想渐形淡薄，断难解决极端斗争。平心而论，二十世纪后期刑法之归趋，终能达到社会防卫主义之一途，环观年来世界各国新刑法，莫不采纳保安处分之立法例，可为吾人预测将来刑法之佐证也。

新学派与旧学派之异点，前已言之甚详，毋庸赘说。但最新学派与新学派究有何区别？不得不加以说明。新学派认刑罚之作用，可分为改善、威吓及排害处分三种；又认犯人有矫正可能与矫正不可能之分，矫正可能者施以矫正，矫正不可能者则施行社会之隔离处分，视刑罚有镇压与预防之二元性质。易言之，即刑法中应有刑罚与保安处分之规定，仍认两者有形式上与分量上之区别，倡目的刑论以发挥其立场。最新学派则不然，非仅否认刑罚有镇压性，至于犯人矫正不可能者亦加以否认。谓无论何种犯人，必有一二良好之性质，对于行刑之过程，应利用受刑者自己能力发挥其善良性质，努力使其成为社会之良民，而归于适应社会之共同生活。认刑罚与保安处分无一不以防卫社会为最后之目的，根本上即无强为区别之必要，不主张刑罚之除害作用，而倡导一元刑法本质论及教育刑主义以明其理解。故两者显然有别，作者特将新学派之外又有最新学派之分述，非无理也。以上诸说，无一不与保安处分有息息相关，绝难否认其非为保安处分之渊源也。

第四节 万国监狱会议

犯罪非仅为本国之罪人，亦为世界之公敌，十九世纪初期，欧西各国，欲谋世界上个别法律之同化，及防压犯罪之发生，于是有万国监狱会议应运而出焉。其中虽以研究监狱为宗旨，然不能不兼顾刑法之立法问题，故关于保安处分之决议，散见于各次会议，诚非浅鲜。由此可以知万国监狱会议（有译为国际监狱会议），亦为保安处分之渊源。

第一项　佛兰克孚尔特会议

德之密忒尔迈耶尔、荷之斯林格、比之丁克别其阿、法之孟罗克斯托夫、英之何威德斯勒塞尔等,鉴严刑不足以禁奸,狱制当首重感化,各国虽莫不励精改革,然其间制度参差,各是其是,可否得失,迄无定论,于是组织万国监狱会议,力谋解决协议方法,遂于1846年,会议于德之佛兰克孚尔特。其所决议,即采附条件之分房行刑制,表面观之,似与保安处分无关,但其对于幼年犯罪不适用此制,足见仍有保安处分渊源之存在,其所论条件,有如下述:

(一)许从事工作,准自由游行,既施以道德上、宗教上之教诲,并许接见教诲师、狱吏、医生、监狱委员,及囚人保护会之委员。

(二)对于长期囚徒,则施行阶级制,渐次宽其待遇。

(三)对于病囚,免其分房监禁,而留置于别房。

(四)本囚人的性情举止,得缩短其刑期。

(五)拘留监亦可施分房制;但其囚禁之程度,以防止相互交通为限。

以上为该会所决议之办法,并由该会议定于次年在比京伯鲁塞尔开第二次会议。

第二项　伯鲁塞尔会议

1847年,第二次会议于比京伯鲁塞尔。与会者除热心改革之学者外,尚有其他各国之政治家、法律家及政府代表,人数数倍于第一次会议。所讨论之问题,关于幼年犯罪之教养保护等议决,与

保安处分大有关系,兹录其讨论之重要问题如下:

(甲)幼年犯罪问题,其议决案约可分为三项。

(一)特别监狱;

(二)教养保护;

(三)条件附放免,刑期既满,仍得令就业,故与"假释"略异。

(一)、(二)两项各国已有行之,惟"条件附放免"之制,对于"有罪幼年"之在幼年监者,尚未实行,至处"无刑幼年"之感化院,则已有实行者。

(乙)分房建筑问题,以英国之"平腾罘制"为标准。

第三项　佛兰克孚尔特会议

第三次万国监狱会议,预定在瑞士或荷兰开会,因革命中沮。越十年,复开会于佛兰克孚尔特,时1858年也。它所讨论,不徒以行刑防遏犯罪之方法亟当讲求,即对于犯罪发生之原因,亦加以研究。其预防之策,贫民之救济与教化,均属预防犯罪之重要问题,亦是会中最注意之点,名其曰救济会议,故亦为促进保安处分产生之渊源;但是它所标榜之范围过广,议论多而成功少,于是该会议之信用,逐渐薄弱,该会之命运,因此以中绝,殊为可惜耳。

第四项　伦敦会议

美国瓦因斯博士,鉴本国各州刑法及狱制不同,特组织一"美国监狱协会",以谋各州狱制之统一及改革(此会至今犹存)。至1871年,美国政府派瓦因斯博士,遍访各国,要求更开万国监狱会议,次年(1872年)始由各国派代表,开万国监狱会议于伦敦,是为第一届万国监狱会议(有译为第一届国际监狱会议)。

此次会议,鉴于前次范围太广,空言无补之弊窦,特确定其范围,趋重于事实。首先征求各国狱务上之报告,就各国报告事项,较其异同,评其优劣。而议题凡二十有九,其中得为保安处分之渊源者,亦有数点。如警察监视,惯行犯之处置,少年犯罪之处置等是。兹将其议题分列于下:

(一)监狱中囚人至多容纳若干;

(二)各种行刑制之囚人汇类法;

(三)行刑法规;

(四)可否以体刑为狱内惩罚;

(五)囚人施教之方法;

(六)看守学校之设立;

(七)统一自由刑;

(八)徒流刑;

(九)可否以剥夺自由为唯一之刑罚;

(十)以强制劳役代自由刑;

(十一)不定期刑;

(十二)假释;

(十三)警察监视;

(十四)惯行犯之处置;

(十五)狱内劳役;

(十六)监狱之监督;

(十七)统一监督权;

(十八)少年犯罪之处置;

(十九)国际监狱统计;

(二十)免囚保护;

（二十一）免囚恶性复萌之处置；

（二十二）收买赃物之处置；

（二十三）体刑是否绝对废止；

（二十四）有期自由刑之最长期；

（二十五）拘留囚之待遇；

（二十六）国际罪人交付条约；

（二十七）行刑制度；

（二十八）小监狱之研究；

（二十九）女监之共同工作。

至其决议之大旨，以折衷分房制及阶级制为依归。即对于短期囚，全适用分房制，长期囚则于定期分房囚禁以后，适用阶级制。

本会议所讨论，原不过就前次议决大纲，加以补缀修正。然自1858年佛兰克孚尔特会议中断后，至此中兴，故现代监狱学者，亦称之曰第一届万国监狱会议。

第五项　斯特克孚尔姆会议

1878年，开会于瑞典之斯特克孚尔姆，亦曰第二届万国监狱会议。其讨论事项，对于防制惯习犯、少年犯罪及少年无赖者之管理等问题，亦足促刑法上保安处分成立之渊源，全会讨论事项，计分三项：

（甲）刑事立法问题

　　（一）行刑法规；

　　（二）统一自由刑；

　　（三）徒流刑；

　　（四）中央狱务监督机关。

（乙）行刑制度问题

（一）国际监狱统计；

　　（二）看守养成；

　　（三）狱内惩罚；

　　（四）假释；

　　（五）分房囚禁；

　　（六）分房囚禁之期限。

（丙）犯罪预防问题

　　（一）免囚保护事业及国家之补助；

　　（二）防制惯习犯；

　　（三）无论曾受刑之宣告与否之少年犯罪者，及少年无赖者之管理；

　　（四）对于犯罪之国际法。

第六项　罗马会议

　　1885年在意大利之罗马，开第三届万国监狱会议。议题经前次会议时预为决定，其研究之方法及应搜集之材料，业经明定，故各国均依其决议，以为准备，至临时提出之新问题，亦复不少。时意大利医生龙伯罗梭，本医学上研究之结果，觉人类有"生而犯罪者"，以为历来犯罪之观念大误，于是有刑事人类学之创始，菲利（Ferri）等复从而演绎之。各国学者，群起研究，亦为此会议中一大特色。而于少年犯之父母责任，少年犯罪父母之责任与推事之权限，及浮浪者之处置等问题，亦与保安处分，大有关系。今就是会之讨论事项，列举如下；

（甲）刑事立法问题

　　（一）市民权或政权之剥夺；

(二)推事之刑期裁量权；

(三)对于少年人犯罪，其父之责任如何；

(四)对于少年人犯罪人，推事之权限如何。

(乙)行刑制度问题

(一)分房监狱之构造；

(二)对于拘留囚及短期行刑囚之监狱；

(三)农业国之行刑；

(四)监督委员；

(五)囚人之给养。

(丙)犯罪预防问题

(一)免囚保护所；

(二)犯罪国际人名表；

(三)罪人交付条约；

(四)浮浪者之处置；

(五)保护会会员之入监访问；

(六)狱内之学童；

(七)星期日囚人之工作。

此次会议并议定每五年开会一次。

第七项　圣彼得堡会议

1891年，开第四次会议于俄京，时值约翰华尔德逝世百年之期，并举行约翰华尔德百年纪念大会，俄皇亲临致祭，极一时之盛。我国此次始有人加入(见《中华法学杂志》第二卷第八号第115页)；但是会讨论事项，现已无处可稽，殊为憾事。

第八项　巴黎会议

1895年,开第五届万国监狱会议于法国之巴黎,议题系旧题重议。其中关于防止游荡无职业之办法,亦有保安处分之性质。惟流刑问题,法国学者,盛言其利,其理由如下:

（甲）以犯人放之远方,不致罪恶传染。

（乙）移囚开垦,为一种殖民政策。

日本代表法学博士小阿磁次郎,极端反对,赖赞成多数,卒决议认为可行。

第九项　伯鲁塞尔会议

1900年,开会于比京伯鲁塞尔,是为第六届万国监狱会议。对于幼年犯罪问题,特加注意,足见亦为促进保安处分之一原因,其讨论事项,增为四部:

（一）刑事立法问题;

（二）行刑制度问题;

（三）犯罪预防问题;

（四）幼年犯罪问题。

第十项　伯达拍斯特会议

1905年,开第七届万国监狱会议于匈京伯达拍斯特。从前到会者,除政府代表外,仅刑法学家及监狱学家,至是则各国教育专家,亦多荙会。而监狱学之前途,遂益昌明,保安处分亦随之而发达,盖几合刑法、监狱、教育三者而为一矣。匈京闭会时,由巴何斯宣读美总统罗斯福之通告书,请下次开会于华盛顿,各国咸欣悦赞成,美政府乃盛加预备,而1910年,乃有华盛顿之第八次万国监狱会议。

第十一项　华盛顿会议

万国监狱会议,虽创自美国,然前七次开会,均在欧洲。1905年,美国议院提出议案,要求政府通知各国,第八届开会于华盛顿,经各国赞同,于是美政府预备美金二十万圆,以为会费,定于1910年10月2号开会,时吾国前清宣统二年八月二十九日也。当时清廷派徐谦、许世英与会,是为吾国政府特派专员加入万国监狱会议之始。

此届会开会时期,共有七日,始自10月2日,终于8日,以美洲民主事务所为会场,与会之国共有三十五国,各国政府派员及以个人资格加入者。男女会员共一百十一人。

是会为空前之盛举,亦为各国学者,穷年研究之精华,志士仁人,苦心试验之结果。全会讨论重心,又不能不谓为世界保安处分长足捷进之表现。观其议决案中之幼年犯罪须加以迁善教育,习惯犯、常业犯之区别,感化院之改良,地方慈善会之受政府委托得监督假释者,游荡无职业之强令工作及酗酒犯罪者之医疗等,则可以知之矣。

讨论事项仍分四部:

(一)刑法立法问题;

(二)行刑制度问题;

(三)预防犯罪问题;

(四)幼年犯罪问题。

分部讨论决议后,更经总会审定,而问题因以议决,所有议案,爰分述于下:

(甲)改良刑法之议案,又可分为三项:

(一)不定期刑之推行。

不定期刑如与刑法原理不背,则须明定下列二事:(1)对于何种犯罪可以适用,何种罪犯不得适用?(2)不定期刑,既无最长及最短期限,当以何法施行,始无害于人之自由?

不定期刑,如与刑法原理相背,则对于特定犯罪,能以不定期刑,作为附加刑否?并讨论其实施之程序,其结果略如下述:

1. 定期刑仍当保存。

2. 不定期名词既泛,范围太广,恐有流弊,所以适用时,应注意下列三点:

(1)幼年罪犯,适用不定期刑者,须加以迁善教育;

(2)累犯者必释放出监后,确于社会大有危险,方得适用不定期刑;

(3)当适用不定期刑时,须兼采假释制度。

3. 下列四种犯人,得于判决确定时,附判不定期刑,至刑期满时,临时酌定其应否适用。

(1)最长期监禁者;

(2)习惯犯罪者;

(3)以犯罪为常业者;

(4)犯罪原因,非由外界感触,而其人具有犯罪特性者。

上列四种人,对于社会危险甚大,确难望其自新,故须加不定期刑。至其判断之权,则由审判官、检察官、监狱官、医官、行政官所组织之合议法庭行之,当开临时法庭之时候,须独立判断,不受外界影响,嗣更议决不定期刑,对于有精神病之罪犯,亦得适用。

(二)外国裁判之效力。

1. 本国人因重罪及公法上轻罪,曾在外国罹失权及禁锢之处罚者,如回本国,仍应科同式之刑罚。惟从国际法言,此种刑罚,非认外国裁判之效力,顾可以特别诉讼程序,移请犯人本国之法院,按定同式之刑罚科断。

2. 此种特别诉讼程序,可施于在外国犯重罪及公法上轻罪之外国人,依外国政府之请求,亦可适用。

3. 犯人在外国,因犯重罪或公法上轻罪被处罚者,如逃至第三国犯法,该国得认为再犯,按照本国法律科断。

4. 下开二事,当由文明各国订结条约:

(1)此国所定罪名,他国必须承认其效力;

(2)他国如欲知本国人因重罪及公法上轻罪之案情,请求本国详查者,当尽情相告。

5. 应组织国际法律事务所,俾互相移告各国法律及审判与侦查事宜。

6. 凡犯人经法庭认许假释而出狱者,无论至何国,皆当认他有假释之自由。

以上 1 至 5 各条,不适用于国事犯,本会议并请以下列三端由各国会商,下期开会时讨论。

(1)一国裁判所宣告损失资格之罪案,在他国亦有效。

(2)犯人在一国所犯之重罪或轻罪,他国裁判所,亦应注意,以备再犯加重及准予假释时,有所择别。

(3)各国所定之重要案件,当设一国际法律事务所,以司移告。

(三)防止罪徒之结合。

欲预防罪徒结合,可否以同谋及参与犯罪行为为特别罪状,或认共犯为加重罪情,其结果议决如下:

(1)以同谋为特别罪状,似与各国刑法之精神不合。

(2)近来集合同谋犯罪者日多,而同谋复为犯罪者之惯技,各国裁判官,应有权加重治其罪。

(乙)改良监狱的议案,又可分为三项:

(一)感化院的改良。

近世感化院制度,应据何种良法,方为合宜?犯人入院,应否分年岁等级?少年犯罪及怙恶不悛者,应否特别监视?入院后是否等其恶性全改,始行释放?辩论之结果,议决如下:

1.凡犯人无论年龄如何,以至再犯、累犯,总希望他改过迁善,不可有绝之之心。

2.凡犯人在监禁之时候,须从惩戒及感化两方面着手。

3.凡感化犯人,对于德育、智育、体育三种,须并注意,使他出院后,足以自立。

4.感化院期限,以长期为宜,俾可养成完全人格。

5.感化院既定长期,必须兼用假释制度,惟出院时必须经过临时法庭认定,出院后必须有相当之人随时监督。

6.对于幼年犯罪者,当有特别管理法如下:

(1)幼年犯罪,应付感化院者,其期限之长短,由审判官临时酌定,不可拘定法律,总以幼年人须如何时间,能变其气质为断;

(2) 长期之囚犯,于刑期未满时,确能改悔自新,经临时法庭许其出院,则原判决之审判官,亦当认可,不得异议;

(3) 凡幼年犯罪者,候审时,应与短期监禁人分别场所,不得合在一处。

(二)假释制之适用。

假释制度,能否更加改良?判定假释之权,应由何种机关行之?其决议如下:

1. 假释制度,当有一定法律,凡罪人在监,须满最短期之监禁刑,方能施行假释,无论何人,皆有享受假释利益之资格。

2. 有判定假释之权者,即临时法庭之官吏,惟出狱后,仍须随时监督,如察其不能改悔,仍可随时拘引入狱。

3. 假释制度施行后,政府须设一定官吏,监督假释之人,如一时未设专官,地方慈善会,亦可受政府委托,管理此事,惟犯人之行止,在相当时期内,须随时报告政府。

4. 所有永远监禁之罪徒,不得假释者,当由司法部司其特赦。

(三)监狱中之工作。

监狱之大小,何者适宜?监狱之犯人,应否一律作工?其决议如下:

1. 全国监狱,宜设一专部统辖。

2. 监狱中之犯人,无论刑期长短,无论监狱大小,皆当使他作工。

3. 宜设大监狱,俾可容纳多数犯人,经营规模较大之工作,比多设小监狱较为有益。

4. 如不能多设大监狱,则小监狱中,亦必使犯人从事小工作,不可使他闲居。

5.大监中经营大工作,组织必求完备,须以此种监狱,视为工业学校,此中犯人出狱后,可以命他为小监狱中之执事人。

6.监狱官吏中,至少须有精通工业,可以指挥一切之一人。

(丙)预防犯罪之议案,又可分为四项:

(一)缓刑制度之推行。

缓刑制度,各国有已经实行者,他之成绩如何,应否再行推广?对此问题,其决议如下:

1.缓刑之犯罪,必须使他不得扰害社会。

2.对于犯罪,必确信其人,不必监禁而能自新者,方得享缓刑之待遇。

3.缓刑期间,必须有人随时监督。

(二)防止游手之办法。

防止游荡无职业之办法,认为仍应遵照1895年巴黎万国监狱会议之决议。

1.社会对于流氓乞丐,有采取防范方法之权利,虽加以强制,亦在所不恤;但亦有组织公共赈济所及私人周济事务及维持会之义务。

2.乞丐流氓,其类不一,约可分为三种:

(1)有残疾之穷人;

(2)偶为流氓乞丐者;

(3)以乞丐流氓为职业者。

本上述分类为相当之处置。

3.第一类之流氓乞丐,当赈济之至身体复原能自食其力为止。

第二类之流氓乞丐,当安置于公共或私人所设之赈济所栖流所,并强令作工。

第三类之流氓乞丐,当以严刑惩之,禁其再犯。

外此更经决议者数端：

(1)欲减除"以流氓乞丐为职业",或"甘心为流氓乞丐者",须设工艺所,所中囚徒须受严厉纪律应与他人分居,其有勤敏工作及举动合度者,当类别之,并设法勉励他复权。

(2)工艺所中当以农工业为重,禁锢期当稍长,俾可竟成其业,且使人知所儆戒。

(3)被禁身体上及精神上,均当尽心调治。

(4)对于流氓乞丐之拘留,亦须适用假释与监视(公家尽力为之,如有慈善会协助亦可)之制度。

(5)万国监狱会议,请设法推行乞丐流氓之识别分类法。

(三)资助犯人之家属。

犯人入狱,家属失其赡养,应如何设法资助？其决议如下：

1. 所有监犯,在监工作,应照其所作工业之高下,酌予工资,分作二分,一半交其之家属,俾得赡养,一半俟其出狱时,付作营生资本。

2. 监犯酌给工资,其法虽善,各国尚难实行,即如美国监狱虽多,一时亦尚不能办到,惟慈善会及监狱协会,宜负此义务,不可令犯人家属失所。

3. 监犯酌给工资,既可保护其家属,复能使囚徒出狱后,可以自立,其关系甚为重要,但照目前情形,概难办到,宜请各国政府,对此问题,发表意见,等下次会议时再议。

(四)特别监狱之设置。

近年来各国对于酗酒犯罪之徒及再犯,有建设特别监狱,而施以长期禁锢(二三年)者,他之成效如何？并应否设特别医疗机关,以治此等罪犯？其决议如下：

1. 万国监狱会，查得禁锢酗酒汉之长期（二三年）特别监狱，甚为有效。

2. 万国监狱会，认为不必设特别医药机关，可是监中之卫生事宜，当由有才能、有经验之医士主持。

3. 禁锢酗酒罪徒之事情，当由国家严加监督，俾于最短时期，废止酗酒习惯，以免屡施刑罚。

（丁）保护童稚之议案，亦可分为四项：

（一）幼年犯之科刑。

幼年犯罪，初无责任，审判之法，应异成年，生理社会等学，既贵周知，保护监视之方，尤所当讲，不幸而犯罪，是否与成人犯罪同一处置？如不然，则处理幼年犯之程序，应遵何种原理？讨论结果，议决如下：

1. 幼年犯罪，当特别办理，不得以处理成年犯罪之程序处理之。

2. 处理幼年犯罪，当依下列各条之精神办理：

（1）审判幼年罪犯之裁判官、预审官，当深知幼年人之性情，乐与幼年习近，并须具备社会学及心理学上之知识。

（2）审讯幼年犯罪之时候，审判官、预审官之态度，当如劝谕，而有怀爱之心，不容刺讯，而具品评之意。

（3）对于幼年犯罪者，亦适用假释制度，出狱后必有特定人之监督，惟此监督人，必须到庭听审，俾明了其犯罪之原因。

（4）对于幼年犯罪，必须使深通社会学、心理学之医生，细研考查其犯罪原因，报告于审判官，使案件易于解决，但此种考查所得，不得宣布。

(5) 幼年犯罪，以不逮捕为宜，逮捕状必于不得已时出之。

(6) 拘留场所，当与成年犯罪人隔绝，审判时间，亦应与成年犯罪人分离。

(二) 异质儿之处置。

幼儿及精神病者，于刑事上皆无责任，自不待言，若夫性质迥异乎寻常，趋向尤近于危险，纵之则有碍社会，惩之又不顺人情，是否应建特别监以居之？此问题与人类学关系綦切，但人类学之研究，还未能有完密之系统，讨论结果，认为采访未周，不敢遽断，仅决议如下述：

1. 万国监狱会议，对于此问题，不敢遽断，希望私人或国家，从速调查，调查应以各学者所定"异质幼童之心理分类法"为基础，而注意下开各事：

(1) 在异质幼童监中之人，其精神有危险之倾向者，其人数及比例率若何？

(2) 在迁善所或裁判所之幼童，有精神病者之人数，及比例率若何？

2. 下列二端，须由此种监所之管理人，发表意见，以备研究。

(1) 此种幼童，仍可留于所在之监所否？

(2) 有何特别待遇法，及其成效若何？

(三) 浮荡儿之减除。

城市幼童，最易流于浮浪，浮浪者是致贫之媒介，为犯罪之初步，儿童犯此，危险尤甚，当用何法，以减除他不事生产之习惯？其决议如下：

1. 父母失教，应使负其子犯罪之责任，失养应强其扶养，如父母有恶习，或家庭教育不良，应责付其子，隶于公共机关，俾习一艺。

2. 公共教育机关，或私人对于儿童所学工艺，宜与儿童之利益需要相合，徒手工业，应尽力推广。

3. 多辟公园及有益之游戏场、休息场，并附设运动场所，使幼童得养成他强健活泼之精神。

4. 多开讲演会，以日用寻常之事，发挥家庭教育，使为父母者，对于儿童流于游惰邪僻，知所防止之方法。

5. 报纸教士，对于"养正莫如戒惰"，亦须竭力鼓吹，指导社会。

（四）私生子之保护。

私生子亦天壤间人，只以父母之无行，而累及其子，谋所以恤人，不特为慈善事业，抑亦减少犯罪之一种优良办法，其决议如下：

1. 法律、道德及社会习惯，各方面均注意于私生子之保护，而勿加以轻蔑。

2. 法律上应明定私生子之地位，虽一时社会情状，不能与正当婚姻所生之子，一律看待，惟看护、赡养、继承各事，必渐期其平等。

3. 哺乳期满后，责付其父或其母之时候，应视"此幼儿之私益及其将来为国民之需要"为断。

4. 私生子判归其父或其母之时候，有不能看护其子者，亦当供给款项，为赡养及教育之用费。

5. 男女私通，多由愚昧，社会上应以演说或文字晓其利害，并使男女有精神上之平等权，俾无知识者各知自重。

6. 男女私通，受孕后，其未生者有往往堕胎，其既生亦往往将私生子致死或抛弃，不幸丑行暴于社会，又每每流落为娼，各医院及其他公所中，如有此种幼女，往请调治或援助者，宜由保护幼童

会,或其他慈善团体派员,照下列各端,帮同办理:

(1)告以生子前后应行准备之事项,不使有堕胎致死之行为。

(2)调查其父,使负赡养责任。

(3)为该幼女及其私生子之保护人,遇有困难,须妥为指导。

第十二项　伦敦会议

欧洲大战发生,各种国际会合,因而概行停顿,监狱会议,亦在其例。迨大战告终,和约成立,各国始有复活1872年所组织在伦敦召集之万国监狱会议之议,故又在英京伦敦开第九届会议。我国特派专员何基鸿参加。会期自1925年8月4日至同月10日止。其议案非仅关于监狱技术之研究,且深入于刑法与刑事政策之议论,保安处分之制度,亦因之更加巩固。如少年与成年之裁判所应加区别,刑之执行犹豫,或假出狱者之应由警察监督,异常成年精神障害而认定对于社会有危险倾向者之收容于非刑事场所及少年犯之委托处分,其价值殊足宝贵,兹将其议题与决议,列举如下:

第一部　立法

第一问题　对于诉追机关,关于起诉上便宜主义之原则可否承认?如肯定此种原则,其权能应否加以一定之限制与监督?对于裁判所,是否可许其即在犯罪事实已经证明时,有不为处刑宣告之权能?

决议　鉴于刑法进化之一般倾向,如犯罪不诉追,而无害于公益时,则便宜主义原则之应用,得推奖之。

关于警察犯,尤其是少年犯罪,便宜主义之原则,可以适用。便宜主义原则之实行,应付犯罪者于 control(即监视之意);但各国之司法、组织不同,须在国际会议上决定 control 方法是不可能;然 control 可由司法官宪行之,亦可用国民诉追之方法行之。

第二问题　对于犯不重大之罪,或不构成危险公安之罪者,应由何种方法,以替代自由刑?

　　决议　　关于用其他之刑罚,代替自由刑之事,于此表明不必付诸等闲之希望,而且对于下列两事项,加以推奖:

　　　　(一)应扩张执行犹豫(probation)之制度;

　　　　(二)在可能范围之内,许裁判官以罚金代自由刑之权能,藉宏罚金之适用,而且为避用换刑处分之自由刑起见,容易行罚金之纳付方法。

第三问题　不仅重大之犯罪,关于一般之犯罪,对于累犯之处置而适用不定期刑之原则,是否可能,而且其界限如何?

　　决议　　不定期刑,是刑罚个别化必然之结论,是对于犯罪而行社会防卫之一最有效之方法,各国之法律,应规定不定期刑之最大限度,而且对于此最大限度之性质反适用,亦应加以明定。在一切情况之下,对于附带条件之释放,是有保障和规程之必要,所以应依各国之情形与事实,使其实行为可能之设施。

第四问题　使刑事裁判官,适当应用刑罚个别主义原则,宜用何种方法?

　　决议　　不问何国之刑事诉讼,裁判官于宣告裁判之前,对于被告之性格、操行、生活状况,以及对于被告刑罚正当量定上有必要之其他情事,应洞悉无遗,乃刑事诉讼上一重要之事项,于此:

（一）刑法对于裁判官，应使于各种刑罚及其他方法（预防方法及保安方法）之内，得以选用其一，而且此种权限，不可限制得太狭。刑法关于个别主义，是应照一般之规定，指导裁判官。

（二）在可能范围之内，裁判所应特别化，尤其关于少年与成年之裁判所，应加区别，而且更使各地之分权（décentralisé）。

（三）应以犯罪学之教育，补充法律之教育。大学课程及此等之实习（尤其是心理学、犯罪社会学、医学、司法精神病学及刑罚学），凡执行刑事裁判官之职务者，均宜必修之。

（四）刑事裁判官，应专门永久从事于刑事裁判之事务，而且使有充分升进之希望。

（五）为补充裁判官关于犯罪学之知识，应开始特别讲座。裁判官对于监狱及与此同类之设施，是不可不知道，而且应时加访问。

（六）裁判官于用刑之前，对于被告身体及心理之状态、社会之情事及犯罪之原因，应充分明白。

（七）关于此点，在公判前，应为详密之调查，而且此种调查，决不可秘密警察之方法，应由裁判官自身，或有此种权限之机关行之。

（八）刑事诉讼法应规定凡为裁判官者，对于被告之人格、社会生活之情形，能供给资料者，应使为证人，到庭陈述。

（九）裁判官对于被告身体及心理状态之探知，无适当之方法时，应有使医师及心理学者代为检定之权能。

（十）公判应别为二部，在第一部，为有罪性（culpabilité）之辩论及裁判；第二部，则为刑罚之辩论及裁判。

第二部　管理

第一问题　对于特殊之累犯者,采用特别之拘禁制度,以作镇压之方法时,应由何种官宪,宣告拘禁,而且如何执行拘禁?

决议　特别拘禁,应由司法官宪宣告之。

拘禁之目的,虽重在预防;但亦应使带改善之影响。拘禁之设施,应较一般之刑罚为宽。

期间应为不定期,司法部长或其他有权限之官宪,得各拘禁所所设之委员会之补助,有许与附带条件之释放之权,司法部长或其他官宪,关于规定一定时期而为附带条件释放之事项,应从事调查。

第二问题　关于囚人之科学研究,监狱内是否需要一种设备? 此种设备,对于犯罪原因之阐明,犯人个别处理之规定,是否有效?

对于精神上有障碍嫌疑之被告,在被起诉于裁判所之前,利用此种机关以事调查。是否适当?

决议　一切囚人,应受有技能的医士之身体及精神之检查。监狱为此种目的,应有适当之设备。此种之 system(体系),对于犯罪之生物及社会原因之决定,极有效用;而且对于各犯人所定适当之处置,亦有用处。

第三问题　依囚人之性格,宣告刑罚及犯罪之轻重,而各别适用不同之制度,是否适当? 而且监狱关于此种制度,应如何组织?

决议　防止犯罪性轻之囚人,而受犯罪性剧之囚人传染,是监狱制度一最重要之原则。囚人应参酌其年龄、性别及精神状态而分类,并且应依各囚人之性质,以及其矫正成分之多少,而行主要之分类。被处短期刑及被处长期刑者,应予以不同之处置及待遇。对于被处长期刑者,应设特别之制度,而且此种制度,当然不能适用于被处短期刑者。

第四问题　成年受刑者之所持金(pecule)制度,应如何组织?并且拘禁中及拘禁后之利用方法如何?对于正在受裁判执行之少年,其由工资、赏与或其他名义而所得之金钱,应如何监督、管理及使用?

　决议　　因人对于工作,本无要求工资之权利;但国家为刺激其工作之热心起见,以给以赏与为宜。此种赏与,如系金钱时,是不可以扣留。原则上囚人不得减少所持金,以充对于第三者之债务偿还。但于囚人之家族,罹重病而不能受无代价之医疗,或陷于赤贫时,则属例外。所持金之不可扣性,是不适用于入监时所持金额,与刑期中受自外部之金额。

　　所持金对于囚人妻子之必要,而为适当合理支给之后,希望充作受刑者,对于国家及被害者债务偿还之用。囚人即受释放后,亦不应有自由处分所持金之权,应将所持金信托于受托者,使作善良之使用。少年须俟其已达成年,始可给与一定之金额,对于彼等浪费之注意,应较对于成年者更为严重。

第三部　预防

第一问题　对于刑之执行犹豫或假出狱者,国家、团体或个人之最有效监督方法如何?

　决议　　对于附条件之处罚者及附条件之释放者,应由警察监督之。此种监督,亦得由受国家补助或监督之私设团体,以及官立或半官立之组织团体行之。官立或半官立之组织团体者,虽受国家之报酬,直接隶属于裁判所;但不属于警察之人员也。对于一切受附条件之处罚者及附条件之释放者,可行强制之监督。至对于刑已执行期满,即受确定之释放者,以任意监督为正当。关于被释放者,从处罚之国家而赴其他国家,希望诸国之中央机关,为国际之协约。

第二问题　国家间对于所谓国际之犯罪斗争,如何方法为有效?

 决议　对于所谓国际之犯罪斗争,如照下述方法,为最有效:即诸国允许彼等之司法官宪及警察官宪之间,为直接之交通,藉使关于犯罪之诉追方法,得以敏速,关于危险犯人之知识,得以交换。所以各国应指定中央之警察官宪,使与他国同样官宪,为直接而且最容易之交通。

第三问题　对于绘画,尤其是映画之不良影响,可以刺激一般,尤其是少年之犯罪,或不道德之行为者,有何种最良之方法以预防之?

 决议　(A)各国应设立以保护少年为目的之有力检查所,而且应以特别之方法,及对于影戏馆之监督,使检查之决定,得以确实执行。

   检查映画,不应单以紊乱风俗与否之点为限,其一切事项,对于少年德性,有恶影响者,均应监督之。而且对于少年,最好使演特别之影戏,对于摄制有益少年与一般公众之影片者,国家应与以补助。

   影片之问题,是有国际之利害关系,所以对此,应规定国际之协约。各国对于在本国禁演之影片,应努力防遏其出口。

   (B)关于影片以外之制作物,各国应促进1923年7月关于不道德出版物之国际协约之实行。

第四问题　对于有危险倾向之成年精神障害者(精神未熟者,精神薄弱者）应采何种方法？

对于同种类之少年，适用何种方法？

决议　对于有危险倾向之异常成年者，希望由司法官宪，收容于非刑事之设备，或殖民地处所。异常者在此种设备或殖民地，可受适当之处置及待遇，然后受附条件之释放。附条件之释放，应由有权限之官宪行之，同时官宪又应受由专家所组成之委员会之补助。同种类之少年，也应受同样之处置与待遇，但处置之结果，如属不良时，其收容之场所应另择之。

附条件之释放、释放后之保护，及被释放者之监督，是有绝对之必要。再据社会之观察，关于精神病之卫生及预防之事业，应设法发展之，而且应讲求于适当之时期，发现异常者及精神薄弱者之方法。

第五问题　收容已被诉追，及受感化处分之少年于适当家庭，应在何种情况，何种规定之下行之？

决议　裁判上受诉追而认为有犯罪之少年，如其双亲不能完全其道德之教育，应委托于其他适当之家族。此种委托，应以社会之改善为目标，如付少年于此种制度，对于少年之身体、心理、道德，应先为完全之检查。检查之结果在认为既不应送交治疗机关，又不应移交感化设备时，始宜为委托处分。

关于被委托家族之选择，以由公设之设备，或公认之私人协会之介绍及监督为适当。再对于委托之契约，应载明该家族之权利与义务。该家族对于少年，应完全施行道德及职业之教育。同时家属对于此种费用而受赔偿，是正当之权利。俟少年能劳动时，家族应给以正当之工资。家族与介绍之协会，均应服从公家之监督。

开设特别讲演及讲座,关于被起诉之少年教育,而教示必要之原理,是有益之事。于是对于出席此种讲演或讲座,而举良好效果之人,关于少年之委托,而认为有优先权,亦是有益之事。

(备考)关于最后一点,尚有动议提出,当即决议,家族委托,不仅被起诉之少年,即关于道义被遗弃之少年,亦适用之。

第五节 国际刑罚会议

自1872年,美国政府发起万国监狱会议,开第一届会议于英之伦敦,1878年开第二届会议于瑞之斯特克孚尔姆,1885年开第三届于意之罗马,1890年开第四届会议于俄之圣彼得堡,1895年开第五届会议于法之巴黎,1900年开第六届会议于比之伯鲁塞尔,1905年开第七届会议于匈之伯达拍斯特,1910年开第八届会议于美之华盛顿,旋以大战中止,迄至1925年后开第九届会议于英之伦敦。此次会议时,议决1930年在捷克之勃拉克开第十届会议。前九届均名万国监狱会议(Congrès Pénitentiaire International),第十届始扩大名称之范围,更名为国际刑法及监狱会议(Congrès Pénal et Pénitentiaire International),简称为国际刑罚会议,我国派刘克俊代表出席,此次会议,对于保安处分之方法及其体系,均完全确立,亦可称为保安处分完成国际化之时期。兹将其开会情形及讨论事项,列举如下:

一、开会情形

本年8月25日在勃拉克开会,以议会为会场,与会者除四十余国政府所派之代表外,有各国大学教授讲师、监狱官吏及专门家共六百人,以捷克刑法教授米利慈克(Miricka)为会长。所讨论之问题,已于一年前由国际刑罚协会公布,各国刑事学专家就该问题加以研究,作成论文,送交大会者有九十九件。先由国际刑罚协会交付专家研究,作成《报告书》,各组讨论标准,因所讨论之问题,分为立法、行政、预防及幼年人四项,即分为四组讨论,各组讨论定后,再付大会公决,开会一星期,上午开各组会议,下午开大会,所有问题,除第一项第三题讨论无结果,留待下届会议再行讨论外,均已解决,至8月30日闭会,同时议决第十一届会议将于1935年在柏林举行。

二、讨论的问题及其决议:

第一项 立法

问题一

(甲)保安处分,采用者日多,究以何者为最适当,且应如何分类,如何整理?

(乙)缓刑是否适用于保安处分?

决议

(甲)保安处分足以补充刑罚制度之所不及,而保障社会之安全,对于犯人能改善者,改善之,不能改善者,隔绝之,使不至为害社会,司法者按其情形选择用之而已。以下所列保安处分,足以采用:

(子)限制自由处分

(一)危害社会之精神病及有危险性之变态行为人之拘禁,应注意于治疗,及其释放后生活之适应。

(二)酗酒及嗜毒物者之拘禁,应以治疗为目的。

(三)乞丐及无赖者的拘禁,应以使其惯于工作为目的。

(四)惯行犯之拘禁,应以隔绝为目的,但仍应注意于改善,前款犯人,应以特别处所安置之。

(丑)非限制自由处分

保护监视,为保安处分中最有效力者。

善良行为保证,故禁止其引起犯行之营业或职业,或禁止其入酒馆,均能得实在的效果,必要时得与保护监视并行之。

(寅)有经济性质之处分

前两目以外,尚有以没收危害于公共安全之物品,或排除其危害性为目的者。

外国人之驱逐出境,有妨国际排除此项犯罪之合作,实非一完善之方法。

(乙)对于安全处分,以不适用缓刑之制度为原则,如必适用时,亦应与保护监视并行之。

问题二

刑法中主要原则是否有统一之必要,如须统一,其范围及其方法如何?

决议

(一)刑法上主要原则如能统一,则各国共同防止犯罪之工作易于实行,而刑法学亦得因此有统一之基础。

(二)各国刑法中有与历史俱来者,行之既久,深入人心,其势力甚大,统一之范围,应以不妨害此种势力为限。

(三)法理家及实验家应致力于国际交际,使刑法大部分之观念逐渐融洽,如此努力,将来有良好之结果,且各国欲联合实行防止某种犯罪,亦恃乎刑法中根本问题有一致的

解决，并应随时留意在研究一种犯罪行为范围以外而与此犯罪关系之问题共同解决。

问题三

各种自由刑是否应废除之，而代以一种统一之刑罚？

如代以一种统一之刑罚，其执行应如何，是否应采农业式之监狱，或不采农业式而仍采禁锢式之监狱，或采折衷式之监狱，或依犯人之轻重，或依犯人之性质，而各别其监狱？

决议

本问题因情形复杂，讨论未完，留待下届会议时再行讨论。

第二项　行政

问题一

受刑人应使其改善及恢复其社会上地位之观念，已为世人所公认，但对于刑罚之执行，应如何规定于现行法中，以下列方法，是否能达此目的？

（甲）执行刑罚之时候，利用私人之合作。

（乙）对于工作予以适当之选择，及予以工资。

（丙）予以不妨碍于刑罚之性质，而有感化性之娱乐。

决议

为保障社会计，刑罚之执行，应以现在所用之一切教育方法感化及改善受刑人为主旨，且应利用犯罪生理上的检验，及按他所受感化影响程度之分级安置，以发展受刑人之能力，及培养他之道德与智力，欲达此目的。应用以下方法：

（甲）执行刑罚时利用私人之合作，惟须择其性质良善者。

（乙）予以适合其能力之工作，按其劳力，给与工资，其工资之一部分,可以供被受刑人扶养者之用。

(丙)予以智力及体力休养之机会,但应与该地习惯相适合,此种方法,以后更宜注意。

问题二

监狱中之管理及监督人员,应如何训练?

为取得关于监狱事务之干练人才起见,应如何限制监狱人员之资格及应予以何种利益?

决议

所有执行刑罚之人员,应特别训练,其高级人员,应有科学之知识。

训练高级监狱人员及看守人员,必须有特种学校及学科,监狱学及犯罪学之研究所,各国宜从速设立,以便研究,现在人员,亦应加以训练,所有训练,应注重社会教育。

关于执行刑罚之普通候补人员,应证明其有关于实验方面足以胜任之资格,高级候补人员,则更应以考试及实际工作证明其关于执行刑罚之一切问题能为科学研究之资格,一切候选人员之任用,必须经过试用期间,以便证明他除必要之实际及理论之知识以外,是否具备良好之本质,慈爱之性情,对于他人之认识,及处置精神病及其他变态人之机警。

所有监狱人员,应依其劳力予以能保持其经济上安全是俸给,即非官吏,亦宜应予以与官吏相当之保障。女员之训练,应注意女犯之特别情形,女监必须用女员,即宗教事务,亦宜以女子为之。

以上各项,适用于幼年监。

问题三

最新监狱制度杂居制以外,在何种范围以内,及用何种方法,可适用分房制?

决议

(一)分房制应视为阶级制度中组织之一部,夜间以行分房制为原则。

(二)对于嫌疑人,原则上宜用分房制。

(三)受短期自由刑之人,日间之分房监禁,有利亦有弊,可以适当之医学方法,及犯人之分类制度,用其利而免其弊。

(四)受长期自由刑之人,日间用杂居制,但不工作及不加监督者,绝对不予以杂居,杂居者之监督,不必如分别监禁者之严厉。

第三项 预防

问题一

司法上及社会上常有了解某人生平之要求,可是与复权之观念,及受刑人出狱后易于生存之主张相矛盾,应如何调剂之?

决议

(一)应努力完成一种制度,以出狱仅为改良受刑人之一部,而假释者之工作,为继续其监狱中之作业。

(二)按其情形,适用以下方法:

(甲)利用舆论,及注意改良出狱者之言论。

(乙)能改善者应与不能改善者有别,例如保护监视团体关于救济出狱者之试验方法,仅可施之于能改善者。

(丙)出狱者之工作,应按其犯罪之性质及其社会上之地位,各别选择之。

(三)复权宜以法律定之。

问题二

关于缓刑及假释之法律适用以后之效果如何？

缓刑及假释之制度，应如何改良，使其增加效力？

欲知受刑人确知如能遵行法定条件，即可于最短期间假释起见，应采用何种制度？

关于缓刑者及假释者之保护监视，国际间应如何组织？

决议

（一）缓刑及假释，仅可施之于适宜于此种制度之受刑人，所以施行之时候，应注意受刑人之个性，及其对于社会之危险，分别处理之。

（二）审判官或其他为假释之官署，在缓刑又假释以前，应搜集保护监视团体或官署，关于受刑人天然上、经济上、精神上及道德上之情形详细报告，为缓刑及假释时之参考。

（三）假释及缓刑以后，须有保护监视。

（四）未有完全国家保护监视制度之国，应予私人团体以相当之补助金，使得雇用人员，为保护监视，惟对于此种团体之工作，国家应设员监督之。

（五）对于前款人员之教育，应有系统之组织，此事由国家所津贴行保护监视之团体负责或由国家自任之。

（六）如能遵行法定条件，即可于法定最短期间假释之情形，不宜使受刑人知道，但在法定最短期间内假释之问题将由与当事人无关之机关审查之情形，应使其知之。

（七）所有一国之保护监视团体，应联合为一，而与他国为国际团体之组织，此国际团体应有关于保护缓刑者及假释者赴他国之规定，以后应本此旨，缔结国际条约。

问题三

关于犯罪变迁之考察，及其原因之研究，国际间是否有合作之可能？如其可能，条件如何？

决议

国际间宜组织一委员会，对于犯罪变迁之原因，加以讨论，以统一之方法，作科学之研究，此项委员会之委员，由国际刑罚协会任命之，即直接隶属国际刑罚协会，每国至少须有一人为代表。

附言

在同一条件之下，可组织一委员会以研求关于犯罪者科学研究之统一方法。

第四项 幼年人

问题一

幼年人法院应如何组织？

幼年人法院之辅助事务应如何设施？

决议

关于幼年人犯罪之审判，无论为普通法院或其他官署，应付之于有认识幼年人之能力而且有保护幼年人之观念者。

幼年人法院，宜于独任制，以特别为幼年人审判者充之，陪审则应以医师、教育家及从事于社会救济事业者充之，审判官或陪审，可尽量以女子为之。

法院予幼年人处分以前，应详细考察该幼年人之过去生活社会环境，及其性质，考察之时候，应尽量延聘心理学及教育学专门家,及使用社会救济之一切设备。

幼年人法院之辅助事务,应付于有特别技能及愿终身从事于此者。

自愿为此事者,尽可许其加入,惟指导及监督,应归之以社会事业为职责者。

辅助事务,包括预防、监督、诉讼前、诉讼中及判决后而言。

为便于幼年人医学上及生理上、心理上之检查起见,应组织供法院使用之特别检查机关。为法院对于幼年人所定处分便于执行起见,亦应组织特别机关,予法院以监督执行及改正停止或中止处分之权。

问题二

普通法院,是否有安置幼年犯(即刑法上已负责任而民法上尚未成年者)于一特别处所之权?

如安置于特别处所,其处置方法,是否完全取感化性质,或取惩罚性质?

决议

如对于儿童(例如未满十四岁者)一切审判官署应为犯罪前之保护,而对于第一级之幼年人(十四岁以上者未满十八岁者)之一切诉讼,亦应设特别法庭,则普通法院,对于超过第一级年龄之幼年人(十八岁以上未满二十五岁者)亦可安置于一特别处所感化之。

前项特别处所,不宜以监狱名之。

问题三

未成年人受法院判决而执行时,其由工作所得之金钱或特别报酬,或以其他名义所得者应如何规定其管理方法及其用途?

诉讼费用是否可以此项收入弥补？

决议

受法院判决而执行之幼年人，应为立一账目，而其收入及支出记载之。

如果某团体或私人不愿帮其立账目之时候，就撤销其管理或监督幼年人之权，幼年人存款之管理，属国家、或属团体、或属私人，以幼年人信仰者为宜。

存款之用途，应以法律规定之，得用于购置衣服日常零用。

诉讼费用及其生活费，应由其家属负担，但认为其家属无负担之义务，故其家属无力负担者，不在此限。

第六节　国际刑法学会

国际刑法学会，为研究各国刑法使其趋于国际化之学会也，其中所讨论之问题，可为保安处分之渊源者亦属不少，兹将其择录说明如下：

保安处分之目的，则对于社会有危险性之人，预防其将来不致于犯罪，其处分之方法，须视个人之性质如何以为断，所以罪刑法定主义，对于保安处分，似乎不能适用，若竟如此，岂非有发生法官或行政官擅断之弊，妨碍个人自由乎？

关于此问题，1909年国际刑法学会干事会，在荷京讨论下届大会日程时，就加入下列一题目，"在哪几处（由法律决定），犯人危险性的观念，可以代替已成行为性质的观念？在哪种情形中（亦由法律决定），此观念从社会防卫处分立场看来，与个人自由保障，能相和谐"？所谓下届大会，即1910年在比京所举行者，全场大致可分两派,一以法国为代表,一以德、荷为代表。

德国方面由李斯德(Von Liszt)阐明意见,大致主张危险性之断定,由法官自由审虑,在其审虑时,不必顾到犯人客观之行为。故犯罪事实尚未发生,法官亦得宣告危险状态成立,而施以保安处分。

法国方面适成相反,由 Garcon 代表意谓,法官自由审虑,漫无限制,于个人自由之行使,大有不便,故主张危险性成立条件,应由法律规定,法律之规定,应以犯罪客观之严重性及犯罪之频累为根据,不能脱离客观之犯罪行为而独立。

总之,一方主张标榜团体之权利,一方主张须保障个人之权利,当时议决案,仍偏倾于后者之主张。

于此以外,1926 年又在比京举行国际刑法学会,在席间所讨论又有关于保安处分之问题,其题目为保安处分是否当代替刑罚,或仅以补充之?当时议场态度,可分两派,实证派由菲利(Ferri)阐明立场,折衷派以法为代表。此间不细析两方争辩演词,惟仅录当时决议案如下:

本会脱离刑罚与保安处分之实质及形式不同之学理争论,仅宣称单刑罚不敷社会防卫之实际需要,如对付具心神特殊状态,或以犯罪为常习或职业之危险囚犯,及对付可施以感化之童年犯,故刑法中,当亦具有保安处分之规定,以正犯罪者之人格,使其能重复适合社会之生活。又刑与保安处分系法院之行为,法官可自由审酌实在情形及犯人人格,准用刑或保安处分。

此决议案以保安处分与刑罚并立,具折衷色彩,当时菲利于末项原主张"刑或保安处分",而其他更急进者,主张法院单可自由准用保安处分,而不提刑罚。

第七节 刑法统一国际会议

欧洲大战以后，国际情形变迁，《凡尔赛和约》之势力日广，国际联盟机关，亦日见其活动，法律之国际思想发达之结果，关于刑法之国际统一，遂认为重大之问题。当1926年7月26日至28日在比京伯鲁塞尔(Brussels)开第一次国际刑法会议(Premier congrès international dsi droit pénal)之时，罗马尼亚之耶西大学教授配拉(Pella)动议主张刑法世界统一，经大会之决议，遂于1927年开第一次刑法统一会议于瓦萨，1928年开第二次刑法统一会议于罗马，1930年开第三次刑法统一会议于伯鲁塞尔，1931年开第四次刑法统一会议于巴黎，1933年开第五次刑法统一会议于玛德里，1935年开第六次刑法统一会议于丹麦。

配拉教授之主张刑法统一国际会议，其动机在于大战后，欧洲颇多新建国家，方从事于刑之制定，而旧有诸国，复忙于刑法之修改，各国正应此际任命委员，开国际会议，共同研究刑法草案之基础原则，以谋国际刑法之统一，因而促成上述二次之刑法统一国际会议。

配拉教授谓各国可以发挥刑法之特色者，在于分则部分，而提倡应当统一者，则属总则之规定。分则固应为国民之适合，总则则应为纯正之科学，如缓刑、假释、犯人引渡、保安处分、共犯，累犯等事项之原则，均不使其反映于各国之风俗习惯，而为关于预防及镇压犯罪之科学研究之结果。以此而观，足知刑法统一国际会议亦可为保安处分之渊源。

第六章　中国保安处分之渊源

今之研究法学者,震于欧、美之文明,辄不惜孳孳研究,此固未可厚非者,然偏于彼者,往往又失于此,极其结果,数典忘祖,对于倍根、龙伯罗梭则知之甚详,而管仲、商鞅之为何人则茫然矣。以中国之人,而不知中国之事,其耻孰甚?夫自然科学固为欧美所长,而社会科学,实远不及我国。以现在之号称社会主义而言,已为世界公认为最新思想、最美名词,殊不知吾国三代时代之哲人,所谓"尽人之力,尽地之利,使老有所终,壮有所用,幼有所长,鳏寡孤独废疾者有所养,及不许重利盘剥,不许以良作贱,而官吏之营商者更有禁,务使人民各安其业,各遂其生"云云,前之哲人,足见早具此社会主义之思想矣,一国之典章法制,自有一国之精神所在,虽有取人之长,补己之短,然亦不能尽弃吾国固有之文化。今以保安处分而言,翻阅吾国历代典籍中之法制学说,远在三代时期,早已具此情形,足证吾国对于社会科学之进化,实驾乎欧、美之上,惜乎本国学者舍己之田,而耘人之田,致使吾国法系之不彰,良堪浩叹,希国人速起而发扬之。

第一节　学说

吾国本以礼治,而刑罚者,不过为推行礼治之工具,凡民之不率礼者,则以刑罚治之。及管仲、商鞅、申不害、韩非等出,又废礼治而创法治以代之,故研究本国学说,不能仅及法家,至于儒家、道家,亦应加以研究。

第一项　法家学说

礼治之替,法治之兴,其故半在于环境使然,半在于战国时代法理学之发达。虞、夏、商、周,一切皆本于礼,而东周以降,人口繁多,井田废止,社会经济发生绝大变迁,兼之诸侯专政,民困兵革,故旧日之礼治,不足以收效,而法家蒸蒸由此而兴,一以法治为依归,蔚成学术史上一大系统,与儒家、道家相抗,兹择其著名法家之思想,约略而说明之。

第一款　管子

管子者,春秋时代颍上人也,名夷吾,号仲父,任政于齐,使齐桓公以霸,九合诸侯,一匡天下,昔法治之效也。其学说各史册均有专载。但不及《管子》一书之详,兹录其与保安处分有关之学说如下:

(《牧民篇》)
《四顺》:"政之所兴,在顺民心,政之所废,在逆民心,民恶忧劳,我佚乐之,民恶贫贱,我富贵之,民恶危坠,我存安之,民恶灭绝,我生育之。能佚乐之,则民为之忧劳,能富贵之,则民为之贫贱,能存安之,则民为之危坠,能生育之,则民为之灭绝。故刑罚不足以畏其意,杀戮不足以服其心(畏意服心,在于顺其所欲,不在刑罚杀戮)。故刑罚繁,而意不恐,则令不行之,杀戮众,而心不服,则上位危矣"。此说即今日实证学派所谓刑罚不足恃,而应以改善及感化之方法行之相类似。

《六亲五法》:"唯有道者,能备患于未形也,故祸不萌"。此说类似现在之预防主义。

(《八观篇》)

《外言四》:"禁罚威严,则简慢之人整齐,宪令著明,则蛮夷之人不敢犯,赏庆信必,则有功者劝,教训习俗者众,则君民化变而不自知也(习俗而善,不知善之为善,犹入芝兰之室不知芳之为芳也)。是故明君在上位,刑省罚寡,非可刑而不刑,非可罪而不罪也。明君者闭其门,塞其途,弇其迹,使民无由接于淫非之地(既闭出非之门,又塞生过之途,成罪之迹,莫不掩匿如此,则自然端直,欲接淫非之地,其路无由也)。是以民之道正行善也,若性然,故罪罚寡而民以治矣"。此说与现在之教育刑主义及预防主义、改善主义颇相类似。

(《法法篇》)

《外言七》:"民无重罪,过不大也,民毋大过,上毋赦也,上赦小过,则民多重罪,积之所生也。故曰赦出则民不敬,惠行则过日益,惠赦加于民,而囹圄虽实,杀戮虽繁,奸不胜矣。故曰邪莫如蚤禁之"。此段即预防犯罪无使滋蔓,蔓难图也,与近代之预防主义不谋而合。

又云:"则国毋常经,国毋常经,则民妄行矣,法之所立,令之所行者寡,而所废者多,则民不听,民不听,则暴人起而奸邪作矣。计上之所爱民者,为用之爱之也,为爱民之故,不难毁法亏令,则是失所谓爱民矣。夫以爱民用民,则民之不用明矣。夫至用民者,杀之危之,劳之苦之,饥之渴之,用民者将致之此极也,而民毋可与虑害己者"。此说即用人者当以法令以爱人,废法而用之,则人不可用也,与近代之法治国主义颇相类合,至于劳之苦之等句,益与近日之保安处分颇相类似。

(《霸形篇》)

《内言五》:"寡人之有仲父也,犹鸿飞之有羽翼也,若济大水,有舟楫也,仲父不一言教寡人,寡人之有耳,将安闻道而得度哉?管子对曰:君若将欲霸王举大事乎?则必从其本事矣。桓公变躬迁席,拱手而问曰:敢问何谓其本?管子对曰:齐国百姓公之本也,人甚忧饥而税敛重,人甚惧死而刑政险,人甚伤劳而上举事不时,公轻其税敛,则人不忧饥,缓其行政,则人不惧死,举事以时则人不伤劳。桓公曰:寡人闻仲父之言此三者闻命矣,不敢擅也,将荐之先君(不敢专擅自发此命,将进之宗庙告先君而后行,所谓以神道设教者也)。于是令百官有司,削方墨笔,明日皆朝于太庙之门,朝定令于百吏(因朝庙而定百吏之令也)。使税者百一种(假令百石而取一种),孤幼不刑、泽梁自纵,关讥而不征,市书而不赋,近者示以忠信,远者示以礼义,行此数年而民归之如流水"。此说对于孤幼不刑,与近代之对于幼年犯罪不负社会责任,颇相类似。至于其他亦有刑事政策上之价值。

(《内业篇》)

《区言五》:"赏不足以劝善,刑不足以惩过",此说即认慕赏乃善,非本为善,畏刑惩过,非本无过,与现代之谓科犯人以刑罚反足以使累犯之增加之教育刑主义,颇相类似。

(《入国篇》)

《杂篇五》:"入国四旬五行九惠之教(旬即巡也,谓四面五方行而施九惠之教),一曰老老,二曰慈幼,三曰恤孤,四曰养疾,五曰合独,六曰问疾,七曰通穷,八曰振困,九曰接绝。所谓老老者,凡国都皆有掌老……所谓慈幼者,凡国都皆有掌幼……五幼又予之葆(葆今之教母),受二人之食(官给二人之食),能事而后止,此之谓慈幼。所谓恤孤者,凡国都皆有掌孤,士人死,子孤幼,无父母所养,不能自生者,属之其乡党知识故人。……所谓养疾者,凡国都皆有掌养疾,聋盲喑哑跛躄偏枯握递(递著也,谓两手相供著而不伸者,谓之握递),不耐自生者,上收而养之疾,官而衣食之,殊身而后止,此之谓养疾。……所谓问疾者,凡国都皆有掌病,士人有病者,掌病以上令问之,九十以上日一问,八十以上二日一问,七十以上三日一问,众庶五日一问,疾甚者以告,上身问之,掌病于国中,以问病为事,此之谓问疾"。此种主张,关于幼年之予以教母,又官给二人之食,俟幼者渐长能自管事然后止其养,及士人死,子孤幼,无父母所养,不能自生者,属之其乡党知识故人,与近代之感化教育处分、监护处分,颇相类似。聋盲喑哑等养之而又与疗治,至疾离身而后止,与现代之医疗处分及监护处分亦相类似。至于问疾制度,比之强制治疗处分稍有不同,其实驾于现在保安处分制度之上,惟属于行政范围耳。

(《版法解篇》)

《管子解四》:"凡民者莫不恶罚而畏罪,是以人君严教以示之,明刑罚以致之,故曰卒急苶僇以辱之,罚罪有过以惩之"。此说与现代之教育刑主义之主张颇相符合。

第二款　商君

商君名鞅姬姓卫后也,又名卫鞅,或称之为公孙鞅,相秦孝公,秦国委以政,遂致富强,秦封鞅商于十五邑,号曰商君,好刑名之学,撰有《商子》二十九篇,今亡三篇,全书抑礼治而扬法治,认刑严峻则政化开,虽为后世所批评,然其能使法治之精神确立于社会,其功实非浅鲜。关于保安处分之渊源,于其《商子》一书中,亦有蛛丝马迹之处,试录其要者如下:

《更法第一》:"法者所以爱民也"。

《去疆第四》:"以刑去刑国治,以刑致刑国乱"。

《说民第五》:"故贫者益之以刑则富"。

《开塞第七》:"立民之所乐,则民伤其所恶,立民之所恶,则民安其所乐,何以知其然也?夫民忧则思,思则出度,乐则淫,淫则生佚,故以刑治则民威,民威则无奸,无奸则民安其所乐"。

《错法第九》:"臣闻古之明君,错法而民无邪,……夫错法而民无邪者,法明而民利之也"。

《赏刑第十七》:"圣人之为国也,壹赏、壹刑、壹教,壹赏则兵无敌,壹刑则令行,壹教则下听上。夫明赏不费,明刑不戮,明教不变,而民知于民务,国无异俗,明赏之犹至于无赏也,明刑之犹至于无刑也,明教之犹至于无教也"。

以上所言,盖万事归本于法,则人心整齐,风俗画一,不敢自私自利。虽少慈祥恻怛之心,而其令出必行,法施必效,实非儒家之礼治可相与比拟,故商鞅相秦而秦强,管仲相齐而齐霸,是法治之效,于此可以概见矣。如商君之所谓法者所以爱民,法明而民利之,均能与近代法治主义大相吻合。及其壹刑则令行,壹教则下听上,明刑不戮,明教不变,明刑犹至于无刑,明教犹至于无教等语,虽未将保安处分明白说明,然其中亦有不少之思想与意义存在其中矣。

第三款　晏子

晏子名婴谥平仲莱人者，今东莱地也，晏子博闻强记，通于古今，事齐灵公、庄公、景公，以节俭力行，尽忠尽谏，道齐国君，得以正行，百姓得以附亲，齐人以此重之。撰有《晏子春秋》六篇，皆忠谏其君，文章可观，法理可宗，亦为吾国春秋时代哲人之一，兹录其谏言可为保安处分之渊源者如下：

《内篇谏上晏子谏第七》："先王之立爱以劝善也，其立恶以禁暴也，昔者三代之兴也，利于国者爱之，害于国者恶之，故明所爱而贤良众，明所恶而邪僻灭，是以天下治平，百姓和集。"此说立爱以劝善，立恶以禁暴，与现代之改善主义，颇相类合。

《内篇谏下晏子谏第一》："景公藉重而狱多，拘者满圄，怨者满朝，晏子谏，公不听，公谓晏子曰：夫狱国之重官也，愿托之夫子。晏子对曰：君将使婴敕其功乎？则婴有壹妾能书，足以治之矣，君将使婴敕其意乎？失民无欲残其家室之生，以奉暴上之僻者，则君使吏比而焚之而已矣。景公不悦曰：敕其功则使一妾，敕其意则比焚如，是夫子无所谓能治国乎？晏子曰：晏闻与君异，今夫胡貉、戎狄之蓄狗也，多者十有余，寡者五六，然不相害伤，今束鸡豚妄投之，其折骨决皮可立得也，且夫上正其治，下审其论，则贵贱不相逾越，今君举千钟爵禄而妄投之于左右，左右争之甚于胡狗，而公不知也，寸之管无当，天下不能足之以粟，今齐国丈夫耕，女子织，夜以接日，不足以奉上，而君侧皆雕文刻镂之观，此无当之管也，而君终不知，五尺童子操寸之烟，天下不能足以薪，今君之左右皆操烟之徒，而君终不知,钟鼓成肆,干戚成舞,虽禹不能禁民之观,且夫饰民之欲,而严其听,禁其心,圣人所难也,况夺其财而饥之,劳其力而疲,常致其苦,而严听其狱,痛诛其罪,非婴所知也"。此谏言,不啻类似现代刑事政策一书,观其后段,痛论拘者满国,怨者满朝之原因,益使后世观者心身折服其明言矣。

《内篇问上第十八》:"景公问晏子曰:明王之教民何若?晏子对曰:明其教令,而先以行义,养民不苛,而防之以刑僻,所求于下者,不务于上,所禁于民者,不行其身,守于民财,无亏之以利,立于仪法,不犯之以邪,苟所求于民,不以身害之,故下之劝从其教者,称事以任民,中听以禁邪,不穷之以劳,不害之以实,苟所禁于民,不以事逆之,故下不敢犯其上也。古者百里而异习,千里而殊俗,故明王修道,一民同俗,上爱民为法,下相亲为义,是以天下不相遗,此明王教民之理也"。观此对言,其明其教令,而先以行义,养民不苛,而防之以刑僻,及苟有禁于民,不以事逆之等语,与现代之教育刑主义,不以刑罚威吓之,刑罚应趋于缓和化,而对于犯人亦应以改善其个性,发扬其特长,不以刑罚以逆之之主张颇相类似。

《内篇杂上第十》:"景公睹婴儿有乞于途者,公曰:是无归夫?晏子对曰:君存,何为无归?使吏养可立而以闻"。此说虽为慈幼恤孤之意,然其教养婴儿,使有所归,不致发生犯罪,未始不含有近代救护教养处分之本旨。

第四款　韩非子

韩非者,韩之诸公子也,喜刑名法术之学,而归其本于黄老,其为人吃口不能道说。善著书,与李斯俱事荀卿,李斯自以为不如。非见韩之削弱,数以书干韩王,韩王不能用,于是韩非病治国不服求人任贤,反举浮淫之蠹,而加之功实之上,以为儒者用文乱法,而侠者以武犯禁,宽则宠名誉之人,急则用介胄之士,所用非所养,所养非所用,廉直不容于邪狂,臣观往者得失之变,故作《孤愤》、《五蠹》、《内外储》、《说杂》五十五篇,十余万言。人或传其书至秦,秦王见《孤愤》、《五蠹》之书曰:嗟乎!寡人得见此人与游,死不恨矣。李斯曰:此韩非之所著书。秦因急攻韩,韩始不用,及急乃遣韩非使秦,秦王悦之,未任用,李斯害之秦王曰:非韩之诸公子也,今欲并诸侯,非终为韩,不为秦,此人情也,今王不用,久留而归之,此自遗患也,不如过法诛之。秦王以为然,下吏治非,李斯使人遗药,令早自杀,韩非欲自陈不见,秦王后悔,使人赦之,非已死矣。韩非实为吾国法家之祖,后世之言法者,莫不宗焉。韩非之说,具见所著《韩非子》,虽为儒家所鄙夷,然其说自有不可磨灭者在。兹录其有关于保安处分之渊源者而分述之:

《有度第六》:"一民之轨莫如法,属官威民,退淫殆,止诈伪,莫如刑"。此说颇近现代法治国主义之精神。

《饰邪第十九》:"故用赏过者失民,用刑过者民不畏,有赏不足劝,有刑不足以禁,则国虽大必危"。此说谓用刑过者民不畏,则指用刑应合于犯人改善之目的,威吓过甚之刑,反不能使人从善,亦即有刑不足禁也,与现代之目的刑主义及教育刑主义颇相类似。

《解老第二十》:"目不明,则不能决黑白之分,耳不聪,则不能别清浊之声,知识乱则不能审得失之地。目不能决黑白之色则谓之盲,耳不能别清浊之声,则谓之聋,心不能审得失之地,则谓之狂,盲不能避昼日之险,聋则不能知雷霆之害,狂则不能免人间法令之祸"。此说能说明聋者、狂者不能知雷霆之害不能知法令之祸,亦为现代之聋哑者与心神丧失者不负刑事上责任之渊源,亦即保安处分之渊源也。

《内储说上七术第三十》:"公孙鞅之法也,重轻罪者,人之所难犯也,而小过人之所易去也,使人去其所易,无离其所难,此治之道。夫小过不生,大罪不至,是人无罪而乱不生,一日公孙鞅曰:行刑重其轻者,轻者不至,重者不来,是谓以刑去刑"。此说即以轻刑去重刑,去小过免大罪,与现代日本之窃盗罪得科二十年徒刑及其他保安处分,杀人罪反能缓刑颇相吻合。易而言之,亦即防患于未然之预防主义也。

《外储说右第三十五》:"椎锻者所以平不夷也,榜檠者所以矫不直也,圣人之为法也,所以平不夷,矫不直也"。此说与现代刑法之目的主义对于犯人矫其不正之行为颇相类似。

《心度第五十四》:"圣人之治民,度于本不从其欲,期于利民而已。故其与之刑,非所以恶民,爱之本也,刑胜而民静,赏繁而奸生,故治民者刑胜,治之首也,赏繁乱之本也。夫民之性,喜其乱而不亲其法,故明主之治国也,明赏则民劝功,严刑则民亲法,劝功则公事不犯,亲法则奸无所萌,故治民者禁奸于未萌,而用兵者服战于民心,禁先其本者治,兵战其心者胜,圣人之治民也,先治者强,先战者胜。夫国事务先,而一民心,专举公而私不从,赏告而奸不生,明法而治不烦,能用四者强"。观其谓治民度于本不从其欲,期于利民而已,及治民者禁奸于未萌等语,莫不含有类似现代保安处分之预防政策。

第二项　儒家学说

我国三代以前,本以礼治国,倡此说者为儒家之孔、孟为最有力,即所谓"出乎礼者,即入乎刑,礼以治君子,而刑以威小人"。又谓"君子怀德,小人怀刑,视刑补礼之不足也"。又谓:"道之以政,齐之以刑,民免而无耻,道之以德,齐之以礼,有耻且格"。与季康问政,孔子曰:"政者正也,子帅以正,孰敢不正?是以治国之要,唯在重礼"。郑子产铸《刑书》,晋叔向与之书曰:"昔先王议事以制,不为刑辟,惧民之有争心也,罪不可禁御,是故闲之以谊,纠之以正,行之以礼,守之以信,奉之以仁,制为禄位,以劝其从,严断刑罚,以威其刑,惧其未也,故诲之以忠,耸之以行,教之以务,使人以和,临之以敬,莅之以强,断之以刚,犹求圣哲之上,明察之官,忠信之长,慈惠之师,民于是乎可任使也,而不生祸乱,民知有辟,则不忌于上,并有争心,以征于书,而侥幸以成之,弗可为矣,民知争端矣,将弃礼而征于书,锥刀之末,将尽争之,乱狱滋丰,贿赂并行,终子之世,郑其败乎"。是可见虞夏商周,皆以礼治民,禁犯罪于未然也。

总上观之,儒家之学说,以教化为本,以刑罚为辅,视礼为积极教民之物,而刑则为消极禁民之具,与现代最新刑法思想,可以改善者改善之,其不能改善者隔离之,实有不谋而合之主张也。吾故曰,儒家之学说,亦足为保安处分之渊源,但其与近世刑法思想之不同,即儒家之学说,以礼治为原则,刑罚为例外,法家之学说,以刑罚镇压为本,预防教化为辅,虽教育刑主义,亦以教化为本,然其终在刑法上教化之范围内,此其两者不同之要点也。

第三项　道家学说

道家之学说,以"清静无为"而言治身治国之要义,创此说者,为周之老子，后人评其学说为玄言，固虽非无据，然其谈论趋于自然，亦能影响于法家之思想。观其"不尚贤，使民不争，不贵难得之货，使民不为盗，不见可欲，使民心不乱，是以圣人之治，虚其心，实其腹，弱其智，强其骨，常使民无知无欲，使夫智者不敢为也，为无为，则无不治"。及"五色令人目盲，五音令人耳聋，五味令人口爽，驰骋畋猎，令人心发狂，难得之货，令人行妨，是以圣人为腹不为目，故去彼取此"等语颇近现代刑事学说之意思必至说。盖所谓意思必至者，即认人之犯罪，完全由于外界之关系，即迫于饥寒而为盗，好虚荣而多争等是，与老子之所谓不尚贤使民不争，……五色令人目盲，五音令人耳聋……之自然必至，实有前后相映之理。至于"民不畏死，奈何以死惧之！若使民常畏死，而为奇者吾得执而杀之孰敢"。及"民之饥以其上食税之多，是饥民，民之难治，以其上之有为，是以难治"之句，亦与现代刑事学说之所谓报应刑，非仅不能防压犯罪，反而促成累犯之增加无已，又科刑不能视犯罪实害之大小，应视犯人之个性及外界之关系，与刑罚之外应有刑事政策之必要颇相类似。总之道家之学说，虽不认以法治国，然其能说明犯罪及其他一切之原因，足为研究法学者之一助，吾故曰：道家学说，亦为保安处分之渊源。

第二节　历代法制

吾国刑法制度，唐尧以前，无史可考，所可考者，则自唐、虞时始。见《御批历代通鉴》所载："帝尧己未年，制五刑"，又《尚书》所载："舜告皋陶曰：汝作士，明于五刑，以弼五教，期于予治，刑期无刑,民协于中,时乃功,懋哉"!斯时之刑法思想,则能以明刑弼教,刑期无刑,与现代最新刑事政策主张类似,足见我国上古已有保安处分之思想矣。至其所谓五刑,即一曰墨,刺其颊也,使之守门;二曰劓,削其鼻也,使之守关;三曰剕,刖其足也,使之守囿;四曰宫,割其势也,使之守内;五曰大辟,夺其生命也。此外尚有《尚书》所谓象以典刑,流宥五刑,鞭作官刑,朴作教刑,均为当时刑法之制度,其中所谓宫刑,即去其势也,至隋始废,与现代德国保安处分之去势相同。流宥五刑,即现代之放逐。又舜谓皋陶曰:"汝作士,五刑有服,五服三就,五就有宅,五宅三居,惟明克允"。即使犯人生活得以安适,不以威吓镇压犯人,乃从改善犯人之方法而易其恶性,亦即今日刑法上改善主义也。至如眚灾肆赦,怙终贼刑者,即今日刑法上初犯与累犯之区别,初犯者,罪虽可重而可赦,累犯者,罪虽轻而必罚,此皆所谓刑期无刑,预防将来之犯罪也。足见我国三千年以前刑法之制度,已超过现代欧、美各国之刑法思想矣。

《周官》所载:"大司寇掌建邦之三典,以佐王刑邦国,诘四方,一曰刑新国,用轻典,二曰刑平国,用中典,三曰刑乱国,用重典。以五刑纠万民,一曰野刑,上功纠力,二曰军刑,上命纠守,三曰乡刑,上德纠孝,四曰官刑,上能纠职,五曰国刑,上愿纠暴",然此虽非刑制,亦可认为以定刑之作用,与现代之刑事政策性质相同。又夏禹之绝旨酒,即所谓"仪狄作酒,王饮而甘之,曰:后世必有以酒亡其国者,遂疏仪狄而绝旨酒",与武王告康叔曰:"群饮,汝勿佚,尽执拘以归于周",即现代保安处分中之酗酒者之禁戒处分。又"凡害人者,置之圜土,弗使冠饰而加明刑焉;任之以事,而收教之,其能改者,则置之乡里。上罪三年而舍,中罪二年而舍,下罪一年而舍,及于中国,三年不齿,其不能改而出圜土者杀,凡囚者,上囚桎拳而桎,中罪桎梏,下罪梏"。此为周代五刑下之刑法,即后世之囚系,而今之所谓徒刑,其能任之以事,而收教之,及改而舍之者,即今日保安处分之强制劳动,保护管束及假释等制。更有"三宥三赦者,一曰不知,二曰过失,三曰遗忘,皆在宥减之列,三赦者,一曰幼弱,二曰老耄,三曰蠢愚,皆在赦免之列",即现代刑法上之刑事责任与刑之减免,亦即保安处分中之渊源。

降至秦代,严刑峻罚,无所不用其极,固无研究之余地,惟其易礼治而为法治,不得不归功于其时。至汉文帝即位,鉴于旧法太苛,并感于太仓令淳于公之女淳于缇萦之言,诏废除肉刑及多科罚金,亦颇合近代刑法之思想。直至安帝,狂易杀人,得减重罪,即现代心神丧失者不负刑事上责任而施以保安处分。三国时代,《魏律》中有所谓作刑者,罚作苦工之刑也,即类似现代之强制工作。至南北朝亦一承其制,而北朝鉴庶士多因酒酗致讼,特设酒禁,凡酿沽饮者皆斩,比夏、周之禁更加严峻,即现代禁戒处分之渊源也。

至唐,吾国刑法达于完成时期,先代所谓流刑、罚金、作刑、亦均所采纳。又有"盗经断后,仍更行盗,前后三犯者,流二千里",与现代常业犯之认定颇相类似。"年十五以下及废疾犯流罪者收赎,十岁以下及笃疾犯反逆杀人应死者上请,盗及伤人者亦收赎,余勿论,七岁以下,虽有死罪不加刑",即类似现代少年犯、喑哑者之减轻责任而施以保安处分。又有八议,"一曰议亲,二曰议故,三曰议贤,四曰议能,五曰议功,六曰议贵,七曰议勤,八曰议宾",即现代人格主义也。当时东邻日本,亦派遣生员,留学于我国,故其国之法制,亦有不少采自我国之《唐律》。

自唐以后,异族入据中原,虽兴替有五代,而对于刑法制度少有建树,无足论也。及宋承五代之后,享国之日久,虽一困于辽,再困于金,兵革未尝稍息,然在国内则能削平群雄,统一中原,则已达胜五代。至其法制,则仍沿唐律,而对于狱犯,病者给医给药,未始不为刑法制度之改进,亦即现代之监护处分及强制医疗处分,又复居作之法,遇赦第减月日,使良善者知改过日新,凶顽者有所拘系,亦即现代之强制工作处分与改善主义。又有所谓徙者,即发本省驿递应役,在古代谓之输作,其与流异者,流则发配远方,徙则近在本地,颇类似现代之强制住居、放逐、保护管束等制。

元起自蒙古,其武力固不可一世,而其文化则甚幼稚,惟对于法制,亦袭自《唐律》。其中禁市毒药,悉不得妄行出售,及不通医理,妄行针灸,戕害人命者,加等治罪,为其特创之法制,亦类似现代之禁止营业、禁止从事职业等处分。又严申酒禁,疯狂殴伤人至死免罪,亦为其所采纳。初犯依法,再犯加重,凡内郡江南人为盗者,黥其面,三次者,谪戍辽阳,诸色人及高丽人免黥,三次者,谪戍湖广。盗禁御马者,初犯谪戍,再犯者死。虽有种族之分,然其视犯罪数次而加重,亦颇合现代之累犯、习惯犯、常业犯之处以保安处分及刑罚等是。

明灭元而有天下,对于法制,颇为审慎,其大体亦承《唐律》,而其中最为使吾人所注目者,则凡各州县及乡之里社,皆建申明亭,凡境内人民有犯者,书其过名,榜于亭上,但限于犯十恶,奸盗诈伪,干犯名义,有伤风俗及犯罪至徒者,如其余杂犯公私过误非干风化者,则不书之,此即颇合现代保安处分中之判决公示。令有司买药饵送部,又令广设惠民药局,疗治囚人,亦为现代之监护处分及强制治疗处分之渊源。

至清入关,建都北京,将《明律》而损益之,故与明律大致相同,幼年犯之减轻责任,医治犯人及流刑等制,均与前朝类似。惟对于疯病之人，《清律》更加明示。如疯病之人其亲属邻佑人等容隐不报，不行看守致自杀者，照不应重律杖八十，致杀他人者，照知人谋害他人律不即阻当首报律杖一百。疯病之人，如家有严密房屋可以锁锢，亲属可以管束，及妇女患疯者，俱报官交亲属看守，如锁禁不严，将亲属严加治罪。如痊愈不发，报官验明开放。若无亲属，又无房屋，该管官将疯病之人，严加锁锢监禁，病愈经诊断后开释。如不痊愈，永远锁锢，虽过恩旨，不准查办，地方官遇有疯病杀人之案，务取被杀之事主切实供词。以上所言，亦即今日保安处分中之监护处分、强制医疗处分、保护管束处分等制是。及至光绪季年，国势不振，锐意革新，首在变法，于是选派大员，考查欧宪，延揽通儒，将《大清律例》，略加删订，更名为《大清现行律》，《新刑律草案》，其时亦已告成，于宣统二年颁布，未及施行，清国遂亡，尚无效力可言。

逮民国肇造，乃将《大清新刑律草案》与共和国相抵触者，予以删除，由临时大总统，于元年三月三十日颁布施行，定名为《中华民国暂行新刑律》。其第十一条："凡未满十二岁人之行为不为罪"。第五十条："喑哑人，或未满十六岁人，或满八十岁人犯罪者，得减本刑一等或二等"。第十二条第一项："精神病人之行为不为罪，但因其情节，得施以监禁处分"；第二项："前项之规定，于酗酒或精神病间断时之行为不适用之"。观其各条规定，已略具保安处分端倪，但未达于成熟时期，故无保安处分之名。

《中华民国暂行新刑律》施行后，其中不合民情之处甚多，朝野遂有建议修正之举，故有民国五年九月公布之《刑法修正案》，其内容较新刑律稍有不同，以后复有第二次修正案，及改定第二次修正案，北京政府时代因尚未通过国会，未能颁行，其两次修正内容颇多改善之处。后国民政府建都南京,遂以该案为蓝本稍加修改,于民国十七年三月十日正式公布,定名为《中华民国刑法》,其第三十条第一项:"未满十三岁人之行为不罚,但因其情节得施以感化教育,或令其监护人、保佐人缴纳相当之保证金,于一年以上三年以下之期间内监督其品行";第二项:"十三岁以上,未满十六岁人之行为,得减轻本刑二分之一,但减轻本刑者,因其情节得施以感化教育,或令其监护人、保佐人缴纳相当之保证金,于一年以上三年以下之期间内,监督其品行"。第三十一条第一项:"心神丧失人之行为不罚,但因其情节,得施以监禁处分";第二项:"心神耗弱人之行为,减轻本刑,但因其情节,得于执行完毕或免除后,施以监禁处分"。第三十二条:"不得因酗酒而免除刑事责任,但酗酒非出于己意者,减轻本刑"。第三十三条:"喑哑人之行为,减轻本刑"等规定。据原案理由,谓未及年岁人犯罪不应处罚,但得施以感化教育,为各国之善制,我国感化院尚未成立,故本案拟仿暹罗、埃及等国规定,由监护人缴纳相当之保证金自行监督以济其穷。又心神丧失人之行为,固不负刑事上责任,但为其预防危险性起见,得施以监禁处分。第二项,心神耗弱人,其重者几与心神丧失等,轻者或与常人同,既不应处以通常之刑,又不应全免其刑事责任,故不能不有特别之规定,此为各国刑法家及医药家所公认者也。外国刑法典有类似之规定者,如意大利、挪威、西班牙、丹麦、瑞典、芬兰、希腊、日本等国《刑法典》及瑞士、德国《刑法准备草案》,与德国委员会《刑法草案》皆有心神耗弱之条文,1905年万国刑法学会议决,亦赞成对于心神耗弱人科以较轻之刑,本案故增入本条,至其刑期比常人轻短,于执行完毕或免除后若听其自由行动,恐贻害社会,故因其情节,得施以监禁处分。观以上所言,虽对于酗酒者与喑哑者无禁戒处分与监护处分之规定,然其对于少年犯之感化教育,心神丧失人及精神耗弱者之监禁处分,均已具保定处分之实质,而其中又加以监护人、保佐人之监督,与《中华民国暂行新刑律》相较已胜一筹矣。

总上而观,唐、舜时代之官刑,五刑有服,五服三就,五流有宅,五宅三居,眚灾肆赦,怙终贼刑。夏之绝旨酒,周之刑新国用轻典,刑平国,用中典,刑乱国,用重典,武王对群饮,尽执以拘归于周,对于犯人任之以事,而收教之,其能改者,则置之乡里,上罪三年而舍,中罪二年而舍,下罪一年而舍,及三宥三赦。汉文帝之废除肉刑,狂易杀人得减重罪。魏之作刑,北朝之特申酒禁,唐之盗经断后,仍更行盗,前后三犯者,流二千里,七岁以下、十岁以下、十五岁以下废疾笃疾等犯之免刑与减轻。宋之对犯人给医给药,居作徒刑,流刑。元之禁卖毒药,禁止执行不通医理之妄行针灸,严申酒禁,疯狂殴伤人致死免罪,初犯依法,再犯加重。明之建申明亭于各州县及乡之里社,书境内人民有犯罪者之过名,广设惠民药局疗治囚人。清之对疯人之犯罪免刑及命亲属监督。与民国初年《暂行新刑律》之心神丧失人监护处分,少年人之感化教育处分及《国民政府旧刑法》(民国十七年颁行)之少年犯感化教育处分,或命其监护人、保佐人缴纳相当保证金于一定期以内监督其品行,及心神丧失人与精神耗弱人之监禁处分,均足为保安处分之材料,亦即保安处分之渊源也。

第七章　保安处分之沿革

第一节　世界保安处分之沿革

刑法为法制之一,保安处分为刑法中之一,故保安处分,当随社会之进化与刑法思想之变动而产生,欲明其产生,必先研究其史迹,欲用其史迹,非研究其沿革不可,兹为阅者易于明了起见,爰分为三时期以说明之:

一、发动时期

十九世纪中叶龙伯罗梭、菲利、李斯德等出,倡言人类意思,不能自由,每为生理关系、自然现象及社会环境所左右。故犯罪非发生于自由意思,乃在于行为时,犯罪人之个性,与周围状况所生之恶害也。科责于人,不能基于意思自由之应报,乃社会防卫之必要,以预防犯罪为目的,而科刑之轻重,亦当以犯人之社会危险性为标准。又刑罚之目的,非罚犯罪之事实,乃罚犯人对社会之危险性,应顾及犯罪动机之性质如何而决定之,是以科犯当依犯人之类别,使得犯人能达于改善而归于社会共同之生活。鉴过应报刑之制度,非仅不能维持其本身,反而促成犯罪之增加,所以认刑法应有镇压与预防二种之方法,然后能全其功。镇压即刑罚,预防即保安处分,一时欧、美学者,对于刑法之思想,均为此种学说感动,虽采报应主义之旧派,亦不得不承认于刑法之外有保安之方法以辅之。自后保安处分,遂为立法界所采用,间有对于少年犯与精神病犯,而为个别处置之规定,此为保安处分发动之时期。

二、产生时期

十九世纪末叶,刑法思想,受新学派学说之陶醉,与万国监狱会议之影响,故瑞士刑法学者施托斯(Stooss)1893年所拟瑞士刑法草案中,则产生有系统之保安处分。该草案以保安处分与刑罚并立,易言之,既不脱离古典学派,又接近实证学派,具折衷色彩,开世界保安处分新纪元。至1900年又有英国《少年法》之产生,自此保安处分则能确立其基础矣,此为保安处分产生之时期。

三、完成时期

至二十世纪初期,世界各国,鉴瑞士保安处分规入刑法之中,确为世界最新立法例,兼之万国监狱会议、国际刑法学会、刑法统一国际会议、国际刑罚会议,先后开会于各国首都,对于保安处分,均有详细之讨论。又鉴于累犯之增加无已,益觉刑罚之不足恃。于是各国政府,不得不提议修改刑法加入保安处分,以顺应世界之潮流。在二十世纪时代,世界各国所采保安处分者,有英国1907年之《犯人考试法》,1908年之《犯罪预防法》,及1913年之《精神病法》,瑞士1908年及1918年之《修正刑法》,奥国1909年之《刑法草案》,苏俄1922年之《刑法》及1927年之《改正刑法》,西班牙1928年之《刑法》,德国1927年之《刑法草案》及1934年之《刑法》,古巴1926年之《刑法》,意国1930年之《刑法》,法国1932年之《修正刑法》,日本1930年之《刑法修正案》,均将刑罚与保安处分并列;但其中最使吾人所注意者,乃苏俄之《刑法》,不将刑罚与保安处分为形式上之区别,总称之为社会防卫处分,能合于最新刑事学派之思想,非实为《刑法》别树一帜。他如意大利之《刑法》,将保安处分为对人保安处分及对物保安处分,亦比其他各国之刑法制度更胜一筹。综之现在之刑法除苏俄外,仍未脱折衷派色彩,推其原因,在于数千年来报应刑之观念印入脑海,犹未遗忘之故也。

第二节 中国保安处分之沿革

吾国自亡清以前,虽唐、虞时代有宫刑、流刑,夏、周、北朝及元代之酒禁,唐、宋、元、明常习犯加重与徙流等类,虽似现行保安处分制度,然究其思想,未达彻底,似难认为保安处分制度之沿革。其中在刑法史上可稽考者,实始自亡清末年,兹将其分为三时期说明如下:

一、第一时期

亡清季年,国势不振,内有洪、杨及革命党之反动,外有列强瓜分中国之议。是以清廷锐意维新,派遣留学生及设立仕学馆,始输入欧、美各国刑法之思想。故保安处分之学说,亦略有倡导,在《大清新刑律》中已具端倪,然不及施行,而民国已成立,则将亡清未及施行之《新刑律草案》,除与民国国体抵触各条予以删除外,一律由大总统颁行,定名为《中华民国暂行新刑律》。始有对于未满十二岁人之行为不为罪,但因其情节得施以感化教育,及精神病人之行为不为罪,但因其情节得施以监禁处分等规定,即现今之感化教育处分、监护处分与保护管束等是。惟虽有其实,而无其名耳。是为吾国保安处分第一时期。

二、第二时期

至民国十年以后,吾国留学欧、美回国者众,对于保安处分之论文,已略见于各法学杂志,是以保安处分之名词,已为一般有识者所认识。民国十六年四月,国民政府,奠都南京,即命司法部长王宠惠改订新律,于民国十七年三月十日正式公布,定名为《中华民国刑法》。其中关于少年犯之感化教育,及令其监护人、保佐人缴纳相当保证金,于一定期间内监督其品行外,又有对于心神丧失及精神耗弱者,施以监禁处分,亦只有保安处分之实,而无保安处分之名。与《暂行新刑律》两相比较,已稍进步矣,此为吾国保安处分第二时期。

三、第三时期

近年来刑法思想,益趋彻底,昔日之事实主义、客观主义、应报主义,直同明日黄花,不再昭扬于现世纪,而现代之刑法,乃人格主义、主观主义、目的主义、改善主义之刑法也。吾国法界,受新潮流之所趋,亦极力鼓吹新思想,兼之《旧刑法》*,自民国十七年九月一日施行迄今,既与国情颇多扞格,而累犯又增加不已;况又世界各国,近年均努力于修改刑法,并采保安处分最新之立法例。吾国朝野有鉴于此,亦知非采保安处分之预防政策,断难收刑法之效果。是以立法院组织刑法修正委员会,至民国二十二年十二月间,始完成《刑法修正案初稿》。刑法委员会为慎重立法大业起见,将《修正初稿》印刷成册,分寄各省市大学法学院,及各级法院,征求各界公评。该草案初稿,已将保安处分明白规定,计之种类,共有九种:一曰感化教育;二曰监护;三曰禁戒;四曰强制工作;五曰保

---

* 《旧刑法》指民国十七年三月颁布之《中华民国刑法》。——校者注

护管束;六曰驱逐出境;七曰丧失公务员资格;八曰公布判决;九曰没收。后汇集各方寄到意见,对于保安处分之采纳,均极端赞成,但对于丧失公务员资格与没收二项应行规入刑内,公布判决一项,亦以规入刑事诉讼法内为妥。刑法委员会,即参加各方意见,重修初稿,于民国二十三年四月二十六日将《刑法修正案》完成,十月十九日开第七十五次会议,将《刑法修正案》分章讨论,十一月一日三读会通过全部《刑法修正案》全文,二十四年一月一日将《刑法》公布。其中关于保安处分,共有七种:感化教育是其一;监护是其二;禁戒是其三;强制工作是其四;强制治疗是其五;保护管束是其六;驱逐出境是其七。与初稿相较,加入强制治疗一种,删除公布判决、丧失公务员资格及没收三种,是为吾国保安处分第三时期,亦即吾国保安处分完成时期。

第八章 刑法二元论

刑法二元论者,即系论述刑法应含有镇压与预防二种之性质,亦即认刑法兼采刑罚与保安处分之二元主义也。盖主倡目的刑论之李斯德,受伊利古氏《法律之目的》出版五年后,亦谓科刑应存目的之观念,视刑法原始之形态是对待扰乱生活条件者之本能反动,其后逐渐进化,本能之反动变成目的之行动,其性质始有两个特点:一为刑法客观化;一为刑罚目的性之理解,刑罚发生客观化,执行刑罚之权限,不属于被害者,而属于第三者。即刑罚权已脱离本能盲目者之手,而归属于国家,得以平心静气考察事理之性质,于是刑罚之本质遂不仅限于恶害之报应作用,而另有其社会之机能。他以为刑罚之作用可分为"改善"、"威吓"及"排害"处分三种,而其目的则在保护社会。时人亦认犯人可分为三大类:第一类,偶犯,犯人心神情况均呈常态;第二类,变态犯,然神思尚相当清楚;第三类,犯人心神完全变态。对于第一种犯人,施以刑罚为最有效,仅可单纯用刑罚为已足,不但可防止本人再犯,并且可以防止社会一般之人。对于第三种犯人,刑罚完全无效,应施以保安处分,方能收刑法之效果。惟有第二类之犯人,如未满十八岁之少年犯、精神耗弱犯、酗酒犯、常业犯等,不能单纯科刑或施以保安处分为已足,应视犯人之性格如何?可将刑与保安处分选择施行,或合并宣告,以达于犯人恶性之改善,而恢复社会共同之生活。故刑法应有刑与保安处分二者之规定,即所谓刑法二元论也。详言之:犯罪由于个人性格或社会原因所必然发生之产物,绝非由犯人之意思所能左右,如有因祖先遗传之关系,有因经济压迫之关系,有因季节之关系,有因地域之关系,有因职业之关系,均足以使人意思不能自由而致于犯罪,故科刑之标准,不能认犯罪所发生事实之大小而科加,应视犯人对于社会之恶性如何以为断,即何者应科威吓刑?何者应施以改善?分其犯罪者之种类,而加以何种之刑?何种保安处分?以防御之,方合刑罚之目的。不然,若对于偶发者科以重刑,心神丧失者、少年犯不施以保安处分,而科以刑罚,酗酒犯、习惯犯于刑之执行完毕后,对于社会尚有危险性而不施以保安处分,均非合于目的观念,殊失刑法二元主义之精神。因保安处分以预防犯罪为任务,刑罚以镇压犯罪为职司;欲消灭及减少犯罪,固有赖于刑罚之励行;他方则为保安处分之活跃为必要。换言之,刑罚与保安处分,实相辅而行,不必偏废,应兼并规定于刑法之中,俾得完成刑法之效果,故谓之曰刑法二元论。现在世界各国,对于刑法之立法,均采此论调,在余观察,此种现象,实因新旧交替,过渡时期之刑法理论,究未能使刑法彻底解决也。

第九章　刑法一元论

　　刑法一元论者,即认刑法之目的为社会防卫一元主义之论述也。此种论调,最风行于现代,亦为现代刑罚最新之思想。探求其理,谓罪刑法定主义,屹然为刑法上犯罪人之大宪章,此乃近代人权思想之勃兴,个人向国家竞争地位之结果。惟个人与国家竞争其地位,必有一定之范围,若个人无限拥护其地位,则吾人之社会生活(团体生活)必至于瓦解。故个人与国家竞争其地位(即人权思想),必在不妨碍团体生活之范围内,预定其条件。易言之:中世纪之警察国制度,对吾人之社会生活,亦有充分维持之效力,故人权思想必在不妨碍维持团体生活之范围内,方能树立近代法律之组织。据论理言之,首须拥护者为社会,非犯罪人,若主张对于国家应先拥护犯罪人,则无宁废弃刑法之为愈,一方面既承认刑法之成立,他方面又依刑法而拥护犯罪人,不得谓非思想上之矛盾。于是吾人不得不研究刑法犯人大宪章之思想,论理上应为如何之解释方为正当?欲求论理解释之方法,不外就警察国进化于法治国之过程,为辩证法之观察。论者谓警察国制度之末流,其本身所营之社会功能,必然变为无意识,于是特对犯人之地位,极谋拥护。平心论之,警察国制度所营之社会功能,即社会秩序之维持,自有其不可磨灭之价值,惟因其方法不同,时代推移,新思想从而克服旧思想,取而代之,故犯罪人之大宪章刑法思想,最少限度必使社会生活之维持，不致因是而破坏。进一步言之，此种思想，固较十九世纪初叶之思想稍有进步，终不免为调和个人与社会之穷极思想也。况此种思想，从来与客观主义相结合，在法律之制度与适用上，往往超过其相当之限度，其结果即为犯罪之增加，尤其为累犯之增加，为免除此事实上之弊害，自须计划各种之改正方策，然改正方策之具体筹划，不得仅凭空想，必根本论理改进刑法理论之基础，于是社会防卫论生焉。社会防卫论，从形式上观之，似稍偏于功利，然其实质确能补罪刑法定主义之缺漏，诚思想上之一大进步。罪刑法定主义基于调和国家与个人之思想而形成，新兴之思想，恰系更进一步而谋国家与个人之调和，于是倡导刑法一元本质论，树立教育刑主义焉。在罪刑法定主义，国家之立场在于消极之镇压，新兴教育刑主义，国家则居于使犯人同化于社会之积极方法。

　　以上所说，为发生刑法一元论之动机与结果，于此再有研究之处者，即何谓刑法一元论，倡之者为德国之立布曼（Moritz Liepmann）女士，其谓从来之刑罚思想以为不给犯人以痛苦，则不能达改善之目的，然据年来各国犯人之统计，已证明累犯增加，以前刑法无裨于实益。夫犯人之改善不在压迫其意思使之屈服，而须依据改善可能之确信力用暗示感化作用，铲除犯人之恶性，诱发其良善之性质。又谓教育受刑者之目的，在变化受刑者反社会之恶性，使其本能与行为绝对服从社会共同状态一分子。对于李斯德主张犯人分为矫正可能与矫正不能，矫正可能者矫正之，矫正不可能者隔离之说加以否认。谓犯人并非绝无改善可能，而区别标准又复不易确立，将刑法之本质建筑于教育之基础上，并站在实证之立场以观察之。对于李斯德之认为刑罚之使命在使犯人再成为社会有用一分子之主张，亦予以赞许，惟不承认刑罚有威吓之主张，视刑罚与保安处分无不以防卫社会为最后之目的，根本上即无强为区别之必要，倡导刑法一元本质论，以明教育刑论之思想。

总而观之，刑法一元论与刑法二元论两相比较，思想上一元论固甚新颖。惟刑罚报应观念之基础，久已建筑于社会心理上，一时颇难将威吓之成分完全驱逐，故在此过渡时期，刑法二元论之思想，亦不能加以否认。至于刑法一元论之思想，在苏俄现已实施，行之颇有成效，将来全世界立法上之采纳，亦当在不远矣。此外又有所谓应报刑之一元论，其本质完全建筑于威吓主义之上，余无他道，此乃十八世纪旧学派之思想，已不合于现代之潮流，故不详论。

第十章　近世各国保安处分之立法

第一节　德意志

德意志1871年之刑法,同于日帝国之理念,为由费叶尔巴、斯达尔、黑格尔而来之"保守主义"与"自由主义"之混合物,故亦随1871年之国家而俱亡。1919年之国家,乃"自由主义"与"社会主义"之混合物,故同时在刑法方面,亦成功三权分立原理之缓和,与目的论概念构成之强调,而尽使有以合乎社会主义之思想。至特别预防之思想,虽被强调,但仅为各个犯人之利益而利用,因使刑法亦成为自由主义与社会主义之混合物。及至1925年案之为根本变化后,1927年案,仍回复其原来之趋势,纯以犯人之心理特性,为刑罚中心之对象。该草案采二元主义。至1932年5月14日,加尔氏逝世后,刑法改正运动即归于停顿,甚至夙主刑法改正之夏富斯他因氏,亦发表其刑法改正不必要之主张,斯时德意志刑法危机之声,不绝于耳。1933年国社党秉政以后,复以刑法改正为己任,其修正意旨,即趋向超人格之"普遍主义",排斥其所谓个人主义之刑法。换言之,即高唱权力主义之刑法,排斥自由主义之刑法,斯固其特征也。今国社党政府,已于1933年11月24日之法律,加德意志刑法以重要之修改,并于 1934 年 1 月 1 日施行,为世界各国最近之刑法。今将其 1927 年之刑法草案,及 1934 年 1 月 1 日施行之刑法,关于保安矫正处分,择录如下:

第一项　1927 年刑草之矫正保安处分

（一）矫正及保安处分之种类　矫正及保安处分（Massregeln der Besserung und Sicherung）如下：

(1) 治疗所或看护所（Heilanstalt oder Pflegeanstalt）之收容；

(2) 饮酒者治疗所（Trinkerheitanstalt）或饮食节减所（Entziehungsanstalt）之收容；

(3) 劳动场（Arbeitshaus）之收容；

(4) 保安监置（Sicherungsverwahrung）；

(5) 保护监视（Schutzaufsicht）；

(6) 追放（Reichsverweisung）。（第十五条）

（二）治疗所或保护所之收容　受责任无能力无罪之宣告,及限定责任能力之宣告者,裁判所于公之保安上认为必要时,应宣告收容其人于治疗所或看护所。于公诉提起后公判前行为者,在行为当时显然为责任无能力时,裁判不为公判,其中止程序时亦同。（第五十六条）

（三）饮酒者治疗所或饮食节减所之收容　惯习自采多量酒精饮料,及其他酩酊方法者,因酩酊中所为之行为或因酩酊罪（第三六七条）被处刑罚时,收容其人于饮酒者治疗所,或饮食节减所,为使其人适于法律且惯于秩序生活之必要时,裁判所得宣告其收容。（第五十七条）

（四）劳动场之收容　依第三七〇条至第三七三条被处自由刑者，为使其人从事劳动，且惯于秩序生活之必要时，裁判所应宣告收容其人于劳动场。惯习为卖淫者，依第三七四条被处自由刑时亦同。

对于未成年宣告收容于劳动场时，原则上应收容其人于教育所或矫正所（Erziehungs-anstalt oder Besserungstalt）以代替劳动场，其人达于成年后，仍得留于教育所或矫正所。（第五十八条）

（五）保安监置　既一度处死刑或惩役者，依第七十八条，以其对于公共治安为危险之习惯犯人被处刑罚时，裁判所得于刑罚之外，宣告保安监置。（第五十九条）

（六）保护监视　裁判所对于限定责任人，许其收容于治疗所或看护所，及对于饮酒者，许其收容于治疗所或饮食节减所，及劳动场者，同时命为保护监视时，得于二年以下之期间内条件付犹豫。其执行保护监视显为不充分时，裁判所撤销犹豫。

于考试期间终了前，撤销犹豫者，收容不应执行之。（第六十一条）

（七）追放　外国人被处自由刑者，以其人在留于内国，对于他人及一般治安有危险为意味时，裁判所得至裁判有确定力后六个月以内，宣告追放之于帝国外。

上揭期间，其人受刑罚执行之期间及被相当官宪监置于一定设施内之期间不通算之。

上揭宣告，除法律上有特别规定外，得附加于三月以上之自由刑为之。

对于外国人许其或命其收容于治疗所，或看护所，收容于饮酒者治疗所，或饮食节减所，及收容于劳动场，或保安监置时，得追放其人于帝国外以代替之，或另为宣告被追放者，无故再来内国时，

得执行处分,适用第六十三条。(第六十四条)

(八)收容之期间　收容(Unterbringung)于其目的上必要之期间,继续饮酒者治疗所,或饮食节减所之收容,但不得超过二年。

治疗所或看护所,及保安监置之收容,不得超过三年;但裁判所于此期间终了前更为命令者,得超过之。

教育所或矫正所之收容,不得超过二年。被处刑罚者,未收容于劳动场,或未依第五十八条第三项收容于教育所或矫正所,及劳动场之收容亦同。

既一度收容于劳动场,及依第五十八条第三项,收容于教育所,或矫正所者,得至三年。裁判所在此期间终了前,更呈请裁判所之裁判,裁判所所定短于三年之期间者从之。(第六十条)

(九)保安监置之释放　保安监置时,于法律上或裁判上所定之收容期间未满了以前,以裁判所之同意为限,其被收容者得释放之。(第六十二条)

(十)日后之执行　自应执行收容之时起,经过三年者,收容以有裁判所之同意为限,得执行之。于第六十一条之情形,考试期间不通算之。(第六十三条)

此外,如幼年(十四岁未满)视为无责任能力,在何种要件之下,对于幼年应归责其一定行为,依《少年裁判法》(Jugendgerichtsgesetz)定之。(第九条)少年(十四岁以上,十八岁未满),有限定责任能力,应由《少年裁判法》裁判。(第十五条)

第二项　1934年刑法之保安矫正处分

保安矫正处分(Massregeln der Sicherung und Besserung)。于刑

法第四二条A及至第四二条N共十四个条项规定之：

（A）保安矫正处分之种类共分有如下之七种：

（一）治疗院收容（Unterbringung in einer Heil oder Pflegeanstalt）；

（二）饮酒者治疗所收容（Unterbringung in einer Trinkerheitanstalt oder einer Entziehungsanstalt）；

（三）劳动所收容（Unterbringung in einem Arbeitshaus）；

（四）保安监置（Sicherungsverwahrung）；

（五）危险风俗犯罪人之去势（Entmannung Gefähricher Sinnlichkeitsverbrecher）；

（六）业务执行之禁止（Untersagung der Berufsausübung）；

（七）放逐（Reichsverweisung）。

（B）治疗院之收容　无责任能力或限定责任能力者，在为犯罪行为之场合，则送致于疗养院。对于限定责任能力者，科处刑罚，并为保安矫正处分。

（C）饮酒者治疗所之收容　在习用酒精饮料或其他麻醉材料者之犯罪场合科之。

（D）劳动所之收容　对于犯《刑法》第三六一条第三款，乃至第八款（乞丐，秘密卖淫）之罪科之。

（E）保安监置　对于危险之常习犯人科之，所谓常习犯人，即于前五年内，二次以上，被处六月以上之刑者，因更犯罪而可认为危险之常习犯人时，处以五年以下之惩役。在本法更规定有重刑者，从其所定。

（F）危险风俗犯罪人之去势　法院对于裁判时已达二十一岁而被认为危险之风俗犯罪人者，得于刑之外命去势：其第一，曾犯强迫猥亵,对小儿猥亵或强奸(刑法第一七六条乃至第一七八条)罪,或因性欲之刺激或满足,为公然猥亵行为之罪(刑法第一八三条),或伤害罪(刑法第二二三条乃至第二二六条),被处六月以上之刑者,更因犯与前同样之罪而被处刑,被认为危险之风俗犯罪人时;第二,犯二个以上之罪,被处一年以上之刑者,虽以前未被处刑,亦被认为危险风俗犯罪人时;第三,因性欲之刺激或满足,而犯谋杀或故杀被处刑者,皆得科之。关于上述之罪,纵在外国受裁判之场合,亦与在国内为之者同论。

(G)业务执行之禁止　业务或营业(Beruf oder Gewerbe)之滥用,或因业务或营业上义务之重大违反,被处三个月以上之刑者,法院在认为有保护公众必要之场合,得对之禁止于一年以上五年以下,执行其业务,或营业,或其营业之一部。在禁止中其人不得为他人执行其业务或营业,又不得于自己指挥之下,使他人执行之。既经宣告之自由刑,或于刑之外宣告保安矫正之自由拘束处分,被付缓刑时,其试验期间,合算于右之期间。

(H)放逐　外国人,被处三月以上之刑,其人在国内从来之行状,对于他人或一般之保安上有危险性之场合,法院得宣告行政官厅,于裁判确定后六个月以内,放逐之于国外。

对于外国人为保安矫正之自由拘束处分,或命去势之场合,行政官厅得于裁判确定后六个月以内,将其人放逐于国外。

以上期间,除其刑之执行及其他因官署命令受自由拘束之期间而计算之。

(I)收容之期间　收容在求达到其目的,应其必要而继续;但饮酒者治疗所收容,与第一次劳动所收容,不得超过二年。

治疗所收容,第二次以上劳动所收容及保安监置,则皆无期间之限制。惟法院有时待其一定期间之经过,非审查已否达收容之目的不可。此项一定期间,关于治疗所与保安监置为三年,劳动所为二年,而法院在右之期间内,亦得为审查。

(J)经过执行收容处分时　判决确定后,未执行收容处分而三年经过时,法院得更命收容之执行;但法院之命执行,仅得于有收容之必要时为之。

(K)开释　开释被收容者时,须附条件。法院得与开释同时命以特别义务,或至以后命为之或以后变更之。

(L)开释之撤销　被开释者,依其行动,更被认为有收容之必要者,法院得取消其开释。

(M)收容期内之作业　劳动所收容与保安监置,科以作业。治疗所收容,饮酒者治疗所收容,亦得从被收容者之能力及其他情事,科以适当之工作。

(N)保安矫正处分之时效　公诉时效之规定中,附加保安矫正处分亦同罹时效之旨。刑之时效项下,亦规定保安矫正处分之执行时效为十年;但饮酒者治疗所收容,第一次劳动所收容及去势,其时效五年完成。

综上以观,《德意志刑法》改正重大之动机,在鉴于常习犯人有激增不已之现象,此在德意志1927年之刑法草案提出于议会后,刑法改正委员会委员长加尔氏,于1927年6月21日,即第三次会议之第一读会开会时,所为之演讲,固显然可见矣。加氏之言曰:"刑法改正之根本……第一,先须就犯人自心理的立场,比较从前更为严密之分类,讲求适当之方策。……又职业犯及惯习犯,比较从前，亦非设严重之规定不可。……次之，第二之根本目的，在保安处分与刑罚之结合"。1932年5月14日加尔氏逝世，至1933年国社党秉政，继续修改刑法，于同年11月24日完成（次年1月1日施行），亦即关于危险之常习犯人及保安矫正处分之法律也。

关于常习犯之规定，国社党刑法修改之点，比较1927年案第七八条第一项："曾因二次以上犯重罪或有故意之轻罪，受死刑或六月以上自由刑之宣告者，更因新犯重罪或有故意之轻罪被处一个自由刑，且因新犯罪，与前犯罪比较，被认定为于社会保安关系，有危险性之常习犯人时，限于新犯罪更无法定重刑之场合，处五年以下惩役"之规定。与现行刑法第二十条a"于前五年内，二次以上，被处六月以上之刑者，因更犯罪而可认为危险之常习犯人时，处以五年以下之惩役。在各本条更规定有重刑者，从其所定"之规定。是前之限制加重之条件，如轻罪无论前犯或新犯，均限于"有故意"。又新犯限于"被处一个自由刑"，且"于社会保安关系有危险性"等。在现行之刑法，则均削除之，而宽其适用之范围矣。

至于保安矫正处分，观于1927年案第五十九条之规定，其详备不及现在"保安矫正处分"之规定，如危险风俗犯罪人之去势及业务执行之禁止等增添，可以知之矣。然德国国社党之刑法，仍采二元主义之立法例，与德国1927年草案无有异也。

第二节　波兰

波兰之刑法完成于1932年7月11日，由大总统命令批准，同月15日公布,为近世之新刑法,亦采刑与保安处分之二元主义,兹将该刑法第十二章保安处分,及同法第十一章关于未成年人之规定,择录说明如下:

第一项　保安处分

（甲）保安处分之种类:
　　（A）疯人院或他种疗养院之监管;
　　（B）饮酒过度或服食麻醉品人适宜场所之监管;
　　（C）强制工作场所之监管;
　　（D）累犯职业犯及惯习犯适当场所之监禁。

（乙）疯人院或他种疗养院之监管　对于不负刑事责任之犯人,苟任其自由行动,对于法律秩序,则有发生危险之虞时,法院得将该犯人交付封闭之疯人院或他种疗养院内监管之。（第八十条第一项）

若此等犯人,受徒刑之宣告时,法院得于其出疗养院之后,决定应否执行其刑。（第八十条第二项）

（丙）饮酒过度或服食麻醉品人之适宜场所监管　若犯罪行为,系与饮酒过度或与服食其他麻醉品有关时,法院得将犯人交付于适宜场所监管之。（第八十二条第一项）

（丁）强制工作场所之监管　若犯罪行为系与厌弃工作有关系时,法院得将犯人交付于强制工作之场所监管之。（第八十三条第一项）

（戊）累犯职业犯及惯习犯适宜场所之监禁　凡经法院查明三

次再犯原罪(第六十条第一项:犯人在国内或国外所犯之罪,已受刑之全部或至少已受刑之三分之一执行后,对于感化院开释后五年内,再犯同样之罪或同样目的之罪者,法院得增加本刑法定最高度之半宣告其刑;但以不得超出本刑法定之种类为限。若法律规定,法院得酌科徒刑或拘役时,不得宣告拘役),以及以犯罪为职业或惯习犯罪等不可矫正之犯人,于刑之执行后,若任其自由行动,则恐对于法律秩序发生危险时,法院得将犯人判令监禁于适当之场所。(第八十四条第一项)

(己)执行之期间　在第七十九条及第八十条所列疗养院内监养之日数,不须预先确定;但法院不得在一年之期间届满前,开释出院。(第八十一条)

饮酒过度或与服食麻醉品有关时之适宜场所监管,其期间为两年。对其宣告之刑,将来再为决定执行。(第八十二条第一项后段)

开释在上项期限以前者,须由法院酌定之。(第八十二条第二项)

强制工作之监管,其监管期间为五年。(第八十三条第一项下段)

监管一年后,法院得判令开释之。(第八十三条第二项)

累犯职业犯或惯习犯监禁场所之期间,视犯人之情形而定,但至少必须五年。每五年之期间届满后,法院斟酌情形,是否需要,再为延长五年之期间。(第八十四条第二项)

(庚)褫夺职业权、亲权、监护人权及没收之准用　若犯人系不负刑事责任者,或其行为不为罪,或对其提起诉讼之时效已经消灭

者,法院得以保安处分之名义,适用第四十八条至第五十条之规定①。(第八十五条)

第二项 关于未成年人之规定

第六十九条

第一项 对于下列各种犯人不罚:

(甲)未满十三岁之未成年人犯罪者;

(乙)十三岁至十七岁之未成年人,未具判别力而犯罪者;即犯人精神上及知识上皆未达到相当程度之发展,使其认识其行为之关系重大并知约束其操行者。

第二项 法院对于上款之未成年人,只得适用感化教育,尤以施

---

① 第四十条 第一项,拘役至少为一星期,至多为五年。
第四十七条 第一项,对于下列各种之犯人,法院宣告褫夺公权及国民荣誉权:
(甲)受死刑及无期徒刑者;
(乙)犯内乱罪或外患罪及妨害国交罪而受徒刑之判决者;
(丙)其他各种以营利为目的而犯重罪受徒刑之判决者。
第四十八条 第一项,对于第四十七条第一项所列各种之犯人,若证实其有下列情事之一者,法院得宣告褫夺执行某种职业权:
(甲)犯人利用其职业而为犯罪之行为者;
(乙)在犯罪之行为中,发现犯人无执行其职业之能力,而有危害社会之危险者。
第二项,对于第四十条第一项所列之犯人,而为本条第一项乙两款之所举之利用职业或无执行职业之能力者以外之其他一切犯人,法院仍得宣告褫夺执行某种职业权。
第四十九条 对于向十七岁以下之未成年人,实行犯罪之行为或与此种未成年人共同犯罪者,法院得褫夺亲权及监护人权。
第五十条 第一项,对于自犯罪行为,直接或间接取得之物品,以及犯罪所用或预备为犯罪之用之用具,法院得宣告没收之。
第二项,若物品不归犯人所有,除法律明白规定外,法院不得没收。
第三项,除法律或国际条约另有规定外,所有没收物品,一概缴纳于国库,为监狱感化院及看守所之用。

以谴责,责令其父母监护人或特别保护人注意监督,或迳交到教育机关教管为宜。

第七十条　十三岁至十七岁之未成年人,具有判别力而犯罪者,法院则将其交到感化院监禁之。

第七十一条　未成年人之有判别力而犯罪者,若依其犯罪行为所遇之情境,其本人之性情或其生活之状况以及其所接触之环境,证明其对于感化院之监禁不甚适当时,法院得适用感化教育之处分。

第七十二条　未成年人受感化院之监禁者,至其达到二十一周岁为止。

第七十三条

第一项　未成年人之有判别力而犯罪者,但其所犯之罪不致科以死刑或无期徒刑时,法院若认为适当,得以试验之名义,停止其一年至三年感化之监禁。

第二项　在此试验时期之中,法院得适用感化教育之处分。

第三项　若当此试验期间,发现未成年人之行为不检时,法院得自动或依据教育机关、未成年人之父母、保佐人,或其监护人之意见,撤销其监禁之停止,并即将其监禁于感化院。

第四项　在试验期间内,法院不将监禁之停止撤销时,罪案视为消灭。

第七十四条

第一项　感化院得将未成年人,以试验名义,在有定期间内,释放出院。

第二项　感化院对于如此释放之未成年人,视同未出院者,施以严格监督。

第三项　感化院得随时撤销释放。

第七十五条

第一项　法院得自动或依据感化院之意见,将未成年人,在有定期间内,放出感化院,但该未成年人至少必须经过六个月之监禁。

第二项　法院应将假释之未成年人,交到特别指定之保佐人监督之。

第三项 若假释之未成年人行为不检时,法院得自动或依据感化院、未成年人之父母、保佐人或其监护人之意见,撤销假释。

第四项 在假释期间内,而未经撤销假释或未成年人达到二十一岁时,罪案视为消灭。

第七十六条

第一项 未成年人之有判别力而犯罪者,若犯罪时,其年龄在十三岁以上十七岁以下,而于其十七岁届满后,对于提起刑事诉讼时,且若感化院之监禁,对其已不适宜时,法院得将法律规定之刑,对其特别减轻宣判之。

第二项 对于此等未成年人,判决刑罚时,不得附带宣判徒刑;但第四十条戊项所规定之刑,不在此限。

第七十七条 若受感化院监禁之判决者,在其判决开始执行前,已达二十岁时,则不受感化院之监禁。但宣判之法院,得依第七十六条之规定,宣判其刑。

第七十八条 若感化院监禁之未成年人,在其达到十七岁以前而犯罪者,感化院则用惩戒之方式处理之。

第三节 意大利

意大利修改刑法之动机,鉴于本国犯罪行为日见增加,现有法律已不足尽保护社会之能事,习惯犯及职业犯之数日增,1889年柴那代利(Giuseppe Zanardelli)主编之《意大利刑法》,已有不能抑止上述危险之势,亟须改弦更张,于是有1914年9月14日,因毛尔带拉（Ludovico Mortara）提议修改刑法。意王下诏组织修订刑法委员会，委员十五人，焕雷（Enrico Ferri）为委员长，从事研究取缔习惯犯更有效力之方法，该委员会于1921年1月向司法部长提出刑法第一编总则，并附有焕雷意见书。

嗣因意大利政局变动，全国骚扰，"法西斯蒂党"执政后，始克维持秩序，各项事务，顿呈活泼气象，立法工作，亦继续进行。1925年1月13日，司法部长洛高（Alfredo Rocco）要求议会通过允许政府修改刑法，该提案由两院通过，成为1925年12月24日第二二六〇号法律。焕雷哲理部分，为洛高反对；但其实用部分，多所采纳。

1927年8月，司法部长公布《刑法新草案》，附有最高法院意见书，一并交中央修订法律委员，俟该草案由两院联合委员会审查后，即将原稿修正，1930年公布施行，为现代最新之刑法，其中保安处分，规定綦详，实非他国可相比拟。保安处分类别有"对人保安处分"及"对物保安处分"之分，兹将其二者之内容，试行分析说明如下：

第一项　对人保安处分

（一）通则

（A）保安处分之施行范围　无论何人，除法律上有明文规定及非该法律中有规定之情形外，不得施行保安处分。（第一九九条）

（B）关于时地及人之适用　保安处分，依适用时现行有效之法律。施行时之法律有变更者，应适用施行时有效之法律。

保安处分于本国领域内之外国人，亦适用之。

但外国人适用保安处分，不妨害公安法律上由国家领域之驱

逐。(第二〇〇条)

(C)在外国所犯之行为 在外国所犯之不法行为,由国家审问或更审时,对于保安处分,亦适用意大利法律。于第十二条第三款记载之意大利法律所规定保安处分之适用,须证明该人对于社会有危险性之事实存在。(第二〇一条)

(D)保安处分之适用 仅对于法律上有规定,而认为社会有危险性时适用之。

保安处分对于犯法律上不论罪时,而对于社会有危险性者,依刑事法律决定之。(第二〇二条)

(E)对社会之危险 刑事法律上之效力,对于犯人虽不应处罚或不应归责者,若犯前条之行为,再有犯法律上规定为罪行为之可能性者,为对社会有危险性,对于社会有危险性之能力,依第一百三十三条记载之情状推定之。(第二〇三条)

(F)社会危险性之认定 该犯人所犯之行为,认为对社会有危险性,得命令保安处分。

明白决定后,法律上认为对社会有危险性之能力时,虽在此情形,保安处分之适用,仍须将该能力认定,若有下列情形。宣告有罪或无罪：

(一)第二百十九条第二项及第二百二十条规定精神耗弱者,自犯罪行为后十年；

(二)在其他情形,自犯罪行为后五年。

于非拘禁并科之保安处分,尚未开始执行,或被告人宣告无罪,于第二百二十二条第二项规定情形宣告有罪或无罪,经过十年,或在其他情形经过五年后,对社会之危险性,仍须认定。(第二〇四条)

（G）法官之命令保安处分　法官在有罪或无罪之宣告,得命令保安处分。

依下列情形,得继续命令保安处分。

（一）有罪之宣告,在刑罚执行中,犯人故意逋免刑之执行时。

（二）无罪之宣告,认为该犯人有社会危险性时,及关于保安处分最低限度之期间尚未终了时。

（三）依法律上之规定,在任何时间。（第二〇五条）

（H）侦查或审理期间内临时保安处分之适用　在侦查或审理之期间内,对于未成年人、精神病者、习惯性沉醉者、常用麻醉品者、或因酒精或麻醉而有慢性中毒状态者,得命令临时收容于感化院、刑事精神院、或治疗所及监护所。

法官认为该人对社会无危险性时,得取消临时保安处分之命令。

执行临时保安处分之时间,得算入保安处分之最短期间内。（第二〇六条）

（I）对人保安处分之取消　受保安处分者,对于社会危险性尚未除去时,不得取消之。

法律上规定最短期间之保安处分尚未终了时,不得取消之。

法官命令法律上规定最短期间之保安处分尚未终了时,司法部长得以敕令取消之。（第二〇七条）

（J）危险性之再度调查　法律上规定保安处分之最短期间经过后,法官得再调查被保安处分人之现时状况,以明其人究否尚有社会危险性。

若证明该人对于社会危险性尚未消灭,法官得更定日期,再行

调查。对于社会危险性,认为有取消之理由时,法院得随时为再度之确定。(第二〇八条)

(K)数个行为相竞合受判决多数保安处分时之执行　一人在不同时间,犯多数行为,受同类多数之保安处分时,得命令执行一个保安处分。

如受多数不同类之保安处分时,法官得裁量其人之社会危险性轻重,依法律上之规定,适用一个或数个之保安处分。法律认定该犯人有危险性时,无论如何,须受拘禁保安处分。

前项规定,保安处分在执行期中,或现未开始执行时,亦适用之。(第二〇九条)

(L)罪或刑消灭时之效力　罪之消灭,停止保安处分之适用及执行。

刑之消灭,停止保安处分之适用,但法律上规定得随时命令者,不在此限。法官已命令保安处分为十年以上拘禁刑之附加者,不得停止,应以自由监视代替农业惩治场及工业场之保安处分。

已处死刑或徒刑之全部或一部,因大赦、特赦或减刑而免刑者,犯人受三年以上之自由监视。(第二一〇条)

(M)保安处分之执行　拘禁刑附加之保安处分,于刑之执行完毕后,或刑之消灭后执行之。

非拘禁刑附加之保安处分,于罪之宣告确定后执行之。拘禁保安处分,附加有期非拘禁保安处分者,在前处分终了后执行之。(第二一一条)

(N)保安处分之停止或更易　已受保安处分之执行,若须执行拘禁刑时,停止保安处分之执行。刑之执行完毕后,再执行保安处分。

受拘禁保安处分者,得精神病时,法官得命令收容于刑事精神病,或治疗所及监护所。

精神病停止后,法官认该人对社会有危险性,不宜于自由监视时,得命令送致农业惩治场或工业场或刑事感化院。

精神病者,受非拘禁保安处分,或善良行为之监视,该病人送致于普通精神病院,并停止保安处分之执行。然在受非拘禁之保安处分者,病愈后,法官得再行调查其危险性,若认定其仍有危险性者,得适用非拘禁之对人保安处分。(第二一二条)

(O)拘禁保安处分之执行　拘禁保安处分,在设备场所执行之。

妇女收容之场所,与男子分隔。

在各场所酌量犯罪性癖,并习惯及一般犯人对社会之危险性,采用特别教育,或治疗及劳动制度,作业给予报酬,生活维持费,由报酬中扣除之。

关于刑事精神病院中生活维持费,适用关于治疗费偿还之规定。(第二一三条)

(P)遁免拘禁保安处分之执行　受拘禁保安处分时,故意遁免执行保安处分者,其最短期间,俟恢复执行日起,再行开始。

前项规定,对于送致刑事精神病院,或监护所,予以治疗及监守者不适用之。(第二一四条)

(二)**特别规则**

(A)对人保安处分之种类　对人保安处分,分拘禁及非拘禁。拘禁保安处分如下:

(一)致送于农业惩治场及工业场;

(二)收容于治疗所及监护所;

(三)收容于刑事精神病院；

(四)收容于刑事感化院。

非拘禁保安处分如下：

(一)自由监视；

(二)禁止居住于一个或数个之邑或省；

(三)禁止时常进入于贩卖酒精饮料公共场所；

(四)外国人驱逐于国外。

法律上规定保安处分未指定种类时，法官得命令自由监视，但法官以为犯人应送致于农业惩治场，或工业场者，不在此限。(第二一五条)

(B)致送于农业惩治场或工业场　下列者，送致于农业惩治场或工业场：

(一)被宣告习惯性，或职业性，重罪犯或犯罪性癖者；

(二)被宣告习惯性，或职业性，重罪犯或犯罪性癖者，不受保安处分时，故意再犯更表现有习惯性，或职业性，或犯罪性癖者。

(三)在其他情形，法律上明文规定宣告有罪或无罪者。(第二一六条)

(C)送致农业惩治场或工业场最短之执行期间　送致农业惩治场或工业场，最短之期间为一年。习惯性重罪犯，最短期间为二年。职业性犯三年，及犯罪性癖者四年。(第二一七条)

(D)习惯性或职业性重罪犯及犯罪性癖者之执行　习惯性或职业性，重罪犯及犯罪性癖者，在农业惩治场及工业场，分拘于特别场所。

斟酌受保安处分者之状况及性癖，法官得命令保安处分于农业惩治场或工业场执行之。

该处分在执行中得变更之。（第二一八条）

（E）送致于治疗所及监护所　因精神病，或因酒精，或麻醉品慢性中毒，或因喑哑犯故意罪减轻其刑者，法律上规定最低之刑，为五年以上之惩役，须收容于治疗所及监护所，其期间不得少于一年。

关于法律上规定死刑，或徒刑，或最低限度十年以上惩役之重罪，其保安处分之期间，不得少于三年。

关于其他之罪，法律上规定拘禁刑，而被宣告者，对社会确有危险性时，得命令收容于治疗所，及监护所。其期间不得少于六个月；但法官得以自由监视更易之。因酒精，或麻醉品慢性中毒，减轻处刑者，不得以此更易。已命令收容于治疗所，及监护所时，不适用其他拘禁保安处分。（第二一九条）

（F）治疗所及监护所收容命令之执行　犯人收容于治疗所及监护所之命令，在执行自由刑终了后，或其他方法消灭后执行之。

但法官斟酌犯人特殊状态，得命令于执行自由刑开始前或终了前收容之。

收容处分，在决定事由消灭时撤销之，但须经过前条规定之最短期间。

犯人出治疗所，或监护所后，受刑之执行。（第二二〇条）

（G）习惯性沉醉者　因习惯性状态，或因常用麻醉品作用犯重罪处惩役，而未命令其他拘禁保安处分时，得收容于治疗所及监护所。

科三年以上惩役之犯罪，得以自由监视，更易治疗所及监护所之收容。

收容于特别分居所为之,其最短期间为六个月。(第二二一条)

(H)刑事精神病院之收容　因精神病、或酒精、或麻醉品慢性中毒、或喑哑而宣告无罪者,应收容于刑事精神病院,其期间不得少于二年,但轻罪,非故意罪,或法律上规定科其他财产刑,或未满二年最低限度之惩役,该项无罪之宣告,通知于保安处分之官署者,不在此限。

关于法律规定死刑或徒刑之罪者,收容于刑事精神病院,其最短之期间为十年。

关于法律规定最低限度十年以上之惩役罪,为五年。

收容于精神病院,并须执行自由刑者,在收容期间内,停止刑之执行。

本条规定,对于未满十四岁之少年,或已满十四岁而未满十八岁者,有本条第一项规定之状况,犯法律上论罪之行为,因未成年而宣告无罪者,亦适用之。(第二二二条)

(I)少年人收容于刑事感化院　刑事感化院之收容,为少年之特别保安处分,其期间不得少于一年。该保安处分全部或一部之适用或执行后,倘少年人满二十一岁时,得以自由监视更易之,但法官认为有送致农业惩治场或工业场之命令时,不在此限。(第二二三条)

(J)未满十四岁之不应归责少年　未满十四岁之少年,犯法律论罪之行为,认为该人有社会危险性时,法官斟酌行为之情节,及其家庭道德状况,得命令收容于刑事感化院,或受自由监视。

法律规定死刑,或徒刑,或最低限度三年以上之惩役之故意罪,得命令少年收容于感化院,其期间不得少于三年。

前二项规定,于少年人犯法律上论罪之行为时,已满十四岁,未满十八岁者,亦适用之,但依第九十八条规定,认为不应归责者为限。(第二二四条)

(K)满十四岁未满十八岁之应归责少年　十四岁以上十八岁以下之少年,认为应归责时,刑之执行完毕后,法官得命令收容于刑事感化院,或受自由监视并斟酌前条第一项记载之情状。

因不应归责执行保安处分中而犯重罪之少年,应适用上述保安处分之一种。(第二二五条)

(L)有习惯性或职业性重罪或犯罪性癖之少年　未满十八岁人有习惯性,或职业性,重罪或犯罪性癖,应命令收容于刑事感化院。其期间不得少于三年,满二十一岁时,法官得命令移送于农业惩治场或工业场。

少年人收容于刑事感化院之命令,于各本条定之。(第二二六条)

(M)特别感化院　法律上规定刑事感化院之收容,无须确定少年人对社会有危险性时,得致送该人于特别场所,或普通场所之特别房。

少年人收容于普通场所时,有特别危险性者,得致送特别场所,或普通场所之特别房。(第二二七条)

(N)自由监视　自由监视状态者之监督,委托保安官署行之。

在自由监视状态者,受法官之指挥,以防其更犯罪之机会。

上述条件,法官得后来改正之,或限制之。

自由监视,应以工作方法,使该人容易适应社会生活。

自由监视,不得少于一年之期间。

以上规定,对于少年之监视,在特别法律上无规定时准用之。

(第二二八条)

(O)命令自由监视之情形　除法律特别规定外,自由监视得以下列情形命令之:

(一)宣告一年以上之惩役时;

(二)关于本法不为罪之行为,命令保安处分时。(第二二九条)

(P)应命令自由监视之情形　下列情形,应命令自由监视:

(1)科十年以上之惩役,于此情形,不得少于三年之期间;

(2)犯人许可假出狱时;

(3)习惯性,或职业性,轻罪犯不受保安处分时,更为犯罪而有习惯性,或职业性状态再度发现之时;

(4)其他情形定于各本条。

送致农业惩治场或工业场处分终了时,法官得命令释放者,受自由监视,或善行保证。(第二三〇条)

(Q)义务之违背　除第一百七十七条第一项规定情形外,在自由监视之状态者,违背义务时,法官得附加善行保证。

酌量违背义务之特别情状,或次数,或违背义务者未给保证,法官得以送致农业惩治场或工业场更易自由监视,或系少年人收容于刑事感化院。(第二三一条)

(R)在自由监视状态之少年或精神病者　幼年或精神病者,除非能以该人委托父母或其他之人有供给教育或辅助之义务者,或社会辅助机关外,不得受自由监视。

于前之委托,有不可能时,或此种办法,认为不适当时,依据案情,得命令收容于感化院,或治疗所及监护所。

在自由监视时,幼年无悛改之证据,或有精神病者,证明仍有

社会危险性时,得以感化院、或治疗所、监护所之收容,更代自由监视。(第二三二条)

(S)居住于一个或数个邑或省之禁止　对妨害国家,或公共秩序之重罪,或犯有政治动机罪,或因该处特殊社会,或道德状态,致成重罪者,禁止居住于法官指定之一邑,或数邑或省。

居住禁止之期间,至少一年。

在违背情形,最短期间,得复行开始,并得附加自由监视之命令。(第二三三条)

(T)常入酒肆及贩酒精饮料公共场所之禁止　常入酒肆,及贩卖酒精饮料公共场所之禁止,最短期间为一年。

受习惯性沉醉之宣告人,或有沉醉性习惯状态而犯罪者,处刑外,应附加上述之禁止。

在违背情状,得命令附加自由监视,或善行保证。(第二三四条)

(U)外国人驱逐国外　除法律明文规定情形外,外国人被宣告十年以上之惩役,法官得命令驱逐于国家领域外,行政官署公布公安法律上驱逐命令之轻罪制裁,适用于违背法官宣告驱逐命令之外国人。(第二三五条)。

第二项　对物保安处分

(一)对物保安处分之种类　除法律有特别规定外,对物保安处分如下：

(1)善行保证；

(2)没收。

第一百九十九条,第二百条第一项,第二百零一条第一项,第二百零五条第一项及第二项第三款,于对物保安处分,亦适用之。第二百条第二项、第三项,及第二百十条之各项规定,除没收情形外,于对物保安处分亦适用之。

第二百零二条,第二百零三条,第二百零四条第一项,及第二百零七条之规定,于善行保证亦适用之。(第二三六条)

(二)善行保证　善行保证,应供托于罚金基金一千里耳(Lera)以上,二万里耳以下之金额。

供托保证许提供以抵当方法之担保,即以连带担保提供亦应许可。

该保安处分之期间,不能少于一年,或多于五年,其期间以交付保证日开始。(第二三七条)

(三)不履行保证之义务　不供托金额,或担保时,法官得以自由监视更易保证。(第二三八条)

(四)善行义务之履行或违背　在保安处分中,本人不犯法律上规定拘役刑重罪或轻罪,得命令返还供托金额,或撤销抵当,其担保消灭,否则供托之金额或担保移转于罚金基金。(第二三九条)

(五)没收　在刑之宣告时,法官得命令没收供犯罪所用,或预备犯罪用物件,及犯罪所得之物件或利益。下列物件,应命没收:

(1)构成犯罪代价之物件;

(2)虽尚未受刑之宣告,构成犯罪之制造、使用、携带、持有或贩卖之物件。

本条第一项及第二项第一款之规定,对于属于犯人之物件,不关于犯罪者不适用之。

第二款之规定,对于该人所有之物件,不关于犯罪者,不适用

之,以行政上之特许,得准其制造、使用、携带、持有或贩卖。(第二四〇条)

第四节 日本

《日本刑法改正预备草案》,公表于1930年,亦为世界上年代最近之刑法草案,保安处分规定于该刑草第十一章中。此外第十二章,又特设保护观察及保护监督,为防止犯人再犯之法,兹将其一一分述说明如下:

第一项 保安处分

(A)保安处分之种类 保安处分为下列四种,由法院定之:

(一)预防监护;

(二)酒癖矫正;

(三)劳动留置;

(四)预防拘禁。(第九十八条)

(B)预防监护之宣告 对于犯相当于禁锢以上刑之心神丧失人或喑哑人,为无罪或免诉之宣告者,于公益上认为必要时,得为付预防监护之宣告。(第九十九条第一项)对于已处惩治以上刑之心神耗弱人或喑哑人,就与前犯同一或类似之罪为刑之宣告,公益上认为必要时,与前项同。(第九十九条第二项)

(C)预防监护之执行 预防监护之执行,应于刑之执行终了后继续为之。(第九十九条第三项)

(D)预防监护之收容场所 被付预防监护者,应收容于预防监护所。因适宜之治疗或其他之监护,应为必要之处置。(第一百条)

(E)预防监护收容之退所 被付预防监护者,于无收容之必要时,应依行政官署之处分命其退所。于为前项之处分,应经刑务委员会议决。(第一百零一条)

(F)超过预防监护执行期间之许可 对于心神耗弱人或受刑宣告之喑哑人,于有超过五年执行预防监护之必要时,应受法院之许可,以后仍超过五年者,亦同。(第一百零二条)

(G)预防监护之更易假释放处分 被付预防监护之心神耗弱人,或喑哑人,于刑之执行中,不防为假释放之处分。

假释放之处分,未被撤销,而刑期终了者,预防监护之宣告失其效力。(第一百零三条)

(H)酒癖矫正之宣告 对于有饮酒之习癖者,就因酩酊所犯之刑,宣告一年以下之惩锢或拘留,或以心神丧失为理由为无罪或免诉之宣告者,于认为非矫正其习癖,即有再犯之虞时,得与其裁判同时为付酒癖矫正之宣告。(第一百零四条第一项)

(I)酒癖矫正之执行期间 酒癖矫正之执行,不得超过二年。对于受刑之宣告者之酒癖矫正,于刑之执行终了后继续执行之。(第一百零四条第二项及第三项)

(J)酒癖矫正之收容场所 被付酒癖矫正者,应收容于酒癖矫正所。为达矫正之目的,应为必要之处置。(第一百零五条)

(K)预防监护收容之退所及更易假释放处分之准用 第一百零一条及第一百零三条之规定,于酒癖矫正准用之。(第一百零六条)

（L）劳动留置之宣告　对于因无节制，或劳动嫌恶，常习之犯罪者，于宣告一年以下之惩治或拘留时，得与其裁判同时为付劳动留置之宣告。(第一百零七条第一项)

（M）劳动留置之执行期间　劳动留置之执行，不得超过三年。(第一百零七条第二项)

（N）劳动留置之收容场所及其目的　被付劳动留置者，应收容于劳动留置所。为养成勤勉而有纪律之习惯，应命其就必要之工作。(第一百零八条第一项)

（O）劳动留置所所长之职权　劳动留置所所长，得命劳动留置人滞在留置所外，而于官公设或私设之工场、农场，或其他作业场工作。(第一百零八条第二项)

（P）预防监护收容之退所及更易假释放处分之准用　第一百零一条及第一百零三条之规定，于劳动留置准用之。(第一百零九条)

（Q）劳动留置之执行　对于受刑之宣告者之劳动留置，于刑之执行终了后继续执行之。(第一百零九条)

（R）预防拘禁之收容　因惩治以上之刑执行终了被释放者，于释放后显著有再为放火杀人或强盗之虞时，得付预防拘禁。(第一百十条)

（S）预防拘禁收容之场所及其目的　被付预防拘禁者，应收容预防拘禁所。为使其悛改，应为必要之处置。(第一百十一条)

（T）超过预防拘禁执行期间之许可　预防拘禁之执行，有超过二年之必要时，应受法院之许可。以后仍超过二年者，亦同。(第一百十二条)

（U）预防拘禁之执行　预防拘禁之执行，应于刑之执行完毕后继续为之。(第一百十三条前段)

（Ⅴ）预防拘禁之退所　被付预防监护者,于无收容之必要时,应依行政官署之处分命其退所。

于为前项之处分,应经刑务委员会决议。(第一百十三条后段)

（Ⅵ）保安处分执行期间经过之许可　保安处分之宣告确定后,未受执行经过三年者,非得法院之许可不得执行之。

惩治禁锢或拘留执行中之期间,不算入于前项之期间。(第一百十四条)

第二项　保护观察及保护监督

(一)保护观察之交付处所　命为保护观察时,应付以适当之条件,将本人交付于保护司,或委托于寺院教会保护团体或适当之人。(第一百十五条)

(二)受交付人或委托人之处置　被付保护观察者,受交付或委托之人,于防止本人再犯罪之危险且有必要时,为使其容易生计,应为适当之处置。(第一百十六条)

(三)保护观察之必要规定　前二条之外,关于保护观察之必要规定,以命令定之。

(四)保护监督准用以上之规定　前三条之规定,于保护监督准用之。(第一百十八条)

此外如资格丧失、资格停止、居住限制及没收,均规定于刑之种类中,不认为保安处分。

第三项　少年法

对于少年犯,刑法规定以不罚为原则;但其对于将来之预防,

不列入于保安处分中,因日本另有少年法规定之故也,今特录《日本少年法》于后,以供研究法学者之参考:

第一章 通则

第一条 本法所谓少年,指未满十八岁而言。

第二条 关于少年刑事处分之事项,除本法所规定外,依普通法令办理。

第三条 本法除第七条、第八条、第十条及第十四条之规定外,凡揭载于陆军刑法第八条、第九条及海军刑法第八条、第九条者,不适用之。

第二章 保安处分

第四条 凡少年之行为,触犯刑罚法令或有触犯刑罚法令之虞者。得加以下列各款处分:

(一)加以训诫。

(二)委托学校校长加以训诫。

(三)使以书面为改悔誓约。

(四)附条件而交付于保护人。

(五)委托于寺院教会保护团体,或其他适当之处所。

(六)交少年保护司监察。

(七)送致于感化院。

(八)送致于矫正院。

(九)送致或委托于病院。

前项各款处分,得适宜并行之。

第五条 前条第一项第五款乃至第九款之处分,得继续执行至满二十三岁,但在继续执行中,无论何时得取消或变更之。

第六条 少年受缓刑之宣告,或允准假释者,其缓刑及假释之期间,交少年保护司监察。具有前项情形者,遇必要时,得为第四条第一项第四款、第五款、第七款乃至第九款之处分。

依前项之规定,为第四条第一项第七款或第八款处分时,其执行继续中,停止少年保护司之监察。

第三章 刑事处分

第七条 犯罪时不满十六岁者,不科死刑及无期徒刑,其应以死刑或无期徒刑处断者,科十年以上十五年以下之惩役或禁锢。

犯刑法第七十三条、第七十五条或第二百条之罪者,不适用前条之规定。

第八条 对于少年以最长期在三年以上之有期惩役或禁锢处断者,于其法定刑之范围内,规定最长期及最短期而宣告之;但以最短期超过五年之刑处断者,缩短其最短期为五年。

依前项规定所宣告之刑,其最短期不得超过五年,最长期不得超过十年。

为缓刑之宣告者,不适用前二项之规定。

第九条 少年受惩役或禁锢宣告者,于特设之监狱内,或普通监狱内,特设分界之处所,执行其刑。

本人在刑期中,虽满十八岁,得继续执行至满二十三岁为止。

第十条 少年受惩役或禁锢宣告者,经过下列时期后,得允准其假释:

(一)无期刑经过七年。

(二)依第七条第一项之规定。宣告之刑经过三年。

(三)依第八条第一项及第二项宣告之刑,经过其刑之最短期之三分之一。

第十一条 少年受无期刑之宣告者,允准假释后若经过十年不撤销其假释,以刑之执行终了论。

少年依第七条第一项或第八条第一项、第二项之规定,受刑之宣告者,允准假释后,若经过与假释前刑之执行时期相等之时期不撤销其假释,亦准前项论。

第十二条　少年假释之规程,以命令定之。

第十三条　对于少年不得为劳役场拘留之宣告。

第十四条　少年之时,因犯罪处刑,除却死刑及无期徒刑外,其刑之执行终了,或免除执行者,将来关于其人之资格适用法令时,以未曾受刑之宣告论。

少年之时,因犯罪处刑而受缓刑之宣告,其缓刑期间中以刑之执行终了论者,适用前项之规定。

有前项情形而撤销缓刑宣告者,关于其人之资格适用法令时,从其撤销之时起,以曾受刑之宣告论。

第四章　少年审判所之组织

第十五条　因对于少年为保护处分起见,设置少年审判所。

第十六条　少年审判所之设立、废止,及关于其管辖之规程,以敕令定之。

第十七条　少年审判所属司法大臣之监督。

司法大臣得命高等法院院长及地方法院院长,监督少年审判所。

第十八条　少年审判所内置少年审判官、少年保护司及书记。

第十九条　少年审判官用独任制审判案件。

第二十条　少年审判官管理少年审判所行政事务,监督所属职员。

少年审判所内设置少年审判官二员以上者,以首席少年审判官,管理前项所规定之职务。

第二十一条　少年审判官得以推事兼任。

有推事资格之少年审判官,得兼任推事。

第二十二条 少年审判官若认为所承办案件有足生偏颇之嫌疑者,得声明回避。

第二十三条 少年保护司辅佐少年审判官,供给审判之资料,且掌监察事务。

司法大臣得嘱托对于少年保护及教育有经验者,或其他适当者,充任少年保护司。

第二十四条 书记承长官之指挥,编制关于审判之书类,且从事庶务。

第二十五条 少年审判所及少年保护司履行职务时,得委托于其他公务所或公务员,且得请求为其他必要之补助。

第五章 少年审判之程序

第二十六条 所犯之罪属于最高法院特别权限者,不由少年审判所审判。

第二十七条 有下列各款情形者,除由法院或检察官移送应予受理外,不由少年审判所审判:

(一)犯死刑、无期徒刑,或最短期为三年以上之惩役与禁锢之罪者。

(二)满十六岁以上犯罪者。

第二十八条 依刑事程序审理中者,不由少年审判所审判。

不满十四岁者,除由地方长官移送应予受理外,不由少年审判所审判。

第二十九条 不论何人,如有少年当由少年审判所为保护处分者,应通告少年审判所或其职员。

第三十条 为通告者,应举出事由,且应陈述本人及保护者姓名、住所、年龄、职业、性行等项,罄其所知,并提出可供参考之资料。通告得以书面或口头为之,口头为通告时,少年审判所之职员,应就其陈述,制作笔录。

第三十一条　少年审判所认为有当受审判之少年时,应调查其事件之关系,及本人之性行、境遇、经历、心身状况、教育程度等项。

调查心身状况,务且于可能范围内,使医师加以诊察。

第三十二条　少年审判所得命少年保护司,为必要之调查。

第三十三条　少年审判所得命保护人调查事实,并得以之委托于保护团体。

保护人及保护团体,得提出可供参考之资料。

第三十四条　少年审判所得命参考人到所,使供述必要调查之事实,且得使为鉴定,具有前项情事时,若认为必要,得笔录其供述,或鉴定之要领。

第三十五条　参考人得依命令之所定,请求费用。

第三十六条　少年审判所遇有必要之情形,无论何时,得使少年保护司与本人偕行。

第三十七条　少年审判所得斟酌情形,对于本人为下列假处分:

（一）附条件或不附条件交付与保护人。

（二）委托于寺院教会保护团体,或其他适当者。

（三）委托于病院。

（四）交付少年保护司监察。

若有万不得已之情事,得将本人假委托于感化院或矫正院。

为第一项第一款至第三款之处分时,并将本人交付少年保护司监察。

第三十八条　前项处分,不论何时得取消或变更之。

第三十九条 遇有前三条之情事,应从速通知保护人。

第四十条 少年审判所因调查之结果,认为当开始审判者,应即决定审判日期。

第四十一条 若不须开始审判,则应将第三十七条之处分取消。

第三十九条之规定,于前项准用之。

第四十二条 少年审判所于开始审判时,若认为必要,得为本人指派附添人。

本人保护人或保护团体,受少年审判所之许可,得选任附添人。

附添人以律师,及从事保护事业者,或受少年审判所许可者,充之。

第四十三条 审判日期,少年审判官应偕书记出席。

审判日期,少年保护司得出席。

审判日期,应传本人保护人及附添人到所,但认为无实益时,得不传保护人。

第四十四条 少年保护司保护人及附添人于审判席上,得陈述意见。

为前项陈述时,应令本人退出,但有相当事由,得许其在场。

第四十五条 审判不得公开,但少年审判所对于本人亲族,或从事保护事业者,及其他认为相当者,得许其在场。

第四十六条 少年审判所于审理终结时,应依第四十七条乃至五十四条之规定,为终结处分。

第四十七条 认为有刑事诉追之必要者,应将其案件移送于管辖法院之检察官。

由法院或检察官移送之案件,若发现新事实,认为有刑事诉追之必要者,应咨询管辖法院检察官之意见,乃履行前项程序。

依前二项程序所为处分,应通知本人及保护人。

依第一项、第二项规定移送之案件,检察官受理后所为处分,应通知少年审判所。

第四十八条 认为当加训诫者,对于本人应指摘其过恶,并谕知以将来当遵守之事项。

具有前项情事者,应于可能范围内,使保护人及附添人参加。

第四十九条 认为当委托学校校长训诫者,应将必要之事项,指示学校校长,并嘱其对本人加以训诫。

第五十条 认为当使为改悔之誓约者,应使本人开具誓约书。

具有前项情事者,应于可能范围内,使保护人参加,并署名于誓约书。

第五十一条 认为当附条件而交付与保护人者,应将对于本人保护监督之必要条件,指示保护人,然后将本人交付之。

第五十二条 认为当委托于寺院、教会、保护团体或其他适当者,应将处遇本人须参考之事项。

指示受委托者,然后委托以保护监督之任务。

第五十三条 认为当交少年保护司监察者,应将对于本人保护监督必要之事项,指示少年保护司,然后交其监察。

第五十四条 认为当移送或委托于感化院、矫正院或病院者,应将处遇本人须参考之事项,指示其院长,然后将本人交付之。

第五十五条 对于有触犯刑罚法令之虞之少年,为前三条处分时,宜先经适当之亲权人、监护人、家主,或其他保护人之承诺。

第五十六条 少年审判所应制作审判本末书,记载经过审判之事件,及其终结处分,务须明确,其他认为必要之事项,应一并记载。

第五十七条　少年审判所依第四十八条至第五十二条及第五十四条之规定,施行处分之时,得向保护人学校校长受托者及感化院、矫正院、病院院长,要求成绩报告。

第五十八条　少年审判所依第五十一条及第五十二条之规定施行处分者,得使少年保护司考察成绩,且为适当之指示。

第五十九条　少年审判所经过审判之事件,依第四十八条至第五十四条之规定,施行处分后,发现其有第二十六条或第二十七条第一款所记载之情事时,虽系法院或检察官移送之案件,应咨询管辖法院检察官之意见,取消处分,将原案移送于检察官。

犯应科禁锢以上之刑之罪,而受第四条第一项第七款或第八款之处分者,若认为有不适于继续执行之情事,亦准前项办理。

第六十条　少年审判所将本人委托于寺院、教会、保护团体或其他适当者,以及委托或移送于病院,对于受委托或移送之人,得给付所需费用之全部或一部。

第六十一条　第三十五条及前项之费用,并在矫正院所需之费用,少年审判所得以命令向本人或有扶养本人义务者,征收其全部或一部。

前项费用之征收,准用《非讼事件手续法》第二百零八条之规定。

第六章　法院之刑事程序

第六十二条　检察官对于少年刑事案件,认为宜施行第四条之处分者,应移送其案件于少年审判所。

第六十三条　经过审判受第四条处分之少年,其本案或在处分前,曾犯较此案罚刑更轻之案件,不得更为刑事诉追,但依第五十九条之规定取消处分者,不在此限。

第六十四条　对于少年之刑事案件,应为第三十一条之调查。

关于少年身心事项之调查,得委托少年保护司为之。

第六十五条　法院得于公判日期前,为前条之调查,使受命推事为之。

第六十六条　法院及预审推事,得以职权或因检察官之声请,依第七十三条之规定,施行处分。第三十八条及第三十九条之规定,于前项准用之。

第六十七条　非有不得已之情事,对于少年不得发拘留状。

拘置监内,除有特别之事由外,应使少年独居。

第六十八条　少年报告人,应与其他被告人隔离,勿使接触。

第六十九条　少年被告事件与其他被告事件牵连之时,应以不妨碍审理为限,分离其程序。

第七十条　法院酌量事情,得于公判中,暂时使少年被告人退庭。

第七十一条　第一审法院及第二审法院审理之结果,对于被告人认为宜施行第四条处分者,应即为移送少年审判所之裁定。

检察官对前项之裁定,于三日内得为抗告。

第七十二条　第六十六条之处分,因终局裁判之确定,失其效力。

第七十三条　第四十二条、第四十三条第二项、第三项及第四十四条之规定,于公判之程序准用之。第六十条及第六十一条之规定,于预审及公判之程序准用之。

第七章　罚则

第七十四条　少年审判所之审判事项,或关于少年之刑事案件之预审及公判事项,不得登载于新闻纸及其他出版物。

违反前项规定者,新闻纸之编辑人及发行人,其他出版物之著作者及发行者,处一年以下之禁锢,或千元以下之罚金。

附则

本法施行期日,以敕令定之。

第五节 苏俄

苏俄自1916年革命以来,刑法思想为之大变,对于各种立法,均以社会主义为依归。1922年颁布刑法,已脱世界陈腐之立法例矣;但其中关于刑(顾树森先生译为惩罚)与保安处分(顾树森先生译为社会保障法)相对并列,为当世界学者所讥议,认为二元主义,犹未贯彻最新立法,而尤其不能贯彻苏俄之"社会主义"盖刑法贵在以社会为本位,盖社会为人民与国家之枢纽,未有社会不健全而人民能乐业,国家能富强也。苏俄国家,有鉴于斯,乃将刑法加以修改,1926年11月,将修改刑法公布,1927年1月1日施行。该刑法以防卫社会为其主要目的,其首章第一条规定:"苏俄刑法,以对于为社会之危险行为者,适用本法所示之社会防卫处分,保持劳农社会主义的国家,并国家所制定之法律秩序目的"。又第九条第二项规定:"社会防卫处分,以不予人身体上之痛苦,及损毁人格,或报复惩罚为目的"。由此即可知其立法之精神,而能别开生面,独树一帜。非似今日世界各国,均以保护个人为原则之刑法可与比拟,洵称为世界上最新之刑法也。其中关于"刑"与"保安处分"之两名词,合而称为"社会防卫处分",以符刑事新学派刑法一元论主义之主张。今将其1922年之刑法与1927年之刑法,关于类似保安处分之法意,摘录以说明之:

第十章　近世各国保安处分之立法

第一项　1922年刑法

（一）社会保障法（保安处分）之种类　刑法上规定社会保障法，用以替代判决内所科之主刑，或附科之徒刑，有下列各种之规定：

（1）对于知识或道德薄弱之人，安插于各种病院内；

（2）强迫诊疗；

（3）禁止从事某项公务，或为某项事务及职业；

（4）使离开其特定地方；

（5）未成年人由父母、亲属人等监护，但此项保护人，以法院熟知其人之生活情形及身份者为限。（第四十六条）

（二）精神病者之交付收容所或疗病室强迫安置　凡犯罪人倘系患慢性精神病，或临时受精神刺激时所为者，或实行犯罪时，不知自己行为之人，或作为时，虽精神平和，而至执行判决时，忽患精神病者，均不得科刑。（第十七条上段）但同时认为任其自由行动，于社会有危险性时，法院可以判令将被告人，送交知识或道德薄弱人之收容所，或疗病室强迫安置。（第四十七条下段）

（三）公务事务及职业之禁止　凡被告人，倘因其从事某项职业或手艺，或因执行公务发生弊端，经法院认为于社会有危险时，得判令五年以下剥夺从事该项职业或手艺，或某项公务，及担负履行一定事务之权利。（第四十八条）

（四）剥夺居住　凡被告人，若因其犯罪行为，或犯罪地点有关系，法院认为于社会有危险时，得判令三年以下，剥夺其居住一定地点之权利。（第四十九条）

（五）惩罚（即刑罚）及社会保障法之并科　法院于刑法相当条款所规定之各项科刑时，并得连合该项惩罚，处以必要之社会保障法。（第五十条）

此外，关于强迫工作、没收、褫夺公权、免职及放逐，均规定于惩罚种类之部分中，但放逐不限于外国人。至于少年犯除受保障法之监护处分外，得施以感化教育。（第十八条）

综观上列规定，苏俄1922年刑法，确乎仍未脱离刑法二元论主义之立法，而与法、意、奥、日等诸国之刑法相较，未见有若何之特色，无怪有1927年刑法之修改焉。

第二项　1927年刑法

（一）社会防卫处分之种类　社会防卫处分，分为惩治矫正社会防卫处分、医疗性质社会防卫处分及医疗教化社会防卫处分。

惩治矫正之社会防卫处分如下：
(1) 褫夺苏俄并苏联之国籍，驱逐国外，并为"勤劳民之敌"之宣告；
(2) 严重隔离之自由约束；
(3) 不严重隔离之自由拘束；
(4) 不拘束自由之强迫工役；
(5) 剥夺公权或私权；
(6) 有期驱逐于苏联国境之外；
(7) 驱逐于苏俄领域外，或指定居住地，逐居于指定地内。或不指定居住地，或划出一禁止居住之处所，逐居于禁居地外。不划定禁居地；

(8)永不录用之免职,或无此限制之免职;

(9)禁止经营某种事业,或就某种职业;

(10)公开谴责;

(11)没收财产之全部或一部;

(12)罚金;

(13)训戒;

(14)赔偿损害。(第二十条)

医疗性质之社会防卫处分如下:

(1)强制治疗;

(2)命入隔离病院。(第二十四条)

医疗教化之社会防卫处分如下:

(1)未成年人,应引渡于其父母、养父母、保佐人、监护人,或亲属而有养育之能力者,或引渡于其他个人营造物;

(2)命入特殊之疗养院。(第二十五条)(1928年1月9日追加公布)

(二)医疗教化、医疗的社会防卫处分之适用 医疗教化、医疗的社会防卫处分,裁判官对于认为不适用惩治矫正性质之社会防卫处分,及其附加刑之犯罪得适用之。

但此项处分(医疗、医疗教化的社会防卫处分),以该犯在听候裁判期间,当局无意适用惩治矫正的社会防卫处分时为限。(第二十六条)

(三)褫夺国籍及苏联领域外之驱逐 连褫夺国籍之"勤劳民之敌"之宣告,并苏俄领域外之驱逐处分,以无限之场合为限。(第二十七条)(1927年6月修正公布)

(四)自由拘束之执行期间 自由拘束,为一年以上,十年以

下，但应令服工役。（第二十七条）

（五）未决之拘束期间之折抵　未决之拘束期间及判决后至发生效力时止之拘留期间，应一并算入裁判官所裁决之处刑期间。（第二十九条第一项）

（六）拘束自由以外之惩治矫正社会防卫处分之免除　当斟酌拘束自由以外之惩治矫正之社会防卫处分时，裁判官得酌量判决前之拘束，缓和其刑，或将已经判决之社会防卫处分，予以免除。（第二十九条第二项）

（七）强迫工役之易科拘束　对于受强迫工役之判决者，得以强迫工役三日易科拘束自由一日。（第二十九条第三项）

（八）不拘束自由之强迫工役之执行期间　不拘束自由之强迫工役，为一日以上，一年以下之期间。（第三十条）

（九）褫夺公权或私权之范围　凡褫夺公权或私权者，丧失下列各项权利：

（1）选举权、被选举权；

（2）因选举而得就公共机关职务之权利；

（3）就国家机关勤务之权利；

（4）名誉称号之权利；

（5）亲权。

凡褫夺公权、私权，得指定褫夺上列之全部或一部。（第三十一条）

亲权之褫夺，须被处刑者，有显著利用其亲权为恶之虞时，得由裁判官决定之。（1927年6月6日修正公布）

（十）褫夺权利之期间及适用　褫夺权利，不得逾五年以上。

宣告自由拘束之附加刑之褫夺权利时，在自由拘束期满后仍

得适用。(第三十二条)

(十一)劳动章、赤旗章及名誉称号之褫夺　第三十一条第一、二、三各项之权利丧失,应一并褫夺其劳动章及赤旗章;但此时裁判官,应将情形通报苏联中央执行委员会干部会,或该联邦共和国之中央执行委员会。

佩戴徽章及名誉称号之褫夺,以裁判官之判决定之。(第三十三条)

(十二)拘束自由之审核　凡宣告一年以上拘束自由之社会防卫处分时,裁判官即应审核权利褫夺问题。又一年以下社会防卫处分之判决,不得褫夺权利。(第三十四条)

(十三)驱逐或指定居住地或不指定居住地或禁止居住地或不禁止居住地及其期间　苏联、苏俄国境外之驱逐处分,或在领域内指定居住地之驱逐处分,或划出一禁止居住地禁其居住之驱逐处分,或无此等限制之驱逐处分,裁判官于犯人之犯罪关系上,如认为留置其地于社会有危险时,得在五年以下之期间内适用之。

前项驱逐处分,如以作自由拘束处分之附加刑适用时之驱逐期间之开始,应自拘束自由期满日起行之。(第三十五条)

(十四)驱逐之手续　苏联、苏俄领域外之驱逐处分,得在各联邦共和国共通之特别规定范围内,依照其手续行之。(第三十六条第一项)

(十五)居住地之指定　对负有居住义务者,裁判官得指定之土地,可依内务人民委员会与司法人民委员之协定定之。(第三十六条第三项)(1927年6月6日修正追加)

(十六)免职之宣告及其执行期间　免职,裁判官应于刑之判决时,犯罪后,认为碍难将犯人所有之职务,继续留存时适用之;并

得禁止五年以内不准复职。(第三十七条)

(十七)禁止就经营某种事业或就某种职业之宣告及其期间　禁止经营某种事业或某种职业之处分,系裁判官认为犯人有恶用其业务之行为时,或将来有恶用之虞时,得适用之,但其期间不得逾五年。

裁判官对受刑人,有禁止其经营承包政府事业,承揽杂差,及公营官营企业,商行为交易,自营商业,或受他人委托经理商业,或介绍业之权。(第三十八条)

(十八)公开谴责之宣告　公开谴责,系以裁判官名义,对受刑人公布谴责之。(第三十九条)

(十九)没收之宣告　受刑之宣告者之固有财产,或共有财产自己一部分之没收,系将其财产全部,或裁判官所指定之一部分,强制无偿收归政府。(第四十条第一项)

(二十)没收之限制　受刑之宣告者,及其家属生活上之必需品,及生计根源之手工、手艺用具、农业用器具,概不准没收。受刑人及其家属应予留存之食粮,及金钱总额数,准每家属一人,酌留与该地劳动者之平均工资三个月相等之数,不得再少。

裁判官对受刑人之职业用具,非遇连该犯之职业权一并没收时,不得没收。(第四十条第二项及第三项)

(二十一)没收财产时受刑人之债务及第三者之债权　没收财产时,受社会防卫处分人之债务,倘在法院已经执管后所发生者时,须得法院之同意,否则国家不负担其债务。没收财产时,第三者之债权之要求,如认为有容纳之理由时,政府负担其债务,但以受社会防卫处分人所有财产限度范围内为限。

倘有前项之情事,其履行债务之顺序如下:

(1)劳动工资、养育费、社会保险费；

(2)欠缴之国家税、地方税、附加税；

(3)政府机关之要求；

(4)其他。(第四十一条)

(二十二)罚金之科处　罚金在本法所定之范围内，由裁判官所决定之金钱征收之。

罚金多寡，应酌量受刑人之财力而定之。(第四十二条第一项及第二项)

(二十三)罚金得易科及不得易科　执行罚金时，倘受社会防卫处分人不能缴纳，得以每罚金一百卢布，易科不拘束自由之强迫工役一月。

罚金不得易科自由拘束，自由拘束亦不得易科罚金。

凡不准没收之财物，不影响于决定罚金之多少。(第四十二条第三项及第四项)

(二十四)训戒之宣告　被告受无罪之宣告，恐将来有犯罪之虞时，应宣告训戒。(第四十三条)

(二十五)赔偿损害之范围　负赔偿损害之责者，指受刑人犯法而引起之结果，或直接所蒙之损害，裁判官认为确应负赔偿之责时，令其赔偿。

但此种社会防卫处分，毋庸比所判决之本刑更重。(第四十四条)

(二十六)精神病人及少年之科处　不治之精神病者，及时发时愈之精神病者，并不解自己之行为为何之病态者等之行为，其行为时，虽在精神常态中，而裁判时倘罹精神病时，不事施以惩治矫正之社会防卫处分，但应适用医疗之社会处分。(第十一条)

惩治矫正之社会防卫处分，不适用于十四岁以下之少年，仅适用医疗教化之社会防卫处分。

对于十四岁以上十六岁未满之未成年人，非未成年人委员会认为不适用医疗教化之社会防卫处分时，始得适用惩治矫正之社会防卫处分。（第十二条）

第六节 瑞士

瑞士古为罗马地，1648年各国承认其独立，后为拿破仑所征服，1815年巴黎会议，各国承认其为永久局外中立国，故能专修内政。以刑法之保安处分而观，实开世界之新纪元，1893年《刑法草案》，则有保安处分之规定。1908年《刑法准备草案》及1918年《刑法草案》，亦有保安处分列入其中。兹将其各次之刑法草案，关于保安处分之内容，约述如下：

第一项 1893年刑草之保安处分

1893年之《刑法草案》，其立法例采改善预防主义，为世界保安处分之嚆矢，将刑与保安处分并列一章，不别其二者之性质，似采一元主义；但观其有刑与保安处分二者之名词，又似采二元主义，今举其刑法第二章刑及保安处分，然后可知其性质之如何。

刑法　第二章　刑及保安处分

第二十一条　惩役刑。

第二十二条　禁锢刑。

第二十三条　自由刑之执行。

第二十四条　累犯者之保管。

第二十五条　囚人之假释放。

第二十六条　劳役场。

第二十七条　酒铺禁例。

第二十八条　酗酒者治疗场。

第二十九条　金刑。

第三十条　没收。

第三十一条　补偿。

第三十二条　国民名誉之能力停止。

第三十三条　解职。

第三十四条　为业务或营业认可之剥夺。

第三十五条　亲权或监护之剥夺。

第三十六条　判决之公示。

第三十七条　平和之保证。

总观上例条文，足见其刑与保安处分混而不分，究其性质，除第二十一条惩役刑，第二十二条禁锢刑，第二十三条自由刑之执行，第二十五条囚人之假释放，第二十九条金刑及第三十一条补偿以外，其余之性质仍不失为保安处分，兹将其一一分析说明之：

（一）保安处分之种类：

累犯者之保管；

劳役场；

酒铺禁例；

酗酒者治疗场；

没收；

国民名誉能力之停止；

解职；

为业务或营业认可之剥夺；

亲权或监护权之剥夺；

判决之公示；

平和之保证。

（二）累犯者之保管　累犯者命以十年以上、二十年以下保管。（第四十四条）保管须于专供此目的所用之建筑物。

被保管人应严峻使服劳役。

被保管人初被保管之际，或宣告之刑执行已过三分之二之际，倘认为不至再犯，该管官厅可于经过五年之后命以假释放。（第二十四条）

（三）劳役场　行为人因懒惰或嫌忌劳役而致犯罪者，判事得对于罪责者以劳役变易其禁锢刑，或与禁锢刑相并，而施以一年至三年之劳役，若是者即移交于劳役场。

凡移交于劳役场，须保守其与此场相关之州法规。（第二十六条）

（四）酒铺禁例　因饮酒精过度而犯罪者，判事对于此罪责之人，得禁制其人一年至五年之期间以内不得出入于酒铺。（第二十七条）

（五）酗酒者治疗场　惯行酗酒受一年以下禁锢之宣告者，裁判所得依医师之鉴定，科以刑，并命之入大酒者治疗场。若酒癖已愈，裁判所则直释放之。又治疗已过三年者，无论何等场合皆得释放。

归责无能力之被释放之惯行酗酒者，仍得入之大酒者治疗场。

(第二十八条)

（六）和平之保证　人所欲犯之罪，将有实行之危险者，又其人因对于生命、身体、名誉之罪已被宣告，尚恐其再犯之者，判事得勒令允诺，或出相当之担保，以后不复犯罪，因此之故，得抑留之。

若不肯允诺，或以恶意于一定期间之内不肯供与担保者，得置之拘留场，使允诺或出具保而后已，惟其期间不得过六月。

既经允诺或其有担保之后，二年以内犯罪，则担保归于国家，不然，则还诸供与之人。（第三十七条）

此外如没收（第三十条）、国民名誉能力之停止（第三十二条）、解职（第三十三条）、为业务或营业认可之剥夺（第三十四条）、亲权或监护权（第三十五条）之剥夺及判决之公示（第三十六条），世界各国之立法例，有认为刑之一部，有认为保安处分之一部，意见纷纭，莫衷一是，容下编详论之。

第二项　1908年刑草之保安处分

（一）保安处分之种类：
　（1）幼年犯人之救护；
　（2）少年犯人之收容于强制教育所、矫正所或谴责或特别拘禁；
　（3）责任无能力人及负责能力减弱人之收容于病院或保护所；
　（4）游惰及劳动嫌恶人之收容于保护院或劳动教养院；
　（5）酒癖者之收容于酒癖治疗所或禁止出入于饮食店。

（二）对于幼年犯人之保安处分　未满十四岁之幼年，有犯罪行为时,推事调查事件关系,就幼年犯人之身体上及精神上之状态及其教育,征集精密报告后:(1)须救护及其他处置者,交付于行政官厅救护之;(2)不须救护者,交付于司法官厅处罚之。(第一〇条)

(三)对于少年犯人之保安处分 十四岁以上十八岁以下之少年,有犯罪行为时,推事为调查后:(1)其放纵堕落状态不甚重大者,于一年以上二十岁未满之范围内,以必须教育者为限,收容于强制教育所(许假释);(2)其放纵堕落之程度重大者,于三年以上十二年以下之范围内,在其未改善以制,收容于矫正所(许假释);(3)此等少年须特别处分者,由推事命令之;(4)未至堕落状态之少年,推事以谴责或三日以上二月以下之特别拘禁处罚之(许假释),时效期间减半。(第一一条)

(四)对于责任无能力人及负责能力减弱人之保安处分 有犯罪行为之负责无能力人及负责能力减弱人:(1)危险于公共及一般之平稳者,法院命其于病院或保护所保护之;(2)须病院及保护所之特别处置与保护者,由法院命令之。于以上情形,已宣告刑罚者,停止其执行。其停止之理由消灭者,由法院定其执行刑罚与否,及于如何之期间执行之。(第一五条至第一八条)

(五)对于游惰及劳动嫌恶人之保安处分 此种犯罪人中,习惯之犯人,收容于保护院。非习惯之犯人,收容于劳动教养院。(1)保护院,已处数次之自由刑,显有游惰及劳动恶之性癖者,法院命其代替刑罚之执行,至少于五年以内收容之;再被收容者,至少于十年以内收容之。上述期间经过后,管辖官厅认为无累犯之虞者,三年以内许其假出院;但无论如何情形,经过二十年后,应放免之。(第三十一条)(2)劳动教养院,基于游惰及劳动嫌恶为犯罪行为,被处禁锢,有劳动能力者,停止刑罚之执行,至少于一年以内收容之。管辖官厅于经过一年后,认定本人学得劳动,且有劳动之意思者,许假释出院。否则对于法院为执行刑罚之声请,但无论如何情形经过三年后应放免之。(第二十三条)

(六)对于酒癖者之保安处分　基于习惯之饮酒犯罪,被处自由刑,推事认为有治疗之希望者,收容于酒癖治疗所,其已治愈者,命其即时退所;但无论如何情形,经过二年后应放免之,在退所以前,由法院裁判其应付执行刑罚,及于如何之期间执行之。法院对于习惯饮酒之负责无能力人,为无罪之宣告者,亦命其收容于酒癖治疗所。

犯罪之原因基于暴饮者,推事得禁止其出入于饮食店。(第二十三条及第四十五条)

第三项　1918 年刑草之保安处分

(一)保安处分之种类
　(1)幽禁所之收容;
　(2)习艺所之收容;
　(3)酒徒拘禁所之收容。

(二)累犯者幽禁所之收容　已受多次自由刑之犯人,如因犯罪再受自由刑之处罚,并显露有犯罪、作恶、或游手好闲之倾向时,法官得令其遣送幽禁所,以替代刑之执行。(第四十条)

(三)游惰者习艺所之收容　因犯罪而被处监禁之人,行迹不检,或游手好闲,而所犯之罪又与此种生活有关系时,如犯人有工作能力,并能于工作上有所成就者,法官得停止刑之执行,而遣送之于专设之习艺所。法官对于犯人身心状态,及工作能力,应令预行检查,而对于其教育程度,及以前之经历,亦须详加调查,凡曾受禁锢之刑者,概不得遣送于习艺所。(第四十一条)

(四)酒癖者酒徒拘禁所之收容 如因犯罪而被处监禁刑之人,系有酒癖,而其所犯之罪,又与饮酒之倾向有关系时,法官得令其于刑罚执行完毕后,遣送酒徒拘禁所。又如犯人系有酒癖者,虽该犯人因无责任能力而被开释,或获得不起诉处分时,法官仍得遣送之于酒徒拘禁所。(第四十二条)

第七节 奥地利亚

《奥国刑法草案》,完成于西历1909年,亦采保安处分之立法例,兹将其规定摘录如下:

(一)保安处分之种类

(1)幼年犯人之付诸救护教养;

(2)少年犯人之付诸救护教养;

(3)精神病人及酒精中毒者,癫狂院之收容;

(4)负责能力减弱者之监置;

(5)累犯之监置;

(6)危险公众犯人之警察监置;

(7)外国人之追放;

(8)特定物件之没收。

(二)对于幼年犯人之付诸救护教养 未满十四岁之幼年,有犯罪行为时,家庭教育不充分者,付诸救护教养。(第五条)

(三)对于少年犯人之付诸救护教养 十四岁以上十八岁以下之犯罪少年,基于身体、精神之不健全,不能辨别是非,以之为无罪者,其家庭教育不充分时,付诸救护教养。(第六条)

(四)对于精神病人及酒精中毒者癫狂院之收容 虽有犯罪行为,然因精神病或泥醉无负责能力,以之为无罪及不起诉者,其精神状态、素行行为之性质危险于善良风俗及公安时,于其危险之继续间,收容于犯罪癫狂院。(第三十六条)

(五)对于负责能力减弱人之监置 依继续病之状态,辨别力意思力减弱,犯一定之罪者,本人之素行及行为之性质有危险于一般之状态时,得于执行刑罚后监置之。(第三十七条)

(六)对于累犯之监置 依特定犯罪两次以上被处惩役,其最终之刑罚执行后,五年内再犯重罪者,其犯罪危险于公共,且预料行为者将来尚为犯罪行为时,得于执行刑罚后监置之。(第三十八条)

(七)对于危险公众犯人之警察监视 因关于货币之罪,对于他人财产之罪及危险于公共之罪,被处惩役后,法院认为有再犯同种犯罪之危险时,其危险依警察监视可以减轻者,付诸警察监视。(第三十九条)

(八)对于特定物之没收 供犯罪所用之用具,与犯罪有关系者,法院得没收之。(第四十二条)

第八节 法兰西

《法国刑法预备草案》,于西历 1930 年 12 月由司法部长交法律编纂委员会重加修正,该委员会之组织,由委员长及委员组成之,检察长任委员长,最高法院推事、司法部司长、律师、大学教授及书记官等任委员。1932年发表总则部分,共一百四十三条,保安处分规定于第二编第六十八条以下,计分三种:

(一)剥夺自由:

(1)收容于医院;

(2)收容于劳动所;

(3)收容于乞丐收容所。

(二)限制自由:

(1)禁止执行业务;

(2)限制住居;

(3)驱逐;

(4)保护管束,改善保证。

(三)财产处分;

(1)没收;

(2)封锁营业所;

(3)解散法人或停止营业。

第九节　西班牙

《西班牙旧刑法》为1848年公布,至1868年因宪法变更已修改一次,于1870年正式完成,名之曰《1870年刑法》。追后因科学进化及独裁政治成功,以前旧法多有不适应于社会,故不得不从事再行修改,乃将法典改正事业,委诸刑法部法典编纂委员会任之,该委员会于1926年5月经敕令裁可正式成立，至1928年9月8日完成新刑法，同月13日公布，次年1月1日施行。

《西班牙新刑法》，系维本国固有之习惯，及并采新刑事政策融合贯通，由政法诸家意见调和而成。保安处分亦为其刑法中所采纳。如改善保证、保护管束等制；并设有精神病院，以便收容精神病犯罪者；对外国人犯罪，则驱逐出境；对于常习犯人、吸食毒品，及乞丐等则另以收容所收容之。对于法人犯罪，则强制解散以代处罚。

第十节　古巴

古巴位于北亚美利加洲西印度群岛中，本西班牙领土，美、西战后，建古巴共和国。关于立法，力采新立法例。1926年2月古巴共和国修订法典委员会刑事组组长法南多（M. Fernando Ortiz）所提出之刑法草案，亦为法学上极有价值之作品，足为实验法学派实际进步之一证。本草案采用社会保安处分之原则，其应付危险较大之犯人，极为适当，对于不适于社会生活之违法者，极为宽原，均足令人称赞。

第一编（总则）第三节，说明犯人为社会之危险物，足以引起一般人之恐怖。（第五十三条）又叙列犯罪动机，罪之性质。本节将犯人除普通犯外，分为习惯犯、癫狂犯、精神病人、中毒狂、游民、政治犯、未成年犯及法人等。

第四节分处置犯人方法为"主处分"与"从处分"，主处分有下列各种：

（一）各种监禁；

（二）拘役；

（三）反省院；

（四）纠正处分；

（五）疯犯院；

（六）罚金。

死刑不在其内，从处分之种类如下：

（一）法院训戒；

（二）善行保证；

（三）放逐；

（四）公布判决。

以上主处分与从处分之处分，分为有期或无期，或为相对确定，或为绝对确定，均无不可。被褫夺自由者须服劳役，惟得受相当酬金，此项酬金分配于国家、被害人、犯罪本人及国家赔偿基金，（第一一九条、第三二三条）四者之间，此事由中央防止犯罪委员会管理之。（第三二四条）

第五节为法院对于犯人之处置，法院处置犯人，应斟酌犯人对于社会之危险性，（第一百五十条）在普通犯罪情形，尤应斟酌犯罪时之环境，犯罪之动机，以及其他应加重、减轻之情形，如为罚金，则应顾及犯人之经济状况。至犯人被列为习惯犯、癫狂犯、未成年犯者，裁判时宜注意各犯人之特别危险情形，及其能否再受教育。对于此点古巴之规定自较他国为优，盖《古巴草案》能依犯人之种类，用各个名词分析各种防镇处分，可见此项分析，不独于法院适用及执行时为可能，且可于法典内明白规定之也。

第八节为危险人及其预防，本草案所谓危险人，除上述者外，尚有下列数种：

（一）隐匿犯人者；

（二）患传染病者（如花柳病之类）；

（三）犯意显然者；

（四）被人告诉为危险者；

（五）经警察报告者；

（六）因证据不足而释放者；

（七）受大赦利益者；

（八）犯人释放出狱者；

（九）外国人行为不正者；

（十）战争时敌国之人民。

预防犯罪之工具如下：

（一）疯人院；

（二）普通教养院；

（三）强迫卫生制度；

（四）监视；

（五）禁阻；

（六）放逐；

（七）保证品行；

（八）全国人民异同之登记。

上列处置以推事之命令行之。

第十一节　英吉利

英国为欧洲西部之岛国，由大不列颠，爱尔兰及其他小岛组合而成，为世国第一强国。关于法制，富有民族性，能完全保持特殊之法系与地位，而于公法尤为优越。盖其法为国民性之表现，即集积正义公平为经，社会生活与条理为纬之判例而成也。英之法规，可谓非出于创作，乃出于成长，亚美利加合众国法继之。于是有"英美法系"之称。对于保安处分发达最早，兹将其各种法规，摘录如下：

　　1900年之少年法（Children Act）。

　　1907年之《犯人考试法》（Probation of Offenders Act）。

　　1908年之《犯罪预防法》（Prevention of Crimes Act）。

　　1913年之《精神病法》（Mental Deficiency Act）。

第十二节　中国

第一项　暂行新刑律之类似保安处分

　　未满十二岁人之行为不为罪；但因其情节得施以感化教育。（第十一条）

　　精神病人之行为不为罪；但因其情节得施以监禁处分。

　　前项之规定，于酗酒或精神病间断之行为不适用之。（第十二条）

　　喑哑人或未满十六岁人或满八十岁人犯罪者，得减本刑一等或二等。（第五十条）

第二项　旧刑法之类似保安处分

未满十三岁人之行为不罚,但因其情节,得施以感化教育,或令其监护人、保佐人缴纳相当之保证金,于一年以上三年以下之期间内,监督其品行。

十三岁以上未满十六岁人之行为,得减轻本刑二分之一,但减轻本刑者,因其情节得施以感化教育,或令其监护人、保佐人缴纳相当之保证金,于一年以上三年以下之期间内,监督其品行。

满八十岁人之行为,得减轻本刑二分之一。(第三十条)

心神丧失人之行为不罚,但因其情节,得施以监禁处分。

心神耗弱人之行为,减轻本刑,因其情节,得于执行完毕或免除后,施以监禁处分。(第三十一条)

第三项　新刑法修正案初稿之保安处分

我国现行刑法,颁布于民国十七年,其时适值国民政府成立未久,仓卒施行,颇有未能尽惬人意之处,俟后特别刑法,层见叠出,法纲愈密,朝野上下,有鉴于此,认为亟应修改刑法,以期适合潮流。故立法院组织刑法修正委员会特派各委员赴各省实地考察司法状况,并征求法界对于现行法意见,然后着手起草。为期一年有余,开会一百余次,外察刑法学派之趋势,内审斯时斯地之实情,缜密讨论,不厌周详,始成《刑法修正案初稿》。其全稿之立法精神,已由客观的事实主义,趋向于主观的人格主义,注意社会一般预防,尤着重个别化特别预防,而于孙总理建国之主义,亦复兼筹并顾。刑法委员会为慎重立法大业起见,将《修正案初稿》印刷成册,分寄各省市大学法学院,及各级法院,征求各界公评,以期汇集意见,整理再稿,然后提交立法院大会讨论。综阅全案立法,对于增加保安处分,为其最大特色,兹将保安处分章略为说明之:

(一)保安处分之种类　保安处分之种类如下:

(1)感化教育;

(2)监护;

(3)禁戒;

(4)强制工作;

(5)保护管束;

(6)驱逐出境;

(7)丧失公务员资格;

(8)公布判决;

(9)没收。

(二)少年犯令入感化教育场所施以感化教育　因未满十四岁而不罚者,法院得令入感化教育处所施以感化教育。

因未满十八岁而减轻其刑者,法院得于刑之执行完毕或赦免后,令入感化教育处所,施以感化教育;但宣告三年以下有期徒刑、拘役或罚金者,得于执行前为之。

第二项但书情形,依感化教育之执行法院,认为无执行刑之必要者,得免其刑之执行。(第七十七条第一、第二、第四项等)

(三)心神丧失精神耗弱及喑哑者令入相当处所施以监护　因心神丧失而不罚者,法院得令入相当处所施以监护。

因精神耗弱或喑哑而减轻其刑者,得于刑之执行完毕或赦免后,令入相当处所施以监护。(第七十八条第一、第二项等)

（四）吸用鸦片或因酗酒而犯罪者令入相当处所施以禁戒　犯吸用鸦片或其他代用品之罪者，得令入相当处所，施以禁戒。

前项处分于刑之执行前为之。

依禁戒处分之执行法院，认为无执行刑之必要者，得免其刑之执行。（第七十九条第一项第二前段及第三项）

因酗酒而犯罪者，得于刑之执行完毕，或赦免后，令入相当处所施以禁戒。（第八十条第一项）

（五）常习犯、职业犯及游荡或懒惰成习而犯罪者令入劳动场所强制工作　因游荡或懒惰成习而犯罪者，得于刑之执行完毕或赦免后，令入劳动场所强制工作。

有犯罪之常习，或以犯罪为职业者亦同。（第八十一条第一项、第二项）

（六）感化教育、监护、禁戒及强制工作之更易保护管束　第七十七条至八十一条之处分，按其情形，得以保护管束代之者，交由警察官署、自治团体、慈善团体、本人最近亲属，或其他适当之人，施以保护管束。（第八十二条第一项）

（七）缓刑及假释期内之保护管束　受缓刑之宣告者，在缓刑期内，得付保护管束。

假释出狱者，在假释中付保护管束。

第二项情形，违反保护管束规则，情节重大者，得撤销缓刑之宣告或假释。（第八十三条）

（八）外国人之驱逐出境　外国人受有期徒刑以上刑之宣告者，得于刑之执行完毕或赦免后，驱逐出境。（第八十四条）

（九）丧失公务员资格之宣告　宣告死刑或无期徒刑者，宣告丧失公务员资格。

宣告六月以上有期徒刑,依犯罪之性质认为不宜于服公务者,宣告一年以上十年以下丧失公务员资格。

因过失犯罪者,不得宣告丧失公务员资格。依第一项宣告丧失公务员资格者,自裁判确定时发生效力。依第二项宣告丧失公务员资格者,自刑之执行完毕,或赦免之日起算。

有二以上丧失公务员资格之宣告者,仅就其中最长期间执行之。(第八十五条)

(十)公布判决　法院得依被害人之声请,公布判决,其费用由被告负担。

公布判决之范围及方法,由法院定之。

第一项之声请,应于裁判确定后三十日内为之。(第八十六条)

(十一)没收　下列之物没收之:

(1)违禁物;

(2)供犯罪所用或供犯罪预备之物;

(3)因犯罪所得之物。

前项第一款之物,不问属于犯人与否,没收之。第二款、第三款之物,以属于犯人者为限,没收之。(第八十七条)

(十二)保安处分之宣告　保安处分于裁判时并宣告之;但没收得单独宣告。(第八十八条)

(十三)感化教育、监护、禁戒、强制工作及保护管束在期间未终了以前之免除或延长　依第七十七条至第八十二条规定宣告之保安处分,期间未终了前,认为无继续执行之必要者,法院得免其处分之执行。如认为有延长之必要者,法院得就法定期间之范围内,酌量延长之。

（十四）感化教育、监护、禁戒及强制工作之免除执行　依第七十七条至第八十一条规定宣告之保安处分，于缓刑期满，或刑之执行完毕或赦免后，认为无执行之必要者，法院得免其处分之执行。（第九十条）

（十五）保安处分之法定期间　保安处分之法定期间如下：

(1) 感化教育　感化教育处分之期间不得逾三年。（第七十七条第三项）

(2) 监护　监护处分之期间不得逾三年。（第七十八条第三项）

(3) 禁戒　犯吸用鸦片或其他代用品之禁戒处分，其期间不得逾一年；因酗酒而犯罪者之禁戒处分，其期间不得逾六个月。（第七十九条第二项，第八十条第三项）

(4) 强制工作　强制工作之处分期间，不得逾三年。（第八十一条第三项）

(5) 保护管束　保护管束处分之期间，不得逾三年，其不能收效者，得随时撤销之，仍执行原处分。（第八十二条第二项）

（十六）保安处分宣告经过执行期间之许可　第七十七条至第八十一条之保安处分，自应执行之日起，经过三年后非得法院许可不得执行之。（第九十一条）

第四项　新刑法

我国刑法，于民国十七年七月一日施行，系由前司法部部长王宠惠，根据《旧刑律第二次修正案》所草拟。又由前法制局局长王世杰修正。更由谭延闿、于右任、魏道明、徐元诰诸氏审查,经中央第一百二十次常务会议通过,然后公布施行,但适用之后,有许多不切合民情。民国二十年十月间,立法院派刘克俊、郗朝俊、罗鼎、史尚宽、蔡瑄等五委员负责修改刑法,当即一方搜集世界最新法典,从事研究,一方呈由立法院咨请司法院司法行政部、最高法院,拟具修改意见,并咨请司法行政部,转令各省各级法院及各省律师公会,对于我国现行刑法,实施上究有何种窒碍难行之处?发表意见。延至民国二十一年九月间,始陆续送到,计三十余份,旋即着手修改刑法,至是年年底,业将刑法总则修改完竣。民国二十二年一月,立法院复派刘克俊、郗朝俊、罗鼎、盛振为、赵琛、史尚宽、林彬、蔡瑄、瞿曾泽等为刑法委员会委员,三月又加派徐元诰为刑法委员会委员,将刑法总则编重行审查,至四月审查完毕。复经立法院院长孙科核准,先后赴天津、济南、北平、洛阳、西安、苏州、无锡、上海、杭州等处,调查各地司法状况,及监狱情形以作修改刑法之参考。并于七月乘立法院休会之暇,赴青岛开会一月,将全部刑法修改完竣,复经审查一次,于十二月间完成《刑法修正案初稿》,计三百四十五条。并经刊印千册,分别咨送司法行政部,转发各省各级法院,及由刑法委员会迳送各地律师公会、各大学法学院,及各法学杂志社,征求意见,限于民国二十三年三月一日以前送会参考。惟限期届满时,各方意见尚有陆续送到者,似未能恝然不顾,遂整理已收到之意见,直至民国二十三年四月初旬,先后收到意见计五十余份,当以司法院、最高法院及司法行政部之意见,尚未送到,遂复函请该院等遴派代表到会口头说明,旋即参酌各方意见,修正初稿,于四月二十六日将《刑法修正案》完成。复于五月五日,由院长邀请罗部长文干、石次长志泉、董所长康,及顾问宝道顿班亚到院,陈

第十章　近世各国保安处分之立法

述意见。后由该等意见送到,再将修正案重加整理,计成总则及分则两编,稿凡四易,先后开会共计一百四十八次,完成《刑法修正案》,提交大会公决。立法院于十月十九日,开第七十五次会议,将《刑法修正案》分章讨论,十一月一日三读会通过全部《刑法修正案》全文,民国二十四年一月一日公布,完成《中华民国刑法》。至于修正刑法之标准,已于前章《刑法修正案初稿》,略有所及,姑不另志。其中关于保安处分一章,稍有增减,如有花柳病或麻疯者犯罪,得命令强制治疗之增加,褫夺公务员资格及与没收之归并刑之从刑中。兹将新刑法保安处分,分列说明如下:

(一)保安处分之种类　保安处分之种类有下列数种:

(1)感化教育;

(2)监护;

(3)禁戒;

(4)强制工作;

(5)强制治疗;

(6)保护管束;

(7)驱逐出境。

(二)少年犯之感化教育　因未满十四岁而不罚者,得令入感化教育处所,施以感化教育。

因未满十八岁而减轻其刑者,得于刑之执行完毕或赦免后,令入感化教育处所,施以感化教育;但宣告三年以下有期徒刑、拘役或罚金者,得于执行前为之。

第二项但书情形,依感化教育之执行,认为无执行刑之必要者,得免其刑之执行。(第八十六条第一项、第二项、第四项)

(三)心神丧失、精神耗弱或喑哑者之监护　因心神丧失而不罚者,得令入相当处所,施以监护。

因精神耗弱或喑哑而减轻其刑者,得于刑之执行完毕或赦免后,令入相当处所,施以监护。(第八十七条第一项、第二项)

(四)吸食鸦片,施打吗啡或使用高根、海洛因、或其化合质料以及酗酒者之禁戒　犯吸食鸦片,或施打吗啡、或使用高根、海洛因、或其化合质料之罪者,得令入相当处所,施以禁戒。

依禁戒处分之执行,法院认为无执行刑之必要者,得免其刑之执行。(第八十八条第一项、第三项)

因酗酒而犯罪者,得于刑之执行完毕或赦免后,令入相当处所,施以禁戒。(第八十九条)

(五)习惯犯、常业犯,或因游荡或懒惰成习而犯者之强制工作　有犯罪之习惯或以犯罪为常业,或因游荡或懒惰成习而犯罪者,得于刑之执行完毕或赦免后,令入劳动场所,强制工作。(第九十条第一项)

(六)花柳病或麻疯者之强制治疗　明知自己有花柳病或麻疯,隐瞒而与他人为猥亵之行为或奸淫,致传染于人者,处一年以下有期徒刑、拘役或五百元以下罚金,(第二百八十五条)并得令入相当处所,强制治疗。(第九十条第一项)

(七)保护管束替代感化教育、监护、禁戒及强制工作等处分　第八十六条至第九十条之处分,按其情形得以保护管束代之。(第九十二条第一项)

(八)缓刑及假释之交付保护管束　受缓刑之宣告者,在缓刑期内得付保护管束。

假释出狱者,在假释中付保护管束。

前二项情形,违反保护管束规则,情节重大者,得撤销缓刑之

宣告或假释。(第九十三条)

(九)保护管束之交付场所　保护管束交由警察官署、自治团体、慈善团体、本人最近亲属或其他适当之人行之。(第九十四条)

(十)外国人之驱逐出境　外国人受有期徒刑以上刑之宣告者,得于刑之执行完毕或赦免后,驱逐出境。(第九十五条)

(十一)保安处分之宣告时期　保安处分于裁判时并宣告之,但因假释或于刑之赦免后,付保安处分者,不在此限。(第九十六条)

(十二)感化教育、监护、禁戒、强制工作及保护管束之免除或延长　依第八十六条至第九十条及第九十二条规定宣告之保安处分,期间未终了前,认为无继续执行之必要者,法院得免其处分之执行。如认为有延长之必要者,法院得就法定期间之范围内,酌量延长之。(第九十七条)

(十三)少年犯、精神丧失人、酗酒习惯犯及常业犯之免除保安处分　依第八十六条、第八十七条、第八十九条及第九十条规定宣告之保安处分,于刑之执行完毕或赦免后,认为无执行之必要者,法院得免其处分之执行。(第九十八条)

(十四)感化教育、监护、禁戒、强制工作及强制治疗之经过一定期后须得法院之许可　第八十六条至第九十一条之保安处分,自应执行之日起,经过三年未执行者,非得法院许可,不得执行之。(第九十九条)

(十五)保安处分之法定执行期间　保安处分之法定执行期间如下:

(1)少年犯之感化教育处分期间为三年。(第八十六条第三项)

(2)心神丧失、精神耗弱及喑哑者之监护处分期间为三年以

下。(第八十七条第三项)

(3) 吸食鸦片及其他化合质料之禁戒处分,于刑之执行前为之,其期间为六个月以下。(第八十八条第二项)

(4) 酗酒之禁戒处分期间为三个月以下。(第八十九条第二项)

(5) 习惯犯、常业犯、或因游荡或懒惰成习而犯者之强制工作处分,期间为三年以下。

(6) 花柳病或麻疯病之强制治疗,于刑之执行前为之,其期间至治愈为止。(第九十一条第二项)

总观刑法保安处分与刑法初稿保安处分,除种类稍有增减,及执行法定期间略有长短外,其余大意从同;关于立法之适当与否?俟分论详为评述。

第二编 分论

第一章　保安处分之适用

保安处分之适用,大别之可分为人之适用与物之适用两种。所谓人之适用者,即指保安处分能适用于某种之人也;物之适用者,即指保安处分能适用于某种之物也。其详容后各节分论之。

第一节　保安处分人之适用

刑罚适用于一般之人为原则,已为世界法律学者所公认,固无庸议;然保安处分之适用如何？实有研究之价值。夫保安处分之目的,为预防犯罪之发生及改善个人之恶性,在前编中早已论及。即对于少年犯之感化教育,心神丧失人之监护,习惯犯、常业犯之强制工作,酗酒犯及吸食毒品人之禁戒,外国人之放逐等是。足知保安处分之适用范围,不能及于一般之人,仅能及于特定之人也。前者适用之范围大,后者适用之范围小,故保安处分之适用,须法律上有特别规定,而认为社会有危险性时适用之,不能及于一般之人也。

第一项　少年人

人当少年时期,血气未定,智力浅薄,各种机能,尚未成熟,兼之阅历极浅,而意志未坚,偶被外界诱惑,一往直前,无恶不作,况又模仿性在此时期为最强,若感染不良习惯,至成年以后,颇难预防其恶害之发生。近代世界各国,对于少年人,均认为无责任能力,不加以刑罚,而施以特别预防。所谓特别预防,即保安处分是也,故曰保安处分能适用于少年人。

第一款　道德责任论与社会责任论

少年人无责任能力,而施以保安处分,已为各国所公认,然探其内容,在立法上之观念,又各有不同,大别之可分为道德责任论与社会责任论,试说明之:

(甲)道德责任论　道德责任论为刑事旧学派所主张,谓责任能力为意思能力(Willensfähigkeit),或犯罪能力(Ddliktsfähigkeit)。以意思自由与辨别力之强弱为基础,少年犯无辨别是非善恶之能力,其所为之行为,毫不发生刑事上之责任,谓之曰"绝对无责任"。及年岁渐大,是非善恶之辨别力,渐次具备,惟其尚未充足,应减其刑以罚之,谓之曰"减轻责任"。迨辨别能力无缺,得以全负责任,谓之曰"绝对负责"。欲分别以上所说之责任时期,实难有正确之标准,通例以年龄区别之,凡达若干年龄者,应负刑事责任,虽在实际上有不尽然者,但舍此以外别无他法,兹将世界各国,在立法上所采道德责任论之分类,约有三种,分别如下:

(一)四分制　分责任为四时期:(1)绝对无责任时期;(2)相对无责任时期;(3)减轻责任时期;(4)全负责任时期。

(二)三分制　又可分为二种:

甲种三分制　分责任为三时期:(1)绝对无责任时期;(2)相对无责任时期;(3)全负责任时期。

乙种三分制　亦分责任为三时期：(1)绝对无责任时期；(2)减轻责任时期；(3)全负责任时期。

（三）甲种二分制　分责任为二时期：(1)相对责任时期；(2)全负责任时期。

分　制	国　名	绝无责任	相对责任	减轻责任	全负责任
四分制	葡萄牙	七岁未满	七——一四	一四——二〇	二〇岁以上
	苏俄旧法	七岁未满	七——一四	一四——二一	二一岁以上
	塞尔维亚	七岁未满	七——一四	一四——二一	二一岁以上
	罗马尼亚	八岁未满	九——一四	一四——二一	二一岁以上
	巴　西	九岁未满	九——一四	一四——二一	二一岁以上
	智　利	九岁未满	一〇——一四	一四——二〇	二〇岁以上
	丹　麦	一〇岁未满	一〇——一五	一五——一八	一八岁以上
	挪威旧法	一〇岁未满	一〇——一五	一五——一八	一八岁以上
	日本旧法	一二岁未满	一二——一六	一六——二〇	二〇岁以上
	土耳其	一三岁未满	一三——一五	一五——一八	一八岁以上
	佛雷伊	一四岁未满	一四——一八	一八——二三	二三岁以上
三分制（甲种）	英吉利	七岁未满	七——一四		一四岁以上
	坎拿大	七岁未满	七——一四		一四岁以上
	印　度	七岁未满	七——一四		一四岁以上
	埃　及	七岁未满	七——一四		一四岁以上
	墨西哥	九岁未满	九——一四		一四岁以上
	荷　兰	一〇岁未满	一〇——一六		一六岁以上
	布加利亚	一〇岁未满	一〇——一七		一七岁以上
	秘　鲁	一二岁未满	一二——一六		一六岁以上
	匈牙利	一二岁未满	一二——一六		一六岁以上
	德意志	一二岁未满	一二——一八		一八岁以上
	瑞　典	一四岁未满	一四——一五		一五岁以上
	暹　罗	一四岁未满	一四——一六		一六岁以上
	苏俄新法	一四岁未满	一四——一六		一六岁以上
	波　兰	一三岁未满	一三——一七		一七岁以上

续表

三分制（乙种）	意大利	一四岁未满	一四——一八	一八岁以上
	中国刑法	一四岁未满	一四——一八	一八岁以上
	中国前暂行律	一二岁未满		一二——一六	一六岁以上
	中国旧刑法	一三岁未满		一三——一六	一六岁以上
	芬兰	一五岁未满		一五——一八	一八岁以上
二分制（甲种）	法兰西		一六岁未满	一六岁以上
	比利时		一六岁未满	一六岁以上
	卢森堡		一六岁未满	一六岁以上

据上表观之，采用三、四分制之国家已居多数，盖其须分为数级，亦在于应报刑之思想未曾脱清之故也。所以谓人类因知识各有不同，不能不从严密规定，尤其第一级与第四级应更加注意，第一级为绝对无责任，第四级为完全负责任，若规定过高，易生流弊，规定过低，亦失于刻，应以适中为宜。虽世界各国对于第一级之规定，最低者为七岁未满，最高者为十五岁未满，第四级最低者为十二岁以上，最高者为二十三岁以上，两方相较，相差悬殊，究以何者为是？何者为非？实难以吾人之普通观察可以断言。因各国教育程度之高下，气候之关系，各有其特殊之情形，今发生年龄大小不同之规定，亦出于自然之至理也。至于表中所列之二分制（甲种），虽类似社会责任论之二分制，然观其第一级为相对负责，仍未能脱离道德责任论之思想，故亦将其列入此类，以明其立法上所采之主义。三、四分制之国家，若采顽固之应报主义者，除无责任能力不负刑法上之刑罚外，固无他道。若采折衷应报主义与目的主义者，则对于无责任能力者，虽不科以刑罚，亦应施以感化教育之保安处

分,但各国立法例各有不同,有将少年犯另行规定单行法者,如美国芝加哥1889年之《少年审判法》、英国1905年之《少年法》、日本大正十一年之《少年法》及德国《少年裁判法》等是。有列入于刑法以内,特设专章不与保安处分相混杂者,如波兰1932年之《刑法》,关于未成年人之规定是。有规定于刑法之中,为社会防卫之一者,如苏俄1927年《新刑法》中之医疗教化之社会防卫处分是。至于奥地利亚1909年《刑法草案》中之保安处分,瑞士1908年《刑法草案》中之保安处分,意大利1930年《刑法》之对人保安处分,均将少年犯列入保安处分章中,施以感化教育。我国古代,则有对于少年犯赦免之规定,《暂行律》及《旧刑法》将少年犯之感化教育列入刑法以内。1935年公布之《新刑法》,亦有少年犯施以感化教育之规定,惟已加入保安处分章内矣。

(乙)社会责任论　社会责任论,谓责任能力为刑罚适应性,科刑所以达刑罚之目的,加刑罚于无刑罚适应性之无能力人,未足以收刑罚之效果,故不罚。既以责任能力为刑罚适应性,自不认通常责任能力与责任无能力之间,复有所谓减轻责任能力(相对责任或减轻责任)。易而言之,能力之有无(科刑能否收效),二者必居其一,有能力(能收科刑之效),则科以刑,否则不罚,而以其他方法,如感化教育代之,自不能于收科刑之效与不能收效之间,复有一种中间阶级存在也。若采道德责任论,以是非善恶辨别力、自由意思为责任能力之出发点,致有减轻责任能力之规定。杀人伤人,虽三岁儿童,亦知其为恶事,若三岁孩童而杀人,可否因其能辨别是非善恶而既刑及稚子,自由意思之说,亦觉漠然。盖社会环境,实足以左右吾人之意思,吾人意思,既为环境所支配,其不能自由也,明甚,是自由意思之说,实不足取。又谓刑罚之设,贵能收效,其效维何？即减少犯罪，预防累犯，是已。一般刑法学者，佥谓动辄有犯罪之危险者，即在此妙龄时期，此妙龄时期内，以十四岁至十八岁数年中为尤甚。兼之，幼年之人，性情未定，投之监狱，易染狱内之恶风，出狱后，复行犯罪，有响斯应，是则刑事任责年龄过低，适足以促国中再犯之增加而已，再犯增加，既与减少犯罪、预防累犯之本旨不相容，又与刑罚防卫社会之目的相背戾，所以主张提高刑事任责年龄，国际会议，亦题十八岁说。或谓刑事负责年龄过高，恐幼年人被人利用，或幼年人不顾一切而犯罪，于社会上秩序安宁，殊为危险。其实不然，幼年人被人利用而犯罪，利用者应负刑责，幼年人不顾一切而犯罪，有感化教育可以预防，提高年龄，有利而无弊也。易言之，所谓少年之行为绝对不负刑事上之责任者，非谓少年不能为犯罪行为也，谓其所为行为，施以刑罚未能收效，易以教育，乃克有济（见《法律评论》第十一卷第十六、十七期合刊王觐先生之《我对于刑法修正案初稿几点意见》论文内）。以上所述，归纳言之，不外乎二种：（一）不认通常责任能力与责任无能力之间，复有所谓减轻责任能力；（二）主张提高刑事责任年龄，施以保安处分，以免再犯之增加。其思想之彻底，实非道德责任论可相与比拟。兹将现代各国采此主义之立法，列表以明之：

分　制(乙种)	国　　名	绝无责任	全负责任
二分制(乙种)	挪　　威	一四岁未满	一四岁以上
	日本刑法修正案	一四岁未满	一四岁以上
	奥 地 利 亚	一四岁未满	一四岁以上

第二款　各国立法

（英国）

七岁以下人犯罪不罚，满八岁以上十四岁以下人犯重罪，有辨别是非之能力时,除强奸罪外,处以本刑。

十四岁以上二十一岁以下人犯通常之刑应处罚金或囚狱者,免除其刑,犯懈怠罪,如怠于修缮道路桥梁亦同,但有害治安之聚众骚扰斗殴诈伪伪证等罪,以成年人论,处以本刑。十六岁以下人犯罪,拘留于感化院,于二年以上五年以下之前,至少并科十月以上之囚狱。

(日本)

《少年法》

本法所谓少年,指未满十八岁而言。(第一条)

关于少年刑事处分之事项,除本法所规定外,依普通法令办理。(第二条)

凡少年之行为,触犯刑罚法令或有触犯刑罚法令之虞者,得加以下列各款处分:

(一)加以训诫;

(二)委托学校校长加以训诫;

(三)使以书面为改悔誓约;

(四)附条件而交付于保护人;

(五)委托于寺院、教会、保护团体,或其他适当之处所;

(六)交少年保护司监察;

(七)送致于感化院;

(八)送致于矫正院;

(九)送致或委托于病院。

前项各款处分,得适宜并行之。(第四条)

前条第一项第五款乃至第九款之处分,得继续执行至满二十三岁,但在继续执行中,无论何时得取消变更之。(第五条)

少年受缓刑之宣告,或允准假释者,其缓刑及假释之期间,交少年保护司监察。具有前项情形者,遇必要时,得为第四条第一项第四款、第五款、第七款乃至第九款之处分。

依前项之规定,为第四条第一项第七款,或第八款处分时,其执行继续中,停止少年保护司之监察。(第六条)

犯罪时不满十六岁者,不科死刑及无期徒刑,其应以死刑或无期徒刑处断者,科十年以上、十五年以下之惩役或禁锢。

犯刑法第七十三条、第七十五条、或第二百条之罪者,不适用前条之规定。(第七条)

对于少年以最长期在三年以上之有期惩役或禁锢处断者,于其法定刑之范围内,规定最长期及最短期而宣告之,但以最短期超过五年之刑处断者,缩短其最短期为五年。

依前项规定所宣告之刑,其最短期不得超过五年,最长期不得超过十年。

为缓刑之宣告者,不适用前二项之规定。(第八条)

对于少年不得为劳役场拘留之宣告。(第十三条)

少年之时,因犯罪处刑,除却死刑及无期徒刑外,其刑之执行终了,或免除执行者,将来关于其人之资格适用法令时,以未曾受刑之宣告论。

少年之时,因犯罪处刑而受缓刑之宣告,其缓刑期间中,以刑之执行终了论者,适用前项之规定。

有前项情形而撤销缓刑宣告者,关于其人之资格适用法令时,从其撤销之时起,以曾受刑之宣告论。(第十四条)

因对于少年为保护处分起见,设置少年裁判所。(第十五条)

少年审判所属于司法大臣之监督。

司法大臣得命高等法院院长及地方法院院长,监督少年审判所。(第十七条)

少年审判官,得以推事兼任。

有推事资格之少年审判官,得兼任推事。(第二十一条)

所犯之罪,属于最高法院特别权限者,不由少年审判所审判。(第二十六条)

有下列各款情形者,除由法院或检察官移送应予受理外,不由少年审判所审判:

> (一)犯死刑、无期徒刑、或最短期为三年以上之惩役及禁锢之罪者;
>
> (二)满十六岁以上犯罪者。(第二十七条)

依刑事程序审理中者,不由少年审判所审判;

不满十四岁者,除由地方长官移送应予受理外,不由少年审判所审判。(第二十八条)

不论何人,知有少年当由少年审判所为保护处分者,应通告少年审判所或其职员。(第二十九条)

认为有刑事诉追之必要者,应将其案件移送于管辖法院之检察官。

由法院或检察官移送之案件,若发现新事实,认为有刑事诉追之必要者,应否咨询管辖法院检察官之意见,乃履行前项程序。

依前二项程序所为处分,应通知本人及保护人。

依第一项、第二项规定移送之案件,检察官受理后所为处分,应通知少年审判所。(第四十七条)

检察官对于少年刑事案件,认为宜施行第四条之处分者,应移送其案件于少年审判所。(第六十二条)

少年被告人,应与其他被告人隔离,勿使接触。(第六十八条)

(波兰)

对于下列各种犯人不罚:

　　(甲)未满十三岁之未成年人犯罪者;

　　(乙)十三岁至十七岁之未成年人,未具判别力而犯罪者,即犯人精神上及知识上皆未达到相当程度之发展,使其认识其行为之关系重大并知约束其操行者。

法院对于上款之未成年人,只得适用感化教育,尤以施以谴责,责令其父母、监护人或特别保护人注意监督或送交到教育机关教管为宜。(第六十九条)

十三岁至十七岁之未成年人,具有判别力而犯罪者,法院则将其交到感化院监禁之。(第七十条)

未成年人之有判别力而犯罪者,若犯罪时,其年龄在十三岁以上十七岁以下,而于其十七岁届满后,对其提起刑事诉讼时,且若感化院之监禁,对其已不适宜时,法律得将法律规定之刑,对其特别减轻宣判之。对于此等未成年人,判决刑罚时,不得附带宣判徒刑,但第四十条戊项所规定之刑,不在此限。(第七十六条)

若受感化院监禁之判决者,在其判决开始执行前,已达二十岁时,则不受感化院之监禁,但宣判之法院,得依第七十六条之规定,宣判其刑。(第七十七条)

若感化院监禁之未成年人,在其达到十七岁以前而犯罪者,感化院则用惩戒之方式处理之。(第七十八条)

(苏俄)

惩治矫正性质之社会防卫处分,不适用于十四岁以下之少年,仅适用医疗教化性质之社会防卫处分;

第一章　保安处分之适用

对于十四岁以上,未满十六岁之未成年人,须未成年人委员会认为不适用医疗教化之社会防卫时,始得适用惩治矫正之社会防卫处分。(第十二条)

医疗教化之社会防卫如下:

(甲)未成年人,应引渡于其父母、养父母、保佐人、监护人或亲属而有养育之能力者,或引渡于其他个人营造物。

(乙)命入特殊疗养院。(第二十五条)

对未成年人,为自由拘束,或强迫工役之处分时,比成年人之犯罪,应减二分之一(十四岁以上,十六岁未满者),或三分之一(十六岁以上,十八岁未满者),又裁判官所定之社会防卫处分,不得超过本法为该项犯罪所定之最大限度之二分之一。(第五十条)

(德意志)

幼年于指示年龄之阶级时,指十四岁未满。少年指十四岁以上十八岁未满者。(第九条)

在何种要件之下,对于少年应归责于一定行为与否,依少年裁判法定之。(第十五条)

对于未成年宣告收容于劳动场时,原则上应收容其人于教育所或矫正所(Erziehungsanstalt oder Besserungsanstalt)以代替劳动场,其人达于成年后,仍得留于教育所或矫正所。(第五十八条第二项)

教育所或矫正所之收容,不得超过二年,被处刑罚者,未收容于劳动场,或未依第五十八条第三项收容于教育所或矫正所时及劳动场之收容亦同。

既一度收容于劳动场,及依第五十八条第三项,收容于教育所或矫正所者,得至三年,裁判所在此期间终了前,更为命令者得超过之。

于第三项及第四项第三段之情形,须于三年期间经过前,更呈请裁判所之裁判,裁判所定短于三年之期间者从之。(第六十条)

(奥地利亚)

未满十四岁之幼年,有犯罪行为时,家庭教育不充分者,付诸救护教养。(第五条)

十四岁以上十八岁以下之犯罪少年,基于身体精神之不健全,不能辨别是非,以之为无罪者,其家庭教育不充分时,付诸救护教养。(第六条)

(瑞士)

未满十四岁之幼年,有犯罪行为时,推事调查事件关系,就幼年犯人之身体上及精神上之状态及其教育,征集精密报告后,应如下之处分:

(一)须救护及其他处置者,交付于行政官厅救护之;

(二)不须救护者,交付于司法官厅处罚之。(第一条)

十四岁以上,十八岁以下之少年,有犯罪行为时,推事为调查后,应如下之处分:

(一)其放纵堕落状态不甚重大者,于一年以上,二十岁未满之范围内,以必须教养者为限,收容于强制教育所(许假释);

(二)其放纵堕落之程度重大者,于三年以上,十二年以下之范围内,在其未改善以前,收容于矫正所(许假释);

(三)此等少年须特别处分者,由推事命令之;

(四)未至堕落状态之少年,推事以谴责或三日以上二月以下之特别拘禁处罚之(许假释),时效期间减半(第一一条)

（意大利）

在侦查或审理之期间内，对于未成年人（中略），得命令临时收容于感化院（下略）。

法官认为该人对社会无危险性时，得取消临时保安处分之命令。

执行临时保安处分之时间，得算入保安处分之最短期间。（第二〇六条）

因精神病或酒精，或麻醉品慢性中毒，或喑哑而宣告无罪者，应收容于刑事精神病院。其期间不得少于二年，但轻罪，非故意罪，或法律上规定科其他财产刑，或未满二年最低限度之惩役，该项无罪之宣告，通知于保安处分之官署者，不在此限。

关于法律规定死刑或徒刑之罪者，收容于刑事精神病院，其最短之期间为十年。

关于法律规定最低限度十年以上之惩役罪，为五年。收容于精神病院，并须执行自由刑者，在收容期间内，停止刑之执行。

本条规定，对于未满十四岁之少年，或已满十四岁而未满十八岁者，有本条第一项规定之状况，犯法律上论罪之行为，因未成年而宣告无罪者，亦适用之。（第二二二条）

刑事感化院之收容，为少年之特别保安处分，其期间不得少于一年。

该保安处分全部或一部之适用或执行后，倘少年人满二十一岁时，得以自由监视更易之，但法官认为有送致农业惩治场或工业场之命令时，不在此限。（第二二三条）

未满十四岁之少年，犯法律论罪之行为，认为该人有社会危险性时，法官斟酌行为之情节，及其家庭道德状况，得命令收容于刑事感化院,或受自由监视。

法律规定死刑,或徒刑,或最低限度三年以上之惩役之故意罪,得命令少年收容于感化院,其期间不得少于三年。

前二项规定,于少年人犯法律上论罪之行为时,已满十四岁,未满十八岁者,亦适用之,但依第九十八条规定,认为不应归责者为限。(第二二四条)

十四岁以上十八岁以下之少年,认为应归责时,刑之执行完毕后,法官得命令收容于刑事感化院,或受自由监视,并斟酌前条第一项记载之情状。

因不应归责执行保安处分中而犯罪之少年,应适用上述保安处分之一种。(第二二五条)

未满十八岁人,有习惯性或职业性重罪或犯罪性癖,应命令收容于刑事感化院,其期间不得少于三年,满二十一岁时,法官得命令移送于农业惩治场或工业场。

少年人收容于刑事感化院之命令,于各本条定之。(第二二六条)

法律上规定刑事感化院之收容,无须确定少年人对社会有危险性时,得致送该人于特别场所,或普通场所之特别房。

少年人收容于普通场所时,有特别危险性者,得致送特别场所,或普通场所之特别房。(第二二七条)

(中国)

《唐律》

诸年七十以上,十五以下,及废疾,犯流罪以下收赎。

《疏议》 依《周礼》年七十以上,及未龀者,并不为奴,今律年七十以上,七十九以下,十五以下,十一以上,及废疾,为矜老小及疾,故流罪以下收赎。

问　上条赎章,称犯流罪以下听赎,此条及官当条即言收赎,未知听之与收,有何差异?

答　上条犯十恶等,有不听赎处,复有得赎之处,故云听赎,其当徒官少不尽其罪,余罪收赎,及矜老小废疾,虽犯十恶,皆许收赎,此是随文投语,更无别例。

注　犯加役流、反逆缘坐流、会赦犹流者,不用此律,至配所免居作。

《疏议》　加役流者,本是死刑,元无赎例,故不许赎,反逆缘坐流者。逆人至亲,义同休戚,处以缘坐,重累其心,此虽老疾,亦不许赎,会赦犹流者,为害深重,虽会大恩,犹从流配,此等三流,特重常法,故总不许收赎。至配所免居作者,矜其老小,不堪役身,故免居作,其妇人流法,与男子不同,虽是老小,犯加役流,亦合收赎,征铜一百斤。反逆缘坐流,依贼盗律,妇人年六十及废疾并免,不入此流,即虽谋反词理不能动众,威力不足率人者,亦皆斩。父子母女妻妾并流三千里,其女及妻妾,年十五以下十一以上亦免流配,征铜一百斤。妇人犯会赦犹流,惟造畜蛊毒,并同居家口仍配。

八十以上,十岁以下,及笃疾,犯反逆杀人应死者,上请。

《疏议》《周礼》三赦之法,一曰幼弱,二曰老耄,三曰憃愚。今十岁合于幼弱,八十是为老耄,笃疾憃愚之类,并合三赦之法。有不可赦者,年虽老小,情状难原,故反逆及杀人,准律应合死者,曹司不断,依上请之式,奏请敕裁,盗及伤人者,亦收赎。

《疏议》　盗者虽是老小及笃疾,并为意在贪财,伤人者,老少疾人,未离忿恨,此等二事,既侵损于人,故不许全免,令其收赎。若有官爵者，须从官当除免之法，不得留官征赎。谓殴父兄姊伤，合除名，盗五疋以上，合免官，殴凡人折支，合官当之类。

问　既云盗及伤人亦收赎，若或强盗合死，或伤五服内亲亦合死刑，未知并得赎否？

答　盗及伤人亦收赎，但盗既不言强窃，伤人不显亲疏，直云收赎，不论轻重，谓其老小，特被哀矜，设令强盗伤亲合死，据文并许收赎。

又问　既称伤人收赎，即似不伤者无罪，若有殴杀他人部曲奴婢，及殴己父母不伤，若为科断？

答　奴婢贱隶，惟于被盗之家称人，自外诸条，杀伤不同良人之限。若老小笃疾，律许哀矜，虽犯死刑，并不科罪，伤人及盗，俱入赎刑。例云：杀一家三人为不道，注云：杀部曲奴婢者非。即验奴婢不同良人之限，惟因盗伤杀，亦与良人同，其应出罪者，举重以明轻，杂犯死刑，尚不论罪，杀伤部曲奴婢，明亦不论，其殴父母虽小及疾，可矜，敢殴者乃为恶逆。或愚痴而犯，或情恶故为，于律虽得勿论，准礼仍为不孝，老小重疾，上请听裁。

又问　八十以上，十岁以下，盗及伤人亦收赎，注云，有官爵者各从除免当赎法，未知本罪至死，仍得以官当赎以否？

答　条有收赎之文，注设除免之法，止为矜其老疾，非谓故轻其罪，但杂犯死罪，例不当赎，虽有官爵，并合除名。既死无比徒之文，官有当徒之例，明其除免当法，止据流罪以下，若欲以官折死，便是律外生文，自须依法除名，死依赎例。

余皆勿论。

《疏议》　除反逆杀人应死，盗及伤人之外，悉皆不坐，故云余皆勿论。

九十以上,七岁以下,虽有死罪,不加刑。

《疏议》《礼》云,九十曰耄,七岁曰悼,悼与耄,虽有死罪,不加刑,爱幼养老之义也。缘坐应配役者,谓父祖反逆,罪状已成,子孙七岁以下,仍合配役,故云不用此律。

即有人教令,坐其教令者,若有赃应备,受赃者备之。

《疏议》 悼耄之人,皆少智力,若有教令之者,惟坐教令之人,或所盗财物,旁人受而将用,既合备偿,受用者备之,若老小自用,还征老小,故云有赃应备,受赃者备之。

问 悼耄者被人教令,惟坐教令之者,未知所教令罪,亦有色目以否?

答 但是教令作罪,皆以所犯之罪,坐所教令,或教七岁小儿殴打父母,或教九十耄者斫杀子孙,所教令者,各同自殴打及杀凡人之罪,不得以犯亲之罪,加于凡人。

又

诸犯罪时虽未老疾,而事发时老疾者,依老疾论。

《疏议》 假有六十九以下犯罪,年七十事发,或无疾时犯罪,废疾后事发,并依上解收赎之法,七十九以下犯反逆杀人应死,八十事发,或废疾时犯罪,笃疾时事发,得入上请之条,八十九犯死罪,九十事发,并入勿论之色,故云依老疾论。

问 律云犯罪时难未老疾,而事发时老疾者,依老疾论。事发以后,未断决,然始老疾者,若为科断?

答 律以老疾不堪受刑,故节级优异,七十衰老,不能徒役,听以赎论。虽发在六十九时,至年七十始断,衰老是一,不可仍遣役身,此是役徒内老疾,依老疾论。假有七十九犯加役流事发,至八十始断,止得依老免罪,不可仍配徒流,又依狱官令,犯罪逢格改者,若格轻听从轻,依律及令务从轻法。至于老疾者,岂得配流,八十之人事发,与断相连者,例从轻曲断,依发事之法。惟有疾人与老者理别,多有事发之后,始作疾状,临时科断,须究本情,若未发时已患,至断时成疾者,得同疾法。若事发时无疾,断时加疾,推有故作,须依犯时实患者,听依疾例。

若在徒年限内老疾,亦如之。

《疏议》 假有六十九以下,配徒役或二年三年,役限未满,年入七十,又有配役时无疾,役限内成废疾,并听准上法收赎,故云在徒限内老疾亦如之。又计徒一年三百六十日应赎者,征铜二十斤。即是一斤铜折役一十八日,计余役不满十八日,征铜不满一斤,数既不满,并宜免放。

犯罪时幼小,事发时长大,依幼小论。

《疏议》 假有七岁犯死罪,八岁事发,死罪不论,十岁杀人,十一事发,仍得上请。十五时偷盗,十六事发,仍以赎论。此名幼小时犯罪,长大事发,依幼小论。

《宋刑统》

准刑部式诸准格敕应决杖人,若年七十以上十五以下及废疾,并科量决罚,如不堪者,覆奏,不堪流徒者,亦准此。八十以上十岁以下笃疾,并放,不须覆奏。准唐天宝元年十二月十八日敕节文,刑部奏准律八十以上及笃疾犯反逆杀人应死者,上请。盗及伤人收赎,余皆勿论。臣等众议,八十以上及笃疾人,有犯十恶死罪造伪劫盗妖讹等罪,至死者,诸矜其老疾,移隶僻远小郡,仍给递驴发遣。其反逆及杀人,奏听处分。其九十以上十岁以下,请依常律,敕旨依奏。

《明律》

凡年七十以上,十五以下,及废疾,犯流罪以下收赎。八十以上十岁以下及笃疾反逆杀人应死者,议拟奏闻,取自上裁,盗及伤人者,亦收赎,余皆勿论。九十以上七岁以下,虽有死罪不加刑,其有人教令,坐其教令者,若有赃应偿,受赃者偿之。

又

凡犯罪时虽未老疾,而事发时老疾者,依老疾论。若在徒年限内老疾,亦如之。犯罪时幼小,事发时长大,依幼小论。

《清律》 与《明律》同,小注微有改良。

《唐律》以下,俱增犯罪时未老疾条,其定律本意,是于老者据其现在之年,并非准幼者以犯罪时年龄为断。可谓仁至义尽,新法于此层无文,则犯罪时未老,判决时年老,当然依法科刑,此新法之重于旧法也,大清律例中,关于老幼犯尚有特例,兹并录之:

一、每年秋审人犯,犯罪时年十五以下,及现在年逾七十,经九卿拟以可矜宥免减流者,准其收赎,朝审亦照此例行。

二、七十以上十五以下犯流以下者,准收赎一次,详记档案,若复行犯罪,除因人连累,过误入罪,收赎外即照应得罪名充配。

三、十岁以下毙命之案,死者长于凶犯四岁以上,准其依律声请。若止三岁以下,一例拟绞,不得概行声请。十五岁以下,被长欺侮毙命之案,死者年长四岁以上,而又理曲逞凶,或无心戏杀者,照丁乞三仔之案声请。

四、教令七岁小儿殴打父母者,坐教令者以殴凡人之罪。教令九十老人故杀子孙者,坐教令者以杀凡人之罪。

《暂行新刑律》

未满十二岁人之行为不为罪;但因其情节得施以感化教育。(第十一条)

《旧刑法》

未满十三岁人之行为不罚,但因其情节得施以感化教育,或命其监护人、保佐人缴纳相当之保证金,于一年以上三年以下之期间内,监督其品行。

未满十六岁人之行为,得减轻本刑二分之一,但减轻本刑者,因其情节得施以感化教育,或令其监护人、保佐人缴纳相当之保证金,于一年以上三年以下之期间内,监督其品行。(第三十条)

《新刑法》

因未满十四岁而不罚者,得令入感化教育处所,施以感化教育。

因未满十八岁而减轻其刑者,得于刑之执行完毕或赦免后,令入感化教育处分,施以感化教育,但宣告三年以下有期徒刑、拘役或罚金者,得于执行前为之。感化教育期间为三年以下。

第二项但书情形,依感化教育之教行,认为无执行刑之必要者,得免其刑之执行。(第八十六条)

第三款 比较研究

观之上项所列各国立法,保安处分之适用于少年人已无疑义矣。惟其中吾人所应加以研究者,有下列数点:

(一)少年人应施何种保安处分之研究

查《日本少年法》有下列各款之处分:(1)加以训诫;(2)委托学校校长加以训诫;(3)使以书面为改悔誓约;(4)附条件而交付于保护人;(5)委托于寺院、教会、保护团体,或其他适当之处所;(6)交少年保护司监察;(7)送致于感化院;(8)送致于矫正院;(9)送致或委托病院。波兰有感化教育处分、谴责处分、责令其父母、监护人或特别保护人注意监督,或迳交教育机关教管处分,及感化院监禁处分。苏俄有医疗教化性质之社会防卫处分。德意志有教育所或矫正所之处分。奥地利亚有救护教养处分。瑞士有交付行政官厅救护处分,收容于强制教育所处分,收容于矫正所处分,谴责处分及特别拘禁处分。意大利有收容于精神病院处分、刑事感化院处分、自由监视处分等规定,虽处分种类,多寡各有不同,归纳不外于教养处分为原则,交付各团体及亲属等之保护管束处分为例外。至于训诫处分、谴责处分、改悔誓约处分,既有交付各团体及亲属等之保护管束处分等规定,已无再为有如此之赘文矣;况又此等处分,对于少年亦无改善之效果,故余以为似无规定之必要。又日本与瑞士于感化院之外复有矫正院之规定,盖其对于放纵堕落状态不甚重大者,收容于感化院,其放纵堕落之程度重大者,收容于矫正院,此种处分,亦有未洽。夫少年犯之施以保安处分,贵在于改善其恶性,若认为无继续执行处分之必要者,则得免其处分之执行。感化院即改善少年之场所,矫正院亦同其作用,既有感化院之设置,已无矫正院重设之必要,非独宣告处分时之便利,抑且对于国帑亦得节省不少;况又区别恶性之轻重,亦颇难得其正确之标准。我国《新刑法》第八十六条云:"因未满十四岁而不罚者,得令入感化教育处所,施以感化教育,又因未满十八岁而减轻其刑者,得于刑之执行完毕或赦免后,令入感化教育处所,施以感化教育"。及第九十二条云:"第八十六条至第九十条之处分,按其情形得以保护管束代之"等规定,比较各国之立法例较为妥洽,但"感化教育"四字似乎文义稍狭,不如改为"救护教养"四字比较明晰。

(二)幼年与少年之名词应否加以区别之研究

瑞士及德意志刑法有未满十四岁谓之幼年(Kind),十四岁以上十八岁以下谓之少年(Jugendlicher)，究否得当？确有研究之必要。余以为刑法若采社会责任论，当然不必区分二者之名词，盖社会责任论，不认绝无责任与全负责任中间有减轻责任、相对责任之中间阶级，既无中间阶级，只有不负责任与全负责任二级，不负责任时期称之为少年，全负责任时期称之为成年，故幼年之名词已绝不能产生矣。反之，若采道德责任论立法，似乎有区分之必要，何则？因道德责任论之主张，将犯罪主体(人)分为绝无责任、相对责任或减轻责任及全负责任等时期，前已说明。即认绝无责任与全负责任二级之间，另有中间阶级。亦即绝无责任时期，谓之幼年，相对责任或减轻责任时期谓之少年，全负责任时期谓之成年。以此而观，将幼年与少年加以区别，可以代表各时期之名词，抑且适用上较为便利，实有规定之必要。故幼年与少年应否区别之问题，吾人断不可盲目武断，应先视其国刑法所采之主义如何？然后再加以评价，方不致误入歧途。我国《新刑法》第十八条规定："未满十四岁人之行为不罚，十四岁以上未满十八岁人之行为，得减轻其刑"，明知绝无责任与全负责任中间有相对责任之阶级存在，立法上犹未脱离道德责任论之主张，愚以为亦应仿瑞士与德意志之立法例，加以区别，较为妥当。

(三)对于少年犯未宣告保安处分以前如何收容之研究

少年之犯罪行为，不适用刑罚而施以保安处分，已为世界各国所公认，此系指宣告确定以后而言；但在侦查或审理之期间内应如何之处置？亦一重大问题。若将少年犯羁押于看守所内与一般成年犯同处，似乎失刑法上改善主义之精神；况又侦查或审理之程序，断非一短时间可能终结，若经年累月收管于看守所，岂非促其恶性更加根深蒂固，于此一点，立法者不可忽视。查《意大利刑法》,第二百〇六条有"在侦查或审理之期间内,对于未成年人,得命令临时收容于感化院。法官认为该人对社会无危险性时,得取消临时保安处分之命令。执行临时保安处分之时间,得算入保安处分之最短期间"之规定。非独能达刑法上改善之目的,仰且为世界最新颖最彻底之立法例,希世界各国,起而效之,吾国《新刑法》,未加以注意,亦保安处分中之一缺点。

(四)过法定年龄后提起诉追应如何科处之研究

按保安处分之目的,在改善犯人之个性为主旨,即少年人因其发育未全,知识幼稚,若施之以刑罚,反促其犯罪之发生,另以保安处分代之,一至成年,应适用刑罚,此在法理上当然之解释也。假如今有甲某;其犯罪之发生,在未成年以前,而其提起公诉或自诉在未成年以后,即犯人已达于成年能负责任时期,斯时法院应视甲某之适应性如何而加以科处,若不适宜于保安处分时,应科以刑罚,如此能合刑法改善之目的。查《波兰刑法》第七十六条第一项云:"十三岁以上十七岁以下而于其十七岁届满后,对其提起刑事诉讼时,且若感化院之监禁,对其已不适宜时,法院得将法律规定之刑,对其特别减轻宣布之"。洵称立法上之周到,此种立法虽为近代折衷派思想之表现,亦可为新学派立法上之借镜。

(五)有精神病或酗酒或麻醉品中毒或喑哑等而宣告无罪之少年人应如何收容之研究

有精神病或酗酒,或麻醉品中毒,或喑哑等人犯罪,国家除科刑之外,得施以强制医疗之保安处分,以杜其将来有再犯之虞。又对于少年人,除不适用刑罚外,亦得施以感化教育之保安处分,此种法理,已为世界各国所采用。今若两者相兼,即如少年患精神病而犯罪,或少年因酗酒而犯罪,或少年嗜麻醉品而犯罪,或少年兼喑哑而犯罪等,法律上应施以何种保安处分?实为吾人所应研究之处。吾国《新刑法》,亦未加以规定,殊为憾事。观《意大利刑法》第二百二十二条,专为解决此问题,该条第三项云:"本条规定,对于未满十四岁之少年,或已满十四岁而未满十八岁者,有本条第一项规定之状况,犯法律上论罪之行为,因未成年而宣告无罪者,亦适用之。"所谓本条第一项之规定,即"因精神病或酒精,或麻醉品慢性中毒,或喑哑而宣告无罪者,应收容于刑事精神病院,其期间不得少于二年;但轻罪,非故意罪,或法律上规定科其他财产刑,或未满二年最低限度之惩役,该项无罪之宣告,通知于保安处分官署者,不在此限"。足见其对于少年而兼他种原因犯罪者,已明白规定其解决之方法矣。至如苏俄之医疗教化社会防卫处分,奥地利亚之救护教养,亦均能解决此问题,因医疗教化、救护教养,其处分之范围不限于感化教育,而兼及强制治疗及其他处分,余在本节第一问题内,拟将我国之感化教育四字改为救护教养,亦即与解决本问题极有相当之关系也。

(六)少年人之保安处分在立法上应归属于何处之研究

世界各国对于少年人施以保安处分之规定,大别之有下列三种:(1)列入于刑法中之一部者,如苏俄、波兰等国是。(2)与保安处分合并规定者,如奥地利亚、瑞士、意大利、中国等国是。(3)另立单行法者,如英吉利、美利坚、日本、德意志等国是。种种规定,究以何者为最合于法理?试论述之:

第一种,将少年犯在刑法之中,作为一部分之规定,其中又可分为二类说明:其一,苏俄,将刑法均视为社会防卫处分,而无刑与保安处分之分,认少年犯应适用医疗教化性质之社会防卫处分,亦即社会防卫中之一部也。其二,波兰,仍认有刑与保安处分之别,但不将少年犯之处分列入保安处分章中。盖其视少年犯与其他保安处分相比,较为重要,故另立专章,便于适用,以免少年人有再犯之虞。第二种,将少年犯之处分合并于其他保安处分章中。盖其理认少年之救护教养处分亦为保安处分中之一种,当然应列入于保安处分章内。第三种,将少年犯之处分,另立单行法。盖其意亦认为少年人之重要,不可与其他处分者同日而语;况又审理少年犯之审判官,当深知少年之性情,乐与少年习近,并具备社会学及心理学上之知识,及有教育经验者方得充任。又对于少年犯罪,当特别办理,不得以处理成年犯罪之程序处理之(详华盛顿第八届万国监狱会议及勃拉克国际刑罚会议),故有另立少年法之必要。如上所述,可以知其何种为是?何种为非?而作一结论。在第三种立法毫无足取,非独妨碍刑法上之统一,亦感适用上之不便。若以审判少年人之审判官与审判程序,不得以处理成年人之审判官与普通程序处理之等语为辩解,殊不知此种问题须在刑事诉讼法上及其他司法行政法上规定之,岂可以此之理,遂另立单行法,致使刑法破裂,不成体系也耶!至于第一种之第二类,亦殊觉失刑法之科学化。其中最合理者,要在第一种之第一类,因其非仅符合于刑法社会防卫主义之改善思想,亦得于审判上适用之便利及完成刑法上之统一性,将来世界各国报应主义之思想冷淡以后,当然必能归入于此一途。至于第二种之立法,世界各国采之者最众,其故何欤?推其原因,在于过去之应报主义思想,流毒于社会,一时尚难肃清,而欲使世界各国,均趋于社会防卫之改善主义思想,一时颇属难能。故现在一般立法家之心理,睹实证学派之新思潮,如波涛万丈,已知不能推翻,而旧学派之应报主义,亦似乎不可舍弃,不得不将两派之思想,均行采纳,形成现代所谓折衷派之立法。吾国此次新颁刑法,将刑罚与保安处分相对规定,可知亦属此派之立法例,其未能脱应报主义之思想,亦殊为憾事,但其能将少年之处分,归并于保安处分章中,已较第三种之立法进步多矣。此种思想,乃应报主义过渡于特别预防主义必经之阶梯,至二十世纪末期,当然难以立足于社会矣。

第二项 精神病人(心神丧失人、精神耗弱人)

卑耶尔(Baer)谓囚徒每百人中,最少有五人为精神障害,其中两人为纯粹之精神病人(person of mental disorder)。古尼希(Knecht)谓囚人中有百分之七有精神障害,或具精神病之素质。古劳尼(Krohne)谓某监狱收容之囚人,平均10%为精神障害人,赞迪尔谓精神病人1760人中,违反刑法者有1112人(占66%)。又普鲁士之统计,禁锢监犯有24%为精神病人。据上诸家统计,囚徒之有精神病者,及精神病人违反刑法者,有如此之多,实令人不胜骇异。世界各国对于精神病人之行为,均视为无责任能力,不科之以刑,而易以其他处分,已为一般学者所公认,且为各国立法上所通行,但其与健全精神人之分界如何?颇难确定,有精神病人,往往误认为无精神病,为有罪之判决。据舍边之调查,谓114人之犯罪精神病人中,有49人受不当之处罚,与精神病犯人合计有精神病而受有罪之判决者,凡34%,此皆出于误判之结果。以此而观,执法者对于精神病人之鉴别,岂可忽视乎?欲解决此难题,非将精神病人整个加以研究,则不免有失入失出之弊。兹依医学之常识,将精神病人之种类、原因、症状、治疗等先行详为说明,然后再论各国之立法。

第一款　精神病之种类治疗及保安处分

第一　睿智缺损性精神病(Defektpsychosen)

（一）先天性精神发育不全(Angeborene Defektpsychosen)

在胎生期中或生后一年之内,因某种原因,致精神发育不全者,称之曰先天性痴呆,大别可为三种：

1. 白痴(Idiotie)

原因　父母嗜酒、先天梅毒、新陈代谢机能障碍,头部损伤、癫痫、脑水肿、脑膜炎、结核等,皆为白痴之原因。

症状　身体方面,有五官感觉异常、言语障碍、多食症等。精神方面,知识发达不全,与七八岁小儿相若,缺乏表情、知识全无、无记忆追想之能力。因之有窃盗、猥亵、强奸、放火、杀人等行为者颇不少。

预后　不良,其中有癫痫发作者为最劣。

疗法　收容于白痴院,及施以感化教养。

保安处分　收容于精神病院。

2. 痴愚(Imbecillität)

痴愚有教化可能者及教化不能者两种,言语动作皆无障碍。惟色、大小、轻重、方位及其他抽象观念等较常人为低耳。

症状　身体方面,有时有变质征候,精神方面,则智力发育极不平均。判断力薄弱,易受人愚惑而作犯罪之行为。又愤怒暴行复仇之念甚强,治产之念甚薄,好外出,多流浪。

预后　略有可施教化之希望,故比较良好。

疗法　轻者送入补助学校或其他教育处所而教育之,重者须收容于白痴院。

保安处分 重者收容于精神病院,轻者付保护管束。

3. 鲁钝(Debilität)

鲁钝为精神衰弱之最轻者。

原因 遗传、脑病、营养缺乏、中毒等。

症状 身体上无变质征候,亦无感觉障碍,无先见之明,乏道德之感情,常虐待人畜、纵酒荒淫、怠惰业务、行不顾言、举动轻浮、行为狡猾,虽触法网,而鲜羞耻之念,好出外徘徊,常犯放火、窃盗、奸淫、诈伪等罪。

疗法 就家庭及学校教育开发其智力,矫正其恶癖。

保安处分 可付保护管束。

(二)后天性痴呆(Erworbene Defektpsychosen)

1. 早发性痴呆(Dementia praeox)

发于幼年期或春机发动期,进行甚慢,智力较好,而感情迟钝在初期即已显著,至数年后乃完全陷于痴呆状态之各种精神病,总称曰早发性痴呆。

(1)破瓜病(Hebephrenie)

原因 遗传者占80%,而以精神及身体之过劳为诱引者亦不少。

症状 本症多发于十三岁至二十三岁之间,身体方面,有颜面苍白、体力先减后增、分泌增加、瞳孔放大、痛觉减退、月经停止、食欲先减后增等症状。精神方面,则智与情不调和颇显著,即记忆力、追想力以及在校所习得之知识虽均佳良,而有感情障碍、观念障碍、妄觉及意志行为障碍主要之症候。

预后 不良,多数陷于高度痴呆。

期间 至数年之久,其间病势一进一退。

疗法　须静卧,增进营养,施水治疗法。

保安处分　重者收容于精神病院,轻者可付保护管束。

（2）妄想性痴呆(Dementia paranoides)

指南力、领悟力等智能作用虽完全保存,而有荒唐无稽之妄想及妄觉为主症,次第诱发感情之迟钝,短时间即陷于高度之精神衰弱。

症状　身体方面虽无特征,而有头痛不眠倦怠疲劳之感,不解从事工作。同时精神方面,有抑郁不安之感,渐次判断错误,形成追迹注视毒害等无稽之妄想,不能安居,或泣或笑,同时发生幻听,因而伤人、自杀、放火等危险行为。但其被害妄想,渐变为夸大性,对于自己之位置身份、名誉等夸大自负,此为精神衰弱之表现。

疗法　与旧时期用湿布包缠,使之静卧。有拒食症者,施人工营养法。此外用生理食盐水或毒气钙液注射静脉内亦可。

保安处分　轻者付保护管束,重者收容于精神病院。

（3）紧张病(Katatonie)

原因　有遗传素因者约30%,萎黄病、手淫、失恋、妊娠、精神过劳等亦为本症之诱因。

症状　发病缓徐,有固有之昏迷及兴奋状态。如拒绝症、缄默症、尖嘴痉挛、衣服器物破毁症、独语、空笑等症状。

预后　不良,59%陷于高度之痴呆。

期间　由初期至末期,互三年至十数年之久。

疗法　入院后对症疗法。

保安处分　收容于精神病院。

2. 老耄性痴呆(Dementia sonilis)

本症多发于高年,约在六十岁以上之人,因脑质之退行变性,而发现固有之精神衰弱；但慢性中毒及精神过劳者，四五十岁时亦能发生本症。

原因　遗传之关系甚少，大概以头部外伤、中毒、热性疾患及其他器质之脑疾患与精神感动等为原因。

症状　身体方面，皮下脂肪组织消失而生多数皱襞、身体瘦弱、动脉硬化、重听、弱视、振颤失调、不眠、贪食、卒倒，所谓老人性体质甚为著明。精神方面，富于刺激性、易怒易泣、自恣则吝啬、对于物品不问贵贱均好搜集贮存、记忆力减退、感情迟钝、无惜别、愁思、恩惠、感谢等感情，惟性欲有时亢进，以致败坏风教，甚有盗窃行为，又因意志薄弱，易为人所诱惑，终乃陷于痴呆状态。

预后　不良，殆无治愈者。

期间　平均经过三年乃至八年而死亡。

疗法　对于不眠用抱水阿米冷（Amylen hydratum），拍拉尔得希特（Paraldehyd），但禁用抱水克罗拉耳（Chloralum hydratum）。

保安处分　收容于精神病院。

3. 麻醉性痴呆（Dementia paralytica）

本症为发病缓徐，多发于壮年者，即三十至五十岁之间，精神及身体均现麻痹症状。

原因　梅毒为主要之原因，其次则为酒精中毒及精神过劳。

症状　身体方面，有痛觉迟钝、瞳孔缩小、舌及手震颤、运动失调、言语蹉跌、卒倒发作等症状。精神方面，在初期完全与神经衰弱相同，二者几不能区别，道德感情、审美感情，均见缺乏，沉溺酒色，夸大妄想等症状。

期间　本症有夸大性、抑郁性、奔马性、不定性种种病型，故不能一概断定，普通经过迅速者为三四个月，长者十年，平均二三年必死。

预后　本症在精神病中最为不良。

疗法　梅毒患者,早施驱梅疗法可以预防本症,既发病后,即当入院治疗,施行对症疗法。

保安处分　收容于精神病院。

4. 癫痫性痴呆(Dementia epileptica)

通常所为癫痫者,乃并无何等诱因,亦无外界之刺激,患者突然昏倒,发生全身痉挛,并呈意识丧失之状态,本症90%呈精神异状,终陷于痴呆状态。

原因　有遗传关系者,约80%,两亲患酒精中毒者,约20%,有遗传梅毒者,约70%,他若脑水肿急性传染症,亦皆为本症之原因。

症状　癫痫发作,概有前驱症,即睡眠不安、每有噩梦、五官感觉过敏、心悸亢进、苦闷不快、愤怒执拗等异常状态,有此前驱症后,忽大声呼唤,随即昏倒,而陷于无意识之状态,并发全身痉挛。上述之状况,称之曰癫痫发作。易言之,即记忆减退、领悟不良、谈话冗长、殷勤异常、判断减弱、妄想、幻视、幻听及徘徊流浪等症状。

期间　患者五分之四发病于二十岁以前,年龄稍长则渐少,患者多数发生精神障碍,故其经过颇长。

预后　不良。

疗法　酒精饮料须绝对禁止,使从事有规则之野外工作,并施水治疗法,或用抱水克罗拉耳(Chloral)灌肠,或用阿托罗品(Atropin)行皮下注射,或令其内服溴剂亦可。

保安处分　初起者可付保护管束,重者非收容于精神病院不可。

5. 动脉硬化性痴呆(Dementia arteriosclerotica)

本症见于六十岁前后之高龄者,发现类似麻痹性痴呆,老耄性痴呆等之精神衰弱症。

原因　以遗传为最多,与吸烟饮酒过度亦有关系。

症状　身体方面,有桡骨动脉、颞颥动脉之硬化、腱反射亢进、心浊音界扩张、大动脉第二音亢进、卒倒发作、失语性言语障碍者。精神方面,有记忆力之障碍、判断力减弱等。

预后　不良,多因卒中发作而死亡。

期间　六年至十二年,终至于死亡。

疗法　避去刺激性食料,增其营养,并用碘化钾、毛地黄等内服。

保安处分　收容于精神病院。

第二　疲惫性精神病(Erschöpfungspsychosen)

（一）神经衰弱症(Neurasthenie)

神经衰弱症之名称,为巴笃(Beard)氏所定。

原因　由十五岁至三十岁之间,患本病者最多,但小儿老人亦有患之者,遗传关系虽不甚重大,而生活状态及营养不良、贫血、脂肪过多、糖尿病、饮酒及吸烟过度、精神身体过劳等,则为其主要原因。

症状　感情为苦闷性、不快而健忘、工作能力减退、注意力散漫、舌及手指俱有震颤,症候颇为复杂。

预后　佳良,治愈者达90%,惟慢性者较难愈且易再发。

疗法　在病之极期予以溴素剂及催眠剂。一切刺激性原因皆须避除,或用葡萄糖液注射静脉亦可。

保安处分　不必收容于精神病院,仅交付于保护管束则已足矣。

（二）虚脱性谵妄（Collapsdelirium）

本症多突然发生，以发现多数之幻梦性妄觉，高度错乱，领悟记忆障碍及感情转换等为主征。

原因　急性热性病、产褥中、中毒、过劳及不眠，为其主要原因。

症状　指南力丧失、意识涸浊、记忆消失、言语错乱，有错觉、妄想、不安不眠等症状。

预后　佳良，多能治愈。

疗法　增其营养，予以镇静安眠之药剂。

保安处分　付保护管束。

（三）急性错乱症（Akute Verwirrtheit）

原因　传染病、中毒（酒精、吗啡、烟、砒）、产褥、失血、疲劳、外伤、过劳、尿毒等，皆为诱发本病之原因。

症状　身体方面，有头痛、耳鸣、体温下降、腱反射亢进等症状。精神方面，有妄觉、幻梦、记忆障碍等症状。

预后　佳良，但易发。

期间　三至九个月。

疗法　除水治及营养法外，尚可用食盐水注射，又可内服忒里我那耳（Trional）、非罗那耳（Veronal）等。

保安处分　付保护管束。

第三　感情性精神病（Affective Psychosen）

（一）躁郁病（Manisch-depressives Irresein）

本病在精神病中占10%乃至15%，多发在十岁至二十五岁之间。

原因　有遗传素因者约占80%，而强度精神感动、笃疾等亦得为发病之诱因。

症状　本病症状不一,大约如食欲亢进、体温上升、脉搏增加、心悸亢进、血压减退、颜面潮红,对于外界之印象,无选择整顿之能力,妄觉、妄想、强暴痛骂,暂时之后,又变而为悲哀之状态。

预后　佳良,90%可以治愈。

期间　数星期乃至数月,躁扬与抑郁交替发现。

疗法　绝对安静,禁止会客,同时予以镇静催眠剂。

保安处分　付保护管束,但最重症状,亦可收容于精神病院。

（二）忧郁病(Melancholie)

原因　手淫、血管变性、月经停闭、酒精中毒、精神感动、胃病等。

症状　身体方面,有顽固之睡眠不足、头内昏愦之感、苦闷、指舌震颤、手足厥冷、呼吸迟徐、瞳孔反应迟钝等症状。精神方面,有颜貌忧郁病识存在,考虑制止、记忆减退、罪孽妄想、贫穷妄想、心气妄想等症候,其昏迷性者,且有紧张症状,甚至时时有暴怒凶行。

预后　佳良,但不免再发。且有危险及自杀等行为。

期间　短者二三个月,长者三四年。

疗法　命其安静,服以阿片或吗啡,并施水治法。

保安处分　轻者付保护管束,重者应收容于精神病院。

（三）偏执病(Paranoia)

发病极为缓慢,虽经过长久之岁月,其妄想常坚固不拔,个人人格因而变化,但睿智毫无特别障碍,有发明性、好诉性等区别。

原因　不明,乃罕有之症。

症状　身体方面,无特征,精神方面,以数年之前驱症,而徐徐发病,乃变为夸大妄想,而妄自尊大。

预后　不良,虽属不治,但有时亦觉宽解。

期间　十年至二十年。

疗法　入院施以对症疗法。

保安处分　轻者付保护管束,重则收容于精神病院。

第四　神经性精神病(Die nervöse Irresein)

(一)脏躁病(Hysterie)

古时以为本病为妇女所独有,其实男子与小儿亦有本症之发生。

原因　有遗传素因占80%,其他外伤、剧烈感动等。

症状　身体方面,觉有球状物,并有大囟门部疼痛、感觉异常、咽头反射缺损、脏躁性麻痹震颤等症状。精神方面,则精神感觉过敏、多疑多虑、故意夸张、利己心重、愤怒詈骂、妄觉、妄念等症状。有时有窃盗、放火及其他危险行为。

期间　病势消长不定。

预后　体质性者不良,后天性者,及早治疗,则预后较佳,但多数不能完全快愈。

疗法　入院静卧,避除刺激,行水治及营养疗法。或用哆米我耳(Domiol)、非罗那耳(Veronal)、溴代钾阿片及缬草等。

保安处分　重者可收容于精神病院,轻者交付保护管束。

(二)恐怖性精神病(Schreckneurosen)

原因　受剧烈之恐怖,如火灾、地震等是。

症状　关节麻痹、感觉异常、呕吐、感觉过敏、手指震颤、呼吸促迫、瞳孔缩小、皮肤潮红或紫蓝色、注意力散漫、考虑涩滞、寡言、昏憒、愤怒、凶行等。

预后　轻症佳良,重症预后不良。

疗法　命其静卧,行营养疗法、电气疗法、催眠等,内服予以溴素剂。

保安处分 轻者付保护管束,重者收容于精神病院。

第五 精神之中间状态(Intoxikations Psychosen)

精神之中间状态,乃指位于普通精神健康者与纯粹病精神病者之间之精神异常而言,俗所谓半狂人属之。

(一)体质性神经衰弱或神经质(Konstitutionelle Neurosthenie od. Nervosität)

原因 遗传,或感动异常、过劳、中毒,误谬之家庭教育及学校教育等。

症候 头痛、消化不良、惊悸症、疲劳性增进、感觉过敏、智力发育不平均、疑心甚深、有刺激性忿怒,或厌生望死等特征。

预后 因系生来如此,故无痊愈之望,然加以教育,其预后有时佳良。

疗法 忌刺激性食物,整顿睡眠,注重营养及励行水治疗法。

保安处分 虽无治愈之望,然对于社会无甚妨害,保护管束与精神病院收容得酌量选用,最好施以教育处分。

(二)冲动性行为(Impulsive Handlung)

症状 精神运动障碍,突然有所行为,且以异常之势力,强迫涌出,以致引起意外之事项,常有放火、窃盗、自杀、杀人、猥亵举动等,故极危险。

预后 不良。

疗法 专施理学之疗法。

保安处分 精神病院收容。

(三)疑似诉讼病(Pseudoquerulanten)

本症只有轻度之好诉性考虑,而无类似妄想之系统误谬,此与真好诉讼病不同之点也,理解如常,好指摘他人之缺点,判断浅薄,缺乏公平,有轻信之癖,凡事易热亦易冷,富于复仇心,不惜以卑陋手段断然行之,权利之欲甚炽,常与他人争斗,本症多数于高年人见之。

疗法 住院,以避除外界之刺激,再行催眠暗示以改换其性情。

保安处分 收容于精神病院,或付保护管束。

此外又有所谓中毒性精神病,如慢性吗啡中毒、可卡因中毒、铅中毒等症是,此种症状,病势不重,可交付保护管束处分则可。

第二款 精神病之诊断

精神病人之发病,其病势皆渐次增进,待既达于顶点,则或为永久之继续,或渐次减弱,或反复发现;然速来速去者亦往往有之。据世界各国,在病院内就医者之统计,德国有30%乃至40%,日本有20%乃至30%,可以完全治愈。其绝对不治者,谓之"痴化",随时反复再发者谓之"宽解",病状完全减轻而罹病素因仍留存者亦不少,是名曰"缺陷性治愈"。以此而观,凡隶法界之人,无论学者、律师以及法官,对于精神病人诊断之常识,均不可不加以研究。

(一)既往症之调查

1. 遗传历之调查

其应调查之事件,即两亲结婚之年龄,是否血亲结婚,有无烟酒之嗜好,有无结核梅毒,体质有无异常,有无脑病、畸形、聋哑、卒中、犯罪、自杀、奇癖等情。若上代曾有患精神病者,则应调查其发病时期、原因、症状、转归经过等,以供参考。

2. 既往历之调查

应调查之主要各件如下：

（1）受胎期　父母之生活状态如何,饮酒与否,有无梅毒。

（2）胎生期　有无感动、外伤、过劳、疾病及营养状态如何。

（3）分娩期　娩产之迟早与难易,并有无头伤。

（4）初生期　自分娩后至脐带脱落后,其间哺乳、通便、睡眠、营养之状态如何。

（5）小儿期　脐带脱落后至七岁止,其间体重身长之增减、睡眠之状态、痉挛及疾病之有无,并精神之发育若何。

（6）学龄期　七岁至十五岁之间,其入学、退学之时期如何,在学之勤惰、品行若何。身体是否强壮,有无中毒、头痛等病。

（7）青年期　十五至二十一岁之间,情欲发动之迟早如何,有无手淫及色情亢进症,月经初潮之时期如何,每次月经调否,对于精神身体之影响如何,有无妊娠流产及产褥之状况如何。

（8）成年期　二十二岁至四十岁之间,体格强弱如何,有无感动忧郁与生活状态,夫妇感情及职业上之勤惰如何。

（9）更年期　四十岁至五十岁之间,女子闭经之状况如何,有无赤白带、贫血、神经痛等症,营养状态及性质之变化如何。

（10）老人期　五十岁至七十岁之间,心脏、血管、肾脏、脊髓等有无障碍。

以上询问既终,尚应询其精神发病以来之状况如下：

（1）发病时期。

（2）初发抑即发。

（3）发病当时之状况。

（4）前驱症候。

（5）发病之缓急。

(6)妄想妄觉之有无。

(7)有无言语睡眠之障碍。

(8)感觉障碍。

(9)运动障碍。

(二)现在症诊查法

1.身体症状之检查

精神病者,虽以精神之障碍为主症,而身体方面亦应行观察,略记如下:

(1)身长、体重、体格营养。

(2)体温、呼吸、脉搏、睡眠状态。

(3)皮肤状态。

(4)血行状态。

(5)面部及舌之状态。

(6)头盖形状。

(7)毛发。

(8)胸腹及内脏之形状。

(9)脊柱及上下肢。

(10)生殖器。

(11)瞳孔。

(12)言语声音。

(13)反射机能。

(14)分泌排泄之状况。

(15)脑脊髓液之状况。

(16)血液血球之形态、性质、比重、数量。

(17)感觉机能。

(18)笔迹。

附头形测定法

测定头形时,应用卷尺、骨盆计及头盖计,其应测之点如下:

(1)横径　两颅顶结节间之距离,男子平均 15.06,女子 14.53。

(2)纵径　鼻根及后头结节之直径,男子 19.89,女子 17.16。

(3)头围　环绕后头结节及眉间之水平周围,男子 55.06,女子 55.72。

(4)耳前头围　由一侧外耳孔前缘经过眉间,达他侧外耳孔前缘之半围,男子 29.82,女子 28.27。

(5)耳颅顶围　由一侧颧骨弓上缘,经过颅顶,而达他侧同部之半围,男子 26.32,女子 33.93。

(6)耳下颌围　由一侧之外耳孔绕下颌缘,达他侧同部之半围,男子约 30.36,女子 27.92。

(7)耳孔径　两侧外耳孔间之直径,男子 12.45,女子 12.01。

(8)鼻根后头围　由鼻根绕过颅顶之正中线而达后头结节之半头围,男子 35.37,女子 33,44。

(9)前头左右颧骨突起间距离,男子 10.81,女子 10.50。

如上测定之后,更求纵横之示数,即以一百乘横径,然后以纵径除之。

$$\left(\frac{100 \times 横径}{纵径}\right) 如 \frac{100 \times 15.06}{19.89} = \frac{1506.00}{19.89} = 75.91\frac{1501}{1989}$$

纵横示数在七十五以下者,曰长颅,七十五与八十三间者,曰正颅,八十至八十五者,曰短颅。

2. 精神症状之检查

调查精神现象，可分下列六种说明：

(1) 所在识之检查法

应检查之精神症状中，以所在识（指南力）为最重要，其检查方法，常举一定之问题如下：

［1］汝为何人？

［2］今年何年？

［3］本月何月？

［4］本日何日？

［5］今日星期几？

［6］此为何处？

［7］此地何名？

［8］立于左右者何人？

(2) 领悟及注意之检查法

检查领悟及注意，方法极多。或以简单之刺激，加于患者之五官，或发种种问语以检其答语之内容，或举各种物品，而询其用途，或示以书画，而使其说明，或于患者前乘电灯忽明忽灭之际，变换物体之位置，或于患者无意之间，私以针尖刺其皮肤，以观其注意之有无。

(3) 记忆及知识之检查法

举患者自身之经历、亲族关系及起居动作饮食等问题以观其记忆若何，其问题如下：

［1］汝生何年何月何日？

［2］何时结婚？

［3］两亲现在何处（已故者须问其何时，因何病故）？

[4]以前曾入何校读书？

[5]昨日何起时床，何时就寝？

[6]昨日进何饮食及通便回数如何？

[7]中华民国在几年成立？

[8]中华民国历来大总统为谁？

此外检查知识时，凡关于社会科学与自然科学之常识皆可发问。

(4)计算力检查法

计算能力，由判断力、记忆力等多数之精神作用集合而成，其检查方法，可令暗算数目，或试以加、减、乘、除等问题。

(5)妄想妄觉之检查法

此种检查，最为困难，当患者意识溷浊错乱时，检查颇为不易，务须在某种状态经过后始可检查。如患者有追迹妄想者，则欲逃欲隐之状，有罪孽妄想者，则有向人谢罪，或恐怖之状，有毒害妄想，则有拒食症状，若有夸大妄想，则常衣奇怪之衣服，且有傲慢之态度。

(6)感情之检查法

感情检查法，虽以脉搏、呼吸、血压、肌肉运动、电流等为标准，然再重要者，则在表出运动。盖说患者之举动、颜貌、言语等表出运动之程度而推定者常居多数，如感情钝麻之患者，虽以针刺刀割等恐吓，亦不现恐怖愤怒之色，反闭目伸颈以待等状态。今略举于感情之发问如下：

[1]觉爽快否。

[2]发怒否。

[3]有不安心之事否。

［4］有苦闷之感否。

［5］有可笑之事否。

［6］想家否。

［7］自己职业有趣否。

［8］对于家人朋友感情如何。

［9］对于国家有无意见。

［10］有何嗜好否。

第三款　各国立法

对于精神病人之行为不罚,而施以特别处分(保安处分),已为世界所公认。兹将各国之立法择录如下：

(德意志)

无责任能力或限定责任能力者,在为犯罪行为之场合,则送致于疗养院。

对于限定责任能力者,科处刑罚并为保安处分。(第四十二条)

(波兰)

犯人在犯罪时,因精神失去作用或精神有病及其他精神错乱之情事,不知其行为之重大,或不知约束其行动者,不罚。

第一项之规定,对于犯人故意使其精神错乱而为犯罪之行为者,不得适用。(第十七条)

若犯人在犯罪时,对于认识其行为之重大或约束其行动之能力,有明显之限制者,法院得特别减轻其刑。

第一项之规定,对于犯人能力之限制,由其本人之过失,依其精神迟钝而发生者,不得适用。(第十八条)

对于不负刑事责任之犯人,苟任其自由行动,对于法律秩序,则有发生危险之虞时,法院得将该犯人交付封闭之疯人院,或他种疗养院内监督之。(第七十九条)

对于判别力或约束操行之能力减低而有实证之犯人,(第十八条第一项)苟任其自由行动,对于法律秩序,则有发生危险之虞时,法院将该犯人交付封闭之疯人院或他种疗养院内监管之。

若此等犯人,受徒刑之宣告时,法院得于其出疗养院之后,决定应否执行其刑。(第八十条)

(奥地利亚)

虽有犯罪行为,然因精神病或泥醉无负责能力,以之为无罪及不起诉者,其精神状态素行行为之性质危险于善良风俗及公安时,于其危险之继续间,收容于犯罪疯狂院。(第三十六条)

依继续病之状态,辨别力、意思力减弱,犯一定之罪者,本人之素行及行为之性质有危险于一般之状态时,得于执行刑罚后监置之。(第三十七条)

(瑞士)

有犯罪行为之负责无能力人及负责能力减弱人,(A)危险于公共及一般之平稳者,法院命其于病院或保护所保护之;(B)须病院及保护所之特别处置与保护者,由法院命令之。

于以上情形。已宣告刑罚者,停止其执行。其停止之理由消灭者,由法院定其执行刑罚与否,及于如何之期间执行之。(第十五条乃至第十八条)

(意大利)

在侦查或审理之期间内,对于未成年人、精神病人、习惯性沉醉人、常用麻醉品人,或因酒精或麻醉而有慢性中毒状态者,得命令临时收容于感化院、刑事精神院或治疗所及监护所。

法官认为该人对社会无危险性时,得取消临时保安处分之命令。

执行临时保安处分之时间,得算入保安处分之最短期间内。(第二〇六条)

已受保安处分之执行,若须执行拘禁刑时,停止保安处分之执行。刑之执行完毕后,再执行保安处分。

受拘禁保安处分者,得精神病时,法官得命令收容于刑事精神病院,或治疗所及监护所。

精神病停止后,法官认该人对社会有危险性,不宜于自由监视时,得命令送致农业惩治场或工业场或刑事感化院。

精神病者,受非拘禁保安处分,或善良行为之监视,该病人送致于普通精神病院,并停止保安处分之执行。然在受非拘禁之保安处分者,病愈后,法官得再行调查其危险性,若认定其仍有危险性者,得适用非拘禁之对人保安处分。(第二一二条)

因精神病或酒精,或麻醉品慢性中毒,或喑哑而宣告无罪者,应收容于刑事精神病院。(第二二二条第一项上段)

(日本)

心神丧失人之行为,不罚之。

心神耗弱人之行为,减轻其刑。(第十四条)

对于犯相当于禁锢①以上刑之心神丧失人或喑哑人,为无罪或免诉之宣告者,于公益上认为必要时,得为付预防监护之宣告。

对于已处惩治②以上之刑之心神耗弱人或喑哑人,就与前犯同

---

① 禁锢,分无期及有期,有期禁锢,为三月以上十五年以下。禁锢,拘置于禁锢所。(第三十五条)

② 惩治,分无期及有期,有期惩治,为三月以上十五年以下。惩治,拘置于惩治所,从事工作。(第三十四条)

一或类似之罪种为刑之宣告,公益上认为必要时,与前项同。

前项之预防监护,应于刑之执行终了后继续为之。(第九十九条)

被付预防监护者,应收容于预防监护所。因适宜之治疗或其他之监护,应为必要之处置(第一百条)

(苏俄)

不治之精神病者,及时发时愈之精神病者,并不解自己之行为为如何之病态者等之行为,其行为时,虽在精神常态中,而裁判时倘罹精神病时,不得施以惩治矫正性质之社会防卫处分。

但前项犯罪,适用医疗性质之社会防卫处分。

(备考)本条酒醉状态中所为之犯罪不适用之。(第十一条)

医疗性质之社会防卫处分如下:

(甲)强制治疗。

(乙)命入隔离医院。(第二十四条)

(英吉利)

疯癫白痴之犯罪者,不论其罪,当囚人发狂时,内务部派二人以上之医师,检查之人于病院。

(中国)

查我国周官司刺三赦之法,仅有蠢愚,并无痴癫之名。追《后汉书·陈宠子忠传》,始上狂易杀人得减重论之请。唐章怀太子注云,狂易,狂而易性也,是知狂易不在《汉律》减科之列,因忠之请,始垂为永制,故唐、明等律,于此项亦无明文。惟《元典章》四十二诸杀刑,斗杀心风者上请。又《元史刑法志》疯狂殴伤人至死免罪,征烧埋银。至《清律》人命门戏杀、误杀、过失杀人条,始详悉规定。兹将《清律》及其《附例》录之如下:

一、疯病之人，其亲属邻佑人等容隐不报，不行看守致自杀者，照不应重律杖八十，致杀他人者，照知人谋害他人律不即阻当首报律杖一百。

二、疯病之人，如家有严密房屋可以锁锢，亲属可以管束。及妇女患疯者，俱报官交亲属看守，地方官亲发锁铐，严行封锢，如锁禁不严，将亲属严加治罪，如痊愈不发，报官验明，取具族长地邻甘结开放。如私启封锁，照例治罪，若并无亲属，又无房屋，该管官将疯病之人，严加锁锢监禁，监禁后并不举发，数年后诊验情形开释，领回防范。若曾经杀人，到供不能取供，即行严加锁锢监禁，不必追取收赎银两。如有愈者，讯取供招，照复审供吐明晰之犯，依斗杀律拟绞监候，入于秋审缓决。遇有查办死罪减等恩旨，一体查办，如不痊愈，永远锁锢，虽遇恩旨，不准查办。地方官遇有疯病杀人之案，务取被杀之事主切实供词，并取邻佑确实供结，该管官详加验讯。

三、疯病致毙平人非一家二命拟绞监候，秋审酌入缓决。非一家三命，及一家二命者，均拟绞监候。一家三命以上者拟斩监候，秋实俱入情实。

四、疯病杀人之案，以先经报官有案为据，如验始终疯病，语无伦次，永远锁锢。若一时陡患疯病，猝不及报，以致杀人，旋经痊愈，或到案时虽系疯迷，迨复审时供吐明晰者，讯取尸亲切实甘结，叙详咨部，方准拟以斗杀。如无报案，又无尸亲切结，确究实情，仍按谋故本律定拟。至所杀系有服卑幼罪不至死者，不得以病已痊愈，即行发配，仍永远锁锢。

五、疯病杀人问拟死罪免勾永远监禁之犯，病愈遇有恩旨，例得查办释放者，若卑幼致死尊长，及妻致死夫，关系服制者，仍永远监禁。

六、疯病杀人应入缓决人犯,到案后疯愈五年,不复举发,遇有亲老丁单,或父母已故,家无次丁,饬取印甘各结,留养承祀,释放后复行滋事,仍永远监禁,虽病愈不准再行释放。

七、因疯病致毙期功尊长尊属一命,或尊长尊属一家二命,内一命系凶犯有服卑幼,律不应抵。或于致毙尊长尊属之外复另毙平人一命,俱仍按致死期功尊长尊属本律问拟,准其比引情轻之例,夹签声请,候旨定夺。若致毙期功尊长尊属一家二命,或二命非一家,但均属期功尊长尊属,或一家二命内一命分属卑幼而罪应绞抵。或于致毙尊长尊属之外复另毙平人二命,无论是否一家,俱按律拟斩立决,不准夹签声请。

《暂行新刑律》

精神病人之行为不为罪;但因其情节,得施以监禁处分。

前项之规定,于酗酒或精神病间断时之行为,不适用之。(第十二条)

《旧刑法》

心神丧失人之行为不罚,但因其情节得施以监禁处分。

心神耗弱人之行为减轻本刑,但因其情节得于执行完毕或免除后,施以监禁处分。(第三十一条)

《新刑法》

心神丧失人之行为不罚。

精神耗弱人之行为得减轻其刑。(第十九条)

因心神丧失而不罚者,得令入相当处所,施以监护。

因精神耗弱或喑哑而减轻其刑者,得于刑之执行完毕或赦免后,令入相当处所,施以监护。

前二项处分期间为三年以下。（第八十七条）

第四款　比较研究

（一）精神病人与常人中间应否有精神耗弱人之研究

欲明此问题，非先探求各派之主张，断难下一答案，今作两方面观察以说明之：

（1）旧学派，此派以应报主义为基础，谓各人之意思，均系自由，即人类精神业已成熟且健全者，能依理性行动，识别是非，且有迁善避恶之自由意思，若舍善而作恶，应科之以刑罚。反之，其人精神达于不健全之状态者，则其意思不能依理性自由而行动，故无科刑可言，即不视其行为为犯罪。此等之人，谓之精神病人，或名之为心神丧失人。又有一种之人，其重者几与心神丧失等，轻者或与常人同，既不应处以通常之刑，又不应全免其刑事责任，故不得不有特别规定，视其行为为减轻责任，名其人曰精神耗弱人，或心神耗弱人。归纳言之，即认普通人与心神丧失人之间，当然有一种中间阶级人（即心神耗弱人）之存在。世界各国，如德意志、波兰、奥地利亚、瑞士、日本、挪威、西班牙、丹麦、瑞典、芬兰、希腊等国刑法，皆有心神耗弱之条文，1905年万国刑法学会议决，亦赞成对于此类之人，宜科以较轻之刑。我国《新刑法》第八十七条云："因心神丧失人而不罚者，得令入相当处所，施以监护。因心神耗弱或喑哑而减轻其刑者，得于刑之执行完毕或赦免后，令入相当处所，施以监护"之规定，亦则同其理也。

（2）新学派，此派以社会防卫主义为基础，不认人类之意思有完全自由，科刑之目的，应视其人是否有适应性。精神病人之行为为病之行为，已无刑罚之适应性，只能施以医疗性质之保安处分，方能收改善之效果。认刑法为防卫社会危险发生为其归宿,不予人身体上之痛苦,及损毁人格,或报应惩罚为目的(参看《苏俄刑法》第九条)。故无此减轻责任能力之心神耗弱人之规定,采此主义者,有《苏俄刑法》(详本节第三款)。

据上所述,前者过旧,后者适合现代潮流。因应报主义之思想,自十九世纪中叶,实证学派之目的主义产生以后,已知其说荒谬绝伦,毫无足取,非惟不能减少犯罪,反而促成累犯增加。虽至二十世纪初期,仍有此种现象存在,推原其故,全在于应报思想未曾脱清,诸立法家均不敢长足捷进,故形成应报主义与预防主义之折衷思想,一面将常人与精神病人之间有精神耗弱人之规定,以迎合旧派之顽固思想,他方则认此等之人得施以保安处分,藉以联合新派之欢心,固为近代各国多所采纳,亦仅能视为过渡时代之现象。况又以医理而论,精神耗弱亦属于精神病之范围,惟稍有轻重耳。若以改善主义而为观察,精神病轻者(精神耗弱),现于治疗而即能完成健全人格,于国于民两有裨益,何必于保安处分之外,而又有科刑之必要。今以白痴而言,已为各国法家视为精神病中之最重大者,认其绝对不负刑事上责任,殊不知白痴轻者亦能于最短期间治愈,岂非对此短期治愈之白痴人,亦得再科以刑罚,此种重床叠屋之思想,应绝对革除,不可效此裹足不前之弱点。或谓刑法中若无精神耗弱人得以不罚之规定,恐仍应完全负责。此种言论,亦属误解,在审理之时,法官应详细调查其人有无精神病及精神耗弱之现状,果有此症,当然应适用医疗性质之保安处分而无疑义,倘其不然,如轻与常人相同时,已毋庸施以医疗处分,但情节显有可悯,当然可依刑法中酌减之法条而为科处,何至于有仍应完全负责之虞。我国此次《新刑法》第十九条第二项及同法第八十七条第二项之规定(见前)仍未脱旧派之思想,与其标榜修正刑法为特别预防主义、感化主义、主观主义及人格主义之立法精神,大相违背,洵属浩叹! 希他日重修刑法时应注意之。

(二)精神病人与心神丧失人两名词之比较研究

对此用语,各国立法有谓精神病人(person of mental disorder)者,如西班牙、奥地利亚、意大利、英吉利等国刑法是。有谓心神丧失人(lunatic),如日本国刑法是。二者规定,各持其理,不肯相让。盖前者沿用医学之名词,后者谓精神病人之范围太大,虽不具记忆力及推理力者,亦得称为精神病人,法律上不处罚者,指限于疯狂等类,即心神丧失不能自主也。至其心神耗弱人(weakminded person),法律上应另为规定,视作限定责任能力人。故将精神病人之范围内,分为心神丧失人及精神耗弱人,在前问题内已有详细说明,毋庸再赘。今所应研究者,于此二名词究以何者为当? 余以为精神病人之用语较为完美,因近代各国刑法修正之宗旨,无不趋向于改善主义、目的主义及人格主义。既已趋向此种主义,自无再有心神丧失人与精神耗弱人之分(详前问题之理由内),既无此种分类,当然以精神病人之用语为妥。日本冈田朝太郎,在所著《日本刑法改正案评论》一书内云:"值兹改正刑法之际,心神丧失人一语,应改为精神病人较为妥洽,其他法令之用语,亦应一并改正。"足知其亦有见及于此矣。我国《新刑法》,第十九条云:"心神丧失人之行为不罚。精神耗弱人之行为,得减轻其刑"。已知其仍仿日本之立法例,殊未能贯彻刑法上改善主义之精神。

(三)在精神常态中之行为于裁判时罹精神病者对其行为应如何科处之研究

行为在精神常态中,而裁判时罹于精神病,应如何科处之问题,客观主义与主观主义之见解完全不同。客观主义认犯罪所生之事实大小以为断,有罪必有罚,科罚为其正义之要求,在精神常态中之行为,虽至裁判时罹于精神病,亦不能藉此而免刑事责任,只得停止审判之程序。如我国《现行刑事诉讼法》(民国十七年七月二十八日国民政府公布,同年九月一日施行)第三百零五条规定:"被告心神丧失或因疾病不能出庭者,应停止审判之程序"云云,亦即斯意之表现也。主观主义,认犯罪人对社会之危险性如何以为断,只能改善其恶性,无论刑罚及其他方法均可。《苏俄刑法》第十一条规定:"不治之精神病者及时发时愈之精神病者,并不解自己之行为为何之病态者等之行为,其行为时,虽在精神常态中,而裁判时倘罹精神病时,不得施以惩治矫正性质之社会防卫处分;但前项犯罪,适用医疗性质之社会防卫处分"云云,其对于主观主义立法之精神,已阐发无遗矣。两派之见解,虽各有理由,余以为迎合新潮,应从后说。其他各国刑法,均未能顾及,殊为立法上一大缺点。我国此次新颁刑法,亦漏订此项法条,希将来刑法补充时,应行加入。

(四)受其他保安处分得精神病时应如何收容之研究

已受其他保安处分者得精神病时,理宜应停止其他之处分,先执行精神病人之监护处分,何则?凡人达于精神障碍之时,非仅害及自身,而又扰乱社会,比其他情事更为重要,若不先施以监护处分,其祸害之烈,不亚于洪水猛兽。对此问题之解决,各国刑法,亦属罕见,虽此种事实发生极少,似乎亦有规定必要。查意大利刑法第二一二条:"受拘禁保安处分者,得精神病时,法官得命令收容于刑事精神病院,或治疗所及监护所"云云。已知其足以解决本问题之方法矣。我国将来补充刑法或修订刑法时,亦希加入此种立法,较为妥当。

(五)精神病人保安处分之种类及用语之研究

精神病人不罚而施以保安处分,已为世界各国所公认,然其对于保安处分之种类及用语各有不同,大别之可分为二类:

其一,概括规定,如德意志之送至疗养院、奥地利亚之收容癫狂院、日本之付预防监护、英国之检查之后入于病院等是。

其二,分别规定,如苏俄之强制治疗,或命入隔离病院是。

总上以观,余以为在刑法中,对于保安处分若作大体规定者,当然另有其他条文补充或另订条例与章程。自以概括规定其名词为妥;但在已将保安处分详细订立之国家,已无另有其他法令之补充,似乎分别规定较为妥洽。我国新刑法,第八十七条之规定:"因心神丧失而不罚者,得令入相当处所,施以监护。因精神耗弱或喑哑而减轻其刑者,得于刑之执行完毕或赦免后,令入相当处所,施以监护"云云。足知其与第一种概括规定之立法例相同,亦非无理,然不过仅作大体规定,将来之补充条文或条例或章程实不缺少,使得法官易于适用。

至于用语之不同,亦应作两方面之观察,采分别规定者之立法,可用收容于隔离病院及强制治疗所等之名词。若采概括规定之国家,其用语须能含蓄多种处分之名词,较为妥善,如我国之监护处分是。监字能包含隔离处分,护字能包括强制治疗及其他改善处分,乃立法上之进步也。

(六)在侦查或审理之期间内对于精神病人应如何收容之研究

徒刑法不能以自行,须赖刑事诉讼法以辅助,既需刑事诉讼法,则诉讼法必有一定之程序,如侦查、起诉、审判、上诉、非常上诉及再审等程序是。凡一案件,自侦查而至终审,中间相隔时日,少则数月，多则经年。在常人固可羁押于看守所内，但对于精神病人实不相宜，非仅有损于精神病人之自身，抑且有害及其他同押所内之人，于公于私，多所不利，非图方策以特别处分此等之人，不能达刑法改善主义之目的。世界各国在刑法中计及此者，不啻寥若晨星。惟其中能明白解决此问题者，须推1930年意大利公布之刑法。查该法第二百零六条规定云："在侦查或审理之期间内，对于未成年人、精神病人、习惯性沉醉人、常用麻醉品人或因酒精或麻醉而有慢性中毒状态人，得命令临时收容于感化院、刑事精神院或治疗所及监护所。"其立法之精微，实驾于他国之上，希我国起而效之，亦愿各国同采纳焉。

第三项　喑哑人

喑哑者，因器官有缺陷，致不能听，且不能言，虽形体及生活机能与常人无异，然其精神状态，究不及常人。是以古代各国，对于喑哑人之行为，不能与常人犯罪同论，而免其刑事责任或减轻责任之规定。我国《周礼》中有"蠢愚宜赦"之条，其意亦即在此。所谓喑哑者，查《暂行刑律》立法理由，谓"喑哑有生而喑哑者，有因疾病或受伤而喑哑者，生而喑哑，乃自来痼疾，不能承受教育，能力薄弱，故各国等诸幼年之列。若因疾病或受伤而喑哑者，不过肢体不具，其精神知识与普通人无异，则不能适用此例"。又查前《大理院判解》，内云："查《刑律》第五十条所称喑哑者，系指生而聋哑者而言，其因疾病致生聋哑者，自不在其内"（四年上字八四〇号）。以此而观，其对于喑哑人不负刑事责任，系指生来喑哑而言。易言之，即先天之喑哑人也。至于后天受疾病及其他之关系，虽耳不能听、口不能言,亦不能适用本条之规定。若有情状显可悯恕者,自可依酌减章内之规定,而减轻其刑。故世界各国认先天生来之喑哑人,于科刑或免刑外,得施以保安处分,是以保安处分可适用于喑哑之人明矣。

第一款　喑哑之原因状态及影响

近代科学进步,教育方法日新,对于喑哑人专设聋哑学校以教之,可使喑哑人藉以成熟其精神及受相当之教育。故关于喑哑之原因、状态,本身之关系及社会之关系,均能阐发其原理,亦为研究法学者之一助。兹将其一一说明如下:

(一)聋哑之原因

聋子之所以成聋者,其原因当不外乎遗传和疾病,或其他事故,损害其听觉器官,因此便成为全聋或半聋(又名亚聋)。凡此类者,俗称为聋子(此外尚有形态不同之哑巴)。聋子致聋原因,分为两个时期,先天与后天:

1. 先天聋

在胎儿时期,听觉器官曾受损害,是谓先天聋。其原因可分为二类:(1)由遗传而成之聋子,其中以亲上结亲者(血统结婚)占多数;(2)因疾病而成之聋子,其中以梅毒病者占多数。

2. 后天聋

婴儿降生以后,受某种影响而成为聋子,计分为二类:(1)以疾病为原因者,例如脑膜炎、麻疹、肠热症、感冒、猩红热、天花或听神经萎缩等疾病,损害一部分听力,或全部听力者;(2)以事故为原因者,受强烈空气之振动,或从高处跌下,伤害脑部等事故损失听力者。无论其为先天聋,或后天聋,总之统称为聋子,而聋子之中,又可分为全聋与半聋：

（甲）全聋

所谓全聋,乃指定完全丧失听力者而言,但在全聋之中,若用精密方法检察之,尚有25％,保有残存听力。彼等因聋则无从习学语言,于是被世人误认为哑巴,实则不能说话,并非第一步之缺陷,乃第二步之缺陷。故近来欧、美各国以及日本,皆有避免哑巴(dumb)而称为聋子(deaf)之趋势,并有若干学校,由"聋哑学校"而改为"聋口语学校"之名义。至于盲哑学校之组织,亦有分立趋势。

（乙）半聋（亚聋）

关于检查学童之听力,其方法则以六呎法(sixfootrule)为最简便。即在安静之室内,相隔六英尺距离地点,而不能听见呼唤声音者,似即有特别教育之必要。若在十五英尺距离,不能听见呼唤之半聋,则无受聋教育之必要,应入普通学校,坐于教师之近前方,与常态儿童受同样之教育。在英、德之教育法令上,规定以六呎法为标准,决定聋儿之场合。此外尚有形态不同之哑症,约分二种:(1)听觉器官及发音器官完全健康,并未损坏,能听语言,理解意义;但是本身不能说话者,谓之失语症(aphasia)。(2)听觉器官完全健康,只是发音器官已被某种原因所损坏,因此只能听而不能说者,谓之纯粹哑巴。关于聋哑之种种原因,列举于前,而其必然之结果,亦殊有研究之必要。

（二）聋哑之影响

根据以上所举原因,造成不幸之聋哑,彼等虽有人之身体,但缺乏人生之幸福。兹将其各方面所受之影响,列举于下:

1. 关于语言

常态儿童,盖无不以耳目学习一切,而聋子失去其最重要之听力以后,以致影响其学习言语之能力,故非受繁杂之教育,不足以理解语言。至于联络感情,发挥意见,尤须以语言是赖,聋子既失去语言,即难免被社会所摒弃,甚至于父母骨肉,亦不若常态人之感情亲密。是以无形之中,迫入孤独苦闷之境,且被世人视为痴愚,或谓为清醒之疯汉,无人与之接近,其家有资财者,可以苟安一生,家道贫寒者,则被迫为牛马奴隶,彼等一生之痛苦,由此可以想见。

2. 关于感觉和感官

英国之哲学家陆克(John Locke)说:"感觉是知识之门户"。委实如此,感觉对于精神能力之发展,实有密切关系。其中视觉占最重要地位,聋子既失去其听觉,精神作用之发达,确受极大损害。至于其他感觉,虽与常人无异,但因不能用语言自由发表思想之故,以致在视觉上,亦不免迟钝。感觉敏捷,乃系天赋,但由于几种关系使其发达,于某种必要场合之下,其感受力竟有不可思议之敏锐,即如盲而且聋之哈金斯(W. Hakin)能以嗅觉辨别颜色,并能感受极微小之振动,由振动而辨别言语。美国医学家与心理学家,对其感觉力,已有深刻之研究;但尚未达到其结论。据医学家查验之报告,先天聋儿70%,保有残存听力,其30%,由刺激练习而能听语言,并可发言。而究竟能否实现其教育,尚属疑问;但近代聋教育界,利用种种扩声装置,刺激其残存听力,授以语言教育,此种学理,系从医学原理而来。

3. 关于生理

纯粹哑巴和失语症者,以及大多数因聋而哑者,彼等因日久不用发音发声之器官,自然该器官易陷于萎缩或僵硬化,特别以舌与声带,成极端之僵硬,其末梢神经,亦必随之而萎缩。故聋哑运用发音器官殊难自如,无论如何指导练习,聋儿所发之声音,决不能与常态儿童相同。其次呼吸器官受害尤大,吾人平素谈话,于不知不觉之间,施行许多深呼吸,但聋子缺乏此种深呼吸运动,以致肺脏、气管、支气管、横隔膜等,均不若常人发达,且易生病,关于此点,确有唤起聋教育教师注意之必要。

4. 关于精神作用

聋子既不能以听力接受知识,又不能以语言发表思想,因此在知识方面,难免浅陋之憾。即如感情、情绪,亦与知识方面有同样之迟钝,尤以伦理道德、宗教、审美等观念,即盲人亦所不如。故伟大之思想家、艺术家,出自聋哑者甚少,而出自盲人者则较多。至于聋子与盲人犯罪之比较,聋子犯罪,多属于简单之窃盗、行凶、放火等罪。盲人多属于思想,和知识行为之犯罪。聋子道德观念比较薄弱,盖以彼等不能理解常人语言,又不能与常人自由交换意见,因而量小、最易愤恼、遇事难免轻举妄动。

5. 关于社会地位

吾国自古以来,视聋哑为一种特别之人类,多予轻视,生有聋哑子女者,常以上辈德行攸关,或云家门不幸,认为可耻,不愿将聋哑子女现于人前,如此待遇,似非人道,家庭如是,社会尤甚。盖吾国社会,从无何等职业可供聋哑插足,即或勉强求得一种劳动工作,亦不免被人加重剥削,结果劳力多而报酬少,其他无以为生者,只可饥寒而死。日本教育界诸先进,对于聋哑职业之设施,颇费苦心,现已获得相当成绩,可使毕业之聋哑生徒,减少失业恐慌,其职业状况,男子以缝纫业占多数,木工、校役与农业等,居少数。其他印刷业、理发业、摄影业亦有之;但居少数。彼等服务均能认真做事,雇主对之颇为满意,此实日本聋教育界努力之结果也。欧、美聋教育比较发达之国家,早已确立聋哑职业之基础,但吾国四十余万聋哑同胞,其职业根本无处求得,迄今未闻有人计及此事。

6. 关于婚姻

聋哑者之婚姻,可分为两种:(1)聋哑与常态人结婚者,其感情无论好至如何程度,但总有一重不可除掉之隔膜。在常态者之要求,除去性欲可以勉强满足外,其他在精神方面之要求,确毫无所得。有时常态者认为可兴奋可愉快之事,而聋哑者则懵然不知,至于日常生活之种种不便,尤无幸福之可言;但受过适当聋教育之聋哑,或可稍强一二。(2)聋哑与聋哑结婚者,在生活方面,确有相当困难,但在精神方面,彼此情形相同,感情自易接近,如果各具经济独立之能力,颇可组织家庭,共同生活,至于生育问题,则殊有限制之必要,如严格而论,应禁止其生育,实行不妊法(sterilization),否则违背优生原理,影响种族。

第二款 各国立法

近世各国新颁刑法,对于喑哑者之特别规定,除吾国刑法与《日本刑法改正案》尚有遗留外,其他各国实有不现再见之现势矣。此亦在于二十世纪科学发达之原因,而影响于立法上思想之改变也(详细原因见后)。兹为便于学者研究起见,不仅限于中、日两国之刑法,凡关于与本问题有关之各国《旧刑法》,亦约略择录如下:

(日本)

喑哑人之行为不罚之,或减轻其刑。(第十五条)

对于犯相当于禁锢以上之刑之心神丧失人或喑哑人,为无罪或免诉之宣告者,于公益上认为必要时,得为付预防监护之宣告。

对于已处惩治以上之刑之心神耗弱人或喑哑人,就与前犯同一或类似之罪种为刑之宣告,公益上认为必要时,与前项同。

前项之预防监护,应于刑之执行终了后继续为之。(第九十九条)

(中国)

《暂行刑律》

喑哑人或未满十六岁人或满八十岁人犯罪者,得减本刑一等或二等。(第五十条)

《旧刑法》

喑哑人之行为,减轻本刑。(第三十三条)

《新刑法》

喑哑人之行为,得减轻其刑。(第二十条)

因精神耗弱或喑哑而减轻其刑者,得于刑之执行完毕或赦免后,令入相当处所,施以监护。(第八十七条第二项)

(德意志)

《旧刑法》

喑哑人因精神发育不全不能预知行为犯罪,或无意思之行为者无责任能力。(第十四条)

预知行为犯罪,或有意思决定之行为,当行为时,具上列原因,强行减弱其能力,得减轻本刑。(第七十三条)

(意大利)

《旧刑法》

喑哑人行为时,未满十四岁,不论其罪,但依第五十三条之规定,得留置于教育惩治场,至二十四岁为止。(第五十七条)

喑哑人行为时,在十四岁以上,无辨别是非之能力者,不罚,但对于其行为在法律上应处徒刑或惩役之重罪,或应处一年以上禁狱之犯罪，如尚未满二十四岁，法官得适用第五十三条之规定，留置于教育惩治场，至二十四岁为止，若喑哑人已满二十四岁，法官得引渡于当该官署，施行法律上之处分。

喑哑人行为时，无辨别是非之能力，满十八岁者，适用第五十四条之规定，十八岁以上二十岁以下，适用第五十五条之规定，满二十岁以上，适用第五十六条之规定。（第五十八条）

（比利时）

十六岁以上之喑哑人，无辨别是非之能力犯重罪轻罪者，不论其罪。（第七十六条）

前项之喑哑人，得收容于法定之场所，以五年之期间，施以感化教育，有辨别是非之能力，依本法第七十三条至第七十五条之规定论罪。

第三款　比较研究

（一）喑哑人应否在刑法上特别规定之研究

据各国人数调查表，其聋哑人数最多之国家，要推瑞士，统计每万人中有24.5人，最少之国家，如荷兰，统计每万人中亦有3.9人，以此最多与最少之国家两相平均计算，世界上喑哑人在每万人中则有十三人以上。易而言之，即每万人中有十三人以上之精神缺陷者。对此精神缺陷之人，国家应否在刑法上规定得减轻其刑与付保安处分？于此问题，查世界各国刑法，大别之有二立法例。

（1）在刑法中有特别规定者　此种立法最盛行于二十世纪以前，谓口不能言，耳不能听，精神状态，自与常人有别，对其行为，得免其刑事责任与施以保安处分。又阐明喑哑者有生而喑哑，有因疾病或受伤而喑哑，生而喑哑，乃自来痼疾，不能承受教育，能力薄弱,故得减轻其责任,若因疾病受伤而喑哑者,其精神与普通人无异,则不能适用此例。现在各国修正刑法承其例者,仅有日本、中国等国。至如比利时之刑法,虽亦有此种规定,然其刑法非最近之刑法也。

(2)在刑法中无规定者　此种思想最盛行于现代,谓科学进步,对于喑哑者已设有特别聋哑教育,可使成熟其精神,而喑哑人绝对不负刑责,或减轻责任之说,乃见陈腐,故此种规定,在刑法上已不见其必要矣。此近世各国刑法,如《德国刑法》、《奥地利亚刑法准备草案》《挪威刑法》、《瑞士刑法准备草案》及《苏俄刑法》,对此均不设特别规定。

如上所述,前者着眼于道德责任论而论之,后者本于社会责任论而观察。余以为喑哑人应否在刑法上特别规定之问题,须视其国对于聋哑教育发达与否以为断。若在文化落伍、聋哑教育未发达之国家,似仍保存原有之主张较为妥洽,但不能绝对不负责任,只得采相对主义之立法。至于监护处分,亦应加以规定。反之,若聋哑教育已达相当程度之国家,对于喑哑人实无特别规定之必要,我可引一事实以证明,自然不攻而自破矣。在聋哑教育专家杜文昌先生所述《聋哑教育及北平聋哑学校之概况》一文中内云:"哑巴如在相当年龄入学,普通以八岁到十二岁为适宜,在校七、八年,就能有高级小学的程度,看报、写信、算日用账、读浅近的书籍都可以。敝校有一女生,毕业后入上海一个函授中学,在该校文艺周刊上常发表作品。至于说话成绩好的,在街上雇车购物,人都不以为哑巴,像似南方人物到北平来,或者以为是朝鲜人、日本人说中国话。从前有一个哑巴学生到一个铺内购物数件,铺伙都不知他是哑巴。聋哑人因为耳聋心静,所以对于工艺美术,尤其擅长,从前上海商务印书馆用有十余哑巴,有的雕刻,有的画图,有的排印,其工作情形,极得该厂经理的奖许,即敝校学生入普通工厂习艺,亦因工作成绩好,格外蒙主管人的奖励,所以常受工友的嫉视。凡到敝校参观者,见聋哑学生的写字手工成绩,莫不称誉,程度不在普通儿童之下"。足见喑哑人若得受教育之训导,其知识程度,则不亚于常人,故对于社会已无特别危险之可言,既无特别危险性,当然应与常人同等看待,于刑法上何必留此赘文耶!是以近世欧西各国新改正之刑法,对此多不设特别规定,盖有由也。我国《新刑法》第二十条:"喑哑人之行为,得减轻其刑"。同法第八十七条:"因精神耗弱或喑哑而减轻其刑者,得于刑之执行完毕或赦免后,令入相当处所,施以监护"等规定。其立法理由,亦不外采上述道德责任论之主张。查我国聋哑教育,尚在幼稚时期,统计全国聋哑学校仅有十余所,而其中官立者,仅南京市立一所,余皆由私人所设立。按东西各国人口统计,每万人中有十三个以上之喑哑人,依此类推,我国当有五十余万聋哑人,其中能受教育者,实寥寥无几。睹此国情,我国刑法对于喑哑人仍加以特别规定,目前确有相当价值,所谓"立法须合于民情",即指斯意而言也。

(二)喑哑两字之研究

喑哑两字,已成为我国刑法上之名词,此两字究否得当?实有研究之价值,据其解释,谓喑哑以概聋,乃聋哑相兼之意,非聋而且哑者,不得以喑哑人论。余以为喑哑两字,实不能概括聋而且哑也,似乎应有改正之必要。夫法律用语,贵在于明显,若意义深奥,使人易于误解,非立法上之本旨也。

今将喑哑两字之字义先加以研究,考据各种《字典》均云:"喑者,口不能言也,俗谓之哑。哑者,喑也,不言也"。由此可知喑者是哑也,哑者即是喑也,虽读音不同,而其字义则一,何能谓喑哑两字,能概括聋而且哑者!此其应改正之理一也。

次查喑哑不能说话之原因,不是由于喑哑之舌头或其他之发音机关与常人差别,乃是因为喑哑自幼耳聋,不能听见各种之声音,故无由学习说话,虽然是喑哑,实际是耳聋,喑哑非第一步之缺陷,乃第二步之缺陷。近代科学进步,已能使喑哑者能言,其优良者,几与常人无异,故欧、美各国以及日本,皆有避免哑巴(dumb)而称为聋子(deaf)之趋势,并有若干学校,由聋哑学校而改为"聋口语学校"之名义矣。是以知其最重大之原因在于聋而不在于哑,哑可以使其不哑,而聋实不能使其不聋。是以聋字比哑字尤为重要,故喑哑两字,实不能代表聋而且哑也。况又有所为纯粹哑巴者,虽发音器官已被某种原因所损坏,而听觉器官仍完全健康。以此而观,所谓"举喑以概聋,乃聋哑相兼"之解释,益见不足信矣。至于"非聋而且哑者,不得以喑哑人论"之言,其矛盾之极,莫有过此,既已知有非聋而且哑者,何必又规定喑哑两字而使人易致误入迷途,实令人莫解。须知立法非作诗,亦非弄文,何可以此含蓄不尽之字句而为立法上之用语,致失词贵明显之旨,此其应改正者之理二也。

据上论结,足知喑哑之用语确有不当,余以为应改为"聋哑"两字,使得聋哑兼备,形成法律上两大要件,以免误解之弊。其然耶?其不然耶?尚有待于高见之商榷。

(三)喑哑人应适用何种保安处分之研究

查《比利时刑法》,喑哑人得收容于法定场所,施以感化教育。《意大利旧刑法》,得将喑哑人留置于教育惩治场,日本及我国修正刑法,喑哑人令入相当处所,施以监护。种种规定莫衷一是,细心考察,均属不当,余拟改为"改善教育",较为妥洽。因刑法上之所谓喑哑者,系指先天生成之聋而且哑者而言,至于后天之由疾病所致者不得以喑哑人论,前已述明。先天喑哑已不能适用医疗之处分,虽施以监禁,亦不能消灭其恶性,惟其最要之目的,只在于受特别教育。易言之,即施以聋哑教育以改善其个性是也。余故曰,"聋哑者,得施以改善教育之处分也"。倘嫌用语太新,亦可沿用"感化教育"四字,但监护两字,包含监禁保护之意,即拘束人之自由与强制治疗是也,虽喑哑人亦为精神之缺陷,究难与精神病人可同日而语。故余以为我国《新刑法》之施以监护处分,似乎未见其切当也。

第四项 吸食鸦片或其代用品人

鸦片之害,尽人皆知,而又甘之如饴,嗜之若命,是诚何心哉!每见吸食鸦片者,初试之似觉有无限之快乐,不旋踵间,渐成瘾癖,然犹自以为遨游世外,消受清福,不知徒使有用之身,终日为烟枪烟灯之仆隶而已。夫鸦片为物,含有猛烈之毒性者也,入血管能使血败,血败则肌体日以憔悴而枯槁,奄奄一息,以病而死,不仅其个人受害,因其不治生产,则家族生计,亦受影响,因其躯体羸瘠,则嗣续亦必难强壮。刑事人类学派之鼻祖龙伯罗梭(Cesare Lombroso)氏,在其所著《犯罪学》一书中,亦云:"除上文所言(指酒、烟叶、麻醉药等而言),醉人之物外,尚有马来岛人,因食鸦片发狂之事。中国人吸鸦片者,亦多变为无感觉无冲动之人,或流于自杀,或出于杀人。食吗啡者,往往失其道德知觉,倾向于欺骗、杀人、奸淫诸罪恶,此由于无力抵抗外来冲动之故,与食麻醉药相等,或且过之。

兰荪博士(Dr. Lanson)以常用吗啡之故,杀其妻弟,犹不自知其案情之重大"。以此而观,吸住鸦片、吗啡等物之为害,非惟为犯罪之源泉,抑且为弱种灭族之先兆,于国于民,均蒙其害,可不惧哉!故世界各国,公共所深恶、痛绝之毒品,均有禁烟法令之颁布,然行之有年,而鸦片之毒害,迄未肃清。推其原因,仅论罪科刑,不足以资防压,尤有藉保安处分之立法,方能收改善之效果。故吸食鸦片或其他代用品者,亦为适用保安处分之对象,易言之,即保安处分能适用吸食鸦片或其他代用品等人也。

第一款 鸦片之起源

考鸦片(opium)之产地,据《大英百科全书》载:"大约产于欧洲南部,与亚洲西部"。因希腊与罗马之诗人如荷马(Homer)、惠尔吉利(Virgil)等,常有咏罂粟花之诗句。不特此也,当纪元前五世纪时,希腊有危郗保克拉底斯(Hippocrates)医师,发明罂粟果汁之用途,谓能治疾病,而将之归入药品。又当纪元前四世纪时,希腊之提奥夫剌斯塔(Theophrastus)及迪奥斯哥莱底斯(Dioscorides),复知自罂粟花全体中亦能提出汁液,更与自罂粟果中所出之汁液加以分别。迨至一世纪以后,亚拉伯商人渐将鸦片输入于波斯、印度及东印度群岛等处;但第一世纪与第十二世纪之间,商业上所用之鸦片,乃产自小亚细亚。后回教握支配印度之权,因此印度鸦片亦甚为流行,而鸦片在印度遂得有深固之基础矣。自1497年瓦斯科·达·伽马(Vasco de Guma)通过好望角之后,欧洲商人见多数波斯人、印度人,由印度、波斯、埃及等产地输入东方而获大利,于是彼等亦从事于鸦片之贸易,自后东方遂成黑籍之区矣。

第二款　鸦片成瘾之理与慢性中毒惨状

鸦片为麻醉剂之一，原为入药治病之用，并非令人吸食，若常吸食之，则得使人成瘾。学说有二：一谓身体血液之流行，血中铁质藉养气以行之，而鸦片能减少养气，以败坏铁质，为日既久，血中养气渐少，炭气渐多，而运动铁质之功，非鸦片不可，一旦停吸，血即凝滞，身懒神呆，是即所谓瘾也。二谓鸦片系醉脑之药，少服能提脑力，与饮酒同，且能行气安心，免人愁虑，第吸食之日既久，则无新鲜血液滋养脑部，则脑体失其功用，必待鸦片提之而后可，亦即所谓瘾。此二说虽异，而理则一也。兹将其久吸成为慢性中毒（即成瘾）之惨状，分列于下：

（一）损害脑部功能，使脑力有减无增，致行动觉悟不能自如；

（二）妨害脏腑功用，消化不良；

（三）消耗全身津液，是以口津胃汁，均致减少，故喜食糖味及水果物；

（四）血汁变坏，致血内养气不足，故面目暗黑，口舌污秽；

（五）失生新去瘀之功能，是以胃不消化，而大便常闭结不通，粪滞肠内，吸液管收吸质，化入运内，运行周身，故气色昏暗，面黄口臭，烟气发出，不能近人；

（六）损毁肺经，致滞呼吸，故不吸烟，则气闭烦渴，心思迷乱，事多恍惚，困惫思寝。

第三款　鸦片之成分

鸦片在罂粟科植物内，原为天然之质，百余年来，经世界化学

第二编　分论

名家研究,发现特别成分,已有二十三种之多,兹列表以明之:

鸦片成分名称	鸦片成分分子式
(1) 辫糯司可品(Gnoskopin)	$C_{22}H_{23}NO_7$
(2) 雪特罗可太银(Hydrokotarnin)	$C_{12}H_{15}NO_3$
(3) 可追明(Kodamin)	$C_{20}H_{25}NO_4$
(4) 可台因(Kodein)	$C_{18}H_{21}NO_3$
(5) 克利泼吐品(Kryptopin)	$C_{21}H_{23}NO_4$
(6) 懒吐品(Lanthopin)	$C_{23}H_{25}NO_4$
(7) 老追银(Laudanin)	$C_{20}H_{25}NO_4$
(8) 老追宜晴(Laudanidin)	$C_{20}H_{25}NO_4$
(9) 老追糯晴(Laudanosin)	$C_{21}H_{27}NO_4$
(10) 美可疑停(Mekonidin)	$C_{21}H_{23}NO_4$
(11) 吗啡(Morphin)	$C_{17}H_{19}NO_3$
(12) 乃耳推因(Narcein)	$C_{28}H_{27}NO_8$
(13) 乃耳可青(Narkotin)	$C_{22}H_{28}NO_7$
(14) 窝克西地吗啡(Oxydimorphin)	$C_{31}H_{36}NO_6$
(15) 窝克西乃耳可青(Oxynarkotin)	$C_{22}H_{23}NO_8$
(16) 派派畏赖明(Papaveramin)	$C_{21}H_{25}NO_6$
(17) 派派畏林(Papaverin)	$C_{20}H_{21}NO_4$
(18) 泼罗吐品(Protopin)	$C_{20}H_{19}NO_5$
(19) 泼沙陀派派畏林(Pseudopapaverin)	$C_{27}H_{21}NO_4$
(20) 罗哀晴(Rhoeadin)	$C_{21}H_{21}NO_6$
(21) 退败因(Thebain)	$C_{19}H_{21}NO_3$
(22) 脱利吐品(Tritopin)	$C_{42}H_{54}NO_6$
(23) 克散大林(Xanthalin)	$C_{20}H_{19}NO_5$

第四款　吗啡猛烈之毒性

前述鸦片二十三种成分,惟吗啡之性为最猛烈,其含毒量亦最多,大约药用鸦片,每百分内,含有十一二分,此质在鸦片提出时,结冰透光，无色无臭，在水内几不能消化，其与强水类化合为盐类，则色白味苦，有碱性，能醉人，含大毒，少服之，能宁脑安睡止痛，稍多服，遂即遍身痒，甚至出血殒命。吗啡之毒，实较鸦片尤甚，大抵食吗啡一厘，可抵吸鸦片一钱，及鸦片生土九厘、鸦片末八厘、鸦片膏四厘半、鸦片酒百二十厘。凡医生取用吗啡治病，只能每服用八分之一厘至半厘为止，过此即人昏致死，若鸦片末治病用最多之数每服半厘至二厘为止，或制膏浸酒等服之。

据欧洲贩卖鸦片商人云："鸦片之成色，系视吗啡质之多寡，以判定鸦片之价值贵贱也"。印度之鸦片最佳，土耳其所产者次之，西人取土耳其之鸦片，系专用罂粟干枝及壳，制为药材，然大半皆已炼取吗啡，以输入中国。查近来吗啡之销场渐广，因中国药肆中，皆取吗啡为打针，或为戒烟丸，故吗啡之用，日多一日。若禁止鸦片，而任人施打吗啡针或服用吗啡，则鸦片之毒未去，而吗啡之害又来，恐一波未平，一波又起矣。又吗啡急性中毒症状，初时知觉渐减，继则麻痹不仁，可知吗啡最初中毒部分，系侵犯大脑（大脑主知觉）以致感觉痴钝，意识毫无，此时状态，恰如假眠，或因反射神经刺激，睡而复醒，瞳孔收缩，眼之调节筋，时起为痉挛，若全身麻痹，则吗啡毒性更进一层，方是时，脑部机能全失，昏睡无知，呼吸渐缓，无法救治。

抑尤有进者，吗啡中毒轻重，以分量多少为准，若用 0.01 至 0.03 格兰姆（gramm）即觉睡眠，此时若不受外界刺激，遂成永眠，若刺激其五官，亦能复醒，再用 0.03 格兰姆（gramm）以上吗啡，大脑机能全失，人事不省，渐次延髓麻醉，呼吸减少，顿发鼾声，终至于死。

第五款　类似鸦片醉性植物

植物中含有麻醉性而与鸦片相同者,其种类甚多,世人不察,辄以为可戒鸦片而代用之,亦中毒不少。方今严禁鸦片时代,则此种植物,传播必多,恐不知者受其害,故略举其要者十种,详述于后:

(一)高根叶　此叶产于南美利加近安抵斯山,其花白色,叶青绿,如荆棘,含有麻醉性,其野生者,味苦而香,与茶相似,似有行气之性,能提精神,过饮之则瞳孔放大,不能见光,凡食此叶,则气息大臭、唇与牙肉变白、齿牙变绿、两颊生黑、睛珠不明、皮色发黄、大便难通等症。

(二)印度麻　此麻波斯、印度二国土人皆服之,几如中国人之吸鸦片,印度人称此麻之膏为益乐膏、发笑丹或助欲丸等名,恰如中国之鸦片称为福寿膏者也。因其醉时能令人心乐纵欲,多服则醉而狂,无端大笑,实以能损害脑部,改变其功用故也。

(三)癫茄　西名啤啦叮哟,此草生于英国之空旷处,其叶色黑面光,其醉性最大,服之者则显大醉之形,如食其干叶,或浸叶之水,亦同此性,如少服之,则似疯狂,大觉快心,间有令人如夜睡朦胧,心迷身醒者。

(四)关踯躅又名海沤鲜草　此草之根,醉性甚大,西人多煮之成膏入药,每膏三厘,略抵鸦片一厘,惟其质易变,虽有醉性,故药力无定。

(五)大耳尼拉草　此草在英国麦田内甚多,农人不知,恒有夹杂麦内,故制成麦饼,尚有得其醉性者,如将此草之籽和水蒸之,能成油质二种,一为轻者,一为重者,其籽之醉性,略在此油质内。

（六）乾盖拉草　此草亦产在英国，昔欧人常有用之浸酒以得其醉性者。

（七）山踯躅花又名映山红　此花产于印度山中，土人常食之为醉药；更有一种，其叶为铁锈色，土人磨粉作鼻烟；又有一种类乎菊花者，产在西比利亚，其醉性最为猛烈。

（八）牛蹄花　西印度岛有一种草，名牛蹄花，形似罂粟，故俗名曰荷兰罂粟，常用者取其花泡水，或浸酒磨粉，服之则为止痛之剂。

（九）苦苣菜　此菜之汁，仿佛鸦片，于开花时刺其根，则有白色汁流出，收而晒干，为棕色脆质，其臭味与鸦片亦相似，食之能在口内久存不散，亦含醉性，能感人脑气，令人安睡，其汁大半能消化于水，而其醉性亦易消化，如多食之觉醉，或得安心平气之性，西人喜食此菜者，每饭不忘，如一次无之，似学不爽。

（十）耳鸟草　此草产于叙利亚，土人取其籽为香料，又为红色料者，此草因有醉性，故土人食之以抵鸦片。

第六款　中国鸦片输入之沿革

我国鸦片输入，约在唐有天下之后，按史籍所载，亚拉伯人航海来中国，至广州、扬州、泉放等处通商，或即此时由亚拉伯商人带入我国。因在唐时，我国人之作品中，即有提及罂粟花者，开元时陈藏器于《本草拾遗》中述嵩阳子之言曰：

　　陈藏器曰嵩阳子云："罂粟花有四叶，红白色，上有浅红晕子，其囊形如髇头箭，中有细末"。

又唐文宗时进士雍陶《西归出斜谷诗》有云：

"行过险栈出褒斜,历尽平川似到家,万里客愁今日散,马前初见米囊花"(即罂粟花之别名)。

由上所述,可知唐时我国便有罂粟花之种植,其种子大约由亚拉伯商人之传播,惟此时仅作供赏而已。及至宋时,我国始知罂粟花可充药品之用,其时诗人对于咏罂粟花之诗文更多。宋刘翰《开宝草》载:

> "罂粟子一名米囊子一名御米,其米主治丹石发动不下饮食,和竹沥煮作粥食极美"。

宋苏轼诗云:

> "道人欢饮鸡苏水,童子能煎莺粟汤"。

宋徽宗政和中医官通直郎寇宗奭所撰之《本草衍义》中云:

> "其花亦有千叶者,一罂凡数千万粒,大小如葶苈子而色白,其米性寒,多食利二便,动膀胱气服,有人研此水煮,加蜜作汤饮甚宜"。

此外如宋苏辙之《种药苗诗》、苏颂之《图经本草》、杨士瀛之《直指方》及元危亦林之《得效方》,均有专载,不胜枚举。总之斯时对于罂粟之观念,皆以为治病之良药,或羡其花之美,植之庭园供作清赏。直至明成化时,始有制造鸦片方法,明王玺所著之《医林集要》中有云:

> "阿芙蓉是天方国种红罂粟花,不令水淹头,七八月花谢后,刺青皮取之者"。又云:"鸦片治久痢不止,罂粟花花谢结壳后三五日,午后于壳上,用大针刺开外面皮面十余处,次日早津出,以竹刀刮在磁器内,阴干,每用小豆大一粒,空心温水化下,忌葱蒜姜水,如热渴以蜜水解之"。

此外李挺、李时珍之《本草纲目》载罂粟花及制造鸦片之方法尤详。至于外国鸦片输入我国究始自何时？中国虽无正确史册可考,但据葡萄牙人巴耳波撒(Duarte Barbosa)于1516年之记事中,曾谓当时广州、麻六甲之间已有鸦片贸易。又明徐伯龄《蟫精隽》云:"成化癸卯令中贵收买鸦片,其价与黄金等,其国自名合浦融"。以此而观,是明成化时,国内已有鸦片烟输入。及至万历十七年《货物抽收则例》,定鸦片每十斤税银二钱。至四十七年《货物抽税现行则例》,定鸦片每十斤税银一钱七分二厘(详鸦片事项调查书)。足知明时鸦片已准纳税输入,致使中国社会受莫大之害,而无法可救矣。

第七款　中国鸦片之痛史

鸦片自明成化时始有输入以后,至清康熙十年,英人逐由印度转运来华,居然成为国际贸易,自始迄今,吾国利权外溢,已不计其数矣。因是而家破人亡者,尤不知其几千万亿,言念及此,不禁痛哭流涕以告我国人曰:我国贫弱,其原因讵不在是哉！火器杀人,杀于有形,其害急而易见,鸦片杀人,杀于无形,其害缓而难知。火器杀人,不过一时,其为害犹有限,鸦片杀人,乃在悠久,其为害实无穷。不宁惟是,火器群知为杀人之用具,莫不畏而避之,鸦片号称治病之良剂,故皆喜而食之。恶习流行,势如疠疫,成瘾以后,无论父母之训责,朋友之劝告,终不能绝。于此时也,虽有拔山之大力,盖世之雄心,亦不知不觉消灭于烟雾之中矣,呜呼伤已！

考吸鸦片之恶习,滥觞于印度、波斯、土耳其(按唐时义净大师所释之《根本说一切有部毗奈耶杂事律》,其中记印度古代以鸦片为药,盖释迦时已有此物矣)。而渐及于我国,我国首吸鸦片之处,厥为台湾,清乾隆间,浙江钱塘赵恕轩氏著《本草纲目拾遗》一书,引证台《海使楂录》，记台湾人吸鸦片烟之状。《海东礼记》载台湾人吸鸦片，并烟具排列形状，大致与现今相同，是其证也。

明万历时，鸦片输入，为数甚少，每十斤税二钱，及至前清康熙十年，输入亦不甚多，每箱税银三两，乾隆三十年后，每年输入约二百箱，嘉庆元年，增至三四千箱，及道光十九年，遽增至二万余箱，时林公则徐督粤，下令严禁输入，所存烟土，悉数烧毁，数月之间，成效大著。其覆奏之语尤剀切，略言："烟不禁绝，国日贫，民日弱，数十年来，岂惟无可筹之饷，抑且无可用之兵"。英人义律等六犯海口，皆受惩创，乃改图犯浙，陷定海，掠宁波，沿海骚动，势莫能御，不得已而构和。其结果割让香港，复开放上海、宁波、福州、厦门、广州，五口为通商口岸，实开不平等条约之恶例。时道光二十二年七月二十四日，即西历1842年8月29日，所谓《南京条约》是也。从此鸦片输入，日增一日，我国人之生命财产，与领土主权，损害剥削，日深一日。咸丰九年，不得已与英国另订输入条约，以洋药为名，征收关税，由是人民吸烟之多，几遍全国。至光绪十年，每年输入额约二十万箱，光绪二十年，每年输入约三十万箱，据此历年关税调查表，每年有37592108两，若从康熙十年至今日计之，利源之外溢，虽有巧历，不能知其数也。

以上所述，系英人输入鸦片大略，至于国内，本禁种植，迨经左宗棠、彭玉麟、李鸿章等，为抵制印土起见，建议自种罂粟，由是各处出产繁盛，人民反因价廉而吸者愈多，而印土之输入，仍不少减。迨至光绪三十二年三月，始下禁令，限十年为禁绝之期，与英人订禁烟协约，试办三年，著有成效，宣统三年四月，外务部尚书邹嘉来氏，与驻京英使续订禁烟条约，英政府允许如不到七年，土药概行禁绝，则洋药亦同时停止。民国初元，重申禁令，雷厉风行，各省虽未能一致努力,扫除烟害,而拒毒运动,继续不息。及至袁氏当国,帝欲熏心,觊觎金钱,以资运动,使全国将绝之鸦片,为之复活,特派蔡乃煌为苏、粤、赣三省禁烟督办,藉禁烟之名,行卖烟之事,遂与上海土商订约,包销烟土六千箱,限于十八个月内(即民国六年三月)销清,每箱报效袁氏三千五百元,遂悍然设局公卖,自由吸食,以毒三省之民,三省之民,究有何辜?况禁烟之道,全在通国厉行,否则一隅有卖,吸者自多,种者亦因有路可售,铤而走险,是开三省之烟禁,实害全国之大防也。袁氏虽明知鸦片流毒,足以亡国减种,奈何倒行逆施既禁而复弛耶!民国七年十二月,始将洋药商行,上海存土,销毁净尽,但始动终怠,仍无彻底办法,加以各地军阀,营私图利,阳奉阴违,包庇贩运,勒令农民播种烟土,威逼利诱,无所不至,曾被国际联盟禁烟大会举发,我国列席代表朱兆莘氏,饱受攻击。国外烟土输入,亦由军阀包庇贩运,甲子年江、浙齐、卢开战,争夺上海,完全为争贩土之权利而起。十余年来,消耗金钱,戕害生命,难以数计,国弱民贫,实由于此。及国民政府,建都南京,遵总理洗净鸦片流毒之遗训,特在首都举行全国禁烟会议大会,各地代表,从十七年十一月一日起,集议旬日,议决要案,国府于十二月二十七日,指令禁烟委员会,核准全国禁烟会议之决案四十四件,交行政院分别核办,以期永绝根株,净消流毒,决定十八年三月一日,为肃清之期,然因执行法令者奉行之不力,及外交与社会上之障碍,终至于无成,去年蒋委员长又重申禁毒禁烟法令,将来效果如何?亦非吾人所能逆料。观夫上述鸦片略史,稍具民族思想者,能不痛心疾首耶!

第八款　各国立法

吸食鸦片及其他代用品者,最流行于东亚区域,尤以中国为最蔓延,欧西各国,有因其国无吸食鸦片之癖性者,在刑法上根本已无此项处罚之明文,既无处罚之规定,当然无保安处分制度之产生,间有规定者,亦包括于治疗所之收容内。即与我国为邻之日本,对于吸食鸦片者,亦无保安处分之规定,兹为研究斯学者易于明了起见,凡关于各国在刑法上规定之禁烟条文(不限保安处分范围内),择其要者,节录如后,俾供参考:

(日本)

输入、输出、制造或贩卖鸦片烟或鸦片烟土,或以贩卖之目的而持有之者,处六月以上七年以下之惩治。(第二百十一条)

输入、输出、制造或贩卖吸食鸦片之器具,或以贩卖之目的而持有之者,处五年以下之惩治。(第二百十二条)

税关官吏,输入鸦片烟、鸦片烟土或吸食鸦片烟之器具,或许其输入者,处一年以上十年以下之惩治。(第二百十三条)

吸食鸦片烟者,处三年以下之惩治。

为吸食鸦片烟,给与房屋而图利者,处六月以上七年以下之惩治。(第二百十四条)

持有鸦片烟、鸦片烟土或吸食鸦片烟之器具者,处一年以下之惩治。(第二百十五条)

本章之未遂犯,罚之。(第二百十六条)

(苏俄)

未得该管官厅之许可,以贩卖之目的,制造或收藏鸦片、吗啡、海洛因、苦加因,并其他麻醉剂者,处以一年以下之自由拘束,或强迫工役,并得没收其财产之一部分。

职业的为前项之行为者,及开设使用此等物品之处所而贩卖者,或使消费者,没收其全部财产,处以三年以下严重隔离之

自由拘束。(第一〇四条)

以上两国,虽有关于鸦片烟罪之规定,然无保安处分之立法。至于苏俄之刑法,只罚贩卖、制造、收藏而不及吸食,足见其国罕有吸食鸦片烟之人;又对于贩卖、制造、收藏等不法行为,以之规入反行政秩序之罪内,尤可知其国之鸦片烟及其他麻醉品为医药上之用品。惟此种药性毒烈,恐贻害社会,故其贩卖、制造及收藏须经国家许可,以昭慎重,反之则应处罚。

(德意志)

在习用酒精饮料,或其他麻醉材料者之犯罪场合,得收容于饮酒者之治疗所。

(波兰)

若犯罪行为,系与饮酒过度,或与服食其麻醉品有关时,法院得将犯人交付于适宜场所监管之。(第八十二条第一项上段)

(意大利)

因精神病,或因酒精,或麻醉品慢性中毒,或因喑哑犯故意罪减轻其刑者,法律上规定最低之刑为五年以上之惩役,须收容于治疗所及监护所,其期间不得少于一年。(第二一九条第一项)

因习惯性状态,或因常用麻醉品作用犯重罪处惩役,而未命令其他拘禁保安处分时,得收容于治疗所及监护所。(第二二一条第一项)

因精神或酒精,或麻醉品慢性中毒,或喑哑而宣告无罪者,应收容于刑事精神病院。(第二二二条第一项)

以上各国,将麻醉品慢性中毒者,与酗酒人同列,亦非无故,因麻醉品中毒者,亦能与酗酒者同样发生精神障碍。如动脉硬化性痴呆、神经衰弱、急性错乱、中毒性精神病等是,故得施以保安处分;但以上诸国所谓麻醉品慢性中毒者,究否指吸食鸦片、吗啡、海洛因、高根等而言?余亦不敢下一断语,因以上诸国之刑法分则,目下无从搜罗,只见其总则一部分而已。惟以麻醉品之名词解释,鸦片、吗啡及其他类似之毒品,当然包括其中。故余亦将其条文择其要者录之,希阅者只可作为研究之资料,不可以此为当然之解释,俟他日买到分则后,再作补充之报告。

(中国)

《政务处大臣奏筹拟禁烟章程》(光绪三十二年十月)

勒限减瘾以苏痼疾也,分给牌照以后,除年余六十精力渐衰者,其戒食与否可从宽免议外,凡年在六十以内,领乙号牌照之人,其吸食数目限应令每年递减二三成,几年内一律戒断,戒断者取具族邻保结,在地方官署呈明覆验属实,即于册内将姓名注销,原领牌照亦即呈缴,并按季申报上司衙门存案。惟此次所定年分期限本宽,倘限满后仍未悛改,是自甘暴弃,不得不示之惩戒。嗣后旧领乙号牌照之家,如逾限有未戒断缴销者,官员休致举,贡生监斥革平民,均注名烟籍,由该州县分别各另立一册,仍申报上司衙门存案;并将姓名年岁榜示通衢及此项吸户人等所居之城乡市镇,俾众周知,凡该处绅耆岁时会集暨一切名誉之事,均不准与,以示不齿于齐名之列。(第三条)

准设戒烟会以宏善举也,近来有志之士,往往纠合同志,创立戒烟善会,互相劝勉,深堪嘉尚,应由将军督抚饬令地方官督率该处公正绅商,广为设立,以期多一善会,即多一劝导之处,转移习俗,较为迅速,但此会只许专办戒烟一事,不准议论时政地方治权,及他项无关戒烟事务。(第七条)

《民政度支两部会订稽核禁烟章程》(光绪三十四年五月)

各省应通饬各地方官设立戒烟官局,按照民政部颁发戒烟中西药方,制备药品,发交各处药铺善堂,按照原价发售,无力贫民准其免缴药费。如有精通药学之人,于部颁戒烟药方外,发明戒烟良药者,应将其方药申由各该省督抚咨送民政部查验。(第十三条)

《参议院提议实行禁烟法案》(民国元年)

各省禁烟局禁烟分局有未附设戒烟局者,自本法公布限一月内设立。(第九条)

《陕西全省戒烟章程》(民国四年一月)

陕西省城设立戒烟总局一所,专司调查各县戒烟分局具报戒净吸户各人数,其细则另规定。(第一条)

各县城厢设戒烟局一所,乡镇地方酌设立戒烟所,专司戒烟事宜。(第二条)

各县戒烟局须于民国四年一月至三月以内一律设立,其从前已设有戒烟局之县道,遵照章程切实整顿。(第三条)

各县戒烟局以县知事为监督,由县遴委公正士绅,或警佐分任职务。(第四条)

各县知事应将全境吸户统计人数,核定某处吸户赴某局所戒烟,分期传戒,列榜布告,并行该局所查照。(第十三条)

凡吸烟之妇女或半老衰弱之男子,准由家属向戒烟局领药自戒,第须依限戒净。(第十六条)

吸户在戒烟期内,如发生危急病症,准其出局调治,俟病愈再行投戒。(第十七条)

《四川省禁烟施行细则》(民国四年三月)

各镇乡应照戒烟所简章一律设所戒烟,其办法有应变通者,

得由地方官妥酌办理；但仍须详报省公署查考。(第三十七条)

拿获吸烟人犯无力罚金者，先发所戒烟，断瘾再酌量情形处办。有资力者罚金后，仍勒令入所戒断。(第三十九条)

戒烟人数过多时，准将强迫入戒一班拨入教养工厂，或习艺所等处勒戒。(第四十一条)

凡瘾民自行入所投戒，或领药自戒，依限入所查验者免予处刑。(第四十五条)

《四川省模范戒烟所章程》(民国四年)

凡由官厅或团甲破获送所勒戒者，为强制戒烟犯。断瘾后仍由所分别送交司法衙门按律惩办。(第二十一条)

强制戒烟犯破获后，经司法衙门按律惩罚，然后送所勒戒者，断瘾之后，即迳令出所，但须照调验章程依限入验。(第二十二条)

凡自行投所入戒者，为志愿戒烟人，应先邀妥实保证人，买立志愿书，始得入所施戒。(第二十三条)

志愿戒烟者，如戒后复吸，即责令保人加倍赔偿药资，强制入所复戒，并由所长详请巡按使发交司法衙门按律治罪。(第二十四条)

本所戒烟，限七日断瘾，如有体弱瘾深之人，得酌量展限以断净为度。(第二十八条)

《民国政府修正禁烟条例》二(民国十七年四月)

凡戒吸鸦片烟者，经禁烟机关检定给照后，准给相当戒烟药品，或令入戒烟医院依执照期限，分别戒绝。如一时不能用药品戒绝者，得暂用药膏；但须依限逐渐递减，至改用药品戒绝，其办法另定之。其在二十五岁以下之人民，重病经医生证明酌准展期

外,绝对不准用药膏,应勒令入戒烟医院立即戒绝之。(第三条)

《禁烟法施行规则》(民国十九年二月十四日行政院令公布)

各高级地方政府,应同所属各禁烟机关,就其所辖区域内严密查禁吸用鸦片或其代用品,一经查获,除将人犯送交法庭依法惩处外,其有烟瘾者,并送入医院或戒烟所限期勒令戒绝。(第十五条)

凡烟民自首,情愿入院戒除,或戒绝在发觉前者,均得免予惩处。(第十六条)

各高级地方政府,或省立禁烟机关,应责成各市县长官,在本规则施行后,指定当地之公立医院兼理戒烟事宜,设立戒烟所。其私立地方医院,平时成绩优著者,亦得指定兼理戒烟事宜。(第十七条)

凡查获烟案,除送司法机关依法处理外,其他任何机关不得受理。(第二十一条)

以上摘录各法令,其中关于"勒戒",颇与新刑法保安处分中之"禁戒"相类似。惟其所不同者,一为行政处分,一为刑事制裁,前者其处分之权属于行政机关,后者处分之权属于法院。故余将其列入,俾供学者之参考,至于现在军事委员会行营颁布之各条例,容后另为详述之。

《新刑法》

犯吸食鸦片,或施打吗啡,或使用高根海洛因,或其他合质料之罪者,得令入相当处所,施以禁戒。(第八十八条第一项)

第九款　比较研究

(一)**禁戒与勒戒之比较研究**

在过去行政上之强制吸食鸦片烟者戒烟处分,谓之"勒戒",

《新刑法》上规定吸食鸦片或其代用品者之戒烟处分,谓之"禁戒"。勒戒与禁戒同为强制吸食者戒绝烟瘾为目的,似乎两者无分轩轾,故吾国法律学者,有倡言将刑法之禁戒改为勒戒。既有此种议论,吾辈亦不可不加以研究。余以为仍用禁戒较为得当,试述其理如下:以字义而论,"禁"者制之使勿为也,禁令也,禁止其自由行动也。"勒"者抑也,犹言压制而逼迫之也。前者含有禁止某种行为,或监禁于一定场所之意义,后者似乎仅发布命令,而无拘禁于一定处所之必要。今以强制不许人民吸食鸦片之本问题探讨,在刑法上应拘束吸食鸦片烟人,于一定场所施以禁戒,若不在一定场所任其自由戒绝,则不得谓之禁戒。至于行政上之勒戒,是勒令人民戒烟,虽在戒烟所戒绝为原则,但请领药品,在院外戒绝亦可。只须在于戒绝与否为目的,不必拘束其自由而命其在一定场所施以禁戒,此其理一也。以习惯上之用语而论,行政机关以勒字为常用之术语,如勒令作为或不作为等是,司法机关对于勒字已绝无可见;况又刑法上大部分均在禁止不法行为之法律,禁字已成为刑法上惯用之术语,强制不准人民吸食鸦片,亦在禁止不法行为之一,似乎亦用禁戒两字较为驯雅,此其理二也。总上而观,故余仍赞成刑法上规定禁戒之用语。

(二)国际禁烟会议与我国新刑法对于吸食鸦片烟者适用保安处分之产生有无关系之研究

研究吸食鸦片烟或其他代用品人之施以禁戒保安处分时,亦不可不研究国际禁烟会议之内容,今先将各届会议通过之决议案择录如下:

(甲)万国禁烟大会

按万国禁烟大会于宣统二年正月举行于上海,该会乃由美国所发起召集。在光绪三十二年菲律宾主教布兰特(Bishop Brent)氏致函美国大总统罗斯福,请其注意国际鸦片问题。美国因决定约请东方有属地之国家举行一国际鸦片会议,希望各国在亚洲境内之属地与中国同时一律禁绝鸦片之害。光绪三十三年五月亦约请中国与会,外部派两江总督端方为总代表督率与会,计到会之代表为匈、奥、中、法、德、英、意、俄、美、丹、波、葡、暹等十二国,共通过议决案九件,其要点如下:

(一)各国承认中国对于禁烟之真诚努力与进步;

(二)各代表应向本国政府建议按照国内情形,采取种种方法逐渐禁止本属地之吸食鸦片;

(三)暂限制鸦片于医药用之一途,最终或完全禁绝;

(四)各国应用适宜之方法防止鸦片或鸦片制造品运往任何禁止此类毒品入口之国家;

(五)请求各国政府用最严之方法,取缔国内吗啡之制造与销售,并其他一切有害之鸦片制造品;

(六)建议各国调查鸦片与麻醉药剂之性质和影响;

(七)本会议谒诚恳求凡在远东有属地之各国,对于其属地内之烟户,如尚未施行断然处置办法者,及早仿行其他国家已经采行之步骤而封闭之;

(八)本会议竭力主张各代表向本国政府建议,在中国之各该国领事区属地与租界内之侨民,使用其本国政府之制药法。

(乙)国际禁烟会议

自万国禁烟大会举行后,国际间已公认鸦片毒品之使用当加限制。惟因其所决议之议案,并无法律上之效力,故宣统三年一月美国再召集大会于海牙，计莅会之代表为德、美、中、法、意、日、丹、波、葡、俄、暹等十二国，结果议订《海牙禁烟公约》共六章二十五条，此约现已成为国际禁烟运动及各种禁例之基础。在此公约中规定鸦片及其他毒物，当限于医学及科学上之需要。其第四章第十五条至第十九条，为助中国扑灭鸦片毒害之规定，即设法使中国阻止毒品之运入，及查禁租界地之吸食鸦片。惟该约之签字国仅十二国，故于第二十二条中复规定，此次未与会之三十四国均得将本约画押，俾全世界各国协力除此毒害。民国二年(1913年)第二次国际鸦片会议再开会于海牙，七月九日与会之二十四国签订一议定书。根据该议定书之第三款，由荷兰再召集第三次国际鸦片会议于海牙，希望讨论《海牙公约》之实施问题；然批准《海牙公约》之国家仍甚少。中国则于民国三年五月间批准该公约，并声明即日施行。欧战爆发，国际禁烟运动亦告停顿。

（丙）日内瓦国际鸦片会议

自1912年海牙公约成立之后，遂确定国际禁烟之基础。其后每次举行国际禁烟会议时，皆与海牙公约有关，如1913年及1914年所召集第二、第三两次海牙禁烟会议，皆为批准海牙公约问题而起。1919年凡尔赛和约中第二九五条之规定，亦为关于海牙公约问题。1923年国际联盟附设之鸦片及其他毒物贸易顾问委员会，提议召集国际禁烟会议，并得国际评议会之通过赞成，因由国际秘书处向各国发出请柬，惟其所拟召集之会议有二：一于民国二十四年十一月三日举行，其出席者除中国外，余为在远东有殖民地且准许其地人民吸食及出售鸦片者，共七国；一于1924年11月17日举行，凡属海牙禁烟会议，或国际联盟之会议国家，均派代表出席，共四十一国。按该会召集之目的，即使有关之国家，拟定一种约章，设法使海牙公约第二章之规定,于远东殖民地更生效力;并设法减少为吸食目的而运之生鸦片。又讨论如何使中国消除鸦片之生产与吸食。

总观以上各届鸦片会议,虽其目的视鸦片为国际间公共所深恶而发动,然其决议案之内容无不注重于远东,尤其注重于我国。如万国禁烟大会共议决案九件,其中第一、第七、第八、第九各件,均明示辅助我国禁止吸食鸦片,其他各件,虽其明白规定中国之名称,然其内容亦与我国禁烟息息相关。《海牙禁烟公约》共六章二十五条,其第四章第十五条至第十九条,亦规定为助中国扑灭鸦片毒害等语。及1924年之国际鸦片会议,设法使《海牙公约》第二章于远东殖民地更生效力,与讨论如何使中国消除鸦片之生产与吸食,均以讨论我国鸦片流毒为前提,虽其结果距禁烟之目的尚远,惟该会议对于中国禁烟实施,实有莫大之影响。如我国禁烟法令之由禁运、禁售、禁种、禁吸、禁制,顺次达于年来改善为目的之勒戒制度。亦即促成此次《新刑法》对于吸食鸦片或其代用品者禁戒处分之产生。盖每种立法之出现,必由于舆论公意之需要所致。余故曰国际禁烟会议与我国刑法对于吸食鸦片适用保安处分之产生,实有间接之关系也。

(三)中国过去已有勒戒之法令究如何原因不能发生法律效果之研究

鸦片之祸烈矣,百余年竭贤硕之力,重以国家之禁令,虽有勒戒之善制,而至于今犹未尽绝,岂禁之法未穷,抑有其他原因存在?推原其故,我国之鸦片毒害,迄未肃清,实因政治、国际及社会之障碍有以致之,兹分论之如下:

1. 政治障碍

禁烟之能否生效,最重要者,在政治制度之良否以为断,吾国过去勒戒之法令未能收其效果,政治上之障碍亦一因也,试分为下列数点说明之:

(甲)执法者之障碍 凡法治国家,对于社会上不良之嗜好,无不明令禁止,但法令之价值,即在于实行,苟法备而不行,何异法令等于具文!查我国以往禁烟法令之不能实施,其最大原因,由于执法者奉行之不力,如禁烟官吏之怠职、地方官吏之受贿、海关监督之包税等是。执行者既已破坏法纪,而欲使人民能尊重法令者未之有也。

(乙)军阀之障碍 曩昔军阀割据,视鸦片为财政之来源,于是包庇贩运,层出不穷,甚而利用军队,强迫人民种烟,以图收入,藉饱私囊。如福建诸县,遍地种烟,文武官厅,公然强迫种植,有违抗者,且派遣军队严办。四川军阀,授意人民种烟,抽收捐款,美其名曰罚金,按亩勒派,无论种烟与否,均须一律照缴,因此罂粟兴盛,收容甚丰,运售得公然无忌,吸食者亦特别发达。虽有勒戒之法,无异纸上谈兵,言之不能痛心疾首也哉!

(丙)寓禁于征之禁烟政策障碍 政府受经济压迫,而实行"寓禁于征"之政策,一方增加政府之收入,一方复思藉高税以制止禁烟。殊不知加税之结果,反使流毒愈烈,虽有勒戒之法令,亦断难收禁烟之效果。如光绪十三年之加抽烟税,及民国十六年,国民政府奠都南京,试行公卖政策,寓禁于征,然烟毒终未能铲除。

2. 国际障碍

由我国禁烟运动史观之,对于禁烟问题,自始至终,均含有对外之问题。盖鸦片初由英、葡及美等国由印度或土耳其输入,自雍正七年,法律禁止以后,鸦片遂成为违禁之物品;但外人对于我国之禁令,毫不介意,又加我国奸民之勾结,胥吏之受贿,致禁者自禁,运者自运。道光元年以后,英人因恃林丁洋为私运鸦片之根据地,致使鸦片流入我国者愈多,酿成以后"中、英鸦片之战争"。自后我国政府,虽严下禁令,欲禁鸦片之毒,然终受《中英禁烟条约》及其他各国不平等条约之束缚,竟使吾国法令不能施行于外人势力之下;况又各国在我国各通商大埠,有租界地,益使我国之禁烟法令,难有效力。吾国有如上所述之国际障碍,其对鸦片未能正本清源,欲使勒戒之法令实施,殊属疑问。

3. 社会障碍

吾国缺乏正当娱乐方法,而以吸烟为消遣应酬之途径,尤以富有资产之人,以为一榻横陈,享受人间清福,非惟吸者之自以为荣,则社会一般民众心理亦均以为富有者之惟一享乐。社会之观念如是,亦足以影响勒戒之法令不能发生效果之一因也。

总而言之,将来我国欲收禁烟及禁戒处分之效果,尤希执法者能奉公守法,军人不以鸦片税收为财政之来源,而政府又绝对不可实行鸦片公卖之政策。至如国际间不平等条约之修改,以及社会恶习之革除,亦为当前之急务。

(四)军事委员会颁布之各种法令与新刑法施行后有无抵触之研究

凡研究无论何种问题,应先知本源,然后可以论断,故研究本问题之方法,亦不能出此。今先将军委会委员长行营公布之各种法令,择其要者,俾供研究之资:

(甲)《严禁烈性毒品暂行条例》(民国二十三年五月十一日南昌行营颁布)

第一条 吗啡、高根、海洛因及其化合物,或配合而成之红白等着色毒丸,均为烈性毒品。

第二条　制造或运输烈性毒品者死刑。

第三条　贩卖或意图贩卖而持有烈性毒品者死刑或无期徒刑。

第四条　意图营利为人施打吗啡,或设所供人吸用烈性毒品者死刑。

第五条　吸食或使用烈性毒品有瘾者,概行抵押交医定期戒绝,不遵限戒绝或戒绝后复吸食或使用者死刑。

第六条　吸食或使用烈性毒品,限期内验明已经戒绝者,得给以证明书,但一年内得随时调验之。

第七条　公务员包庇或要求期约收受贿赂而纵容他人违犯本条例各条之罪者死刑,盗换查获之烈性毒品者亦同。

第八条　以烈性毒品栽贼诬陷他人者死刑。

第九条　第二条至第四条及第七、第八条之未遂罪罚之。

第十条　死刑之执行得用枪毙。

第十一条　违犯本条例各罪者,由兼行营军法官之该管县长,或兼区保安司令之行政督察专员审判之,其在未设行政督察员之省市或该管县长不兼行营军法官者,应由该管市长或县长呈请指定有军法职权之机关审判之。

第十二条　有军法职权之部队,查获违本条例各罪者,亦得审判之。

第十三条　违犯本条例判处各罪,应将全卷连同判词迳呈本行营核准后执行;但情节重大,认为与地方治安有关,应紧急处分者,得先摘叙罪状,电请核示。

第十四条　本条例所未规定者,依其他法令之规定。

第十五条　本条例自文到后五日内,各地军政机关,均应实贴布告,饬属周知。

第十六条　本条例自公布文到后十日施行。

(乙)《禁烟办法》(民国二十四年四月五日武昌行营颁布)

第一条　禁烟程序,除依行营颁布派员查禁种烟办法,厉行戒烟取缔吸户章程,严禁腹地省份种烟,取缔采办边省产土章程,厉行查禁麻醉毒品章程,及其他禁烟条规办理外,悉依本办法行之。

第二条　豫、鄂、皖、赣、苏、浙、闽等八省,均为绝对禁种省份,定本年四月份起,实行总检举,遴派大员,或指定人员,分赴各省,会同省政府,切实监视督促办理。其已结报禁绝县份,如仍有烟苗发现,一经查实,该县县长,与查禁委员,及区保甲长种户,概依军法从严惩治。如有聚众抗铲者,即行指派军队,严拿为首之人,立予枪决。倘有不肖军警团队,包庇栽种,县长力难制止时,得迳行密报拿办。如县长对于境内烟苗,不报不铲,私收捐费者,一经查实,立予枪决,以示惩儆。嗣后每年下种时期,均应申令查勘,并照章具结汇报,出土时期,实行总检举,以防死灰复燃。

第三条　陕、甘两省,已经核准,分期禁种,并据该两省呈明按照原定计划,分三期禁绝。其已呈明禁绝之县份,概依照前条办法,如期检举。该两省于第二、第三两期,拟行禁种之县份,亦应于期内,完全肃清。

第四条　各省市应依厉行戒烟取缔吸户章程,负责举办烟民登记,于后三月期内,完全勒令登记,强制执行,另定贫民吸户执照一种,规定简易办法,排除登记之障碍,以期得一精确烟民统计,为分年递减之标准。逾期不再补登,如截止之后,仍查有漏未登记者,应一律拘押,勒令戒除。即以二十四年最后登记截止之人数为总数,按烟民年龄,以次勒戒,分为五期,以一年为一期,每年递减五分之一,为最低限度。第一期二十五年终止,减少烟民五分之一,第二期二十六年终止,减少烟民四分之一,第三期二十七年终止,减少烟民三分之一,第四期二十八年终止,减少烟民二分之一,第五期二十九年终止,完全戒绝。前项烟民登记办法,各省市如厉行《戒烟取缔吸户章程》,有未能切合各该省市实际之情形,致令烟民疑虑,不敢出面登记者,得由各该省市,详加审订,拟具施行细则,呈候核定,量予变动。

第五条　党政军服务人员,及学校员生,一律绝对禁止吸食鸦片。其已经吸成瘾者,准其报明限期戒绝,其有匿不申报,或报戒后复吸者,概依军法处以极刑。除修正豫、鄂、皖三省总部二十一年九月颁行之《党政军服务人员及学生限期戒烟办法》,及《戒烟调验规程》颁布施行外,党政军学各机关之首长,及各级主管长官,应负层层监察,及举办调验勒戒之责。

第六条　各省市应限期禁吸,在民国二十九年以前,凡吸户所需之鸦片,应按照统计之数量,特许运商遵照《取缔采办边省产土章程》,特颁采办执照,前赴边省采购,指定运途,暂照联运程序,由禁烟督察处实行公运。运达目的地后,一律卸入公栈,分地供销,应以二十四年登记吸户所需之数量,为采购公运标准。自二十五年起,逐年查明吸户所需数量而递减之,一律禁止自运。违者即以私贩论。

第七条　各省市土膏店,由禁烟督察处,于各省市烟民补行登记完成后四个月内,与各省市政府,确切商定全省全市准设之家数,连同由禁烟监督处核定各省市所设之土膏行家数,一并列表呈报,作为土膏行店最后定额之标准,实行依照《取缔土膏行店章程》,凭照购售土膏,并根据二十四年审定需要之货量,逐年减少销额,并递减行店家数。

第八条　关于取缔运售事务,由禁烟督察处办理。关于禁烟禁吸及该管境内之缉私事务,应由各该省民政厅市公安局县长,或禁烟委员会,为主管机关,负责办理;但禁烟督察处,于该管境内,特设有缉私机关,或巡缉团队者,应由该机关或团队依照《缉私章程》,负责执行其职权,各地方主管机关随时协助之。

第九条　各省市县,限制于一个月分别组设禁烟委员会,关于协助禁种及戒烟事项,责成各该会负责办理。

（一）行营驻在地,设禁烟委员会总会,聘任各地公正热心禁烟者为委员。

（二）各省市设禁烟委员会,遇有必要时,总会得派员参加。

（三）各县设禁烟分会。

第十条　各省市县所设禁烟委员会,禁烟分会,戒毒所,及戒烟所之经费,暨指定代办戒毒戒烟之医院补助费应以下列各项充之:

（一）本地方应行分拨之吸户及土膏行店执照费;

（二）禁烟罚金,及没收充公毒品犯财产之变价;

（三）禁烟督察处,依各省市销土定额带征之补助费;

（四）各省市库之特别拨助费。

第十一条　地方官吏办理禁毒禁烟事项,应专定考成,责成各省市长官,每三个月考核一次,加具考语,准时汇报行营查核,以办理禁政之优劣,实施奖惩,其考成条例及奖惩办法,另定之。

第十二条　川、滇、黔、察、绥、宁夏等产烟省份,应按照陕、甘两省分期禁种成案,于二十四年内,切实查明,各该省产烟之县份、亩

第二编 分论

数及产额,作为最后产量之标准,并拟具分年减种计划,呈报行营核定,自二十五年起,即分年递减,同时肃清、冀、鲁、晋等省,亦应照腹地省份均由行营特派大员实行检举。

第十三条 本办法自公布文奉到后五日内,应由各地军政机关实贴布告,饬属周知。

(丙)《禁毒办法》(民国二十四年四月五日武昌行营颁布)

第一条 禁毒程序,除依《严禁烈性毒品暂行条例》办理外,悉依本办法行之。

第二条 凡各省市县之吸用烈性毒品,或私打吗啡针者,如人数较多,应即设立戒毒所。自本年四月起,限三个月以内,由各省市县政府负责筹设完竣,或就业已设立之戒烟所,扩充并办;但吸毒人数不多之地方,得酌量情形,指定较优之医院,兼施戒毒。

第三条 各省市县所设之戒毒所,或指定之戒毒医院,其组织设备施戒手续,及治疗方法,是否适宜,暨入所受戒之人数,有无增减,各省市县政府,均应随时实地调查,按月列表汇报本行营查考,行营当根据报告,遴派富有医学经验之人员,分赴各地视察,并纠正督促之。

第四条 凡制造运输贩卖毒品者,概依条例处以死刑。其帮助罪,按照情节轻重,处五年以上,十二年以下之有期徒刑;但公务员对于制造运输贩卖毒品,有帮助行为者,概处死刑。

第五条 供给制毒之房屋没收之,如系租赁者,房主知情不报,一律没收充公,并将该房主照帮助犯同等治罪。自二十六年起,查获制造运输贩卖毒品之人犯,不论主犯或帮助犯,一律处死刑。

第六条 凡制造运输贩卖毒品人犯之私人财产,查出一律没收充公。所有举发及承办人员，应酌量情形，由此项充公财产，给予百分之二十至百分之四十奖金。

第七条　吸用烈性毒品，及施打吗啡针者，限二十四年内，应自动投所，一律戒绝，如查获未经投戒，私自吸用者，即拘送戒毒所勒戒。在二十四年内，如仍有未经投戒，私自吸用者，除依前项拘所勒戒外，并处以五年以上有期徒刑。自二十六年起，凡有吸用毒品，及私打吗啡针者，一律处死刑，或无期徒刑。

第八条　毒品勒戒后，而复吸用者，在二十四年内，得酌量减处五年以上之有期徒刑。

第九条　党政军学各机关人员，吸用烈性毒品，或施打吗啡针者，限期自动投所戒绝，违者概处死刑。

第十条　本办法应于公布文奉到后五日内，连同二十三年五月十一日南昌行营所颁布之《严禁烈性毒品暂行条例》，由各地军政机关，实贴布告饬属周知，并应摘要编成浅说，采用下列各方法，分别宣讲，切实劝导：

　　（一）党政军各机关及学校工厂，应由其主管人员，分别集合其所属之职员、士兵、学生或工人，定期行之；

　　（二）各市县应由公安局长区长，责成警察及地方上办理自治自卫之职员，各就管区内定期集合住民行之；

　　（三）每隔三个月，各省市县应联合党政军学及其他法定团体，开禁毒宣讲大会一次，并得佐以游艺表演或化装游行，以促社会之注意。

第十一条　自二十四年起，每年实行禁毒总检举一次，由军事委员会委员长行营，派员明查暗访，分赴各地行之，以觇各省市县禁毒之成绩，而严行奖惩。

第十二条　本办法自公布文奉到后十日施行。

总观以上行营颁布之各种法令，固为根据二十三年七月国民政府训令，豫、鄂、皖、赣、苏、浙、闽、湘、陕、甘等十省禁烟事务，交由军事委员会负责办理而颁布，然与二十四年一月一日公布之《新刑法》，似有抵触之处，试申述之：

军事委员会委员长行营公布之各种禁烟禁毒法令，其审判权属于有军法职权之机关，《新刑法》之对于鸦片罪，其审判权属于司法机关。在此行营公布之各种法令未废止以前，凡对于鸦片罪，法院已无审判之权；况又行营法令有效之期间，究在何时为止？法令上未有明文规定。观其禁烟禁毒实施办法，虽有禁毒规定自二十四年至二十五年年底为止，以两年为彻底禁绝之限期，禁烟规定自二十四年至二十九年年底为止，以六年为彻底禁绝之限期等限制；但查禁毒实施办法第七条后段："自二十六年起，凡有吸用毒品及施打吗啡针者，一律处死刑或无期徒刑"之规定，显然明示行营之法令，对于烟犯之属于军法审判已有长期之效力矣。以此而观，新刑法之对于鸦片罪章与保安处分章之禁戒各条，不啻等于具文。此其二者抵触最大之处也。盖以五权宪法而言，烟犯之审判权属于军法机关，有妨害司法之独立，虽则剿匪戒严区域，禁烟事务由军法审判，非无理由，然查年来苏浙等省，可谓已达无匪之区域矣（间有零匪，不能以全省为匪区论），似难援此法例，致失总理手创五权分立真义；以法理而言，行政与司法截然不同，过去吾国法制之不能推行于世界，亦在于行政与司法不分之弊也。今禁烟事务，不仅行政之权，完全委之于军事委员会，至于烟犯之审判权亦由军法裁判，而又绝无期间限制，其未能将行政与司法分别，似有恢复古代法制之慨。由此观之，于法于理，似有未妥，余以为军委会禁烟之志可嘉,而其法不足取也。欲扫荡我国烟毒,非采"立即禁绝"政策,断难以全其功。至于行营公布之禁烟法令,亦应加以修改,只能限于行政范围,而审判之权,仍应归司法机关,免得《新刑法》对于处理鸦片罪之各条等于具文。希当局采纳为幸!

第五项　酗酒人

第一款　概说

酗酒乃恃酒为凶之义,见《尚书微子》,其文云:"我用沉湎于酒"。《孔氏传》:"我纣也,沉湎酗䰽。"《孔颖达疏》:"嗜酒乱德,是纣之行,故知我,纣也,人以酒乱,若沉于水,故以沉酒为沉也,湎然,是齐同之意,诗云,天不湎尔以酒,郑云,天不同汝颜色以酒,是湎谓酒变面色,湎然齐同,无复平时之容也"。说文:"酗䰽也"。是可知古人亦以沉湎酗䰽,视为乱德,故有夏禹绝旨酒,北朝酿沽饮者皆斩(见前编第六章第二节历代法制)等禁令之产生。夫酗酒者,不仅于个人之精神发生障碍,并能贻害于子孙,实与犯罪有莫大之影响。据哇尔德修米提氏之调查普鲁士精神病院中,所收之酒客,6975人之内,曾为犯罪行为者居28.5%。卢麦利氏之调查,742名之酒客,前已科刑者竟有44.9%之多。至犯罪之种类,则为伤害罪、损毁名誉罪、妨害职务执行罪、窃盗罪并乞丐等是也。德国犯罪之统计,伤害罪、猥亵罪、破坏物品、紊乱家庭,则概为受酒精之影响。柏尔士调查普鲁士监所数十处,收容男犯30041人,饮酒者约百分之四十四,女犯2797人,饮酒者占百分之十八。柏林某监狱囚犯3227人中占1174人,常饮者179人,间饮者995人。

又据日本明治三十八年至四十三年间之统计,全犯罪人中饮酒者占百分之五十三,乃至五十五,平均为百分之五十四。以上统计,均为饮酒者犯罪之人数也。

更有德美(Demme)氏之调查,家族中经济之地位虽然相同,其所生之幼儿,因受酒毒而异其性质,饮酒之人十家中,所产幼儿常则者,仅有六人,夭折者二十四人,心神耗弱癫痫及不具者二十二人。不饮酒者则反是,十家中所产幼儿,常则者五十人,夭折者七人,心神耗弱及不具者四人。鲍海飞氏统计,浮浪人中其父母饮酒者百分之五十七,不饮酒者居百分之四十三。即龙伯罗梭氏,于《犯罪学》一书中,对于酗酒人之影响于犯罪,亦论述甚详,兹择其要者录之,以供阅者之参考:

(一)酒之恶影响　凡居极寒极热之地者,如北极居民及印度兵士,无不喜以酒为饮料,以助其抵抗疲苶之病,而不知所生患害极大,此人人所知也。拿破仑征俄一役,北方人受苦,较甚于不饮酒之拉丁人,即因此故。霍乱疫疠盛行时,戒酒者与不戒酒者较,则前者多免于死。妇女中喜饮酒者,往往小产,故饮酒之夫妇,较之于不饮酒者,其生殖力弱二倍至四倍之多。盖烈酒刺激过分之肉欲,引起其罪恶,而不能增加生产率也。瑞典招兵时,以饮酒而被拒不得入伍者甚多,虑其体质孱弱,发展不备也,自施行禁酒令后,不收之数始逐渐减少,法国有数郡,产酒不多,人盛饮药酒,招兵时亦多不合格。

烈酒影响于人之身材者亦大,华尔杰克族(Waljaks)其人身躯素伟大,自用白兰地酒过多,其人多不及中人身材。维佑河畔(Viu)多美妇人,亦因饮白兰地而失其丰姿倩影,然则酒之能促人长寿,又何疑乎?白兰地实可谓为致命汤(Eau de la mort)而非生命水(Eau de vie)也。据奈森(Neisson)之调查,则饮酒者死亡之数,三倍于常人有奇。

(二)贫穷问题　观于以上所言,则知贫穷为饮酒者所不能免之恶结果,凡醉汉之子孙,或盲目、或瘫痪、或阳痿。其始拥有资产者,其后必流为贫民,若本为穷汉,则又不能工作矣。

工资增高,则醉汉与犯罪者均增加,英国兰克郡矿工,自增加工资后,醉死者日多,犯罪者亦日多,即其例也。然工资若降下,则结果更不佳,盖嗜饮者饥寒可忍,酒瘾难逃,遂以其衣食之资沽酒,于是其家日落,其体日亏,而莫能自拔。

酒之为物,实可为贫富之出品,此可于爱拉恰拜而(Aix-la-Chapelle)一地见之,自1850年至1860年,工资增至四分之一,饮酒亦增多,惟自美国内乱后,工厂闭门者多,工资亦减,而饮酒者亦增加,贫者多而酒肆与娼寮盛,至于结婚则锐减,窃案及纵火案皆大盛。伦敦1864年之饥荒,不嗜酒之家,皆未来求恤金。酒之为害,尤可见之于上西莱西亚,其地大荒,人民穷而无告,而嗜酒之风未已,行婚礼之夫妇,立神位前,摇摇不自持,父母挈其新举之儿入礼拜寺,仍带醉态,人谓德国离婚反目之事,多起于纵酒,而离婚后再婚所得之女子,极易作恶,又极易流为娼妓。

(三)嗜酒与犯罪统计　从社会上与病理上观察,酒与犯罪极相联属,自无疑义。第一证据可观各文明国之犯罪增加统计,此种增加不已之原因,仅百分之十三至十五,由于人口增加,其余皆由于纵酒,而酒之消费增加,与犯罪增加同一速率。

第二证据,厥惟犯罪最多之日月,适为饮酒最盛之时期,许赖德(Schroeder)谓德国犯罪中百分之五十八,均发生于星期六夜,百分之三,见于星期日,百分之一,则见于星期一。而在此诸日中,淫乱罪、叛乱罪、纵火罪占百分之八十二,意大利之统计,与此极相似。

法国之情形,据阜利所调查者,尤为易见,自1827年至1869年间,个人罪每逢八月至十二月则大减,而殴打罪则于十一月忽大增者,以新酒方入市也,美国有一城,名圣约翰白利(St. Johnbury)者,其地禁酒极严,非病人不得饮酒,因此数年间,罪案亦绝少。比国因酒犯罪者,为百分之二十五至二十七。纽约犯罪者49423人中,常饮者为30509人,据1890年调查,美国全国狱囚中,醉汉居百分之二十,普通饮酒者为百分之二十,不饮酒者居百分之二十。荷兰因酒犯法者为五分之四,瑞典则为四分之三,流血案窃案及欺骗案,大半由于酗酒。英国因嗜酒犯罪者,亦几及半,法国为百分之五十,德国为百分之四十一,少年嗜酒者亦多,与成人相差,不过百分之十耳。

(四)生理上之影响　凡物有刺激脑筋之性者,均易引人犯罪、或自戕、或患神经病,有数种蛮族,无麻醉之药,因喜摇摆其首以致醉。嗜鸦片者,多倾向于杀人,嗜麻醉药者,多倾向于偷窃,曾有人实地试验,而知其非虚也。

酒之为害,甚于上所言之麻醉药,而药性更甚,盖其毒质,精炼于一处故也。酒料中莫如茵草酒与艾草酒最毒,其中有药,能毒伤神经中枢,据老耶曼(Neumann)试验酒精减少血轮吸收养素之能力,约四分之一。又能令脑膜及脑皮有血盈之患,其结果则血管紧张,两旁筋肉纤纬,变成痿痹状况,甚至有水肿之病,而神经中之细胞,受其刺激又有肌䏛变脂之症,克赖派林(Kräpelin)谓三十至四十格兰姆之依迪儿酒精(Ethyl alcohol),能令心智上机能失其作用,暂时不省人事者,以酒灌之,则其时间延长,且更增剧。

酒精对于心理上机能所发生之效果，甚不一致，神经原动力，虽因酒而暂时增其速度，然其他智慧上机能，如觉悟概念、联想感觉等，稍感酒精之影响，即减损其功用，由此可知烈酒刺激之效果，为联合外表上之思想言语及感觉等，而此种内部联合，较有理性者，则受损失。醉汉因神经中枢受刺激，生一种虚妄力，导其为种种野蛮举动，彼之联想机关被扰，故凡无味之言语、粗鄙之谐话，皆重述不休，盖心灵活动无主宰故也。酒之为害，所以令人不能自拔者，以一成为醉汉，则高尚之情操、与健全之脑力，皆为病魔所扰也。人言犯罪为机体有病之结果，征之于此益信，是故酒毒入脑筋、脊髓、肝、肾等处，一方面发生癫狂病、尿管病及黄疸病，而一方面则为犯罪是也。所不幸者，则酒之结果，以犯罪居大半，予在某处监狱，逢一窃贼，谈及作贼之事，颇有得色，若自其教育及容貌观之，则殊不似，久之予始知彼父及彼自身，皆属醉汉，此彼犯罪所由来也。以饮酒为生者，其所生子女，不特体质不全，穷而无告，且放荡淫佚无所不至，即醉汉本身，已足为犯罪之直接原因，世多因饮酒而杀人者，男女皆然，不足异也。

烈酒所以为犯罪原因者，一由于人类因欲饮酒之故而犯罪；二由于人欲犯罪，先饮酒以壮胆，甚至因此有所藉口；三因青年多由饮酒而被引入犯罪之途；四因酒肆为作恶者聚集之所，不特犯罪筹划，于此中产出，即犯罪所得金钱，亦于此中销去。据1884年之调查，伦敦酒肆茶寮，几有五千之多，皆罪犯与妓女出入之所也。

尤有一层，则酒与犯罪有直接之关系，即罪犯初出樊笼，觉名誉丧失，亲友凋亡，无可遣兴之处，于是出入酒楼以消闲，此老犯罪者所以与酒结不解缘也。麦侯（Mayhew）谓伦敦窃贼下午之生活，多在小酒肆中，三十岁至四十岁人，死于酒者尤夥，太平洋海岛中〔诺米亚城（Noumea）〕囚犯有饮酒以忘其羞耻之心，悔恨之意，与离别之苦者,彼等且以酒为交易之媒介物,如货币然。

(五)特种之犯罪　欲知何种犯罪,受酒之影响最巨,可观贝尔氏调查德国自新所与监狱之统计,当知殴打奸淫叛乱诸罪与酒关系最巨,次为暗杀与命案,最后则为纵火罪与窃罪,即财产罪是也,伪造与欺骗罪,不甚受酒之影响者,以此二者非头脑清晰,不能行此诡计也。

贝尔之统计表

(一)自新所

罪　　名	总　　数	饮 酒 数	偶饮酒者	常饮酒者
殴　打　案	773	575	418	157
盗案命案	898	618	353	265
小　命　案	348	220	129	291
奸　　　案	954	575	352	223
窃　　　案	10033	5212	2513	2692
谋　杀　案	252	128	78	50
纵　火　案	304	383	184	199
故　杀　案	514	139		98
诬　证　案	590	82		75

(二)监狱

罪　　名	总　　数	饮 酒 数	偶饮酒者	常饮酒者
奸　　　案	209	158	113	41
拒　捕　案	652	499	445	54
殴　打　案	1130	716	581	135
纵　火　案	23	11	——	——
窃　　　案	3282	1016	666	382
欺骗诸案	786	194	111	83

马兰巴特(Marambat)谓个人罪因酒而犯者,为百分之十八,财

产罪则为百分之七十七,普通言之,则凡重大之罪案,无不受酒之影响,而个人罪尤甚于财产罪也。

据浮士(Fonasari di Verce)调查,在英吉利与爱尔兰二地,酒与犯罪之影响甚为奇异:(1)酒之消费增加,则普通财产罪减少,反之则财产罪增,惟此中不无例外耳。(2)对于重大财产罪,无甚影响,欺骗罪多因酒之消费增加而减。(3)伪造罪亦同上。(4)个人罪随酒价贵而增加,惟酒价贱时,亦不减。(5)其余诸罪无定例,惟违警罪则因酒之消费减而少。

(六)文明国中酒与犯罪之相反形势　文明国中用酒最多,而酒对于犯罪之形势转减,彼斯哥谓美国命案中,仅百分之二十,系因酒而犯,此非由于酒之势力锐减,实因文明国中,防止个人犯罪之方法极多,故英国、德国、比国、挪威,皆用酒极多之国,而命案少于意大利、西班牙者,以文化尤发达故也。

下列为欧洲之统计

国　名	每人用酒平均数(以加伦计)	命案次数(以十万人计)
奥地利	2.80	25.0
西班牙	2.85	74.0
德意志	3.08	5.7
意大利	3.40	96.0
英　国	3.57	5.6
比利时	4.00	18.0
法兰西	5.10	18.0

法国自1860年至1880年酒之消费增多而犯罪转减者,亦因文明之故。至若法之北部气候较寒,亦有关系,盖天寒则人虽饮酒,而刺激性亦因此稍杀,故其作恶之倾向,亦较减也。

(七)政治上骚动　烈酒为致叛乱之重要原因,革命首领,因欲达其目的，常不觉利用之，亚根丁国某次变乱，其倡乱者，实藉群众醉怒之时而发作，例此之事，实不止一二。法国大革命时代，人民无不为流血之举，革命政府之首领亦然，皆酗酒之助（译者按狄更士二城故事，写此情景最妙）。革命党人有蒙纳司提（Monastier）者，醉时送一人至断头台上，翌日已忘其事。秦茵（Taine）（法国大文豪）谓有二使臣，因醉调戏妇女，其人表拒绝之意，竟为所戮，其后十二月二日政变，犒军之酒，其多可骇，1846年一乱，且专招嗜饮之人，以沉湎于酒者，可以不畏危险也，法国自治时代，闻亦如此。

（八）饮酒与进化　予于《天才》一书中，曾述名人中有嗜酒者，然此不可谓天才之原因，当视为天才之一种影响及错综状态也。此种人脑力皆绝强，因之有需用刺激品之必要，由此引申言之，愈文明之人，愈易中酒，何者？其刺激性较强也。

（九）酗酒之遗传　裴塔谓罪犯父母之饮酒者，为百分之三十三。以予调查所得，则为百分之二十。爱儿谋拉一地，6300罪犯中，百分之三十八，皆有酗酒之父母。来格赖茵（Legraine）调查157罪犯，其来自醉汉家者，计50人，至其分配，可如下表：

类　别	数　量	类　别	数　量
疯狂者	54%	患惊风症者	29%
纵酒者	62%	患脑膜炎者	7.5%
患痫症者	61%		

昔霞特与马罗之调查见下表：

罪犯种别	罪犯父母之为醉汉者	
	昔霞特所调查者	马罗所调查者
窃　贼	14.3%	46.6%
骗　子	13.3%	32.4%

		续表
纵 火 犯	13.3%	42.8%
诬 陷 者	11.1%	——
奸案罪犯	14.2%	43.5%

马罗又谓命犯之父母,有百分之四十九纵酒,殴打犯之父母,则为百分之五十,故凡流血罪之父母,嗜酒最多,犯窃罪者之父母次之。

意国犯罪者父母之饮酒,不如疯人父母饮酒之多,阿浮沙(Aversa)一地前者为百分之十七,后者为百分之二十二。来格赖茵之论调,则谓酒之遗传,当以成熟过早为其特质,据彼研究,儿童中有四岁即嗜酒者,尚有一种物质,即不能抵抗酒之效果是也。某甲之父嗜饮七年,脑仍无恙,其子则轰饮二日,即精神错乱。更有进者,则酒之遗传结果,令人需酒之量日增,凡此种种,皆于罪犯中见之。

以此而观,酒之为害烈矣,非仅直接为犯罪之源泉,间接又能贻害于子孙。于此以外,即家族生活亦大受其影响,盖日常酗酒泥醉酩酊昏迷,屡作恶剧之行为,足以养成幼年无道德心,而况于酒精之消费,亦必须相当之金钱,一旦收入减少,而嗜好如故,如是则一家之经济,亦蒙其害矣。

总上观之,可知酗酒者,于国于民,于公于私,均蒙其害,是以世界刑法中之保安处分,对于酗酒者均有禁戒处分之规定,故保安处分能适用于酗酒者明矣。

第二款　酒精中毒之种类及治疗

酒精中毒,乃破坏脑组织之作用也,故能与精神上有显著之影响,其影响即酒精中毒之精神障碍,其障碍有急性慢性之分。急性者为高度之酩酊状态,可分为三期:第一期为轻度之发扬状态;第二期运动促迫,道德及审美之感情,俱见迟钝;第三期为麻痹状态,精神机能全部减退,意识涽浊。

慢性者,由于常习性饮酒而发,即以精神之工作能力减弱,记忆、注意、领悟、判断等之减退,及抑郁性等为主征。以下所论之中毒性精神病,乃慢性酒精中毒所发诸疾患之总称也。

原因　饮酒过度。

症候　身体方面、舌及手指俱震颤、肌肉萎缩、有多发性神经炎、颜面神经麻痹、言语障碍、瞳孔对光反应迟钝,腱反射亢进(并发神经炎则减退或消失)、皮肤感觉异常、运动不安、步行不稳、睡眠不足,并有阴萎、蛋白尿等。精神方面,则感情为刺激性、恐怖性、苦闷性,道德感情缺乏、注意力散漫、记忆力不良、不能计算,并有嫉妒、妄想、忘觉(幻视幻听)、意识涽浊,精神工作能力及意志均见减退。

预后　因常有癫痫或卒中状发作,及种种合并性,故预后皆不良。

经过　种种不一。

疗法　禁止酒精饮料,行水治疗法,用 0.002 之番水鳖硷(Strychinin)注射,或内服溴素剂、健胃剂,或施用冷水浴、松节油、蒸气浴、硫黄水浴、或用推拿法及运动,催眠术亦能用之。

第三款　各国立法

(意大利)

在侦查或审理之期间内,对于未成年人,精神病者,习惯性沉醉者,常用麻醉品者,或因酒精或麻醉品而有慢性中毒状态者,得命令临时收容于感化院,刑事精神院,或治疗所及监护所。

法官认为该人对社会无危险性时,得取消临时保安处分之命令。

执行临时保安处分之时间,得算入保安处分之最短期间内。(第二〇六条)

因精神病,或因酒精,或麻醉品慢性中毒,或因喑哑犯故意罪减轻其刑者,法律上规定最低之刑,为五年以上之惩役,须收容于治疗所及监护所,其期间不得少于三年。

关于其他之罪,法律上规定拘禁刑,而被宣告者,对社会确有危险性时,得命令收容于治疗所,及监护所。其期间不得少于六个月;但法官得以自由监视更易之。因酒精或麻醉品慢性中毒,减轻处刑者,不得以此更易。

已命令收容于治疗所,及监护所时,不适用其他拘禁保安处分。(第二一九条)

因习惯性状态,或因常用麻醉品作用犯重罪处惩役,而未命令其他拘禁保安处分时,得收容于治疗所及监护所。

科三年以上惩役之犯罪,得以自由监视,更易治疗所及监护所之收容。

收容于特别分居所为之,其最短期间为六个月。(第二二一条)

因精神病或酒精,或麻醉品慢性中毒,或喑哑而宣告无罪者,应收容于刑事精神病院。其期间不得少于二年;但轻罪,非故意罪,或法律上规定科其他财产刑,或未满二年最低限度之惩役,该项无罪之宣告,通知于保安处分之官署者,不在此限。(第二二二条第一项)

常入酒肆及贩酒精饮料公共场所之禁止,最短期间为一年。

受习惯性沉醉之宣告人,或有沉醉性习惯状态而犯罪者,处刑外,应附加上述之禁止。

在违背情况,得命令附加自由监视,或善行保证。(第二三四条)

(德意志)

《1927年刑草》

习惯自采多量酒精饮料,及其他酩酊方法者,因酩酊中所为之行为,或因酩酊罪(第三六七条)被处刑罚时,收容其人于饮酒者治疗所,或饮食节减所,为使其人适于法律且惯于秩序生活之必要,裁判所得宣告其收容。(第五十七条)

《1934年刑法》

在习用酒精饮料或其他麻醉材料者之犯罪场合,收容于饮酒者治疗所。

(波兰)

若犯罪行为,系与饮酒过度或与服食其麻醉品有关时,法院得将犯人交付于适宜场所监管之;其监管期间为两年。对其宣告之刑,将来再为决定执行。(第八十二条第一项)

(日本)

对于有饮酒之习癖者,就酩酊所犯之刑,宣告一年以下之惩治禁锢或拘留,或以心神丧失为理由为无罪或免诉之宣告者,于认为非矫正其习癖,即有再犯之虞时,得与其裁判同时为付酒癖矫正之宣告。

酒癖矫正之执行,不得超过二年。对于受刑之宣告者之酒癖矫正,于刑之执行终了后继续执行之。(第一百零四条)

被付酒癖矫正者,应收容于酒癖矫正所,为达矫正目的,应为

必要之处置。(第一百零五条)

(瑞士)

《1893年刑草》

因饮酒精之饮料过度而犯罪者,判事对于此罪责之人,得禁制其人一年至五年之期间以内,不得出入于酒铺。(第二十七条)

惯行酗酒受一年以下禁锢之宣告者,裁判所得依医师之鉴定,科以刑,并命之入大酒者治疗场。若酒癖已愈,裁判所则直释放之。又治疗已过三年者,无论何等场合皆得释放。

归责无能力之被释放之惯行酗酒者,仍得入之大酒者治疗场。(第二十八条)

《1908年刑草》

基于习惯之饮酒犯罪,被处自由刑,推事认为有治疗之希望者,收容于酒癖治疗所,其已治愈者,命其即时退所;但无论如何情形,经过二年后应放免之。在退所以前,由法院裁判其应付执行刑罚,及于如何之期间执行之。法院对于习惯之饮酒负责无能力人,为无罪之宣告者,亦命其收容于酒癖治疗所。犯罪之原因基于暴饮者,推事得禁止其出入于饮食店。(第二十三条及第四十五条)

《1918年刑草》

如因犯罪而被处监禁刑之人,系有酒癖,而其所犯之罪,又与饮酒之倾向有关系时,法官得令其于刑罚执行完毕后,遣送酒徒拘禁所。又如犯人系有酒癖者,虽该犯人因无责任能力而被开释,或获不得起诉处分时,法官仍得遣送之于酒徒拘禁所。(第四十二条)

(奥地利亚)

虽有犯罪行为,然因精神病或泥醉无负责能力,以之为无罪及

不起诉者,其精神状态素行行为之性质危险于善良风俗及公安时,于其危险之继续间,收容于犯罪癫狂院。(第三十六条)

(中国)

《暂行刑律》

精神病人之行为不为罪,但因其情节得施以监禁处分。

前项之规定,于酗酒或精神病间断时之行为,不适用之。(第十二条)

《旧刑法》

不得因酗酒而免除刑事责任,但酗酒非出于本意者,减轻本刑。(第三十二条)

《新刑法》

因酗酒而犯罪者,得于刑之执行完毕或赦免后,令入相当处所,施以禁戒。(第八十九条第一项)

第八十六条至第八十九条之处分,按其情形得以保护管束代之。(第九十二条第一项)

第四款 比较研究

(一)酗酒行为应否负责之研究

酗酒行为应否负责之问题,在学说上有两种主张:一为积极说,谓精神病人之行为,为病理之作用,出自天然障碍,故与本人之行为无关,而酗酒为人力所自招,无论在行为时有无精神上之障碍,均应负责,且酗酒者未必全丧失其心神,不过其心神稍有障碍耳,此种出自人力之障碍,不能为违法阻却之原因。一为消极说,酗酒人之行为,与精神病人病理作用情无二致,均受外力之支配,无责任之可言。综而观之,前说谓酗酒为人力所自招,如不知亦有非出己意,而致于泥醉者,若令其负责,似乎未见妥洽。后说谓酗酒之精神障碍,与精神病人病理作用情无二致,斯理固当;但其有故意藉酗酒而为不法行为,均得免其责任,亦似有未洽之处。横其情理,酗酒若非出于己意,应不使其负刑事上责任,反之不得不罚。易言之,以后说为原则,前说为例外,非仅合于事实,抑且适于法理。

(二)饮酒过度犯罪与惯行酗酒中毒犯罪在保安处分适用之种类上之比较研究

酒精中毒之精神障碍,其障碍有急性与慢性之分,急性者,即饮酒过度之酩酊状态,慢性者,即惯行酗酒而发之精神病,本节第一项内已言之甚详,毋庸再赘。此虽为医学上之分类,然在法理上亦应有区别之必要。查各国保安处分能依此类别者,不可多见,惟瑞士《1893年刑草》第二十七条、第二十八条,《1908年刑草》第二十三条、第四十五条,均有规定饮酒过度而犯罪者,禁制其人不得出入于酒铺。惯行酗酒而犯罪者,收容于酒癖治疗所。意大利《1930年刑法》,亦有类似之规定(详本项第二款),将两者而异其处分之种类。盖其立法理由,不外乎饮酒过度而犯罪者,未有酒癖之恶习,乃出于偶然之饮酒,不必适用治疗之处分、只须禁止其出入于酒铺,自然不致于再犯。反之基于习惯之饮酒犯罪,其症状已成酒精慢性中毒,非收容于治疗所施疗,断难收其改善主义之本旨。此种立法例,各国少有采用,殊为缺憾,所幸其他各国有自由监视,改善保证,与保护管束等处分足以救济。

(三)酗酒犯罪处罚者与不罚者在保安处分种类上之比较研究

酗酒犯罪人之适用保安处分,固为各国所采纳,然其中之立法例又稍有不同之处。其一,认酗酒人与精神病人同等看待,将酗酒人收容于癫狂院,如《奥国刑草》是;其二,认酗酒人应与精神病人之状态有别,不能收容于癫狂院,应收容于治疗场施以治疗,如瑞士、日本、德国、中国等刑草是;其三,将有罪之宣告者,收容于治疗所及监护所,无罪之宣告者,收容于刑事精神病院,如《意大利刑法》是(详本节第二项)。以上三种立法,似较第三种稍妥。盖其视有罪之宣告者,当然神志稍清,不得收容于精神病院,与精神病人同处,只施以治疗处分,则为已足。至于无罪之宣告者,业已酒精慢性中毒,与精神病人无以异也,证之医理,亦认慢性酒精中毒为精神病之一,故受无罪宣告之酗酒者应收容于刑事精神病院。其保安处分立法之精微,诚以意大利为最,希世界各国对此立法例,应多所采纳。

第六项　习惯犯、常业犯、游荡成习犯、懒惰成习犯

1871年伦敦第一届万国监狱会议,对于"惯行犯之处置"问题,即列入议案中讨论。1878年斯特克孚尔姆第二届万国监狱会议,亦提出如何"防止惯习犯"作为该会之议题。1885年罗马第三届万国监狱会议,加入讨论"浮浪者之处置"。1910年华盛顿第八届万国监狱会议,其议题中又有"习惯犯罪者"与"以犯罪为业者"之分别研究,视此种人,对于社会危险极大,颇难望其自新,应附加不定期刑。又讨论"游荡无职业者之防止办法"决议社会对于流氓乞丐,有采取防范方法之权,虽加以强制亦在所不恤;但亦有组织公共赈济所及私人周济事务与维持会之义务。分乞丐流氓为三种:一、有残疾之穷人;二、偶为流氓乞丐者;三、以乞丐流氓为职业者。认为第一类之流氓乞丐,当赈济之至身体复原能自食其力为止。

第二类之流氓乞丐，当安置于公共或私人所设之赈济所楼流所，并强令作工。第三类之流氓乞丐，当以严刑惩之，禁其再犯。1930年勃拉克国际刑罚及监狱会议，在保安处分问题内，亦讨论"乞丐无赖者及惯行犯等处分"。其决议乞丐及无赖者之拘禁，应以使其惯于工作为目的，惯行犯之拘禁，应以隔绝为目的，但仍应注意于改善，前款犯人，应以特别处所安置之。

总观上述各议案，均认习惯犯、常业犯、游荡成习犯、懒惰成习犯为社会最危险者，应加以特别科处，故此四种犯人，亦为保安处分之适用者。

第一款　龙伯罗梭之论述

刑事人类学派之鼻祖龙伯罗梭氏，在其所著《犯罪学》一书中，对于常习犯、游惰成习犯、亦论述甚详，特为录之，俾供参考：

（一）惯常犯罪之人　惯常犯罪之人，应与生而犯罪之人同等办理，惟纪律可以较宽，因其所犯之罪，如偷窃、撞骗及伪造，皆较轻之罪也。生而犯罪之人，如初次即犯重大之罪，当予以永远监禁，若惯常犯罪之人，亦犯此罪，犹当调查其前此常犯之罪名及环境，方可如此重罚之。彼等定罪之后，如欲令其工作，当分别来自乡间与来自城市者而分等处之，以升降其起居之状况，实行之实非难事，且可减少司法费用，而变罪犯为有用之人，意大利诸地，颇多行之有效者。

（二）不能改过之罪犯　自新所制度不能防止怙恶不悛者，吾前已言之，丹麦即行区别制而有流弊者，反之则集合式之监狱中，屡见犯罪不已之人，此因彼等视监狱为乐土，以作恶为得奖之法，当继续幽闭，非有改罪之实证，或失其作恶之能力，不可递释。因此不得不设立特别刑罚制度,以董事、医生及法官组织陪审制,而看管屡犯罪恶及生而有犯罪者体质与心灵特质之人。

尤有要于此者,即设法令此种人有用,而又用款不巨,且设法防其逃逸,最佳之地点,莫如海岛与幽谷,来自乡间之狱囚,则令其在田中工作,俾其有益卫生,来自城市者,则令其入商店服役,若加以军事组织,如德国西菲尼亚之所为,或令其修治道路及沟洫,尤为善政。每日工作之余,须给以数小时,任其随意作事,惟释放则必有改过之确证。再犯罪者,则置之分格监狱中,如此则监狱中少不能改过之人,况强暴少,则公道之施行较易,此两种选择之法,实有益于社会及人类,无论费用如何浩大,较之犯罪待审之事,日新月盛者,所费必较省。汤勃生谓苏格兰有怙恶不悛者458人,共费132000镑,其中86000镑,皆为审讯之用。

以上提议,并非新颖,英国上议院于1864年提出一案,谓再犯罪者,方可施徒刑。意国学者,亦多主张以犯十次罪者,流之远方。比国则遣此种人往墨格斯勃拉司(Mexplas)农场工作,其地可容4500人,一切建筑,皆犯罪者自行造成,共用工头三四十人,系逐渐就需用者而增加,否则所费将不赀矣。农场中本有牛马,故因之极为蕃殖,工人多为此种之生产者,以其易售而有用也。拘留之人,共分四种:(1)倔强顽固之人,他人与之接近,可生危险;(2)因怙恶不悛而定罪者,其人为警察局所看管,或曾经脱逃,或在狱不安分者;(3)前案未了结之人,惟不须加重罚者;(4)未充军至三次以上,而品行尚善者,地方区亦遭送无寄养之贫民居此,无过及有病之人,皆酌给以金钱,不肯工作者,则监禁三日,仅有面包与水可入口,工作之报酬,为本场通用之金融,释放用则易以外间通行之货币,所以然者,惧其滥用金钱于邻近村落也。

（三）厌恶工作　未讨论此问题之先，宜先知凡所谓犯罪人之职业，皆有名无实，盖犯罪人之真正职业，乃游手好闲也，予在杜林发现一种伪职业，即游民扮作有职业者模样，携带工作用品，以掩警察之耳目，彼等之无职业，非缺乏方法与机会，乃缺乏工作之愿欲也。昔霞特调查3181狱囚中，有1347人，皆厌恶工作。易言之，即百分之四十二也。若类集而分配之，则可知其如下：

　　窃贼　　　25%　　　（厌恶工作者）
　　骗子　　　45%
　　纵火者　　31%
　　奸犯　　　26.7%
　　诬陷者　　8.2%

昔霞特又分偶犯罪者与常犯罪者二种，前者有百分之十九厌恶工作，后者则为百分之五十二，几二倍有半。参观美国麻撒州近来报告，定罪人中，百分之六十八无职业，若宾夕法尼亚州，则为百分之八十八。

犯罪人之厌恶工作，于其选择时亦可见之，马罗谓泥水匠居人口百分之六，而犯罪中泥水匠则居百分之十一，其故由于泥水匠一业，工资每日发给，故轻浮懒惰之人乐就之。法国呼窃贼为偷懒人〔Pegre ou paresseux(idler)〕亦本于此。凡以犯罪为生者，问之，则彼不曰工作短人寿，即曰工作令人疲，且有直供不讳，谓彼不喜工作，欲得银钱，则出而行窃耳。

罪犯有喜改变其职业者，予调查百人中，不易者八十六人，曾易一次者十三人，易三次者一人，下列为屡易职业之罪犯：

　　　　　　　　　　　　　　　易职业之人数
　　命犯四十人　　　　　　　　二十七人

前绺者四十人	三十人
骗子七十七人	六十人
抢劫犯三十九人	二十二人
殴打犯五十一人	二十八人
窃贼九十七人	六十人
强奸犯三十九人	三十人
其他奸案罪犯四十一人	二十三人

据爱儿谋拉感化院之报告,则6635狱囚中,其职业之分配如下:

家中佣人	25.5%
普通工人	55.0%
有技艺之工人	14.7%
无职业者	4.8%

该报告书又言:"凡自称有职业者,并非常川任事者,此中不能工作者殊夥,虽加以激励,亦属无益"。故该处院长,议用鞭箠之法以制之,彼谓怙恶不悛之人,如野蛮人然,有至死不欲工作者,观于罪犯之屡易职业,及喜按日给资之工作,可知罪犯非不能工作,乃不喜有规则有定时之工作耳。

罪犯之厌恶工作,非全由惰性所生,以其犯罪时所需之气力亦甚多也,彼辈所厌恶者,乃近世社会之机械性与整齐性,人之工作,如车轮之齿,一定之后,往复循环,周而复始,无有变化,犯罪之人,性率轻易,处此惟有与社会宣战,而不欲为,此与野蛮人相似,野蛮人亦似为惰性所束缚,而不能自拔,然有时精神一振,则可为极疲劳之事,渔猎是也。马罗之言甚善,彼之言曰:"用力不绝者,非野蛮人所能梦见,惟文明人能勤勤工作不已,彼逐渐发展其脊力,因而发展其智力,由此利己而利社会,皆此工作不懈为之也"。

第二款　各国立法

(德意志)

《1927年刑草》

依第三七〇条至第三七三条被处自由刑者,为使其人从事劳动,且惯于秩序生活之必要时,裁判所应宣告收容其人于劳动场。惯习为卖淫者,依第三七四条被处自由刑时亦同。

对于未成年宣告收容于劳动场时,原则上应收容其人于教育所或矫正所(Erziehungsanstalt oder Besserungsanstalt)以代替劳动场,其人达于成年后,仍得留于教育所或矫正所。(第五十八条)

《1934年刑法》

对于犯刑法第三六一条第三款,乃至第八款(乞丐、秘密卖淫)之罪者,应宣告收容于劳动所。

(波兰)

若犯罪行为,系与厌弃工作有关系者,法院得将犯人交付于强制工作之场所监管之。(第八十三条第一项前段)

凡经法院查明三次再犯原罪(第六十条第一项),以及以犯罪为职业或惯习犯罪不可矫正之犯人,于刑之执行后,若任其自由行动,则恐对于法律秩序发生危险时,法院得将犯人判令监禁于适当之场所。(第八十四条第一项)

(意大利)

在各场所酌量犯罪性癖,并习惯及一般犯人对社会之危险性,采用特别教育,或治疗及劳动制度。(第二一二条第二项)

下列者,送致于农业惩治场或工业场:

（一）被宣告习惯性，或职业性，重罪犯或犯罪性癖者。

（二）被宣告习惯性，或职业性，重罪犯或犯罪性癖者，不受保安处分时，故意再犯更表现有习惯性、或职业性、或犯罪性癖者。

（三）在其他情形，法律上明文规定宣告有罪或无罪者。（第二一六条）

习惯性或职业性，重罪犯及犯罪性癖者，在农业惩治场及工业场，分拘于特别场所。

斟酌受保安处分者之状况及性癖，法官得命令保安处分于农业惩治场或工业场执行之。

该处分在执行中得变更之。（第二一八条）

未满十八岁人有习惯性或职业性，重罪或犯罪性癖，应命令收容于刑事感化院。其期间不得少于三年，满二十一岁时，法官得命令移送于农业惩治场或工业场。（第二二六条第一、第二两项）

（日本）

对于就同一或类似之罪种，有再犯前科之常习犯人，应处有期惩治者，为三犯以上之加重，且于为法律上之减轻，仍为长期五年以上时，应于判决主文指示其长期，而为处以不定期刑之宣告。

对于就同一或类似之罪种，有三犯以上之前科者，应处有期惩治时，与前项同。

前项规定，于裁判确定后，发觉应依前项处以不定期刑者准用之。（第六十六条）

对于因无节制，或劳动嫌恶常习之犯罪者，于宣告一年以下之惩治或拘留时，得与其裁判同时付劳动留置之宣告。（第一百零七条第一项）

被付劳动留置者,应收容于劳动留置所,为养成勤勉而有纪律之习惯,应命其就必要之工作。(第一百零八条第一项)

(瑞士)

《1893年刑草》

行为人因懒惰或嫌忌劳役而致犯罪者,判事得对于罪责者以劳役变易其禁锢刑,或与禁锢刑相并,而施以一年至三年之劳役,若是者即移交于劳役场。(第二十六条第一项)

《1908年刑草》

习惯之犯人收容于保护所,非习惯之犯人收容于劳动教养院:

(A)保护所,已处数次之自由刑,显有游惰及劳动嫌恶之性癖者,法院命其代替刑罚之执行,至少于五年以内收容之,再被收容者,至少于十年以内收容之。上述期间经过后,管辖官厅认为无累犯之虞者,三年以内许其假出院,但无论如何情形,经过二十年后,应放免之。

(B)劳动教养院,基于游惰及劳动嫌恶为犯罪行为,被处禁锢,有劳动能力者,停止刑罚之执行,至少于一年以内收容之。管辖官厅于经过一年后,认定本人学得劳动,且有劳动之意思者,许假释出院。否则对于法院为执行刑罚之声请,但无论如何情形,经过三年后应放免之。(第二十三条、第三十一条)

《1918年刑草》

已受多次自由刑之犯人,如因犯罪再受自由刑之处罚,并显露有犯罪,作恶,或游手好闲之倾向时,法官得令其遣送幽禁所,以替代刑之执行。(第四十条)

因犯罪而被处监禁之人,行迹不检,或游手好闲,而所犯之罪,又与此种生活有关系时,如犯人有工作能力,并能于工作上有所成就者,法官得停止刑之执行,而遣送之于专设之习艺所。法官对于犯人身心状态,及工作能力,应令预行检查,而对于教育程度,及以前之经历,亦须详加调查,凡曾受禁锢之刑者,概不得遣送于习艺所。(第四十一条)

(奥地利亚)

依特定犯罪两次以上被处惩役,其最终之刑罚执行后,五年内再犯重罪者,其犯罪危险于公共,且预料行为者将来尚为犯罪行为时,得于执行刑罚后监置之。(第三十八条)

(中国)

《1933年刑草初稿》

因游荡或懒惰成习而犯罪者,得于刑之执行完毕或赦免后,令入劳动场所强制工作。

有犯罪之常习,或以犯罪为职业者亦同。(第八十一条第一项、第二项)

《新刑法》

有犯罪之习惯,或以犯罪为常业,或因游荡,或懒惰成习而犯罪者,得于刑之执行完毕或赦免后,令入劳动场所强制工作。(第九十条第一项)

第三款　比较研究

(一)习惯犯与常业犯之比较研究

据英国内务部部长卡齐尔氏云:"惯习之犯人,非有欲掠夺同胞之积极意图,或犯行之犯罪人,宁由其环境,其肉体之无能力,或其精神之欠缺,而陷于犯罪者。常业之犯人,则有一定之目的,其精神肉体,在健全有能力之状态;更可云屡有优良技能之人类,且于熟虑之下,意识之选择犯罪生活,即在理解犯罪生活一切必要之技术上而为犯罪者"。是前者指消极有社会危险性之犯人,后者指积极有社会危险性之犯人;但李斯德氏,常欲以"慢性犯人"(Zustandsverbrecher)之名词,包括两者之意义。谓:"惯习犯人之性质,其法律之表现,每于累犯中看出之",又可知累犯与惯习犯是有不同之处,故习惯犯、常业犯,除由累犯中认识外,目下尚无其他方法存在。所谓习惯犯者,如暴躁之莽夫,当其初犯杀人伤人之罪时,或为一时之愤怒冲动,及行之既久,则视若固然,稍有不遂已意,动转杀人伤人,已成惯习之性癖,视杀人伤人无足轻重矣。所谓常业犯者,如为窃盗者,在初次为其窃取行为时,或为一时之饥寒所迫,未尝不稍存廉耻心及顾忌心,及行之既久,认为窃取他人所有物,比较任何劳动之报酬,均不可相与比拟,乃即藉窃盗以为职业,不求其他之生路矣。此等之人,对于社会之危险,其恶性实较其他犯人为重。故世界各国莫不于立法上特加注意,是以德意志1933年11月24日之刑法,全为关于危险常习犯人及保安处分之法律(Gesetz gegen gefährliche Gewohnheitsverbrecher und über Massregeln der Sicherun und Besserung vom 24 November 1933),其刑法第二〇条之规定:"于前五年内,二次以上,被处六月以上之刑者,因更犯罪而可认为危险之常习犯人时,处以五年以下之惩役。在各本条更规定有重刑者,从其所定"。美国奥海奥州,1885年之《常习犯人法》规定:"因重罪受二次有罪宣告,并刑之执行者,为常习犯人。刑期执行完毕,以不释放为原则,予以无期拘禁"。印第亚拿州1907年之《常习犯人法》规定:"凡曾因二次重罪,受有罪之宣告者,并刑之执行者,为常习犯人,三次犯罪者,宣告无期徒刑"。英吉利1864年之《强制劳动法》,其第二条规定:"凡因应处强制劳动犯罪,受有罪宣告者,对于曾受一次重罪之有罪宣告者,科以七年以上强制劳动之重刑"。又有1869年《常习犯人法》,及次于此之1871年《犯罪预防法》,其第八条规定:"对于重罪之再犯者,于刑之外,得宣告七年未满之警察监视"。更于1904年,由政府提出关于"常习犯人特别收容所"(Habitual Offender Divsion)之法律案于议会,本案规定:"曾因重罪受二次以上有罪宣告者,新因相当于强制劳动之犯罪,受刑之宣告时,若法院认定犯人有继续犯罪时,而为不诚实犯罪生活之虞,且信在社会防卫上必要长期之拘禁者,得宣告七年以上之强制劳动,同时并得宣告,就刑期之一部分,使服通常强制劳动,残余之部分,则收容于常习犯人特别收容所"。此项法案,虽在议会遭否决之运命,至1908年,仍为《犯罪预防法》(Prevention of Crime Act,8 Edw. 7. C. 59)第二编第一〇条以下之法律。比利时1930年之《社会防卫法》,本法关于"累犯者及常习犯人"之规定,乃所以使其刑法(1867年)上关于累犯之规定,能收防卫社会改善犯人品性之效果。其在刑法第五十四条:"受重罪宣告后,新犯相当于惩役之重罪者,得处十年以上十五年未满之强制劳动;又新犯相当于十年以上十五年未满之强制劳动重罪者,得为十五年以下二十年以上强制劳动之宣告,但在后之场合,至少应为十七年以上强制劳动之宣告"。又在第五十六条:"重罪之刑宣告后,新犯轻罪者,得处相当于轻罪法定刑期二倍之刑;前犯一年以上徒刑之犯人,在其刑之执行后,若犯罪时效经过五年内,新犯轻罪之场合,亦同。且在上之两种场合,受刑之宣告者,均得宣告五年以上十年以下期间之警察监视"。更在第五十七条规定:"前因相当于普通刑法上重罪或轻罪行为,由军法会议,宣告普通刑法之刑之场合,亦受累犯规定之适用。及前之犯罪,被处军法之刑时,于兹适用普通刑法之场合,以应科刑之短期为标准,而适用累犯之规定"。《社会防卫法》,于其第二十四条规定:"在刑法(即上之刑法)第五十四条及第五十七条,对于累犯所处之刑之刑期终了后,更得以之于二十年期间内,置于政府管理(Disposition du gouvernement)之下"。于其第二十五条之规定:"在刑法第五十六条及第五十七条之场合,累犯者,被处一年以上之徒刑时,刑期终了后,更于十年内被处一年未满之徒刑者,五年以上十年未满之期间,置于政府管理之下。受有罪之宣告者,在其宣告前十五年以内,而三次以上,为相当于六月以上徒刑之行为,且被认定有继续之犯罪倾向时,亦同。再则置于政府管理下之累犯者,及常习犯人,依于敕令所定之设施而收容之"。第二十七条:"其由第二十四条、第二十五条服从政府管理之累犯者,及常习犯人,得声请解除管理"。比利时社会防卫法之特色,在常习犯人,而施行不定期主义,与英之预防拘禁,同其立法形式,此外如《波兰刑法》、《日本刑草》、《瑞士刑草》、《奥地利亚刑草》,亦均有明文规定。(详本节第一项内)

综观上列各国立法,实际上习惯犯与常业犯均包括于常习犯之内,查吾国《刑法修正案初稿》,第八十一条云:"有犯罪之常习,或以犯罪为职业者亦同"。将"常习"与"职业",各为独立规定。《新刑法》第九十条,则将常习犯改为"习惯犯",职业犯改为"常业犯",虽足以吻合1910年华盛顿万国监狱会议之习惯犯、常业犯之分类,但其对于各个之独立意义,乃不明确规定,殊为遗憾。习惯犯与常业犯之定义,虽在学说上已有上述英国卡齐尔氏之说明,然在立法上亦有可稽者。试观意大利1931年7月1日施行之刑法,其第一〇二条规定:"在十年未满之期间内,三度因故意犯同种之罪,总计被处惩役超过五年者,更因故意犯同种之罪,受有罪之宣告时，以之为惯习犯人"。其第一〇三条规定："除前项规定之场合而外，因故意而被处刑二次者，更因故意犯罪，受有罪宣告时，若斟酌犯罪性质，及犯罪情节，犯罪时期，犯罪人生活与行状，并其他第一百三十三条第二项规定之情况，认为犯人有犯罪倾向，则宣告惯习性。"其第一〇五条规定："具备为惯习性宣告必要之条件者，新犯罪而受有罪宣告，征之犯罪性质，或犯人之行状，及其生活状态，又其他第一百三十三条第二项规定之情况，认犯人平常，假令有几分生活，系因犯罪利得者，为职业之犯人，或职业之违警罪犯人之宣告。"此即足以阐明两者之区别矣。今我国《新刑法》既已疏漏，于将来刑法施行时，可以将此条文另行追加，或司法院统一解释法律时加以解释亦可，俾免法界不知两者所从，希当局者有以采纳为幸！

（二）游荡成习犯与懒惰成习犯之比较研究

游荡成习者，即不务正业，游手好闲之人也。非仅致贫之媒介，亦即为犯罪之原因。盖此等之人，大约出自富贵之家，初藉祖宗遗产，得以尽量挥霍，及至金尽床头，无可奈何，况又毫无薄艺在身，只得藉窃盗、强盗、诈欺取财，及其他犯行以度残生。间有由于有游荡习性之人传染，致近朱者赤，近墨者黑而成也。游荡之人乡镇稍少城市较多，而尤其通商大埠更多。以我国之上海而言，其中不务正业、游手好闲之流氓，藉欺诈、恐吓以营生活者，不下有数十万人，故世人号称上海为"流氓世界"，非无理也。以此类推，其他之城市乡镇，虽不能与上海相比，当然亦非少数，此等之人非仅为社会之蠹贼，亦为国家之隐忧，况又累犯者，亦以此类之人为多，是以古今各国，在立法上无不重视之。查欧洲各国，当十字军之战役，浮浪者漂泊各地，掠夺民家，极其横暴，各国政府，虽用严刑峻罚,尽力驱除,无如随逐随来,害无底止。西班牙对于初犯割耳,再犯绞杀,约 1400 名。法国议会于 1583 年决议,谕告浮浪者直当绞杀之,不与以诉讼救济之道。英国于 1575 年至 1597 年,发布各种法律,规定各种情状,处以割耳绞杀诸刑。德国对于浮浪者,公认追放、暴市、绞杀之刑。虽当时严刑峻罚,诚不能以寒浮浪者之胆,实足令人不可思议!迨至近代,始知此等之人,徒刑罚不足以镇压,应施之以强制工作之处分,方能改善其恶性。

懒惰成习者,即恶劳好逸之人也。如乞丐、卖淫妇及无赖者是。1910 年华盛顿万国监狱会议,即承认此等之人应强令工作,其工作当以农业工业为重,禁锢当稍长,俾可竟其事业,且使人知所儆戒。1930 年勃拉克国际刑罚监狱会议,在保安处分之议案内,亦决议乞丐及无赖者之拘禁,应以使其惯于工作为目的。近世各国,趋于类似此决议案之立法,已成普遍之现象矣。

综观上述,可以知其两者之意义矣,但在事实者,游荡成习与懒惰成习,未必仅为单纯之现象,亦有两者相兼也。如游荡成习之流氓,夸言能不劳而获,往往兼及懒惰之性癖。懒惰成习之乞丐,自以为遨游世界,未始无游荡之习性。两者实有息息相关,惟其不同者,只习性轻重之分耳。

(三)习惯犯、常业犯与游荡成习及懒惰成习而犯罪者在保安处分适用上之比较研究

查阅世界各国刑法,关于常习犯(即习惯犯、常业犯之简称,以下仿此)、游惰成习犯(即游荡成习犯、懒惰成习犯之简称,以下仿此),其适用保安处分之种类,在立法上各有不同,试分别说明之:

(甲)犯人类别上之观察

1.有常习犯与游惰犯分别之立法　有常习犯与游惰犯之分

者,如波兰、瑞士、德意志等国是。即《波兰刑法》第八十三条规定:"若犯罪行为,系与厌弃工作有关系时,法院得将犯人交付于强制工作之场所监管之"。又第八十四条规定:"凡经法院查明三次再犯原罪(第六十条第一项),以及以犯罪为职业或惯习犯罪等不可矫正之犯人,于刑之执行后,若任其自由行动,则恐对于法律秩序发生危险时,法院得将犯人判令监禁于适宜场所"。《瑞士刑草》第四十条规定:"已受多次自由刑之犯人,如因犯罪再受自由刑之处罚,并显露有犯罪、作恶,或游手好闲之倾向时,法官得令遣送幽禁所,以替代刑之执行"。又第四十一条规定:"因犯罪而被处监禁之人,行迹不检,或游手好闲,而所犯之罪,又与此种生活有关系时,如犯人有工作能力,并能于工作上有所成就者,法官得停止刑之执行,而遣送之于专设之习艺所"。《德意志刑法》第二〇条A之规定:"于前五年内,二次以上,被处六月以上之刑者,因更犯罪而可认为危险之常习犯人时,处以五年以下之惩役。在各本条更规定有重刑者,从其所定"。(本条不列在保安处分章内)又第四十二条以下规定:"对于犯刑法第三六一条第三款,乃至第八款(乞丐、秘密卖淫)之罪者,应宣告收容于劳动所。"

2. 只有常习犯而无游惰犯规定者之立法 《意大利刑法》第二一六条规定:"下列者,送致于农业惩治场或工业场:(1)被宣告习惯性,或职业性,重罪犯或犯罪性癖者;(2)被宣告习惯性,或职业性,重罪犯或犯罪性癖者,不受保安处分时,故意再犯更表现有习惯性或职业性或犯罪性癖者;(3)在其他情形,法律上明文规定宣告有罪或无罪者。"此外如《比利时之刑法》第五十四条、第五十六条、第五十七条,及《社会防卫法》第二十四条、第二十五条、第二十七条(详本项第一问题内),亦有类似之规定;但此等国家,亦仅有常习犯人之名词,而无游惰成习犯人之立法。

3.只限于常习犯中有劳动嫌恶者之立法　此种立法为《日本刑法改正案》所采取,其第一〇八条云:"对于因无节制,或劳动嫌恶常习之犯罪者,于宣告一年以下之惩治或拘束时,得与其裁判同时付劳动留置之宣告"。观其条文,只限于常习犯中之劳动嫌恶者,始得施之以劳动留置之处分,又须宣告一年以上之惩治或拘留为其要件,倘超出于法定刑数以上者,则虽有劳动嫌恶之常习犯人,不能适用本条,只可依第六十六条常习犯人应宣告不定期刑之规定。(此条不列入保安处分章内)本立法例与以前之立法例差别之点,此为由常习犯中而产生游惰犯,其与单纯游惰犯有截然不同之处也。

(乙)保安处分适用上之观察

1.常习犯不施以强制工作处分之立法　采此立法例之国家,有德意志、日本、瑞士等国。《德意志刑法》,规定常习犯人处以保安监置。《日本刑法改正案》第六十六条,常习犯人处以不定期刑之宣告(有劳动嫌恶常习之犯罪者例外)。《瑞士刑草》第四十条,已受多次自由刑之犯人遣送幽禁所。《波兰刑法》第八十四条,常习犯判令监禁于适宜场所。均特别规定,而不施以强制工作为原则。

2.常习犯适用强制工作处分之立法　以常习犯应施强制工作处分之国家,有《意大利刑法》第二百十六条,习惯犯、职业犯送致于农业惩治场或工业场。及《比利时刑法》第五十四条常习犯强制劳动之宣告。(以上各条之条文详前)

总观上述各国之立法例,其规定各有不同,已知之甚详,故常习犯与游惰犯,应否适应同一强制工作处分之问题,已可迎刃而解矣。余以为两者不可适用同一之处分,先以事实言之,常习犯未必均为嫌恶工作或懒惰成习者;况又常习犯之恶性,比任何犯人为重,非加以特别拘禁,断难收其效果。虽《日本刑草》常习犯有适用劳动留置之规定,然其只限于一年以下惩治或拘役之轻罪,又须有劳动嫌恶者方得宣告之,其他较重之刑,则不能适用。以此观之,常习犯当然不能适用游惰犯强制劳动处分为原则之理一也,次以法理而言,亦似欠尤洽,可引1910年华盛顿万国监狱会议与1930勃拉克国际刑罚监狱会议之决议案足以证明,兹将有关于习惯犯、常业犯、游荡成习犯及懒惰成习犯者,摘录如下,俾供阅者之研究:

（A）华盛顿万国监狱会议之决议案

下列四种犯人,得于判决确定时,附判不定期刑,至刑期满时,临时酌定其应否适用。

（a）最长期监禁者。

（b）习惯犯罪者。

（c）以犯罪为业者。

（d）犯罪原因,非由外界感触,而其人具有犯罪特性者。

此四种人,对于社会危险甚大,颇难望其自新,故须附加不定期刑,至其判断之权,则由审判官、检察官、监狱官、行政官所组织之合议法庭行之,当开临时法庭之时候,须独立判断,不受外界影响,嗣再议决不定期刑,对于有精神病之罪犯,亦得适用。

防止游手之办法

防止游荡无职业者之办法,认为仍应遵照1895年巴黎万国会议之决议。

（1）社会对于流氓乞丐,有采取防范方法之权,虽加以强制,亦在所不恤;但亦有组织公共赈济所及私人周济事务及维持会之义务。

（2）乞丐流氓，其类不一，约可分为三种：

（a）有残疾之穷人。

（b）偶为流氓乞丐者。

（c）以乞丐流氓为职业者。

本上述分类为相当之处置。

（3）第一类之流氓乞丐，当赈济之至身体复原能自食其力为止。

第二类之流氓乞丐，当安置于公共或私人所设之赈济所楼流所，并强令做工。

第三类之流氓乞丐，当以严刑惩之，禁其再犯。

此外更经决议者数端：

（1）欲减除"以流氓乞丐为职业者"，或"甘心为流氓乞丐者"，须设工艺所，所中囚徒，须受严厉纪律者，应与他人分居，其有勤敏工作及举勤合度者，当类别之，并设法勉励他复权。

（2）工艺所中当以农工业为重，禁锢期当稍长，俾可竟其业，且使人知所儆戒。

（3）被禁者身体上及精神上，均当尽心调治。

（4）对于流氓乞丐之拘留，亦须适用假释与监视（公家应尽力为之，如有慈善会协助亦可）之制度。

（5）万国监狱会议，请设法推行乞丐流氓之识别分类法。

（B）勃拉克国际刑罚监狱会议之决议案

保安处分足以补充刑罚制度之所不及，而保障社会之安全，对于犯人能改善者，改善之，不能改善者，隔绝之，使不致为害社会，司法者按其情形选择用之而已。

以下所列保安处分,足以采用:

子、限制自由处分。

（中略）

3. 乞丐及无赖者之拘禁,应以使其惯于工作为目的。

4. 惯行犯之拘禁,应以隔绝为目的,但仍应注意于改善,前款犯人,应以特别处所安置之。

由是观之,游惰犯之处分以强令工作为原则,常习犯则不然,其处分之目的应以隔绝为目的,此其两者不能适用同一处分之理二也。就各国立法例而言,世界各国之立法,如德意志、日本、瑞士、波兰等国,均将两者异其处分,虽意大利之刑法,将习惯犯、职业犯送致于农业惩治场或工业场,然其根本上无游惰成习犯之规定,则比利时亦如之。前后两者相较,亦可知前者较合于后者,此常习犯与游惰犯不能适用同一处分之理三也。总上所述,其两者性质不同,当然不能适用同一处分明矣。

查我国《新刑法》第九十条规定:"有犯罪之习惯,或以犯罪为常业,或因游荡,或懒惰成习而犯罪者,得于刑之执行完毕或赦免后,令入劳动场所强制工作"。其未能将常习犯与游惰成习犯之处分异其种类,亦为刑法上之一大缺憾。

第七项　患花柳病人

花柳病为近世最风行之社会疾病也,稽其往迹,十五世纪时代,发源于法兰西,故有"法兰西病"之称。其流入于吾国,为明弘治正德间,与葡人通商,遂见传入,初发于南部诸省,故有"广疮"之名。洎乎近代,遂相应于文化之进步,而势益蔓延,非仅通商大埠留其踪迹,则穷乡僻壤亦难免其毒害矣。泛滥横流,渺无止境,其传染力之大,实至可怖!凡性喜寻花问柳者,往往偶一攀折,而花柳病毒,不旋踵间,已悠然茁止,其感染至易,而辞绝之不胜其难,小则伤身丧体,大则民族灭亡。譬如男子,沉溺花柳场中,致感病毒,则其妇亦终不免于传染,坐是之故,而流产、早产、不孕等症以起,子嗣乃归于绝望,且使有之,亦因受梅毒之遗传,终至夭折,或则感染眼淋,幼即失明,由是言之,花柳疾病之流毒于社会,良可谓之至惨至烈!

考诸欧西各国,英之陆军196336人中,患花柳病者,多至52155人,卫成病院,每日受治花柳病者,平均有4191号之多。法之巴黎,患花柳病之少妇,在12615人中,有4712人之多,其蔓延之广,殊足令人可惊可虑,故各国政府,均制定预防花柳病规则,以查验娼妓为其入手。即如德国,又以色欲为一种专门学科,凡学生于中学卒业将入大学之际,教师必将花柳病之危险预防法为之讲述,其法或集各该学生之父母及学校教员等,令其听讲,或将生殖器之生理解剖说明,或对于花柳病之危险制成影片,以电光映之,使国民咸知花柳病之危害。观之以上诸法,仅能认警察预防及教育预防而已,犹不能认为刑法上预防之政策也。

我国《新刑法》,有鉴于斯,特于第九十一条规定:"犯第二百八十五条之罪者,得令入相当处所,强制治疗;又前项处分,于刑之执行前为之,其期间至治愈时为止"。所谓二百八十五条,"即明知自己有花柳病,隐瞒而与他人为猥亵之行为或奸淫,致传染于人者,处一年以下有期徒刑,拘役或五百元以下罚金"而言也。因明知之而故犯之,应科之以刑罚,然为特别预防计,于科刑之外,又加以强制治疗之保安处分,实为我国《新刑法》中一大特色,足知保安处分能适用于患花柳病人矣。

第一款　立法理由

兹将我国《新刑法》对于传染花柳病及麻疯病者之处罚与施以强制治疗处分之立法理由摘录如下,俾供阅者之参考:

明知自己有花柳病与他人为猥亵之行为或奸淫,致传染于人者,处二年以下有期徒刑拘役,或五百元以下罚金。周纬谓现代社交公开,患花柳病者极多,均因花柳病互相传染于他人所致,比较保安处分章酗酒犯关系尤为重要,应将本条列入保安处分内,施以救济。

戴修骏谓条文中他人两字应删去,意义较为明显。罗鼎谓明知自己有花柳病,而传染于他人,均应罚,如娼妓明知自己有病,即不应营业,俟病疗愈后再接客,又明知自己有病,为什么要与自己妻子睡觉,此明知故犯,传染于人,自应处罚,故条文中无论娼妓或家属,将梅毒传染于人,均应罚。黄右昌谓"他人"两字改为"对方"。

焦易堂谓本条对传染麻疯病于人者,未能包括,又如游民明知娼妓有花柳病而去宿娼及本人得病后反告娼妓,实欠妥,故为保持我国社会家庭之美德,本系应完全删去,可在卫生行政从事救济。陈长蘅谓本条不应删去,正可保护社会之美德及家庭幸福与民族康健。刘克俊谓条文中之"他人"两字,与第二二八条之"他人"两字之用法,并无分别,无须修改,本条系新增条文,原因在保障人民健康,与民族之强盛。

程中行谓除本条规定之外,另有一种人专为营利,明知某有花柳病而为媒介,使他人亦受传染患病,此种情形,应于本条内另列一项，加以处罚。赵琛、刘克俊、罗鼎等，谓程委员提议，第二二六条又有教唆犯之规定，均可包括。又本条不能删去，可使人加以注意，花柳病有轻重之分别，故刑期亦有伸缩性，规定在二年以下。傅秉常谓按意大利之法例规定，为明知自己有花柳病，而隐瞒令人不知其有花柳病者则处罚，此种规定，较为进步，因现在有许多明知对方有花柳病，而与其睡觉，咎由自取，何罚之有？一般私娼野鸡，明白其有花柳病，或妻子明白其丈夫有花柳病，都还要与其睡觉，被传染之人，于传染后反去告状，似不应受罚，故本条应加"隐瞒"字样。

狄膺谓本条为新增条文，在试验时间，可将处刑减低，又患花柳病已属可怜，如将刑期改为一年或六个月，在六个月中大约可将其病调养完好。吕志伊谓花柳病只是淋病与梅毒两种，不能将麻疯列入，故主张于条文内加"麻疯"字样。徐元诰谓"明知"两字即包涵隐瞒之意，因自己明知后而传染于人，即是隐瞒。罗鼎又谓大家都知道野鸡有花柳病，但她不会说我有花柳病，也不会说我没有花柳病，一般男子图一时快乐而受传染，影响其将来遗传问题，至为重大，故新增此条。傅秉常谓明知其有病而去嫖，这是他自己的不好，但老婆明白其丈夫有病而与丈夫睡觉后，又去告他，也是不妥。讨论至此，主席提付表决，大多数委员本条修改为"明知自己有花柳病或麻疯，而隐瞒与他人为猥亵之行为或奸淫，致传染于人者，处一年以下有期徒刑，拘役，五百元以下罚金"。又周纬提议列入保安处分章，大多数委员亦表示同意，经主席指定交刑法委员会研究。

第二款　花柳病之种类症状危机及治愈期间

花柳病者，古以是病沾自花街柳巷，故名。而今知其不尽然，惟大都由不洁交接而来,兹从习俗,仍袭旧名。

花柳病之症状,千变万化,不胜枚举,我国旧时,仅以一毒字包括之。即欧西各国,在中古时代,亦盛唱花柳病同一病因之说。洎夫近代医学日精,始知千变万化之症状,实由三种病源而起,病源即为微生物。盖发生花柳病之微生物,不外三种,故花柳病亦得分为三种,兹举其种类如下：

（一）梅毒。（硬性下疳,俗名杨梅疮）

（二）淋病。（俗名五淋白浊）

（三）软性下疳。（俗名痛性横痃）

以上所说,不过指单一病症而言,但亦有兼患二种或三种之花柳病者,是因同时或先后感受二种以上之微生物故也。

第一　梅毒

梅毒一名杨梅疮,以其所发之疹子,形似杨梅故也。我国最初发生之地为广东,其地与外国交通最早,实由外国传染而来,故又名广疮。我国中医书,均委之于瘴气与泾毒,其实不然,确为一种微生物存于病人之发病部及血中。

（一）症状　梅毒之症状,共分为三期：第一期,病毒只在感受部及其附近。如鼠蹊部（即大腿骱之内侧）发生无痛性横痃（无痛硬块）,或发生于各部之硬结；第二期,全身皮肤发生各种毒疹,不觉痛痒,及头发脱落；第三期,发生皮肤、筋肉、消化器、呼吸器、睾丸、心脏、血管等像皮肿,或耳目失明、半身不遂、癫痫、失语、筋骨疼痛、开天窗、梅毒性精神病等症状。至于遗传梅毒,即初生小儿,似营养不良,皮肤枯燥而色赤,其颜面皱裂颇多,如老人然。

（二）危机　梅毒能蔓延全身,内侵脏腑,致丧生命,故世人均知其为花柳病中最危险者,然其害不仅限病人而已,受之者,更能遗传于子孙,而使之夭弱,世界各国,认为亡国病之一,岂过虑哉!

（三）治愈期间　梅毒治愈之期间,因治疗方法不同(有水银治疗法、沃度治疗法、九一四注射治疗法),病症轻重不等,故其治愈之期间有长短之别。今以第三期症状,施以最有效之九一四注射疗法而论,其期间,约在三月以上二年以下,方能痊愈。

第二　淋病

淋病又名白浊,其病源亦属细菌,概由交媾直接感受,间亦有因附有病毒之服物器皿等间接染及者,惟甚罕觏耳。

（一）症状　淋病之症状,有急性淋病与慢性淋病之别。急性症状,即传染淋毒后,经过一二星期尿道口初觉发痒,继则龟头发热,时时有排尿之感,如是者历二三日,尿道外口红肿,发生一种光泽,如以两指上下压迫尿道口,见有浆液少许压出,斯时发现尿道疼痛,再约过一二星期,即达极盛时期,尿道口红肿更甚,包皮亦往往肿起,有黄白色之脓汁,自尿道口不绝流出,最重者脓汁中混有血液,溺时痛如烧灼,并且发寒热、头痛、大便闭结等症状。慢性症状,即淋病经过急性时期,若不治愈,约至七八星期以后,则变成慢性,患病者自觉病症,殆全消失,惟尿稍溷浊,朝起时或见有脓封闭尿道口,日中殆无脓汁出,放尿不觉痛,往往自以为痊愈,殊不知淋菌物仍在也,达此时期,以致终身不能全治,即能治之,亦较急性时期为难。在慢性时期所发生之症状,如尿道闭塞之尿毒症、膀胱剧痛之膀胱炎、浓汁流入肛门致大肠发生淋病之直肠炎、淋菌侵入血管、传入关节之关节炎、淋菌传入心脏致四肢浮肿之心脏内膜炎皆是也。

（二）危机　淋病之危险,以包括于上文症状之内,总之患淋者能速治愈方为上策,不然,则殆害后患,如阴萎、遗精、早泄等,甚至生育艰难。惟不从速治愈，致变成慢性，则后患尤甚。女子较男子更难治愈，未全治前难望生育，即偶得胎亦往往早产。

（三）治愈期间　淋病之治疗方法分为内服疗法，注射疗法，尿道坐药法及高热或电疗法。急性时期用内服与注射疗法并用较为妥治。其治愈期间，大约五六星期即能痊愈。慢性时期须用淋菌血清注射与高热或紫光电疗兼用方能收效，但需时颇久，病者无耐性或不能始终严守卫生法（近酒色，劳动过甚），亦属无效，往往有一篑功亏之叹，况治淋目下尚无专药发明，故治慢性淋之痊愈期间，实不能预为揣测。

第三　软性下疳

下疳有软性与硬性之别，硬性下疳为梅毒最初之一症状，并非独立之疾病（详本节第一款）。软性下疳为花柳病三种之一，惟较轻耳。罹本病者多最贱之娼妓，其较高等者，感染较少，即偶或患此，以不堪疼痛，未愈之前，不复应客，故游客亦不易感染。

（一）症状　下疳多患于男女阴部，自病毒感染后，经二三日，即发生小脓疱，旋即溃烂，疮面凹陷不平，覆以黄色污秽之膜，四周与好皮肤有显明之界限，自觉疼痛，浓水甚多，并无硬块，且日见增大，溃烂大概不止一处。或感染数日后，于鼠蹊部（即大腿骱之内侧）发生一个或左右两个硬块，渐次增大，即为横痃，此横痃疼痛颇剧，极易化脓，此时往往全身发热，故与梅毒之无痛性横痃，极易区别。

（二）危险　其分泌之脓汁，富有传染力，但其危险不若梅毒与淋病之利害。以其只发生于阴部，而不滋蔓全身，故本病除交媾外，殆不传染，一经治愈，非再感受亦不再发。

（三）治愈之期间　下疳之治疗方法，不外乎开刀疗法，局部之消退或防腐疗法及华克清之注射疗法数种而已。重症(如横痃之发浓、阴茎之溃烂),约需三四月之久方能痊愈,轻者即三星期内亦可消退。

第三款　各国立法

查阅世界各国刑法,关于科罚明知自己有花柳病,而使他人感染者之立法例,少有所见,既无此种之科罚明文,尤其关于有花柳病者之付强制治疗处分之立法例更不易见。兹为便于研究起见,不仅限于有保安处分者之法条录之,即对于患花柳病人有处罚之明文者亦录之。

(苏俄)

明知自己有花柳病,而使他人感染者,处以三年以下之自由拘束。

性交或以其他传染花柳病之行为,及有传染危险之行为,染及他人者,处以六月以下之自由拘束,或强迫工役。(第一百五十条)

(中国)

犯第二百八十五条之罪者,得令入相当处所,强制治疗。

前项处分,于刑之执行前为之,其期间至治愈时为止。(第九十一条)

明知自己有花柳病或麻疯隐瞒而与他人为猥亵之行为或奸淫致传染于人者,处一年以下有期徒刑,拘役,或五百元以下罚金。(第二八五条)

第四款　比较研究

(甲)我国对于花柳病人得施以强制治疗与他国均无此制之比

较研究

　　查阅各国保安处分,首推瑞士,距今四十年前即有此制。迨至年来,各国修正刑法,莫不加入保安处分一章,而对于花柳病人之强制治疗,独付缺如,惟吾国《新刑法》始有此制,其理安在?推其原因,全在监狱之设备完美与否为断。欧西各国自罗马法王克勒曼期十一、比利时子爵威廉十九及英人约翰·霍华德(John Howard)等提倡改良监狱后,对于监狱之设备,均趋完善,故关于囚人之卫生疾病事宜,亦有医士主持之。反观吾国,则各处监狱,大多未能完善。

　　总上以观,对此问题足以解答矣。欧、美各国对于有花柳病人无强制治疗之立法,因其监内对于卫生疾病事宜已有医士主持,若囚人有花柳病当然可在监内施以治疗,即如病势沉重,亦可付托医院治疗,或由囚人家属保释出狱自行治疗,已无另有强制治疗处分之明文矣。余以为若监狱制度完善之国家,对于此种处分,实无规定之必要。今吾国监狱未能完善,事实上已不可掩饰,虽间有几处模范监狱,究不能代表全国,《新刑法》之对于明知自己有花柳病,而与他人猥亵之行为或奸淫致传染于人者,除科刑之外,得施以强制治疗处分,确能切合国情,此种立法,若在监狱未改良之国家,亦似有相当之价值。

　　(乙)宣告强制治疗要件之研究

　　按照《新刑法》第九十一条及第二百八十五条之规定,其强制治疗之宣告,须有下列五要件:

　　(一)有花柳病者　须有花柳病者方能适用强制治疗。至于非为花柳病(麻疯除外)而传染于人者,则不得适用本处分。易言之,除花柳病以外(麻疯病不在此例,容后节另述之),无论肺病、霍乱、脑膜炎、白喉,以及其他各种皮肤病虽能传染于人,亦不得适用强制治疗之处分。所谓花柳病者,即指梅毒、淋病、软性下疳,前已言之甚详,无庸另赘。

(二)须明知自己有花柳病 虽有花柳病又须明知之,若有花柳病而本人确不知自己有花柳病,或误认为非花柳病而传染于他人者,亦不能适用本条之规定。其所谓明知者,即含有故意之意思也。

(三)有猥亵或奸淫之行为 所谓猥亵,即鸡奸、磨镜之类是。所谓奸淫,即指男女两性交媾而言也。有花柳病人,非为猥亵与奸淫之行为而传染于人者,亦不能适用强制治疗之处分。

(四)须隐瞒之行为 若非隐瞒而传染于人者,亦不在本条科处之范围内,因被害者事前既已明知加害者有花柳病,当然有避免危险之可能,若竟敢与他为猥亵或奸淫之行为,不啻自愿抛弃本人之法益,法律上则不予以科处矣。

(五)花柳病已传染于人者 所谓花柳病已传染于人者,即经法医之检验,确有感染花柳病而言也。若仅有猥亵与奸淫之行为,独未达于感染病毒者,亦不得适用本条之规定。

总上各种要件,若缺其一,均不能施以强制治疗处分,可查阅《新刑法》第三百八十五条:"明知自己有花柳病或麻疯,隐瞒而与他人为猥亵之行为或奸淫,致传染于人者,处以一年以下有期徒刑,拘役或五百元以下罚金"。又同法第九十一条:"犯第二百八十五条之罪者得令入相当处所,强制治疗"等规定,则可知其立法上一切之要件矣。

(丙)强制治疗应否扩充适用范围之研究

按行为之处罚,以行为时之法律有明文规定者为限,保安处分适用裁判时之法律,此在《新刑法》第一条及第二条第二项已有明文规定。今同法第九十一条云："犯第二百八十五条之罪者,得令入相当处所,强制治疗",所谓第二百八十五条,即明知自己有花柳病或麻疯,隐瞒而与他人为猥亵之行为或奸淫,致传染于人者,处一年以下有期徒刑,拘役或五百元以下罚金而言也。依照《新刑法》第一条及第二条之法理解释,对于花柳病者适用之强制治疗,须合第二百八十五条之五大要件:一、有花柳病;二、须明知自己有花柳病;三、有猥亵或奸淫之行为;四、须隐瞒之行为;五、花柳病已传染于人者。若缺其一,均不能令入强制治疗,前题已言之甚详矣。余以为本条立法,似欠妥洽。夫保安处分之目的以改善为主旨,今仅限于有具备上述五大要件方得适用,殊失保安处分之法意矣。须知保安处分不限于恶害已发生,预料其将来有发生之虞,当然亦能适用之。据此论理,强制治疗之适用,只须有花柳病,已受被害人告诉者,不问其明知与隐瞒与否,一应得令入相当处所强制治疗,较为尤洽,非仅合于改善主义,亦得适应预防政策。若法院明知其花柳病,而认为不具备第二百八十五条之要件,则不宜宣告强制治疗处分,实非立法上之得计,深望立法者有以熟思之,切勿以应报主义之立场,而假保安处分之立法,殊失保安处分之本旨矣。

第八项　患麻疯病人

第一款　概说

麻疯病毒之烈,亦不亚于花柳病,因其传染力之强大非仅传至于子孙,并能染及于他人。故吾国《新刑法》,亦与花柳病同等视,列入同条,得令入相当处所,强制治疗。其第二百八十五条云:

"明知自己有花柳病或麻疯,隐瞒而与他人为猥亵之行为或奸淫致传染于人者,处一年以下有期徒刑拘役,或五百元以下罚金"。又同法第九十一条云:"犯第二百八十五条之罪者,得令入相当处所,强制治疗"。其立法理由,不外乎凡传染花柳病或麻疯病于人者,与人民健康、种族强弱,有莫大之关系。至其立法之利弊,及其科处之要件,与前项(花柳病)相同,无庸另赘。惟其稍异之点,一为花柳病,一为麻疯病之别而已矣。在本项所应研究者,则在麻疯之症状、危机及治疗等较为重要,容下款分述之。

第二款　麻疯病之原因症状危机及治疗

麻疯一症,分布全球,在中世纪时,曾经蹂躏全欧。英、法二国,尤为猖獗,然在今日已有逐渐消灭之趋势。印度、中国、南非洲及散德维齿群岛,为今日麻疯之大本营。我国称麻疯又名疠疯,南方各省较多,其他次之。兹将麻疯之原因、症状、危机、治疗等分述如下:

原因　在欧西之海森氏(Hansen),已于1871年发明之,谓由于一种特殊之细菌,其形状与动作极像痨菌,大半均由传染而来。据我国《医宗金鉴》所载:"麻疯总属毒疠,成其因有三五损风,五死证,见真恶候,初病能守或可生。此证古名疠风,疠风者有毒之风也。经云:脉气成为疠,又云疠者有荣气热腐,其气不清,故使其鼻柱坏而色败,皮肤溃疡,毒气容于脉而不去、名曰疠风,今人呼之为大麻疯。一因风土所生,中部少有此症,惟烟瘴地面多有之;一因传染或遇生麻疯之人,或父母夫妻家人递相传染,或在不慎,或粪坑房屋床铺衣被不洁;一因自不调摄洗浴,乘凉希图快意,或露卧当风,睡眠泾地,毒风袭人血脉而成"。

症状　麻疯可分为三种:(一)结节性麻疯,此种麻疯,在其长期先驱征之时期中,使患者暂失能力与生气,四肢与骨结隐隐生病,发热倒胃,其第一征象,即在背上及身体他部,发现均匀无色之疱点。此种疱点,当发热时尤为明显,不久即有确定之结节。先呈紫红色,后变褐色,实突而起。皮肤在此种场合较他处为厚,且有液质渗入,且结节组成之趋势多向面部鼻唇及前额,渐次在软腭间之溃疡,常态帮助诊断。结节变厚,且不时溃烂,以致结衣。倘面部受杆菌特殊之攻击,则患者之相貌顿行改变,即现一种狮状之面孔,眉毛脱下,两眼除患角膜炎外,因眼皮之伤痕,而成凝视。嗓子粗厉,呼吸高,且因声带溃烂而哮喘,手足有时首受攻击;至一定时期而溃烂。此病从首至尾,平均约有九年。倘任其自然,或不因发生痨病而阻止,则必使患者之神经,渐失功用而昏迷,卒至死亡而后已。(二)神经性麻疯,此种麻疯,倘无他种疾病混杂其间,并无如皮肤性麻疯之可怖,与易于致病。其征象与上述之麻疯仿佛。当病发生之时,患者常未见有如何特殊征象,惟在身体之某部感到麻木而已。当疾病进行时,受伤之神经能使患者之身体,发生各种变色之小块,皮上发现水疱,筋肉残废,各腱收缩,两手呈古怪之爪状,结果成为局部之瘫痪。手指改变,足上生漫性之溃疡,形成卒至手足指相继堕落。在皮肤性麻疯,倘神经受了影响,亦有同样之改变,神经性之麻疯,可以活到二三十年,或得享更长之年龄,其中亦有痊愈者,然杆菌所做工作之结果,虽扁鹊再生,亦无挽救之可能。(三)混合性麻疯,乃混合皮肤麻疯神经麻疯而成者,其惨酷之境,超越其他麻疯病状。

据中医《医宗金鉴》载:"偏身麻木,次起白屑红斑,蔓延如癣,形若蛇皮,脱落成片,始发之时,自上而下者顺,自下而上者逆。渐来可治,顿发难医,风毒入里化为虫,虫蚀五脏,则形有五损,肺受病先落眉毛,肝受病而起紫疱,肾受病脚底先穿,脾受病,遍身如癣,心受病,先损其目,此为险证。又有五死证,如麻木不仁者,为皮死,割皮不痛者,为肉死,溃烂无脓者为血死,手足脱落者为筋死,鼻梁崩塌,眼弦断裂,唇翻声哑者为骨死,若五死见一,即为败恶不治之候也"。

危机 本症非仅丧身戕体,因其传染力之大,足以遗传于子孙,或传染于他人;并在一时期能阻碍生育。

治疗 治疗之药剂,在各国所公认者,以大枫子油或其制剂,及金制剂(Krysolgan)为最有效。此种药剂,均以注射之方法行之。此外有自然疗法,亦有相当之效力。年来各国之麻疯院,其治愈率最高者,有菲律宾之古岭麻疯院,中国之济南麻疯院,其所用之药剂,在古岭麻疯院,用 H. Wightiana ethyl esters 行表皮浸润法或肌肉注射。在济南麻疯院,用大枫子油加百分之四之 Creosote 行皮下注射或浸润法,治疗之期间,最短约三月,但亦有终身不能治者。据中医之所用医剂,初起即服万灵丹汗之,次宜神应消风散、追风散、磨风丸,次第服之,牙龈出血,用黄连,贯仲等,分煎汤漱之,外搽类聚祛风散,兼用地骨皮、荆芥、苦参煎汤浸浴熏洗,或有醉仙散、通天再造丸,换肌散、补气泻荣汤等服之,若清心寡欲,戒口早治,或有可生,若口味不能清淡,色欲不能断绝,即愈后仍不免再发终至于不救。至于症病已达五死症,亦无治愈之望矣。

第九项 受缓刑人

第一款 通论

缓刑为近世最新刑事政策上矫正短期自由刑弊害之良法,即缓其刑之宣告或缓其刑之执行而言也。盖短期自由刑之执行，非但不足以感化犯人，且有使其感染狱内恶风，致陷于累犯之危险。故世界各国，对于轻罪或初犯者，论其品性，若非不良，则可于相当期间，缓其刑罪之宣告或执行，如在此期间内，确无一定之事由发生，视其与未受刑之宣告同，使得复归为无罪之良民，以免失其在社会上之地位。今为便于研究斯学者起见，先将缓刑之制度、要件、效力及万国监狱会议与国际刑罚会议之议决案略述如下：

（一）缓刑之制度 其制度大别之有三种：

（1）裁判犹豫制（System of the conditional release），又名英、美制，即所谓刑罚宣告犹豫主义（Conditional release），学者有谓之试验之大赦。盖其对于有改悛希望之犯罪者，犹豫其一定期间刑罪之宣告，而试验其行状。倘以善行经过此项期间，则赦免其刑。否则，若犯人于缓刑期内不自悔悟，违背缓刑条件，则非仍予宣告不可。此制之倡导者，为英之希尔（M. D. Hill）、美之沙伐格（Savage）等，故此制颇盛行于英、美各国。

（2）执行犹豫制（Système de la condemnation conditionnelle），又名法、比制，即所谓条件附刑罚宣告主义（Bedingte Verurteilung, condemnation conditional），学者有谓之试验之特赦，盖其对于一定之犯人，虽宣告一定之刑罚，亦得缓其执行，若于其期间内不再犯，即失其刑罚宣告之效力。创此制者为比利时1888年之《假释及条件附判决法》。其后大陆各国，如法兰西、瑞士、挪威、瑞典、埃及、奥地利亚、匈牙利、荷兰、丹麦等国无不采用此制，东亚之日本（有宣告犹豫之例外）及中国年来亦承之。

（3）条件附特赦制（System der bedingte Begnadigung），即所谓

条件附特赦主义(Bedingte Begnadigung),又名之曰德国制。盖德国以缓刑之权操之行政官吏,于司法方面仍须宣告其罪刑,惟行政方面得免其执行耳。

总上三种制度,第一种若受缓刑人违背缓刑条件,则非宣告其刑不可。届时每易致证据消灭,况设复杂之制度,需费之巨额,施行之困难,均为斯制之短。第三种须由裁判官宣告其刑,由检察官请求执行犹豫,试验后由司法总长为特赦之申请,而后由各邦特赦之,亦似乎有手续繁杂之弊。第二种缓其刑之执行,较为妥洽。虽以后违背缓刑条件,无庸更予审判。况又合于事实,故近世各国,多倾向于此种之立法。

(二)**缓刑之要件** 世界各国,对于缓刑之要件虽略有不同,大别之不外下列数种:

(1)须对于受二年以下有期徒刑、拘役或罚金之宣告 受二年以下(不限二年如日本限三年,亦略有不同)徒刑、拘役或罚金之宣告者,其恶性较浅,为免除入狱起见,不妨缓其刑之执行,予以试验,而长期徒刑不与焉;但宣告犹豫之制,其轻罪之要件相同,而对其刑不宣告之点则异。

(2)认为暂不执行或暂不宣告为适当者 法、比制认为其所犯之罪暂不执行较为适当者,则宣告之。英美制则稍有差异,以为暂不宣告其刑较为适当者,然后适用之。

(3)未曾受有期徒刑以上刑之宣告者 因其恶性较轻,恐执行其刑现染狱内之恶风,故主暂缓其刑之执行或宣告。

(4)前受有期徒刑以上刑之宣告,执行完毕或赦免后,五年以内未曾受有期徒刑以上刑之宣告者 此为上款(3款)之例外规定,虽曾受过有期徒刑之宣告,执行完毕或赦免后,五年以内未曾受有期徒刑以上之宣告者,因其非为累犯,其恶性较浅,亦能准其享受缓刑之利益矣。

此外在我国前《暂行律》尚有下列二要件:(一)有一定之住所及职业者。(二)有亲属及故旧监督缓刑期内之品行者。《新刑法》均不采纳之,谓无一定之住所及职业者,不尽为游民。至于第二种要件,现已有保护管束,亦无庸规定矣。

(三)**缓刑之撤销** 撤销缓刑之条件大别之有如下三种:

(1)缓刑期内更犯罪受有期徒刑以上刑之宣告者。

(2)缓刑前犯他罪,而在缓刑期内,受有期徒刑以上刑之宣告者。

(3)违反保护管束规则情节重大者。

以上各撤销缓刑条件,依我国《新刑法》而言,其他各国亦大致相同,惟稍有轻重之别而已矣。

(四)**缓刑之效力** 缓刑期内经撤销者,仍执行或宣告其刑,固无问题,但其未经撤销者,效力如何?各国约有两种立法例:

(1)以执行论,是刑虽免除,而罪仍存在。

(2)其刑之宣告为无效,为罪刑销减原因之一。

我国日本及波兰等国刑法之规定,缓刑期满而缓刑之宣告未经撤销者,其刑之宣告失其效力。失其效力云者,即宣告之刑既不执行,故不认为犯罪,亦即不成为累犯之基础也。

以上所述,不过说明缓刑之大概,犹未能说明受缓刑人所适用之保安处分。今先以万国监狱会议与国际刑罚会议之议决案,有关于本问题者择录之,然后可以知之矣。

(五)**万国监狱会议缓刑之决议案** 1910年华盛顿第八届万国监狱会议,对于缓刑之决议案如下:

缓刑制度之推行

缓刑制度,各国有已经实行者,其成绩如何?应否再行推广?对此问题,其决议如下:

(1)缓刑之犯罪,必须使其不得扰害社会。

(2)对于犯罪,必确信其人,不必监禁而能自新者,然后能享缓刑之待遇。

(3)缓刑期间,必须有人随时监督。

(六)国际刑罚会议缓刑之决议案 1930年在勃拉克开国际刑罚会议,其中关于讨论缓刑之议题及其议决案如下:

问题

关于缓刑及假释之法律适用以后之效果如何?

缓刑及假释制度,应如何改良,使其增加效力?

欲知受刑人确知如能遵行法定条件,即可于最短期间假释起见,应采用何种制度?

关于缓刑者及假释者之保护监视,国际间应如何组织?

决议

(1)缓刑及假释,仅可施之于适宜此种制度之受刑人,所以施行之时候,应注意受刑人之个性,及其对于社会之危险,分别处理之。

(2)审判官或其他为假释之官署,在缓刑及假释以前,应搜集保护监视团体或官署,关于受刑人生理上、经济上、精神上及道德上情形之详细报告,为缓刑及假释时之参考。

(3)假释及缓刑以后,须有保护监视。

(4)未有完全国家保护监视制度之国,应予私团体以相当之补助金,使得雇用人员,为保护监视,惟对于此种团体之工作,国家应设员监督之。

(5)对于前款人员之教育,应有系统之组织,此事由国家津贴行保护监视之团体负责或由国家自任之。

(6)如能遵行法定条件,即可于法定最短期间假释之情形,不宜使受刑人知道;但在法定最短期间内假释之问题,将由与当事人无关之机关审查之情形,应使他知道。

(7)所有一国之保护监视团体,应联合为一,而与他国为国际团体之组织,此国际团体应有关于保护缓刑者及假释者赴他国之规定,以后应本此旨,缔结国际条约。

观此二届之会议,其中缓刑期间,必须有人随时监督,与缓刑以后,须有保护监视。及未有完全国家保护监视制度之国,应予私团体以相当之补助金,使得雇用人员,为保护监视,惟对于此种团体之工作,国家应设员监督之等决议,均认缓刑期中,应付保护管束,以防其再犯。此保护监视,即保安处分也,故保安处分能适用受假释人而无疑义矣。

(七)中国对于缓刑者付保护管束之立法理由　我国《新刑法修正案》要旨,谓"现行法(指《旧刑法》)对于缓刑之条件,仅以犯人曾否受有刑之宣告为限,而对于受刑人之监督,并无规定,似欠妥当,故本案改为非法官认为以暂不执行刑罚为适当时,不得宣告缓刑,并规定受缓刑之宣告者,在缓刑期内,得付保护管束"。其意亦即对缓刑人之得付保安处分也。

第二款　各国立法

(德意志)

《1927年刑法草案》

裁判所对于限定责任人,许其收容于治疗所或看护所,及对于饮酒者,许其收容于治疗所或饮食节减所及劳动所者,同时命为保护监视时,得于二年以下之期间内条件附犹豫,其执行保护监视显为不充分时,裁判所撤销犹豫。(第六十一条)

(波兰)

第一项 主刑或易科之刑为两年以下之自由刑者,法院得宣告二年至五年之缓刑。

第二项 依据犯人之性质,犯罪之情境及其犯罪后之操行,推定其人决不再犯他罪者,适用缓刑。

第三项 对于第六十条所列之犯人,不得适用缓刑。(第六十一条)

第一项 宣告缓刑时,法院得将犯人交付于可靠之人或可靠之机关,令其在缓刑期间内,负监督之责。

第二项 在犯人经济状况可能中,法院得迫令犯人依照判决之期限及数目,赔偿其犯罪行为所发生之损害。(第六十二条)

第一项 犯人在缓刑期间内,再犯同种类同目的之罪时,法院得判令执行其缓刑。

第二项 犯人在缓刑期间内,犯有第一款所列以外之罪,或不受监督或行为不检,或不充分赔偿损失时,法院得判令执行其缓刑。(第六十三条)

第一项 在缓刑期间届满后三月内,法院若不判令执行其刑时,判决之罪案,视为撤销,犯人则恢复其选举权、被选举权、诉讼权、亲权、监护人权、执行其职业权以及取得其所丧失各种之权能。(第六十四条)

(日本)

应为三年以下之惩治禁锢或资格丧失、资格停止之宣告者,本人于犯罪前五年内,未被处资格停止以上之刑时,得于一年以上五年以下之期间内,犹豫其刑之执行。

应处五百元以下罚金之宣告,本人于犯罪前三年以内,未被处罚金以上之刑时,得于六月以上二年以下之期间内,犹豫其刑之执行。

犯本法所定之罪,应为拘留或科料之宣告者,本人于犯罪前一年以内,未被处刑罚时,得于六月以上一年以下之期间内,犹豫其刑之执行。

刑之执行犹豫,非有可以悯谅之情状,认为无再犯罪之虞,且于公益无妨害时,不得宣告之。

对照刑法第九十条。(第七十五条)

于并科刑罚时,得只就其一犹豫其刑之执行。(第七十六条)

就惩治或禁锢宣告刑之执行犹豫者,遇有必要时,得于其犹豫期间内,将本人付保护观察,或对之为保证善行,命其为相当金额或有价证券之提供。于为执行犹豫宣告后,认为必要时,亦同。

前项之处分,因其情事,得随时撤销之。(第七十七条)

资格停止以上之刑之执行被犹豫者,于其犹豫期间内,有第一款、第二款之事由时,撤销执行犹豫之宣告。

有第三款或第四款之事由时,得撤销执行犹豫之宣告。

(一)于犹豫期间内所犯之罪,被处资格停止之刑者。

(二)蔑视善行保证提供之命令者,或违背保护观察之条件,其情节重大者。

(三)于犹豫宣告前所犯之他罪,被处资格停止以上之刑者。

（四）于犹豫宣告前五年以内，被处资格停止以上之刑，发觉者。

对照刑法第九十一条。（第七十八条）

撤销刑之执行犹豫之宣告者，得没收已提供之善行保证。

于前项情形，未为没收处分之善行保证，应返还之。（第七十九条）

罚金以下之刑被犹豫者，于犹豫期间内犯罪，被处罚金以上之刑时，应撤销执行犹豫之宣告。（第八十条）

应宣告六月之惩治或禁锢以下之刑者，具备刑之执行犹豫之要件，认为情节特堪悯谅时，得认定犯罪之事实，犹豫刑之宣告，或免除其罪。

依前项之规定犹豫刑之宣告者，应命其就下列事项之全部或一部为其遵守之誓约。

（一）一定住居，从事正业。

（二）不与不良之徒交际，或不出入于法院所指定之场所。

（三）因酗酒犯罪者，不饮用酒类。

（四）其他保持善行之事。（第八十一条）

受犹豫刑之宣告者，有下列事由时，应撤销其宣告犹豫之宣告，而为刑之宣告。

（一）犹豫宣告后，被处资格停止以上之罪者。

（二）违背善行保持之誓约，其情节重大者。（第八十二条）

受刑之执行犹豫之宣告者，其犹豫中关于资格为法令之适用，视为未被处刑者。（第八十三条）

刑之执行犹豫未被撤销，经过犹豫之期间者，刑之宣告失其效力。

第二编 分论

于前项情形,有善行保证时,应返还之。

对照刑法第九十二条。(第八十四条)

刑之宣告犹豫之宣告,未被撤销,经过二年者,犯罪事实之认定,失其效力。(第八十五条)

(英吉利)

英国之法官,自来即有权依据 Common Law(普通法)以一定事件为限,命被告为品行改善之宣誓,无期延期其审判或刑罚之宣告,此普通法之规定,迄今仍属有效。

英国除上述普通法之规定外,为适用于未满十六岁人起见,而于1879年颁行《略式裁判法》,其第十六条规定如下:

第十六条 于略式裁判,因案件轻微之故,认为无须处刑,或宣告名义上之刑为便利时。

(一)因不为对于被告为有责任之裁判,驳斥科刑之请求。但于必要时,命为四十二志以下之损害赔偿。

(二)对于被告宣告其有责任之后,得附以交纳保证金,或不交纳应传唤到庭受刑罚之宣告,且命其签名于敦品誓约书之条件,放免之。

England(英格兰),Scotland(苏格兰),Ireland(爱尔兰),1887年之《初犯者试验法》,与《略式裁判法》略同。

Canada(加拿大)于1889年3月20日公布某种《初犯者试验法》,而于同年7月1日施行。(《刑法》第九七一条至第九七四条)

西部非洲亦于1892年2月1日颁行某种案件《初犯者试验法》。(加拿大及非洲之法律,全部仿英本国法)。

(美利坚)

美国于1901年中,采用英国式善行誓约品行试验之宣告犹豫法者,达二十七州之多。

(中国)

《新刑法》

受缓刑之宣告者,在缓刑期内,得付保护管束。

(中略)

前二项情形,违反保护管束规则,情节重大者,得撤销缓刑之宣告或假释。(第九十三条)

第三款　比较研究

(一)受缓刑人付保护管束之研究

我国《新刑法》对于受缓刑人之付保护管束,据郭元觉先生认为不当,其理由谓:"既不执行宣告之刑,不应付保护管束,致违缓刑之本旨"(见《法令周刊》一八一期特载一七页)。余以为郭先生之言,似乎未见其当。以法理而言:缓刑之本旨,系对于轻罪之初犯及可视作初犯之犯人定相当期间,缓其执行或宣告,以试验其能否悛改也。易言之,其要旨在矫正短期自由刑之弊害,为犯人开一自新之路。盖短期自由刑之执行,非但不足以感化犯人,且有使其感染狱内恶风,陷于累犯之危险,故对于初犯及轻罪者,若不于相当期间,缓其刑罪之执行或宣告,在此期间以内,确不违反缓刑条件,视为与未受刑之宣告者相同,一方足以长犯人自新之路,一方可以救济自由刑之弊。反之,若受缓刑人在相当期限以内,竟违反缓刑条件,则应将缓刑宣告撤销,其自由仍受拘束,故缓刑期内实有保护管束之必要,此其理一也。以万国监狱会议与国际刑罚会议之议决案而言:1910年华盛顿第八届万国监狱会议,其决议案中谓"缓刑期间,必须有人随时监督"。又1930年勃拉克国际刑罚会议,亦有同样之决议,内云:"缓刑以后,须有保护监视,未有完全国家保护监视制度之国,应予私团体以相当之补助金,使得雇用人员,为保护监视",已明示对于受缓刑人应付保护管束(与保护监视相同),此其理二也。以各国之立法而言:《德意志1927年刑草》之保护监视,《波兰1932年刑法》之交付可靠之人或可靠之机关,负监督之责,《日本1930年刑法改正案》之保护观察,及遵守誓约(条文详本项第一款内)等,均有对于受缓刑人付保护管束之规定,此其理三也。综上以观,其所谓既不执行宣告之刑,不应付保护管束,致违缓刑之本旨之言,已不攻而自破矣。余故曰:受缓刑者之付保护管束,乃立法上之进步也。

(二)日本刑法改正案中缓刑之制度与各国受缓刑人付保护管束之比较研究

日本1930年公表之《刑法改正案》,其中关于受缓刑人之特别预防方法,计有下列三种:

(1)保护观察;

(2)保证善行;

(3)誓约。

(甲)保护观察 《日本刑法改正案》第七十七条第一项前段规定:"就惩治或禁锢宣告刑之执行犹豫者,遇有必要时,得于其犹豫期间内,将本人付保护观察"。日本之所谓保护观察者,即应付以适当之条件,将本人交付于保护司,或委托于寺院教会保护团体或适当之人(第一百十五条)而为保护观察也。

(乙)保护善行 同法第七十七条第一项规定:"就惩治或禁锢宣告刑之执行犹豫者,遇有必要时,得其犹豫期间内,将本人付保护观察,或对之为保证善行,命其为相当金额或有价证券之提供。

于执行犹豫宣告后,认为必要时,亦同。"其认为受缓刑人有必要时,得命其提供相当金额为保证善行,以防其有犯罪之虞。

(丙)誓约 同法第八十一条规定:"应宣告六月之惩治或禁锢之刑者,具备刑之执行犹豫之要件,认为情节特堪悯谅时,得认定犯罪之事实,犹豫之宣告,或免除其罪"。又"依前项之规定犹豫刑之宣告者,应命其就下列事项之全部或一部为其遵守之誓约:(一)一定住居,从事正业;(二)不与不良之徒交际,或不出入于法院所指定之场所;(三)因酗酒犯罪者,不饮用酒类;(四)其他保持善行之事"。

总观上述,《日本刑法改正案》,对于受缓刑人之预防犯罪方法,有种种不同,在其甲乙两种,专为已宣告之刑而犹豫执行者,认为有必要时,得适用之。丙种专为较轻之犯罪,认为情节显可悯恕者,则缓其刑之宣告,而命其遵守誓约。易言之,即前两种对于执行犹豫者之适用,后一种对于宣告犹豫者而施之。足见日本刑法之缓刑制度,执行犹豫主义,与宣告犹豫主义二者兼用,故其对于受缓刑人之犯罪预防亦各有区别。其与各国之刑法虽目的则一,而对于方法已有不同,试为比较如下:

(1)缓刑制度之不同 查波兰1932年之刑法,苏俄1927年之刑法,及我国1935年之刑法,均采执行犹豫制度,及英美之采宣告犹豫制度,仅采其一,而未有两者兼用之立法,独《日本刑法改正案》之对于受缓刑人之制度,别具特色,非仅执行犹豫制度为其采纳,则宣告犹豫制度,亦为其所乐用,颇形折衷色彩,此其与各国缓刑制度之不同也。

(2)预防方法之不同 查波兰、德意志及我国之刑法,均仅对受缓刑人付保护管束,而日本于保护观察之外又有保证善行及誓约等方法,此其预防方法之不同也。

他如日本之保护观察,善行保证及誓约等制,均不归入保安处分章内,亦与德意志及我国之刑法将保护管束(德国保护监视)归入保安处分章内大有不同。

(三)受缓刑人绝对交付保护管束与相对交付保护管束之比较研究

各国刑法对于受缓刑人之付保护管束,均为相对适用,余以为应改绝对交付。先以法理而言:缓刑之目的,在于使犯人勇于自新,非其所犯之罪无恶性也,虽过失之罪似无恶性,然刑法上之所谓过失,系指并能注意,而不注意为过失,其中亦含有社会之危险性,惟较故意罪稍轻耳。过失罪既已如此,故意之轻罪当可不言而自明矣。况又假释须绝对适用保护管束(我国新刑法),其对于受缓刑人之保护管束,岂可相对交付耶?如不知假释之要件,亦须犯人有悛悔实据,方可假释,其与缓刑之法官认为暂不执行刑罚为适当之旨无以异也。次以事实而言:受缓刑人对于社会之危险性,未必较假释人为浅,而又缓刑人中亦颇难标准其何种人应付保护管束?何种人不必适用之?既受缓刑人有付保护管束之立法,不如采绝对适用较为妥洽。非惟合于缓刑使犯人自新之本旨,亦为使刑法预防主义之实现。又再以国际刑罚会议(见前)而言:内云缓刑期间,必须有保护监视,亦足以见受缓刑人必须绝对应付保护管束而无疑义矣。据上论结,各国刑法中之受缓刑期间"得"付保护管束,应改为"应"付保护管束,较为允洽。我国《新刑法》亦未能顾及,殊为遗憾。

第十项 受假释人

假释(parole)在法文有包含"预约"或"荣誉"之意义,乃对于已经入狱之囚人，在执行中，有悛改之实据者，于刑期未满前，附以条件，许其暂行出狱之制度也。学者有名之曰："假出狱"。兹为便于研究受假释人之付保护管束起见，先将假释之种种问题，略为说明如下：

（一）**假释之沿革**　假释之制度，发源于英国，初则称为"缓刑执照"、"释放证票"或"有条件之自由"，虽其名称不同，而其意义则一。惟初时仅适用于奴隶、佣工及少年犯人，将其交付主人、雇主或家长监督。迨后政府组织特别机关，以视察释出犯人之行为，于是假释之制渐形完备，扩充于成年之一般犯人矣。

假释溯源，英国在 1791 年密拉妙（Mirabeau）之司法报告中，主张对于监狱应采用犯人工作、分居及奖励原理，将犯人之行为优良者，予以有条件之释放。迨至 1838 年毛里示瓦示（Molesworth）报告国会，主张将长期徒刑之犯人释放国外殖民地经营，于是此种假释制度渐形完备，但受殖民地政府之反对，致其计划终于不能贯彻实行。次年秋季，马康奴志（Maconochie）在离澳洲大陆八百海里外之劳薄岛（Nortolk Island）创立释放票（Ticket-of-Leave），将行为优良之犯人，在相当监视之下恢复其自由，此即英国释放票之来源，亦即英国假释制度之开始。至 1854 年，高鲁顿（Crofton）在爱尔兰将英国之释放票制度大加改革，结果造成极完美之"爱尔兰假释制"。今日美国假释制度亦即根据此种制度之结果。

美国由犯罪学家温尔示（Wines）、勃罗威（Brockway）、游微（Hubbell），及威示（Dwight）等，出洋考察之结果，认定爱尔兰之监狱制度为完善，尤以假释制度为最完善。在 1867 年温尔示及威示向纽约之立法机关报告，谓爱尔兰之监狱制度，从其基本原理而论，实足以适应美国，结果设立伊美拉感化院（Elmira Reformatory），将爱尔兰制度载明于正式法律,此即美国1869年之《假释法》。但非完全仿照爱尔兰制度,别有独创之点。及至1898年,美国则有二十五州采用同样之假释制度矣。

大陆诸国,鉴于假释制度,颇合新刑事政策,1862年德意志联邦之索逊(Saxon)首先采用此种制度,1870年,施行于德国北部,1871年,遂为德意志全国所采用。至今世界文明各国,几无不采假释之制矣。

(二)**假释之辨异** 在法律上有数种名词与假释之性质颇相类似,致易发生误解,特为分别说明如下:

(甲)**假释与缓刑** 假释之意义已如上述,而其所以异于缓刑者,即假释之执行,在于监狱及司法行政最高机关,须由判定之刑期,在监狱已执行一部分然后可以假释。缓刑之执行,在于法庭,即对于轻罪之犯人认为不适于监狱之执行,乃由法官宣告其刑而犹豫其执行,或认定犯罪事实,缓其刑之宣告等是。

(乙)**假释与有条件之赦免** 在英美刑事制度中有所谓有条件之赦免,亦与假释之意义颇相类似,究其性质,实有不同。因假释限于已受监禁之犯人,而有条件之赦免,则不必要受相当时期之监禁者。且在出狱后之监视,前者亦较后者较为严密与慎重。

(丙)**假释与荣誉制度** 美国之监狱对于管理犯人常有荣誉制度之设立,如纽约之新新监狱可为其代表,此种荣誉制度,有时将犯人释放监狱以外,使其练习自由行动。假释所以异乎此种荣誉制度,在假释须由司法及立法机关所规定,而荣誉制度,则由监狱长官所创办,以行动方面而论,假释较荣誉释放自由。

(三)**假释之要件** 据各国假释之规定,其要件虽略有不同,大别之不外下列三种：

(1)须受徒刑之执行　死刑、罚金，与悛悔无关，拘役为期甚短，亦无适用假释之必要。

(2)其刑之执行须已经法定之期间　法定期间有示以最短期限，即限定其为若干年月以上之刑者。如丹麦七年以上之有期惩役，葡萄牙二年以上之有期自由刑，比利时初犯三月以上，再犯六月以上之有期自由刑是。有示以受刑期间，即限定其已受若干年月以上之执行者，如瑞士初犯刑期三分之一，再犯二分之一，三犯以上四分之三之比例规定，与中国无期徒刑逾十年后，有期逾二分之一后之明揭受刑期间是。

(3)须有悛悔之实据　所云悛悔之实据者，举凡谨守监狱规则，勤勉工作，真心悛悔之谓也。

于此以外，如美国之假释制度，尤须注意下列条件：

(1)智力　低能之犯人不适于假释，虽其中亦有不致于再犯，然多数低能者，因理解薄弱，自治力与判断力低下，故不以假释为宜。

(2)不良嗜好　凡染有酒精中毒、鸦片中毒、好赌博之犯人，均不适于假释。因染有此种不良嗜好之犯人，品性均属恶劣，虽在监内似有悛悔行为，但出狱后一遇机缘，即易于再行犯罪。

(3)神经病　此种犯人本应拘禁于专门病院，若非治愈病症，断难适用假释。

(4)累犯　累犯之恶性较其他犯罪人为重，若非经过长期之训练，并经社会学家及心理学家之精密审察，认为确有悔悟之行为者，亦断难予以假释。

(5)加入不良团体之犯人　凡犯人由参加团体而犯罪者，如贼党、暗杀团、赌博馆等行为,均不适于假释,因此种犯罪团体,如果继续存在,则犯人于假释后即易于再犯。

(6)居住　假释后之犯人居住问题,虽不如上述各点之重要,然亦不可忽视。在美国多数之假释,是不许犯人仍回前犯罪地居住,因据统计研究之所得,犯人假释后仍回原地居住而致再犯者较多。

(7)职业　犯人假释之后,倘无职业亦易于犯罪,故美国之监狱,将犯人在监之时,使其学有技能,及全假释之期,代为觅定相当职业,故美国有数州规定假释犯人,不能失业及移动指定之职业。

除此较重要点之外,其余犯人之品行、体格、年龄、性别、婚姻、教育、道德观念、宗教信仰、犯罪性质、态度、家庭状况、经济情形等,亦须精密考虑,以决定犯人是否假释。

(四)**假释之撤销**　撤销假释之条件,归纳各国刑法观之,大约不外下列二种:

(1)更犯罪者　各国刑法略有不同,有规定更犯受有期徒刑以上刑之宣告者,如我国《新刑法》是,有规定被处资格以上之刑者,如《日本刑法改正案》是。

(2)违反保护管束规则者　各国对于假释之犯人,均有管束规则,附入于刑法施行法,或附入于监狱法,或另定单行法,其违背管束规则者,并非犯罪,仅为撤销之条件耳。

(五)**假释之效力**　在假释期满,或无期徒刑逾法定期间(日本十五年后,中国十年后),而未经撤销者,其未执行之刑期,以已执行论。

以上所述,虽未能详为说明受假释人之应付保护管束,然亦足

以知其大半矣。今再查阅万国监狱会议及国际刑罚会议与本问题有关者之决议案,益足证明受假释人应适用保护管束,兹择录之如下:

(六)万国监狱会议假释之决议案

1910年华盛顿万国监狱会议

假释制之适用

假释

(1)假释制度,当有一定法律,凡罪人在监,须满最短期之监禁刑,然能施行假释,无论何人,皆有享受假释利益资格。

(2)有判定假释之权者,即临时法庭之官吏,惟出狱后,仍须随时监督,如察其不能改悔,仍可随时拘引入狱。

(3)假释制度施行后,政府须设一定官吏,监督假释之人,如一时未设专官,地方慈善会,亦可受政府委托,管理此事,惟犯人之行止,在相当时期内,须随时报告政府。

(4)所有永远监禁之罪徒,不得假释者,当由司法部司其特赦。

1925年伦敦万国监狱会议

第一问　对于刑之执行犹豫,或假出狱者,国家、团体或个人最有效之监督方法如何?

决议　对于附带条件之处罚者及附带条件之释放者,应由警察监督之。此种监督,亦得由受国家补助或监督之私设团体,以及官立或半官立之组织体行之。官立或半官立之组织体,虽受国家之报酬,应直接隶属于裁判所,不得属于警察之人员也。对于一切受附带条件之处罚者及附带条件之释放者,可行强制之监督。至对于刑期完满,即受确定之释放者,以任意监督为正当。

关于被释放者，从处罚之国家而赴其他国家，希望诸国之中央机关，容易为国际之协约。

(七)国际刑罚会议假释之决议案　1930年勃拉克国际刑罚会议，其中关于假释之决议案，前已节录，但为便于阅者起见，再行录之如下：

问题

关于缓刑及假释之法律适用以后之效果如何？

缓刑及假释之制度应如何改良，使其增加效力？

欲知受刑人确知如能遵行法定条件，即可于最短期间假释起见，应采用何种制度？

关于缓刑者及假释者之保护监视，国际间应如何组织？

决议

(1)缓刑及假释，仅可施之于适宜此种制度之受刑人，所以施行之时候，应注意受刑人之个性，及其对于社会之危险，分别处理之。

(2)审判官或其他为假释之官署，在缓刑及假释以前，应搜集保护监视团体或官署，关于受刑人天然上、经济上、精神上及道德上情形之详细报告，为缓刑及假释时的参考。

(3)假释及缓刑以后，须有保护监视。

(4)未有完全国家保护监视制度之国，应予私团体以相当之补助金，使得雇用人员，为保护监视，惟对于此种团体之工作，国家应设员监督之。

(5)对于前款人员之教育，应有系统之组织，此事由国家所津贴行保护监视之团体负责或由国家自任之。

(6)如能遵行法定条件，即可于法定最短期间假释之情形，不宜使受刑人知道，但在法定最短期间内假释之问题，将由与当事人无关之机关审查之情形，应使他知道。

（7）所有一国之保护监视团体，应联合为一，而与他国为国际团体之组织，此国际团体应有关于保护缓刑者及假释者赴他国之规定，以后应本此旨，缔结国际条约。

观此历届之决议案，其中所谓"出狱后仍须随时监督，如察其不能改悔，仍可随时拘引入狱"。"假释制度施行后，政府须设一定官吏，监督假释之人，如一时未设专官，地方慈善会，亦可受政府委托，管理此事，惟犯人之行止，在相当期内，须随时报告政府"。"对于附带条件之处罚者及附带条件之释放者，应由警察监督之，此种监督，亦得由受国家补助或监督之私设团体，以及官立或半官立之组织体行之"。"假释以后，须有保护监视。"及"未有完全国家保护监视制度之国，应予私团体以相当之补助金，使得雇用人员为保护监视"等决议案，均明示假释后，应付保护管束，足知保安处分亦能适用受假释人矣。

第一款　各国立法

（意大利）

下列情形，应命令自由监视：

（一）科十年以上之惩役，于此情形，不得少于三年之期间；

（二）犯人许可假出狱时；

（三）习惯性、或职业性，轻罪犯不受保安处分时，更为犯罪而有习惯性、或职业性状态再度发现之时；

（四）其他情形定于各本条。

送至农业惩治场，或工业场处分终了时，法官得命令释放者,受自由监视,或善行保证(第二三〇条)。

（波兰）

第一项 受自由刑之犯人,若依其刑之执行期间内之操行及其本人之境况,可以推定其不再犯他罪者,法院得将一部分之刑,准许假释。

第二项 犯人至少须受过其宣告之刑之三分之二之执行,但无论如何,至少须满八个月;其受无期徒刑之判决者,则至少须满十五年,方得准许假释。

第三项 羁押之期间及假释之部分,不得算入宣判之刑及已受之刑。

第四项 对于刑之执行后,应受保安处分之犯人,不得假释。(第六十五条)

第一项 准许假释时,法院得将人犯交付于指定可靠之人或可靠之机关,令其在试验期间内,负监督之责。

第二项 刑之假释部分所有之期间为试验期间,但无论如何,试验期间,至少必须一年,受无期徒刑之犯人,其试验期间,则为五年。(第六十六条)

第一项 犯人在试验期间内,再犯同种同目的之罪时,撤销其假释。

第二项 犯人在试验期间内,犯有第一项以外所列之罪,或其不受监督或其行为不检时,撤销其假释。

第三项 假释撤销时,所有出狱之期间,不算入刑期内。(第六十七条)

在试验期间届满后三月内,若不撤销假释时,其未执行之刑,以已执行论。(第六十八条)

（日本）

受惩治或禁锢之执行者，行状善良，具备下列条件，将来无再犯罪之虞时，得以行政官署之处分假释放。

（一）有期刑经过其刑期三分之一，无期刑经过十年者。

（二）无居住及生计上之障碍者，或一定居住从事正业之机会确实者。

前项之处分，应参酌已有损害赔偿否？尤其本人已为损害赔偿或努力赔偿否？（第八十六条）

受不定期刑之执行者，经过其长期四分之一时，经刑务委员会议决，得为前条之处分。（第八十七条）

假释放之处分，应将已被算入于本刑之未决拘留日数，算入于业经刑之执行之期间。

对于因减轻死刑为无期刑者，假释放之处分，应将判决确定后之拘禁日数算入于无期刑曾经执行之期间。（第八十八条）

准许假释放者，得命保证监督。

对于被处不定期刑者，准许假释放时，应命保证监督。

前二项之保证监督，于无必要时，应解除之。（第八十九条）

于下列情形，得撤销假释放之处分。

（一）假释放中犯罪，被处资格以上之刑者。

（二）违背保护监督之条件者。

撤销假释放之处分者，释放中之日数不算入刑期。（第九十条）

准许假释放者，其处分未被撤销，经过残余刑期，或释放后经过与已受执行之同一刑期时，为刑之执行终了。无期刑准许假释放者，释放后经过十五年时，亦同。

被处不定期刑者,前项情形外,其保护监督被解除时,刑之执行亦为终了。(第九十一条)

被处拘留者,因其情节,得随时以行政处分准许假出场。

因不能完纳罚金或科料,被付滞纳留置者,与前项同。(第九十二条)

(美利坚)

美利坚之假释制度,为各国最完备之国家,其中关于受假释人亦须受假释法之监督,倘违反《假释管束规则》之时,则撤销假释。在美国之干沙示(Kans)六州,规定犯人假释后,应终身受假释规则之监督,此种制度,可谓无期之假释。犯人欲撤销刑期,仅能请求特赦,不然,若犯《假释管束规则》,随时均可入狱受刑。但美国密示根(Michigan)州之假释,与干沙示等州适成相反,其假释之期最多为五年,即犯人一经准许假释出狱,经过五年之后,则可恢复完全自由。故论者均谓干沙示等六州之假释法过于保守,而密示根州之假释法亦似过激。干沙示等州之理由,谓犯人出狱后,难免有再犯之虞,国家为预防此种危险,非使犯人无期受假释规则之管束不可。密示根州则以犯人在未假释前,已审查其有悛悔实据,而且假释后又经过数年之管束,当然少有犯罪之危险,况又短期之假释管束,足以节省政府之负担及增加假释局对假释犯管束之效力。密示根之假释制度虽受他方之攻击,然与干沙示之假释制度相较,竟能高胜一筹。

美国之假释局设备最完善者,首推意仁诸示(Illinois)及民利苏达(Minnesota)等州。主持之长官,不仅是犯罪学者或对于假释有研究之专家,而又系毫无党派与政党之关系。其对于监犯受假释后,在假释期内须谨守假释管束规则,倘发现有违犯规则之情形，则撤销其假释，执行未完之刑期。假释之被撤销后，对于执行之刑期，不必再由法庭重行审判，因假释犯与监犯其地位完全相同，在其刑期未届满以前仍为被监禁之罪犯。

对于犯人假释后之管束方法，要推意仁诺示为最完善，将州中分成十区，每区设立一假释分局，管束区中之假释犯。局中之职员依假释犯之人数而定，每一职员负责监督五十名假释犯，在其区内每星期须往访假释犯一次，每次则依管束规则作一报告。假释局之职员每日须在簿上注明所访之人数，每星期作一详细报告于分局，分局则每月作一总报告于总局。报告书内须记载下列事项：

（一）假释犯之人数。

（二）访谒假释犯之次数。

（三）假释犯之工作情形。

（四）假释犯之家庭状况。

（五）假释犯之移动。

（六）假释犯之品行。

（七）假释犯之犯法情形及其原因。

（八）管束假释之困难问题。

假释分局除将职员管束经过作一总报告外，犹须将假释犯本人所书之每月行为表呈验。假释职员之责任，非仅限于监督假释犯，并应援助假释犯介绍职业，解决财政之困难，及安慰与指导假释犯之行为。

假释犯在假释之时，须宣誓出狱后不再犯罪，其宣誓之要旨如下：

（一）遵守管束规则。

（二）不与恶劣朋友来往。

（三）戒绝嫖赌饮酒及懒怠等不良行为。

假释犯非得当局之准许，绝对不能移居与改变职业。

据其规定假释犯不能执行下列职业：

（1）汽车夫。

（2）夜工。

（3）火车工人。

（4）银行职员。

（5）旅馆职员。

（6）游戏场职员。

（7）其他附有不良引诱性之工作。

假释犯之职业，较其他一般人为困难，因社会上之心理，视犯人对社会有危险性。然亦不无例外，亦有一般人欢喜用假释犯，因假释犯由法律所监视，不敢越轨。大约愿意雇用假释犯之人，有时藉端压迫犯人，给犯人以过度之工作，而工资反而短少，若假释犯不愿者，则恐吓以各种不良之报告使其被捕入狱。故假释局为顾全假释犯受人欺诬，每星期须派员往假释犯之工作处所查问，如发现有上列被欺压之情形，则另为介绍职业，并不许再派其他假释犯往该处工作。至于假释犯有因邻近发生罪案，常易被警察误捕或受人诬告，假释局亦尽量援助之。此种对于假释犯之审查、管束及保护犯人达改良之目的，其方法实有无微不至。

（中国）

《暂行新刑律》

假释出狱而有下列情形之一者，撤销其假释，其出狱日数不算入刑期之内。

（一）假释期限内更犯罪受拘役以上之宣告者。

（二）因假释前所犯罪而受拘役以上之宣告者。

（三）因假释前所受拘役以上之宣告而应执行者。

（四）犯假释管束规则中应撤销假释之条项者。

未经撤销假释者，其出狱日数算入刑期之内。

《旧刑法》

假释期内有下列情形之一者，得撤销其假释：

（一）更犯罪受拘役以上刑之宣告者。

（二）犯假释管束规则者。

假释撤销后，其出狱日数不算入刑期内。（第九十四条）

《假释管束规则》（民国十八年四月二十九日司法行政部公布同日施行）

第一条　假释者由交付假释证书之监狱监督之，但监狱得以其监督权，委托假释者居住地之公安局，或下列适当之人及团体：

（一）假释者之亲族故旧。

（二）出狱人保护会。

第二条　假释者于释放时，监狱须将到达于居住地之期限，记载于假释证书。

假释者须按照前项所定期限，向监狱委托之监督者，呈验证书，请求盖印或签名。若行期涉及数日时，对于寄居地之公安局亦同。

第三条　假释者因天灾疾病及其他事故不能依第二条之规定时，即须将其事由，向所在地之公安局，声明呈请发给证明书。

前项之证明书,须向监督者请求盖印或签名。

第四条　监狱交付假释证书时,应将假释之事由通知下列各官署：

（一）假释者居住地之地方法院检察处。

（二）假释者原判决之地方法院检察处。

（三）假释者居住地之公安局。

第五条　假释者欲为三日以外十日以内之旅行时,须报告其事由及旅行地、旅行日数于监督者。

第六条　假释者将移居或为十日以上之旅行时,须报告其事由、移居地、旅行地及其日数,请求监督者许可。

得前项之许可时,监督官署或团体,须交付旅券。监督人须请求委托之监狱或居住地之公安局交付旅券；但移居于同一区域内者不在此限。

有前项情形时,第二条、第三条之规定准用之。

第七条　许可移居时,被委托监督者,须将移居事由,连同假释者之关系书类,送由委托之监狱通知第四条第一款、第二款各官署,及新居住地该管之地方法院检察处及公安局。

前项公安局之通知,应附送假释者之关系书类,并委托其监督。

第八条　假释者欲为国外之旅行时,被委托监督者,须将其旅行事由,及旅行地、旅行日数,切实调查,附具意见,送由委托之监狱,呈经高等法院检察处,转报司法行政部查核,监狱直接监督时亦同。

得前项之许可时,第四条、第六条第二项、第三项之规定准用之。

第九条　旅行之假释者归于居住地时,即须投到于监督官署、或团体、或监督人、缴还旅券,监督人并须将旅券缴还原交付官署注销。

第十条　假释者关于职业及其他生计事项,须具意见报告于监督者。

假释者有保护人时须署名于前项之报告。

第十一条　假释者须依前条规定,每月一次,向监督者陈述其最近状况。

旅行之假释者于同一地点,为一月以上之居留时,须赴所在地公安局为前项之陈述,该公安局须通告节略于交付旅券之官署或团体。

第十二条　监督者对于假释者,须使之就正业,保善行,并得发相当之命令或训告。

第十三条　假释者行状之良否,职业生计之种类,及勤惰亲属之关系等,被委托监督者,每六月一次,须作调查书送由委托之监狱查考,并通知第四条第一款、第二款各官署。

第十四条　检察处及监督者,认假释者该当于刑法第九十四条时,须具意见送由交付假释证书之监狱,呈经高等法院检察处,转报司法行政部核办。

第十五条　司法行政部撤销假释处分时,须令知假释者所在地,或居住地之该管法院检察处,或交付假释证书之监狱使执行之。

有前项情形时须收回假释证书。

第十六条　有前条情形时,执行之检察处或监狱,须分别通知第四条所列各官署。

第二编　分论

第十七条　撤销假释者,如逃避执行时,检察处应依刑事诉讼法第四百八十八条之规定迳发捕票。

第十八条　假释者死亡时,被委托监督者,须报告于委托之监狱。

监狱受前项报告后,除通知第四条第一款、第二款各官署外,须呈报其节略于高等法院检察处,转呈司法行政部。前项死亡如由监狱直接发现时,并须通知第四条第三款之官署。

第十九条　凡公安局官吏,因监督上必要事项,须至假释者居所中时不着制服。

第二十条　本规则自公布日施行。

附假释证书式

假释证书			
姓　　名			
	年　　月		日生
原　　籍	省　　县	镇	乡
假释后之住地	省　　县	镇	乡
罪　　名			
刑　名　刑　期			
中　华　民　国	年　　月	日	执行开始
中　华　民　国	年　　月	日	刑期终了
假　释　期　间	自中华民国　年　月	日	起
	至中华民国　年　月	日	止
须于中华民国	年　　月	日到达于居住地	
	监狱典狱长		
记事及公安局官吏钤印			

注意　旧监狱用时应将典狱长三字改填管狱员

《假释者须知事项》(民国十八年四月二十九日司法行政部令公布)

(一)须照监狱所定期限,赴居住地向监狱委托之监督者,请求盖印或签名于此证书,如行期涉及数日时,并向寄宿地之公安局呈验请求盖印。

(二)因天灾、疾病及其他事故不能依前条之规定时,须报告其事由于所在地之公安局,请给证明书,此项证明书须提出于监督者,请求盖印或签名。

(三)须就正业保善行。

(四)假释中须受监督者之监督,服从其命令或训告。

(五)关于就职业谋生计等之意见,须从速报告于监督者,有保护者时须连署。

(六)须每月一次向监督者陈述前项之现状,得许可旅行于同一之地点,为一月以上之居留时,对于所在地之公安局亦须陈述。

(七)得为三日以外十日以内之旅行时,须报告其事由、旅行地及旅行日数于监督者。

(八)得移居或为十日以外之旅行时,须报告其事由、旅行地或移居地及其日数,请求监督许可领受旅券。

第一、第二之规定,于此时准用之。

(九)欲为国外之旅行时,须报告其事由、旅行地,及旅行日数,经由监督者及交付证书之监狱,呈请司法行政部长许可。

得前项许可时,第八之规定准用之。

(十)旅行归时,即须向监督缴归旅券。

(十一)违背上列事项或该当下事项之一时,撤销假释处分:

  (1)假释期内更犯罪,受拘役以上之宣告者。

  (2)犯假释管束规则中,应撤销假释之条项者。

（十二）撤销假释处分时，出狱之日数不算入刑期内。

《新刑法》

（假释章）

受徒刑之执行，而有悛悔实据者，无期徒刑逾十年后，有期徒刑逾二分之一后，由监狱长官呈司法行政最高官署，得许假释出狱，但有期徒刑之执行未满一年者，不在此限。

前项执行期间，遇有第四十六条情形者，以所余之刑期计算。（第七十七条）

假释中更犯罪，受有期徒刑以上刑之宣告者，撤销其假释。

因过失犯罪者，不适用前项之规定。

假释撤销后，其出狱日数，不算入刑期内。（第七十八条）

在无期徒刑假释后，满十年或在有期徒刑所余刑期内，未经撤销假释者，其未执行之刑以已执行论。

假释中因他罪受刑之执行者，其执行之期间不算入假释期内。（第七十九条）

（保安处分章）

受缓刑之宣告者，在缓刑期内得付保护管束。

假释出狱者，在假释中付保护管束。

前二项情形，违反保护管束规则情节重大者，得撤销缓刑之宣告或假释。（第九十三条）

保护管束交由警察官署、自治团体、慈善团体、本人最近亲属或其他适当之人行之。（第九十四条）

第二款　比较研究

（一）假释之本旨与付保护管束之研究

据一般学者所说，假释之主要宗旨，不外六点：（1）奖囚人之自新,(2)救济刑之失当,(3)为出狱之阶梯,(4)裨犯罪之预防,(5)解决监狱之拥塞,(6)节省监狱之费用。平心论之,其最主要之目的,在于改善犯人使其进于自由之领域。易言之,即使犯人抑制本人之行为与个性得以适应社会之生活。故假释须减少犯人之刑期,不将其长期监禁监狱之内,而应代以实际之社会生活,在法律监视之下,使其逐渐得以适应社会环境。然欲使此种制度不致于失败,第一,则在监狱内须应用科学之方法治理犯人。当犯人被监禁监狱之时,初步之工作须详细审查犯人之生理状态、精神状态、智力、态度及历史等事项。此种工作尤以对于将近假释之时更加重要,如美国普通之监狱,当犯人入狱之第一星期及将实行假释以前一个月,则命医生查验其各部身体,健康及先天之遗传;精神病理学家审问神经系统,人格构成及精神是否安宁;精神病理学家与医生又共同审查其有无花柳病之传染,酒精中毒或鸦片中毒等病症;心理学家则考察其智力、品质及情绪之作用;教诲师与心理学家则共同审查其教育程度,学习天赋;工业指导员则审查其工作能力,及其技能;传教士则考查其伦理观念、私人与公众道德及其信仰等;社会学家考察其过去历史、家庭情状、犯罪性质、经济状况、职业情形、犯罪原因、居住环境及参加之团体。在此研究完结,然后决定训练、改良及处置之方法。达犯人假释之时,又须详细检查以决定该犯人是否可以假释及假释后之处置。如此方合于科学化之假释。第二,假释后,仍须由国家监督,或委托官立、半官立或私人之团体监督之,如察其不能改悔,仍可随时拘引入狱。此在1909年华盛顿之万国监狱会议,1925年伦敦万国监狱会议,及1930年勃拉克国际刑罚会议,均有同样之决议案,盖其理由,不外乎恐犯人假释出狱后,难免有再犯之恶性存在。国家为预防此种危险起见,非将犯人付保护管束不可。故世界各国无不采此制度,将受假释人交付于警察官署、自治团体、亲属或其他适当之人而为监督;但美国另有假释局之设立,专司管束之责(见前款),日本有保护司之制度,特为监视受假释人(见前款),其立法与其他各国相比,实较胜一筹。

总上观之,足知假释之本旨,在于改善犯人之个性,而尤以假释后之付保护管束为预防再犯之急务。我国《新刑法》将保护管束归并保安处分章内,并得适用于受假释人,其立法非无理由也。

(二)受假释人付保护管束之相对制、绝对制及折衷制之比较研究

查阅各国受假释人之付保护管束,其立法例大别之可分为三:

(1)相对制 所谓相对制者,即受假释人之付保护管束得自由适用也。如1932年《波兰刑法》第六十六条第一项规定:"准许假释时,法院得将犯人交付于指定可靠之人或可靠之机关,令其在试验期间内,负监督之责"。其条文内明示得字,是可知其立法为相对制。

(2)绝对制 我国1935年之刑法,其第九十三条第二项规定:"假释出狱者,在假释中付保护管束"。足知其对于假释人之付保护管束,非相对规定,乃绝对交付也,故名之曰绝对制。

(3)折衷制 所谓折衷制者,系一部采用绝对制,一部采用相对制,即合两制而兼用之也。如日本1930年之《刑法改正案》第八十九条第二项规定:"准许假释放者,得命保护监督"(相对制)。同条第二项规定:"对于被处不定期刑者,准许假释放者,应命保护监督"(绝对制)。是可知相对制与绝对制兼用而采用,故谓之曰折衷制。

总上观之,三种立法例究以何者较为合理？余以为第一种(相对制),非仅失假释之本旨,又易滋流弊,第三种(折衷制)亦不合于理,既准许假释,先已知其有悛悔之实据,既有悛悔之实据,何能视其刑期之轻重而分保护管束之差别,殊背法理之道。况又在其同条第三项云:"前二项之保护监督,于必要时,应解除之"。既有解除之立法,若受假释人已无必要保护管束时,当然可依此而为解除,不如先均付保护管束较为妥洽。再推而论之,若以假释人不付保护管束,不啻等于赦免其刑,亦殊与假释之本旨相背戾。且国际监狱会议,亦认受假释人应有相当监视之决议案,益足证明其法之不合理也。英国学者边沁(Bentham)有言曰:"罪人出狱,最为危险,如自楼降地,苟中无阶梯,则非伤即死,假释者自楼降地之梯也",亦可见其对于假释之重视,尤其苟无中间阶梯,则非伤即死之句,更含有保护管束必要之意义,岂可忽其哲理之言而不顾耶！第二种(绝对制)可以免除上述之弊,非仅适于法理,并能合于事实,故余以为此种制度较为妥洽。

第十一项　外国人

海禁未开之际,国与国间之人民,老死不相往来。迨近世科学进步,交通便利,闭关主义已不存在矣。于是各国人民,彼此互相来往,既有来往,则有外人居留本国领土以内,既有居留本国领土以内,则难免外国人不发生违法行为,故各国刑法,均以属地主义立场,对于外国人之违法行为,亦应适用本国刑法(有领事裁判权之国家不在此限),与国内人民同一科处;但其人留于领土以内,对于本国人民及一般治安有危险时,刑法上得宣告放逐于外国。此种放逐制度,即为保安处分,故保安处分能适用于外国人矣。查世界各国,对此立法例所采纳者固多,然未采纳者亦有之,兹例举如下:

(一)有驱逐立法之国家　有驱逐立法之国家,其理由依照上述,无庸别赘。如德意志1927年之刑草及1934年之刑法、意大利1930年之刑法、苏俄1927年之刑法、奥地利亚1909年之刑草、法兰西1932年之刑草、西班牙1928年之刑法、古巴1926年之刑草及中国1935年之刑法,对于外国人之驱逐均有明文规定。

(二)无驱逐立法之国家　无驱逐立法之国家,以为外人之驱逐出境,有妨国际排除此项犯罪之合作,实非一完善之方法,视外人之居留本国领土以内,与国内人民同等科处,别无他道。如波兰1932年之刑法,日本1930年之刑草,瑞士1918年之刑法,对于驱逐处分,均无明文规定。

于此以外,尤有说明之必要,《苏俄刑法》之驱逐处分,不限于外国侨民,即苏俄本国人民亦得放逐于苏联或苏俄之领域外,希阅者应加以注意焉。

第一款　各国立法

(德意志)

《1927年刑草》

外国人被处自由刑者,以其人在留于内国,对于他人及一般治安有危险之意味时,裁判所得至裁判有确定力后六个多月以内,宣告追放之于帝国外。

上揭期间,其人受刑罚执行之期间及被相当官宪监置于一定设施内之期间不通算之。

上揭宣告,除法律上有特别规定外,得附加于三月以上之自由刑为之。

对于外国人许其或命其收容于治疗所或看护所,收容于饮酒治疗所或饮食节减所,及收容于劳动场或保安监置时,得追放其人于帝国外以代替之,或另为宣告被追放者,无故再来国内时,得执行处分,适用第六十三条。(第六十四条)

《1934年刑法》

外国人被处三月以上之刑,其人在国内从来之行状,对于他人或一般之保安上有危险性之场合,法院得宣告行政官厅于裁判确定后六个月以内放逐之于国外。对于外国人为保安矫正之自由拘束处分,或命去势之场合,行政官厅,得于裁判确定后六个月以内,将其人放逐于国外。

以上期间,除其刑之执行,及其他因官署命令受自由拘束之期间而计算之。

(意大利)

保安处分于本国领域内之外国人,亦适用之。

但外国人适用保安处分,不妨害公安法律上由国家领域之驱逐。(第二〇〇条)

除法律明文规定情形外,外国人被宣告十年以上之惩役,法官得命令驱逐于国家领域外。

行政官署公布公安法律上驱逐命令之轻罪制裁,适用于违背法官宣告驱逐命令之外国人。(第二三五条)

(苏俄)

连褫夺国籍"勤劳民之敌"之宣告,并苏联领域外之驱逐处分,以无限之场合为限。(第二十七条 1927年6月修正公布)

苏联,苏俄国境外之驱逐处分,或在领域内指定居住地之驱逐处分,或划出一禁止居住地禁其居住之驱逐处分,或无此等限制之驱逐处分,裁判官于犯人之犯罪关系上,如认为留置其地于社会有危险时,得在五年以下之期间内适用之。

前项驱逐处分,如以作自由拘束处分之附加刑适用时之驱逐期间之开始,应自拘束自由期满日起行之。(第三十五条)

苏联,苏俄领域外之驱逐处分,得在各联邦共和国共通之特别规定范围内,依照其手续行之。(第三十六条第一项)

(奥地利亚)

外国人在国内犯罪,与公共秩序有危险之虞时,法院得将其追放之于国外。(第四十条)

(中国)

《新刑法修正案初稿》

外国人受有期徒刑以上刑之宣告者,得于刑之执行完毕或赦免后,驱逐出境。(第八十四条)

《新刑法》

外国人受有期徒刑以上刑之宣告者,得于刑之执行完毕或赦免后,驱逐出境。(第九十五条)

此外,法兰西1932年之刑草、西班牙1928年之刑法、古巴1926年之刑草,亦均有同样规定。

第二款 比较研究

(一)外国人驱逐出境是否为完善方法之研究

外国人犯罪,视其将来对社会有危险性者,住居国之国家,可以驱逐其国外,此种立法例已为各国所采纳,然其方法究否完善?

实有研究之价值。试评述之：余以为外国人驱逐出境，实有妨害国际共助之合作。夫犯罪者为世界之公敌，即犯罪人，不应视为仅系所属国之犯罪，而当视为一切不适合于社会生活之人类，非惟为犯罪行为地之敌人，亦为国际间之公敌。李斯德当其1889年创设国际刑事学协会之宣言，内云："惟刑事法制，有一切科学之基础，自须与其他科学同样不受国家境界之限制"。其中已含犯罪有国际上共同防压之意味矣。1926年国际刑法会议之决议案："第一，常设国际法庭，附与关于刑事事项之权限。第二，关于各国间所生司法上或立法上权限争议之处理，及各国法院对于同一事件所宣告之裁判已有确定力者，因相冲突所有之再审，应征求上项法庭之意见。第五，上项法庭对于犯人应送何国裁判不明之时，得裁判之，或因不知犯罪之行为地，或因犯罪行为地主权之属于何国有争执时，亦同。第六，由国家或个人所犯之罪，当由明文预定且附以制裁，应以国际协约规定可属于上项法庭管辖之犯罪，且定其刑事制裁及保安处分"。益足以表明犯罪为国际之公敌，非惟由各国自行裁判而已，且能以国际法庭，科以刑罚与施以保安处分。况又自欧、美大战以后，法律之国际思想益形发达，虽刑法分则为各国各具特色，亦已趋于国际上之统一。易言之，即对于特殊犯罪，因各国间有共通之利益关系，特以条约计划各国刑法规定之统一，如《国际禁止贩卖人口条约》、《国际禁止鸦片公约》、《国际防止伪造货币公约》之共助，调查证据之共助等，均成为刑法上之国际化。总上观之，外国人驱逐出境，非完善之方法也。1930年8月25日之勃拉克国际刑罚会议，亦认为外国人之驱逐出境，有妨害国际排除此项犯罪之合作，诚非虚语也哉。

(二)我国新刑法第九十五条之研究

我国《新刑法》第九十五条之规定："外国人受有期徒刑以上刑

之宣告者,得于刑之执行完毕或赦免后驱逐出境"。观其内容,驱逐之宣告有下列二要件:(1)外国人,所谓外国人,即居留我国之侨民是也,倘有已入我国国籍,虽身为他国人种,亦不能以外国人论,只能与本国人同等看待。(2)受有期徒刑以上刑之宣告者,即指二月以上之有期徒刑而言(遇有加减时不在此例),若仅处拘役、罚金及没收等刑,均不得宣告之。(3)驱逐处分之执行,须于刑之执行完毕或赦免后驱逐出境。余以为本条之规定似欠详密,查阅德意志1927年之刑草及1934年之刑法,均明示被处自由刑为其要件外,又须外国人对于本国之人民及一般治安有危险性时方得宣告。此外苏俄1927年之刑法,奥地利亚1909年之刑草,虽无刑期之规定,其对于与公共秩序有危险之虞时之要件,亦明白规定(各国条文详本节第一款)。以此而观,我国《新刑法》对于外国人与公共秩序有危险性时之要件,未能加以规定,致使裁判时无所适从,似欠周密。

(三)我国新刑法之外国人驱逐与领事裁判权有无冲突之研究

国际法上享有治外法权者约分三种:(1)外国元首及其家属与从人(罗马教王亦同);(2)外国使节;(3)经本国承诺而入本国内之军队或军舰。至于外国之领事,原非外交官,不过管理侨民行政机关之一,自法理言之,无享有治外法权之理,故领事之有否此权,须以条约明定之。于此以外,又有《强国之人民》亦享有治外法权。因近代帝国主义之侵略,治外法权之范围,渐有因片面而流于不平等之地位,即弱国受强国之条约束缚,而许强国之国民亦享有其权利矣。此种特权,学者名之曰"领事裁判权",易言之,即外国人关于司法事项,均由各该国之领事自行审理也。我国处世界贫弱之地位,外国领事在中国有裁判权。以此而观,我国《新刑法》之外国人驱逐出境,与领事裁判权确有冲突之处。盖外国人民根本已不由中国司法裁判,其驱逐处分之法条不啻等于具文,欲使刑法生效,非撤销领事裁判权不可。所幸年来已自动撤销者有德、俄等国,况又有其他无领事裁判权之国家,故我国《新刑法》对于外国人驱逐出境之立法,实不可不加以规定(指采驱逐处分立法例之国家而言),究有领事裁判权之国家,亦根据条约而成立,若一旦废约,则我国刑法之效力,当然可及于一般之外国人矣。

第十二项　危险风俗人

第一款　概说

危险风俗犯者,即强奸,强制猥亵及因性欲之刺激或满足,致生公然猥亵行为之罪、或伤害罪、或杀人罪是也,兹分述之:

(一)强奸　强奸乃反乎妇女之本意,而强与之为性交之行为也。盖凡人关于性欲上之行为皆有依自己之意思而为活动之自由,若反乎本人之意思而为强制之行为,即为本罪之构成。强奸之主体,依各国之通例,皆以男子为限,然在事实上不能谓女子无强奸男子之事实,惟法律上不认为犯罪耳。是可知强奸为危险风俗犯之一也。

(二)强制猥亵　强制猥亵者,反乎男女正式性交以外而基于性欲冲动之行为也。其恶性亦为危险于风俗,但种类繁多,不能详列,兹仅举其显著者如下:

(1)鸡奸　鸡奸者,即以臀部替代女子之生殖器而与之发泄性欲之行为也。易言之,即反乎男女正式性交之行为。是不徒男子对男子之行为,即男子对女子亦能犯之。

(2)女子同性交接　女子同性交接事所常有,即女子对于女子之阴部互相摩擦而满足其性欲之行为也。俗谓之为磨镜,此为同性间猥亵行为之一种。

(3)手淫　手淫虽普通均为单方之行为,然亦有反乎本人之意思而为强制之行为者亦有之。

(4)生肉体上羞耻之行为　生肉体上羞耻之行为,即裸体向人作要求满足性欲之行为者是也。

(5)人与禽兽为性交之行为　此种人与禽兽相交,事所恒有,亦为猥亵行为之一,若公然而为此行为,即犯刑法上之罪。

(三)因性欲之刺激或满足致生他罪者　因性欲之刺激,他方抗拒不能以遂其志,致伤害人之身体,或杀害之者,及便利性欲之满足,而犯伤害罪、杀人罪者,其恶性无不危险于社会,故此种行为之人,亦为危险风俗犯之一也。

第二款　龙氏之奸淫罪防范论

龙伯罗梭在其所著《犯罪学》书中,对于奸淫罪之防范论述甚详,虽其讨论不仅限于强奸及强制猥亵之行为,然其内容材料之丰富,亦足为研究法学之资,特录之如下:

(一)奸淫罪之防范　防范奸淫罪及男女间至可悲惨之罪恶,当以离婚为最得力之方法,据阜利之统计,明知1864年至1867年间,法国犯私通罪者,有增无减,而同时撒克逊国(在德国),以有离婚之故,有减无增。至德境之施行法国律令者,仍多两性间苟且之事。又法国当1818年至1874年间,离婚案尚未成立,已婚者置毒与未婚者置毒,为四十五与三十之比例,其后则已婚者置毒之案亦渐少。意大利全年中,因婚姻不快而犯杀罪者,不下四十六次。

就普通情形而论,奸淫罪之一部分,由于个人有先天的倾向,其余一大部分,即属于偶然的犯罪,或因地方上的生活比较野蛮,或因婚姻困难,娼妓绝迹,情欲无所发泄,山间无妓,故奸罪常生,兵士与僧侣之多犯此罪,亦同此理。

追究犯此罪之大部分,仍为文明之效果,试以实事证之,普鲁士西部文化最高,而五十年间,奸罪增加至数十倍。法国于1826年至1882年间,强奸儿童案,增至五倍。英国于1830年至1834年间,犯奸罪者为167,1835年至1839年间,为972,1851年至1855年间,则为1395,凡此诸统计,足征近世文明对于此种罪恶,有更大之直接影响。盖教育广播则神经系受刺激更甚,因之所需求之愉快,必更新颖而锐利,由此可知人类之心灵活动愈甚,则其愉快之需要与嗜好亦更多,而尤以饱食暖衣者心中无科学及人道主义观念者为甚。至于上所言之需要中,自以两性间之情欲感觉最速,以其与脑系关系亦最深也。此种关系有二式:一为相反式,动物中如鱼类及下等昆虫,即生殖力极强,较高之动物,则生殖力稍减,至劳力之蜂蚁及伟人,则多不育者;一为相对式,成熟之年,心灵之活动力较大,而节欲贞静之人,则多智慧及健全之体质。

个人中受高等教育者,其贪欲愈甚,而机会亦甚多,于是强奸儿童案之增加,与强奸成人案之增加,成一反比例。益以无离婚之事,及老幼之婚娶,故已娶者犯之极多。法国国内未婚娶而强奸儿童者,为41.5,已婚娶而强奸儿童者,为45.9,若论其他所犯之罪,则未婚娶者为48.1,已婚娶者为40.4。

男色亦为文明之产品,以人类之智慧增加,遂不欲多生儿童,以余所知,山间人有至四十始婚娶者,恐有多子之累故也。

总之,婚姻不注重美感与健康,而注重财富与势力者,乃与天然淘汰之理立于反对地位,其结果无非彼此分离,仇视人类,而有反常之不正当举动,若两性间之爱慕,能有自由满足之时,则其害不至若斯之普遍。文明时代因多置工厂、矿厂、学校之故,常有强奸未成人之影响,此因成人与未成人杂处,一人有不道德之事,往往染及百余人也。故法耶特调查,谓工人仅占普通犯罪百分之三十,而犯强奸儿童罪者,乃占百分之三十五。

(二)立法与行政应有之办法 犯罪愈多,则刑罚愈甚,此固未得其当,即是阜利所言,法国于五十三年间,刑法施行愈严,则案件愈有增加,亦未免言过其实。试取阜利之统计表而细察之,则强奸成人之罪加重,而罪案渐少,强奸儿童之罚减轻,而罪案较多,则刑罚亦未始无效也。

不过论及此事吾人不当仅注意其惩戒方法,当注意其防范方法。所谓防范方法者,如雇用儿童之工厂及学校,应予以监察,至于店肆之有儿童作夜工者,当有已婚之妇女为监察员,乃防男色之善法也。又须禁止矿厂中之童工,法国自1874年施行此种法律后,强奸儿童者渐少。此外尚有一法,即农区与多水手、兵士、劳工之地,宜多置妓女,以为放恣青年宣泄情欲之所。

易生恶果者,莫如金钱婚姻,而非法律可以禁止,惟有给予离婚之便利,以免由厌恶而生仇恨,由仇恨而犯罪恶也。离婚之效果能减少奸淫之罪恶,乃显而易见之事:(1)其故由于少年人同床异梦,必为非法之事,以偿足其愿欲,惟离婚然后可以正当方法偿其愿;(2)能令未婚之犯奸罪者,知所畏惧,否则徒令妇人不贞,其夫惧丑声之四播,隐忍不发,受苦更甚,而罪人转可无事;(3)可免受苦之夫,因报仇而犯罪,盖是种犯罪,罚之既伤其心,不罚不合乎法，两者均有缺点，故法国名小说家大仲马，谓正式婚姻之产生命案，较蓄妾者为多，盖前者更多复仇之必要也。

　　古时人有谓妇被其夫殴打后，则奸淫不为罪，此固就女子一方面设想，然亦可见以奸淫为防范婚姻困苦之一法，今则离婚一事，自足为较善之防范法矣。然仅恃离婚，殊为未足，尤须考察父系问题及诱奸妇女之赔偿诸问题，吾人观于社会中之男女性欲，有二大相向之潮流，一方面智慧愈增，文明愈甚，则情欲亦愈高，其他一方面，则满足情欲之方法亦愈少，此奸淫罪之所由起也。且社会成见，往往以此种罪恶，归过于男女一方面，于是陷于罪恶者，不仅先天一流人物，虽常人亦多偶犯之者。

　　今欲令恋爱之需要与道德之需要，得其均衡，以减少此种罪恶，则莫如打破金钱主义之婚姻，令男女易于正式结合，尊重母道，赔偿妇女相当之损失，为昔时法律中所未有者，真正防止犯罪之法，无逾于此，不特可防奸罪，且可防毙婴罪、自尽罪及一切与奸罪有关之杀罪，拯人于苦海，此之谓也。

　　（三）奸淫　　奸淫罪情形，亦有无此相同者，法典中视为罪恶而罚之，固无疑义，惟在近世法规中，实可谓为干犯法纪。奸淫自为不道德之事，有可以阻止之法律，当无不欢迎，特法律能阻止奸淫，多数人必不以为然，贝能尼尼（Berenini）之言甚当，彼于其名著《攻守论》中言曰："夫不悦其妻与妻不悦其夫者，法律不能强之相爱，法律仅可保障强迫夺去之权利，爱情非权利可比，法律不能为受屈者争得未能存在之权利，奸淫为解散婚姻之物。易言之，犯者已有良心上之离婚，则法律何不予以法理上之离婚，故处治奸淫，不可勉强保留其原因，令将来之案情，更形重大"。

　　（四）同性之奸罪　　此罪起于同居一营舍或一学校，及强迫不婚所致，原因既除，可不致有再犯之事，若非自幼为此者，可加以条件之处罚，至于生而为此种罪恶者，宜自幼即行监察，免致传染他人。

第三款　德国刑法之研究

危险风俗犯之种类已如上述，其恶性非仅危险于社会，并为侵害个人之法益，故各国对于此种之人均科以刑罚；但对于保安处分少有顾及，惟德意志1934年之刑法有特别规定，其文云："法院对于裁判时已达二十一岁而被认为危险之风俗犯罪人者，得于刑之外命去势：其第一，曾犯强迫猥亵，对小儿猥亵或强奸（刑法第一七六条乃至第一七八条）罪；或因性欲之刺激或满足，为公然猥亵行为之罪（刑法第一八三条），或伤害罪（刑法第二二三条乃至第二二六条），被处六月以上之刑，更因犯与前同样之罪而被处刑，被认为危险风俗犯罪人时；第二，犯二个以上之罪，被处一年以上之刑者，虽以前未被处刑，亦被认为危险风俗犯罪人时；第三，因性欲之刺激或满足，而犯谋杀或故杀被处刑者皆得科之。关于上述之罪，纵在外国受裁判之场合，亦与在国内为之者同论"。观其文义，对于强奸、强迫猥亵、公然猥亵及因性欲之刺激或满足而犯伤害罪，或谋杀故杀罪，其年龄已达二十一岁有可认为危险风俗者，即谓之危险风俗犯。对此等之人，在刑法上除科刑之外，得命去势，以防其再犯。所谓去势者，即去其生殖器之机能也，因生殖机能一去，将来之性欲断不能冲动，足以免其恶性复萌也，于此可以知其保安处分能适用于危险风俗之人矣。

危险风俗犯人之去势，为德国独创之制度，在年代上之观察，为1934年之产物，足称最近新法制，其制度究否合于法理及事实？

实有研究之价值,余以为此种制度虽能免其恶性复萌,似乎稍欠公允,试申论之：

一曰法理,刑法之目的在于改善犯人之恶性,而尤以保安处分更加重视于此点,去势处分,其生殖机能一经割绝,虽有悛悔之时,亦断难回复原状；况又对于有危险风俗之常习犯,可以适用1930年勃拉克国际监狱会议之常习犯施以特别处所安置之决议案,至于因性欲之刺激或满足致生他罪,亦可适用其他各条加重处断,何可以此断然之处置乎？非惟绝犯人自新之路,抑且有悖于改善之本旨矣。

二曰历史,稽阅我国史册,唐尧之时,则有宫刑。所谓宫刑,即男子去其势,女子予以幽闭也。又名之曰腐刑,因初时恐中风,应置之密室,有如温蚕,因又谓之下蚕室。其立法之理由,谓宫者法土之壅水也。是可知吾国四千余年以前,即有去势之制矣。至汉文帝废除肉刑之后,虽南北朝间有采用宫刑,然至唐代已绝其迹。以此观之,德国采用去势处分,不啻恢复古代野蛮制度,又不啻逆流于威吓主义之思想矣。

三曰人道,人类应互相矜全,若于人类而自为伤残,则违背人道,当可不言而自明矣；况又去势足以长人民残忍之风,其害何堪设想也哉！

基于以上各种理由,去势处分制度,不徒不可加以赞助,而尤有特别反对之必要,以实证学派泰斗之龙伯罗梭氏,对于奸淫罪之防范言之甚详(详前款),而去势之方法,亦未敢论及,于此亦足以证明其法不合于理也。

第十三项　娼妓

娼妓一名卖淫妇,即得相当之代价容许人之淫行,易言之,即女子得委身于任何男子以其肉体之一部为不伦之商买行为也。卖淫有秘密卖淫、公开卖淫之别，秘密卖淫名之曰私娼，公开卖淫，名之曰公娼，无论其为私娼与公娼，要皆为社会之恶害，因为娼妓非仅足以传播梅毒，影响于国民健康；而尤其罪恶间接直接足为发生犯罪行为之原因。

第一款　上海娼妓之统计

娼妓制度，发源于古代，近世各国，殆无不有娼妓之存在，关于国外暂且不论，先仅以中国上海之一隅地而为说明，则可知娼妓之繁殖，影响于社会之危险矣。

据《时事新报青光》所载某西人之调查，在上海之妇女，平均137人中有娼妓一人。

又据新人社之上海娼妓调查：

长三约1120名；

跟脚（即长三之侍者）1120名；

么250名；

野鸡5000名；

花烟间1080名；

钉棚50名；

粤妓250名；

台妓及其他私娼1000名；

外国妓女100名；

共计10220名。

又据1920年工部局废娼时之总计：

长三　　　　　　　　　　　　　　　　1200人。

么二	490 人。
野鸡（秘密卖淫）（在公共租界）	24825 人。
出入于英法两租界之间	12311 人。
花烟间，钉棚（英、法两租界合并）	21315 人。

共计 60141 人。

以上三种统计，当然以工部局之调查较为确切，但中国地界（南市闸北）之娼妓尚不在其内，区区上海一隅之地，竟有如此之数字，实令人可惊。今以每日之游荡费平均每妓作 8 元计算，则其数为 481128 元；以一月（30 日）之总额计算，则为 14433840 元；又以一年（365 日）之总额计算，则为 175611720 元。

此种游荡费之数字，仅以 60141 人计算，然实际上海不止于此，因中国地界尚有不少之娼妓也。以此类推及于一省，再及于一国，操此神女生涯者及游荡费之数目，闻之必不寒而栗矣。

再以游荡费而论，大约出于有产阶级及其子弟，军阀、官僚、政客、浪漫文人及其他游客。此等之人，其游荡之费，除来自遗产及利用机会榨取以外，余则或为窃盗、强盗、伪造、诈欺取财等行为而来，要皆不能谓与犯罪无关。外此因狎妓而传染花柳病者，亦足生犯罪之影响。据日本明治四十三年之调查其国公娼之有花柳病者约 3% 乃至 4%，私娼之有花柳病者达 21% 乃至 28%。大正元年调查浅草娼妓之结果，发现有花柳病者达 84.7% 之多。苟使监督不严，任意肆行，匪特花柳病为害甚大，即不正之行为，足以影响于社会风俗亦非浅鲜！

第二款　龙伯罗梭之论述

龙伯罗梭在其所著《犯罪学》书中，对于娼妓亦论述甚详，兹择其要者录之如下：

（一）**遗传影响之统计**　（上略）至于女子犯罪及为娼妓者，亦可见其遗传影响之大，夏泰来（Parentdu-Châtelet）谓 5583 妓女中，曾发现 252 人皆姊妹花、13 人为母女、32 人为堂姊妹、4 人为婶母与侄女之关系。

（二）**裘克家隔世遗传之研究**　犯罪遗传与娼妓及心病之关系，观于美国裘克家（Juke Family）而益著。据杜洛代尔（Dugdale）之报告，此家族之始祖，名马克思·裘克（Marx Juke），以渔猎为生，放荡一生，卒盲其目，其人大约生于 1720 年及 1740 年之间，所遗子孙至多，540 人为合法子孙，169 人则为不合法子孙，其分支若何，不能尽悉，惟可知其五女及其旁支之影响，共有七代，表列于下：

类别		每世代之总人数	两性间之血统		婚姻上之关系			不生育者	开妓寮者	患花柳病者	寄养				犯罪		
			每性之总人数	合法的	不合法的	未嫁之私生子	已嫁的私生子	妓女				受户外赈济之人数	年数	在慈惠院中人数	年数	人数	在狱年数	犯罪次数
第二世	裘克家妇女	5	5	1	…	5	3	…	…	…	…	…	…	…	…	…	…	…
	X家男子	5	5	2	…	5	…	…	…	…	…	…	…	…	…	…	…	…
第三世	裘克家妇女	34	16	15	1	13	1	1	3	5	…	3	20	2	2	…	…	…
	X家妇女	16	7	3	…	4	…	…	3	…	…	1	23	…	…	…	…	…
	裘克家男子	…	18	12	6	11	…	4	4	…	1	6	54	3	6	1	…	1
	X家男子	…	9	…	2	…	…	4	…	…	1	2	14	3	5	2	3	2

续表

第四世	裘克家妇女	27	46	38	…	26	6	8	12	3	5	12	18	122	7	7	5	1	7
	X家妇女	…	25	6	1	15	3	…	4	4	1	7	8	53	3	3	2	$\frac{1}{2}$	2
	裘克家男子	…	57	46	3	22	…	…	4	7	1	6	19	129	8	12	12	11	15
	X家男子	59	34	5	1	19	…	…	15	1	3	2	11	50	3	3	10	13	11
第五世	裘克家妇女	224	119	94	17	37	6	3	36	5	5	25	24	100	12	18	9	$\frac{1}{4}$	15
	X家妇女	…	33	4	2	15	2	1	14	4	…	2	11	49	2	4	1	$\frac{1}{4}$	1
	裘克家男子	…	102	70	20	21	…	…	12	7	…	7	25	87	11	21	18	72	41
	X家男子	84	51	11	3	26	…	…	14	6	2	4	14	33	…	…	2	8	16
第六世	裘克家妇女	152	63	33	13	2	2	…	2	…	1	…	…	…	3	8	2	$\frac{1}{2}$	2
	X家妇女	…	2	…	…	1	1	…	…	…	…	…	…	…	…	…	…	…	…
	裘克家男子	…	48	72	20	1	…	…	…	…	…	…	…	…	7	7	2	$6\frac{1}{2}$	2
	X家男子	5	3	…	…	2	…	…	1	…	…	…	…	…	…	…	…	…	…

续表

第七世	裘克家妇女	8	3	1	2	…	…	…	…	…	…	…	…	…	…	…
	裘克家男子	…	…	…	…	…	…	…	…	…	…	…	…	…	…	…
总计	裘克家妇女	…	252	182	33	83	18	2	53	13	11	37	45	242	24	25	16	$1\frac{3}{4}$	24
	X家妇女	…	67	13	3	35	19	1	21	8	1	9	110	125	5	7	3	$\frac{3}{4}$	3
	裘家克男子	…	225	155	49	55	…	…	110	18	1	14	50	270	29	46	33	$89\frac{1}{2}$	59
	X家男子	…	102	18	6	57	…	…	34	7	5	7	27	97	6	7	24	24	29
	裘克血统	540	977	377	82	138	18	12	33	31	12	57	95	512	53	18	49	$91\frac{1}{4}$	83

续表

X家血统	169	169	31	9	92	6	1	55	15	6	16	47	222	11	15	27	$29\frac{1}{4}$	32
总 计	709	645	368	91	230	…	13	128	46	18	67	142	734	64	96	76	116	115

观此可知娼妓犯罪疾病三者，互相结合，非常易见，因同一来源，而其恶结果往往层出不已也。

马克思·裘克
- 堕落者76人
- 求乞者142人
- 在慈惠院者64人
- 充当妓女者128人
- 开妓院者18人
- 不合法而生者91人
- 痴呆、阳痿或染杨梅毒者131人
- 不生育者46人

吾人观前表，知堕落人数，始犹甚少，继则增加甚速，第四代为29，第五代为40，与娼妓数目相似，由14增至35与76，乞丐数亦然，由11增至16与74，至第六、第七两代，则数目皆少者，以妇女不育之故，此亦自然之趋势也。故第三世不育者9人，第五世不育者22人，而儿童早夭之数，亦随世代而增加，最后数年，有300人之多，可以概见。此一家中，计入狱之年为

116，受赈款者830年，第五代之妇女不贞者居其半，男子犯罪者亦较夥，第七代之寿命最长者为七岁，而六人已在慈惠院中（即我国善堂之类）。统计75年中，国家维持此一家之费及所受之损失，为130万元。

此家族之支派无不有犯罪之倾向，而尤发现于每一支派之长子，父系又甚于母系也，凡有此倾向者，无不具过分之生机膂力及繁殖力，私生子尤易见之，推之他种不道德行为亦如此，试将第五代之合法子女85人及不合法子女35人所生之效果，列为一表。

合法而生之85人 { 犯罪者5人
                  乞丐与妓女13人

不合法而生之38人 { 醉汉4人
                    乞丐、痴汉及妓女11人
                    犯罪者16人内6人犯重大罪

此处娼妓之数甚少，则以男女间不道德之举，可证之私生子花柳病及淫妇之多，计第二代中之淫妇，居60%（五女子中有三人），第三代为37%，第四代为69%，第五代为48%，第六代为38%，平均计之，则为52%而强。此外尚有他女子之嫁此族者，其中42%为淫妇。观于生殖力繁衍及娼妓盛行之张本，则知淫风为贫穷之一重大要原因，而贫穷又有遗传之性，尤以女子为然，青年受其害者极多。进而言之，贫穷又常与犯罪及疾病结不解缘。盖贫穷之人，多患花柳病，否则亦身体残缺而有犯罪及游荡之倾向也。反之则其家中兄弟系犯罪者，其姊妹多流落为娼妓，或以淫荡被控，故杜格代尔有言"妇女之为娼妓，与男子之犯罪落魄无异"。由此可知娼妓之起,不必待他种原因,如失所怙恃等。即遗传一事,已足令其增加,非由防范早婚入手,则不能遏止之。观于私生男女之分配,男为21%,女为13%,当知男子之影响尤大,若合法之子女则适相反,即女子多而男子少也。观下表,一方面可知犯罪与娼妓之关系,一方面可知疾病与身体残缺之关系。

类　　　　别	裘克之血统	X氏之血统	总　　计
肢　体　残　废	1	——	1
盲　　　　　目	10	1	11
聋　　　　　哑	——	1	1
疯　　　　　狂	1	——	1
痴　　　　　呆	1	——	1
肺　痨　症	1	1	2
杨　梅　症	29	13	42
先　天　之　杨　梅　症	22	3	25
癫　痫　疯	——	1	1
有　疾　病　之　总　数	65	20	85
受赈恤而有病者之人数	33	15	48
百　分　之　几	50.77	56.47	

杜格代尔谓此家共有窃贼及其罪犯200人,乞丐与其他残废人280,娼妓与有花柳病之女子98人,皆一醉汉传下。此外尚有早夭之儿童300人,患花柳病之男子400人,被暗杀者7人。

类此之家族,所在多有,如前此所言之康奴家父子杀人。又有拉珊氏者(Nathans),其家共15人,于某次一齐被锢,如此之案件,不可胜数,凡为妓女者,固多来自堕落及酗酒之家族也。

(三)娼妓问题　女子因流落而被拘者,较男子为少,其原因有三:(1)女子饮酒之机会少,(2)女子经商者少,(3)女子幼时有娼妓一途,为其犯罪之代替物,此不幸之生涯,乃怠情与浮浪者之结合物。若以娼妓一事包括入犯罪统计中,则男女犯罪立于相等地位,女子恐尤过之。伦敦7女子中,有娼妓1人,汉堡为9与1之比例,意大利繁盛地方,娼妓居18%至23%,柏林于1845年,有娼妓600人,1893年,增至9653,巴黎于1876年,有私娼20000人。

娼妓与普通堕落之女子,其道德上与体质上弱点均相似,二种人物尤易于契合。盖二类人皆自怠惰困苦与嗜饮而起,皆有机体上及遗传上数种倾向相似。

罗喀泰里之言曰:"吾以专门著述为张本,而与吾经验所得之结果相较,知彼等著作家皆误。彼等之意,以为娼妓乃无产阶级中女子受困苦或遭遗弃而成,吾意以为娼妓如窃贼然,发自个人之劣根性,无教育、遭遗弃、受困苦及不良之模仿性,皆其第二原因,犹之家庭之照顾与训育,仅可于表面上防止作恶之趋势而已。娼妓之趋势,根本上由于无廉耻,同时即为缺乏两性间之感觉,盖此项不幸之人,无情者多,暂时之交换,举不足以动其取舍之心,有时虽以情话加诸人,乃习惯上使然,与感情无涉,彼辈礼貌尤为不讲。"

上所言之无情,时带狂发之情欲,与罪恶相似,盖罪犯固以无情、无感觉、怠惰及间发之狂欲,为其特质也。吾人即以法律上定义及正式统计为归宿,而一部分之娼妓,决不可不以之加入犯罪中。据桂赖之调查,伦敦三十岁以下之女罪犯,有80%皆属娼妓出身,三十岁以上之犯罪者,则为7%,尤有进者,则娼妓如女罪犯然,随文明而加增,渐与男子犯罪之数相近。

此外无甚理由,可以助证,大凡女子所犯之罪,多易于隐瞒,而难见诸审判;且较男子所犯之罪,更形固执而猛烈。

总观龙氏之论述,认娼妓之原因,有由于遗传之影响,有由怠惰困苦与嗜饮而起,确有独特之见解。至于淫风为贫穷之一重大原因,及一部分之娼妓,决不可不以之加入罪犯中之言。尤能对于娼妓之本身问题,确有深刻之研究。

第三款　本项研究

观夫前文所言,则可知娼妓之为害烈矣,其直接对于社会之危险,即廉耻既丧,一旦生活困难,必致流为窃盗,据斯托廉保(Stremburg)之调查:"娼妓462人中行窃者175人,且其中有32人属于有行窃习惯之家族"。非仅如此,娼妓可为女犯之代表,据桂赖之调查:"伦敦三十岁以下之女罪犯,有80%皆属娼妓出身。"至于传染花柳病,影响于国民之健康,无一对社会不发生危险;其间接之恶害,使游客费时费财,因而失业者有之,因而荡产者有之,失业荡产之结果,遂难免不因而为盗为匪,为诈欺取财等不法行为,或因失恋而互生争斗,或因妒忌而互动杀机者,亦往往而有。此外遗传后代,致女子生而有娼妓之犯行,无一间接不与娼妓之本身有息息相关。故世界各国,均有取缔之法则;但其方法各有不同,大约属于行政处分居多。如英国有322个妇女救济所,其中伦敦有100所,足收容3000人,此等设施,专门救济卖淫妇中之觉悟而自愿不为娼妓之人。美国、日本类似此种设施亦属不少。平心论之,徒以行政取缔,不能以全其功,亦须藉司法上之辅助,然后有相当之效果。查阅各国刑法,德意志1927年之刑法，与 1934 年之刑法，均对于娼妓一方科以刑罚，一方又有劳动所、收容之规定，其文云："秘密卖淫及公然以违反良善风俗之方法，挑拨猥亵行为或提议为猥亵行为而犯罪，受自由刑之宣告，如有使其从事劳动及养成有秩序生活之必要者，得判决收容于劳动所"。较之空言禁止，似为积极而有效，我国此次《新刑法》未将此项列入，置娼妓而不顾，亦失刑法上社会防卫之本旨。以此而观，娼妓之得付劳动所，即保安处分能适用于娼妓矣。

第十四项　累犯

累犯者，谓受刑之后于法定期间以内仍不改悛，再犯同一之罪或他罪也。盖此种罪犯，其恶性必较常人为深，一般学者，均认非予以特别加重其刑及施以保安处分，不能生改善之效果。故各国刑法均采纳之，今先将累犯应如何加重？如何谓之累犯？分别述之：

（一）**累犯标准之学派**　关于解决如何谓之累犯？其学派有二：

(1) 法国派　以有罪裁判确定后之犯罪为标准，谓裁判一经宣告，犯人即应有所警戒，受警戒而复犯罪，应加重其刑。

(2) 德国派　以执行完毕后之犯罪为标准，谓裁判宣告，尚未受刑，如能足为犯人之警戒，则宣告以前，刑法具在，亦足警戒，何待裁判之宣告？故必以实体上受刑罚全部之执行，或一部之执行而经免除者，方足为犯人之警戒，受刑后复犯罪，可证明通常刑之不足以改善其恶性，而有加重其刑之必要。两派主张，自以后者为优，故各国之立法采之者较多。

(二)**累犯处罚之主义** 累犯加重处罚之主义,计有下列三种:

(1)一般累犯主义 此主义从广义解释累犯,谓凡属前经犯罪受处罚之人,不问以后再犯何种罪刑,亦不问其间相距时期之长短,皆以累犯论而加重其刑。

(2)特别累犯主义 此主义从狭义解释,谓所犯之罪非与初犯同一性质或类似之犯罪,不在累犯加重之列。

(3)折衷主义 此主义则将两主义之长者而采纳之,惟折衷之方法各有不同,有以一般累犯主义为原则,特别累犯主义为例外;有采特别累犯主义为原则,一般累犯主义为例外。我国《旧刑法》,采用后种折衷办法,而《新刑法》则已采一般累犯主义矣。

第一款 累犯之统计

查阅各国累犯增加之率,至为可惊,意大利在 1890 年及 1900 年间,累犯占犯罪事件总数 30% 左右,1891 年至 1912 年累犯数目占总数四分之一。比利时自 1899 年起至 1907 年,统计表上所记累犯事件数字,自 43% 左右起直达 50% 左右。拉比鲁威志(Rabinowitz)曰:"累犯者之百分率,在统计上,惟见上升,至可惊异,其率各国虽有多少之差,大约为 35% 乃至 45%,因而十人中之犯罪者,有四人为累犯"。最近之国际统计,与上之主张,亦大略相同,则累犯之增加,依此可以了然矣。过去预防方法,惟一为刑罚,在此情形中,刑罚显然宣告功效不足,法国学者 Salcilles 于感慨之余,颇疑刑罚反为促成造罪之主因。故近世各国对于累犯之处置,除科刑外,亦有藉保安处分而预防其再犯。由此观之,保安处分能适用于累犯矣。

第二款　各国立法

（波兰）

凡经法院查明之次再犯原罪（第六十条第一项），①以及以犯罪为职业或惯于犯罪等不可矫正之犯人，于刑之执行后，若任其自由行动，则恐对于法律秩序发生危险时，法院得将犯人判令监禁于适当之场所。（第八十四条第一项）

（瑞士）

《1893年刑草》

累犯者命以十年以上，二十年以下之保管。（第四十四条）

保管须于专供此目的所用之建筑物。（第二十四条第一项）

《1918年刑草》

已受多次自由刑之犯人，如因犯罪再受自由刑之处罚，并显露有犯罪、作恶或游手好闲之倾向时，法官得令其遣送幽禁所，以替代刑之执行。（第四十条）

（奥地利亚）

依特定犯罪两次以上被处惩役，其最终之刑罚执行后，五年内再犯重罪者，其犯罪危险于公共，且预料行为者将来犯罪行为时，得于执行刑罚后监置之。（第三十八条）

---

① 犯人在国内或国外所犯之罪，已受刑之全部或至少已受刑之三分之一执行后，对于感化院开释后五年内，再犯同样之罪或同样目的之罪者，法院得增加本刑法定最高度之半，宣告其刑，但以不得超出本刑法定之种类为限，若法律规定，法院得酌科徒刑或拘役时，不得宣告拘役。

(比利时)

《1867年刑法》

受重罪宣告后,新犯相当于惩役之重罪者,得处十年以上十五年未满之强制劳动。

新犯相当于十年以上十五年未满之强制劳动重罪者,得为十五年以下二十年以上强制劳动之宣告;但在后之场合,至少应为十七年以上强制劳动之宣告。(第五十四条)

重罪之刑宣告后,新犯轻罪者,得处相当于轻罪法定刑二倍之刑。

前犯一年以上徒刑之犯人,在其刑之执行后,若犯罪时效经过后五年内,新犯轻罪之场合,亦同。

且在上之两种场合,受刑之宣告者,均得宣告五年以上,十年以下之期间之警察监视。(第五十六条)

前因相当于普通刑法上重罪或轻罪行为,由军法会议,宣告普通刑法之刑之场合,亦受累犯规定之适用,前之犯罪被处军法之刑时,于兹适用普通刑法之场合,以应科刑之短期为标准,而适用累犯之规定。(第五十七条)

《1930年社会防卫法》

在刑法第五十四条及第五十七条,对于累犯所处之刑期终了后,更得以之于二十年期内,置于政府管理(Disposition du gouvernement)之下。(第二十四条)

在刑法第五十六条及第五十七条之场合,累犯者,被处一年以上之徒刑时,刑期终了后,更于十年内被处一年未满之徒刑者,五年以上十年未满之期间置于管理之下。

受有罪之宣告者,在其宣告前十五年以内,而三次以上,为相当于六月以上徒刑之行为,且被认定有继续之犯罪倾向时,亦同。(第二十五条)

置于政府管领下之累犯者,及常习犯人,依于敕令所定之设施而收容之。(第二十七条)

其由第二十四条第二十五条服从政府管理之累犯者,及常习犯人,得声请解除管理。

解除声请,对于检察为之,检察长须为必要之调查,提出文书于高等法院刑庭,高等法院刑庭会同律师,讯取本人之陈述,而为裁判。

上之声请,政府管理未超过十年之场合,得于刑期终了后经过三年时为之,尔后,每三年,得重为声请。其他场合,刑期终了后,经过五年,得为声请,尔后,每五年,得重为之。(第二十八条)

第三款 比较研究

(一)累犯与习惯犯、常业犯之比较研究

习惯犯、常业犯之区别,在本章内早已论述甚详,惟累犯与习惯犯、常业犯之差异,未能论及,本章则限于此范围内而比较研究之:

所谓累犯者,可分三说明之:一般累犯主义,谓凡属前经犯罪受处罚之人,不问以后再犯无论何种罪刑者,皆为累犯;特别累犯主义,谓前犯处刑之罪,于一定期间内再犯同一性质或类似之罪者为累犯;折衷主义,采两者之所长而适用之,虽各主义略有不同,然

其前犯科刑之罪后再犯罪者之点则一。

至于习惯犯与常业犯之意义,据意大利1930年之刑法,其第一〇二条规定:"在十年未满之期间内,三度因故意犯同种之罪,总计被处惩役超过五年者,更因故意犯同种之罪,受有罪之宣告时,以之为惯习犯人"。又第一〇三条规定;"除前条规定之场合而外,因故意而被处刑二次者,更因故意犯罪,受有罪宣告时,若斟酌犯罪性质,及犯罪情节、犯罪时期、犯罪人生活与行状,并其他第一百三十三条第二项规定之情况,认为犯人有犯罪倾向,则宣告惯习性"。再又第一〇五条规定:"具备为惯习性宣告必要之条件者,新犯罪而受有罪宣告,征之犯罪性质,或犯人之行状,及其生活状态,及其他第一百三十三条第二项规定之情况,认为犯人平常,假令有几分生活,系因犯罪利得者,为职业之犯人,或职业之违警罪犯人之宣告"。英之《预防拘禁法》第一〇条:"常习犯人(即习惯常业犯之总称)之认定,须于刑之宣告以前,已满十六岁,曾因三次以上重罪,受有罪之宣告,且继续而为不诚实或犯罪生活,又于以前之有罪宣告,而受常习犯人之认定,且受预防拘禁之宣告而为之,预防拘禁,于五年以上,十年以内之期间,而酌为长期之宣告,于强制劳动终了时执行之,但与劳动期间满了与否无关"。德意志1934年之刑法,其第二十条规定:"前五年内,二次以上,被处六月以上之刑者,因更犯罪而可认为危险之常习犯人时,处以五年以下之惩役,在本法更规定有重刑者,从其所定"。日本1930年刑法改正案第六十六条规定:"对于二次犯同一或类似之罪,已有前科之常习犯人,于应科有期徒刑之场合,而为三犯以上之加重,且因法律上之减轻,最高刑期,仍为五年以上时,在判决主义指示其最高刑,处以不定期刑。"

总观上述累犯之各种主义与习惯犯、常习犯之各国立法例,可知其性质各有不同。英国1895年内政部行刑调查委员会(Departmental committee on prisons)之报告,对于常习犯人之斗争,至划为新之时期,即于其报告上,开始区别累犯与常习犯之问题,而斗争之对象,特别选择刑之执行后,尚有新犯罪之危险人。又其对策,不单依于严罚主义,而以含有缓和意义之长期拘禁是为适当,其累犯与习惯犯、常业犯之区别,则习惯犯、常业犯又规定于累犯者之外,而附以"继续而为不诚实或犯罪之生活"条件,总之累犯不过习惯犯、常业犯之客观要件,易言之,累犯非即习惯犯、常业犯也,亦即习惯犯、常业犯除累犯之要件外,更附有抽象之条件。是知累犯之范围大,习惯犯、常业犯之范围小,观李斯德云:"惯习犯人之性质,其法律之表现,每于累犯统计中看出来"是也。故累犯与习惯犯、常业犯是各别,然除由累犯中认识常习犯人外,目下尚无他法。

我国《新刑法》于累犯则专章规定,而同法第九十条,则仅规定:"有犯罪之习惯或以犯罪为常业或因游荡或懒惰成习而犯罪者,得于刑之执行完毕或赦免后,令入劳动场所,强制工作"。而未规定累犯、习惯犯、常业犯性质上之区别,致使阅者无所适从,诚属立法上之一大缺点,有待于将来司法院之解释矣。

(二)累犯之人应否适用保安处分之研究

习惯犯、常业犯在各国立法上已适用保安处分,前已言之甚详,毋庸另赘。对于累犯,虽其恶性似乎较轻,然若未采不定期刑之国家，亦有宣告保安处分之必要，试列举其理如次：

（甲）万国监狱会议　1910年华盛顿万国监狱会议对于不定期刑推行之议案，认为累犯确为社会有危险者，得适用不定期刑。1925年伦敦万国监狱会议，对于特殊累犯者，采用特别拘禁制度之决议案，谓特别拘禁应由司法官宪宣告之。拘禁之目的，虽重在预防，但亦应使其带改善之影响。拘禁之设施，应较一般之刑罚为宽。期间应为不定期，司法部长或其他有权限之官宪，得各拘禁所设之委员会之补助，依照各次之决议案，认累犯者之恶性较普通犯人为重，应适用不定期拘禁，今累犯在刑法上若未采不定刑者，应有付保安处分之必要，此其理一也。

（乙）各国立法例　对于累犯者之采用保安处分之立法例，如波兰1932年刑法第八十四条，瑞士1893年刑草第四十四条，及1918年刑草第四十条，奥地利亚1909年刑草第三十八条，均有相对适用之规定，又比利时1930年社会防卫法第二十四条、第二十五条规定尤为明显。是可知累犯者得适用保安处分之理二也。

（丙）法理　刑法为预防犯罪之方法，其恶性较深，恐将来有再犯之虞者，均施以特别预防，亦即保安处分是也，今习惯犯、常业犯既已适用保安处分，然累犯者岂可忽视乎？况又累犯中亦未必仅止习惯犯。常业犯则能代表累犯中之恶性最深者，如不知累犯中之恶性，殆尤过之。故累犯亦非适用保安处分不可，此其理三也。

总上观之，对于累犯者在未采不定期刑之国家，惟一补救之方法，得于刑之执行完毕后，付保护管束较为妥洽。

第十五项 法人

欲明保安处分是否可适用法人？应先研究法人之概要，今将其一一说明之：

（一）法人之沿革 法人制度滥觞于《罗马法》，然当时只认罗马帝国及国内各行政区划为有人格之团体，及帝政以后，凡经皇帝允许之私法上团体，始有权利能力。欧洲中世纪以来，工商业日渐繁盛，商事公司随之勃兴，关于公司之法规，遂亦逐渐完备，其相沿而成之公司法，乃成一般法人之模范法。迨至近世，物质文明愈形进步，经济组织愈臻发达，举凡大规模之产业，以及永久建筑之公共事业，均须设法人，始可举行，故各国法律关于法人之规定，亦日见完密矣。

（二）法人之学说 法人与自然人（人）之人格，虽均为法律上所保护，但二者却有不同，即一为天然之存在，一属吾人之认识，故学者又称法人为无形人或意识人。法律对于此种无形人或意识人所以赋与以人格者，则在满足吾人之需要。惟关于法人之本质如何？学者聚讼纷纭，莫衷一是，兹将各派学说分述于下：

（1）法人拟制说 此说之大要，只有自然人始能为权利主体，非自然人而为权利之主体，不过为法律所拟造，非实际上之存在。则虽触犯刑章，无责任能力之可言。

（2）法人否认说 此说不认法人有实体之存在。细别之更可分为三派：

（A）无主财产说 谓将无意思之物，勉强作为有意思，且名之为人格者,是等于对于无钉之壁,视为有钉,从而悬挂衣物。法人之财产本为无主,有为特定自然人而存在者,是为属人财产,有为特定目的而存在者,是为目的财产,故否认法人应负刑事责任。

(B)受益者主体说　谓权利为法律所保护之利益,利益之权属于何人,即应以何人为权利主体,然权利之归属应以自然人为限,则法人之财产,不过属于因法人享受利益之个人,此说亦否认法人应负刑事责任。

(C)管理者主体说　谓法人非实在,实在者乃为自然人相互间之法律关系,在利己之社团法人,以有处分权之社员为权利主体,在利他之社团法人、财团法人,亦有处分权之管理人为权利主体。当然法人不应负刑事责任矣。

(3)法人实在说　此说反对否认说及拟制说,即谓法人之实体,非法律上之创造物,乃可认为有权利能力之实体存在,此可分为两派:

(A)有机体说　此说谓法人之本质系一团体人,换言之,法人非其构成分子总计,乃为一超个人之社会之统一体,个人意思之外,有团体之意思,个人生活之外,有团体之生活,即自然有机体之外,复有社会之有机体,法人之实体,即社会之有机体,因其具有独立之意思,故认法人为实在之物。此说已认法人之本质系团体人,对于法人之犯罪应负刑事责任矣。

(B)组织体说　谓法人乃于法律上有独立之意思之组织体,不过此意思非自然人所有之自然意思,乃为法律上所认定之意思,详言之,法人机关所决定之意思,即为法人独立之意思,其所以能成为独立意思者,乃本于法律之规定。既认法人有独立之意思,即法人应得为犯罪之主体矣。

以上诸说虽各有理由,然法人拟制说,意以自然人与权利主体视为一体,以为自然人始得为权利主体,及法人否认说之视法人财产为无主之权利,与谓法人之财产,即为管理者之财产,及不应负刑事责任等立论,均不合乎近代法律之思想。其中以法人实在说较为妥洽,但法人实在说中,尤以组织体说更为有价值,因有机体说将社会学之研究与法律学之研究混而为一之弊,组织体说则能认法人为法律上之存在,其意思为法律意思,及其行为应负刑责,均足能解释法人之本质,故大多数赞成此说。

前述数种学说,非无用之学说,均能定法人权利能力之范围,及行为能力与不法行为应负刑责等,故研究法学者不可忽视焉。

(三)**法人之种类** 法人之种类因观察上之不同,有如下之分类:

(甲)公法人与私法人

以法人之职务为标准,可分为公法人与私法人,公法人是依公法规定之法律事实所产生,而以行使及分担负之职务为目的之法人。例如国家、地方团体、公共团体、营造物法人。私法人是依私法规定之法律事实所产生,而以经营私人事业为目的之方法。例如民法及其他私法所认定之社团法人、财团法人。

(乙)社团法人与财团法人

以法人之组织为标准,私法人可分为社团法人与财团法人,社团法人是以社团为成立要件之法人,财团法人是以捐助行为为成立要件之法人。即前者必有社员,并有社员总会,后者必无社员,并无社员总会。

（丙）公益法人与营利法人

以法人之目的为标准，私法人更可分为公益法人与营利法人。公益法人是不含营利之性质，而以谋公益为团体之直接目的之法人，营利法人乃不问其有关于公益与否，而以谋社员财产上之利益为目的之法人。简言之，即前者系以公益为目的之法人，例如关于政治、宗教、学术、技艺、慈善及其他以一般社会公益为目的之社团与财团属之，后者乃以营利为目的之法人，例如民事公司及商事公司属之。

（丁）内国法人与外国法人

法人与自然人同，亦有国籍之别，惟内国法人与外国法人之区别标准，尚不一致，有以设立人之国籍为标准，有以设立时所依据之法律为标准，有以为设立行为之地方为标准，有以主事务所所在地为标准，有以法人之主要事业遂行于何地为标准。前述各说，以最后一说较妥，故各国立法例采之者亦较多。

第一款　公法人之犯罪与制裁

国家为公法人，乃今世之公论，于国际社会（International society）中，国家为其组成分子之一员，具有国际人格（International personality），在国际上为权利义务之主体，而称为"国际人"或"国际人格者"，犹之私法人之于国家社会者然。

1914年欧战爆发后，至巴黎和会终了时，有国际联盟之产生，其目的（1）维持国际和平，（2）增进国际互助。国际联盟为五十余国构成，而具有国际人格，其组织有如下各部：（一）理事会，（二）大会，（三）秘书处，（四）常设国际法庭。其职务上则有依司法仲裁或和解之方法,解决国际争议,及对于违犯盟约,擅开战端之国家加以制裁,不啻与国家之制裁普通社会犯罪者相仿佛,故国家犯罪亦能制裁。

第二款　私法人之犯罪与制裁

自然人应为犯罪之主体,固无庸疑,而私法人之有此资格与否?则不可不加以研究,对此问题之学说纷纭,莫衷一是,兹仅择其要者而说明之:

(一)无责任说　无责任说即消极说,其立论站在拟制说之上。谓法人本非自然人,不过法律上认为有人格耳,其人格之存在,只能限于法律认许之范围以内,对于目的以外之行为本无人格,即使为欲达其目的而触犯刑章,本非法人之本质上所应为者,特其代表者不循法人之正规耳。代表者若不循法人之正规而触犯刑律,法人本身无制止之能力,应由代表者自行负责,故不认法人为犯罪之主体。

(二)有责任说　有责任说即积极说,其立论建筑于实在说之上;谓自然人与法人既同为权利义务之主体,同有人格,则对于社会不徒自然人之行为足以生危害,法人之行为亦足生危害也,既同为对于社会生危害之行为,若一则处罚,一则不处罚,尚能维持社会之安宁秩序乎?故法人应得为犯罪之主体。

总上观之,前说太旧,后说较妥。其详俟下节论之;但近世各国多采折衷之方法,于普通刑法中不规定法人为犯罪之主体,而于特别刑法中以明文规定之,惟于法人只处财产刑,且于审问时以法人之代表为被告。

第三款　各国立法

兹为便于阅者研究起见,凡关于有制裁私法人之立法,不仅限于刑法以内,则于特别刑法中规定者亦均择录之：

（美国）

凡多人组合而成之团体,如注册之公司,犯法者,其处罚为罚锾或没籍。（纽约刑法第十四条）

凡自然人应处徒刑之罪,而法人犯之者,重罪处美金五千元以下之罚金。轻罪处美金五百元以下之罚金。（同法第三十五条）

凡法人犯关于自然人之禁锢刑者,当可付之处罚,于此场合,重罪得科五千元以下罚金,轻罪裁判所得径为适宜之处分。（同法第一九三二及一九三一条）

各种法人,以自然人之同一方法有能力犯本法而处禁锢刑之罪者,于此场合,处罚法人,轻罪科以五百元以下,重罪五千以下之罚金。〔加里福尼亚（California）刑法第二六条一项〕

观于上列,美国各州法认法人有犯罪能力,惟所科刑以罚金为主,间亦科及没籍。

（苏俄）

《帝俄旧刑法》

凡民间设公司（或局）开矿,限一月内报明矿务本管上司,违者将完缴矿课,其应得年限利益撤销。（第五九七条）

凡矿公司不将采炼各矿如数登记官发簿籍,有意隐瞒少报或故纵旁人捏写不实者,依第一六九〇条诈为契券律处断。如只一年内有此弊端者,即令将是年矿课加倍完缴。连续数年者,各年矿课,亦同。倘数局为一主之业,一局舞弊发觉,余局矿课,即合计年数一律加倍完缴。局主不知情者,只罚其一局,查明舞弊之司员,俱无限的褫夺公权,罚作四年以上六年以下苦工,局主免科。知而不举者,应依第一二六条知人犯罪而不禀官律,从重处断。(第五九八条)

凡设公司采矿有不依限将各处呈缴矿课摘叙事由,汇呈矿务本管上司者,照所逾之限,计日罚锾三卢布。(第六一五条)

凡设公司采矿,有不依限将官发登记金银各矿,其采数目簿籍呈报矿务本管上司者,照所逾之限,计日罚锾一卢布五十戈比。(第六一六条)

凡官盐局存储盐斤,擅行批发及擅行费用者,依第三五四、第三五八、第三五九各条费用守掌财物各律处断。(第六五四条)

凡官盐局所储盐斤行销各省,其批发斤两,有与官定权衡不合者,依诈欺论。(第六五五条)

凡官盐局先收盐斤与官定权衡有违背,或购买人争竞斤两、或官盐局售卖故抬其价,或搀和伪物者,罪与前条同。(第六五六条)

凡在城内外河水汇源处所,设立制造局厂,审于空气有碍者,局厂责令拆毁,并暂时看押七日以上三月以下或罚铁锾三百卢布。(第八六三条)

凡未禀上司批准擅开药店者,药店封闭,器具查抄,拨给养济院充公。(第八八一条)

凡药店内所用药料及各种藏药及配药器具,分化药料器皿,并各种药料度量权衡,短绌不敷,品质逊劣,如药料价目或医生凭照或药店定章……店内均未预备或将药方忘登及误登印簿，或药店不能清洁随在污秽者，经理人初犯严行申饬，由医科上司发落，再犯……一年内犯三次者暂停其经理药店事业权六月以上一年以下。其为官药店经理人者，初犯恶行申饬，不注册；再犯恶行申饬注册；犯至三次者，恶行申饬，注册，并罚镪三百卢布以上。（第八八四条）

凡私立邮政传递所者，封闭，并计私立月份，每月罚镪五十卢布以上，一百卢布以下。（第一一一四条）

凡邮政总分各局，不在官定处所收发邮寄信件、包裹等物，或无故积压者，初犯申饬；再犯严行申饬，不注册；三犯停资六月以下；复蹈故辙者解职。（第一一一五条）

凡私银行开张不报官及报官不遵章办理者，罚镪五百卢布以下，银行查封。（第一一五二条）

凡银行起意诓骗，故为倒闭者，无限公权全夺，发往西伯利亚到配十年，始准编入农籍。（第一一六三条）

凡银行倒闭，因交易亏累，委非故意者，停其银行事业权，并监禁在狱八月以上，一年四月以下，即无股东陈请，亦不免其监禁。（第一一六五条）

凡玻璃局厂，按官定尺寸制造器皿者，不登录商标者，罚镪一百卢布以下，不按官定尺寸制造器皿者，计价罚筹三倍以下，器皿查抄，再犯，加售罚镪。（第一一七八条）

凡私立制造局厂者，罚镪五十卢布以上，五百卢布以下，并令将局厂事业，暂交例准开设局厂之人代为经理，以六月为限。（第一三四六条）

凡领有设立制造局厂凭照建造时，并不呈报地方官者，罚镪

二十卢布以上，一百卢布以下。（第一三四七条）

凡私占例禁建造房屋地方，安设制造局厂者，依第一千零五十七条处断。（第一三四八条）

凡私立制造枪炮局厂者，所有枪炮机器一概查抄，但猎枪不在此限。（第一三五〇条）

凡私立制造火药局厂者，依第九百八十六条分别处断，局厂查封，至建立局厂虽已禀明地方官，但厂局房屋格式，核与定章不符者，亦适用本条。（第一三五〇条附录一）

凡私设制造纸牌局厂者，纸牌机器等一概查抄，并罚镪一百卢布以上，五百卢布以下。（第一三五一条）

《苏俄刑法》（1927年）

参预组织机关，以反革命为目的，实行反对苏俄各机关，及各该经营之正当的行为，或以同样目的而利用之者，其处罚与前条同。（第六十三条）

以反革命为目的，组织各种不法机关，意在反对苏俄政府之代表，或劳农革命机关之执政者，以及参预执行前项目的者，虽各单独参预人本身，不属于前项反革命机关内，其处罚仍得适用本法第五十八条第一项之刑。（第六十四条）

以反革命为目的，组织机关，用炸裂或焚烧或其他方法破坏或倾覆铁道、或其他道路交通方法、其他交通事业、自来水道、公共存物所，以及其他各项建筑物者，与参预该项犯罪者，均按本法第一、二两项惩罚之。（第六十五条）

凡组织武装匪党，以及参预匪党对于国有或私人机关，肆行攻击、抢劫、侵掠，或截留火车、毁坏铁道等事，其攻击行为，同时无论有杀人及抢劫情事与否，处以极刑，没收财产全部。遇有情节较轻者,处三年以上严行隔离的有期徒刑及没收财产。援助匪党,及包藏匪党,及各匪徒与参预人以及隐匿赃物及犯罪行迹者,同科。情节较轻者,处二年以上严行隔离的徒刑并没收其财产。(第七十六条)

在国家或私人所办的学校内,对于幼年及未成年人,教授有关宗教信仰之学说者,处一年以上苦役。(第一百二十一条)

为谋教堂或各种宗教性组织的机关或团体的利益,强迫征收捐项者,处六个月以下之苦役,二年以内剥夺其与地方议会,订定享祀神财产及屋宇合同之权,并没收其所组织机关之财产。(第一百二十二条)

各种宗教或教会所组织的机关,若侵占行政或司法或其他公共业务以及法人权利时,处六月以下之苦役,取消其机关,并没收其财产。(第一百二十三条)

于国家机关或事业内而为各种宗教仪式者,以及于机关事业房屋内,安置神像者,处三月以下之苦役或三百元以下之罚金。(第一百二十四条)

各机关或各国家事业之管理人,对于各机关事业,按劳动义务法所得的劳力,为不经济的利用者,处六个月以上之监禁。(第一百二十七条)

各机关或国家事业主管者,对于自身所受托之事务,为不经济的处置,其结果使所制订之计划未能实行,或所发行的物,品质卑劣,或浪费该项事业之财产,其行为若无本法一百一十条所定之犯罪情节时,处一年以上之监禁或苦役。(第一百二十八条)

各机关或各事业之管理人,不按定数擅自给付大宗物产于需要人者,处一年以内之苦役或监禁。(第一百三十一条)

凡受佣人，无论为国家机关，或事业之管理人，抑为私人，若违犯其与职工联合会所缔结之各种合同时，处本法一百三十二条之刑。（第一百三十三条）

观上可知，《俄罗斯刑法》与《苏俄刑法》无不认法人有犯罪能力，照其处罚规定之綦详，在各种犯罪之下，私法人之代表者及国家机关之主管人，亦须受处罚，而与法人负连带责任，论其刑，对于前者（人）有极刑、监禁、劳役、殖边、隔离及剥夺公权、没收财产等，对于后者（公、私法人）每有停止某种事业或营业权、封闭或解散其组织或机关及没收财产等，是不能谓非详密，惟其法条之组织及词语，多所繁衍耳。

（日本）

明治二二年法律第一〇号《药品营业并药品取缔规则》第四一条之六。

明治三〇年法律第二七号《鸦片法》第一二条之四。

明治三三年法律第五二号法人关于租税及叶烟草专卖有事犯场合之件：

法人之代表者及其雇人或其他从业者，关于法人之业务，犯关于租税及叶烟草专卖法规之场合，规定各法规罚则法人者适用之，但其罚则，系规定处罚金科料以外之刑者，得处法人三百元以下之罚金。（第一条）

处罚法人之场合，以法人之代表者为被告人。（第二条）

处罚法人自裁判确定之日起，罚金于一月以内，科料十日以内完纳之，从《民事诉讼法》第六编之规定为其执行，于此场合，以检事之命令有执行力与债务名义有同一之效力。（第三条）

明治三三年法律第六九号《保险业法》第一〇〇条之二。

明治三三年内省令第一五号《牛乳营业取缔规则》第二〇条第三项、第四项：

　　法人之代表者或其雇人及其他从业者，就法人之业务，违背本则时，适用本则规定法人之罚则。

　　处罚法人时，以法人之代表者为被告人。

明治三三年内省令第一七号《有害性著色料取缔规则》第一〇条第三项、第四项。

明治三三年以内省令第三〇号《清凉饮料水营业取缔规则》第一四条第三项、第四项。

明治三三年内省令第三七号《冰雪营业取缔规则》第一〇条第三项、第四项。

明治三三年内省令第五〇号《饮食用器具取缔规则》第一一条第三项、第四项。

明治三四年法律第二八号《税关货物取报人法》第一三条第二项。

明治三四年法律第三五号《畜牛结核预防法》第一九条。

明治三四年内省令第三一号《人工甘味质取缔规则》第八条第三项、第四项。

明治三六年法律第五号《粗制樟脑、樟脑油专卖法》第二三条第一项。

明治三六年内省令第一〇号《饮食物防腐剂取缔规则》第七条第三项、第四项。

明治三七年法律第一四号《烟草专卖法》第六六条。

明治三八年法律第七号《酒母胶及曲取缔法》第一六条。

明治三八年法律第一一号《盐专卖法》第三八条。

明治三八年法律第四〇号《远洋渔业奖励法》第二〇条。

明治三八年法律第四五号《矿业法》第一〇六条。

明治三九年法律第二三号《输出的二重精炼业法》第一三条。

明治三九年法律第三二号《屠场法》第一六条。

明治四一年法律第五一号《肥料取缔法》第一四条。

明治四二年法律第四号《度量衡法》第一九条。

明治四二年法律第一三号《砂矿法》第二二条。

明治四二年内省令第一九号关于病院（中略）广告之件第三条第三项、第四项。

明治四三年法律第一号《家畜市场法》第二二条。

明治四三年法律第五三号《铳炮火药类取缔法》第二三条。

明治四三年法律第五五号《预约出版法》第一二条。

明治四三年法律第五八号《渔业法》第六五条。

明治四四年法律第四七号《蚕丝业法》第四五条。

明治四四年法律第五五号《电气事业法》第二二条。

明治四五年内省令第五号《毒物剂物取缔规则》第二〇条。

明治四五年内省令第八号《木精取缔规则》第九条第三项、第四项。

大正三年法律第一一号《输出入植物取缔法》第一六条。

大正三年法律第一四号《卖药法》第一九条。

大正四年法律第一八号关于法人役员处罚之件。

大正四年内省令第一二号戚佛打尼亚（中略）检定规程第一五条第三项、第四项。

第一章　保安处分之适用

大正七年法律第一五号《军用自动车补助法》第二二条。

大正八年法律第三九号《市街地建筑物法》第二〇条第三项。

大正八年内省令第一号《自动车取缔令》第三二条。

大正九年内省令第四五号《道路取缔令》第三〇条。

大正一一年法律第三一号《压缩瓦斯及液化瓦斯取缔法》第一一条。

大正一二年法律第三二号《中央卸卖市场法》第二五条、第二六条。

上述日本之处罚法人，以其代表者为被告，但不负连带责任，其处罚法人之刑，则以罚金及没收（科料）为限，据冈田博士云，处法人以罚金、没收以外之刑为事实上不可能，故明治三三年法律第五二号第一条，有易科之规定云云，是盖偏于目前事实，未彻底之论也。

（德国）

德于民法上规定法人綦详，然于学说上因有主张拟制说者之萨樊尼（Savigny）派与主张实在说者之籍尔克（Girke）派相对峙，两派俱有权威，结果，萨氏一说为立法者所采取，故德国虽间接承认法人之犯罪，而法律规定，则由代表人负责，此盖立法上一贯政策之当然结果也。

（法国）

1804年之拿破仑法典，并无关于法人之规定，其后，法人之现象益显，为补苴罅漏起见，乃以判例承认法人之存在，以济其穷。惟追溯前型，法国有名之1670年之《法国刑事敕令》，即认以市町村团体及其他团体为犯罪之主体者。即此以观，法国殆

第二编　分论

为承认法人犯罪之鼻祖。1932年刑草,于保安处分内又规定法人之解散,亦为立法上之进步焉。

（瑞士）

瑞士民法规定法人,最为尽详,后起民法多尤而效之,我国民法其一也。其关于法人犯罪之规定,见之于《航律》及1872年之《铁路法》等。

（中国）

民国三年四月二日《修正矿业条例》第一〇五条。

民国三年二月二日《商人通例》第十八条第二项。

民国三年一月十三日颁布,十二年五月十二日《修正公司条例》第八条。

同上条例第二四八条。（凡一一款）

同上条例第二四九条。（凡一〇款）

民国四年十月十日《管理药商章程》第二〇条。

同上章程第二一条。

同上章程第二二条。

民国三年八月二十九日《治安警察法》第二五条。

同上法第二六条。

同上法第九条。（凡三款）

同上法第二八条。

国民政府颁布（以下同）《电信条例》第二一条上半段。

《交易所法》第五二条。

《麻醉药品管理条例》第一二条。

《民营公用事业监督条例》第十六条第一项、第二项。

《公司法》第六条。

同上法第二三一条。（凡八款）

同上法第二三二条。（凡十款）

同上法第二三三条。（凡四款）

《工厂法》第十二章罚则第六八——七一条。

《矿业法》第八章第一〇八——一一七条。

《电影检查法》第一一条。

《船舶法》第五章第三三——四〇条。

《出版法》第六章第二七条，第二九——三一条，第三三——三六条，第三八——四三条。

《办振人员惩罚条例》第七条。

《新民法》第三六条、第三三条。

观我国法律之规定，亦有处罚法人以罚金、没收及解散等处分行之，而法人之代表者，董事，股东，在某种情形之下，单独负责，是可知其采折衷派之立法例，然我国处罚法人之法文，均在特别刑法及民法中，非归并于普通刑法之内也。

第四款 法人之研究

法人之有犯罪能力，各国立法均有规定矣，然学者仍有不少之反对，观各国之立法，其处罚法人，未敢列入刑法之内，仅于特别刑法中以明文规定之，足知其未脱拟制说与否认说之立场矣。余观马存坤先生所著《法人犯罪论》一文，深感其对于法人应负刑责之论述确有价值，特节录之以供参考：

"今世学者，关于法人之本质，仍有拟制说、否认说、实在说之争，特此种论争，骤视之，似为学理之探讨，弥觉可敬，而细味之，实不竟为之齿冷。盖无论任何事物，当其产生与进化之期，实有其时代背景、社会环境及应事实需要而来,潮流所趋,奔腾澎湃莫可遏止也。法人之产生与演进,亦未逃此例,迄于今,此时代之产儿! 法人已脱乳口而入于发育时期,论者,犹否认其存在,不啻病入膏肓者,而犹忌疾讳医,论其无病,识者讥之,其不自欺自误而陷于鬼蜮者几许? 余对于持拟制说者,亦不欲多言,以世界各国先进立法例(如瑞士、德及中国等),于民法中,已详为规定,吾已取得真实之证明,无须喋喋,故法人本质,确为真实存在无疑者。

法人既真实存在,故其代表人所表示之意思,即是法人之意思,代表人所为之行为,即法人之行为,代表人不过法人之机关而已。

法人为具有作成法人意思的组织之社会的组织体,故以法人为具有行为能力者,此瑞士《新民法》(第五四、五五条)之有明定,依此立论,则董事非在法人之外部,以代理法人,乃在法人之内部,为构成法人的组织之一部(机关),而实际上,董事之于法人,确为法定的必要的机关,不可或缺(如我国《民法》第二十七条第一项),故董事于行使职务时所为之行为,非董事个人之行为,乃法人自身之行为,此正如自然人手足耳目之运动,非耳目手足之运动,实自然人之运动也。德国《民法》(第二六条二项)规定法人董事有法定代理人之地位,即明其非纯然代理关系者。是以法人于民法上,得缔结契约,得为侵权行为。于刑法上,得为犯罪之主体。或曰:'法人代表人之行为,仍不失为代表之行为,不过以其行为之结果,归诸法人而已;但以其结果,归诸法人,与法人己身所为之行为,不容牵混',此说系于理想未切事实。试问不认代表人之行为,即法人之行为,而仍为代表人自身之行为,则法人之设,直为多事,是不啻曰:'人之手足耳目之活动,虽由其内意之发令指使,然非人的行为,仍不失为手足耳目之活动,不过为人的意思之代表,行为之效果归诸于人而已'可乎?尽人皆知其谬也。进一步言,自然人除去手足耳目等机能,即为空壳之死体,无有活动之可能,法人除去代表人。则法人亦失去其灵魂与机关,犹可存在而活动乎?

法人基其意思与行为,故有犯罪能力,此所以各国较新或法人发达较早之立法例,多有关于法人犯罪之规定,尤以特别法或单行法为习见,我国亦然,惟新民法中一方承认法人之真实存在,对于社团及财团分别规定之;他方则未明认法人之行为能力,殊属忸怩作态。一民法中之半新半旧之大家闺阁也,余甚病之。最后余所欲言者:于今法人处发育时期,法人既为时代的产儿,社会的组织体,则将偕时代与社会之进化而滋长,行见国际交通之开展,经济事业之隆兴,工商业之发达,大规模事业之日形膨胀,法人之数量必形增多,而其组织将益形缜密而巩固,亦即其犯罪机会增多,吾恐二三十年后之各国新刑法典中,法人当不难得一普遍的地位也。姑拭目以俟以。"

平心论之,一国之要务,莫急于维持社会之安宁秩序,盖以刑事与立法政策言,自然人之犯罪则科以刑罚或施以保安处分,法人犯法则不受同等之制裁,是诚放任法人之犯罪或危险行为,将何以维持国家安宁、社会秩序与个人法益乎?况且法人之代表者,执行其总会之决议或不违反法人意思之主旨内,其所表示之意思与所为之行为,当然即为法人之意思与行为,非个人之意思与行为也。近世社会之经济事业,大半为法人所经营,且有风起云涌之趋势,至法人事业之大,结合之强,又非个人事业所可望其项背,其活动范围,既广而繁复,则其因违法行为所生之惨害亦激增不容讳也,若对其行为不加以制裁,诚非合于法理与事实矣。例如公司以广告为诈欺行为时,与自然人之所为诈欺无异,或社团假名轻商,而贩卖违禁物,或设秘密机关有害风化,岂可因其为法人行为而不处罚欤?故法人之违法,虽出于代表者之犯罪行为,然其行为在客观上,依一般见解,得认法人所为者,与主观上,其行为确有为法人为之之意思者,则自应由法人负刑事责任。今之《法兰西刑草》、《美利坚刑法》与《苏俄刑法》,将法人之处罚归入刑法以内,而又对其情节重者,得施以"解散"之保安处分,以防其再犯,实较其他各国之立法,将科处法人于特别刑事法上规定较为进步,故保安处分亦得适用法人明矣。但解散法人之性质,究属刑罚?抑系保安处分?俟下章法人解散节内详论之。

第十六项 有亲权人或监护权人

（一）亲权及监护权之意义 （1）亲权者,谓法律上为人父母,对于子女之身体及财产,有指导保护之权利义务也。亲属法上无此概括之名称,其中有谓权利义务者,即亲权之意义也,惟近代学者及法院判例常常习用此名词。详言之,亲权乃法律对于无能力或未成年或不能独立经营生计之子女所付与保护指导之权利,此种权利,就现代立法精神考之,虽谓一种权利,勿宁谓一种职能,故其父母对于子女身份及财产,应以精密之注意以保护管理之,并非父母蹂躏并剥夺子女利益之职能。（2）监护者,为保护无父母或父母均不能行使亲权时之未成年子女,及禁治产人之财产、身体也。我国旧法并无关于监护制度之规定,而习惯上有所谓托孤者,则颇近于未成年子女之监护。至若禁治产人之监护,则社会上殊少实例。民国以来,法院判例,曾经折衷中西法律,承认监护人之设立。

监护制度在欧洲极为发达,然在吾国迄今犹在萌芽时代也。

（二）**亲权人及监护权人之种类** 有亲权之人在法律上可分二种:(1)父,(2)母。有监护权之人在法律上大别之可分为四种；(1)指定监护人,即后死之父母,另以遗嘱指定之监护人是也。(2)法定监护人,谓无指定监护人时,法律规定之监护人也。其顺序,可分为二:(甲)未成年之法定监护人顺序,(A)与未成年人同居之祖父母,(B)家长,(C)不与未成年人同居之祖父母,(D)伯父、叔父。(乙)禁治产人之法定监护人顺序:(A)配偶,(B)父母,(C)与禁治产人同居之祖父母,(D)家长,(E)后死之父或母以遗嘱指定之人。(3)选任监护人,即无指定又无法定监护人时,由法院或由亲属会议选任一人为监护人也。(4)委任监护人,即父母对其未成年之子女,得因特定事项,于一定期限内委托他人,行使监护职务之监护人也。例如父母远出经商,或赴他国游学,及其他事业上,不能保护教养子女,得以委托他人,于一定期间内,代其监护子女是也。

（三）**亲权人及监护人之效力** (1)亲权之效力,亲权之效力得分对于子女之身体及财产二种:(甲)对于子女身体之权:(A)保护及教养之权,所谓保护者,即保护子女身体之安全也,教养者,即以使子女知识之发达也;(B)惩戒权,即使子女改过迁善,加以惩戒之权,但须于必要之范围内行之;(C)法定代理权,即父母为未成年子女之法定代理人也。(乙)对于子女财产之权:(A)财产管理权,即子女之特有财产,父母有管理之权,惟须父先为管理,父不能管理时,由母管理;(B)使用收益权,即父母对于子女之特有财产有使用之权,其由财产所生利益有收益之权,但非为子女之利益不得处分之。(2)监护人之效力:(甲)对于未成人,除法律另有规定外,对于未成年人，应于保护增进未成年人利益之范围内，行使负担父母对于未成年子女之权利及义务，其由父母暂时所委托者，则以委托范围为限。（乙）对于禁治产人。除与未成年人相同外，尚有如下之特种职务：（A）护养疗治身体，（B）送入精神病院，（C）监禁私宅。（丙）监护人职务之分类：（A）开具财产清册，（B）管理财产，（C）使用财产，（D）处分财产，（E）报告财产状况，（F）得相当报酬，（G）清算。

以上所说，虽为民法上所规定，但有亲权人或监护权人，有显著利用其权力为恶之虞时，在刑法上应负刑事责任，并得褫夺其亲权及监护权，以防其犯罪之发生，故保安处分亦能适用有亲权人与监护人。

第一款　各国立法

（波兰）

若犯人系不负刑事责任者，或其行为不为罪或对其提起诉讼之时效已经消灭者，法院得以保安处分之名义，适用第四十八条至第五十条之规定（第八十五条）。对于向十七岁以下之未成年人，实行犯罪之行为或与此种未成年人共同犯罪者，法院得褫夺亲权及监护人权。（第四十九条）

（瑞士）

《1893年刑草》

凡人因罪而污渎亲权后见权者，判事则于一年至十五年剥夺其权限，被自由刑宣告者，不得以此算入刑期之内。（第三十五条）

（苏俄）

亲权之褫夺，须被处刑者，有显著利用其亲权为恶之虞时，

得由裁判官决定之。(1927年6月6日修正公布)

第二款　本项研究

褫夺亲权及监护权,各国之立法例可分为二,试分述之:

(一)在刑法中规定者　对于向未成年人实行犯罪之行为,或与此种未成年人共同犯罪者,在波兰1932年之刑法、苏俄1927年之刑法、意大利1930年之刑法及瑞士1893年之刑草,均规定得褫夺亲权及监护权。盖其立法理由,不外乎虽父母及监护人无不爱其子女与尽监护之责,然亦难免无道德之徒以不正方法对于子女及受监护人滥用其权利或共同犯罪,法律为保护子女受监护人及社会之利益起见,除科刑之外,应褫夺其亲权或监护权,以防其再犯。

(二)在民法中规定者　父母及监护人对于子女及受监护人滥用其权利,在日本及我国刑法上不加以特别规定,视此等人利用其亲权或监护权而为犯罪时应与普通人犯罪无异,而适用普通刑法,故对于褫夺亲权或监护人权之处分不规定于刑法之内,另列入于民法中矣。如我国《民法》第一千零九十条云:"父母滥用其对于子女之权利时,其最近尊亲属或亲属会议得纠正之,纠正无效时,得请求法院宣告停止其权利之全部或一部"。又同法第一千一百零六条规定:"监护人有下列情形之一时,亲属会议得撤退之:(1)违反法定义务时;(2)无支付能力时;(3)由亲属会议选定之监护人违反亲属会议之指示时。"其所谓停止其权利之全部或一部,及亲属会之撤退,在事实上无异于褫夺亲权或监护人权,惟其不同者,一则属于刑法,一则属于民法而已矣。

综而观之,两种立法,前者较后者为妥,因褫夺亲权或监护权,属于刑事之制裁,应由刑法上规定,况民法中之停止权利及撤退,犹未能包括此等之人与未成年人共同犯罪者及利用其亲权为恶之虞者,似乎亦由刑法上规定较妥;但属于民事上之范围,可不在此例。现在各国对于褫夺亲权或监护权视为保安处分者,除波兰外,殊不易见,然褫夺亲权或监护权实有保安处分之价值也。

第十七项　妨害国家或社会或个人之重罪犯人

第一款　各国立法

（意大利）

对妨害国家,或公共秩序之重罪,或犯有政治动机罪,或因该处特殊社会,或道德状态,致成重罪者,禁止居住于法官指定之一邑,或数邑或省。（第二三三条第一项）

（日本）

因惩治以上之刑执行终了被释放者,于释放后显著有再为放火、杀人或强盗之虞时,得付预防拘禁。（第一百十条）

被付预防拘禁者,应收容预防拘禁所,为使其悛改,应为必要之处置。（第一百十一条）

（奥地利亚）

因关于货币之罪,对于他人财产之罪及危险于公共之罪,被处惩役后,法院认为有再犯同种犯罪之危险时,其危险依警察监视可以减轻者,付诸警察监视。（第三十九条）

第二款　本项研究

（一）意大利1930年之刑法，在保安处分章中第二三三条第一项规定："对妨害国家，或公共秩序之重罪，或犯有政治动机罪，或因该处特殊社会、或道德状态致成重罪者，禁止居住于法官指定之一邑、或数邑、或省。"其立法之理由，不外乎对于妨害国家，或公共秩序之重罪，或犯有政治动机罪，或因该处特殊社会、或道德状态致成重罪者，其恶性比较他罪较重，若任其仍居于犯罪发生地或结果地，或有便于其犯罪之地，难免其有再犯之虞。故《意大利刑法》，对于此等之人，得禁止居住于法官指定之一邑、或数邑、或省，以防其再犯。所谓妨害国家者，即指内乱罪、外患罪、泄漏秘密罪、妨害国交罪、妨害政务罪、妨害司法罪等是。所谓公共秩序之重罪者，即放火罪、决水罪、危害交通罪、妨害卫生罪、伪造货币罪、伪造文书印文罪等是。所谓犯有政治动机罪者，即预备阴谋之内乱罪及谋叛助敌、与外国通谋之外患罪等是。至于所谓或因该处特殊社会及道德状态，致成重罪者，即该处之社会及道德状态，均足以促成犯罪者而言也。上述此等犯人，恐其以前居住地与犯罪有关，应禁止居住于指定之居住地，方能以预防犯罪之发生，此种立法实则合于保安处分之法理也。

（二）日本1930年之《刑法改正案》，在保安处分章中第一百十条规定："因惩治以上之刑执行终了被释放者，于释放后显著有再为放火、杀人或强盗之虞时，得付预防拘禁。"盖其立法理由，因放火、杀人或强盗之罪，而被处惩治以上之刑者，其恶性比其他之罪重大，自不待言。若于刑之执行完毕后，显有再犯放火、杀人或强盗之虞时,非付预防拘禁不可。所谓惩治以上之刑者,即指三月以上之有期徒刑而言也(惩治分无期及有期,有期惩治,为三月以上十五年以下)。至于放火、杀人或强盗,在事实与法理上极为明显,毋庸多赘。余以为此种立法,似欠公允,徒以有再为放火、杀人或强盗之虞为限,而不及其他各罪,实足令人莫解。况又对于放火、杀人或强盗之虞之认定,亦颇难得一精确之方法,倘一旦识别错误,岂非妨害人权之道耶?此种立法,实无规定之必要,若以预防再犯而言,亦应规定:因惩治以上之刑执行被释放者,于释放后显著有再犯之虞时,得付预防拘禁等文义较为妥洽。

(三)奥地利亚1909年之刑草,在保安处分章中第三十九条规定:"因关于货币之罪、对于他人财产之罪及危险于公共之罪,被处惩役后,法院认为有再犯同种犯罪之危险时,其危险依警察监视可以减轻者,付诸警察监视"。其理亦不外乎认此等之人对于社会之危险性较其他之人为重,应付诸警察监视,以防其再犯也。所谓货币罪,即指伪造币券、行使伪币券、减损货币、行使减损货币、预备伪造币券而言也。所谓财产罪,即窃盗罪、强盗罪、抢夺罪、恐吓取财罪、诈欺取财罪、背信图利罪、侵占罪等是也。至于危险公共之罪,即指放火罪、决水罪、妨害救灾罪、危害交通罪、妨害卫生罪等而言也。其再重要之要件,须法院认为有再犯同种犯罪之危险时,又须其危险依警察监视可以减轻者。若缺其一,则不能付诸警察监视。

总观上述各种立法。虽其所施之保安处分不同,而对于预防之意则一。余以为前此种立法例采列举之办法,未免失之于偏,不如认为对于社会有危险者,均得科之,较为公允。故保安处分亦得适用于妨害国家或社会或个人之重罪犯人矣。

第十八项　危险业务或营业之人

第一款　各国立法

（德意志）

业务或营业（Beruf oder gewerd）之滥用，或因业务或营业上之义务之重大违反，被处三月以上之刑者，法院在认为有保护公众之必要之场合，得对之禁止于一年以上五年以下，执行其职务、或营业、或其营业之一部。在禁止中其人不得为他人执行其业务或营业，又不得于自己指挥之下，使他人执行之。既经宣告之自由刑，或于刑之外宣告保安矫正之自由拘束处分，被付缓刑时，其试验期间，合算于上之期间。

（苏俄）

禁止经营某种事业或就某种职业之处分，系裁判官认为犯人有恶用其业务之行为时，或将来有恶之虞时，得适用之，但其期间不得逾五年。

裁判官对受刑人，有禁止其经营承包政府事业、承揽杂差及公营官营企业、商行为交易、自营商业，或受他人委托经理商业，或介绍业之权。（第三十八条）

（瑞士）

《1893年刑草》

行为者因犯罪而大伤其业务营业贸易上之义务，且以后尚有妄用之虞者，判事即于一年至十五年拒绝其业务营业贸易之认可。

被自由刑宣告者,不得以此算入刑期之内。(第三十四条)

(日本)

资格丧失,系丧失为公务员之资格,及法律所定业务上之资格,但其情节,得以特定之资格为限丧失之。(第三十七条)

资格停止,系于一年以上十年以下之期间,停止为公务员之资格及法律所定业务上之资格,但因其情节,得以特定之资格为限停止之。(第三十八条)

(波兰)

对于第四十七条第一项所列各种之犯人,若证实其有下列情事之一者,法院得宣告褫夺执行某种职业权:

(甲)犯人利用其职业而为犯罪之行为者;

(乙)在犯罪之行为中,发现犯人无执行其职业之能力,而有危害社会之危险者。

对于第四十条第一项所列之犯人,而为本条第一项甲乙两款所举之利用职业或无执行职业之能力者以外之其他一切犯人,法院仍得宣告褫夺执行某种职业权。(第四十八条)

对于下列各种之犯人,法院宣告褫夺公权及国民荣誉权:

(甲)受死刑及无期徒刑者;

(乙)犯内乱罪或外患罪,及妨害国交罪而受徒刑之判决者;

(丙)其他各种以营利为目的而犯重罪,受徒刑之判决者。

(第四十七条第一项)

拘役至少为一星期至多为五年。(第四十条第一项)

(意大利)

丧失职业或技术之罪犯,在丧失期内,停止执行职业、技术、工业、商业或营业上之特许,或特许资格等之能力,或受上述特许资格及许可证之没收。

丧失职业或技术之期内,不得少于一月,或多于五年;但有法律明文规定者,不在此限。(第三十条)

对于滥用职权,或违背公务上之义务,或第二十八条第三款规定之职务,或滥用职业、技术、工业、商业或营业,或其义务者,受有期公务丧失,或职业、技术、工业、商业或营业丧失。(第三十一条)

受职业或技术之停止者,停止期间中丧失其需要及特许或特别资格,及许可证之职业、技术、工业、商业或营业。

停止职业或技术期间,不得少于十五日或多于两年。

以滥用职业、技术、工业、商业或营业犯轻罪者,被处一年以上之拘役,依其刑之效力,受职业或技术之实行停止。(第三十五条)

第二款 比较研究

关于危险业务或营业人之适用禁止执行处分(保安处分),已为多数国家所采纳,但亦有视此种禁止为刑罚者。兹列举说明如下:

(一)在保安处分章中规定者 德意志1934年之刑法,将业务或营业之滥用,或因业务或营业上之义务之重大违反,受三月以上之刑者,法院认为有保护公众之必要之场合,得于法定期间以内,禁止其执行职务或营业。

(二)在刑罚章中规定者 在刑罚章中规定之立法例,如波兰

1932年刑法第四十八条规定,对于犯人利用其职业而为犯罪之行为者;在犯罪之行为中,发现犯人无执行其职业之能力,而有危害社会之虞者,法院得褫夺执行某种职业权(保安处分中亦得准用)。意大利1930年之刑法,第三十条、第三十一条及第三十五条,对于滥用职业或营业者,得宣告停止职业或营业之权。日本1930年之刑法改正案第三十七条、第三十八条规定法律上所定业务上之资格丧失或停止等是。

(三)在社会防卫章中规定者 苏俄1927年之刑法,其第三十八条规定,有恶用其业务之行为时,或将来恶用之虞时,得禁止经营某种事业,或就某种职业之处分。但此种立法与前两种各异,因苏俄刑法,根本上已无刑与保安处分之分。将两者合而为一,曰社会防卫处分。本条即规定于社会防卫处分章内是也。

上述各种立法例。当以第三种为妥,但各国之刑法采社会防卫之一元主义者殊属寥寥。故此种立法例,目下断难普及,须待于将来社会防卫之时机成熟以后,方能完全实现。至于第一种与第二种之立法例,系采应报与预防之二元主义,余以为第二种实不足取,诚以第一种较为妥洽。夫禁止执行业务与营业之性质,非刑罚乃避免其将来再犯及保护公众利益之预防政策也。观1930年勃拉克国际刑罚及监狱会议之议决案,将禁止引起犯行之营业或职业归入保安处分内,又观各国立法上科处之前提,均注重于滥用业务或营业、违反业务或营业、利用其职业而为犯罪,及发现犯人无执行其职业之能力等行为。此等之人,若任其再为执行业务或职业,岂能免其危害社会之危险乎?故国家为预防犯人之再犯,及保护社会之安宁计,得禁止其执行业务或职业,实则正本清源之道也。如是保安处分能适用于危险业务或营业之人矣。

第二节　保安处分物之适用

保安处分物之适用,别于前节所述保安处分人之适用而言也。所谓对物保安处分者,即其物足以危害社会公共之安全,或其物足以使犯罪之发生,法院为社会防卫计而加以处分是也。此种分类方法,创于1930年勃拉克国际刑罚监狱会议,实行于意大利1930年之刑法,及法兰西1932年之刑法准备草案。如危害公共安全物品之没收,善行保证金之类是,容后各项详述之。

第一项　危害公共安全之物品

危险公共安全之物品者,即视其物品对于社会公共秩序及安全有危害者而言也。易言之,乃对于犯罪所用,或预备为犯罪所用之用具是也。

第一款　各国立法

（意大利）

在刑之宣告时,法官得命令没收供犯罪所用、或预备犯罪所用物件,及犯罪所得之物件或利益。

下列物件,应命没收：

（一）构成犯罪代价之物件；

（二）虽尚未受刑之宣告,构成犯罪之制造、使用、携带、持有或贩卖之物件。

本条第一项及第二项第一款之规定,对于属于犯人之物件,不关于犯罪者不适用之。

第二款之规定,对于该人所有之物件,不关于犯罪者,不适用之,以行政上之特许,得准其制造、使用、携带、持有或贩卖。(第二四〇条)

(波兰)

若犯人系不负刑事责任者,或其行为不为罪,或对其提起诉讼之时效已经消灭者,法院得以保安处分之名义,适用第四十八条至第五十条之规定。(第八十五条)

对于由犯罪行为,直接或间接取得之物品,以及犯罪所用或预备或犯罪之用之用具,法院得宣告没收之。若物品不归犯人所有,除法律明白规定外,法院不得没收。

除法律或国际条约另有规定外,所有没收物品,一概缴纳于国库,为监狱感化院及看守所之用。(第五十条)

(奥地利亚)

供犯罪所用之用具,与犯罪有关系者,法院得没收之。(第四十二条)

(苏俄)

受刑之宣告者之固有财产,或共有财产自己一部分之没收,系将其财产全部,或裁判官所指定之一部分,强制无代价收归政府。

受刑之宣告者,及其家属生活之必需品,及生计根源之手工、手艺用具、农业用器具,概不没收。受刑人及其家属应予留存之食粮及金钱总额数,准每家属一人,酌留与该地劳动者之平均工资三个月相等之数,不得再少。

裁判官对受刑人之职业用具;非遇连该犯之职业权一并没收时,不得没收。(第四十条)

没收财产时,受刑人之债务,倘在法院已经执管后所发生者时,须得法院之同意,否则国家不负担其债务。

没收财产时,第三者之债权之要求,如认为有容纳之理由时,政府负担其债务,但以受刑人所有财产限度范围内为限。

遇有前项之场合,其履行债务之顺序应如下:

第一　劳动工资、养育费、社会保险费。

第二　欠缴之国家税、地方税、附加税。

第三　政府机关之要求。

第四　其他。(第四十一条)

(中国)

《新刑法修正案初稿》

下列之物没收之:

(一)违禁物。

(二)供犯罪所用,或供犯罪预备之物。

(三)因犯罪所得之物。

前项第一款之物,不问属于犯人与否,没收之。第二款、第三款之物,以属于犯人者为限没收之。(第八十七条)

保安处分于裁判时并宣告之,但没收得单独宣告(第八十八条)。

第二款　本项研究

(一)危害公共安全物品之研究

世界各国,对于危害公共安全之物品,虽规定详略各有不同,

归纳言之,不外乎违禁物、或供犯罪所用之物、或供犯罪预备之物、或因犯罪所得之物四种而已,试分述之:

(甲)违禁物　违禁物即刑法上所禁止之物也。例如伪造货币、伪造度量衡、私藏鸦片、私藏军械火药之类是。即凡属国家所禁止私人制造、或不许私人贩卖持有之物,均为违禁物。

(乙)供犯罪所用及犯罪预备之物　所谓供犯罪所用之物者,为不属于犯罪要素而为供实行手段之物也,如供杀人之刀是。供犯罪预备之物者,为欲实行犯罪而准备之物也,如欲放火而准备之火油是。

(丙)因犯罪所得之物　因犯罪所得之物,即指官吏所收之贿赂,赌博所得之金钱,及贩卖各种违禁品,所受之代价等是。

以上各种危害公共安全之物品,在刑法上均得没收之,但没收有视为刑罚,有视为保安处分。视为保安处分者,如意大利1930年之《刑法》第二四〇条,波兰一九三二年之《刑法》第八十五条,奥地利亚1909年之《刑草》第四十二条,中国1933年之《刑法修正案初稿》第八十七条、第八十八条,余如法兰西1932年之《刑法预备草案》,亦视没收危害公共安全之物品为保安处分。至于苏俄1927年之刑法,将刑罚与保安处分合而为一,名之为社会防卫处分,对于此问题已无争点之余地矣。惟前者两种之立法例,孰是孰非? 俟下章详论之。

第二项　善行保证金

意大利1930年之《刑法》,在保安处分章中第二三七条规定:"善行保证,应供托于罚金基金一千里耳(意大利币名)以上,二万里耳以下之金额。供托保证许提供以抵当方法之担保，即以连带担保提供亦应许可，该保安处分之期间，不能少于一年，或多于五年，其期间以交付保证日开始"。又同法第二三八条规定："不供托金额，或担保时，法官得以自由监视更易保证"。又同法第二三九条规定："在保安处分中，本人不犯法律上规定拘役刑重罪或轻罪，得命令返还供托金额，或撤销抵当，其担保消灭，否则供托之金额或担保移转于罚金基金"。瑞士1893年之《刑草》，在刑与保安处分章中第三十七条规定："人所欲犯之罪，将有实行之危险者，又其人因对于生命、身体、名誉之罪已被宣告，尚恐其再犯之虞者，判事得勒令允诺，或出相当之担保，以后不复犯罪，因此之故，得抑留之。若不肯允诺，或以恶意于一定期间之内不肯供与担保者，得置之拘留场，使允诺或出具保证而后已，惟其期间不得过六月。既经允诺或其有担保之后，二年以内犯罪，则担保归于国家，不然，则还诸供与之人"。此外法兰西1932年之《刑草》，古巴1926年之《刑草》，日本1930年之《刑法改正案》，（在刑之犹豫及罪之免除章内规定不认为保安处分）亦均有同样之规定。其立法理由，认习惯性或职业性，重罪犯或犯罪性癖者致送于农业惩治场或工业场执行终了时，恐释放后，仍有再犯之虞者，或法律上认为社会有危险性之人，得命令供托保证金以证其善行（意刑法第二百〇二条至二百〇四条，及第二百〇六条、第二三〇条参照），倘在保安处分中，本人若犯拘役以上之刑者，其所供托之金额没入，否则得命令返还之。以此而观，保安处分能适用于善行保证金，亦即保安处分对物之适用也。

第二章 保安处分之种类

第一节 通论

保安处分之种类,举其要者计有四种分类法:其一、国际刑罚会议之三分法;其二、法兰西之三分法;其三、意大利之二分法;其四、个别法。兹分述如次:

第一 国际刑罚会议三分法

1930年勃拉克国际刑罚会议,将保安处分分为下列三大类:
（一）限制自由处分　包括监护、禁戒、强制工作、保安监置等处分。
（二）非限制自由处分　包括保护管束、禁止执行业务或营业、禁止入酒肆、善行保证等处分。
（三）有经济性质之处分　包括没收危害于公共安全之物品及排除其危害性为目的者等处分。

第二 法兰西三分法

法兰西1932年之《刑法预备草案》,将保安处分分为下列三大类:

（一）剥夺自由处分：

（1）收容于医院；

（2）收容于劳动所；

（3）收容于乞丐收容所。

（二）限制自由处分：

（1）禁止执行业务；

（2）限制住居；

（3）驱逐；

（4）保护管束，改善保证。

（三）财产处分：

（1）没收；

（2）封锁营业所；

（3）解散法人或停止营业。

第三　意大利二分法

意大利1930年之《刑法》，将保安处分分为二大类，兹分列如下：

（一）对人保安处分　对人保安处分，分拘禁及非拘禁。

拘禁保安处分如下：

（1）致送于农业惩治场及工业场；

（2）收容于治疗所及监护所；

（3）收容于刑事精神病院；

（4）收容于刑事感化院。

非拘禁保安处分如下：

（1）自由监视；

（2）禁止居住于一个或数个之邑或省；

（3）禁止时常进入于贩卖酒精饮料公共场所；

(4)外国人驱逐于国外。

（二）对物保安处分　　除法律有特殊规定外,对物保安处分如下：

(1)善行保证；

(2)没收。

第四　个别法

个别法,系指各种处分个别规定,则在保安处分总称之下,各种处分分列之上,并无其他之类别名词存在。如感化教育、监护、强制工作、善行保证、驱逐、禁戒等处分个别并列是也。此种分类法,各国采之者最多,意、法等国外,余从此立法例。

总上观之,第四种之分类法最幼稚,盖其未能尽科学之方法而分类,实无可采之处。第三、第二、第一等分类法似无分轩轾,各有其理存在,不容评骘其孰优孰劣。但细心考察,第二种三分法尤为妥洽。因第一种三分法,视监护禁戒等为限制自由处分,衡诸法理,此种处分,确已剥夺自由,应称之为剥夺自由处分。余如禁止执行业或营业及禁止其入酒肆,已限制其自由,今认其为非限制自由处分,亦似欠允当。故本书之分类,从第二种之方法分述之。

第二节　剥夺自由处分

第一项　感化教育

感化教育,或名救护教养,或名强制教育所及矫正所之收容,或名刑事感化院之收容,或名教化性质之社会防卫处分,所谓感化教育者,乃启发幼年之知识,养成人民之德性,足以减少扰乱社会之徒也。易言之,即为国家求健全之分子。故对于未成年之犯罪行为人,应有实施感化教育之必要。

第一款　各国立法

（波兰）

对于下列各种犯人不罚：

（甲）未满十三岁之未成年人犯罪者；

（乙）十三岁至十七岁之未成年人,未具判别力而犯罪,即犯人精神上及知识上皆未达到相当程度之发展,使其认识其行为之关系重大并知约束其操行者。

法院对于上款之未成年人,只得适用感化教育,尤以施以谴责,责令其父母监护人或特别保护人注意监督,或径交教育机关教管为宜。（第六十九条）

十三岁至十七岁之未成年人,具有判别力而犯罪者,法院即将其交到感化院监禁之。（第七十条）

未成年人之有判别力而犯罪者,若依其犯罪行为所遇之情境,其本人之性情或其生活之状况以及其所接触之环境,证明其对于感化院之监禁不甚适当时,法院得适用感化教育之处分。（第七十一条）

未成年人之有判别力而犯罪者,但其所犯之罪不致科以死刑或无期徒刑时,法院若认为适当,得以试验之名义,停止其一年至三年感化院之监禁。

在此试验时期之中,法院得适用感化教育之处分。

若当此试验时期,发现未成年人之行为不检时,法院得自动或依据教育机关、未成年人之父母、保佐人或其监护人之意见,撤销其监禁之停止,并即将其监禁于感化院。

在试验期间内,法院不将监禁之停止撤销时,罪案视为消灭。(第七十三条)

(意大利)

未成年人、精神病者、习惯性沉醉者、常用麻醉品者或因酒精或麻醉而有慢性中毒状态者,得命令临时收容于感化院、刑事精神院或治疗所及监护所。

法官认为该人对社会无危险性时,得取消临时保安处分之命令。

执行临时保安处分之时间,得算入保安处分之最短期间内。(第二〇六条)

刑事感化院之收容,为少年之特别保安处分,其期间不得少于一年。

该保安处分全部或一部之适用或执行后,倘少年人满二十一岁时,得以自由监视更易之,但法官认为有送致农业惩治场或工业场之命令时,不在此限。(第二二三条)

未满十四岁之少年,犯法律论罪之行为,认为该人有社会危险性时,法官斟酌行为之情节及其家庭道德状况,得命令收容于刑事感化院或受自由监视。

法律上规定死刑或徒刑,或最低限度三年以上之惩役之故意罪,得命令少年收容于感化院。

前二项规定,于少年人犯法律上论罪之行为时,已满十四岁、未满十八岁者,亦适用之;但依第九十八条规定,认为不应归

责者为限。(第二二四条)

十四岁以上十八岁以下之少年,认为应归责时、刑之执行完毕后,法官得命令收容于刑事感化院,或受自由监视,并斟酌前条第一项记载之情状。

因不应归责执行保安处分中而犯重罪之少年,应适用上述保安处分之一种。(第二二五条)

(日本)

凡少年之行为,触犯刑罚法令或有触犯刑罚之虞者,得以下列各款处分:

(一)加以训诫。

(二)委托学校校长加以训戒。

(三)使以书面为改悔誓约。

(四)附条件而交付于保护人。

(五)委托于寺院、教会、保护团体,或其他适当之处所。

(六)交少年保护司监察。

(七)送致于感化院。

(八)送致于矫正院。

(九)送致于病院或委托于病院。

前项各款处分,得适宜并行之。(第四条)

少年审判所得斟酌情形,对于本人为下列假处分:

(一)附条件或不附条件交付与保护人。

(二)委托于寺院、教会、保护团体或其他适当者。

(三)委托于病院。

(四)交付少年保护司监察。

若有万不得已之情事,得将本人假委托于感化院或矫正院。

为第一项第一款至第三款之处分时,并将本人交付少年保护司监察。(第三十七条)

(苏俄)

医疗教化之社会防卫处分如下:

(甲)未成年人,应引渡于其父母、养父母、保佐人、监护人,或亲属而有养育之能力者,或引渡于其他个人营造物。

(乙)命入特殊之疗养院。(第二十五条)

(瑞士)

《1808年刑法草案》

未满十四岁之幼年,有犯罪行为时,推事调查事件关系,就幼年犯人之身体上及精神上之状态及其教育,征集精密报告后:(1)须救护及其他处置者,交付于行政官厅救护之;(2)不须救护者,交付于司法官厅处罚之。(第一〇条)

十四岁以上十八岁以下之少年,有犯罪行为时,推事为调查后:(1)其放纵堕落状态不甚重大者,于一年以上二十岁未满之范围内,以必须教养者为限,收容于强制教育所(许假释);(2)其放纵堕落之程度重大者,于三年以上十二年以下之范围内,在其未改善以前,收容于矫正所(许假释);(3)此等少年须特别处分者,由推事命令之;(4)未至堕落状态之少年,推事以谴责或三日以上二月以下之特别拘禁处罚之(许假释),时效期间减半。(第一一条)

(奥地利亚)

未满十四岁之幼年,有犯罪行为时,家庭教育不充分者,付诸救护教养。(第五条)

十四岁以上十八岁以下之犯罪少年,基于身体精神之不健

全，不能辨别是非，以之为无罪者，其家庭教育不充分时，付诸救护教养。（第六条）

（中国）

《暂行新刑律》

未满十二岁人之行为不为罪；但因其情节得施以感化教育。（第十一条）

《旧刑法》

未满十三岁人之行为不罚，但因其情节，得施以感化教育，或令其监护人、保佐人缴纳相当之保证金，于一年以上三年以下之期间内，监督其品行。

十三岁以上未满十六岁人之行为，得减轻本刑二分之一，但减轻本刑者，因其情节得施以感化教育，或令其监护人、保佐人缴纳相当之保证金，于一年以上三年以下之期间内，监督其品行。（第三十条）

（《新刑法》）

因未满十四岁而不罚者，得令入感化教育处所，施以感化教育。

因未满十八岁而减轻其刑者，得于刑之执行完毕或赦免后，令入感化教育处所，施以感化教育；但宣告三年以下有期徒刑、拘役或罚金者，得于执行前为之。

第二项但书情形，依感化教育之执行，认为无执行刑之必要者，得免其刑之执行。（第八十六条第一项、第二项、第四项）

第二款　龙伯罗梭之论述

龙伯罗梭在其所著《犯罪学》中，关于教育及他种感化方法之

危险章,颇足为本项研究之资,特录之如下:

（一）总说　仅恃教育一物,即可令罪犯得益,此乃欺人之语,几于无人能再信之,盖教之不啻完成其为恶,且令其有反抗社会之工具,故监狱中之学校,适足令罪犯增多,非停办不可,予于所著《男子犯罪论》首二卷中,已详言之。吾人所应从事者,为极力扩充教育于优良分子,极力强健吾人之身体,在空旷中举行柔软操运动、步行、跳舞等,且可借此种方法,防止怠惰性及早熟之淫念,次要则为选用已婚娶之教师,而取缔庵寺之学校,学童中如发现有作恶与成人相似者,宜令与他童分离,而加以特别训练,务使其有强固之自制力而后已。且以种种方法,移易其犯罪倾向,有危险性质之技艺,则不得学习。吾人当记生性为恶者中,其自供辞无不言教育为彼等之得力附属物。今日尤可畏者,即生性为恶之人,处今日时代,既受教育,即较忠实之人,易于入政治界,盖舞弊擅权,作奸犯科,本为政界之特质也,拿破仑、波兰求(Boulanger)及克立斯比(Crispi)若均为不识字之人,法、意又焉能被其害耶。

今日学校如欲有用,宜变消极为积极,易言之,教育之基础必变。今日学校因称赞美观与武力,已生出怠惰性与强暴性,是宜注重农业手工诸学校,屏去复古之空想象,又宜重税大学,以免无阶级之人(Declassé)充斥其间,盖大学之机关多,则此类人愈多也。

搜吉曰:"近顷以来,学校所讨论者,教授字母之良法,作文之捷径,及发展智能之妙策,而不设法指导感情及冲动,教育如卫生然,本为保存健康而设,卫生教师无不知辨别常态的机能与失其常态的机能,且能知失其常态之原因所在而防御之,教育家亦然,当知人类灵魂之性质,在个人方面,动作何似？在社会方面,动作又何似？何种组织上原因,可变易其表现。何种表面的及社会的原因,可扰其常态的机能?吾辈教育家,实未受此种教育,来此教养儿童,对于应有之困难,无一定之概念;来校读书者,如一未知之问题,待决之事甚多,而待之乃如一已决之问题。然则为之奈何,曰应减少古典式之教育,至极少限度,而变为各种商业学校、技艺学校、普通职业学校、高等学校及实用学校,以与近世生活之需要相合,其中须培养日用之智慧与品格,有此种种方法,即可养成工作习惯,人有工作习惯,即不啻已得有效之教育矣。且技艺学校、职业学校既多,手工不致为人所贱视,盖自来学手工者,非低身为学徒,则无从学习,学校最大之原因,在于造就品格,品格一良则动作皆善,弱品格者,可变为强品格,无品格者,可变为有品格,乏指导者,亦可得指导"。

（二）**家庭教育** 家庭教育之功效,胜于一教师,惟无人曾调查学校胜利,与一生胜利,有何关系。青年之气力与精神,与其将来之意外事,有何关系,家庭之教育,应特别注意于此。然吾人今日之家庭,乃以教育儿童之事,委之于学校,学生至多,学校主任乌能一一照顾之,乃以为能与家庭教育所成就者一律,其结果则两者均失其活动力,而犯罪不可遏止矣。家庭中鲜有知国家与儿童目的地之成全,均以职业与嗜好为指教,而以缺乏智能上之预备为系数,欲达此成全地步,非令各种势力,继续并进不可,父母所应奋力而为之者,亦此种势力之一也。

加罗弗罗(Garofalo)谓:慈母所生之子女,无论其为善行恶,皆有伺候颜色之习惯,若儿童有谎语,或虐待其伴侣,其父母必施他种重罚。即斥责已足令其积渐为善,而教育上之问题解决矣。

读犯罪的人类学,知对于儿童初次为恶,不必惊惶;若再犯此,而仍不见有人类学上所谓之犯罪符号,则不必施重罚,人类为善之演进,如胎儿之变形,乃由渐而至;惟不良之教育,乃能使儿童中暂现之恶性,成为一种习惯。斯宾塞尔于其名著《教育》中,谓教育过严,徒激儿童之怒,而不能令其悟所为之非,如此则不能令其与儿童之天然本能适合,一言蔽之,其所望者过奢,而忘却情感影响之大,不知虽成人亦不愿伤及情感也。

故吾人之施罚宜轻,使之于品格适应,则罚行更为有效。譬如儿童损及一贵重之物,则取其佳饼饵之费而另购之,使之知损失之巨,若彼不欲遵命,则宜示较淡之感情;不必生怒,则两方均受其害,因为父者不过施行报复之法,而为子者且将生出危险之反动,对于儿童、宜施以劝诱,而不可加以压抑,作恶与受罚之联想,宜禁止也。不可鼓励之,鼓励之,则师父之监察一懈,儿童立即为恶,严厉父母之儿童,一入成年,即犯罪恶,较之不严厉父母之儿童更甚也。

(三)感化院中心理学之应用　以上所言理由,对于青年堕落人,尤其如此,彼辈生性喜怒,乐于报复,嫉视刑罚,其天性本属凶暴,入感化院后,有他人为榜样,视作恶为荣誉,其凶暴将更甚,且处罚不视年龄之大小而定,往往失之过重,于是彼等且以反动为当然之事。院长与院中人关系本浅,又加之以罚,其情感所存几何,况院中居留之人以百计,乌能一一监视之！俟其改去恶习,处此作恶自豪之人数中,虽正人亦不能自保,彼年幼血气未定,恶念纷起者,又乌能免去作恶新机会之危险乎！

感化院分部设立,失之过多,若照年龄及犯罪之原因而分,尤嫌过夥,其中有万不能分者,如手淫之人、好怒之人、有神经病者、窃贼及虐待牲畜者皆是。青年人诚不可与怙恶不悛之罪犯分居,然按年龄之大小、罪恶之轻重而分类居之,适足令其互习为非,不仅不能改过已也,作恶之倾向,可用催眠术,示以为善之方,久之自成为一种良习惯,斯宾塞尔在《教育》一书中所言者,与此相似。

"鲤鱼置水族馆中。与小鱼处,常吞食之,后有人以玻璃隔开,鲤鱼屡以头撞之,欲得小鱼而后已,久试无效则亦安之,又久之,取去玻璃,鲤鱼亦无吞食小鱼之意,习惯之影响,虽不能令其变为无罪,亦可令其无害,犬加以训练,可养成不窃物之习惯"。

对于生而为恶之人,亦宜如此,办理能不用酷刑最佳,盖酷刑仅可激怒人也。

近世人类学日有进步。故用隔离法以防止犯罪者,亦愈形便利,因特殊之骨相与头颅及其他生物学上特质,及过分之作恶倾向,皆可借之以辨别生性为恶之儿童。近来意大利人研究此事,调查学生三百三十三人中,皆有特殊式之头颅,其中百分之四十,皆属难管束者;若常态之学生中,仅百分之二十四,虽于约束。前项人物中,有百分之二十三,为天资鲁钝者,百分之二十七,则有惰性,后者之中,鲁钝与有惰性者,皆居百分之十。变态学生中,百分之十,不能有进步,常态学生中,百分之二,不能有进步。总计四十三人中,有特殊之头颅者八人,皆患头痛症;不能继续工作者十二人,则富于冲动性;易怒难制者六人,则真为生而作恶者,毫无道德观念,虽犯重罪,决不追悔。对于此种人,用隔离法,可防其作恶成功,且可防其传染他人之健全者,尤为重要。

吾所谓防止犯罪之新法,果有实际上应用之效乎?试以英国言之,儿童游散不改过者,则拘留之于一游散学校,给以一种新生活之知觉,先剪其发,浴其身,施以防疫药水,给以适当衣服,然后为之分班。每一星期中,除星期日外,不得发语,惟须工作,或缝衣、或制鞋、间以运动及兵式操,彼等知欲早恢复其自由,非恃自己不可。初次入内者,拘留八星期,随则释放,嘱其照常到旧日肄业之校。释放之学生中,有百分之二十五至三十复重犯,重犯则拘留四月,三犯则为六月,如仍不改,则知非有道德上之训练不可,于是送入至感化学校。

又有工业学校者,其所收之生徒,尚未为恶,而因环境之故,有犯罪之危险。若感化学校,则专收已定罪之青年,其拘留年限,不得过五年;且学校必须经政府注册,而有政府官吏视察者。工业学校为防止性质,感化学校则为压抑兼教化性质;故后者之学校,对于犯罪之学童,宜严加分析,使其不得杂处。

(四)儿童之结合 由上言之,学校制度必予以监察,以防其变为犯罪之中心点,如此则已在胚胎中之作恶倾向,方可制止。城市中之街头小儿,似无可嫌恶之处,而不知实可畏惧,不可不奋力取缔。一教师告约来曰:"凡恶作剧之儿童无有独处者,盖聚则为非,此理之常。"

前此曾言人类结合,每多越轨行动,虽议员与文学会员,不能免此,儿童时代亦然。不忠实本为此时代之生理上特质,若益以无父无母,或其家庭不良,无教育之能力者,一经结合,其危险之甚,不言可喻。

斯巴格联第(Spagliardi)言曰:"浮滑游荡之少年,不由邪曲贫困所致,乃由不完全之教育及不良之结合所致。吾常闻清白之家,常言其居乡时,其子恭顺,有命必从,及迁居密兰后,其子不知自重,不爱其父母,抢其家者数次。又一清白之家,有子八岁,一日忽失所在,遍觅不得,及得之,问其何往,坚不肯供。良家儿童,有此变化,究属何项影响,且弃其家庭后,若不依盗贼为生,将如何为独立之生活乎?儿童苟逃入是种生活后,而不免饥寒寂寞藏匿之苦,则犹有益于家庭,其家尚可诱之为善。总之儿童结合,实有害于社会,应如厉行公共卫生巡查街衢之法,及早加以取缔,一警官为之而有余,若任其自然,军队亦将无力抵抗之。"

（五）**感化学校**　数年前调查各国感化学校,所收之儿童,意大利有三千七百七十人,比利时有一千四百七十三人,荷兰有一千六百十五人,美国有二千四百人,其宗旨不外维持儿童之生活,而矫其弊;然善恶杂处,欲奏功效实难,若益以入狱之儿童,尤觉危险。盖已由个人而变为群众,即最有能力之指导员,已不能一一视察而发展之,故纪律虽严,等诸无用。吾人言此,非根于理论,乃详细询问所致。至创办此种学校之慈善家,固仍为吾所钦佩也。

此种学校亦见有勤力受教并非执迷不悟者,然不可以一概十,因外貌为善者至多。其诡计作恶,较前有过之无不及。吾曾参观一感化学校,为比较办理最善者,其中青年堕落者,多捏造被拘之原因,言时毫无愧色,虽指导员在前亦然,足征其既不悔改,复无觉悟。吾复就其释放者中查询,观其答语及所述之本身历史,则知虽办理较善者,亦多为罪恶之渊薮。如男色偷窃揩摩拉党之进行,无不与狱中无异,即言之者,亦往往痛恨不置也。

其中有公行男色而未受罚者,有纵火焚其屋者,有刺杀监门人以为快者,其方法之巧,层出不穷。一人以曾为木工故,削一木筒,实烟草、腊肠于其中,而售之于同类人,一人藏剑于草褥内,又有一人以金钱置于拘留号数卡片中,可携往各处,非彼自供,固无人知之。吾曾调查京勒拉那（Generala）此项童子,百分之八犯重罪,而直供不肯改过,其言曰:"若与吾等年龄相若之童子,有金钱可以娱乐,吾辈何故不可窃其金钱。"百分之三绝对否认其犯罪,百分之十一则言已悔改,惟态度不坚决,百分之五则且侮慢其父母,此中儿童之黥字者,不下百分之四十,尤有甚于此者,则用暗号是也。

对于青年入狱，即能以重罚见功效，然一与年长者处，仍可故态复萌，且年长者宜以严厉之军法管束，而年幼者宜以师傅、保姆管束之，此理古今无异。约来谓法国有一感化学校，外观如天堂，而内部不免多地狱之处，其中纪律，严而无效，如学生有过，则入处罚室，作椭圆形之周行，自朝至暮，履行粗糙之地板上，可二十五英里，夜则宿于铺板之床；然苟有七八人执监察员而置之室隅，加以捶楚，可以无所不为矣。此项教育，不若无之之为愈，其中领袖人物，诚多慈善为怀，工于教导之有名人物，然皆属例外之事，不可长依以为助。

凡感化学校所收生徒较少者，其恶效果亦较少，法国感化学校有四百人者，其常犯罪者为百分之十九而强，若在一百五十人左右者，则常犯罪者为百分之十一至十二。瑞士感化学校，多不过五十人，其常犯罪者为百分之四。英国则男童为百分之四，女童为百分之一。美国则为百分之三十三。

感化学校中，固亦有减少犯罪恶习之效者，其统计准确不可知，即使准确无讹，亦不过以怠惰难驯之人，移归国家感化学校约束，其地开销甚大，生徒甚少，即奏功效，亦非甚得力之制度也。

尤有进者，儿童一不可制，即送之至感化院中，而不收费，父母何乐不为，因此父母多懒于照顾儿童。京勒拉那一地，有五青年，皆来自中富之家，其家年有进款十万法郎，一旦因小事送其子入此种学校，日得一法郎，自无钱可以购书籍或乐器，为拘留时消遣之用。

意大利前警察长罗喀泰里，曰"关于顽童之立法，吾人实有误解之弊，立法之始，意在防罪，而人民出于私利，视为慈善事业；于是大家族之父母，因儿童难教用钱过多者，往往以其子女给国家教养，久之他人见国家甚为郑重其事，于是多方售其诡计，必使儿童居留于此而后快，且有纵其子弟偷懒，以便得入者。"

有谓此制甚有益于弃儿及孤子者，以予所知，此项学校中，弃儿不过百分之八或十三，孤子不过百分之八或十三，所能稍奏功效者，厥为教授儿童以职业耳，若夜间隔离与肃静无哗之规则，感化学校中无有能实行之者。

家庭不良，儿童故受害匪浅，而感化学校中良莠杂处，尤有害于忠厚怯弱之士。来自乡间者，苦无学习为恶之机会，一入感化院，即觉作恶之结合，事事有其准备。吾仅赞成人数甚少之感化学校，而又按照年龄嗜好及道德而分类，夜间又宜行隔离法，平时则有较为体面之相对的自由；入此者宜为无力可入海陆军校之人，富人有子弟在此者，宜按其家中岁入重税之。

(六)**教育方法** 吾人常在组织不甚完备之感化学校中，遇有甚良之成绩，此由于青年居此，习于不辍之工作所致。盖生而犯罪之人，固厌恶工作也，由此可易于辨识生而犯罪之人，与他种犯罪之人，且可令幼时作恶人，有忠实习惯。

当波士科曾研究一种教育制度，为可被感化之堕落青年而设者，其言曰："感化学校之生徒，大半皆有普通赋性与品格，惟多作辍无常，且多态度冷静耳，宜常以简短之语训诫之，令其工作，与以小奖，随时加以监察，对于难管束之学生，尤宜加以注意，此种生徒不过十五分之一；最可患者，为淫佚性，屡犯之者，宜立即驱出，学生不宜有银钱及贵重物品，可妨偷窃与不良之购买。以上遏抑方法，只可维持秩序，而不可增进其心灵，因学生受父母之责可忘，而受师傅之责不可忘也。压抑方法，可行之于军士与成人，对于儿童，宜有防治办法，又宜根于理性、宗教及情爱，不可采用严厉之刑罚。此种制度所以优美者,因儿童之性质不坚定,往往重蹈覆辙,而忘却前此所受之罚,当时如有进忠告之言,则彼之行为必异;因此当令儿童有良伴及舞蹈之机会,以及柔软运动、音乐、唱歌、对众朗诵及演剧游戏等,皆可增进儿童之道德与健康,且为施行纪律之妙法,所演之剧,宜慎为选择,当令表演之角色,皆属可敬重者。"

(七)道德训练之采用　吾人喜模仿而不喜劝诱,故教师之模范,甚有影响,因此极力物色特别教员,实为必要,若无相当之教员,无善良之工场,无防范父母欺骗之法,儿童又不得不杂居一处,则不如以儿童托之于有道德有热心之人家,离城市较远者,久之儿童以寄居之家庭为可乐;又久之为佳环境所迫,自然去邪归正。法国曾有一万一千二百五十儿童,遣送至乡间,其后仅有一百四十七人,再入感化学校。

(八)美国感化方法——(乡间居留制度)　吾人于此可睹新式慈善方法,而弃去无用之寺院厂舍方法,及抽象之道德谈。所最要者,即动其置产之念,爱工作之心,与美观之感觉,此非迁居乡间及较远之地,不能采用。此种善法,巴拉多、当波士科及白赖斯诸人,曾行之而有效,1853年,美之教授、法官、教士及犹太教师,组织一会,及慈善工场,以助游荡儿童工作,适有他工场竞争甚烈,儿童不愿失其自由,来者甚少,于是减低膳宿费以招徕之,床铺仅须六分,食费及浴费仅须四分。

然仍不敢遽施工作,以一施工作,出会者将纷纷,一日主任入室,告诸儿曰:"目下有一位置,月薪十二元,有愿就者乎?"应者二十人,主任复曰:"须缮写佳者",应者无人,主任遂曰:"若无缮写佳者,吾可延一人于晚间教授汝等,"此夜校开办所由起也。1869年至1870年间,青年人利用此寄宿舍者,有八千八百三十五人,十年之后,增至九万一千三百二十六人之多,其中有七千七百八十八人,皆勤于工作,妇女不欲杂处者,则为之开办学校,成绩佳者,且加给衣食;后此游手好闲之女子,日渐减少,男女窃贼皆减少,而男贼尤甚。又有初等木工学校,其中且供给热饭,并举行游艺会,索价不过四五分,其始儿童打破玻璃窗,云不欲有此学校,继则彼等知来此并非强迫制度,复采用福禄培尔制,遂大胜利。

儿童又送至农场实习,其优点有二:一可免城市之污俗,二有雇主随时监视,为家庭所不如。

男童既知为良农夫之法,女童则令其为佳主妇接洽,得成为良女仆。彼等之生活,既为慈善勤作之空气所感化,生出自敬观念,希望将来进步,且既无窃物之念,遂益觉农事为可乐,而尽力服务;有力不能胜任者,则衣食之,俟其有能力而后已;如仍孱弱,则养之终其身。

此会于二十三年间,安插三万五千儿童,皆无告者也,至三十一工业学校所收之人数,二万三千之寄宿舍所容纳之人,皆不在此内。儿童在学校中,有整齐严肃之习惯。后则送往农场,总计全数费用不及二百万元云。

此项儿童长成后,有为其雇主服务者,有自设农场者,有执役于他职业者。女子长成后,皆为善治家政之主母,易其职业者,虽不乏人,而返纽约者,及因讼入法庭者,皆不多觏。纽约自有此会后,十年间,游手之徒窃贼及剪绺者,皆大减少。

据白赖斯言,此为处置游童之最善法,因既可免杂处之弊,复令儿童得益,土田亦得益也,若有病与不能工作者,则另居一处,如英国之贫民学校然。

(九)儿童白昼感化院　如不能设置以上制度,则可采用斯巴格联第之儿童感化日校制度,较为简便易行。此校专为六岁至十二岁顽童而设,实行强迫制度,以便儿童之不可教而不能得教育机会者,不致再游荡无归。斯巴格联第有言曰:"所谓孤儿院者,并不能悉收贫家儿童,何以言之,至贫者懒于以贫示人也;无论如何,儿童之入孤儿院也,适当犯罪最易之年龄,无栖身之所,必流落为非。"

此种办法,实可济父母将护之穷,盖儿童当此年龄,最要者为空气与运动,与家庭间之关系,若令其长离家庭而闭之一处,亦非善法;惟此制能以和平办法,施行教育,使儿童不致为力不胜任之事,同时又注意其体质上之发达。

感化学校若极端扩充,则所费实巨,惟能以适合需要为比例,而发展其事业,即使费用稍增,然罪犯减少,所得亦已多矣,况费用绝不至于过大,观于密兰此种学校二所,可以证明。自1840年以来,共收七百人,然离校之后,无一人定罪者;若感化院中重被他处拘留者,过半数。明乎此则无用之讲道堂,费时间以祈祷,而加以长演说,使儿童生倦者,应一律改归普通人民办理,使之合乎理性,则儿童可日日得其益矣。

(十)贫民学校　伦敦有一种制度,介乎斯巴格联第之强迫制与白赖斯之随意制之间,此种制度,名为"幼童之家庭,"即小小村落,以之处无告之儿童,入其内者,分班教授制鞋、耕耘、侍役、机师等职业,至属于此类之贫民学校,则供给衣食课程,及夜间寄宿之所,于贫家儿童及孤子。此种事业,创办于1818年,专收伦敦街中无所依归之儿童,不费政府之钱,乃贵族与平民之联络机关,盖三十四年来,每星期日皆有总长踪迹,来此教授字母也。儿童得自由来去,惟初来者,率由警察领至此,借自己手工得衣食,1860年,校中有刷鞋匠三百六十八人,每日所入为每人六便士。

(十一)**英国救济儿童之他种方法** 英国尚有一事可仿效者。即父母令儿童堕落以便被拘者,须由其工资中,每先令纳一便士,如此则父母对于儿童,加意管理,而不利于儿童之被拘留。该国防止虐待儿童会所奏之伟绩,前已言之,此外又有一良法,即取街中之顽童,编为童子军(译者按,此与童子斥堠队小异),此制起于1883年为史密斯(W. A. Smith)在革拉斯哥所创立,其始不过数百人,至1891年其数增至二万人,操演之外,尚有祈祷歌唱诸事。

(十二)**巴拉多之制度** 救济罪犯,宜及其幼时,生而为恶者不可救,习而为恶者必可救。巴拉多之言曰:"救济成人所以无效者,由于个人犯罪习惯之势力为之,其作恶之惰性,非改过之观念所能胜过。至儿童方面,尤有不同之处;就其心志未定时,一转移之,则困难可去其半。环境对于造就品格影响之重大,几于不可思议,优美之环境,可以敌过恶遗传性;故扫清空气,消灭恶性,实为必要事业。"

巴拉多盛称彼调查儿童之成绩,彼所收受之儿童中,百分之八十五,皆有醉汉之父母,酒之遗传恶毒,毋待赘言;然九千人中送至坎拿大者,仅有百分之一为非;故欲变化儿童性质者,宜及其心志未定之时而变化之。此非仅宗教问题,乃亦经济问题;百元用之于儿童者,社会上可省防范成人犯罪之费数千元。

巴拉多收纳各项弃儿,详细考察其过去历史,观察其目下举动,然后为之择一职业,遣之至坎拿大农场。其惟一秘诀,即分为极小团体,以为隔离之计,且任其自由发展个人嗜好,而免去孤儿院划一不变之弊;故其分类之法,不仅照年龄计算,且按其不同之情形而分住之。

第二编 分论

巴拉多以有系统之方法及真正人道主义之感觉,办理此事,务令个人之能力与需要,适合于社会。大小儿童,皆行收纳,十三岁以上之儿童,则令其苦作,以为将来生活之预备。至太幼之儿童,则抚养甚为周到,务令其有家庭中同样之舒适。其居住之地,率在园林中,有壮健年轻之保姆调护之,室中光线亦足,床铺精美,玩具鸟笼皆备。吾曾见其照片,觉吾等之孤儿院,远愧不如,直生人之地狱耳。此种家庭,有设于乡村者,因乡间幼童不惯居城市也。

儿童长成后至坎拿大时,则巴拉多特为之预备农场工作,有经理人监视,且订立三五年工作之合同,年给工资五十元或一百元,膳宿皆备,此种生活,有优美之环境,不受近时城市之恶影响。

巴拉多又为青年女子设立同样制度,以发展其能力,而帮助其需要。其地为风景秀美之乡村,距伦敦不远,于其地建筑甚多之茅舍,四周绕以园林,命名皆甚雅致,如"豆花村"、"野茴香村"之类,每一茅舍,可容二十女郎,皆有女主人管束。盖巴拉多之意,以为现行慈善制度,既可妨男童之发展,更可妨女子之健全发展。盖女子于此,实无可学之物,如购买问题、防儿啼哭之法、缝纫问题,皆为贫家妇所必知者,女子固不能于此中得之;巴拉多所设之茅舍,即实行此项办法,每年有二百女子,远往坎拿大工作,皆极得用。

巴拉多之成绩,于救世军所用人物,可以见之。犯罪受其惠者,不特心灵有变化,即体质亦有变化,一人之身,前后迥异,当感激此老博士不置也。

博士于所著《夜与日》一书中,曾言有一童,名乔伯(Job)者,入此时为十五岁。其母死于肿毒,其父嗜酒,有肺病,惰而屡犯罪;乔伯无所依,先为一小贩,后乃行乞;彼现已屏绝嗜好,为一佳青年。所费于彼之教育费计八镑,旅费计十镑,已成为坎拿大之独立公民矣。

又有一童,名詹姆司(James)者年十四岁,生于一地窖中,警察嘱其他往,以行乞且与他罪人来往,入狱一次,送至坎拿大,初尚难驯,今已力矫前非,变为有用之人。

当波士科与巴拉多诸人,实可崇拜,以其反黑暗为光明,寻出防止罪犯之正轨也。

(十三)**医药治法** 道德提醒之后,可继以催眠法之功效,虽言之者过其实,然暂时实可战胜某种倾向,而令其有正当之指导,设患之者为初起时代,尤易奏效。吾人当知犯罪之倾向,多带痴癫性质。有人谓癫状起于春机发动时期,过该时期后,即可消灭;若属遗传性质,则宜令病者所处情况,与其父母所处者不相似。譬如移居不同之气候,以空旷中运动代替脑中思想皆是。又有人谓水疗法与植物作食品法并用,极有功效,有用之内部医治,亦可应用,溴质、鸦片、莨蓉等,皆可按病施用。

观其论述,其中所谓学童中如发现有作恶与成人相似者,宜令与他童分离,而加以特别训练,务使其有强固之自制力而后已;且以种种方法,移易其犯罪倾向,有危险性质之技艺不得学习等句,及各国感化教育制度之比较,均可为吾人之借镜,阅者不可忽视之。

第三款 比较研究

(一)**感化院之研究**

(1)**感化院之沿革** 感化教育之处所,曰感化院(英 Reformatory,德 Verbesserungsanstilt,法 Réformatoire,意 Riformatore.),亦名感化场,或称为感化学校。创此制者,为1550年伦敦之感化院,但其时仅具雏形,至1703年罗马法皇克勒曼斯十一世,以桑米格尔病院之一部,设为感化院,名之曰桑米格尔感化院,专收容二十岁以下刑事幼囚及无赖幼囚以改善之。于是感化院之制度渐形巩固,及至十九世纪中叶,刑法思想益趋于感化主义,欧、美各国之慈善家、宗教家,均竭力经营,朝夕孳孳,国家复发帑金补助,以达其感化之目的。英国感化院分为两种:一授产院,收容十四岁以下放纵游荡,或将沦为乞丐,及十三岁以下初犯禁锢,或其他之轻刑者;一矫正院,收容十六岁以下之犯罪,由法官判定送入者,两院皆以小学教育为主。德国并收家庭教育不良之男女,及精神不健全者,教育专重德育。荷兰则规模尤备,择地必远城市,组织无异乡村,院有田园、有森林、有河、有畜牧、有工作、有家庭教育、一以资质为断。意大利虽组织不如他国,而罗马一院,则设有教授电机、气机各学科,亦有特长之处。

(2)感化院之组织 关于感化教育机关之组织,按诸各国之制度,可分为三种,述之如下:

(甲)兵营式 其内部之组织与兵营同,教职员为将校,受感化之儿童为士卒,凡起卧饮食及其他一切进退,纪律严肃,此兵营式之感化院也。始于英国1883年取街中之顽童编为童子军,为史密斯(W. A. Smith)在革拉斯哥所创立,其始不过数百人,至1891年,其数增至二万人,操演之外,尚有祈祷歌唱诸事。

此种制度,优劣互见,如对于顽劣儿童,加以严厉之约束,足以养成有规则之习惯,强健儿童之身体,是其利。然感化教育,重在感情上之熏陶,兵营式之组织,纯系服从命令为最大关键,若以将校对士卒之威严对付于儿童,使儿童畏威而受范,终非诚心悦服,去恶就善;且军队教育贵于整齐,感化教育则宜斟酌个人之性格以为改善，故兵营式之组织，实难消除根本上之恶性，是其缺陷之点也。

（乙）家庭式　家庭式之组织系收容若干儿童为一家，集合多数之家为感化院，与家庭同，感化院之监督者对于幼年人，如父母对子女，其起居饮食与家庭无异，至对于幼年人之德育、智育、体育则设学校以教之，故曰家庭式之感化院。如法国以儿童托之于有道德有热心之人家，离城市较远者，使儿童久之以寄居之家庭为可乐，自然能去邪归正。又如伦敦1818年所创之幼童家庭制，即小小村落，以之处无告之儿童，入其内者，分班教授制鞋、耕耘、侍役、机师等职业。此外如巴拉多之制度，亦将十三岁以上之儿童，则令其苦作，以为将来生活之预备；至太幼之儿童，则抚养甚为周到，务令其有家庭同样之舒适，其居住之地，率在园林中，有壮健年轻之保姆保护。此种家庭有设于乡村者，因乡间幼童不惯居城市也。对于青年女子亦设立同样制度，于乡间建筑甚多茅舍，四面绕以园林，命名以豆花村、野茴香村之类，每一茅舍可容二十女孩，皆有女主人管束。

此种制度，足以矫兵营式之流弊，使儿童陶冶于感化之中，固有之恶性，渐形消灭，收效实著，惟其重感情而轻约束，易生不规则之习惯。至若每家收容人数不能过多，需费浩繁，是其弊也。

（丙）学校式　学校式之组织，与普通学校颇相类似，其中关于教室、寝室、膳厅等无不完备；管理员犹之学校中之教职员，受感化之儿童，犹之学校中之学生，故曰学校式之感化院，如斯巴格联第之儿童感化日校制度。此校专为六岁至十岁顽童而设，实行强迫教育制度，以便儿童之不可教而不能得教育机会者，不致再游荡而无归；观于密兰此种学校二所，可以证明，自1840年以来共收七百人,然离校之后,无一人定罪者。

此种制度,揆其优点,约有三端:经费经济,实行非艰,一也;能收容多数之儿童,教材易得,并无恃爱生玩之弊,可免家庭式之缺点,二也;谆谆善诱,注重个性,无兵营式之严,使儿童纯感于德,而不摄于威,三也。三制之中,实以学校式为最妥善,故各国多乐于采用此制。

(3)万国监狱会议对于改良感化院之决议　1910年华盛顿万国监狱会议,关于改良感化院之决议,颇足供吾人研究之资,特录之如下:

(一)感化院的改良

近世感化院制度,应据何种良法,方为合宜?犯人入院,应否分年岁等级?少年犯罪及怙恶不悛者,应否特别监视?入院后是否等他恶性全改,始行释放?辩论的结果议决如下:

(1)凡犯人无论年龄如何,以至再犯累犯,总希望他改过迁善,不可有绝之之心。

(2)凡犯人在监禁的时候,须从惩戒及感化两方面着手。

(3)凡感化犯人对于德育、智育、体育三种,须并注意,使他出院后,足以自立。

(4)感化院期限,以长期为宜,俾可养成完全人格。

(5)感化院既定长期,必须兼用假释制度,惟出院时必经临时法庭认定,出院后必须有相当的人随时监督。

(6)对于幼年犯罪者,当有特别管理法如下:

(a)幼年犯罪,应付感化院者,其期限的长短,由审判官临时酌定,不必拘定法律,总以幼年人须如何时间,才能变化气质为断。

(b)长期的囚犯,于刑期未满时,确能改悔自新,经临时法庭许其出院,则原判决的审判官,亦当认可,不得异议。

　　(c)凡幼年犯罪者,候审时,应与短期监禁人分别场所,不得合在一处。

(4)中国感化学校暂行章程　民国十一年二月二十日公布之感化学校暂行章程,亦采学校式,兹节录之以供参考:

　　第一条　司法部为预防幼年犯罪或再犯起见,特设感化学校。

　　第二条　凡有下列情形之一,经司法部核准者,皆得收入本校:

　　(一)合于新刑律第十一条者。

　　(二)合于违禁罚法第三条者。

　　(三)未满十六岁之幼年犯,认为可施感化教育者。

　　(四)未满十二岁不守家规,经其父母请求入校者,此项学生,应由其父母缴纳补助费。

　　第三条　(略)

　　第四条　(略)

　　第五条　本学校生四年毕业,但有下列情形之一者,得延长期间或先令出校:

　　(一)成绩不良,认为应延长学期者。

　　(二)品行极坏,认为不能感化者。

　　(三)男子年龄已满十八岁,女子已满十六岁者。

　　(四)学生由其父母送入本校,现经其父母请求领回者。

　　第六条　(略)

据民国十九年度全国社会教育之调查,我国之感化学校,共有十六所,其中公立者七所,私立者九所,经费共有8828元,其中公立者为5780元,私立者为3048元。学生或观览参加人数,公立者有403人,私立者有34人,共计有437人。以此观之,我国《旧刑法》虽有感化教育之制度,然能实行者实寥若晨星。

(5)感化院之经费　英国则由地方担任,国家补助,感化生之父母津贴。德国则内部出三分之二,地方出三分之一。意国与德微异,而皆归行政官厅监督。余以为英国之制度较为妥洽。

(6)感化院与幼年监之区别　感化院之性质与幼年监不同,幼年监狱,专为收容未满十八岁之幼年犯人而设,此种监狱,多附设于普通监狱之内,非若感化院之特设,与监狱毫不相涉也。幼年监为执行刑罚之机关,感化院则无刑罚之性质,一经入院,概以学生资格待遇,力以感化为目的之一种强制教育所;故顽劣儿童,有犯罪之危险者,亦得送入感化院,施以感化教育。

总上观之,欲使幼年人改过迁善,则当有感化院以为之助,庶审判后,乃有归宿之区。盖未具责任能力之人,则有触犯法令,亦不能加以刑罚,因其无刑罚之适应性也。反之,匪独不能收刑罚之效果,益足引起社会之纠纷,故对于改易少年人之恶性,应以感化教育之方法行之。惟目下吾国感化院殊不易见,亦属司法上之一大缺点,况际此《新刑法》施行之时,对于设立感化院,实为吾国今日万不可缓之图,庶幼年人犯,得以受感化教育,免得他日重蹈覆辙,亦为刑法上预防犯罪最重要之工具也。处此国库支绌之时,为权宜计,惟有交付地方救济院之孤儿所教养,或交付私人创设之慈幼教养院、贫儿教养院教育亦可;然此等处所,究难认其为感化院,只可作为保护管束之慈善团体也。

(二)防范父母令儿童堕落以便收容于感化院之研究

意大利罗喀泰里曰:"久之他人见国家甚为郑重其事,于是多方售其诡计,必使儿童居留于此而后快,且有纵其子弟偷懒,以便得入者。"足知父母为减轻自己负担子女生活费计,令子女特为堕落以便收容于感化院,致使感化院有人满之患,并且损及国帑,况际此社会经济破产之时,对于此种现象更易于发生,若非加以特别防范,实为施行感化教育时之一严重问题。余以为父母若命子女犯罪以便收容于感化院,其父母当负间接正犯之责任。于此以外,对于该子女受感化教育之费用,应由其父母负担,可仿英国之立法例,感化院之经费,由地方担任,国家补助,感化生之父母津贴,即父母令儿童堕落以便被拘者,须由其工资中每先令(英币名)纳一便士(英币名),如此则父母对于儿童,能加意管理。犯罪学家之泰斗龙伯罗梭氏,在其所著《犯罪学》书中,亦盛称英国之制度可仿效,益足证明此种方法之完善矣。

第二项　监护

监护处分,或名收容于治疗所或看护所,或名送致疗养院,或名交付疯人院,或名交付刑事精神病院,或名付预防监护,或名医疗性质社会防卫处分,或名收容犯罪癫狂院。所谓监护处分者,即将有精神病人或喑哑人与社会隔离及强制治疗或施以教化之处分也。易言之,使减少再有犯罪之发生。盖精神病人及喑哑人之行为不认其人之行为,乃其病之作用,只能将其与社会隔离,以医疗及教化之方法治之。我国《旧刑律》与《旧刑法》,对于精神病人均施以监禁处分,监禁两字似乎仅有与社会隔离之意义,而无强制治疗之保护处分,故《新刑法》仿日本立法例改为监护处分,实较为妥洽。

第一款　各国立法

（德意志）

《1927年刑草》

受责任无能力无罪之宣告,及限定责任能力之宣告者,裁判所于公之保安上认为必要时,应宣告收容其人于治疗所或看护所,于公诉提起后公判前行为者,在行为时显然为责任无能力时,裁判不为公判,其中止程序亦同(第五十六条)。

《1934年刑法》

无责任能力或限定责任能力者,在为犯罪行为之场合,则送致于疗养院。对于限定责任能力者,科处刑罚并为保安矫正处分。

（波兰）

对于不负刑事责任之犯人,苟任其自由行动,对于法律秩序,则有发生危险之虞时,法院得将该犯人交付封闭之疯人院或他种疗养院内监督之。(第七十九条)

对于第十八条第一项判别力或约束操行之能力减低,而有实证之犯人,苟任其自由行动,对于法律秩序,则有发生危险之虞时,法院得将该犯人交付封闭之疯人院或他种疗养院内监管之。

若此等犯人,受徒刑之宣告时,法院得于其出疗养院之后,决定应否执行其刑。(第八十条)

在第七十九条及第八十条所列疗养院内监管之日数,不须

预先确定,但法院不得在一年之期间届满前,开释出院。(第八十一条)

(意大利)

在侦查或审理之期间内,对于未成年人、精神病者、习惯性沉醉者、常用麻醉品者,或因酒精或麻醉而有慢性中毒状态者,得命令临时收容于感化院、刑事精神病院或治疗所及监护所。

法院认为该人对社会无危险性时,得取消临时保安处分之命令。

执行临时保安处分之时间,得算入保安处分之最短期间内。(第二〇六条)

因精神病或因酒精,或麻醉品慢性中毒,或因喑哑犯故意罪减轻其刑者,法律上规定最低之刑,为五年以下之惩役,须收容于治疗所及监护所。(第二一九条第一项)

因精神病或酒精,或麻醉品慢性中毒,或喑哑而宣告无罪者,应收容于刑事精神院(下段从略)。

(第二项略)

(第三项略)

(第四项略)

本条规定,对于未满十四岁之少年,或已满十四岁而未满十八岁者,有本条第一项规定之状况,犯法律上论罪之行为,因未成年而宣告无罪者,亦适用之。(第二二二条)

(日本)

对于犯相当于禁锢以上刑之心神丧失人或喑哑人,为无罪或免诉之宣告者,于公益上认为必要时,得为付预防监护之宣告。

对于已处惩治以上刑之心神耗弱人或喑哑人,就与前犯同

一或类似之罪为刑之宣告,公益上认为必要时,与前项同。(第九十九条第一项、第二项)

被付预防监护者,应收容于预防监护所。因适宜之治疗或其他之监护,应为必要之处置。(第一百条)

被付预防监护之心神耗弱人或喑哑人,于刑之执行中,不妨为假释放之处分。

假释放之处分,未被撤销,而刑期终了者,预防监护之宣告失其效力。(第一〇三条)

(苏俄)

《1922年刑法》

凡犯罪人倘系患慢性精神病,或临时受精神刺激时所为者,或实行犯罪时,不知自己行为之人,或作为时虽精神平和而至执行判决时,忽患精神病者,均不得科刑;但同时认为若任其自由行动,于社会有危险性时,法院可以判令将被告人,送交知识或道德薄弱人之收容所、或疗病室强迫安置。(第四十七条)

《1927年刑法》

医疗性质之社会防卫处分如下:

(甲)强制治疗。

(乙)命入隔离病院。(第二十四条)

(英吉利)

疯癫、白痴之犯罪者,不论其罪,当囚人发狂时,内务部派二人以上之医师,检查之入于病院。

(瑞士)

《1908年刑草》

有犯罪行为之负责无能力人及负责能力减弱人:(1)危险于

公共及一般之平稳者,法院命其于病院或保护所保护之;(2)须病院及保护所之特别处置与保护者,由法院命令之。

于以上情形,已宣告刑罚者,停止其执行。其停止之理由消灭者,由法院定其执行刑罚与否及于如何之期间执行之。(第一五条至第一八条)

(奥地利亚)

虽有犯罪行为,然因精神病或泥醉无负责能力,以之为无罪及不起诉者,其精神状态素行行为之性质危险于善良风俗及公安时,于其危险之继续间,收容于犯罪癫狂院。(第三十六条)

(中国)

《暂行新刑律》

精神病人之行为不为罪;但因其情节得施以监禁处分。(第十二条第一项)

《旧刑法》

心神丧失人之行为不罚;但因其情节,得施以监禁处分。

心神耗弱人之行为,减轻本刑,因其情节,得于执行完毕或免除后,施以监禁处分。(第三十一条)

《新刑法》

因心神丧失而不罚者,得令入相当处所,施以监护。

因精神耗弱或喑哑而减轻其刑者,得于刑之执行完毕或赦免后,令入相当处所,施以监护。(第八十七条第一项、第二项)

第二款　龙伯罗梭对于精神病院之论述

龙伯罗梭氏,关于精神病人犯罪院亦论述甚详,兹录之以供阅者之研究:

（上略）精神病人犯罪院　此外又有一种制度，能调和人道主义之冲动与社会安宁问题，即精神病院是也。吾人对于刑罚问题，无论意见如何分歧，而犯罪人中必有疯犯，则全世界几无异议。置此种人于监狱中，既不合于理，予以自由，又危及社会之安宁。意大利徘徊于此二途，而未知所措，英国则早行精神病院制度，而弥补此中缺憾，维持真正自由。自1786年以来，以癫狂人置之一院，非有大法官之命令，不得释放。后此人数顿增，乃在英格兰、苏格兰、爱尔兰，各择一地而设立精神病院，所收留者，不仅为犯罪之精神病人，即因愚笨疯狂不受纪律者，亦皆纳入此院。惟后者与他人分居，治愈即可出院，其余拘留之人，非有谕旨，不可出院。种种照应，种种设备，皆极完善。然英国慈善家尚有不满意者，谓他处监狱中实有甚多之人，可移之于此治理。美国与英甚相似，亦多此种制度。

吾尝以之自问，英、美人糜费为此，是否徒壮观瞻，若该制能适应社会上之需要，法、意何故不遍设之于境内？二国所以少疯狂（即精神病人）者，以人民不知因病犯罪者实多，官吏遇一二疯犯，而释放不罪，可谓未穷其本，至于谓其为装疯即不知疯人固有清醒之时也。

自他方面言之，监狱中满布疯人，无适当之组织以保护之，既不合于道德之感觉，复有害于社会与纪律。盖此等人举动粗暴，不知羞耻，常因小故，害及他人，如某狱囚因他囚不肯为其刷鞋，遂手毙之；彼等又违背纪律，不畏刑罚，以其自身为骚动之源。若幽闭一室，加以桎梏，则失其活动，饮食不足，疾病随之。若以之入普通精神病院中，尤多不便之处，彼等将以男色、脱逃、偷窃、叛乱诸事，授之他人，为害尤巨。

疯人中有一种人，其一生中，有数时期受犯罪之冲动，虽非极端堕落之人，而举动野蛮不可前知，亦不无危险可虑，伤人纵火，毫无顾忌。其中又有伪为安静之人，以便获其自由而闯祸者。通常疯人，懒与社会接触；而彼等则否，常以恶意传之他人，共同为恶。若普通疯人，不过如梦中行走，与人世隔绝，此两种人特异之处也。

研究疯癫病者，无不赞成此说，而吾办理此项制度时，尤有实证。某疯犯因收赃物被拘，彼不服法庭之判断，与吾人之待理，作不通之呈文，欲诉之于皇帝及地方官。一日，品行忽大改善，盖与他三狱囚谋击毙狱中佣人也。少顷佣人来送汤与彼等。彼等方砌地，即以石乱掷之，此事后又重见。又有一疯犯，因杀人入狱，居此二年，无甚恶行，一日于其床间，搜得一铁杆，盖欲以击我者。类此之事至多，足见一无可畏之人，往往为病症所冲动，忽犯大罪，而不可预防。

疯人得无限自由，则号召党徒，祸及全国，尤为可畏，因其心中无主宰，徇群众之心理以行事，而群众之附彼，又属盲从，故危险实大。彼等如酵母，本身无势力，温度一足，组织完成，即发生动作，历史上事迹，如中世纪疯狂之传染，美国之摩门人及监理会人，1830年诺曼地之大纵火，及巴黎自治区之乱皆是。巴黎自治区一事，其中除少数理想家不论，其余多中茵酒之毒，神经因而错乱，亦有疯狂之人甚多，新近出狱，逞其意气，一鼓作恶。拉波德(Laborde)谓自治区人员中，至少有八人，皆著名疯人；实则匪特自治区如此，即法国大革命中，亦多疯狂之人。

救济以上所言状况，自以精神病院为宜，苟得法律上之认可，而一律设置，则主持公道者，与维持社会安宁者可免冲突。盖吾人一遇此种事，即不能决其受病症冲动若干？为恶意志驱使若干？法官往往为其所迷，有伪疯而释放者，有真疯而处罚者，以致公道与审慎,两无所存。

总之,不可以慈悲之感情行事,而危及社会;吾人所应设法者,即阻其返社会为恶,非实地证明其无害,不可令其回本地。至于真疯与伪疯,皆多而难辨,则由于人不能知道德上疯狂与犯罪之关系,及不能为真正之诊断,以伪疯者往往有成疯之倾向,而真疯者又往往装疯更甚也,因此医生所言,亦不甚可信。雅各比(Jacobi)谓彼改意见四次,始知一伪疯者之实为真疯。戴儿伯立克谓一人为伪疯,其人自行饿死,有一伪疯,言其右足有病,实则其左足有病。反之则疯人犯杀罪入狱后装疯欲脱逃者,乃予所亲见。要之拘留此种人于医院中,永不释放,虽在近世社会亦可视为满意之办法。盖疯人犯罪者,多愿入狱而不欲居医院,则精神病院之设,岂非最良之办法乎。

维带玛司透(Wiedemeister)则谓英国之精神病院,多流血之惨剧,其办理费用三倍于他制度,此语亦非诬。盖犯罪之疯人,知难得出狱希望,故多谋叛之倾向,毁坏衣服器具,伤杀院内佣人,较多于通常之精神病院中,1868年,广泽(Broabmoor)一地有七十二件事发生,佣人或受伤或待毙,损失甚巨。盖此种佣人,工资固甚高也,然聚如此甚多之疯犯于一处,不得不生危险,乃自然之理,不必骇怪,因而反对此种制度,苟无疯人犯罪院,则此事亦将屡见于普通精神病院中。广泽一地之精神病院,近来加入分类法,已大有进步,定罪者与未定罪者分处,被控而未定罪者与普通因小事故入狱者亦分处,至于入狱后变疯者,又分居一处。

经费一层,亦非甚巨,何者,过疯之人,须监视及监护,所费甚属不赀,且疯犯喜越狱,越狱之后,费用亦大,此国家所以有专门精神病院之设也。若雇用老于服务监狱之人,予以厚报,令其久为我用,则可免易人之糜费,所用当较省。至疯犯已变为无害者;可许其出院,形似疯犯及易治之疯病等,亦可容留之监狱中,皆省费之方法也。

观其论述,认疯人院能调和人道主义之冲动,与社会安宁问题,及谓置此种人(精神病人)于监狱中,既不合于理,予以自由,又危及社会之安宁云云,均有独特之见解,洵称为世界上之哲理名言也哉。

第三款 万国监狱会议之决议案

关于本节之问题,在1925年伦敦万国监狱会议,及1930年勃拉克国际刑罚监狱会议,其中议案亦曾有论及,特录之如下:

1925年伦敦万国监狱会议

第四问 对于有危险倾向的成年精神障害者(精神不熟者、精神薄弱者)应采何种方法?

决议 对于有危险倾向的异常成年者,希望由司法官宪,收容于非刑事的设备,或殖民地方面。异常者在这种设备或殖民地,可受适当的处置和待遇,然后受附带条件的释放。附带条件的释放,应由有权限的官宪行之,同时,官宪又应受由专家所成的委员会之补助,同种类的少年,也应受同样的处置和待遇,但处置的结果,如属不良时,其收容的场所,应另择之。

附带条件的释放,释放后的保护,及被释放者的监督,是绝对必要的,再据社会的见地,关于精神病的卫生和预防的事业,应设法发展之,而且应讲求于适当的时期,发现异常者及精神薄弱者的方法。

1930年国际刑罚监狱会议

以下所列保安处分，足以采用。

（子）限制自由处分

（一）危害社会之精神病及有危险之变态行为人之拘禁，应注意于治疗，及其释放后生活之适应。

观以上对于有危险倾向之精神障害者，收容于非刑事之设备，卫生与预防之事业，应设法发展之。及应注意于治疗等决议，均视精神病人有监护之必要。

第四款　比较研究

（一）监护处分适用上之研究

查我国《新刑法》第八十七条规定："因心神丧失而不罚者，得令入相当处所，施以监护。因精神耗弱或喑哑而减轻其刑者，得于刑之执行完毕或赦免后，令入相当处所，施以监护。"《日本刑法改正案》第九十九条规定："对于犯相当于禁锢以上刑之心神丧失人或喑哑人，为无罪或免诉之宣告者，于公益上认为必要时，得为付预防监护之宣告。对于已处惩治以上刑之心神耗弱人或喑哑人，就与前犯同一或类似之罪为刑之宣告，公益上认为必要时与前项同。"《意大利新刑法》第二百十九条、第二百二十二条规定："因精神病或酒精或麻醉品慢性中毒（酒精慢性中毒、麻醉品慢性中毒，在医学上均属精神病之内），或喑哑犯故意罪减轻其刑者，或宣告无罪者，应收容于治疗所及监护所，或刑事精神病院。"

总观上列各条，监护处分人之适用，计有下列三种：

（1）心神丧失人；
（2）精神耗弱人；﹜合称为精神病人
（3）喑哑人。

心神丧失人与精神耗弱人适用同一监护处分,固无庸议;但喑哑人究不能与上述诸人同视,因刑法上之所谓喑哑者,系指先天生成聋而且哑者而言,至于后天之由疾病所致者不得以喑哑人论,先天喑哑断非隔离与医疗等处分可以改善其恶性,惟其最要之目的,只在于受特别教育,易言之,即施以聋哑教育是也。余在本编第一章第三节内,拟将喑哑人之监护处分应改为"改善教育处分,"或"感化教育处分"等名词,足以合于法理与事实,故喑哑人实不能与精神病人同一适用监护处分也,希立法者有以思之为幸!

(二)监护处分之研究

监护处分者,即监禁及保护之谓也。监禁即社会之隔离,保护即治疗及教化是也。患精神病人及喑哑人若任其自由行动,难免不再妨害社会之安宁秩序,除得付亲属管束外,非限制其自由与社会隔离不可。我国《清律》对于精神病人有疯人锁锢及责付亲属管束之处分,至《民国暂行新刑律》、《旧刑法》均有监禁处分之规定,此种监禁,即社会之隔离。于此以外,又应注意于治疗,若仅施监禁,虽亦能保安社会,然究未足为根本上之改善,于是各国均将精神病人收容于精神病院或疗养所内,施以治疗,故精神病院(或名疯人院,或名癫狂院)或疗养院,实为保安处分上不可缺少之场所也。至于喑哑人,除能施以治疗者外,应交付于聋哑学校教化之。今我国《新刑法》适值施行,关于精神病院喑哑人之治疗所尚未设置,聋哑学校全国亦仅十余所而已。际此国库支绌之时,欲使各地均行设置,断非一时可能实现。救济之法,惟有令入私人创设之疯人院治疗之,或公私立之医院,及私人创设之聋哑学校教化之,亦足以收监护处分之效果。故我国《新刑法》在第八十七条内,仅规定"得令入相当处所",未明示收容于精神病院治疗院及聋哑学校之教化，亦为立法上权宜之计，确有相当之价值。所谓相当处所，凡官立、公立以及私立之类似精神病院，或公立、私立之医院，或公立、私立之聋哑学校，能负监护之责者，均得适用，试略举上海市内得入治疗之处所如下：

普益疗养院	市政府捐助
上海疯人院	私立
上海疯癫专门医院	私立
上海红十字会第一医院	公立
上海红十字会第二医院	公立
上海红十字会第三医院	公立
市立上海医院	市立
其他各处较大之医院	

至于聋哑教育，容后详述之。

（三）精神病院之研究

精神病院，或名疯人院，又名癫狂院，虽其字音不同，而其意义则一。精神病院之组织，大别之可分为二：一是精神病院包括治疗院之组织，二是精神病院与治疗院个别设置之组织。试分述之：

（1）精神病院包括治疗院之组织　精神病院与精神病治疗院合设者之立法，如奥地利亚1909之《刑法草案》，规定收容于癫狂院是；但亦有治疗院包括精神病院者，如德意志1934之刑法规，定送致疗养院是。

（2）精神病院与治疗院个别设置之组织　精神病院与治疗院分别设置之立法，如波兰1932年刑法之疯人院与疗养院，苏俄1927年刑法之强制治疗与隔离病院，瑞士1908年及德意志1927年等刑草之治疗院与保护院，及日本1930年刑法改正案之适宜治疗与其他监护等是。

总观上列两种制度，均各有其理由存在，细心考察，似乎前者较为妥洽。因精神病院内包括治疗院，非仅合于一方与社会隔离，他方施以治疗之便利方法，并且两院相并，亦得合于节省经济原理；但经济衰落之国家，未能普设刑事精神病院，所有精神病人不得不交付私人所设之治疗院医治者，亦可采用第二种制度，惟为权宜之计，究非良策也。

（四）中国聋哑教育之探讨

喑哑即聋哑，谓聋而哑者也。因喑哑之结果，其精神状态与智力皆有异于常人，自不能使与普通人受同等之处置。我国《新刑法》第八十七条第二项规定："因精神耗弱或喑哑而减轻其刑，得于刑之执行完毕或赦免后，令入相当处所，施以监护"。所谓相当处所，不外治疗所及聋哑学校之类是。盖聋哑教育，足以改善喑哑人之个性，并能免其有再犯之虞。欲收上述之效果，对于聋哑教育之研究岂可忽视耶？兹特节录吴燕生先生所著《中国聋哑教育》及《聋哑本身之问题》一文，俾供研究法学者之参考：

吾国聋教育之最初发起者，为美国教士梅耐德夫人（Mrs. Mills）于1887年，即民国纪元前二十五年，在山东烟台创设聋哑学校一所，惨淡经营凡四十余年，不幸此造福吾国聋哑之特殊教育专家，竟于1929年，与世长辞。梅夫人之一生光阴，多半为吾国聋哑教育事业而牺牲，彼在实际方面，造就师范高徒数人，继承其后，其优秀之聋哑生徒，毕业后亦各为之介绍职业，并建筑宏壮校舍，惟在学理方面，未闻有何译著，仅用贝利字母，编辑"启喑初阶课本"数册而已，今该校继任职务者，为葛爱德女士（Miss Anitacarter）。梅夫人首倡于前，国人继之于后，相继设立者，计有十余校。兹依其成立年度,顺序列举之:如上海天主教聋哑学校、南通盲哑学校、北平聋哑学校、上海群学会聋哑学校、辽宁聋哑职业学校(因事变而停办)、上海傅兰雅聋哑学校、天津聋哑学校、南京盲哑学校、成都聋哑学校、福建古田聋哑学校、吴县盲哑学校、杭县盲哑学校、金州聋哑学馆等十余所。多系私立者,各校之间,彼此既无联络,又无组织,至于研究学术,交换心得,更无机会。在政府方面,对于聋教育,尚无统一之指导,与培养师资学校之设立。是以现有各校之教授方法、课程标准、修业年限、行政方针,殊难一致,此皆障碍吾国聋教育进步之一重大原因也。

聋教育师资问题

关于吾国聋教育之师资问题,殊难严格求全,因中国从未设有聋哑师范学校,故无聋教育专门人才之可言。现有之聋教育教师,多系先具爱护聋哑残废之热心,而后选择此种事业,任事以后,一面研究,一面教学,如此经过相当时间,由经验之中而具心得,再或系前往规模较大之聋哑学校见习,经过一度师范生之阶段。然在学校方面,亦少有相当课程,可供研究,惟学习者处于进修无门之情况下,虽有名实不符之处,亦可从权过去。即以吾国久负盛名之山东烟台启喑学校而论,虽有师范班名义,但未见何专为师范生研究之过程。每日除随班上课见习,或自己试教一班外,仅有"聋哑教育讲义撮要"十数页略供参考而已。至于其他学校招收师范学员,有无完善课程,尚无所闻。以现在情形而论,师资乃最重要之问题,经费犹属其次,为解决师资问题,不能不联合全国现有之聋教育教师,组织"聋教育促进会",发表个人经验,参考各国聋教育书籍与杂志,共同研究,交换意见,此外尚须征求各门科学专家,协助研究。

(1)耳鼻喉专家 协助研究关于成聋成哑之原因结果与发音

器官之影响。

（2）脑系科专家　协助研究关于聋哑脑部之特征。

（3）心理学专家　协助研究关于聋哑之心理与常态人之心理有何不同，在教育上有何当注意之特点。

（4）音响学专家　协助研究物理音响之原理。

（5）语言学专家　协助研究肉声音韵之知识。

（6）体育学专家　协助研究聋哑儿童之发育，与常态儿童的差别。

此外如哲学和社会学，亦与聋教育有密切之关系，为建立中华聋教育基础起见，均属不可缺之条件。至于后起者之师资问题，亦不得不从事准备。

设使现在成立聋哑师范学校，不仅其设备需款至巨，且在事实上亦殊多困难。为今之计，苟欲解决聋教育师资问题，最好于普通师范学校，自四年级起，添设聋教育选科，聘请具有专门知识与经验者，担任讲学，并成立模范之"聋口语法学校"，作实习之场所，数年之后，人才辈出，则"师资问题"，即可迎刃而解矣。

确立聋教育之必要

吾国人口约有四万万五千万人之多，其中包括若干聋哑国民，其数目虽无确实调查，然以各国之平均统计为标准，其数目亦可想见。兹举数国之统计，以作参考：

各国聋哑人数调查表（有两个数字者乃两人调查之报告）

国　名	十万人口中之聋哑数	调查之年度	一万分比之聋哑数
瑞　士	245	1870	24.5
奥大利亚	131/116	1870	12.4
瑞　典	102/116	1896	10.9

续表

匈牙利	127/109	1890	11.8
挪 威	92/106	1891	9.9
芬 兰	102	1880	10.1
德意志	84/86	1900	8.5
西班牙	46/100	1877	7.3
葡萄牙	75	1878	5.7
英吉利	51/70	不详	6.1
美利坚	68	不详	6.8
希 腊	65	1879	6.5
丹 麦	65	1890	6.5
日 本	59	大正十四年	5.9
法兰西	63/58	1876	6.1
意大利	54	1881	5.4
比利时	43	1875	4.3
荷 兰	34/43	1889	3.9

（见日本聋口语教育杂志）

　　夫一国聋哑人数之多寡，须视其各种原因而定。例如卫生常识、医学技术、社会环境、经济状况、教育程度等，均有直接关系。根据此种理由，推论吾国聋哑者之数目，当不在少数。设以吾国人口千分之一计算，可有四十余万人，乃全国十数聋哑学校，收容学生不过数百人，其他多数聋哑，全无受教育之机会，是则此种不幸之国民，可谓不幸中之不幸矣。试思聋哑之生活，何等困苦，稍具恻隐之心者，能不予以同情乎。惟望吾国各地教育当局，勿以聋教育为一种特殊教育，不若普通教育之重要。聋教育在十五世纪以前，仅有数人稍事创设与提倡，但在实际方面，仍未得实现其主张，迄至1520年，聋哑教育之实行家普恩斯（Pedro de Ponce）始出世（普为西班牙人，卒于1584年），自彼开始实际教授聋哑以来，在欧、美各国,已有四百余年之历史,由幼稚园而至中学,或较高之教育,凡常态人应受之教育无不应有尽有。其后东亚之日本,至今亦确立聋教育之健全基础,截至民国二十三年十一月止,日本全国已有七十三校之多,而其建设尤在突飞猛进中;回顾吾国迟至今日尚未兴办,现值全国建设方殷之际,聋教育似亦不可一误再误。如1932年6月18日在美国召集之国际聋教育会议,我国竟无代表出席,为挽回国际聋教育地位之损失,吾国政府确应从速委派聋教育专门人才,详细视察全国各地聋哑学校,切实整理,然后予以有效之援助,促其进步;同时造就基本人才,养成聋学之头脑,组织聋教育促进会,发表聋教育常识,使全国人士理解聋教育之意义及必要。此种办法如果实现,则吾国落后之聋教育,将见一番新气象,于吾数千年之文化大国,庶可无愧。

兹将日本全国现有之聋哑、盲哑学校,数目调查,详列于下:

北海道区计五校

旭川盲哑学校、小樽盲哑学校、私立八云聋哑学校、札幌聋话学校、函馆盲哑院。

东北区计八校

私立青森盲哑学校、青森县立代用八户盲哑学院、秋田县立盲哑学校、官城县盲哑学校、山形县立代用山形聋哑学校、福岛盲哑学校、福岛县立代用私立二本松聋哑学校、岩手县立盲哑学校。

关东区计十五校

栃木县立代用宇都宫盲哑学校、群马县立盲哑学校、茨城县聋哑学校、埼玉盲哑学校、巢鸭聋哑学园、东京市立聋学校、东京聋哑学校、东京府立聋哑学校、日本聋话学校、东京昭和学园、千叶县立聋哑学校、横滨市立聋话学校、神奈川县立盲哑学校、马渊聋哑学校、山黎县立代用山黎盲哑学校。

北陆区计六校

私立新泻聋口话学校、新泻县立长冈聋哑学校、长冈昭和园、长野县长野盲哑学校、富山县立盲哑学校、石川县立聋哑学校。

东海区计七校

静冈县立静冈聋哑学校、滨松聋哑学校、私立丰桥盲哑学校、私立冈崎盲哑学校、爱知县聋学校、岐阜县立聋学校、三重县立盲哑学校。

近几区计九校

滋和县立聋话学校、福井县立聋哑学校、京都府立聋学校、奈良县立盲哑学校、大坂府立聋口话学校、大阪市立聋哑学校、兵库县立聋哑学校、和歌山县立盲哑学校、田边第一高等小学校大滨分教场。

中国区计五校

岛取县立代用岛取盲哑学校、岛根县立盲哑学校、冈山县盲哑学校、广岛县立聋学校、山口县立下关盲哑学校。

四国区计四校

香川县立聋哑学校、德岛县立盲哑学校、爱媛县盲哑学校、高知县立盲哑学校袭哑部。

九州区计十校

福冈县福冈聋学校、佐贺县立盲哑学校、熊本县立盲哑学校、私立佐世保盲哑学校、长崎县立聋哑学校、大分县立盲哑学校、延冈盲哑学校、宫崎县立代用都城聋话学校、鹿儿岛县立盲哑学校、私立冲绳聋哑学校。

台湾区计二校

台北州立台北盲哑学校、台南州立台南盲哑学校。

鲜满区计二校

朝鲜总督府济生院盲哑部、关东厅盲哑学校。

以上共计七十三校

总上观之,聋哑教育当极力提倡,尤其为喑哑人之监护处分计,更不得容缓图之。

附录　吴燕生聋教育方法(录民国二十四年《中央日报》)

聋者因器官有缺陷,致不能听,且不能言,虽形体及生活机能与常人无异,但语言隔阂,感情思想无由表现,在家庭与社会之环境中,失却常人之幸福,至为可悯。欧洲文化发达,教育进步亦速,对聋者之教育,数百年来,均有实际之实验,并获得极圆满之效果。日本人近年来亦努力斯途,颇见成功,惟各国之聋教育方法,屡有变迁,何者为得？何者为失？吾国注意特殊教育之人士鲜有深切之明了,须知当此科学万能时代,人类生活无不赖科学之助,任何方面,均无所谓神秘难以理解之处,至聋者病根之所在,以及教育方法之良否,吾人尤不能不根据科学原理,作进一步之推求也。日本聋教育专家川本宇之介先生,对于聋教育方法有深刻之研究,曾著书行世,兹将其研究之结果,择要介绍,并参以个人之意见,贡献于国内聋教育家之前：

(一)指语法(又名指缀法)

指语法,是以字母之符号,用手指编成指文字,依照语言之语法,表现思想之作用。吾人用笔写字,与用手指在空间写字,自不相同,因此称为指语法。原来指文字在欧洲,已有数千年之历史,用以表现数字,例如伸食指,则代表"一",伸姆指代表"好",伸小指代表"坏"等。在中世纪寺院之僧侣,以此编成秘密语,其后一变而为聋教育之教授手段。十七世纪之初叶,有西班牙之聋教育者波奈托(Jnau Pablo Bonet)发表意见,主张指语法当作口语法之补助工具。嗣后传至法国,就成为世界聋教育之工具,英国遂亦采用类似此法之系统,编成另一种双手指文字。直至十七世纪后半叶,该国之聋教育者,仍继续采用此种指语法,依靠手指屈直作用,结合其运动形状,于空间运用自如,学习较易,且此指文字,可以和文章合为一体,同时以指节构成字母符号之形状,最为容易,因此便成为读话发音困难特别低能聋者之一种有利方法。现在丹麦之王室聋哑学院,专收容低能之聋儿,该院专以指语法和书记语(笔谈)为中心,而教授语言及一般功课。伦敦同类之学校,哈马敦学校,亦择取口语法及指语法并用制。此外尚有一聋学校内,附设特别学校,收容低能聋儿,以指语法和手语法之两种方面,而实行教育。

(二)手语法

手语法,即是身势表情语,此法为有组织时代聋教育始祖法人德莱派氏所发明(Charles-Michel del'Epee 1712 年至 1789 年),〔附注:聋教育实行家第一人为西班牙人普恩斯(Pedro de Ponce 1520 年至 1584 年)〕,德氏认为身势表情语,是聋者之母国语,以此法实行聋教育,最为适当。在十九世纪之前半叶,除去德国以外,欧洲各国以及美国,多采用之;但是聋教育科学发达至今日之程度,即可认清德氏对于聋者语言之观念,是根本认识错误。彼自称为法兰西法者,是有意与德意志之口语法相对立。手语法是用聋儿自然身势之表情为基础,学习并不见得困难,用之表现思想语言,到底不能实现与常人同样之语法,因之无论如何勉强使其适合于语法,则终不可能。虽然德氏认为手语法可作聋者思想之媒介,有时遇到改正聋者思想及在教授上遇见抽象之语言场合时,势必感觉到手语法之繁杂与困难。至于传达有系统之思想，几乎陷于完全不可能之地步，就是教授书记语时，若以手语法作基础，于文章上之构成，亦发现极大困难，写出比较简易之文章，亦常发生语法之错误。因此欲求知识进步，而以手语法为发达思想之工具，是不适当，尤以聋者进入社会与常人共同生活，若以手语法作为共同之语言，接受思想与应付环境，更不可能。因此手语法只能通用于彼等范围以内，此法不但失去语言本质，且与聋教育目的相冲突。如此言之，德氏除手语法之外，只余书记语一项，无妨再加以研究。

书记语是极平凡之笔谈法，例如表现一年最简单之事件，必定需要很多之时间与劳力，因之时间与空间均不经济，若欲用此作为圆满之交际语，则绝对不可能，不但如此，就是彼等笔谈之文字，比较文理通顺者殊甚罕见，因此为达到聋教育目的，决不当采用手语法和书记语。自从德氏发明手语法以后一百年左右（1860年至1870年间），各国之聋教育者对于此法多抱不满，认为有改换他法之必要，甚至于此法之根源地巴黎母校，该校长亦持同样态度。于是各国学校纷纷采用口语法（即德意志法）者日见其多，而在聋教育史上占一页光荣之手语法，遂告闭幕矣。自此聋教育开始步入口语法之阶段，传至1880年，于米兰召集之万国聋教育者会议，全场一致通过不用手语法，改用口语法之决议案，虽然难些，但是至今后起之聋教育教师，仍有主张采用手语法者，凡此主张之教师，实未理解聋者之能力与语言发达之过程及其本质，尤其忽略聋教育之目的。

（三）口语法

聋者在得疾以前，其发音器官于生理上并未蒙受任何损失，为教师者应如何使其发出一定之声音，又如何使其发出一定结合音之语言,此层为聋教育第一步工作之学习。原理乃在儿童之模仿力,教师发音时,学生注视教师口形及唇之起闭、舌之运动,及其他颜面筋肉运动态度,而模仿之,在最初学习时期,聋者并不能完全理解语言之意义,更不能随意识而说出适当之语言,且以一一法视微妙与迅速之唇舌变化,或遇同一口形,而言各异者,其模仿与认识尤感困难,因此必须用种种方法,使聋者依靠触觉和视觉,去知觉音之振动,并诱导自然之呼吸运动和发音作用,养成辨别能力与知觉各音之特征。聋儿依靠此种模仿,与其他感官能力,在自己发出各音或语言时,渐次记忆发音器官之运动,即如声带悬壅垂、鼻腔、口腔、舌、齿、唇、颚、颜面筋肉、胸、横隔膜等所起之运动感觉,皮肤感觉及振动感觉,由此而理解各音之特征,综合以上记忆而构成心像,经过十万回之重复练习,渐渐进入正确完全之域,甚至本身不能听,但是能自己觉察本身说出之声音有无错误,此为知觉认识所发之音,对照已经成为自己之运动记忆心像一致或不一致之故也。至于觉察成句之话亦如是,此时在心理上起一种很复杂之作用,经过相当时间练习,渐次依靠读唇而理解单语单句及表示观念或思想之语言。以上所举全赖语言脑中枢之作用,唤起其语言运动之记忆心像,如此遵照发音脑中枢之命令,而运动发音器官,英国口语法之聋教育家挪得(Thomas Arnold)谓,"聋儿是依据实验之模仿,而学习语言的,"此语确实握住聋儿学习语言之本质。聋儿学习读话时,注视教师或父母兄弟等发音之口形变化。例如舌头运动及其位置,下颚之运动,额角之角度,及其他颜面筋肉之变化,颜面之表情等,而知道如何说成单音单语或单句,成为一连之表象而记忆之,同时与诸事物连结在统觉中枢,构成意义,并构成声音单语单句等视觉所得之语言记忆心像。在最初学习时,虽然轻渺不易确见,但是以后能因读话练习,理解比较长之单句或短文,聋者之视觉记忆心像,应着境遇要求,被迫于必要场合,其能力更有再生之可能性,因之晓得 A 之发音,同时亦能晓得 A 与 Q 之区别。

(四)混用法

混用法是采用各种方法之长处,用其二或其三,实行教育聋者之方法也。即如以上所举之口语法,关于各种学理之研究,尚未达到十分应用之教育时代,甚至能充分应用于今日之口语法,在教育者自身,对其学理之研究,尤感不足,因之不得谓达到圆满之境地。手语法与指语法有如上面所述之诸多弊端,因而感觉有改良之必要,于是采取二者长处,另成一折衷法,此法即为混用法。例如十九世纪之末叶,德国聋教育者海得极克(J. Heidsiek)对于纯口语法认为不满,反而以手语法适合于聋者心理,直俟美国纯口语法之成绩显著发展后,海氏始推翻自己之主张,而发现混用法。其法先教书记语,然后以指文字为中心再教授音声语,此为一例。丹麦之聋教育者弗克莫(C. Forchhammer)二十余年以来,主张口手共用法,此法只限于读唇困难之四五个字音,用手之符号而代替声音语之读唇,并不注视心理作用,同时又集中注意力于手口之上。此点大有不便之处,在经验上亦未获有价值之结果,此为一班人对于弗氏之批评。自 1867 年,美国设立以口语法为中心之学校以来,其后新设立之学校多采用纯口语法,而旧有之聋学校亦渐次仿效新设立之学校,于是口语法之聋教育颇有普及之倾向,但未曾完全脱却指语法,手语法与混用法之学校,尚不在少数,自 1880 年米兰万国聋教育大会之决议以后,在五年之间,所有之美国聋学校几乎完全采用纯口语法,只剩一部分乡村中之聋学校,还用混用法,至于世界各国采用纯手语法与指语法之学校,则寥寥无几,可是手语法与指语法不必完全废除,以教育低能聋儿,尚有采用之必要。

(五)听话法

听语法是利用聋者残存之听力,而教授语言之法也。入聋学校之儿童,其中有残存听力者,自占相当数目,彼等统称为残存听力者,其听力程度之差,甚至各个有别,若用听力测验计划验,尚有百分之八十以上,保有残存听力;但是过去之聋教育,竟将彼等埋没于纯聋之待遇中,迄至二十世纪初叶,才开始努力利用助听机器,启发残存听力,听受语言,最近二十年间,竟有惊人之进步。此法之最高权威者为美国之哥路得斯谭(M. A Coldsteen)博士,其次即为蓝伊特(John D. Wright)氏,用听力测验计测验残存听力之记录内载百分之十以下,差别极微小,从百分之十五至二十,稍可利用,但当作一般聋学校之教授对象看来,则非有残存高程度之听力者不可,根据蓝氏之意见,其标准不仅是残存听力大小与教授有关,即如其失去听力之时期,是属于先天性,或属于后天性,如果属于后天性者,其失官年龄之大小,亦有很大差别,其本质如何,学习语言之记忆力如何,智能如何,均有差别,兹列表于下,以示大概。

残听度	用 听 话 法 之 可 能
15%以下	不适当
15—40	声音及律动等补助教授单语单句稍有可能
40—60	有教授单语单句可能
60—80	以练习之结果渐次可以得到复杂会话之教授
80	如果可以记忆近于普通人程度之音声语者,应作难听聋看待,有特别教育之必要

今后听话法,将随真空管之发达,与优秀之脑骨传声机,牙骨传声机,及其他助听机之应用,则听话法势必日臻完善矣。

附言

关于中国聋教育及聋哑本身之问题,曾专文发表于报端,惟聋者与"哑叭"之称呼,尚有说明之必要,吾人常称之"哑叭",其定义是以不能说话者而言,近世吾人常闻哑叭说话之奇事,因之引人联想其所以说话之神秘,但稍具科学常识者,莫不否认。凡以教育之力量,使不能言者一旦能言,此等人是否为吾人想象中之"哑叭",似不得不加以检讨。聋教育之方法,仅能启发存在固有说话能力之先天聋或后天聋,其说话成绩之优劣,须视其失官原因、失官年龄,与教授方法而定,至于发音器官不全或被某种原因所损坏之"纯粹哑叭",以及发音器官与听觉器官完全健康,并且能听常人语言,理解意义,只是不能说话之"失语症",似此二类,极居少数,是以近代各国称聋教育不称聋哑教育,只此之故。所以本文中,亦称聋而不称哑。

第三项　禁戒

禁戒,或名收容于治疗所及刑事精神病院,或名交付监管,或名付酒癖矫正,或名收容大酒治疗场,或名收容犯罪癫狂院,或名遣送酒徒拘禁所,因其观察上之不同,与适用范围之大小,故各异其用语,惟其目的则一。所谓禁戒者,即禁者制之使勿为也,禁止其自由行动也。戒者防备也,禁止也。易而言之,凡有习惯性沉醉,吸食鸦片烟、海洛因及其他代用品之恶癖者,均与社会之安宁秩序有关,国家为社会防卫计,应禁止其自由行动而戒绝之,此禁戒处分之制所由来也。

第一款　各国立法

（德意志）

《1927年刑草》

惯习自采多量酒精饮料,及其他酩酊方法者,因酩酊中所为之行为,或因酩酊罪(第三六七条)被处刑罚时,收容其人于饮酒者治疗所,或饮食节减所,为使其人适于法律且惯于秩序生活之必要时,裁判所得宣告其收容。(第五十七条)

《1934年刑法》

在习用酒精饮料或其他麻醉材料而犯罪者,得收容饮酒者治疗所。

（波兰）

若犯罪行为,系与饮酒过度,或与服食其他麻醉品有关时,法院得将犯人交付于适宜场所监管之。(第八十二条第一项)

（意大利）

因精神病,或因酒精,或麻醉品慢性中毒,或因喑哑犯故意罪减轻其刑者,法律上规定最低之刑,为五年以下之惩役,须收容于治疗所及监护所。(第二一九条第一项)

因习惯性状态,或因常用麻醉品作用犯重罪处惩役,而未命令其他拘禁保安处分时,得收容于治疗所及监护所。(第二二一条第一项)

因精神病或酒精,或麻醉品慢性中毒,或喑哑而宣告无罪者,应收容于刑事精神病院。(第二二二条第一项)

（日本）

对于有饮酒之习癖者,就因酩酊所犯之刑,宣告一年以下之惩锢或拘留,或以心神丧失为理由为无罪或免诉之宣告,于认为非矫正其习癖,即有再犯之虞时,得与其裁判同时为付酒癖矫正之宣告。(第一○四条第一项)

被付酒癖矫正者,应收容于酒癖矫正所,为达矫正之目的,应为必要之处置。(第一○五条)

第一○一条及第一○三条之规定,于酒癖矫正准用之。(第一○六条)

(瑞士)

《1893年刑草》

惯行酗酒受一年以下禁锢之宣告者,裁判所得依医师之鉴定,科以刑,并令之入大酒者治疗场,若酒癖已愈,裁判所则直释放之,又治疗已过三年者,无论何等场合皆得释放。

归责无能力之被释放之惯行酗酒者,仍得入之大酒者治疗场。(第二十八条)

《1908年刑草》

基于习惯之饮酒犯罪被处自由刑,推事认为有治疗之希望者,收容于酒癖治疗所,其已治愈者,命其即时退所,但无论如何情形,经过二年后应放免之。在退所以前,由法院裁判其应付执行刑罚,及于如何之期间执行之。法院对于习惯之饮酒之负责无能力人,为无罪之宣告者,亦命其收容于酒癖治疗所。犯罪之原因基于暴饮者,推事得禁止其出入于饮食店。(第二十三条及第四十五条)

《1918年刑草》

如因犯罪而被处监禁刑之人,系有酒癖,而其所犯之罪,又与饮酒之倾向有关系时,法官得令其于刑罚执行完毕后,遣送酒徒拘禁所。

又如犯人系有酒癖者,虽该犯人因无责任能力而被开释,或获得不起诉处分时,法官得遣送之于酒徒拘禁所。(第四十二条)

(奥地利亚)

虽有犯罪行为,然因精神病或泥醉无负责能力,以之为无罪及不起诉者,其精神状态素行行为之性质危险于善良风俗及公安时,于其危险之继续间,收容于犯罪癫狂院。(第三十六条)

(中国)

犯吸食鸦片或施打吗啡或使用高根、海洛因,或其化合质料之罪者,得令入相当处所施以禁戒。

依禁戒处分之执行,法院认为无执行刑之必要时,得免其刑之执行。(第八十六条第一项、第三项)

因酗酒而犯罪者,得于刑之执行完毕或赦免后,令入相当处所,施以禁戒。(第八十九条)

第二款　龙伯罗梭防范酗酒之论述

龙伯罗梭氏关于酗酒之防范,亦论述甚详,特录之以供参考:

(一)酗酒之防范

禁酒宜如英、美人之得力,其地之戒酒会,极有势力,自1867年以来,会员三百万人之多,并发行日刊三种、周刊三种。格拉斯哥地方,曾费二千镑,设立咖啡馆多处,以代昔日工人常往来之酒馆,伦敦又添设茶室剧场,足供放假日四千五百余人之用。美国波而迪摩尔(Baltimore)议会,于1873年,代表赞成禁酒之人民七十五万余人,其后五年,蒸酒铺闭门者四千处,酒楼闭门者八千处。美国妇女厉行禁酒尤力,往往哀求酒肆闭门,继之以抵制恐吓诸方法,即间有法外行动,法官亦多方曲宥之,彼等禁酒之方法,层出不穷,卒能令酒之势力,锐减不少。德国、瑞士等地方,专门设立图书馆及报馆,以禁酒为惟一目的,其成效亦可睹,海军人员不饮酒者,得酌加月饷,陆军中则严禁售酒,而以咖啡糖果代之,其后各大工业团体,亦采行此法。

1845年,纽约州宣称售酒须有限制,美茵州随之,不久又秘密出售如故。久之美茵州禁酒会通过禁止制造烈酒及售卖烈酒之法令,惟医药用者,不在此限,每家存酒,不得过一加仑以上,且令官员挨护采查,有无藏酒之事。他州亦有仿行之者,惟因有外人居留之故,中央政府又不给予援助,故行之有名无实,而售酒与学生及年幼者,则固在禁止之列(普鲁士与瑞士后此亦如此),他州中且有令酒商对于肇事之醉汉负责者,甚至醉汉之家属因此受有损失者,亦令酒商负责(译者案:美国已于1920年,实行全国禁酒令)。

英国自1856年以来,放假日亦禁止售酒,至1864年及1870年时,售酒有规定之时间,人有在公共地点大醉者,则罚金七先令至四十先令,或监禁一月,1871年,格拉德斯东(Gladstone)当国,制定酒馆数目之分配如下:

城市　　　　　　　　　　　乡村

有一千五百居民者,得设酒馆一处。有九百居民者,得设酒馆一处。

有三千居民者,得设酒馆二处。　有一千二百居民者,得设酒馆二处。

有四千居民者,得设酒馆三处。　有一千八百居民者,得设酒馆三处。

凡非法之售酒,皆有特别监察员报告,处以罚金。1873年之法令,则停止发售新捐照,又取捐照收入之款若干,用以购回应闭之酒馆。此外又有宣讲会,苦口劝人戒饮,马太神父(Father Matthew)尤为此中健将,彼在爱尔兰之演讲,大著功效,至令酒之消费者减半,因酒犯罪者,亦由六千四百减至四千一百。其他禁酒之方法,不外令饮酒者出税,美国之饮酒税率甚高,法国每年此项收入,为五万万法郎,闻尚有增税之议,比国此项收入,亦有一千三百万法郎。

荷兰于1881年,通过一法令,即凡在街中饮酒者,可罚至十五佛老林(Florin)(荷兰币名,约合墨银一元)之多,第二次犯此,则处以三日之监禁,本年内若三次犯此,则可处以监禁二星期之罚,以后再犯,可处至三星期以上之监禁,若其人可任劳力之事,则罚以一年或一年以上之徒刑,小店售酒与十六岁以下之童子者,罚以三星期以内之监禁,或一百佛老林以内之罚锾,其法定之酒馆多寡如下:

大城镇中,五百人得有一酒馆。

二万至五万人口之城镇中,三百人得有一酒馆。

村落中,二百五十人得有一酒馆。

自有此令,十年之间,其总数自四万降至二万五千。

瑞士国中,酒之制造售卖与出口,均归政府管理,所用之酒,须有三分之二为进口货,其余三分之一,半由官家制造,半由国内二百蒸酒铺出售,酒价由联邦会议制定,醇酒与烈酒,则另派员监察,征收重税。此令颁行以后,酒之消费大减,仅及前此百分之二十。

瑞典国酗酒之害,向于通国皆然,故白兰地酒之税率,其始为一百升征收二法郎,继为二十七法郎,又加至三十二法郎。汽机蒸酒,为官厅所禁止,每日产额,不得过二千六百一十升,一年中仅可蒸酒两月,其目的在取缔小酒肆,以其为害最烈也。结果则十年之间,酒之产额,少三分之一,酒之价格,升至一倍半有奇,各大城镇,均有合作公司,出资收买小酒店,而令其改营杂食茗饮事业。至合作公司则仅售淡酒,若醉汉与年纪者,虽淡酒亦不售。1913年,该国又有一新法令,凡在街中饮酒者,第一次罚三元,再犯倍之,三犯夺其选举权,四犯夺其被选举权,五犯则监禁半年,或入改过所工作半年,六犯则时期为一年。挪威亦禁止放假日及放假前一日售酒,每日早八时前,亦不得售酒。

以上诸法,究以何者之效果为最大,其中有甚多得力之取缔及恐吓方法,除瑞士、英吉利、瑞典行之有效外,法兰西与美利坚行之,皆无大功效。有人甚至谓美茵州禁酒令,乃政治上军器而非卫生上办法,既未能减私售之数,且饮之者,即当初制法之人。法国之酒税,年有增加,而每人之消费总数,有增无减,英国亦然,推其故,则失败之由,实由对于消费,影响甚微,且间接而非直接,欲明此说,可观杜保(Dupoy)之计算。

"今设为一升之醇酒,连酒税在内,为值四法郎,而一升醇酒,可制白兰地酒二升半,此吾人所知者,每一升之酒,可盛三十至四十之小杯,今姑假定其数为三十三杯,是一升之酒,可制成八十二小杯之白兰地酒也,十生丁一杯(一法郎百分之一),则八十二杯可售得八法郎二十生丁。易言之,即盈余四法郎二十生丁也,如此则人谁不乐为之"。

禁酒之失败,尚有一原因,即办法与吾人之本能相背者,其成功极难,心灵须受刺激,及吾人本能之一端,惟酒可以达此目的,文明愈甚,则此项需要亦愈甚。故苏格兰贫者无力购麦酒,则以鸦片剂代之,伦敦陋巷之子亦如是。爱尔兰自有马太神父演讲后,饮酒渐少,皆改用以太,曰:此非酒也,因为马太神父所不禁,因而用之者日众，此岂马太当日所及料耶。

禁酒之善法而又含有慈善性质者，莫如供给人民以心灵的刺激物，既不伤其心，又不伤其身，而又无醉酒之危险。关于此点，有提议以巨款补助戏馆及展览会者，惟大剧场则无须有此种津贴，以其地非贫者所得入也，贫者若有怡情悦性之场，则嗜酒之风可止，杜林某次群众会议，一工人请于星期日令戏园不得停演，且减价以招徕工界人物，俾其不致混入酒馆，其议实有至理，而卒见摈弃，殊为可惜！南意大利有一城，其地开设小酒店者，因新来一班滑稽优伶，夺其营业一半，怒而棰之。意大利之教会中人多于放假日设备种种娱乐品，以便早晚祷告之间，贫人有消闲之地，不致以闹酒为乐事，彼等办事具有热诚，为他人所不及。

茶与咖啡能刺激脑筋，而不能如醇酒之为害，损及自制能力，故不妨推广其应用，政府不特宜加重酒税，且宜减轻茶糖咖啡之税，盖糖为制此种饮料之必需品，如此则饮酒有代替物矣。

工人所居之地黑暗不合卫生，又多在狭隘污秽之街道，有不得不以酒楼为娱乐之所，宜广其街衢，宏其屋宇，清洁其空气，令其家庭有优美之环境，足以息游，而后酒馆之征逐，始可绝迹。

至于取缔酒之零售，则有以下诸法，夜间售酒及放假日售酒，皆有时间之限制，捐照之发出，亦有限制，工厂左近，皆迫其售咖啡及食物，工厂自行出售饮料者，尤宜加以严重之取缔，至于烈酒及未经批准之酒，如苦酒、香草酒等，则宜完全禁售，以助人道德而增人健康。

此外又有人提议售酒不得有赊欠情事，凡在制酒地订立之合同，可作为无效。尚有一颇可实行之计划，即发给工资，不于夜间，而于清晨，且送至其家中，至放假日或其前一日，皆不发给工资，此非妨害个人之自由，盖素以民治著称之英国，于禁酒一事，出令固不嫌其烦琐，若意大利则重罪不加于酒而加于盐与面粉，此且尊重自由，毋亦苛取之一端耶！

（二）酗酒之疗治

直接之疗治，有溴质木鳖精、马钱子药酒、冷水浴、松节油、蒸汽浴、硫磺水浴，按受害之浅深而施用，推拿法及运动，亦有用之者，催眠术亦能用之有效，惟须被动者有感觉之性。又有多数主张隔离之法，最合理性，即令酗酒者不得近酒一年或数月，食品宜取其易消化而增气力者，如肉、菜、水果、甜菜等，饮料可用蛇麻草或苦白木制成之苦汁、肉汁、茶与咖啡。此外筋肉之运动，如耕种等，极为重要，马格兰（Magnan）谓道德上之新教育实为必要，可用讨论演讲诸方法，令其深悉酒之为害及危险，而后有道德上之感化。福赖尔（Forel）即本此宗旨，于乡间设一农事病院，令一人主其事，且教养之，每日工作之外，团聚如家人父子，惟绝对不能饮酒，来此院者，百分之六十五，皆受感化，美国亦仿行之，成效亦甚可观。

马格兰又提议宜设立特别病院，以处通常之醉汉及有酒疯者，其居留期为十七月及十八月。不可治者，则处以长期之居留。此种病院，其目的有二：一令酗酒者离开，不得为社会害，二令酗酒者有疗治或改过之良法。所收留之人，可别为三种：（一）因饮酒过多而犯法者；（二）因纵酒无度而荡尽其家产者；（三）在街中饮酒数次者。由第一种人观之，则此种医院，实为监狱、疯人院之代替物，由第二、第三种人观之，则实为临时之避难所，凡因酗酒犯罪而证明其确有危险性质者，则出院无定期，若其人并非常饮酒者，则当研究其体质上、心理上堕落之原因，研究而有得，则收留而疗治之，俟其愈方可释放。

观其论述,大半均属行政处分,然直接治疗与隔离之方法,及设立酗酒特别病院,均可为保安处分上之借镜。

第三款 比较研究

(一)禁戒场所之研究

1903年勃拉克国际刑罚监狱会议之决议案,讨论保安处中之酗酒及嗜毒物者之拘禁,应以治疗为目的。盖其理由,认酗酒或吸食鸦片及其麻醉品而犯罪者,若不施以治疗,难免他日不重蹈覆辙,欲免此弊,应借正本清源之治疗方法。此种议决,早已为世界各国所公认,查阅各国已有不少之立法例可证。如瑞士1893年、1908年、1918年等刑草,均有收容于治疗所之明文,德意志1927年之刑草,1934年之刑法,日本1930年之刑法改正案,及意大利1930年之刑法,亦均有同样之规定;但意大利之刑法,若酗酒及嗜毒致慢性中毒而宣告无罪者,应收容于刑事精神病院(意刑法第二二二条)与减轻责任者有别。盖其立法理由,谓酗酒及嗜麻醉品致慢性中毒而宣告无罪者,依医理之研究,亦为精神病之一,不能与减轻责任者同视,应收容于刑事精神病院,非无理也。奥地利亚1909年之刑草,与意大利同其立法例,亦认泥醉无负责能力,以之为无罪及不起诉者,应收容于癫狂院。以上所说之立法例,因其国均有治疗院及刑事精神病院之设置之故,但无特别设置上述各院之国家,其立法上则略有不同。如波兰1932年之刑法,中国1935年之刑法,即规定酗酒及嗜毒之人,得令入"相当处所"施以禁戒。所谓相当处所者,凡关于可为戒绝酗酒及嗜毒者恶癖之场所,无论为国立、公立及私立之疗养院,均得令入施以禁戒,惟与前者之立法例相比,较为宽张,然其治疗之目的则一。我国目下全国戒烟所共有六百处,尚敷应用,但酗酒治疗院独付缺如,实有创设之必要,为权宜计,亦可委托医院治疗,惟易生弊窦,亦为其一大缺憾。

于此以外,更有说明之必要,以上各国之立法例,对于酗酒者之治疗所收容,固为各国同一规定,但对于嗜毒(如吸食鸦片、吗啡、海洛因、高根及其他麻醉品)者则不然,除波兰、意大利及中国有明文规定外,余仅认酗酒者治疗所之收容而已矣。

(二)**中国戒烟所之回顾与前瞻**

烟犯固为国家及国际之公敌,推惟其因,亦有非故意不戒者,实因吸食成瘾之后,有欲罢不能之势,故国家当另施戒烟办法以救拔之。我国过去在刑法上虽无禁戒之处分,但在行政方面,早有戒烟制度,其戒烟之场所,计有二种:一、国立戒烟所;二、医院兼理戒烟事务。兹录我国过去戒烟所章程及各省戒烟所如下:

(甲)《市县立戒烟所章程》(民国十九年四月二十九日禁烟委员会会令公布)

第一条　本章程依照《禁烟法施行规则》第十七条之规定订定之。

第二条　市县立戒烟所应设于市县政府所在地,受该管长官之指挥,监督办理戒烟事务。

第三条　市县立戒烟所设所长一人、医师一人、助手一人、药师一人、看护二人至四人、事务员二人至三人;但由各该管长官酌量戒烟人数之多寡及经济情形得增减之。

第四条　市县立戒烟所对于戒烟人,应限其住所戒除至完全戒绝之日为止。

第五条　市县立戒烟所应将戒烟之人数、姓名、年龄、职业、所用药剂,暨戒除结果,于每月终列表呈报该管长官呈报禁烟委员会备案。

第六条　市县立戒烟所办事细则，由各该所自订呈报该管市县政府备案。

第七条　本章程自公布日施行。

（乙）《医院兼理戒烟事宜简则》（民国十九年四月二十九日禁烟委员会会令公布）

第一条　凡地方公私立医院，依《禁烟法施行规则》第十七条之指定规定兼理戒烟之事宜者，此项简则均适用之。

第二条　各省市禁烟委员应责成各市县政府按其管辖区域内吸烟人数之多寡，指定医院兼理戒烟事宜，但在各省市禁烟委员会未成立以前，仍由各省市政府负责办理。

第三条　兼理戒烟事宜之医院，关于戒烟一切事项，应受该市县长官之监督。

第四条　兼理戒烟事宜之医院，其收取戒烟费办法，应由各该院拟订呈请该管长官核定之。

第五条　兼理戒烟事宜之医院，每月戒烟人数、姓名、年龄、职业、所用药剂，暨戒结果，应于每三个月终列表汇报该长官呈转禁烟委员会备核。

第六条　兼理戒烟事宜之医院，应在院内划出一部分房屋以备戒烟者留院治疗之用，并须责成专人看护以免发生弊窦。

第七条　兼理戒烟事宜之医院，对于戒烟人应限其住院戒除至戒绝之日为止。

第八条　兼理戒烟事宜之医院，办理戒烟确有成绩者，得由该管长官呈请省市政府核予奖励，并汇报禁烟委员会备案。

第九条　凡经指定兼理戒烟事宜之医院，对于本简则有违背时，应由各该管长官呈转省市政府撤销其兼理部分，并汇报禁烟委员会备查。

前项奖励及撤销办法,由各省市政府订定,咨禁烟委员会备案。

第十条　本简则自公布日施行。

（丙）《四川模范戒烟所章程》（民国四年三月）

　　第一章　总纲

第一条　本所直辖于巡按使公署,定名曰四川模范戒烟所。

第二条　本所以廓清烟毒为宗旨并得考核各属戒烟所成绩详报巡按使催促进行。

第三条　本所关于禁烟重要事项详请巡按使核饬办理,其寻常事件用本所名义以函行之。

第四条　本所由巡按使刊发钤记一颗以资信守。

　　第二章　组织

第五条　本所设所长一员、坐办一员、文牍一员、会计员庶务员各一员、所员四员、内外稽查各一员、常驻医士一员、临时医士无定员。

第六条　本所为节省经费起见,所长以省公署内务科科长兼任,文牍会计各职均以内务科科员分别兼任,其碍于事实万难兼顾者始特设专员。

第七条　本所内分设四所,一曰制药所,一曰调验所,一曰志愿戒烟所,一曰强制戒烟所,各以所员管理之。

第八条　本所收发缮校及递送文件并看护瘾民,得酌用雇员、看护手、杂役若干人,其额视事务繁简增损之。

第九条　本所职务较繁者,得由所长增派雇员协助之。

第十条　本所除兼差人员均不支薪水,其应规定月薪如下:

　　（1）坐办七十元。

(2) 所员五十元。

(3) 庶务员四十元。

(4) 稽查员三十元。

(5) 常驻医士四十元。

(6) 临时医士二十元至三十元。

(7) 雇员八元至十六元。

(8) 看护手五元至八元。

第十一条　本所兼差人员，得酌支舆马费，但每员每月至多不得过二十元。

第十二条　所长由巡按使委任，其余各员由所长详请巡按使核委。

第三章　职员权责

第十三条　所长承巡按使暨政务厅长指挥监督，总理全所一切事务。

第十四条　坐办常川驻所商承所长，督同各所员及各员役经理所中一切事务。

第十五条　各所员分任本管事务，如他所事繁时得由所长或坐办派令协理之。

第十六条　庶务员经理所中器物之购置支酌，及一切杂项事件，并帮同会计照料银钱出入。

第十七条　会计员专司所中收支及预决算等事，对于所长负完全责任。

第十八条　外稽查员检查出入主任登记，内稽查员检查所内一切事务补助坐办及各所员之不及。

第十九条　本所详由巡按使，饬行省会警察厅，酌拨巡警轮流到所弹压，受所长及坐办之指挥监督，并由本所酌给津贴。

第二十条　本所医士，由所长选择医学深粹富有经验者充任之。

第四章 戒烟

第二十一条 凡由官厅或团甲破获送所勒戒者,为强制戒烟犯,断瘾后,仍由所分别送交司法衙门按律惩办。

第二十二条 强制戒烟犯破获后,经司法衙门按律惩罚,然后送所勒戒者,断瘾之后,即迳令出所,但须照调验章程依限入验。

第二十三条 凡自行投所入戒者,为志愿戒烟人,应先邀妥实保证人,写立志愿书,始得入所施戒。

第二十四条 志愿戒烟者,如戒后复吸,即责令保人加倍赔偿药资强制入所复戒,并由所长详请巡按使发交司法衙门按律治罪。

第二十五条 入所戒烟者,均须于入所时澡身换衣,以便检查而期洁净。

第二十六条 凡志愿入所戒烟者,应于入所之先,将姓名、年龄、籍贯、住址,报明稽查员登记,以便稽查。

第二十七条 本所无论强制志愿,均须一律在所宿食,非戒除后不得出所。

第二十八条 本所戒烟限七日断瘾,如有体弱瘾深之人,得酌量展限,以断净为度。

第二十九条 戒烟人如有他故,不便入所,情愿在家自戒者,得取具妥保,按日赴所购买戒烟药丸服食,于瘾断日入所查验,但不得预买数日,及代他人购买。

第五章 制药

第三十条 本所照前内务司审定四种戒烟药,及禁烟联合会药方,监视本所医士配制,并参用徐锡麒所制西药。

第三十一条 本所制造戒烟药品责成制药所所员,并医士亲为检点监制,如药物不精良,制造不如法,及有偷减药料等弊,所员与医士应负全责。

第三十二条　本所戒烟药品,并按县配发,收回药价,以期广为施戒。

第三十三条　各处售卖戒烟药品,经本所化验,如有掺入吗啡、鸦片烟者,详报巡按使核办。

第三十四条　本所戒烟药品所定价格,以足敷药本为度。

　　　　　第六章　调验

第三十五条　戒烟者断瘾出所时,由所给予证书,黏联连二验票交由本人收执,经过两月由本人持票赴本所复加查验,裁票存查,届时不赴验者由本所知会警厅按名勒传。

第三十六条　本所凡接准各官厅吸烟之嫌疑犯,及奉巡按使调验之官吏,均于所内查验之。

第三十七条　凡调入所内查验之人,无论官绅,均须遵守所中规则,不得逾越。

第三十八条　凡入所查验者,衣被均由所中置备,入验时先洗沐换衣,无论衣物饮食,均不得携带入所。

第三十九条　凡受验人,于查验期内,不得自带仆从,亦不得有亲友入所看视。

第四十条　凡受验人起居饮食,均由所员督同员役细心检查,随时伴视。

第四十一条　凡受验人有无瘾癖,及已否戒断,均由医士诊验之。

第四十二条　凡受验人,除有瘾癖者,应改送强制戒烟所勒戒外,其验明无瘾,及旧已戒净者,查验期满,即由本所给予证书,报明巡按使准其出所。

第四十三条　本所戒断瘾民,及查验人数,应按月造具名册,详送巡按使察核。

第七章　经费

第四十四条　本所经费,除由巡按使于本省禁烟经费项下酌拨济用外,得向来戒人按等征收药食费,其规定如下:

　　甲等　十一元至二十五元。

　　乙等　五元至十元。

　　丙等　一元至四元。

第四十五条　入所戒烟者应先纳药食费,其赤贫无力者,得酌予分别减免。

第四十六条　官吏由强制勒戒者,照最高额加倍收费。

第四十七条　本所带有慈善性质,如有热心捐助资用者,由本所登报志谢,其特别捐助巨款者,由所详请巡按使给奖。

第四十八条　本所额支、活支各费,须先期造具预算书,详请巡按使核定。

第四十九条　本所收入支出,按月造具计算书册,详请巡按使核销。

第八章　附则

第五十条　本章程如有未尽事宜,及应行增损之处,由本所随时详请修改施行。

(丁)《陕西全省戒烟章程》(民国四年一月)

第一条　陕西省城设立戒烟总局一所,专司调查各县戒烟分局,具报戒净吸户各人数,其细则另规定。

第二条　各县城厢设戒烟局一所,乡镇地方酌设立戒烟所,专司戒烟事宜。

第三条　各县戒烟局,须于民国四年一月至三月以内一律设立,其从前已设有戒烟之县道,遵照章程,切实整顿。

第四条 各县戒烟局,以县知事为监督,由县遴委公正士绅,或警佐分任职务。

第五条 各县戒烟局职员分列如下:

(一)管理员 管理戒烟事宜。

(二)调查员 专司调查吸户。

(三)医　生　诊视戒烟人体质。

第六条 各县乡镇戒烟分所,其调查事务,统由县城戒烟局调查员担任,管理员司由县知事酌量委用。

第七条 各县戒烟局管理调查各员,其名额由县知事按事务之繁简定之,均为名誉职,不支薪水,但给相当之伙食及调查川资,医生不在此例。

第八条 各县戒烟局,庶务文牍等事,由管理员兼任,得酌用书记帮同办事,其差遣事务得用夫役。

第九条 各县戒烟局管理调查各员,如有不正当行为,或不胜任时,由县知事随时更换。

第十条 各县地方于四年一月为始,由县知事遴派调查警察,分赴各乡村堡,协同该处约保,查明吸户,各村镇表报告县知事查核,其调查表式,由戒烟总局,拟定发县刊用。

第十一条 各县知事,俟全境吸户调查完竣,汇填调查表详报戒烟总局。

第十二条 各县戒烟期限,以四年三月,至五月为传戒之期,务于限内戒净。

第十三条 各县知事,应将全境吸户统计,人数核定,某处吸户赴某局所戒烟,分期传戒列榜布告,并行该局所查照。

第十四条 各县戒烟局,应用戒烟药丸,查照戒烟总局成方如法配制,如各该知事,另有良方,先详明戒烟总局核定,方准配用。

第十五条　吸户入局戒烟,先须检查行李衣物,以三星期为限,其贫者每日茶饭由戒烟局供给,其富厚之家,由本人出资交局代办,不准各人家属探视,及送给食物。

第十六条　凡吸烟之妇女,或年老衰弱之男子,准由家属向戒烟局领药自戒,亦须依限戒净。

第十七条　吸户在戒烟期内如发生危急病症,准其出局调治,俟病痊再行投戒。

第十八条　吸户戒净后,均由局发给证书,其自戒之妇女、年老男子,经医生诊视后,认为戒净者,亦准发给证书。

第十九条　吸户在局戒烟已经一星期以上,经医生诊视,认为戒净者,准其随时出局,发给证书。

第二十条　各县所发戒烟证书,由戒烟总局核定式样,饬发各县刊用。

第二十一条　各县所发戒烟证书,均须依次编号,钤用县印并由管理员医生署名盖章。

第二十二条　各县戒烟局并分局,每月戒净人数,由管理员册报各县知事,转报戒烟总局。

第二十三条　吸户戒净出局,应责令将烟具送局焚毁,如已自行毁弃,须具并无隐匿甘结。

第二十四条　各县戒烟办事细则,暨戒烟规则,由各县知事拟订,由戒烟总局核定之。

第二十五条　吸户在局戒烟,管理员、夫役,均须和平对待,不得凌虐嘈骂。

第二十六条　吸户入局戒烟,如其不遵戒烟规则,喧闹滋扰,由管理员送县惩办。

第二十七条　吸户入局戒烟时,须受检查一次,如有携带烟膏烟药不服检查者,管理员送县惩办。

第二十八条　各县戒烟局,统限于四年五月底止撤销,如有特别情形,由县知事详明展限,但不得逾限一个月之久。

第二十九条　各县戒烟局撤销后,其善后事宜,由县知事督同警佐办理。

第三十条　各县戒烟局撤销后,其管理调查各员办事勤能著有劳绩者,由县知事详请戒烟总局,转请巡按使核给奖励。

第三十一条　各县戒烟局撤销后,由戒烟总局委员,分赴各县考查各该知事办理戒烟成绩,分别优劣,详请巡按使核办。

第三十二条　本章程如有未尽事宜,由戒烟总局随时更订,详请巡按使核准公布。

（戊）各省戒烟所及戒烟院之统计（节录民国二十四年五月三日《中央日报》）

地　名	数　目	地　名	数　目	地　名	数　目
上　海	4	北　平	2	天　津	2
南　京	1	青　岛	2	江　苏	61
浙　江	74	河　南	44	宁　夏	1
江　西	23	山　东	89	察哈尔	13
福　建	8	山　西	106	甘　肃	1
湖　南	3	河　北	111	青　海	4
湖　北	35	陕　西	6	以上共计600处	

按此统计,系禁烟委员会根据全国各省市戒烟所及戒烟医院之报告正式发表。至戒除烟瘾人数,因禁烟委员会所收各地报告起讫月份参差不齐,故全国统计尚无确数发表。惟据江苏禁烟会

在民国二十四年三月调查已戒绝烟民,自苏省实施四年禁烟计划以来,各县烟民经传令勒戒,或自动声请戒烟,已完全戒绝者,截至最近止(指民国二十四年三月止),达一万六千五百十四名,兹列表如下:

地 名	人 数	地 名	人 数	地 名	人 数
镇 江	435	溧 水	936	江 阴	374
宜 兴	350	溧 阳	296	武 进	445
扬 中	107	高 淳	36	吴 江	197
金 坛	280	无 锡	505	太 仓	314
丹 阳	311	吴 县	626	昆 山	219
句 容	277	常 熟	292	松 江	314
青 浦	542	泰 县	1,128	灌 云	32
上 海	182	六 合	373	涟 本	38
奉 贤	411	泰 兴	431	沭 阳	88
嘉 定	249	高 邮	273	赣 榆	51
南 汇	217	江 浦	438	铜 山	502
宝 山	264	仪 征	198	沛 县	170
金 山	157	阜 宁	83	萧 县	179
川 沙	124	盐 城	177	丰 县	512
南 通	227	兴 化	85	砀 山	104
如 皋	277	东 台	128	邳 县	525
海 门	293	宝 应	28	睢 宁	126
崇 明	380	淮 安	40	江 宁	124
启 东	153	宿 迁	109		
靖 江	320	泗 阳	92		
江 都	598	东 海	208	总计 16950 名	

(此统计表录自民国二十四年四月一日之《中央日报》)

上列戒烟所章程,仅举其较近者一二而已,至于戒烟所之制度,远在亡清光绪三十四年之《民政度支两部会订稽核禁烟章程》,则有官立戒烟局之设立。其他如民国四年《陕西省戒烟章程》、《四川省禁烟施行细则》,亦均有戒烟所之规定,法固良善,惜乎实行之结果竟等于具文,虽报告上有惊人戒绝之人数,探其内幕,亦为粉饰之文章而已,谓予不信,可引一事为证:

客有谓余曰:"善哉戒烟局之制度,然终为戒烟局之执事者破坏,殊深惋惜,所谓一法出,百弊生,信哉斯言也"。余问其故,客再作详细之解答而对余曰:"烟民入所戒烟,戒绝之后,由戒烟所发给戒绝证书,其弊即由此而生。如烟民向所内执事行贿,执事受贿之后,虽烟民之瘾未曾戒绝,亦作戒绝论,给以戒绝证书,烟民回家之后,可借此戒绝证书为护符,仍可尽量吸食,致使戒烟所之制度,有其名而无其实,易言之,即阳奉阴违也。尤其医院兼理戒烟者,更弊窦百出,实不堪设备"云云。其言虽未足置信,然究非无理,以此数十年戒烟所制度之推行,终无效果,亦足令人怀疑。将来保安处分施行之后,于此一点,应有特别注意之必要。欲免此弊,不能借戒烟所之报告,信为则已戒绝,应由法院自行加以复验,然后可以释放,其复验人员,可由法院聘任专家,或法医及检察官加以训练验烟常识,以担任检验此项事务,尤为妥善。寥寥数语,未敢称为上策,有待于明哲之研究矣。

附录一　江苏省半年来禁烟概况(录民国二十四年三月《中央日报》)

吾国年来厉行禁烟,尤以江苏最为努力,余阅《中央日报》所载之半年来《苏禁烟概况》一文,其中关于全省烟民之人数,及戒烟所之效果,均足为研究保安处分之资,特录之以供参考:

鸦片为害中国,垂百余年,国弱民贫,此为厉阶,历来言治道者,莫不以此为隐忧,然病疾已深,祛除为难,禁政之不易实行,盖已为全国所公认,而烟祸不除,国家无强富之望,亦为世人所共知,陈主席（果夫）来主苏政。下车伊始，宣布治苏方针，即列禁烟为首要。蒋委员长亦以民族复兴，端赖人民有健康之身体，痛恶烟毒为祸之烈，及过去禁烟办法不能彻底，乃于南昌行营，颁布十省限期禁烟之各种法令，期十省烟祸，得于最短期间，一扫而尽。于是江苏禁烟，以有所遵循，而益加猛晋，盖江苏滨海临江，昆连京、沪，禁政成败，匪特关系一省，民族前途，国际观瞻，胥受影响，故其组织设施，根据本省情形，较异他处，施行以来，已经半年，成绩颇佳，而主其事者，仍本有以大无畏精神，作继续之努力，务使烟毒永绝省境，烟民咸脱黑籍，以慰众父老兄弟，兹将苏省半年来禁烟设施情形，分志如下：

以禁绝为目的　曩者苏省禁烟或假寓禁于征之名。而收搜括聚敛之实，致民间闻禁烟而诽笑，自好者鄙禁烟工作而不为，禁政之屡兴屡败，为此心理所左右者实多。此次江苏省政府既具禁烟决心，又深明此中症结，以禁政为势在必行，恐民众意存疑惑，乃一再昭示禁烟之决心，期民众有切实了解，其所颁《江苏省限期禁烟办法大纲》，第一条首即如述"本省禁烟以限期禁绝为主旨，不以筹款为目的"，其见诸文告者如此。江苏现每年因禁烟所得之收入，统计不过百余万，而其每年支出于各县禁烟委员会，及戒烟医院所者计年为一百三十万许，其见诸事实者又如此，则民众可无所用其怀疑，而烟民亦可知省府之决心，全省烟民祛除因循之心理，受省府统制，则江苏烟毒禁绝，当不难达到目的也。

成立县戒烟会　江苏禁烟之体机，省禁戒委员会固为其首脑，而各县禁烟委员会实为其肢体躯干。江苏禁烟之推进，固有赖于省禁烟委员会之发号施令，而执行其号令，作实际之活动者，实为各县禁烟委员会。故省禁烟会成立后，即从事各县禁烟委员会之组织,乃制订《江苏省县禁烟委员会组织章程》,颁发各县,以县长负筹备之责,并兼县禁烟委员会委员长,各县禁烟委员会乃次第成立,省方为考核各县会周详起见,委派调查员百余人,四布活动,随时将各县会情形报告省方,以备查考。

确定禁烟经费 省禁烟会对禁烟经费之处理,以统收统支为原则,各县禁烟之收入,皆须解省,而全省禁烟之支出,则再由本会分发各县。据江苏省政府委员会所通过之江苏省禁烟经费总概算书,其月支总额为105000元,分支省县戒烟委员会经常费37480元,省县戒烟医院所经常费37500元,调查费6000元,司法费19325元,预备费4690元,共行政费占全部经费三分之一,盖欲以最少经费求最大之事功,以一扫过去行政机关浪掷公帑中饱私囊之积习。

普及禁烟宣传 "不教而诛"古所明诫,欲求烟民之不犯法必先求烟民之知法,故知宣传之工作,在办理烟禁政殊为重要,而省政府陈主席,曾且手订禁烟标语三十条,颁发为省县禁烟会制印,省禁烟会亦特编印《告烟民戒烟歌》等小册子,及宣传图画多件,颁发各县,又恐烟民不明了本省禁烟办法,而徘徊观望,不来登记,又编发《江苏省禁烟办法简说》、《快来登记》等小册子,以资劝导。更恐县禁烟委员会之宣传无以遵循,党部及民教机关,欲协助宣传禁烟,而苦无材料,又编发宣传大纲,以广宣传。近更通令各县,于娱乐场所(如电影场及剧场等)及公共集会场所,注意禁烟宣传,且拟公开征求禁烟电影剧本,甚望全国文艺家、编剧家踊跃应征。

全省登记人数,苏省烟民登记总数,经省禁烟会统计约为18万人，兹将各县登记领照人数，调查如下：镇江4851人，溧阳76人，金坛1231人，宜兴2526人，丹阳1641人，句容936人，扬中1042人，高淳721人，溧水1123人，无锡9577人，武进4769人，常熟7492人，吴县14072人，吴江5819人，江阴5528人，太仓4352人，昆山2905人，松江6066人，上海1305人，青浦5246人，南汇2777人，奉贤2410人，嘉定2513人，宝山1311人，金山2191人，川沙1241人，南通5076人，如皋2063人，海门3453人，崇明3828人，启东2014人，靖江1906人，江都8432人，泰兴3055人，泰县4542人，高邮2591人。六合6044人，江浦2231人，仪征2274人，盐城1494人，阜宁1440人，兴化1333人，东台1799人，淮安1294人，淮阴1054人，宝应2086人，宿迁1057人，泗阳762人，涟水545人，东海1038人，灌云1119人，沭阳817人，赣榆976人，铜山2643人，沛县1205人，丰县958人，砀山513人，萧县2679人，邳县905人，睢宁823人，江宁6702人。

戒绝烟民统计，苏省禁烟，既以使烟民戒烟为原则，故于省会设立省戒烟医院，于各县遍设县戒烟所，为烟民施戒，烟民之于总登记期间申请戒烟者及无力领照者，得享受免费施戒之优待。苏省禁烟经济总概算书中，省县戒烟院所占之经费，为全部禁烟经费之三分之一强，较省县禁烟委员会之经费多，所以重视戒烟工作也。现在省县戒烟院所均次第成立，兹将全省烟民在半年内被戒绝者，计二千余人。探志如下：镇江33人，宜兴34人，金坛82人，丹阳38人，句容46人，溧水1人，溧阳3人，吴县155人，常熟24人，江阴43人，武进55人，太仓50人，松江55人，青浦24人，上海73人，奉贤76人，南汇6人，宝山73人，金山13人，川沙6人，南通

91人,如皋157人,海门38人,崇明60人,靖江30人,江都233人,泰县233人,六合1人,泰兴4人,高邮28人,江浦62人,仪征5人,阜宁81人,盐城19人,兴化7人,东台4人,淮安13人,宿迁8人,铜山3人,沛县15人,砀山9人,邳县13人,睢宁3人,总计2006人,省禁烟会除三令五申,以示其期望之殷外,并更派员视察,以严密考其勤惰,并注意于戒烟院所之烟民感化工作,务使烟民乐于受戒,而永无戒绝复吸之患云。

核准土膏行店 苏省禁烟容许土膏行店之设立,为时权宜之计,前已言之,然土膏行店之设立,不能任其漫无限制,《江苏限期禁烟办法大纲》第六条规定:"在未禁绝期限鸦片之供给由政府于一定限度内准许领照营运",所谓"一定限度"者,其意在取缔,本省当招商承办土膏行店时,对承办商人之品性,过去历史,均深注意,务使承办是项行店若多为正当殷实之商人,各县均不准滥设土膏行店,其每县所设家数,一经审定,此后逐年只许减少,不许增加。

监查售土状况 省会诚恐各县土膏行店兼营私土,破坏禁政,乃于《江苏省限期禁烟取缔土膏行店章程》及《江苏省土膏行店营业规则》严厉执行,除不时派员赴各土膏行店公查密访,并派员专往各土栈监查,有无禁烟督察处印花,并盖省禁烟委员会之戳记。全省计有松江区、镇江区、东海区、铜山区、南通区五土栈,每栈派督查员两人,专司其事。各县土膏行购买烟土,必须至少五栈,其所购烟土,必须有禁烟督察处印花即省禁烟委员会戳记,否则即为营运私土,以私营论罪,土膏购土亦然。至土膏店分包出售时则由县禁烟委员会监查,庶几土商无由舞弊,私土亦无由流销市面,而贩卖烟土之统制为有力,然后庶可逐期递减烟土贩卖之数量,逐期递减土膏行店之家数,以至于完全禁绝。

训练调查人员　禁烟工作开始后必有不肖之徒,甘犯法纪,从事私贩、私售、私运、私吸,禁烟工作人员,未必能扫数清廉方正,不免有假借禁烟之名,敲诈聚敛以饱私囊者,故于查缉工作,特为注意。然查缉工作之良否,实基于查缉人员之能否胜任,乃特设调查员训练班,培植此种调查人材。该班于九月中成立,十二月结束,其中所授课程为《党义新生活概论》,所以陶冶调查员之德性,期成为党国青年中之完人。如《禁烟概论》,所以使调查员彻底明了本省禁烟之精神,并熟习本省禁烟之各种法令。如《社会调查》,所以使调查员储具调查社会之知识与方法。如《现行法令》,特别注意刑法、违警法,皆调查员所必须之常识。其特别重要之课程,则为《特务侦探学》与《军事学》,《特务侦探学》则侧重技能之训练,《军事学》则学科术并重,以期养成调查员守纪律、耐劳苦、善应变之习惯与能力。当该班学员分区实习时,查明私营、私吸烟犯多名,各县冥顽不畏法纪者,已知所震慑矣。

分区肃清烟犯　省禁烟会在训练调查员前,早已委有大批熟习调查技术之人员,从事活动,计分全省为十区,区置调查员若干人,先以散兵式作普遍之调查,继以集团式求彻底之肃清。现在各县禁烟委员会及戒烟所之现状,各县私营烟土之人物,各县私运烟土之路线及方法,各县私售烟土之机关及其地址,各县私吸烟犯之人名与住址等,省方均已约略有线索可稽。其已按图索骥,加以搜捕者,有吴县、无锡、南通三县,现仍在继续努力中,想全省烟犯不难肃清,而禁烟要政,亦必能于四年以内告完成云。

附录二　南京市立戒烟医院概况（录民国二十四年三月《中央日报》）

市立戒烟医院，与朝天宫临时戒烟医院合并，于昨日迁移手续完竣，记者特往朝天宫医院参观一周。内部新加整理，设备完整，共收容烟犯四百余人，分居十二病室，女烟犯病室另设上院之上栋房屋，旁设晒衣处，院中有空地，可供各烟犯游息，秩序、纪律均佳。据该院倪院长谈：烟犯所用床板，系向下关木行黄次伦先生商借三千套，烟犯饮食起居，均规定时间，现请定中央国术馆男女国术教师各一人，每日上午十时至十一时，下午四时至五时，分别教男女烟犯表演，俾活动筋骨血脉，恢复健全身体。凡烟犯初到，必更换衣服，令其沐浴，现传院外有纸烟糖饼小贩，暗藏烟泡于纸烟头，假意向烟犯接洽卖买，即将烟泡连带纸烟购去，兹为切实防止起见，一方面不准各小贩等入内，一方面由各工役自动检查各烟犯之衣服等件，如查出烟泡，每只有三角银赏给，烟犯购食品，如早晨吃油条烧饼，由工人向外代购。清毒会现规定每烟犯医治，限二十一日出院，出院之犯，原系自动来戒者，送回伊家。由法院或宪兵部送来者，仍送回法院或警备部。院中贴四种新标语：（一）进医院前想一想，（二）出医院前想一想，（三）早晨起来想一想，（四）晚上睡去想一想，非常警惕。

第四项　强制工作

强制工作，或名移交劳役场，或名遣送习艺所，或名付劳动留置，或名送致于农业惩治场与工业场，或名强制工作场所之监管，或名收容劳动所。虽其用语略有不同,而其意义则一。所谓强制工作者,即强制被收容人从事工作,矫正其性格之谓也。

第一款　各国立法

(瑞士)

《1893年刑草》

累犯者命以十年以上,二十年以下之保管。(第四十四条)

保管须于专供此目的所用之建筑物。

被保管人应严峻使服劳役。

被保管人初被保管之际,或宣告之刑执行已过三分之二之际,倘认为不致再犯,该管官厅可于经过五年之后命以假释放。(第二十四条)

行为人因懒惰或嫌忌劳役而致犯罪者,判事得对于罪责者,以劳役变易其禁锢刑,或与禁锢刑相并,而施以一年至三年之劳役,若是者即移交于劳役场。

凡移交于劳役场,须保守其与此场相关之州法规。(第二十六条)

《1908年刑草》

此种犯罪人中习惯之犯人,收容于保护院。非习惯之犯人,收容于劳动教养院。

(一)保护院,已处数次之自由刑,显有游惰及劳动嫌恶之性癖者,法院命其代替刑罚之执行,至少于五年以内收容之;再被收容者,至少于十年以内收容之。

上述期间经过后,管辖官厅认为无累犯之虞者,三年以内许

其假出院；但无论如何情形,经过二十年后,应放免之。(第三十一条)

(二)劳动教养院,基于游惰及劳动嫌恶为犯罪行为,被处禁锢,有劳动能力者,停止刑罚之执行,至少于一年以内收容之。

管辖官厅于经过一年后,认定本人学得劳动,且有劳动之意思者,许假释出院。否则对于法院为执行刑罚之声请,但无论如何情形,经过三年后应放免之。(第二十三条)

《1918年刑草》

(一)已受多次自由刑之犯人,如因犯罪再受自由刑之处罚,并显露有犯罪、作恶、游手好闲之倾向时,法官得令其遣送幽禁所,以替代刑之执行。

(二)幽禁于专设之处所行之。

受幽禁人应著囚衣,并由所中供给其膳食。

被幽禁人仅能于限制之范围内,会客或收发信件。

(三)被幽禁人应服规定之劳役。

(四)被幽禁人夜间应隔离监禁。

(五)被幽禁人于所宣告之刑期内,应留于所中,其期限最短为五年,五年后主管机关如认为无须再加幽禁时,得先征求监所人员之意见,予以三年之假释。

(六)主管机关,应将受假释之犯人,交付监护,并得令其遵守一年之规则。如在假释后三年内,受假释人再犯罪,或藐视监护机关之告诫,而违背应守之规则,或意图避免监护时,主管机关得令其再入幽禁所。

(七)如在三年期内,受假释人行为良善,则其释放,即为确定。

(八)如在刑之时效未消灭以前幽禁处分未能执行者,则不予执行,如自处罚时起,已逾十年者,则由主管机关决定应否执行所宣告之刑,或幽禁处分。(第四十条)

(一)因犯罪而被处监禁之人,行迹不检,或游手好闲,而所犯之罪,又与此种生活有关系时,如犯罪人有工作能力,并能于工作上有所成就者,法官得停止刑之执行,而遣送之于专设之习艺所。法官对于犯人身心状态,及工作能力,应令预行检查,而对于其教育程度,及以前之经历,亦须详加调查,凡曾受禁锢之刑者,概不得遣送于习艺所①。

(二)犯人各依其本能学习工作,俾其于释放后,得自谋生活,其智育、体育及职业教育均以教育发展之。犯人夜间应隔离之。

(三)犯人留所之期间,至少一年。

但就最初三个月之经验,如证明犯人实无学习工作之能力时,主管机关得请求法官,执行已宣告之刑罚。

(四)经过一年后,主管机关如认该犯人有工作能力及志愿者,得征求管理人员之意见,予以一年期间之假释,主管机关,并应将受假释人,交付监护,并得令其遵守一定之规则。

(五)如在试验期内,受假释人,又有行为不检,或游手好闲,或藐视监护机关正式告诫,而违背应守之规则,或意图避免监护时,主管机关得令其再入劳役所,或请求法官命令,执行宣告之刑。

(六)如受假释人,至试验期满时,其行为良善者,则其释放

---

① 按《瑞士刑法草案》所称监禁(emprisonnement),系指八日以上二年以下之徒刑。禁锢(reclusion),系指一年以上,十五年以下或终身之徒刑。

为确定,其刑亦消灭。

(七)遣送在五年以内未执行者,不得执行。(第四十一条)

(日本)

对于因无节制,或劳动嫌恶常习之犯罪者,于宣告一年以下之惩治或拘留时,得与其裁判同时为付劳动留置之宣告。(第一〇七条)

被付劳动留置者,应收容于劳动留置所。为养成勤勉而有纪律之习惯,应命其就必要之工作。

劳动留置所所长,得命劳动留置人滞在留置所外,而于官公设或私设之工场农场,或其他作业场工作。(第一〇八条)

第一〇一条、第一〇三条、第一〇四条第三项之规定,于劳动留置准用之。(第一〇九条)

(奥地利亚)

依特定犯罪两次以上被处惩役,其最终之刑罚执行后五年内再犯重罪者,其犯罪危险于公共,且预料行为者将来尚为犯罪行为时,得于执行刑罚后监置之。(第三十八条)

(意大利)

下列者送致于农业惩治场或工业场:

(一)被宣告习惯性,或职业性,重罪犯或犯罪性癖者;

(二)被宣告习惯性,或职业性,重罪犯或犯罪性癖者,不受保安处分时,故意再犯更表现有习惯性,或职业性,或犯罪性癖者;

(三)在其他情形,法律上明文规定宣告有罪或无罪者。(第二一六条)

习惯性或职业性,重罪犯及犯罪性癖者,在农业惩治场及工业场,分拘特别场所。

斟酌受保安处分者之状况及性癖,法官得命令保安处分于农业惩治场或工业场执行之。

该处分在执行中得变更之。(第二一八条)

(波兰)

若犯罪行为系与厌弃工作有关时,法院得将犯人交付于强制工作之场所监管之(第八十三条第一项)。

凡经法院查明三次再犯原罪(第六十条第一项:犯人在国内或国外所犯之罪,已受刑之全部或至少已受刑之三分之一执行后,对于感化院开释后五年内,再犯同样之罪或同样目的之罪者,法院得增加本刑法定最高度之半,宣告其刑;但以不得超出本刑法定之种类为限。若法律规定,法院得酌科徒刑或拘役时,不得宣告拘役)。以及以犯罪为职业或习惯犯罪等不可矫正之犯人,于刑之执行后,若任其自由行动,则恐对于法律秩序发生危险时,法院得将犯人判令监禁于适当之场所。(第八十四条第一项)

(德意志)

《1927年刑草》

依第三七〇条至第三七三条被处自由刑者,为使其人从事劳动,且惯于秩序生活之必要时,裁判所应宣告收容其人于劳动场。

惯习为卖淫者,依第三七四条被处自由刑时亦同。(第五十八条)

既一度处死刑或惩役者,依第七十八条,以其对于公共治安为危险之习惯犯人被处刑罚时,裁判所得于刑罚之外,宣告保安监置。(第五十九条)

《1934年刑法》

对于犯刑法第三六一条第三款乃至第八款（乞丐、秘密卖淫）之罪者，得收容于劳动所。

对于危险之常习犯人，付保安监置。

（中国）

《1933年刑法初稿》

因游荡或懒惰成习而犯罪者，得于刑之执行完毕或赦免后，令入劳动场所强制工作。

有犯罪之常习，或以犯罪为职业者亦同。（第八十一条第一项、第二项）

（《新刑法》）

有犯罪之习惯，或以犯罪为常业，或因游荡，或懒惰成习而犯罪者，得于刑之执行完毕或赦免后，令入劳动场所，强制工作。（第九十条第一项）

第二款　比较研究

（一）强制工作人之适用之研究

我国《新刑法》第八十九条规定："有犯罪之习惯，或以犯罪为常业，或因游荡，或懒惰成习而犯罪者，得于刑之执行完毕或赦免后，令入劳动场所，强制工作。"是可知强制工作人之适用，有如下四种：

(1) 习惯犯；

(2) 常业犯；

(3) 游荡成习犯；

(4) 懒惰成习犯。

习惯犯者,即非有欲掠夺同胞之积极意图,或犯行之犯罪人,宁由其环境、其肉体之无能力,或其精神之欠缺,而陷于犯罪者。常业犯者,即有一定之目的,其精神肉体,在健全有能力之状态,更可云屡有优良技能之人类,且于熟虑之下,意识之选择犯罪生活,即在理解犯罪生活一切必要之技术上而为犯罪者。是前者为消极之社会危险人,后者为积极之社会危险人。游荡成习者,即不务正业,游手好闲之人也。懒惰成习者,即恶劳好逸之人也。余在本编第一章第一节内已有详细说明,毋庸另赘。至于习惯犯、常业犯与游荡成习犯、懒惰成习犯不认适用同一之强制工作处分,亦在该节内已有论及,请查阅之,自能了解矣。

(二)强制工作沿革之研究

强制工作之制度,滥觞于1588年纽龙堡惩治监,及阿姆斯达登惩治监,1613年卢比克惩治监,1615年汉堡惩治监。此种惩治监之目的,不在拘置,不在囚禁,亦不在威吓,而在对于囚人与以教育感化,惩治改善,及罗致无赖游民羁束而使之劳作,以养成其恒心与恒产。此种制度,虽仅能认其为监狱制度,然其立法原理及其性质无一不为强制工作之渊源。及至1669年汉堡之惩治场设立,对于强制劳动之制度渐告进步,因汉堡市议会会员彼得林吉尔,鉴监狱不单是国家事业,社会亦自觉其有犯行防止之责任,又鉴于偷儿娼妇之辈,科以百般体刑,不足使其悛改,处刑之后,随即犯罪,故彼得深怜此辈将来之危险,乃出一万马克,设立财团法人,使偷儿娼妇之辈,受刑之后,仍当留置于惩治场中,使其力役劳作,以养成其有健全之人格。迨后1776年之美国,1835年之比国,1857年之英国,亦相继努力于此制。

此外东亚之日本,在宽政二年(1790年)幕府创设之"人足寄场",亦可为强制劳动场之滥觞。人足寄场之目的,在收容被科黥敲等轻刑之囚犯中之无家可归者,或有再犯之虞者等为强制之授产,以使其为独立自活之良好国民。

人足寄场占地一万六千余坪,宽政五年时,一日平均收容一百三十二人左右,天保饥馑后,忽然增加,弘化二年,一日平均收容五百零八人,收容期间,最初为三年,后改为三年零三月,但因其人之罪状,亦有延长至五年或五年以上,如成绩优良者,得随时出场,不必须待期满。场内纪律极严,其业务之重大者,为木匠、建具、春米、绞油(榨油)、蛎灰制造、炭团制造、涂饰、细工、农业等,使各尽其所能,其他公共事业,如修桥补路之事,得选派出场服役。工作时间,通常以午前八时至午后四时为限;但亦有工作时间更长之人。工资有差等,大约每月发给本人以工资内之二分许其自由消费,留其一分,以作出场后之资本。又为感化此等收容者起见,每三日中有训话一次。

又查1910年华盛顿万国监狱会议之议决,对于游荡之流氓乞丐,须设劳动场强令工作,所中囚徒,须受严厉纪律者,应与他人分居,其有勤敏工作及举动合度者,当类别之,并设法勉励其复权。劳动场中以农工业为重,禁锢期当稍长,俾可竟其事业,且使人知所儆戒。1930年勃拉克国际刑罚及监狱会议之议决,对于乞丐及无赖之拘禁,应以使其惯于工作为目的。

总而观之,足知强制工作之制度,已有悠久之历史而产生,现在各国均采纳此种立法例矣。如瑞士1893年刑草第二十六条,1908年刑草第二十三条,1918年刑草第四十一条,日本1930年刑法正案第一〇七条、第一〇八条,意大利刑法第二一六条、第二一八条,波兰1932年刑法第八十三条及德意志1927年刑草第五十八条,1934 年刑法第二〇条,及中国 1935 年刑法第九十条等是。

(三)劳动场所之研究

劳动场或名劳动所,又名劳役场,强制被收容人服劳役以矫正其性格为目的者,在欧洲十七世纪时已有此制,前已详明。其种类甚多,分述如下:

(1)收容有劳动能力之劳动场　此种制度,如英国基于 1834 年法律而设之 Workhouse 是。专收容有劳动能力人,而使之学习工艺,养成其有劳动能力,以维社会安宁秩序之制也。

(2)有劳动能力与无劳动能力兼收之劳动场　此种制度,如索逊之劳役场是。与英国之劳动场有别,索逊之劳动场,无论有劳动能力与无劳动能力者均行兼收,而使其学习技能,养成其有劳动习惯。

(3)因执行犹豫之劳役刑(Arbeiltssutate)而设之劳动场　此为 1871 年以前执行德国各联邦刑法所规定之劳役刑之场所。

(4)因拘束(Aschnatt)刑余人而设之劳动场　此种劳动场虽以使刑余人训习劳动为目的,然施之于乞丐、浮浪之徒亦甚适当也。

德国现时采用第四种制度,凡乞丐、浮浪赌徒、游民,使自己及其家族不能自立至受他人抚养之人,违反警规以卖淫为业之人,受公之扶养不依命令作业之人,失从来之职业不于法定期间选择他种必要生活方法之人,于拘役刑执行终了之后,得以二年之期间以内,留置于劳役场。1900 年以后,对于为淫行合媒之男子,于禁锢刑执行终了以后,亦得科以同一之处分。此种劳役场,对于有劳动能力之贫民亦得收容之。

普鲁士之劳动场,属于州郡之管理,其他联邦则由中央直接管理,除大都会及其他一二场所外,多附设于惩役禁锢场之内焉。

劳役有内役、外役之别,惩罚方法,亦有种种之分,或拘于暗室,或减少食料,或施以鞭挞,或命其缄默,此等处分,颇与惩役刑之执行相类,然其置重劳役,则又与惩役不同耳。故乞丐、浮浪之徒,及其他厌恶劳动之人,莫不以留置于劳役场为可畏;惟对于单纯浮浪,及非厌恶劳动之人施之则嫌太刻也。更就阙如前柏林之劳役场一为言之:(一)该劳役场附设有医院(Hospital)以收容老人、病人、贫人为目的者也,惟两者之间,严为区分,由柏林市直接管理,故其收容亦以属于市中贫民救护范围以内者为限,建筑物之内容部署整然,而男女之别尤严。(二)被收容人除在场内服役之外,凡无须留置于场内之男子堪服外役者,得交付于污水沉淀池之作业场,交付之后,除有惩戒之必要疾病,及其他之事由外,须至放免时止留置于该处,惟放免事宜时,由劳役场执行之。(三)被留置人数,自1906年以来,已渐次减少(1906年4月留置之男子一千八百四十一人,1909年4月减至一千三百四十九人)。(四)在劳役场作业之人,每日平均男子五百八十四人,女子六十五人,在沉淀场作业者,每日平均有男子八百一十人。(五)就被留置人之职业区别之,以农林渔猎为业者八人,以建筑工矿为业者五百人,从事商业及交通业者六十人,家仆散工五百一十人,苦力十一人,其他十七人。留置之原因,以乞丐、浮浪者为最多,乞丐五百九十四人,浮浪者四百五十一人,淫卖二十二人,淫行媒合四十人。更就其年龄区分之,十九岁至二十三岁十七人,二十一岁至三十岁九十六人,三十岁至四十岁二百六十二人,四十岁至五十岁三百五十九人,五十岁至六十岁二百八十四人,六十岁至七十岁八十人,七十岁以上九人。劳役分外役、内役两种,前者如污水沉淀池之劳役及其他关于市内行政之劳役是,后者如裁缝、洗濯、伐木、耕作之类是。所得劳银平均每日五十五便尼,给与之工金,则因劳役之种类而异,少则三便尼,多则十五便尼,然以给与十便尼为多。(六)修养被留置者之精神为劳役场之教堂,教堂设有新教、旧教、犹太教三种,每逢星期日各从其所信之教举行礼拜。有图书室备置,各种书籍及星期报,贷与于被留置人,每年之书籍费约四五百马克。场内虽甚注意卫生,然每年患病者亦达三四百人之多。(七)每日食费健全人约四十便尼。病人约七十便尼,场内有面包制造所,制造面包,以供给场内及市中孤儿院、幼儿保护所、病院、保护教育场之需要。(八)被留置于劳役场内者,每人每日约需一马克(饮食费杂费合计),病人则一马克八十便尼。(九)收容于病院,每人每日约需一马克四十便尼(食贵五十便尼其余则为杂费),病人食费七十便尼,与杂费合计约需一马克八十便尼。(十)劳役场及病院之费用,每年约百余万马克,收益则十余万马克,相差约九十万马克云(见赵琛氏著《刑事政策》第一二二页至一二四页)。

总上观之,劳动场为节省经费及便利起见,虽可附设于惩役场、禁锢场之内,然究以特别设置为宜,免得惩役与劳役之制度,使人误解,致使受强制劳动人失其在社会上之地位。若为节省经费计,可与警察机关合并设置劳动场所,较为经济之办法。至于强制劳动有内役与外役之分,亦为适合于事实上之制度,断不可忽视也。日本1930年刑法改正案第一百零八条,亦有明文规定,该条第二项云:"劳动留置所所长,得命劳动留置人滞在于留置所外,而于官公设或私设之工场、农场或其他作业场工作"。我国《新刑法》第九十条第一项下段规定:"令入劳动场所,强制工作"。所谓劳动场所,无论工场、农场,以及有劳动为目的之场所均是,然目下我国各地,除都市以外,尚少劳动场所之设置,新刑法施行后,不可不急图之。在都市中已有设置者,如南京市立救济院之游民习艺所,上海平民教养院,均有劳动场所之性质,亦可为强制工作处分中收容之场所也。

于此以外,尤有说明之必要,对于收容劳动场所之犯人,应各依其本能学习工作,俾其于释放后,得自谋生活,其智育、体育及职业教育,均以教育发展之。此在瑞士1918年之刑草第四十一条第二款有明文规定,足称为世界最妥洽之立法例矣。

附录一　南京市立救济院游民习艺所概况(录民国二十四年三月之《中央日报》)

街头上的一般乞丐,看他们实在是可怜,同时又觉得怪讨人厌,譬如有种乞丐,将烂腐了血淋淋的手臂和腿,露在外面,有的手里拿着蛇,挨家的求乞,强顽的要索,有时沿途的老少妇孺,如布哨似的,向着行人求乞,给了这个,而那个就不肯放松过去,前后紧紧的跟随着,使人难堪而怪讨厌。这般乞丐,原是穷,没有饭吃,求人们的救济,而负地方救济事业的机关,因念他们的不能生活,同时为了市容的观瞻起见,所以强制的将他们收容起来。游民习艺所,就是这般乞丐安身之处。它是市立救济院附属的一部,在距离和平门外十五里的笆斗山,前江南造船厂的旧址。这游民习艺所的前身,原是警察厅的乞丐收容所,在十八年五月间,由救济院将它接管过来的,屋宇极宽敞,不过破旧一点,临靠着长江,环境和空气都很好。

全所的游民,总共六百六十多人,内中老年的有二十五人,幼童四十二人,残废四十四人,瞽目四十三人,妇女七十六人,以外都是中年的壮丁,除却这般老年、幼童、残废、瞽目和妇女之外,中年的壮丁,都须参加工艺和服役。里面有四个砖窑,从事于窑工的有三百余人，编制草鞋、竹器、芦席的，也有百余人，此外有从事于园艺工作的，田园里种植了很多蔬菜，这是供给自己食用的。至其他如窑砖、草鞋、竹器、芦席等出品，是向外行销的。他们参加工役的人，并非白费劳力，如果出品在销售后有盈余，也得分到一点工资。

他们的饮食衣服被絮等，都由救济院供给的，一日三餐是干饭，每餐每人一碗蔬菜，每月规定在朔望两日的中午一餐是荤菜，其中有贪口福的，平日也可将自己积下来的工资，买点肴菜，衣服脏了，自己来洗涤，一个大浴池，在规定的时间内，二十人一次，轮着下池洗澡，病了有医师替他们诊治，生活也可以说是安适的了。

这般所收容的游民，分子非常的复杂，管理上感觉得很困难，如果没有周密的管理方法，是不容易约束他们的，该所对于这般游民的管理方法，是以所收容的游民，分做十人为一班，就其中选派老成干练的，充当班长、伙夫、巡更和杂役等工作。游民的食宿，规定了时间，以振铃为号，为欲防范他们中间不良分子，发生意外起见，在每日就寝的前后，派人随时的巡视。对于游民应行查禁的事项，不准私藏凶器和私带含有毒质的物品，不准私带火柴和其他的引火物，不准吸烟烤火和私自燃灯。没有命令，不得出外，熄灯之后，不准谈话，不得无故大声疾呼，不准饮酒赌博和争闹詈骂，不准唱歌淫醉和阅不正当的书报小说，不准裸体和其他的猥亵狎昵情事，如果有违犯上列的违禁事项，班长随时据实报告管理员，分别轻重，予以处分，或送入悔过室，束缚他的自由，以资儆戒。

收容的游民，如愿另谋正当的生活或职业的，也可以取保具结保释的，但是不愿出外的，也可以留养终身。如果不幸死了，该所就代为殓埋，但本人如有亲属，请求领柩自埋的，亦准其领埋，可是死了由亲属来领埋的，事实上是绝无的。

据所内的人说,新进来的乞丐,因为他们在外边放荡惯了,这种集团生活,未曾过惯,觉得很受拘束,不自由,时常存着潜逃的意念。从前曾有一个烂腿的乞丐,入所之后,以其腿上的烂疮,几次要替他医治,但他终是用狡猾的手段拒绝医治,经过五六月后,腿上的烂疮,忽然自动的脱落了,里面还是一只完整无恙的腿,到那时才知道是假装的。用烛油、面粉和猪血等涂在腿上,就和真的烂疮一样,不过要费上好久的辰光,才将这疮装就,必须一层层将烛油等涂上去,方始看不出破绽来,用这种方法,使人家动怜悯之心,比较容易讨钱,混过日子,一切都得很自在,不受一点的拘束,在所内虽然不虞衣食,但没有像在外边那样的自在,想乘着机会逃出去,所以要保持这条假装烂疮的腿,能作求乞的工具,诸如此类的乞丐,外边很多,他们当作是一种职业,然乞丐中真实无法谋生逼着求乞的,也未尝没有。这般游民,往年终是强制他们收容的,从未见有自愿投来的,可是今年,有不少的妇孺,因为农村的荒灾,无法过活,竟有自动的来请求收容。

所内大宗的消费是米粮,每天要吃到七担米,一个月需二百多担,米和燃料,是由救济院拨给的。全所只有三个直属的职员,其他如守卫、传达、差役、伙夫、更夫等,都是由游民中选派充当的,这些充当杂役的,他们另外著一种黄色制服,以资区别。女收容室里,新近送到捕获的私娼三十七名,她们住在一间大屋里,待遇当然和其他的游民一样,她们平日浓妆艳服,脸上涂抹了花粉胭脂,可是在这里就覆了本来面目,瘦黄的肌肤,什九带着病态,据说这些私娼暂时留养在这里,日后怎样的处置,还没有议及。

当记者昨日前往参观时,适值救济院张君,偕同医师来所替病人诊视,据张君谈,这游民习艺所所收容的游民,以冬天为最多,到夏天的时候,有许多人请求保释,归家种田。所收容的游民,他们向操的职业,农业居最多数,行伍次之,无职业的,也不在少数,其次工业小贩渔业都有,其中且有曾经教书或曾业星相的,至于该所的经费,是由救济院按照收容人数的多寡,决定每月补助的数额,现在每月约需二千余元,但是并不给金钱,仅是购办了粮食、煤炭及各项用品,由院里自备的帆船装来。以前救济院对各所的经费,都是固定的,缺了无法增加,多了也不能移、借给另一所,所以事业的举办,很感到困难,并且各所都是独立的,所以事务上的人员很大,同时就使事业费减少,院方有鉴于此,遂决定各所经费及所办事业,均由院方统筹办理,好比省政府的合署办公,这样就可使经费活动,哪一所需款多,就尽量的拨付,哪一所可以紧缩,就减少经费,并可减少各所的事务人员,节省行政费,就是增加了事业费,此项办法,实行以来,已获得极良好的效果云云。

附录二　上海闸北平民教养院(录二十四年二月十六日《申报》)

淞沪战后,上海市民地方维持会,鉴于闸北游民之麇集,为地方隐患,遂在救国捐项下,拨款十万元为基金。迨上海市地方协会成立,赓续办理,先就闸北柳营路习艺所旧址,增建新屋,于二十二年春落成。由沪南庇寒所等处移送平民百余名,教养兼施,工读并重,嗣以种种关系,遂于二十三年八月一日,正式委托中华慈幼会办理,订期二年,并由该会总干事许建屏,请准会长孔祥熙,选派干事王贯一,先行接办整理,嗣又经该会执行委员会正式委为主任。即遵照孔会长叮嘱,重科学管理,生产发展,使达到自给自养的目的。王主任兼承斯旨,以实验苦干的精神,去完成这个使命,并请得地方协会诸理事,如杜月笙、钱新之、王彬彦、张效良、黄任之、江问渔、胡笃秋等之指导,社会人士之赞助,该院管理委员会丁淑静、林康侯、李廷安,以及该会许总干事及同人之协助,因是该院自给自养之第一步实施计划,始得成功。兹为明了事实,引起观摩起见,特探得梗概如下:(一)新兴事业及原有工农各业之扩充,(1)平安养鸡场,系利用该院隙地,选择院生,用科学的方法经济的管理办理之;(2)中国石公司,为吾国惟一之国产天然石公司,得该公司之热心慈幼,闻已将一部分之简单工作,移入该院,而院生之得学习此种工艺者,不下二十人;(3)纸盒工场,除承制中国化学工业社之蚊烟盒以外,又得福新烟公司丁厚发经理之允诺,亦能承制该厂福尔摩斯牌香烟全部纸盒,故工场收益,亦因之增多;(4)洗衣部本与该院生职工衣服之洗濯而设,现承四川路冠珍酒家,及宝山路该会慈幼诊疗所等处之衣服,故已改善洗术,增进收益;(5)农场畜植,切实改革,蔬菜一项,除供给该院而外,并推销至佛教慈幼院,该会塘山路慈幼教养院,及邻近饭馆等处,每月收益,亦颇可观。畜植一项,除以前畜有之豕羊等,阴历年节销售外,现畜有羊豕鹅等。(二)经济状况,该院经济来源,除有地方协会每月拨用基金利息六百元而外,该会每月规定补助经费四百元(试验期六个月为满,期满停给),该院主任,以自给自养使命之重大,以至非达到成功不止的决心,即从一方节流,一方开源,即如上述之改进工农部分,使生产增加,在第一个月较之以前开支,已省去三分之一强,截至现在(总计六个月)院用经常,除地方协会拨用基金利息,及加以指定捐款外,该会按月规定补助之费,所支不过数十元。是则该院之第一步计划,确已成功,以后进步,当更未可限量也。(三)教养方法(注重感化),(1)身体的锻炼,注重军事训练与游戏活动,使各个院生有平均的健康发展,能担当各种日常工作;(2)手足的运用,充实原有的工场农场,加以改善,使各个院生的手足,学到相当的技能,造就自立的人才;(3)脑筋的开发,注重知识的输灌,授以日常生活所需的文字,简单的科学,公民的常识;(4)见识的增广,使院生的视觉、听觉、感觉,尽量去实地见闻,实地接触,所以该院注重旅行、参观、自治集会、电影教育等。近如参观美国军舰,旅行市政府。参观展览会,欣赏名花园等,皆所以减少见异思怪的鄙态,发旺其光明磊落的思想;(5)劣性的纠正,除施以日常之训育而外,对于公德与私德的养成,处处用心于环境的布置,个人的接触,以及共同的纪守,务期于无形中去净其劣根性,该院能于短期间内,不以依赖为目标,达到自给自养的成功,实可作全国慈幼机关之模范。同时该院环境上有丰富的发展性,如此努力下去,则不难利用无限制的环境去完成更大的使命。

又闻王主任,因会内职务纷繁,兼顾不遑,且院内各事已上轨道,经济独立,已达目的,卸职让贤,正其时也,已提出辞呈,故该院管理委员会,已另行物色人才,提出执委会聘任接充云。

第五项 强制治疗

第一款 概说

强制治疗者,即国家以权力使受病人应行医治其所患之花柳病或麻疯病之谓也。我国《新刑法》第九十一条规定:"犯第二百八十五条之罪者,得令入相当处所,强制治疗。"所谓第二百八十五条,即明知自己有花柳病或麻疯,隐瞒而与他人为猥亵之行为或奸淫,致传染于人者。其立法理由,谓社会公开,花柳病及麻疯者极多,均因花柳病或麻疯互相传染于他人所致,比较保安处章酗酒犯关系为重要,应将本条列入保安处分内,施以救济。此种立法例,实开世界新纪元,足以救济监狱制度落伍国家之良法也。

第二款　本项研究

(一)强制治疗适用上之研究

强制治疗之保安处分,究适用于何种之人？可先查我国《新刑法》第九十一条及第二百八十五条,自然不解而自明矣。该两条总意,谓明知自己有花柳病或麻疯,隐瞒而与他人为猥亵之行为或奸淫,致传染于人者,得令入相当处所,强制治疗。是可知强制治疗对于人之适用,可分为下列二种:

(甲)有花柳病人。有花柳病人依其病之种类而分类,又可分为三种:

(1)患梅毒人;

(2)患淋病人(即白浊);

(3)患软性下疳人。

(乙)有麻疯病人。

总上观之,依照我国《新刑法》规定,除此两种人以外,余不能适用强制治疗之处分,然查各国刑法,对于有精神病人、喑哑人、麻醉品慢性中毒人,及酗酒人等,均收容于各种治疗所施以治疗,惟吾国则不然,其故何欤？推其原因,上列各种之人,其情形与有花柳病人及麻疯病人较为复杂,譬诸有精神病人,若不先将其监禁,然后加以治疗,对于社会即有发生危险之虞,麻醉品慢性中毒人及酗酒人,其咎由自取,虽能适用医疗然后能去其嗜好,然与花柳病人及麻疯人,完全在于病之状态有别。是精神病人、麻醉品慢性中毒人、酗酒人,其情状复杂,花柳病人、麻疯病人,其情状单纯。其情状单纯者,只得施以治疗处分,则为已足,故与其他处分之名词,加以区别,实有相当之价值也。

(二)强制治疗场所之研究

查我国《新刑法》第九十一条规定,"得令入相当处所强制治疗。"是可知对于强制治疗,只须相当处所,易而言之,无论官立、公立或私立之医院,若能医治花柳病或麻疯者,均得令入强制治疗。患花柳病者,在通商大埠较多,患麻疯者在南方各省较多,除此等处,实无特别建设疗养院之必要。患花柳病人之强制治疗,我国对于娼妓患花柳病者,本有此种处分,至于患麻疯病人之强制治疗处所,我国各省会本有麻疯院之设置,而尤以南方各省(如广东、广西、福建),较多,均可供强制治疗之处所,然过去此制度,非刑法上之保安处分,乃慈善团体之救济性质及行政法上之警察处分耳。

附录　中国麻疯院调查表

院　　名	省别	院　　名	省别	院　　名	省别
琼崖麻疯院	广东	涵江麻疯院	福建	云南府麻疯院	云南
清远麻疯院	广东	延平麻疯院	福建	如皋麻疯诊所	江苏
北海麻疯院	广东	厦门麻疯诊所	福建	泰州麻疯诊所	江苏
东莞麻疯院	广东	古田麻疯院	福建	清江浦麻疯诊所	江苏
石龙麻疯院	广东	涵江麻疯诊所	福建	新化麻疯院	湖南
汕头麻疯诊所	广东	南昌麻疯院	江西	衡阳麻疯诊所	湖南
汕头市立麻疯院	广东	滕县麻疯院	山东	宝庆麻疯诊所	湖南
阳江麻疯院	广东	济南麻疯院	山东	上海虹口皮肤病医院	上海
潮阳麻疯院	广东	孝感麻疯院	湖北	上海中华麻疯疗养院	上海
罗定麻疯院	广东	杭州麻疯院	浙江	毕节麻疯院	贵州

第六项　保安监置

保安监置(Sicherungsverwahrung),或名幽禁所之收容,或名监禁,或仅名监置。名称虽异,而其性质则一。所谓保安监置者,即对于常习之犯人,恐其有再犯之虞,施以保安监置处分,以防其犯罪之发生也。

第一款　各国立法

(德意志)

《1927年刑草》

即一度处死刑或惩役者,依第七十八条,以其对于公共治安为危险之常习犯人被处刑罚时,裁判所得于刑罚之外,宣告保安监置。(第五十九条)

《1934年刑法》

保安监置,对于危险之常习犯人科之。

(瑞士)

《1893年刑草》

累犯者命以十年以上,二十年以下之保管。(第四十四条)

保管须于专供此目的所用之建筑物。(第二十四条第一项)

《1918年刑草》

(一)已受多次自由刑之犯人,如因犯罪再受自由刑之处罚,并显露有犯罪、作恶或游手好闲之倾向时,法官得令其遣送幽禁所,以替代刑之执行。

(二)幽禁于专设之处所行之。

受幽禁人应著囚衣,并由所中供给其膳食。

被幽禁人仅能于限制之范围内,会客或收发信件。

(三)被幽禁人应服规定之劳役。

(四)被幽禁人夜间应隔离监禁。

(五)被幽禁人于所宣告之刑期内,应留于所中,其期限最短为五年,五年后主管机关如认为无须再加幽禁时,得先征求监所人员之意见,予以三年之假释。

(六)主管机关,应将受假释之犯人,交付监护,并得令其遵守一定之规则。(第三十六条第二节)

如在三年期内,受假释人再犯罪,或藐视监护机关之告诫,而违背应守之规则,或意图避免监护时,主管机关得令其再入幽禁所。

(七)如在三年期内,受假释人行为良善,则其释放,即为确定。

(八)如在刑之时效未消灭以前幽禁处分未能执行者,则不予执行,如自处罚时起,已逾十年者,则由主管机关决定应否执行所宣告之刑,或幽禁处分。(第四十条)

(奥地利亚)

依特定犯罪两次以上被处惩役,其最终之刑罚执行后,五年内再犯重罪者,其犯罪危险于公共,且预料行为者,将来尚为犯罪行为时,得于执行刑罚后监置之。(第三十八条)

(波兰)

凡经法院查明三次再犯原罪,以及以犯罪为职业或惯习犯罪等不可矫正之犯人,于刑之执行后,若任其自由行动,则恐对于法律秩序发生危险时,法院得将犯人判令监禁于适当之场所。(第八十四条第一项)

第二款 本项研究

保安监置处分,系对于常习犯人宣告之,我国《新刑法》视常习犯人与游荡成习及懒惰成习之犯人同施以强制工作处分。德意志1927年之刑草及1934年之刑法，波兰1932年之刑法，瑞士1893年之刑草，及1918年之刑草，均将此等之人，分别适用不同之保安处分。对于游荡成习及懒惰成习者施以强制工作，常习犯则不然，即常习犯在德意志施以保安监置，波兰施以监禁，瑞士施以幽禁处分。余在本编保安处分人之适用章内，关于其之立法得失，已言之尽详，毋庸另述。于今所应研究者，保安监置为刑罚执行完毕以外之保安处分？抑足以代替刑罚之执行？

查各国刑法有二种之立法例，即一则为刑罚执行完毕以外之处分，一则代替刑罚之处分，试申言之：

（一）为刑罚以外之处分　德意志1927年之刑草第五十九条规定："裁判所得于刑罚之外，宣告保安监置。"波兰1932年之刑法第八十四条规定："于刑之执行后，若任其自由行动，则恐对于法律秩序发生危险时，法院得将犯人判令监禁于适当之场所。"奥地利亚1909年之刑草第三十八条规定："其犯罪危险于公共，且预料行为者，将来尚为犯罪行为时，得于执行刑罚后监置之。"足知以上各国之立法，均视保安监置为刑罚执行完毕，视其仍有社会危险性者而科之。即保安监置为刑罚执行完毕以外之保安处分也。

（二）代替刑罚之处分　瑞士1918年之刑草，其第四十条第一款规定："已受多次自由刑之犯人，如因犯罪再受自由刑之处罚，并显露有犯罪、作恶或游手好闲之倾向时，法官得令其遣送幽禁所，以替代刑之执行"。明示幽禁处分（与保安监置同）得代替刑之执行矣。

综上观之，后者之立法例较前者为优。盖常习犯人其恶性比普通犯人为重，若先施以普通之刑罚，而后加以保安处分，不如先施以保安处分之特别监置,较为易于改善犯人之个性。故余颇赞成后者之立法例。

此外尤有说明之必要者,即强制工作,应负劳动,保安监置亦应服劳役,岂非两者之性质相同？其实不然。盖强制工作之处分,以劳动为感化原则,保安监置则以其他之感化方法为原则,劳役为辅助,如普通监狱中应服劳役然,不能视其有劳役之规定,则误认为保安监置与强制工作同。我国《新刑法》将习惯犯、常业犯,与游荡成习或懒惰成习而犯罪者,同施以强制工作处分,亦恐为此因所致也欤。

第七项　预防拘禁

预防拘禁者,即对于某种之刑执行终了被释者,于释放后显著有再为犯某种之罪之虞时,得付预防拘禁之谓也。此种立法例,在《日本刑法改正案》(1930年)第十一章之保安处分中有明文规定,兹录其条文如下：

因惩治以上之刑执行终了被释放者,于释放后显著有再为放火杀人或强盗之虞时,得付预防拘禁。(第一一○条)

被付预防拘禁者,应收容于预防拘禁所,为使其悛改,应为必要之处置。(第一一一条)

预防拘禁之执行,有超过二年之必要时,应受法院之许可,尔后超过二年者,亦同。(第一一二条)

第九十九条第三项及第一百零一条之规定,于预防拘禁准用之。(第一一三条)

预防拘禁之处分,据日本冈田朝太郎所著之《日本刑法改正案

评论》中,认为与《德国刑法草案》之保安监置相对应,兹录其原文,以供阅者之研究:

"此即如前所述,与《德国刑法草案》所谓保安监置(Sicherungsverwoltung)相对应,而为德国刑法协会所主张不应规定于刑法法典者。余于距今三十三年前,即明治二十七年以来,即主张条件附刑期延长制度,以为减少累犯之救济。德国刑法协会之提案,与余之主张不谋而合。惟余之主张,只于同年《国家学会杂志》第八十九号一度揭载,嗣于余之著书中,迄未提及,兹移载于此,以供参考:

累犯增加之原因,固不一而足,然在今日之刑法上,如刑期届满,纵无悛改之实据,亦须放免(中略),为其原因之一,殆无可疑。救济之策,厥维条件附刑期延长之制度(中略)。

一再科刑,毫不悛改,以至于累犯,实为不可掩之事实。试就在监之囚人一为考察,犯罪十数次以上而不悛改者,每监必有二三人,且有多至数十人者,察其举动,闻其言论,殆除犯罪以外,别无可资营生之事业。一旦刑期届满,径为放免,此与趋猛虎于市,侵害良民之生命、身体、财产者无异。及再犯罪入狱,复以官费之衣食,度其悠闲之岁月,宁非儿戏之甚者乎?

此种之累犯,即有性癖犯罪之倾向者是也。其累犯也,本于遗传,先天的有此恶癖乎?抑习惯成性,后天的有此恶癖乎?抑纵施以何种手段亦不能悛改的绝对不治之犯人乎?在科学幼稚之今日,颇难证明。虽然,一再处刑,犹不悛改,而至于累犯,非明示其为关系的不治之罪人乎?加重其刑之手段,非无悛改希望之证据乎?若然,乃不别谋相当之处置,实未见其可者也。

既为关系的不治之犯人,于是惩治之方法如何,不可不为适当之研究。往昔之学者怵于应报主义之思想，以为无论何种情形，其罪恶之程度与其刑罚之重轻，不可不保持均衡。不知刑法有时为除害之手段，有时为失其犯罪之途之手段；有时应为惩改之手段，乃不明乎此，而对于关系的不治之犯人，欲以其最初所用之同一方法期其悛改，不亦难哉。

关于累犯之处分，法国1791年之《刑法》不因再犯之故加重其刑，而于刑期终了后移送于荒岛。此制于1827年废止，而采加重其刑之办法。嗣于1885年5月27日之法律，再采1791年移送于荒岛之制度。我国无适当之移民地，自不能采用《法国刑法》之规定，于吾人以为最有效者，为条件附刑期延长之方法。

条件附刑期延长，即对于极易累犯之罪，如诈欺取财及窃盗罪等，三犯之际（四犯五犯亦可），于其有罪判决为附加之宣告曰："若于狱内无谨守规则等充分悛改之征候时，纵于刑期届满后，亦得以行政处分禁止出狱，强制其为相当之工作"。所谓条件附，乃以犯人悛改之迹为未必条件，而定刑期届满后之放免与否者也。

或曰：以行政处分延长刑期，是以行政权侵害司法权之独立。此种反驳，实不足取。盖条件附之延长，仍以裁判宣告之，不但害于司法权之独立。且我现行法上已采假出狱之制度（免幽闭假免监视），是其先例焉。

又曰：条件附延长刑期，则轻微之罪可拘禁至于数十年，殊失罪刑之均衡。然此亦属怵于应报主义之空论。盖吾人主张条件附刑期之延长，惟以三犯四犯等累犯而有不能悛改之征候者为限。此时之刑罚，固不失为惩改之手段，然同时即出于使渠等失其犯罪之途之旨趣。如我国一如欧洲诸国而有远洋殖民地，固不妨采流放之制度,否则惟有留于监狱,使服定役,以期不与良民为伍,而再犯罪,较为妥洽。苟如论者所言,而采赔赎主义正义论,纵令毫未悛改,一旦刑期届满,亦非放免不可,余则不惮反诘之曰:何故赔赎主义者必使其毁损良民之财产乎?正义论者又何故必使其侵害良民之生命身体乎?

又曰:如许其以行政处分延长刑期,则监狱官吏将有赡徇私情,而为不当处置之危险。论者所云,亦未见其当。即令其所云之危险,然属行之者不得其人,而非条件附刑期延长制度之弊。且假出狱(免幽闭假免监视等)亦系以行政处分为之,不但未闻有如论者所云之弊害;即令有之苟能为适当之监督其弊亦非不可免。然此不过采用本制度应为考虑之第二问题焉。

又曰:我们法既设假出狱之制度,若累犯犯人无悛改之迹,不为假出狱可也;自始即宣告长期自由刑,及其有悛改之状,然后命其出狱亦可也。此说亦有未当。盖(一)自始即宣告长期自由刑,而予以假出狱之希望,实不如自始受短期自由刑,如不悛改即有不能出狱之危险,较易收效。(二)条件附刑期延长制度乃欲对于无悛改之望者适用,而累犯犯人无悛改之望,不过一种推定;乃自始即宣告长期自由刑,无乃失之过早。先惟宣告短期自由刑,由监狱官审查其行状以后,再为延长,实不为晚。

又曰:累犯犯人永远拘禁于监狱,则积年累月,监狱必有人满之患,此说亦未见其当;夫监狱而需费用,末也,防犯罪于未然,本也,若因监狱狭隘,遂将有害危险之犯放诸民间,是本末倒置之谬见,不足采也。加之,四犯五犯以上者之数,究少于相当于一年前后自由刑之初犯,苟如吾人所云,一方面对于短期自由刑之初犯犯人采用执行犹豫制(本论发表之际对于执行犹豫尚多反对者),或不致有增设监狱之必要。

要之,累犯之处分法,乃不变更我现行法(《旧刑法》)第二编以下之刑期,而能插入于总则中之方法,吾人之所以提出条件附刑期延长制者,盖欲求先辈之叱正,与夫当局之参考,实有不能自己者也。惟是外国尚无其例,且在折衷主义尚有势力之今日,吾人之主张自不免有人反对,值兹于搁笔之际,爰为一言及之。

吾人所主张之条件附刑期延长制,如与条件附犹豫制(执行犹豫制)同时并用,则与现时美国试验中之不定期刑主义异途同归,又我明治五年第一监狱规则构造第十条惩治监,以未满二十岁人为限,颇似条件附刑期延长制,可知吾人所云,尚非全无先例。假出狱制经英国之实验,条件附裁判(执行犹豫)亦为英、美所发明,乃不二三十年传播于欧洲大陆。今则其一已订入我们刑法,条件附裁判制度,传来之日当亦不远(余为此言,系明治二十七年,执行犹豫法乃明治三十八年法律第十七号所施行)。是则条件附刑期延长或不定期刑之制度,于二三十年之后,难保其不为我国所采用乎(不定期刑制为大正十二年施行法第四十二号《少年法》第八条所采用与条件附刑期延长旨趣相同之预防监置于三十三年后改正案发其端)?夫悛改则许其出狱,如不悛改则无停止其出狱之规定,是诚可怪者矣。

依上所述,改正案第一百一十条惟以放火杀人或强盗为限,其失之狭隘,则可断言。"

综上观之,冈氏主张累犯适用条件附刑期延长,确有刑事政策上之见解,但其谓日本预防拘禁与德意志《刑法草案》之保安监置相对应,似有误解之处,今先将其两国之法条录之,俾供比较,然后可知其两者之差异。

(日本)

因惩治①以上之刑执行终了被释放者,于释放后显著有再为放火杀人或强盗之虞时,得付预防拘禁。(第一一○条)

(德意志)

即一度处死刑或惩役者,依第七十八条以其对于公共治安为危险之习惯犯人被处刑罚时,裁判所得于刑罚之外宣告保安监置。(第五十九条)

由此观之,日本预防拘禁之要件,在于因惩治以上刑执行完毕后,显有再犯者,德意志保安监置之要件,须依第七十八条②规定之惯习犯人被处刑罚时,是前者指普通之一般重罪犯,后者指习惯犯,况又前者仅限于有再为放火杀人或强盗之虞时,后者包括一切对于公共治安为危险时,足见其两者截然不同也。

第三节 限制自由处分

限制自由处分者,即限制其身体,对于某种之事,不准其自由

---

① 惩治,分无期及有期。有期惩治,为三月以上十五年以下。
② 第七十八条:初次因重罪及附随犯意之轻罪被处死刑及六月以上之自由刑者,因新犯重罪及附随犯意之轻罪被处自由刑时,于新行为与旧行为之关联上行为者,可认其为对于公共保安为危险之惯习犯人(Für die offentliche sicherheit gefahrlicher gervhnheitsverbrecher)者,以不比其新行为科以重刑者为限,得处以五年以下之惩役,新行为为重罪者,得处以十五年以下之惩役。
虽先处刑罚,然与次行为之间经过五年以上之期间者,先处之刑罚不必考虑之。被处刑罚者,受自由刑执行之期间及依官厅命令拘禁于一定设施内之期间不通算于上之期间。
在外国被处刑罚,其所处刑罚之行为,依德国法亦为重罪及附随犯意之轻罪时,与在内国被处刑罚者同视(1927年《刑法草案》)。

之谓也。如限制其住居,只在住居不得自由;禁止执行业务或营业,只在业务与营业之执行受禁止;丧失公务员资格,只限于不得为公务员。总之,除受限制者外,其余之自由仍在。

与剥夺自由处分之不同者,盖剥夺自由处分,则拘束其身体,必有一定之场所监管、医治及教化。限制自由处分则不然,足知其两者之性质完全不同也。

第一项　保护管束

保护管束者,即对于社会有危险性之人,保护管束其犯罪之发生也。我国《旧刑法》本有《假释管束规则》,但其适用之范围,只限于受假释人,《新刑法》则扩张之,故称之曰保护管束,法兰西1932年之《刑法预备章案》,西班牙1928年之《刑法》,古巴1926年之刑草,在保安处分章中,亦均有同样之规定。此外德意志1927年《刑草》之保护监视,意大利1930年《刑法》之自由监视,日本1930年《刑法改正案》之保护观察及保护监督,奥地利亚1909年《刑草》之警察监视,波兰1932年《刑法》之机关监督,美利坚之《假释管束规则》等,亦与保护管束有类似之规定,惟其适用之范围不同耳。

第一款　各国立法

(意大利)

罪之消灭,停止保安处分之适用及执行。

刑之消灭,停止保安处分之适用;但法律上规定得随时命令者,不在此限,法官已命令保安处分为十年以上拘禁刑之附加者,不得停止,应以自由监视代替农业惩治场及工业场之保安处分。

已处死刑或徒刑之全部或一部,因大赦、特赦或减刑而免刑者,犯人得受三年以上之自由监视。(第二一〇条)

未满十四岁之少年,犯法律论罪之行为,认为该人有社会危险性时,法官斟酌行为之情节,及其家庭道德状况,得命令收容于刑事感化院,或受自由监视。(第二二四条第一项)

十四岁以上十八岁以下之少年,认为应归责后,法官得命令收容于刑事感化院,或受自由监视并斟酌前条第一项记载之情状。(第二二五条第一项)

自由监视状态者之监督,委托保安官署行之。

在自由监视状态者,受法官之指挥,以防其更犯罪之机会。

上述条件,法官得后来改正之,或限制之。

自由监视,应以工作方法,使该人容易适应社会生活。

自由监视,不得少于一年之期间。

以上规定,对于少年之监视,在特别法律上无规定时准用之。(第二二八条)

除法律特别规定外,自由监视得以下列情形命令之:

(一)宣告一年以上之惩役时;

(二)关于本法不为罪之行为,命令保安处分时。(第二二九条)

下列情形,应命令自由监视:

(一)科十年以上之惩役,于此情形,不得少于三年之期间;

(二)犯人许可假出狱时;

(三)习惯性或职业性,轻罪犯不受保安处分时,更为犯罪而有习惯性或职业性状态再度发现之时；

（四）其他情形定于各本条。

送到农业惩治场或工业场处分终了时，法官得命令释放者，受自由监视，或善行保证。（第二三〇条）

除第一百七十七条第一项规定情形外，在自由监视之状态者，违背义务时，法官得附加善行保证。

酌量违背义务之特别情状，或次数，或违背义务者未给保证，法官得以送到农业惩治场或工业场更易自由监视，或系少年人收容于刑事感化院。（第二三一条）

幼年或精神病者，除非能以该人委托父母或其他之人有供给教育或补助之义务者，或社会补助机关外，不得受自由监视。

于前之委托有不可能时，或此种办法认为不适当时，依据案情，得命令收容于感化院或治疗所及监护所。

在自由监视时，幼年无悛改之证据，或有精神病者，证明仍有社会危险性时，得以感化院，或治疗所，及监护所之收容，更代自由监视。（第二三二条）

常入酒肆及贩卖酒精饮料公共场所之禁止，最短期间为一年。

受习惯性沉醉之宣告人，或有沉醉性习惯状态而犯罪者，处刑外，应附加上述之禁止。

在违背情状，得命令附加自由监视，或善行保证。（第二三四条）

（德意志）

《1927年刑草》

裁判所对于限定责任人，许其收容于治疗所或看护所，及对于饮酒者,许其收容于治疗所或饮食节减所,及劳动场者,同时命为保护监视时,得于二年以下之期间内条件付犹豫,其执行保护监视显为不充分时,裁判所撤销犹豫。

于考试期间终了前,撤销犹豫者,收容不应执行之。(第六十一条)

(日本)

就惩治或禁锢宣告刑之执行犹豫者,遇有必要时,得于其犹豫期间内,将本人付保护观察,或对之为保证善行,命其为相当金额或有价证券之提供。于为执行犹预宣告后,认为必要时,亦同。(第七十七条)

准许假释放者,得命保证监督。

对于被处不定期刑者,准许假释放时,应命保护监督。

前两项之保护监督,于无必要时,应解除之。(第八十九条)

命为保护观察时,应付以适当之条件,将本人交付保护司,或委托于寺院、教会、保护团体或适当之人。(第一一五条)

被付保护观察者,受交付或委托之人于防止本人再犯罪之危险且有必要时,为使其容易生计,应为适当之处置。(第一一六条)

前二条之外,关于保护观察之必要规定,以命令定之。(第一一七条)

前三条之规定,于保护监督准用之。(第一一八条)

凡少年之行为,触犯刑罚法令或有触犯刑罚法令之虞者,得加以下列各款处分:

(一)(略)。

(二)(略)。

(三)(略)。

(四)附条件而交于保护人。

(五)委托于寺院、教会、保护团体,或其他适当之处所。

(六)交少年保护司监察。

(七)(略)。

(八)(略)。

(九)(略)。

前项各款处分,得适宜并行之。(《少年法》第四条)

少年受缓刑之宣告,或允准假释者,其缓刑及假释之期间,交少年保护司监察。

具有前项情形者,遇必要时,得为第四条第一项第四款、第五款、第七款乃至第九款之处分。

依前项之规定,为第四条第一项第七款或第八款处分时,其执行继续中,停止少年保护司之监察。(《少年法》第六条)

少年审判所内置少年审判官、少年保护司及书记官。(《少年法》第十八条)

司法大臣得嘱托对于少年保护及教育有经验者,或其他适当者,充任少年保护司。(《少年法》第二十二条)

少年审判所及少年保护司履行职务时,得委托于其他公务所或公务员,且得请求为其他必要之补助。(《少年法》第二十五条)

少年审判所得命少年保护司,为必要之调查。(《少年法》第三十二条)

少年审判所得命保护人调查事实,并得以之委托于保护团体。保护人及保护团体,得提出可供参考之资料。(《少年法》第

三十三条)

少年审判所遇有必要之情形,无论何时,得使少年保护司与本人偕行。(《少年法》第三十六条)

少年审判所得斟酌情形,对于本人为下列假处分:

(一)附条件或不附条件交付与保护人。

(二)委托于寺院、教会、保护团体或其他适当者。

(三)委托于病院。

(四)交付少年保护司监察。

若有万不得已之情事,得将本人假委托于感化院或矫正院。

为第一项第一款至第三款之处分时,并将本人交付少年保护司监察。(《少年法》第三十七条)

少年审判所于开始审判时,若认为必要,得为本人指派附添人。

本人保护人或保护团体,受少年审判所之许可,得选任附添人。

附添人以律师,及从事保护事业者,或受少年审判所许可者充之。(《少年法》第四十二条)

少年保护司保护人及附添人于审判席上,得陈述意见。

为前项陈述时,应令本人退出,但有相当事由,得许其在场。(《少年法》第四十四条)

认为当附条件而交付与保护人者,应将对于本人保护监督之必要条件,指示保护人,然后将本人交付之。(《少年法》第五十一条)

认为当委托于寺院、教会、保护团体,或其他适当者,应将处遇本人须参考之事项。

指示受委托者,然后委托以保护监督之任务。(《少年法》第五十二条)

认为当交少年保护司监察者,应将对于本人保护监督必要之事项,指示少年保护司,然后交其监察。(《少年法》第五十三条)

少年审判所依第五十一条及第五十二条之规定施行处分者,得使少年保护司考察成绩,且为适当之指示。(《少年法》第五十八条)

少年审判所将本人委托于寺院、教会、保护团体,或其他适当者,以及委托或移送于病院,对于受委托或移送之人,得给付所需费用之全部或一部。(《少年法》第六十条)

对于少年之刑事案件,应为第三十一条之调查。

关于少年身心事项之调查,得委托少年保护司为之。(《少年法》第六十四条)

(奥地利亚)

因关于货币之罪,对于他人财产之罪及危险于公共之罪,被处惩役后,法院认为有再犯同种犯罪之危险时,其危险依警察监视可以减轻者,付诸警察监视。(第三十九条)

(波兰)

宣告缓刑时,法院得将犯人交付于可靠之人或可靠之机关,令其在缓刑期间内,负监督之责。(第六十二条第一项)

准许假释时,法院得将人犯交付于指定可靠之人或可靠之机关,令其在试验期间内,负监督之责。(第六十六条第一项)

(美利坚)

对于监犯受假释后,在假释期内,须谨守假释管束规则,倘发现有违犯规则之情形,则撤销其假释执行未完之刑期。

（中国）

《暂行新刑律》

假释出狱而有下列情形之一者,撤销其假释,其出狱日数不算入刑期之内:

（一）（略）。

（二）（略）。

（三）（略）。

（四）犯假释管束规则中,应撤销假释之条项者。（第六十七条）

《旧刑法》

未满十三岁人之行为不罚,但因其情节,得施以感化教育,或令其监护人、保佐人缴纳相当之保证金,于一年以上三年以下之期间内,监督其品行。

十三岁以上十六岁未满人之行为,得减轻本刑二分之一;但减轻本刑者,因其情节得施以感化教育,或令其监护人、保佐人缴纳相当之保证金,于一年以上三年以下之期间内,监督其品行。（第三十条）

假释期内,有下列情形之一者,得撤销其假释:

（一）（略）。

（二）犯假释管束规则者。（第九十四条）

《新刑法》

犯第八十六条至第九十条之处分（感化教育、监护、禁戒、强制工作）,按其情形,得以保护管束代之。（第九十二条第一项）

受缓刑之宣告者,在缓刑期内,得付保护管束。

假释出狱者,在假释中付保护管束。

前二项情形,违反保护管束规则情节重大者,得撤销缓刑宣告或假释。(第九十三条)

保护管束,交由警察官署、自治团体、慈善团体、本人最近亲属或其他适当之人行之。(第九十四条)

第二款　本项研究

保护管束关于人之适用,各国略有不同,兹举中、日、意等国而作一比较研究:

(甲)中国　查我国《新刑法》第九十二条及第九十三条(条文详前)等规定,关于保护管束适用人之种类有如下九种:

(1)未满十四岁而不罚者;

(2)未满十九岁而减轻其刑者;

(3)心神丧失而不罚者;

(4)精神耗弱或喑哑而减轻其刑者;

(5)吸食鸦片或施打吗啡,使用高根、海洛因,或其化合质料之罪者;

(6)酗酒而犯罪者;

(7)有犯罪之习惯,或以犯罪为常业,或因游荡或懒惰成习而犯罪者;

(8)受缓刑之宣告者;

(9)假释出狱者。

(乙)日本　日本1930年《刑法改正案》,在第三十九条、第七十七条、第八十九条、第一百十五条、第一百十八条及《少年法》第四条(条文详前),有保护观察及保护监督之规定,其性质与我国之保护管束相类似,兹列举适用人之范围如下:

(1)宣告刑之执行犹豫(缓刑)者；

(2)假释出狱者；

(3)限制住居者；

(4)少年人。

(丙)意大利 意大利1930年之《刑法》,其中第二一〇条、第二二一条、第二二三条、第二二四条、第二二五条、第二二九条、第二三〇条、第二三四条、第二三八条之自由监视,亦与我国保护管束同其性质,兹列举其适用人之种类如下：

(1)因大赦、特赦或减刑或免刑者；

(2)未满十四岁之少年人；

(3)十四岁以上十八岁未满之少年人；

(4)宣告一年以上之惩役时；

(5)关于本法不为罪之行为,命令保安处分时之人；

(6)假释出狱者；

(7)习惯性或职业性轻罪犯不受保安处分时,更为犯罪而有习惯性或职业性状态再度发现时之人；

(8)定于各本条其他情形之人；

(9)送致农业惩治场或工业场处分终了释放之人；

(10)违背常入酒肆及贩卖酒精饮料公共场所之禁止者；

(11)习惯性沉醉者；

(12)适用其他保安处分满二十岁时之少年人；

(13)不供托金额或担保时之人。

总观上列各国之立法例,名称虽不同,而其性质为限制自由处分则一。惟其稍异之点,日本之保护观察及保护监督与保安处分列,非如中国与意大利合并保安处分章内；余以为保护管束,亦为预防其犯罪之发生为目的,含有保安处分之性质,以之列入保安处分章中较为妥洽。

保护管束适用之范围,以意大利为最大,中国次之,日本为最小。因日本视保护观察,非保安处分,为其重大之原因。余以保护管束应扩大其适用之范围,非惟足以代替其他之保安处分,亦足以为收预防犯罪最有力之方法。1930年勃拉克国际刑罚及监狱会议,亦视保护管束(原文译为保护监视)为保安处分中最有效力者,足证余言之不谬也。

此外,我国《新刑法》第九十四条规定:"保护管束交由警察官署、自治团体、慈善团体、本人最近亲属或其他适当之人行之"。其所谓警察官署者,如现在各处之公安局、首都警察厅等是。所谓自治团体,如现在之区镇乡等公所等是。所谓慈善团体,如孤儿院、慈幼教养院、贫儿院、习艺所、救济会、各种收容所,即凡关于公私所组织之慈善团体均是。所谓本人最近之亲属,如祖父母、父母、伯叔、子侄等是。至于其他适当之人,其范围甚广,除以上所举各人之外,只须其能有保护管束之能力及有利于被管束之人者,均可交付之。

附录一　保护管束应设监督机关意见书(翁腾环)

"按此意见书,由二十四年六月十日呈送司法院、立法院及司法行政部参考,兹录其批示及复函如下:

(一)司法院批

呈及意见书均悉,已交司法行政部参考矣,此批。

(二)立法院复函

径启者:奉院长发下来呈一件,"为批具刑法保护管束,应设监督机关意见书,呈请鉴核"等情。奉批,"交刑法委员会参考"。

等因;除照交外,相应函达查照。此致翁腾环先生,立法院秘书处启。

(三)司法行政部部长王复函

腾环先生赐鉴,前接惠函并附意见书四册,诵悉一一,所称刑法中应研究者即为保护管束制度,倘行之不得其宜,终恐有名无实,自是卓论。现尊意对于监督机关以为参照立法例三级制实比二级制为优,而拟一新二级制,既足以济刑法及刑诉法之穷又足以适合国情而不失刑事政策之本旨。筹虑颇见周密。至于监督机关及其方法亦甚妥善,实足为参考之重要材料。已将寄来意见书发交各处研究矣,多承指示感佩良殷,先此奉复并颂撰,绥弟王用宾启。"

迩者《中华民国新刑法》已经公布定期施行,其中最堪为人注意而有价值者,则有保安处分一章,其应为吾人更加注意研究者,则惟保安处分章中之保护管束。盖其立法理由,斟酌国情,旁稽外制,恐感化教育处分之感化院,监护处分之精神病院,禁戒处分之戒烟所及戒酒所,强制工作处分之劳动场,格于经费或特殊情形,未及普遍设置,特立保护管束处分以代之,冀收刑期无刑之效,地位之重要,于此可以窥见一斑矣。将来保安处分能否收宏大之效果,当以保护管束之推行得当与否以为断。窃观近世各国对于刑制,学者研究学理提倡于下,政府从事试验改良于上,日新月异,大有一日千里之势,环虽袜线之才,懔匹夫有责之谊,当此将订保护管束规则及其他补充条例之时,故敢略贡其愚,惟大君子有所裁择焉:

保护管束者,乃对于社会有危险性者,委托于某种之人保护管束其犯罪之发生,并改善其个性之谓也。我国现行刑法未有假释管束规则,及少年人之交付监护人、保佐人监督之制;但其适用范围，只限于受假释人及少年人，新刑法则扩张之，凡关于感化教育、监护、禁戒、强制工作等处分，按其情形，得以保护管束代之，并在缓刑之宣告者，假释出狱者，亦得适用此制，故颜其名为保护管束。考法兰西1932年之《刑法预备草案》，西班牙1928年之《刑法》，古巴1926年之《刑草》，在保安处分章中，亦均有同样之规定。此外，意大利1930年《刑法》之自由监视，日本1930年《刑法改正案》之保护观察及保护监督，德意志1927年《刑草》之保护监视，奥地利亚1909年《刑草》之警察监视，波兰1932年《刑法》之监督处分，虽其名称不同，而性质则一，惟其适用之范围，略有差别耳。今为防止泛滥，约取最要之意、日等国之立法例，借以研究本问题之代表，兹录其条文如下：

《日本刑法改正案》第一一五条规定："命为保护观察时，应以适当之条件，将本人交付保护司，或委托于寺院、教会、保护团体，或适当之人。"

《意大利刑法》第二二八条规定："自由监视状态者之监督，委托保安官署行之。"又第二三二条规定："幼年或精神病者，除非能以该人委托父母，或其他之人有供给教育，或辅助之义务者，或社会补助机关外，不得受自由监视。"

以此而观，受委托管束之人，均大致相同；但其被付管束之人，略有广狭，前者适用之范围狭，只限于下列四种：（一）宣告刑之执行犹豫者；（二）假释出狱者；（三）少年人；（四）受居住限制者（《刑法改正案》第七十七条、第八十九条、第一百十五条、第一百十八条、第三十九条及《少年法》第四条），后者适用之范围广，有如下十种：（1）因大赦、特赦或减刑而免刑者；（2）未满十四岁之少年人；

(3)十四岁以上十八岁未满之少年人;(4)宣告一年以上惩役之犯人;(5)关于本法不为罪之行为,命令保安处分时之人;(6)假释出狱者;(7)习惯性或职业性轻罪犯不受保安处分时,更为犯罪而有习惯性,或职业性状态再度发现时之人;(8)定于各本条其他情形之人;(9)送致农业惩治场或工业场处分终了时释放之人;(10)违背常入酒肆及贩卖酒精饮料公共场所之禁止者;(11)习惯性沉醉者;(12)满二十岁时适用其他保安处分之少年人;(13)不供托金额或担保时之人(刑法第二一〇条、第二二一条、第二二三条、第二二四条、第二二五条、第二二九条、第二三〇条、第二三四条、第二三八条)。此外,两者又有不同之点,日本之保护观察及保护监视与保安处分分列,意大利之自由监视,合并于保安处分章内,余以为限制自由处分,亦为预防其犯罪之发生为目的,含有保安处分之性质,似以后者之立法例较为妥洽,1930年勃拉克国际刑罚会议,亦有如是之决议,我国《新刑法》第九十二条、第九十三条之规定从之;但不在本问题之范围内,故不详述。今为阅者易于明了起见,特将各国之立法例以图表明之:

(甲图)日本之二级制

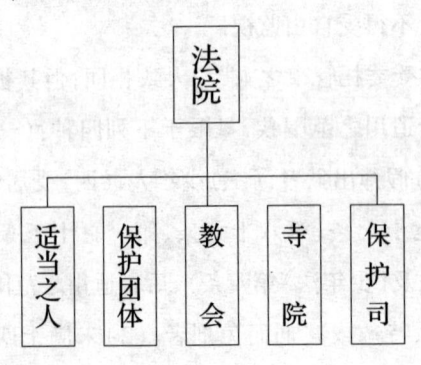

```
            法院
    ┌────┬────┼────┬────┐
  适当  保护  教   寺   保
  之人  团体  会   院   护
                        司
```

（乙图）意大利之三级制

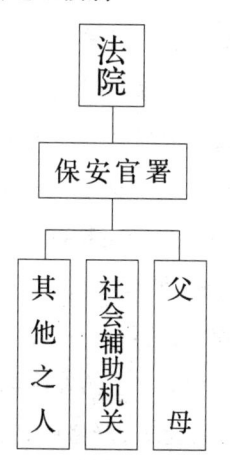

```
          ┌──────┐
          │ 法院 │
          └───┬──┘
              │
        ┌─────┴─────┐
        │  保安官署  │
        └─────┬─────┘
              │
    ┌─────────┼─────────┐
    │         │         │
┌───┴──┐ ┌────┴────┐ ┌──┴──┐
│其他  │ │社会辅助 │ │父母 │
│之人  │ │机关     │ │     │
└──────┘ └─────────┘ └─────┘
```

按上列各图，日本由法院直接委托于保护人观察，可名之二级制，意大利由法院交付保安官署监督，或再由保安官署交付于父母、社会辅助机关，或其他之人监视，可名之为三级制。我国《新刑法》第九十四条规定："保护管束交由警察官署，自治团体，慈善团体，本人最近亲属，或其他适当之人行之。"足知其采用《日本刑法改正案》之二级制矣（详丙图）。

（丙图）中国之二级制

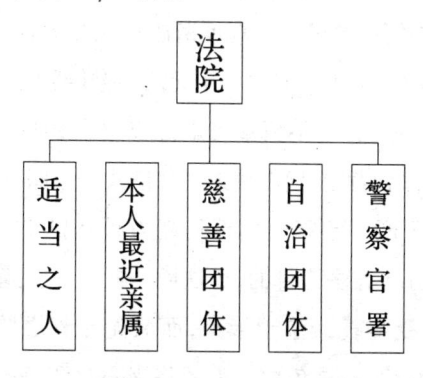

```
                ┌──────┐
                │ 法院 │
                └───┬──┘
                    │
    ┌──────┬────────┼────────┬──────┐
    │      │        │        │      │
┌───┴──┐┌──┴───┐┌───┴──┐┌────┴──┐┌──┴────┐
│适当  ││本人  ││慈善  ││自治   ││警察   │
│之人  ││最近  ││团体  ││团体   ││官署   │
│      ││亲属  ││      ││       ││       │
└──────┘└──────┘└──────┘└───────┘└───────┘
```

总而观之,二级制究不及三级制立法之妥洽,余以为二级制最大之缺憾,即在于无专责之监督机关。盖社会凡百事业,须有专责之监督者,然后能臻于完善,今二级制由法院直接委托于警察官署、慈善团体、自治团体,或适当之人而为管束。此等受委托之人,能尽其责,固无问题,不然,岂非失改善犯人之个性与预防犯罪发生之目的乎?例如少年犯,于一定期间,委托于亲属管束,若受委托人,为情谊攸关,不敢邃用职权,致惰于管束,仍然有不能达感化之遗憾。至于酗酒人不能戒绝酒癖,精神病人不能管束与医治,强制工作人不能使其工作,均能与上例发生同样之弊端,无异保护管束等于虚设矣;况又受委托之人,严格论之,并无有应尽之义务,亦为使受委托人惰于其管束之一因也。以此而观,上无专责监督之人,下者惰于其职,结果非仅不适于事实,抑且不合于刑事政策矣。试分述之:

(一)不适于事实　法律贵与事实相符,若法律与事实相背,不啻等于具文。试观我国现行刑法之少年犯,有令监护人、保佐人缴纳相当保证金,于一定期间内监督其品行,及命警察官署负假释管束之制,与《新刑法》之保护管束同其性质;然行之八载(自民国十七年以至于今),究有如何成效可言?真可谓法官视此为官样文章,受委托人对此亦似风吹牛耳,无异有法等于无法。今《新刑法》之保护管束,益扩充其适用之范围,若不慎重考虑加以改良,他日亦难免重蹈覆辙,致事实与法律相背驰,何能使人民共信共守也耶?

(二)不合于刑事政策　刑事政策为研究犯罪如何之发生,然后加以特别预防之方法为目的,今法院委托于他人管束,亦为特别预防之方法,若受委托人滥于管束,而又无专责之监督者,非仅不能改善犯人之恶性,亦难免被管束者将来不再犯,殊失刑事政策之本旨矣。

至于意大利之三级制，其能由法院委托于保安官署，使全负监督之责，再由父母，或社会补助机关，或其他适当之人分别辅助监视，在其中间已有专责监督之机关，可免受委托者惰于职务及被管束人不能达改善之弊，与二级制相比，已较胜一筹矣；然在吾国《新刑法》既经公布定期施行，已无改正之可能，惟有借司法行政之法规以救济之，试拟其办法并列图说明如下：

（丁图）新二级制

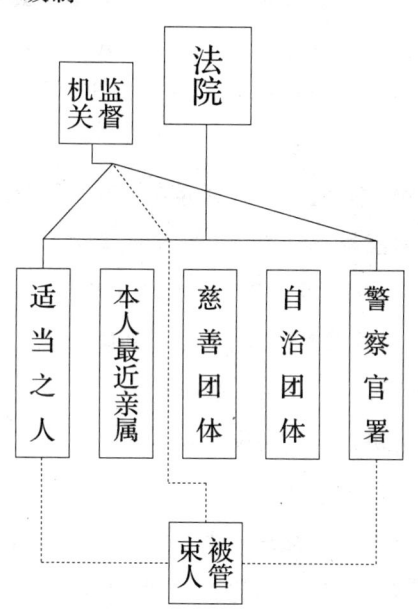

```
        ┌─────┐    ┌─────┐
        │监督 │    │法院 │
        │机关 │    │     │
        └──┬──┘    └──┬──┘
           │          │
      ┌────┴──────────┴────┐
      │    │    │    │    │
   ┌──┴─┐┌─┴──┐┌┴──┐┌┴──┐┌┴───┐
   │适当││本人││慈 ││自 ││警察│
   │之人││最近││善 ││治 ││官署│
   │    ││亲属││团体││团体││    │
   └────┘└────┘└───┘└───┘└────┘
              │
           ┌──┴──┐
           │被管 │
           │束人 │
           └─────┘
```

上图（丁图）由法院直接交付于警察官署、自治团体、慈善团体、本人最近亲属或其他适当之人行之，再由法院另设监督机关，专司监督被付管束之人与受委托管束之人，非仅足以改善犯人之个性；尤足以防受委托人之惰职，庶几合于刑事政策，不致保护管束等于虚设矣。惟此种制度，与日本不同者，即其保护司与其他之寺院、教会、保护团体及适当之人并列，与意大利之不同者，即其监督者直接由保安官署任之今。余所拟之制，一方足以济我国《新刑法》及《新刑事诉讼法》之穷，一方又足以适合我国之国情，实超出其两者之立法例，故称之为新二级制。至其监督之机关，应如何设置？其监督之方法，应如何规定？亦有说明之必要，试拟如下：

（一）监督机关　监督机关应以特别设置为宜；但查《新刑事诉讼法》第四百八十五条规定："依刑法第八十六条第四项，或第八十八条第三项免其刑之执行，第九十六条但书之保安处分，第九十七条延长或免其处分之执行，第九十八条免其处分之执行，及第九十九条许可处分之执行，由检察官声请法官裁定之。"似以检察官司其监督职务较合吾国法制。惟监督保护管束之检察官，应具有犯罪学、社会学、伦理学、医学及教育等常识，而又系毫无党派与政党之关系，不能使普通检察官充任之。故此等之人，实非由国家加以特别考试与特别训练不可，亦为有治法应有治人之重要问题。至于其他隶属于此等检察官之职员，亦应加以训练，使其明了保护管束之本旨。若此等之人，不具上述学识，无异使内科医生医治外伤者然，终非妥善之办法矣。美国假释局主持之长官，非具有此等学识，断不能充任，是其明证也。又监督机关之设置，每一地方法院之检察处，应设监督保护管束一科，倘管辖区域范围广大者，可每一法院之下，另设分办事处，直隶于保护管束之监督科。

（二）监督方法　科中之检察官及职员之人数视其情形而定，约每一监督之检察官，负责监督五十名被管束人，每星期须往访一次，每次则依管束规则作一报告。监督之检察官，每日须在簿上注明所访之人数，每星期作一总报告于保护管束之监督科。报告书内，应记载下列事项：

(1) 往访被管束人之人数；

(2) 往访被管束人之次数；

(3) 被付保护管束人之现状；

(4) 被付保护管束人之家庭状况；

(5) 被付管束人之移动；

(6) 被付管束人之品行；

(7) 被付管束人之管束困难问题；

(8) 被付管束人之犯法情形及其原因；

(9) 受委托管束人之尽责及其惰职；

(10) 受委托管束人之生活现状；

(11) 受委托管事人之人格；

(12) 其他。

监督人员除将监督经过情形作一总报告外，犹须将被管束人或委托管束人所书之每月行为表呈验。监督人负之责任，非仅限监督被管束人及受委托管束之人，并应援助被管束人介绍职业，解决财政之困难，及安慰与指导被管束人及受管束人之行为。

综上诸说，略举概要，虽未敢谓尽臻美善，然以一得之愚，于保护管束制度效果未始无相当之助。吾国以频年内忧外患，元气大伤，兼之水旱灾祲，国库不免时形支绌，一时遽谋普设全国各保安处分之场所，实属势不可能，倘稍一不慎，则訾议随之，欲设法以救其穷，惟有以保护管束之处分代之，亦治本之一良好办法也；但保护管束处分，不可不加以特别监督，若仅由法院委托于警察官署管束，则今之警政之幼稚及腐败，人所共知，何能负此全责？至于委托自治团体、慈善团体、本人最近亲属及适当之人，往往格于情谊，亦难免失职，数者皆不无流弊。总之在刑法上所规定委托管束之人，处现在中国文化落伍之国家，只可视为辅助之管束人，而不可以专恃彼等为良规。此种推想，虽似言之过当，然亦非毫无真理存在，不容言讳耳。古训有之，作事贵于谋始，苟不熟权利害，则利民者适以病民，窃恐利未睹而害已先呈矣。腾环之主张保护管束应设专责之监督机关，亦得症下药之方策，倘荷采纳刍荛，非仅维法治之精神，抑可大收新刑事政策之效矣。

附录二　南京孤儿院概况（录二十四年《中央日报》）

鳏寡孤独，这四种人，都是社会中最可怜而不幸的人，就中尤其是孤者，他们刚从娘胎里出来不久的时候，于人世纷华绮丽的滋味，丝毫还未曾尝受过，而就陷于悲惨严酷的境况之中，比既老而鳏而寡而独的人们，更为可怜，七十万人口的首都，像这类孤苦无依的孤儿，不知要占到多少。和平门外的私立孤儿院，下关三叉河的佛教慈幼院和白下路的贫儿院，总共这三院的孤儿，还不到七百个。至于那般未曾得着寄托而流浪在街头的，不知尚有几多倍呢？在前昨的两日，记者曾接连观光孤儿、慈幼和贫儿三院，现在就其所见所闻，分别的记在下面。

私立孤儿院

这所孤儿院在距离和平门外二里远的鬼神坛，主办人是一位南京旅汉的商界巨头陈经畲君，创办这所孤儿院的起因，远在二十年前。据陈君说，在民国四年时，参观了汉口的育婴堂，就想在南京同样的办一所，经彼陆续募到了六万块钱，因为自己在汉口干事，没有余暇回来，要想将这款子，捐到别项慈善事业上去，陈君的同学杨叔平君，反对此举，并甘愿牺牲自己的职业，负责经办一种社会所需用的慈善事业，商议的结果，遂决定办理一所孤儿院。于是在二十一年的六月里，始购得了和平门外北固山东麓荒熟地六十余亩,山地三十余亩,陈君自己除捐了五万元外,还捐了六百零七亩的田,并向外间经募了三万元,而杨君也自捐了三万五千元,于是在二十二年夏,开工建筑院房,次年的六月间,才完成,共用去了八万多块钱的建筑及设备等费,现在还剩十三万七千多元的基金。因为立案的关系,在去年十二月十五日,才正式开幕的。而收养孤儿在七月里就开始了,那时有孤儿一百二十人,现在又增加了几人,共一百五十八人。院长由陈君自任,院务主任是杨君,另外组织了一个理事会,理事长是仇倈之先生。

这院址所在的地名叫归仁塘,原名是鬼神坛,因这三个字,荒唐不经,改称为归仁塘。在归仁塘的一条支路,是直通大路的,原来是个土坡,建造院址的时候,为便于装运筑料才开辟成路,取名为安怀路,是取老安少怀的意思。院址既落成之后,加以铺砌,这条路就成为达院必经的山门大道了。走进大门,就是苗园,东北隅是体育场,苗园的南端,有一座十二尺高的纪念塔。园之四周,围着篱笆花辅竹园,荷塘鱼池都布置得很美观,长方形的院屋,虽属平房,可是建筑非常讲究。四间宿舍,放置一百多架一高一下的双人床,蓝色的棉被,折得整整齐齐,榻前一个木橱,是院生放置衣服用的,五个课室,每室的壁上悬挂着不同的标语和图画。工艺室四间,都是应用的工艺,如制鞋、缝纫、编制、针织等。院屋的后面,是蔬菜园,西边有石榴、蟠桃、柿、梅、桃等果树,占地很广,此外还有一所森林场和一个牧场。

留养孤儿的手续,须经过下面的几个程序,经申请人请求收养时,即派人调查孤儿的家境,然后检查体格,填具保证书,一切的手续完毕,即可入院留养。入院的头一天,沐浴更衣,再发给一切的生活用品。一百五十八个院生,最小的年龄是八岁,最高的是十三岁,他们的饮食,平日是吃蔬的,每餐一菜一汤,四个人共坐一桌,每十天开荤一次。院生的服装,一律是深蓝色的布棉袄裤法国式的便帽,布鞋线袜,看见生客的时候,就立在一旁,脱下帽子,一个九十度的鞠躬,彬彬有礼。一位教导主任、二位级任教师、一位农艺主任、三位事务员、一位女性的保育员,也都很朴实可风,不失教育界的本色。

佛教慈幼院

下关三叉河原属江宁县所管辖的,现在却划归市区了,出挹江门过了中山桥向着左边直进,渡过一条四丈阔的河面,那几方里周围地面的三叉河,各种店铺都有,成一个小镇市。杨子和大同面粉厂就设在那里,所以工人阶级要占到三分之二,吵架吃讲茶,以及其他妙事趣闻,时常会听到瞧得着,去年还闹了一桩人命案件呢。穿过横街越过一座水闸木桥,就到了佛教慈幼院。走进大门,是个广大的天井,靠左是一幢佛堂,供奉着一座丈余高的泥金如来大佛,办公室在佛堂的右厢房里,接待室就在院务主任卧室的外面,一张方桌,四根长板凳,壁上悬着几帧纪念照片。余轫初君是新接任的院务主任,据他说院内的经常费虽是由董事会按月拨给六百多元,但总觉得不敷,因而设备方面,未能完善,他一边说一边引着记者参观院舍,口字形的院舍,建筑还讲究,中间一个大花圃,沿着四周的走廊,是教室、工场、膳厅、礼堂和教师的寝室。院生的宿舍,在另外的一个院房里,百多架的小铁床,分置四间,床褥是用稻草铺垫的,上面盖着一块蓝布条单薄的棉被,有折叠的,也有散摊在床上的。宿舍的间壁是图书室,橱里有许多的儿童读物,可惜都是早年的出版物。院舍的左右前后,有很多的蔬菜园,此外却有大小八个放生池。

这所慈幼院,是当民国十二年的秋初,佛门闻人印光大法师,看到人生孤苦,是最堪怜悯的,于是怀着广我慈悲的宏愿,乃商之当地的巨绅魏家骅等数人,就下关三叉河法云寺放生池的余地,创设佛教慈幼院。于九月间在上海广仁堂组织了筹备会,次年稍有端绪,五月间又在上海功德林开了一次恳亲会,拉拢了百数十个董事,每个董事所自认的捐款和向外经募的捐款,经过几个月的努力,成绩很佳。十三年夏间开工建筑院室,翌年定工。十四年冬,即开始收受院生,那时仅有二十多个穷苦的儿童,十五年六月一日,才正式开幕。迨十七年增到一百二十个院生,现在却增至一百四十个。

据院定留养院生的章程,不一定是孤儿,只要家境贫苦,无力赡养,就可送去申请留养,但是保证书还是一样要保送人填具的。过去八年中,院生业满荐至商店或公司及工厂里去充学徒的,也有六七十人,商店都愿意收受他们,因为环境的关系容易驾驭。而学业满后,也有由家长领回去的。最感痛苦的,是几个无家可归而生性又愚笨的老童生,慈幼院就做了他们的养老所了。就记者所看到一般院生的衣服,殊不整洁,这样冷的气候,有几个还光着足呢,这也许是经费的关系。院生衣服上的肮脏,皮肤上的疮毒和头上的癞痢,都还希望余主任加以注意。因为是佛教的关系,所以他们长年茹素的每桌每餐一樽青菜汤,坐上八个人,记者临走的时候,他们正在晚餐。

贫儿教养院

白下路升平桥前上元县署址的贫儿教养院,谁都知道是革命先烈黄克强氏所创办的。据院史上的记载:该院创始在民国元年,当黄克强氏任南京留守的时候,军队从徐属一带携来几百个流离失所的灾童,黄氏看他们可怜,乃创设此院,本着民生主义的精神,教养他们,使之成为一个生产的国民。由黄夫人徐宗汉女士任院长,并指定上元署为院址,于是这数百个无告的孤儿,就由幽谷而得迁于乔木了。嗣袁氏称帝,癸丑军兴,黄夫人随着黄氏他去,院务的一切,就委托给周其永先生。周氏一本初志,惨淡经营,勉为维持,这时黄氏因病辞世了,黄夫人虽远在上海,而仍不时设法接济该院。民国八年,不幸院屋的一部,遭了回禄,精华尽失,且这时经费感觉得极困难,已成无米之炊,院务亦因有趋于停顿之象。十六年更糟,几至不可支持的地步,次年的秋间,黄夫人重来长院,极力加以整顿,并请暨南大学教授蔡乾九君任院务主任,抱着决心苦干硬干,自是而后,基础始得稳定,院务亦因之蒸蒸日上,以迄于现在。

大门外边的矮墙上,写着半工半读四个大字,门墙里边一大块的园地,栽着花木,因时在严冬,尽是枯萎的枝头,看不见鲜艳的花草。递了名片,站在寒风里吹了五分钟光景,训育主任张先生才出来接见,引导着参观。走进二门,一个大天井,当中是个纪念亭,胡汉民先生题有克强亭三字,里边有黄氏的遗像。沿廊第一室是藤竹班,院生手里不停的在编制藤器,已制就的桌、椅、几、篮、架等等,精巧结实,满满地堆在一边,他们的销路,大都是做批发生意的,也有顾主上门定购的,与市上比起来,这里较为便宜些,而货色并无轩轾。第二室是织巾班,七架机子,都在推动着,有的院生在拉着纱,做着纬。第三室是织袜班,十五架织袜机,一倒一顺的摇着,轧轧的声响,怪刺人耳鼓,刚从机上取下织就的袜子套上一个足型的木板,擦上一些白蜡,经过一度的熨烫,就是一双很平整美观的线袜。第四室是无线电班,一架发报机和一架收报听音机,二个院生,一发一收,正在练习。第五室是英文打字班,五架打字机,各据一桌,就旁边打就的字看来,技术上似乎已很纯熟了。第六室是缝纫班，因为没有生活可做，室门上了锁，从玻璃窗里望进去，只看到有十多架的缝纫机。第七室是西乐班，各种不同的西式乐器，很整齐的悬在架上，黑板上还写着乐谱，这里的西乐队，虽然是一般未成年的儿童，听说奏得到还不差。

课室在另一个院子里，与工艺室隔着一堵墙，级别自小学起至初中止，各项普通应用科目，是每个院生必修的课程。可是各种工艺，不一定每人都是学到的，须视院生的学力与智力，而分别施以训练。课室的前面，是一所大操场，墙壁上的标语，是健康生快乐，快乐生健康。转了一个湾，通过一条走廊，是一所病室，前后有小天井，侧面是花圃，幽雅清静，诊室、药房、疗养室，布置得很适宜，设备也完美，五张病榻；躺着四个有病的院生，只一张是空着，医生正在替他们细心诊察。图书馆在礼堂的后面，各种书籍搜罗的很多，儿童读物，也还不少。庭前挺立着一株古松，上面悬了一块长形标牌，写着"独立不倚"四字，这是院生的座右铭，也是人生的宝训。理化室陈列着各种的化验上应用的仪器，虽然未尽完备，但也够用了。女生宿舍，因闺阁重地，未便参观，男生宿舍，是用城砖建的三层楼屋，铁床上面铺着蓝色褥子和棉被，整齐清洁。

全院男女院生四百十个（内女生仅四十余人），年龄最低的八岁，最高的十九岁，在八岁以下的儿童，因为没有自顾的能力，所以是不收容的。照收录院生章程上所规定的，凡革命烈士的遗孤和一般赤贫无能力教养的子弟，都可以代为介绍，请求收录的；但患有肺病、先天遗传病、残废病和神经病的，是拒绝收容的。孤苦无家的贫儿入院之后，除却教养之外，而婚嫁的事情，也完全由院方负责办理的。此外如有富室佣工的子弟，主人若是愿意替他们造福，介绍入院教养，也是欢迎的；不过须要缴纳一些费用，待遇是一样的,可是较自由点。这种办法,院里是另订有定章的。

院生的饮食衣服用具,当然是由院里供给的,一日三餐,每餐一菜一羹,七天开一次荤,他们每天要吃到两担半的米。菜蔬是院生自己在农场里种的,有时也得向市上购点别的蔬菜调剂口味。衣服是冬棉夏单,春秋雨季是夹的,冬天还要加上一件棉大衣,年纪大的院生自己洗衣服,有专门洗涤的所在,年纪小的,就由雇用的老妈子给他们洗。一个月里面每个院生也能请假出来一次,不过要有家属或保证人的证明文件。寒暑两假内,也可以由家属领回去,惟在没有完成生活技能时,寒暑假是不准回去的,但在事实上回去的是少数罢了,这样的过着生活,也够舒适了。

院里对于每个院生,每月约需九块钱左右花在他身上,四百多个院生,总合起来,每月需四千多元。至于这笔经费的来源,财政部月给一千九百元,江苏省府一千六百元,市政府八十元,其余以工艺上的盈余和私人方面的捐输来弥补,政府的补助是已经固定了的,但捐助的款项,是不能预定的。在从前曾收到五百个教养的儿童,那时物价低贱,可是现在百物昂贵,一切开支都大了,所以经费方面,时常也感觉到困难,总希望社会上能多多的帮助,能使办理得更完善,并且更多收些贫寒的子弟才好。

附录三　南京第一区公所创设贫儿院(录《中央日报》)

京市贫民,据各区公所调查统计,占全市人数百分之六,关于贫苦儿童应受之初期教育,因经济地位不能均等,故绝鲜识字之机会。市府前据第一区公所呈请筹设贫儿院一所,收容贫苦失学儿童,名额暂定六十名,业经核准,由该所主持办理。因一区无适当地点,经与第六区商洽,择定海军部对面空场,建筑教室工厂。将来对收容贫儿,采取工读办法,俾养成生产技能,闻全部设置,需费万元,由一区地方筹集,最迟三月内即可兴工云。

附录四　泰安孤贫院概况(录民国二十四年五月十日《中央日报》)

泰安东关孤贫院成立于民国五年,创办人为该院院长美人安临来氏。安氏来华已二十五载,对该院一切设施,牺牲其个人财产精力,专为吾国孤贫无告之辈效力,其义举殊堪钦佩。历年收容之鳏寡孤独及残废贫民,为数颇众,均施以职业教育。孤贫男女生在该院毕业转升他校或为社会服务者,亦不在少数,该学各部计有面粉厂、电灯房、鞋科、织袜、针织、制衣、刺绣、缝纫、铁工、木工、染料等科,及农艺部、牛奶棚等,俾学生实习做工,将来足以自食其力。工厂各部向租与商人经营,合同规定原料由商人供给,其成品由彼出售,该院将所获余利,用以养活全院人口,近因商人资本有限,更遭逢不景气之打击,以致不能履行合同,遂使该院各工厂全部停顿,而连带造成数百人之生活恐慌。该院现拟筹款十万元,恢复各部分工作,兹录其筹款及支用计划如次:

"孤贫院最急切而最需要的就是经济的援助,目下必须筹妥国币十万元,然后各工厂都能恢复工作,而全院几百口人,才有吃饭的保障,否则只有结束起孤贫院的工作,而使社会上平添如许分利分子,无形中增加社会不安的因素。

在这十万元中,拟以四万作购买各工厂原料之用,如小麦、棉纱、毛线、木料、染料等等,并且为扩大生产计,许多地方需要急切的改进,完成这种改进所需之款项,也就从这四万中开支。年来为扩充院址、购买田产、建筑房舍及采办机件等项所需之款而负的债务,预定以四万元清偿之,尚余两万元将永久作为基金,存储银行生息,以备不时之需。关于此款之筹措,本院一方面向国内各慈善家及慈善团体呼吁，另一方面，请求国民政府设法援助，必须达到目的后，才能努力地办理这个为社会所需要的孤贫院。"

附录五　上海慈善团体之调查

中国救济妇孺总会

上海普益善会

同仁保安堂

上海慈善团

上海联益善会

闸北慈善团

沪南慈善会

上海联义善会

同仁辅元堂

上海广益善堂

沪南位中善堂

灵学会盛德善社

至善圣会

上海残废院

上海新普育堂

普善山庄

上海育婴堂

私立上海贫儿院

沪北栖流公所

上海济心会

妇孺教育所

觉园佛教净业社慈善部

上海一善社

上海孤儿院

浦东公所

仁济善堂

公济堂

仁济育婴堂

附录六　中国十八省慈幼事业概况表（录二十三年《政治评论》第一三一号）

省　别	孤　儿			育　婴		
	机关数目	救济人数	经费总计(元)	机关数目	救济人数	经费总计(元)
江　苏	34	1,407	72,090	64	5,195	186,885
浙　江	21	1,440	98,394	110	12,155	269,307
江　西	1	143	14,000	40	2,279	30,428
湖　北	1	14	1,050	14	471	8,542
湖　南	13	599	29,610	78	5,930	223,804
云　南	2	110	19,583	4	30	3,900
福　建	3	138	11,052	10	406	5,928
广　东	3	482	45,923	18	299	18,225
河　南	3	277	8,527	2	55	7,616
河　北	17	——	2,440	9	——	1,000
山　西	4	61	4,300	26	1,264	26,677
辽　宁	2	131	10,000	2	71	5,000
吉　林	1	62	——	2	46	500
黑龙江	——	——	——	——	——	——
热　河	——	——	——	——	——	——
绥　远	3	83	——	7	215	616
察哈尔	1	40	4,250	1	24	264
新　疆	——	——	——	——	——	——
总　计	109	4,987	321,219	1,287	28,440	788,687

附录七 上海慈幼机关之分析(录二十三年《政治评论》第一三一号)

项目名称	职员人数			经济状况					被救济人数			年龄分配		
	性别		共计	收入				支出	性别		共计	1—10	11—20	20以上
	男	女		固定	捐款	学费	共计		男	女				
信德社	1	4	5	—	—	—	10,000	10,000	16	60	76	31	45	—
聋哑学校	4	4	8	—	—	—	7,000	7,200	43	19	62	16	26	20
抚育工儿院第一院	1	1	2	—	—	—	1,200	1,200	16	64	80	—	—	—
抚育工儿院第二院	3	4	7	—	20,000	—	20,000	20,000	—	—	500	—	—	—
南洋烟草公司托儿所	1	2	3	—	—	—	1,200	1,200	—	—	25	—	—	—
慈幼协会慈幼团	×	2	2	—	—	—	1,500	1,500	19	18	37	37	×	×
上海慈幼教养院	4	3	7	—	—	—	12,000	12,000	57	21	78	—	—	—

续表

家事学校及培公小学	×	6	6	—	—	—	4,800	4,800	—	—	50	24	26	×
贫儿院	13	4	17	—	—	—	24,863	22,947	391	61	452	—	—	—
新普育堂	—	—	—	—	—	—	—	—	35	85	120	—	—	—
仁济育婴堂	6	40	46	18,000	2,000	—	20,000	20,000	—	—	130	130	×	×
贫儿教养院	17	3	20	45,000	—	—	45,000	36,000	312	—	312	5	245	×
幼稚园婴儿园	×	2	2	—	—	900	900	900	3	2	5	5	×	×
育童学校	10	4	14	—	—	—	29,689	27,671	63	18	81	—	—	—
普益习艺社	9	×	9	—	—	—	8,640	8,640	120	×	×	—	—	—
新普育婴堂	—	—	—	—	—	—	—	—	350	85	435	—	—	—
统计	69	79	148	63,000	22,000	900	186,192	173,858	1,425	433	2,563	248	342	20
各项百分比	46.6	53.4	100								100			

第二项 驱逐出境

驱逐出境,或名之为追放国外,或名之为放逐国外,或名之为驱逐处分,虽其名称不同,而性质则一。所谓驱逐出境者,即对于外国人除科刑之外,认对社会犹有危险性时,得将其驱逐本国领域之外是也。

第一款　各国立法

（意大利）

保安处分于本国领域内之外国人,亦适用之。

但外国人适用保安处分,不妨害公安法律上由国家领域之驱逐。（第二〇〇条）

除法律明文规定情形外,外国人被宣告十年以上惩役,法官得命令驱逐于国家领域外。

行政官署公布公安法律上驱逐命令之轻罪制裁,适用于违背法官宣告驱逐命令之外国人。（第二三五条）

（奥地利亚）

外国人在国内犯罪,与公共秩序有危险之虞时,法院得将其人追放之于国外。（第四十条）

（德意志）

《1927年刑草》

外国人被处自由刑者,以其人在留于内国,对于他人及一般治安有危险为意味时,裁判所得至裁判有确定力后六个月以内,宣告追放之于帝国外。

上揭期间,其人受刑罚执行之期间,及被相当官宪监置于一定设施内之期间不通算之。

上揭宣告,除法律上有特别规定外,得附于三月以上之自由刑为之。

对于外国人许其或命其收容于治疗所,或看护所,收容于饮酒治疗所,或饮食节减所,及收容于劳动场,或保安监督时,得追放其人于帝国外以代替之,或另为宣告被追放者,无故再来内国时,得执行处分,适用第六十三条。(第六十四条)

《1934年刑法》

外国人被处三月以上之刑,其人在国内从来之行状,对于他人或一般之保安上有危险性之场合,法院得宣告行政官厅于裁判确定后六个月以内放逐之于国外。

对于外国人为保安矫正之自由拘束处分或命去势之场合,行政官厅,得于裁判确定后六个月以内,将其人放逐于国外。

以上期间,除其刑之执行,及其他因官署命令受自由拘束之期间而计算之。

(苏俄)

惩治矫正之社会防卫处分如下:

(一)褫夺苏俄并苏联之国籍,驱逐国外,并为勤劳民之敌之宣告;

(二)(略);

(三)(略);

(四)(略);

(五)(略);

(六)有期驱逐于苏联国境之外;

(七)驱逐于苏俄领域外,或指定居住地,逐居于指定地内,或不指定居住地,或划出一禁止居住之处所,逐居于禁居地外,或不划定禁居地;

以下(八)(九)(十)(十一)(十二)(十三)(十四)各款从略。(第二十条)

连褫夺国籍之勤劳民之敌之宣告,并苏联领域外之驱逐处分,以无限之场合为限。(第二十七条)

苏联苏俄国境外之驱逐处分,或在领域内指定居住地之驱逐处分,或划出一禁止居住地禁其居住之驱逐处分,或无此等限制之驱逐处分,裁判官于犯人之犯罪关系上,如认为留置其地于社会有危险时,得在五年以下之期间内适用之。

前项驱逐处分,如以作自由拘束处分之附加刑适用时之驱逐期间之开始,应自拘束自由期满日起行之。(第三十五条)

苏联苏俄领域外之驱逐处分,得在各联邦共和国共通之特别规定范围内,依照其手续行之。(第三十六条第一项)

(中国)

外国人受有期徒刑以上刑之宣告者,得于刑之执行完毕或赦免后,驱逐出境。(第九十五条)

第二款 比较研究

(一)各国驱逐出境宣告要件之比较研究

驱逐出境之要件,在各国刑法上规定略有不同,然总而观之,其大致则一,惟其差别之点,即在于要件之详略与轻重不同耳,约举下列四种以说明之:

(甲)宣告徒刑者 意大利1930年之刑法规定,除法律明文规定情形外,外国人被宣告十年以上之惩役,得命令驱逐于国家领域外。德意志1927年之刑草规定,外国人被处自由刑者,1934年之刑法规定,外国人被处三月以上之刑者,将其人放逐于国外,中国1934年之刑法规定,受有期徒刑(二月以上)以上刑之宣告者,得驱逐出境。其中以意大利为最宽,中国为最严,余以为既有驱逐处分之规定，似以严为妥。但我国《新刑法》规定，据弘之先生之言论有不满之处，他云："且法文上限定以被处有期徒刑以上刑之执行者为限，然有期徒刑之最低度为二月，拘役之最高度得加至四月（第三十三条第三款、第四款），刑之本质上，虽拘役较徒刑为轻（第三十五条第一项），在宣告刑期上观察，仍复重轻互见，今以被处徒刑之犯人为限，对被加处拘役刑期较长于最低度徒刑之人，不予一律适用，其结果相差之巨，两相比拟，不免有失平之感矣！"此种论述，在刑期上长短为着眼，固属有理，然徒刑与拘役之性质究截然不同，盖徒刑以有恶性者而科之，其刑期之长短，视其恶性而差异。拘役则不然，其科处之原因，大概在犯罪出于偶然，或其情节甚轻微者，虽被科处拘役刑，亦不生累犯之问题。今弘之先生以刑期上之长短而立论，终难胜过于以刑之性质为标准之理也。

（乙）对社会有危险性者　奥地利亚1909年之刑草规定，与公共秩序有危险之虞时，得将其人追放之于国外。德意志1927年之刑草规定，对于他人及一般治安有危险为意味时，宣告追放之于国外。1934年之刑法规定，对于他人或一般之保安上有危险性之场合，法院得宣告放逐于国外。苏俄1927年之刑法规定，如认为留置其地于社会有危险时，得适用苏联苏俄国境外之驱逐处分（苏俄驱逐处分不限于外国人，则本国人民亦受驱逐之处分。）惟中国新刑法独无此种规定，不免有缺憾之感矣。

（丙）刑之执行或赦免后　对此要件，无论德意志、意大利、苏俄及中国均有类似之规定；但德意志刑法略有不同，其放逐处分，须于刑之执行后六月内放逐之，比较其他各国周密多矣。

（丁）外国人　除苏俄刑法内国人与外国人受同等之适用外，余如意大利、奥地利亚、德意志、中国均以外国人为要件。

(二)驱逐出境得替代其他保安处分之研究

对此问题,查世界各国之立法例,大别之可分为二种:

(甲)刑法上有明文规定得替代其他保安处分者　此种立法例,如德意志1927年之刑草第六十四条规定:"对于外国人许其或命其收容于治疗所,或看护所,收容于饮酒治疗所,或饮食节减所,及收容于劳动场,或保安监督时,得追放其人于帝国外以代替之。"又1934年之刑法规定:"对于外国人为保安矫正之自由拘束处分,或命去势之场合,行政官厅得于裁判确定后六个月以内,将其人放逐于国外"。以此观之,驱逐处分除对于社会有危险者而宣告外,犹能代替其他之保安处分。

(乙)刑法上无明文规定得替代其他保安处分者　此种立法例,如奥地利亚1909年之刑草,意大利1930年之刑法,及中国1935年之刑法,均无驱逐出境处分得以替代其他保安处分之立法。

总观以上两种立法例,前者较为周详,足称立法上之完善。盖各国刑法之效力,均采属地主义为原则,属人主义、保护主义为例外。所谓属地主义者,即凡于国内犯罪者,不问其人之国籍为内国或外国,均当适用本国之刑法(有治外法权者例外)。如我国《新刑法》第三条规定:"本法于在中华民国领域内犯罪者,适用之。"知其在国内犯罪者,不论外国人内国人皆适用本国法,又可知外国人对于感化教育、监护、强制工作、保护管束及强制治疗各种保安处分,均得适用;但认其人对社会危险性较重者,得宣告驱逐出境。足证对于其他之保安处分得以驱逐处分替代之立法实为不可缺少。况又各国刑法均规定须受徒刑之宣告而认其对社会有危险性者,得宣告驱逐处分。如意大利规定十年,中国规定受有期徒刑以上刑之宣告者是。以此观之,非受徒刑之宣告者,不得适用驱逐处分,然保安处分中亦有不受有期徒刑者(如未满十四岁人),若无驱逐处分得代替其他保安处分之规定,岂非此等之人,断不能适用驱逐处分矣。故欲救济此种之弊端,亦非有驱逐处分得代替其他保安处分之立法不可。我国《新刑法》对于此项未加以规定,殊为立法上之遗憾。

第三项　丧失公务员资格

我国《旧刑法》第十七条规定:"称公务员者,谓职官吏员及其他依法令从事于公务之议员及职员。"《新刑法》第十条规定:"称公务员者,谓依法令从事于公务之人员。"本节所谓丧失公务员资格,即指丧失上列各种人员之资格而言也。

第一款　各国立法

(苏俄)

凡褫夺公权私权者,丧失下列各项权利:

(一)选举权被选举权。

(二)因选举而得就公共机关职务之权利。

(三)就国家勤务之权利。

(四)名誉称号之权利。

(五)亲权。

凡褫夺公权私权得指定上列各项之全部或一部分。(第三十一条)

褫夺权利,不得逾五年以上。

宣告自由拘束之附加刑之褫夺权利时,在自由拘束期满后

仍得适用。(第三十二条)

第三十一条一、二、三各项之权利丧失,应一并褫夺其劳动章、赤旗章;但此时裁判官应将情形通报苏联中央执行委员会干部会,或各该联邦共和国之中央执行委员会。

佩戴徽章及名誉称号权之褫夺,以裁判官之判决定之。(第三十三条)

凡宣告一年以上拘束自由之刑时,裁判官即应审核权利褫夺问题;又一年以下社会防卫处分之判决,不得褫夺权利。(第三十四条)

(瑞士)

《1893年刑草》

累犯而受保管者,在保管时或保管释放之后,十年以内,停止其国民之名誉能力。

在外国曾受惩役宣告之瑞士人,得依联邦检事局之申请,于二年至十年以内停止其国民之名誉能力。

被禁锢宣告者,于法律规定之场合,得于执行刑罚时日内,及自禁锢场释放以后,一年至五年停止其国民之名誉能力。

以劳役代禁锢者,判事亦得为此处分。

被停止国民名誉能力者,即丧失投票及选举被选举为职官或现在之官职,及服兵役义务种种之能力。(第三十二条)

(中国)

《1933年刑法修正案初稿》

宣告死刑或无期徒刑者,宣告丧失公务员资格。

宣告六月以上有期徒刑,依犯罪之性质认为不宜于服公务者,宣告一年以上十年以下丧失公务员资格。

因过失犯罪者,不得宣告丧失公务员资格。依第一项宣告丧失公务员资格者,自裁判确定时发生效力。依第二项宣告丧失公务员资格者,自刑之执行完毕或赦免之日起算。

有二以上丧失公务员资格之宣告者,仅就其中最长期间执行之。(第八十五条)

第二款　本项研究

丧失公务员资格,为褫夺公权中之一,我国《旧刑法》本列入从刑中,民国二十二年《刑法修正案初稿》,将其移订保安处分章内。查阅各国刑法,对于此种立法例,殊鲜所见,虽瑞士1893年之刑草,及苏俄1927年之刑法有列入刑与保安处分章与社会防卫处分内,然其两国之刑法,与各国之立法例有截然不同之处,盖《瑞士刑草》将刑与保安处分并合一章,《苏俄刑法》根本上无刑罚与保安处分之别,视二者均为社会防卫处分。故无丧失公务员资格为刑罚抑为保安处分之问题矣;但在采刑法二元主义之国家,确有研究之价值,试举我国各刑法学者对于《修正案初稿》持反对论者之理由如下,俾供留心此问题者之参考:

王觐先生谓:"修正案初稿,将丧失资格与没收,规定于保安处分章中,谓没收与丧失资格,为保安处分之一种,实则丧失公务员资格,与现行刑法褫夺公权相当,不过褫夺公权,系褫夺(1)为公务员;(2)依法令所定之中央及地方选举为选举人及被选举人;(3)入军籍;(4)为官立公立学校职员教员;(5)为律师之五种资格,而此仅为现行刑法褫夺五种资格之一种,其适用范围,亦不如褫夺公权之广泛而已。丧失公务员资格,目的在于剥夺犯人之荣誉,即一般学者所谓名誉刑,与为保全社会安宁所科之处分(保安处分)有别。就注重防卫社会之一点言之,保安处分之性质,固与刑罚相同,然而不能谓保安处分即刑罚,职此,似应将丧失公务员资格一项,规定于刑之种类之中,较为适当(中略)。1932年《日本刑法草案》,亦有保安处分一章,规定保安处分四种,刑罚十一种,不以丧失资格与没收为保安处分,以之为刑罚之一种者,即此。《苏俄刑法》,将剥夺公权、剥夺私权、没收置诸社会防卫处分之内,我《刑法修正案初稿》,仿《苏俄刑法》,将丧失资格与没收定为保安处分,似亦未为不可?实则《苏俄刑法》,将各国所谓"刑罚",一律名曰社会防卫处分,社会防卫处分不以没收与丧失资格二者为限,举凡自由拘束、放逐国外、免职、公开谴责、罚金、训戒等,均规定于社会防卫处分之内,我《刑法修正案初稿》,当然不能以《苏俄刑法》定丧失资格、没收为防卫社会处分,即认为丧失资格、没收为保安处分也。"(详见《法律评论》第五百三十六、五百三十七期合刊之《我对于刑法修正案初稿几点意见》)

  孙潞先生谓:"按保安处分与刑罚有无区别?学说上原有争论。本法既将两者分别规定,似不妨划清界限。凡以防卫社会及保护人格为目的,使被告与社会隔离之处分,均列入保安处分。其单纯剥夺被告法益之处分,则仍属刑罚范围,庶不致有混淆。本法第七十七条之感化处分,第七十八条之监护处分,第七十九条、第八十条之禁戒处分,第八十一条之强制劳动处分,第八十二条、第八十三条之保护管束处分,第八十四条之驱逐处分,均与上开目的相合,其应属于保安处分之内,自无疑义。惟丧失公务员资格,及犯人所有物之没收,既系就被告享有公权及财产权予以剥夺,似仍应列为徒刑,以示刑事制裁之一种(中略)。再丧失公务员资格,如认为保安处分,则如律师、医师、药剂师、产婆、轮船汽车之司机人,以及其他足生公共危险之执业人,遇有业务上之犯罪,亦应有丧失资格之规定(参照《日本刑法改正案》第三十八条),始足以达保安之目的,似又不应专就公务员资格一点,特别重视也。"(详见《法律评论》第五百四十二期《对于刑法修正案初稿之意见》)

江镇三先生谓:"《修正案初稿》,于保安处分章内,规定处分,有丧失公务员资格与没收二种。丧失公务员资格,与现行刑法褫夺公权无异,不过褫夺公权的五种,而此则仅为现行刑法褫夺公权五种资格中之一种而已。夫丧失犯人公务员资格,目的即在剥夺犯人之公权,学者所谓处以名誉刑是也。与保安社会安宁所科之保安处分,究属有别。就现行刑法防卫社会之一点观察,保安处分之性质,固与刑罚相同,然而毕竟不能视保安处分即刑罚。故应将丧失公务员资格一项,规定于第五章刑之种类之中,方为适当(中略)。试再征之1932年《日本新刑法草案》,亦有保安处分一章,并未将丧失公务员资格与没收列入该章内,即其明征也。"(详见《法轨》第二期《我对于刑法修正案初稿之意见》)

俞钟骆先生谓:"没收与丧失公务员资格,在现时刑法同属从刑。《修正案初稿》以之划为保安处分。于是刑之种类,不分主从。但以保安处分言,顾名思义,仅为刑事政策上减少犯罪危险性之处分,初不含有"罚"之意味。而国家以其权力对于特定之人,以裁判方式宣示其于一定期内不能享有公务员之资格,或从而夺去其在私法所得享受之物上权利;皆为"罚"的制裁,非基于预防犯罪之观念所发生。不视为刑,而改称为保安处分。此其改革未见有何必要。鄙意宜仍从其旧,以丧失公务员资格,及没收两者定为从刑,免涉无谓更张。如上说明,《修正案初稿》第十二章保安处分各规定,仅有保护管束,与得代以保护管束之感化教育、监护、禁戒及强制工作,暨驱逐出境等处分,合于保安预防之意义。而丧失公务员及没收两项,其性质既属从刑;仍当在第五章刑之规定内,量予增并。固不可与保安处分混为一谈。"(详见《法学丛刊》第二卷第六期《刑法修正案之保安处分》)

据上论述,丧失公务员资格,确为剥夺个人法益(刑罚),非保安处分也。故我国《新刑法》仍改列刑之种类章中,视为刑罚之一种。目下视丧失公务员为保安处分之立法,已暂难立足于社会矣。

第四项　善行保证

善行保证,或名平和保证,或名保证品行,或名改善保证,或名保证善行,或名善良保证,其名称虽略有不同,而意义则一。所谓善行保证者,即对于受罪之宣告,或受刑之执行或免除者,尚认为对社会有危险性时,法院命其缴纳相当保证金,以保证其善行也。

第一款　各国立法

(意大利)

除法律有特别规定外,对物保安处分如下:

(一)善行保证。

(二)没收。

第一百九十九条、第二百条第一项、第二百零一条第一项、第二百零五条第一项及第二项第三款,于对物保安处分,亦适用之。第二百条第二项、第三项,及第二百十条之各项规定,除没收情形外,于对物保安处分亦适用之。

第二百零二条、第二百零三条、第二百零四条第一项及第二百零七条之规定(以上各条详见第一编第十章),于善行保证亦

适用之。(第二三六条)

善行保证,应供托于罚金基金一千里耳(意国币名)以上,二万里耳以下之金额。

供托保证许提供以抵当方法之担保,即以连带担保提供亦应许可。

该保安处分之期间,不能少于一年,或多于五年,其期间以交付保证日开始。(第二三七条)

不供托金额,或担保时,法官得以自由监视更易保证。(第二三八条)

在保安处分中,本人不犯法律上规定拘役刑重罪或轻罪,得命令退还供托金额,或撤销抵当,其担保消灭,否则供托之金额或担保移转于罚金基金。(第三三九条)

(瑞士)

《1893年刑法草案》

人所欲犯之罪,将有实行之危险者,又其人因对于生命身体名誉之罪已被宣告,尚恐其再犯之者,判事得勒令允诺,或出相当之担保,以后不复犯罪,因此之故,得抑留之。若不肯允诺,或以恶意于一定期间之内不肯供与担保者,得置之拘留场,使允诺或出具保证而后已,惟其期间不得过六月。既经允诺或其有担保之后,二年以内犯罪,则担保归于国家,不然,则还诸供与之人。(第三十七条)

(日本)

就惩治或禁锢宣告刑之执行犹豫者,遇有必要时,得于其犹豫期间内,将本人付保护观察,或对之为保证善行,命其为相当金额或有价证券之提供,于为执行犹豫后,认为必要时,亦同。

前项之处分,因其情事,得随时撤销之。(第七十七条)

撤销刑之执行犹豫之宣告者,得没收已提供之善行保证。

于前项情形,未为没收处分之善行保证,应返还之。(第七十九条)

以上各国之立法,意大利列入于保安处分章内,瑞士列入刑与保安处分章内,日本则不然,将其规于刑之犹豫及罪之免除章中,否认为保安处分。此外法兰西1932年之《刑法预备草案》,古巴1926年之《刑法草案》,在保安处分章内,亦均有类似之明文规定。

第二款 比较研究

善行保证之立法例,有列入于保安处分章中,有列入于刑之犹豫章内,各有不同,在前款已有论及,毋庸另赘,兹所应比较研究者,有如下数点,试分述之:

(一)不供托金额或担保时之更易 《意大利刑法》,认不供托金额,或担保时,法官得以自由监视更易保证(意刑法第二三八条)。《瑞士刑草》,认为若不肯允诺,或以恶意于一定期间之内不肯供与担保者,得置之拘留场,使允诺或出具保证而后已(第三十七条)。后者之更易,比前者之更易较为严,因自由监视之性质仅为限制自由,非如拘留场之剥夺自由也。

(二)适用范围之广狭 意大利之善行保证,其适用之范围,凡关于习惯性,或职业性,重罪犯,或犯罪性癖者致送于农业惩治场,或工业场执行终了时,恐释放后,仍有再犯之虞者,及对于犯法律上不论罪时,或不应处罚,或不应归责者,而认为社会有危险时均得适用之(意国刑法第二百零二条、第二百零三条、第二百零四条、第二三六条参照)。瑞士之平和保证,其适用之范围,对于人所欲犯之罪,将有实行之危险者,又其人因对于生命身体名誉之罪已被宣告，尚恐其再犯之者均得适用(《瑞士刑草》第三十七条)。日本之保证善行，其适用之范围，则限于就惩治或禁锢宣告刑之执行犹豫者方得适用之(《日本刑草》第七十七条)。是意大利之适用范围广，瑞士次之，日本为最小。

（三）供托金额之返还及担保之消灭　《意大利刑法》，认在保安处分中，本人不犯法律上规定拘役刑重刑或轻罪，得命令退还供托金额，或撤销抵当，其担保消灭。《瑞士刑草》，视其二年以内不犯罪者，则还诸供与人。《日本刑法改正案》，认为刑之执行犹豫期间内未撤销者，其善行保证，应返还之(意国刑法第三三九条、《瑞士刑草》第三十七条、《日本刑草》第七十九条参照)，此点各国大致相同。

此外，关于在善行保证之期间内，若再为犯罪，则供托金额，或提供担保，归于国家，各国亦均有同样规定，惟其差异之点，即在于名词。如意大利谓移转于罚金之基金，瑞士谓担保归于国家，日本谓没收处分。余以为意之认为罚金之基金，殊与保证之本旨相背，并与罚金之性质不合。瑞之认为归于国家，失之于广泛，致成无专用之名词。日之认为没收，亦与没收之本旨不合。较为妥洽者，应以"没入"两字名之。非仅合于事实，亦为适于法理矣。

善行保证之制度，在1930年勃拉克国际刑罚及监狱会议，亦公认为保安处分中有效者。我国《新刑法》无明规定，则可于保护管束中补充之。

第五项　去势

危险风俗犯罪人之去势(Entmannung gefahricher Siulichkeitsverbrecher)，为德意志 1934 年创制之保安处分，实开保安处分中之新纪元。兹录其法文如下：

"法院对于裁判时已达二十一岁而被认为危险之风俗犯罪人者，得于刑之外命去势：第一，曾犯强制猥亵，对小儿猥亵或强奸（刑法第一七六条乃至第一七八条）罪，或因性欲之刺激或满足，为公然猥亵行为之罪（刑法第一八三条），或伤害罪（刑法第二二三条乃至第二二六条），被处六月以上之刑，更因犯与前同样之罪而被处刑，被认为危险风俗犯罪人时；第二，犯二个以上之罪，被处一年以上之刑者，虽以前未被处刑，亦被认为危险风俗犯罪人时；第三，因性欲之刺激或满足，而犯谋杀或故杀被处刑者皆得科之。关于上述之罪，纵在外国受裁判之场合，亦与在国内为之者同论。"

上列法条，在本编第一章之危险风俗犯内，已解释甚详，毋庸另赘。于今所应研究者，何谓去势处分？及去势之制度是否为空前之制度？

所谓去势者，即去其生殖机能也。生殖机能，依生理学之解剖，男女各有不同，其在外部则男子有阴茎、有肾囊，而在女子则有大阴唇、有小阴唇、有阴核、有阴户等。其在内部之不同者，在男子则有睾丸、精囊、精管以及摄护腺，在女子则有阴腔、子宫、卵巢、喇叭管等。去势即男子去其睾丸，女子去其卵巢，因男子思色，女子思春，睾丸与卵巢有莫大之关系，若睾丸与卵巢割去，则失中枢之刺激性，致阴茎、阴户不能勃起，呈交接不能之景象，如果足以防其危险风俗矣（查各国刑法强奸罪之主体以男子为限，德国之去势处分当然仅及于男子矣）。

去势处分，在现代观之，均称为新奇之立法制度，然考吾国史籍，远在四千余年以前则有此制，即宫刑是也，又名为腐刑，又名下蚕室。始于唐尧,《尚书吕刑》宫辟注云:"宫淫次死之刑也"。郑注《周礼》云:"男女不以义交者其刑宫"。《贾疏》云:"男女不以义交者其刑宫者,以义交依六礼而婚者,"《周礼》云:"宫者守内",其时之宫刑系处置性交不以义合之刑也。《周礼正义》云:"宫者丈夫则割其势,女子闭于宫中,若今窨男女也。"降及春秋,刑宫者不必尽属不以义交者,如晋韩宣子如楚,楚子欲宫宣子之辅羊舌肸(见《左传》)。至齐桓公时,又开自宫之风,如韩非子载云:"竖刁自宫而诒桓公",及秦始皇以宫刑者七十余万人作阿房宫(见《史记》),则当时之受宫刑者,实足令人惊心。至汉文帝除肉刑,而宫刑不易,后汉光武建武二十八年十月,诏死罪囚俱下宫,建武三十一年秋诏令死罪系囚,皆一切募下蚕室,其女子宫(见《后汉书光武本纪》)。至南北朝亦间有采用,及唐始废,自后如明定阉禁例不许自宫,《明会典》云:"成祖永乐二十二年,令凡自宫者以不孝论。"《大清会典》云:"顺治三年定凡有私自净身者,本身及下手之人处斩,全家发边远充军,两邻及戚家不举首者,一并治罪,有司里老人等仍时常察访,如或容隐,一体治罪。"以此观之,去势处分之立法例,在吾国早已发达,其适用不以义交之风俗犯尤为最古,今德意志之去势处分,不啻抄袭我国四千余年以前之刑法制度,真可谓逆流野蛮时代之威吓思想也,其法之不合于现代之刑事政策,何待言哉!

第六项　酒铺禁例

酒铺禁例。或名之为常入酒肆及贩卖酒精饮料公共场所之禁止。即因饮酒精之饮料过度而犯罪者,得宣告禁止其人出入酒铺,以免其再犯之谓也。

第一款　各国立法

（瑞士）

《1893年刑草》

因饮酒精之饮料过度而犯罪者,判事对于此罪责之人,得禁制其人一年至五年之期间以内不得出入于酒铺。（第二十七条）

《1908年刑草》

基于习惯之饮酒犯罪,被处自由刑,推事认为有治疗之希望者,收容于酒癖治疗所。其已治愈者,命其即时退所；但无论如何情形,经过二年后应放免之。在退所以前,由法院裁判其应付执行刑罚,及于如何之期间执行之。法院对于习惯饮酒之负责无能力人,为无罪之宣告者,亦命其收容于酒癖治疗所。犯罪之原因基于暴饮者,推事得禁止其出入于饮食店。（第二十三条及第四十五条）

（意大利）

常入酒肆及贩卖酒精饮料公共场所之禁止,最短期间为一年。

受习惯性沉醉之宣告人,或有沉醉性习惯状态而犯罪者,处刑外,应附加上述之禁止。

在违背情状,得命令附加自由监视,或善行保证。（第二三四条）

第二款　比较研究

酒铺禁例者,即因暴饮过度而犯罪者,得禁止其出入酒铺之谓也。盖暴饮过度而犯罪者,若任其出入酒肆,难免不重蹈覆辙,再犯罪刑，故国家为防卫社会计，应将此等之人，禁止其常入酒肆及贩卖酒精饮料公共场所。

酒铺禁例处分人之适用，瑞士与意大利之立法略有不同，今先述瑞士与意大利对酗酒人适用保安处分之分类如下：

（甲）瑞士

（一）暴饮或饮酒过度者适用酒铺禁例处分。

（二）基于习惯之饮酒为无罪或有罪之宣告者，适用酒癖治疗所。

（乙）意大利

（一）因酒精慢性中毒故意犯轻罪或重罪者，收容于治疗所及监护所。

（二）因酒精慢性中毒而宣告无罪者，收容于刑事精神病院。

（三）受习惯性沉醉之宣告人，或有沉醉性习惯状态而犯罪者，处刑外，应附加酒肆之禁止。

上列各国之立法，治疗所之收容，与刑事精神病院之收容，在前章已言之甚详，毋庸另赘。今所应研究者，在于酒铺禁例处分人之适用之范围，据《瑞士刑草》，仅限于暴饮或饮酒过度者而宣告之，若基于习惯之饮酒犯罪，即适用治疗所之收容。《意大利刑法》则不然，受习惯之饮酒宣告者，适用酒铺禁例之处分。其他因饮用酒精慢性中毒者，即适用治疗所或刑事精神病院之收容，是可知两者人之适用略有不同。前者可名之曰二分制，后者可名之曰三分制。平心论之，暴饮者而犯罪者，当然包括于有沉醉性习惯之状态中矣。似以意之立法例较为完善。我国《新刑法》无酒铺禁例之规定，余以为酗酒者若付保护管束处分时，可依保护管束之处分，而禁止其出入酒铺之管束。

第七项　限制住居及禁止住居

限制住居者,即法院指定住居处所,命其住居于此地,而不能离开之谓也。禁止住居者,即法院指定一禁止居住之处所,而不准其居住之谓也。其二者之性质完全不同,容后论之。

第一款　各国立法

（意大利）

对妨害国家,或公共秩序之重罪,或犯有政治动机罪,或因该处特殊社会,或道德状态,致成重罪者,禁止居住于法官指定之一邑,或数邑或省。

居住禁止之期间,至少一年。

在违背情形,最短期间,得复行开始,并得附加自由监视之命令。(第二三三条)

上列法条,在刑法保安处分章中规定。

（苏俄）

苏联苏俄国境外之驱逐处分,或在领域内指定居住地之驱逐处分,或划出一禁止居住地禁其居住之驱逐处分,或无此等限制之驱逐处分,裁判官于犯人之犯罪关系上,如认为留置其地于社会有危险时,得在五年以下之期间内适用之。(第三十五条第一项)

上列法条,在刑法社会防卫处分章中规定。此外,关于限制住居之立法,法兰西1932年《刑法准备草案》,在保安处分章中,亦有规定。

（日本）

居住限制，于一年以上三年以下之期间，限定居住之地科之，于此情形，得付保护观察。

居住限制，因其情节得代替一年以下之惩治或禁锢科之。于此情形，应为"所定惩治或禁锢之期间，以居住限制代替之"之宣告。

违反依前项所宣告之居住限制者，得命为本刑之执行。但居住限制之期间经过后，不在此限。（第三十九条）

上列法条，在刑法刑之种类章中规定。

（中国）

许可停止羁押之声请者，得限制被告之住居。（《新刑诉法》第一一一条第五项）

羁押之被告，得不命具保而限制其住居，停止羁押。（《新刑诉法》第一一六条）

停止羁押后，有下列情形之一者，得命再执行羁押：

（一）（略）

（二）受住居之限制而违背者。

（三）（略）。（《新刑诉法》第一一七条）

上列法条，在刑事诉讼法中规定。

第二款　比较研究

（一）限制住居及禁止住居各立法例之比较研究

限制住居及禁止住居，在各国之立法例各有不同，有视为保安处分者，有视为刑罚者，有视为社会防卫者，有视为程序法者，兹将其一一列举说明如下：

（甲）视为保安处分之立法　视为保安处分者,其法条当然列入于保安处分章中。盖其立论,认为对社会有危险性之人,若不限制其住居,或禁止其住居,任其任意留置其地,于社会难免不发生危险。为预防计,应限制其住居,或禁止其住居于某一处所。如意大利1930年之刑法保安处分章中,对妨害国家,或公共秩序之重罪,或犯有政治动机罪,或因该处特殊社会,或道德状态,致成重罪者,禁止居住于法官指定之一邑,或数邑或省。又法兰西1932年刑法准备草案之保安处分章中,亦有限制住居之规定。

（乙）视为刑罚之立法　视为刑罚之立法者,其立法理由,不外乎视限制住居为剥夺个人之法益,易言之,限制人之自由也。盖人各有自由权,今限制其住居,不啻与剥夺个人之法益无异,故认其为刑罚,特在刑之种类章中规定。如日本1930年《刑法准备草案》之刑章中,有限制住居之规定,认为刑罚之一种。（参照《日本刑草》第三十九条）

（丙）视为社会防卫处分之立法　此种立法例,其刑法之观念与前者已大有不同。因前者之立法上所采之主义,系采应报与预防之二元主义,故有刑罚与保安处分之别。此则视刑罚与保安处分均为社会防卫之工具,虽其手段不同,而其归根则一,故无刑与保安处分之别,学者称之为社会防卫一元主义之刑法。其对于限制住居及禁止住居亦视为社会防卫处分中之一。如苏俄1927年刑法之社会防卫处分章中,有认为留置其地于社会有危险时,得限制其住居,或禁止其住居于某一处所。（《苏俄刑法》第三十五条参照）

（丁）视为程序法上之立法　视为程序法上之立法者,其理由,谓被告有逃亡之虞,以限制其住居于一定处所,不许其任意离去,以便随时传唤,此即仅限于停止羁押者之适用,而不及其他也。如我国《旧刑事诉讼法》第七十五条、第八十条、第八十一条,及《新刑事诉讼法》第一一一条、第一一六条、第一一七条有限制住居之明文规定。

总而观之,丁种之立法,视为程序法,因其适用范围系对于停止羁押者恐其有逃亡之虞为限,其立法上之目的已完全不同,究难与对社会有危险者而科之之立法相提并论,固无研究之余地矣。至于甲、乙、丙三种之立法,当以丙种最为妥洽,但处此应报思想未脱清之时,断难达此目的,亦殊为立法上之遗憾。于今所应研究者,在甲乙两种之立法,余以为甲种之立法较为合理。限制住居及禁止住居,究与剥夺法益有别,仅限制其自由而已,况查《日本刑法改正案》第三十九条规定:"居住限制,因其情节得代替一年以下之惩治或禁锢科之。于此情形,应为所定惩治或禁锢之期间,以居住限制代替之之宣告"。明知其能以限制住居得代替自由刑,借以预防于一定之期间以内免其犯罪之发生,或免其为害于他人,完全已表现其保安处分之性质矣,何可视其为刑罚耶!殊足令人莫解。我国《新刑法》无明文规定,可于保护管束中补充之,未始不合于新刑事政策也。

(二)限制住居与禁止住居之比较研究

限制住居者,即指定居住处所,强制其居留之谓也。盖限制住居之立法理由,恐其对社会有危险,而命其居留于一定处所,一方足以观察其平日之行为,一方又足以免为害于他人。例如甲某犯刑法上之罪刑执行完毕或赦免后,若任其自由行动,随处住居有再犯之危险时,可以指定某一处所,使其居住,以免其犯罪之发生是。

禁止住居者,即指定某种区域,不准其居留之谓也。盖其理,对于某种区域与犯罪之发生有关者,为避免计,则禁止于此种区域,不得居留,易言之,对妨害国家,或公共秩序之重罪,或犯有政治动机罪,为因该处特殊社会,或道德状态,致成重罪者,禁止居住于指定之区域,以免其犯罪之复发也。例如危害民国罪,在上海发生者,若认其仍居留于上海,难免不与旧党再图危害之行为,欲免此种危险,惟有禁止其居住于上海,此即禁止居住也。

总而观之,限制住居,指定于一区域命其居住也。禁止住居,指定区域,不准其居住也。前后两者,完全相反,前者在于限制,后者在于禁止,两者之性质,实有截然不同之处。法兰西之刑草采前者之立法例,意大利之刑法采后者之立法例,惟苏俄刑法,则两者之立法例兼而采之。

第八项 禁止执行业务或营业

禁止执行业务或营业者,即因业务或营业上之义务重大违反或滥用者,法院为保护公众利益,得对之禁止执行业务或营业之谓也。盖犯人利用其职业或为犯罪之行为,于刑之执行或赦免后,若任其执行业务或营业,难免不再犯罪,法院为预防计,审认其人以后尚有妄用其业务或营业之虞者,得禁止执行业务或营业,借以防卫社会之安宁秩序。

第一款 各国立法

(苏俄)

禁止经营某种事业,或就某种职业之处分,系裁判官认为犯人有恶用其业务之行为时,或将来有恶用之虞时,得适用之,但其期间不得逾五年。

裁判官对受刑人,有禁止其经营承包政府事业、承揽杂差及公营官营企业、商行为交易、自营商业,或受他人委托经理商业,或介绍业之权。(第三十八条)

(瑞士)

《1893年刑草》

行为者因犯罪而大伤其业务或营业贸易上之义务,且以后尚有妄用之虞者,判事即于一年至十五年拒绝其业务或营业贸易之认可。

被自由刑宣告者,不得以此算入刑期之内。(第三十四条)

(德意志)

业务或营业之滥用,或因业务或营业上义务之重大违反,被处三月以上之刑者,法院在认为有保护公众之必要场合,得对之禁止于一年以上五年以下,执行其业务,或营业,或其营业之一部。在禁止中其人不得为他人执行其业务或营业,又不得于自己指挥之下,使他人执行之。既经宣告之自由刑,或于刑之外宣告保安矫正之自由拘束处分,被付缓刑时,其试验期间,合算于上之期间。

(波兰)

若犯人系不负刑事责任者,或其行为不为罪,或对其提起诉讼之时效已经消灭者,法院得以保安处分之名义,适用第四十八条至五十条之规定。(第八十五条)

对于第四十七条第一项所列各种之犯人,若证实其有下列情事之一者,法院得宣告褫夺执行某种职业权:

(甲)犯人利用其职业而为犯罪之行为者。

(乙)在犯罪之行为中,发现犯人无执行其职业之能力,而有危害社会之危险者。

对于第四十条第一项,所列之犯人而为本条第一项,甲乙两款所举之利用职业或无执行职业之能力者以外之其他一切犯人,法院仍得宣告褫夺执行某种职业权。(第四十八条)

第二款　比较研究

禁止执行业务或营业处分之立法例,世界各国各有不同。有在保安处分章中规定者,如德意志1934年之刑法。有在刑罚章中规定者,如意大利1930年之刑法,波兰1932年之刑法,日本1930年之刑法改正案。有在社会防卫处分章或在刑与保安处分章中规定者,如苏俄1927年之刑法,瑞士1893年之刑草。以上各种之立法例,除第三种最为妥洽外,其余以第一种较为合理,已与前章危险业务或营业人内言之甚详,毋庸另赘。今所应研究者,关于禁止执行业或营业之种类,应概括规定,抑列举规定?试说明之:

(一)列举规定之立法例　对于禁止执行业务或营业处分,采列举之国家,有如苏俄1927年之刑法,其在社会防卫处分章中第三十八条规定,有下列数种:

(1)禁止其经营承包政府事业。

(2)禁止其承揽杂差。

(3)禁止公营官营企业。

(4)禁止商行为交易。

(5)禁止自营商业。

(6)禁止受他人委托经理商业。

(7)禁止介绍业之权。

（二）概括规定之立法例　采概括规定之国家，如德意志1934年之刑法，谓业务或营业之滥用，或因业务或营业上义务之重大违反，被处三月以上之刑者，法院在认为有保护公众之必要场合，得对之禁止于一年以上五年以下，执行其业务或营业，或其营业之一部。波兰1932年之刑法，谓犯人利用其职业而为犯罪之行为者，或在犯罪之行为中，发现犯人无执行其职业之能力而有危害社会之危险者，法院得宣告褫夺执行某种职业权（保安处分中亦得适用），是可知彼等之立法，系采概括之规定矣。

总观各种立法例，似以后者较为妥洽。因社会之业务及营业种类甚为繁复，实难以列举之方法，足使社会之事业规定无遗。若以凡关于有利用其职业或营业而为犯罪之行为者，一概均得按其情状而为禁止其执行业务或营业，庶免以上所述列举立法例之弊。我国《新刑法》对于禁止执行业务或营业未加以规定，因行政法上已有类似之规定足资救济矣。总之禁止执行业务或营业之制度，究不失保安处分之范围，似以列入刑法之保安处分章中较为妥洽。1930年勃拉克国际刑罚会议，亦认此等处分为保安处分中之一也。

于此以外，尤有说明之必要者，即禁止执行业务或营业，不仅限于为他人之执行，则对于自己指挥之下，使他人执行，亦应在所禁止之例。德国1934年之刑法，有如此之规定，足称立法上之周到亦可为吾人之借镜矣。

第九项　褫夺亲权及监护权

褫夺亲权或监护权者，即对于利用其亲权或监护权实行犯罪之行为，国家为维持社会安宁计，则剥夺其亲权或监护权以防其犯罪之发生也。所谓有亲权者，指父母对于子女有保护、教养、惩戒、代理、财产管理、使用收益等权之谓也。所谓有监护权者，指法定监护人（祖父母、家长、伯父叔父、配偶等），指定监护人（后死之父母、另以遗嘱指定之监护人），选任监护人（由法院或由亲属会议选任），委任监护人（由父母委任）等对于被监护人有行使负担父母对于未成年子女之权，及对于禁治产人之护养疗治身体等权之谓也。

褫夺亲权或监护权，各国之立法例有在刑法中规定者，有在民法中规定者，前已言之甚详，毋庸另赘。今所应研究者，在于刑法上所规定之法条。特录之如下：

波兰1932年之刑法，在保安处分章中第八十五条规定："若犯人系不负刑事责任者，或其行为不为罪，或对其提起诉讼之时效已经消灭者，法院得以保安处分之名义，适用第四十八条至第五十条之规定。"其第四十八条及第五十条不在本问题内，毋庸照录。所谓第四十九条者，即"对于向十七岁以下之未成年人，实行犯罪之行为或与此种未成年人共同犯罪者，法院得褫夺亲权及监护人权。"

苏俄1927年之刑法，在社会防卫处分章中第三十一条规定："亲权之褫夺，须被处刑者，有显著利用其亲权为恶之虞时，得由裁判官决定之。"

瑞士1893年之刑草，在刑与保安处分章中第三十五条规定："凡人因罪而污渎亲权后见权者，判事则于一年至十五年剥夺其权限，被自由刑宣告者，不得以此算入刑期之内。"

上述三种立法例，在苏俄不分刑与保安处分，合而为一，称之为防卫社会处分，固无刑与保安处分之争。瑞士亦将刑与保安处分归并一章，总称之为刑与保安处分，不分其何者为刑？何者为保安处分？亦无争论之余地。至于波兰之刑法，一方认此等之剥夺为刑罚，一方又谓保安处分中亦得适用，究剥夺亲权及监护权为刑罚耶？抑保安处分耶？使人无所适从其不伦不类之立法，实无足取。余以为既谓剥夺亲权及监护权在保安处分亦得适用，其视此等剥夺，已含有保安处分之性质矣，似以列入保安处分章中较为妥洽。

第四节　有经济性质之处分

有经济性质之处分，系对于危害公共安全之物品，或有危险性为目的者，国家为预防计，得将其没收或排除之谓也。

第一项　没收

没收，英名 Confiscation，德名 Konfiskation，法名 Confiscation，意名 Confiscazione。此种制度，产生极早，昔时多为全部没收，固无特定之限制，《罗马法》及《法兰西》、《德意志古法》亦然。我国《旧律》，对于叛逆之罪，多籍没其财产，甚至以其妻女，亦得没入官为奴。自法兰西大革命后，刑罚思想大变，已改为特定没收之制矣；但其时视没收为刑罚，及至今日，各国刑法有将没收列入保安处分章内，而不认为刑罚矣。

第一款　各国立法

（奥地利亚）

供犯罪所用之用具，与犯罪有关者，法院得没收之。（第四

十二条）

（意大利）

在刑之宣告时,法官得命令没收供犯罪所用,或预备犯罪用物件,及犯罪所得之物件或利益。

下列物件,应命没收：

（一）构成犯罪代价之物件。

（二）虽尚未受刑之宣告,构成犯罪之制造、使用、携带、持有或贩卖之物件。

本条第一项、第二项第一款之规定,对于属于犯人之物件,不关于犯罪者不适用之。

第二款之规定,对于该人所有之物件,不关于犯罪者,不适用之,以行政上之特许,得准其制造、使用、携带、持有或贩卖。（第二四〇条）

（波兰）

若犯人系不负刑事责任者,或其行为不为罪,或对其提起诉讼之时效已经消灭者,法院得以保安处分之名义,适用第四十八条至第五十条之规定。（第八十五条）

对于由犯罪行为,直接或间接取得之物品,以及犯罪所用或预备为犯罪之用之用具,法院得宣告没收之。

若物品不归犯人所有,除法律明白规定外,法院不得没收。

除法律或国际条约另有规定外,所有没收物品,一概缴纳于国库,为监狱感化院及看守所之用。（第五十条）

（苏俄）

受刑之宣告者之固有财产,或共有财产自己一部分之没收,系将其财产全部,或裁判官所指定之一部分,强制无代价收归政府。

受刑之宣告者,及其家属生活之必需品,及生计根源之手工、手艺用具、农业用器具,概不没收。受刑人及其家属应予留存之食粮及金钱总额数,准每家属一人,酌留与该地劳动者之平均工资三个月相等之数。不得再少。

裁判官对受刑人之职业用具,非遇连该犯之职业权一并没收时,不得没收。(第四十条)

没收财产时,受刑人之债务,倘在法院已经执管后所发生者时,须得法院之同意,否则,国家不负担其债务。

没收财产时,第三者之债权之要求,如认为有容纳之理由时。政府负担其债务,但以受刑人所有财产限度范围内为限。

遇有前项之场合,其履行债务之顺序应如下:

(一)劳动工资、养育费、社会保障费。

(二)欠缴之国家税、地方税、附加税。

(三)政府机关之要求。

(四)其他。(第四十一条)

(中国)

《新刑法修正案初稿》

下列之物没收之:

(一)违禁物。

(二)供犯罪所用,或供犯罪预备之物。

(三)因犯罪所得之物。

前项第一款之物,不问属于犯人与否,没收之。第二款、第三款之物,以属于犯人者为限没收之。(第八十七条)

保安处分于裁判时并宣告之,但没收得单独宣告。(第八十八条)

第二款 比较研究

危害公共安全物品之没收,其性质究属于刑罚,抑属于保安处分?世界各国各有不同之立法例。在《苏俄刑法》不视刑罚与保安处分有所区别,均视为社会防卫处分,对此问题,自无研究之余地。惟采应报与预防二元主义之国家,则有所争执矣。试列举其立法例而评述之:

(1)视为保安处分之立法例 意大利1930年之刑法第二四○条,波兰1932年之刑法第八十五条,奥地利亚1909年之刑草第四十二条,法兰西1932年之刑法预备草案,及我国1934年之刑法修正案初稿第八十七、第八十八条,均视危害公共安全物品之没收为保安处分。亦即保安处分能适用于危害公共安全之物也。

(2)视为刑罚之立法例 日本1930年之刑法改正案第四十四条至第四十七条,中国1935年之《新刑法》第三十八条至第四十条,及除上述视为保安处分之国家外,均同采此立法例。否认危害公共安全物品之没收为保安处分,乃视此等物之没收为刑罚,易而言之,即保安处分不能适用危害公共安全之物也。

上述各种立法例,在前者之立法理由,视有危害公共安全之物品,若任其存在,难免社会不发生危险,为预防计,不得不施以没收,故没收为保安处分之一而无疑义矣,在后者反是。兹录我国诸刑法学者之论述如下:

江镇三先生说:"盖没收亦系财产刑之一种,目的在于剥夺犯人之财产,非为没收物有害公共安宁,就没收供犯罪所用之物言之,如没收杀人所用之刀枪,就没收因犯罪所得之物言之,如没收因贿赂所得之财物,均不得谓为保全公安,始科犯人以没收。此外没收违禁物亦如是。是没收纯为财产刑之一种，不得谓为保安处分，彰彰明甚。"（见《法轨》第二期江镇三先生撰述之《我对于刑法修正案初稿之意见》）

俞钟骆先生说："没收与丧失公务员资格，在现时刑法同属从刑，修正案初稿以之划为保安处分，于是刑之种类，不分主从。但以保安处分言，顾名思义，仅为刑事政策上减少犯罪危险性之处分，初不含有罚之意味。而国家以其权力对于特定之人，以裁判方式宣示其于一定期内不能享有公务员之资格，或从而夺去其在私法所得享受之物上权利，皆为罚的制裁，非基于预防犯罪之观念所发生。不视为刑，而改为保安处分，此其改革未见何必要。鄙意宜仍从其旧，以丧失公务员资格，及没收两者定为从刑，免涉无谓更张。"（见《法学丛刊》第二卷第六期俞钟骆先生所撰之《刑法修正案之保安处分》）

张企泰先生说："我们以为除发生自由剥夺效果的保安处分外，其他不应都纳入保安处分类内。若谓没收（中略）未始非所以保安，则徒刑、拘役、死刑等，亦均所以保安，所有一切制裁处分，当尽罗入一类，悉为保安处分矣（如苏俄刑典即是）。《新修正案》或以为其案内所规定之保安处分，均有从刑性质，换言之，均附属于刑罚的，所以可统归在一起。殊不知如没收违禁物（中略），并不针对犯人个别人格之处分。其性质，与以感化或监护为功用之真正保安处分不同。或难之，刑罚亦发生自由剥夺的效果，岂非可将刑罚与真正保安处分归合一起。否则，两者作用大有不同。前者要在普通防止，后者要在个别防止。"（见《法律评论》第十一卷第四十八期张企泰先生所撰之《保安处分与新刑法修正案初稿》）

孙潞先生说："按保安处分与刑罚有无区别？学说上原有争

论,本法既将两者分别规定,似不妨划清界限。凡以防卫社会及保护人格为目的,使被告与社会隔离之处分。其单纯剥夺被告法益之处分,则仍属刑罚范围,庶不致有混淆。本法第七十七条之感化处分,第七十八条之监护处分,第七十九、第八十条之禁戒处分,第八十一条之强制处分,第八十二条、第八十三条之保护管束处分,第八十四条之驱逐处分,均与上开目的相合,其应属于保安处分之内,自无疑义。惟丧失公务员资格,及犯人所有物之没收,既系就被告享有之公权及财产权予以剥夺,似仍应列为徒刑,以示刑事制裁之一种"。(见《法律评论》第十一卷第二十二期孙潞先生所撰之《对于刑法修正案初稿之意见》)

  总而观之,余以为彼等反对危害公安物品之没收为非保安处分之论调,其理似欠圆满。江先生之主要论旨,谓没收为财产刑,如不知现在是二十世纪之时代,非十八世纪之时代也。在二十世纪时代,凡百事物,均用科学方法研究,如往时之立法、司法、行政不分,民事、刑事无别,达到现在,均已清眉目矣。今以没收属于财产刑而言,何能出此?盖没收物大别之有四:(一)违禁物,(二)供犯罪所用之物,(三)供犯罪预备之物,(四)因犯罪所得之物,前已言之甚详,毋庸再赘。若用科学之方法研究,除第四种纯粹属于财产刑外,其余各种物品若任其存在(亦有例外),对于社会莫不发生危险。岂可以十八世纪初期,未有保安处分思想所产生之财产刑之名词,牢牢束缚现代法学之进化乎?俞先生之主要论旨,以为夺去其在私法所得享受之物上权利,皆为罚之制裁,非基于预防犯罪之观念所发生。其完全为私法上之立场,已忽视公法上之预防政策矣。张先生之主要论旨,除有剥夺自由效果之保安处分外,其他不应都纳入保安处分类内。殊不知自由剥夺之外,犹有非剥夺自由之保安处分存在,试观1930年勃拉克国际刑罚及监狱会议,其中关于保安处分之决议案,将保安处分,分为三大类:(一)限制自由处分,(二)非限制自由处分,(三)有经济性质之处分。事实昭昭,当可了然,何能谓除发生自由剥夺效果之保安处分外,其他不应都纳入保安处分之内耶?孙先生之主要论旨,谓使被告与社会隔离处分,其单纯剥夺被告法益之处分,则仍属刑罚范围。其立论亦失于不知社会隔离处分之外,又有经济性质处分之法理。

如上所述,已知否认没收危害公安物品为保安处分之论调非有理由矣,惟为阅者易于明了起见,再作详细之论述:保安处分之种类,有对"人"对"物"之别,对人者之保安处分,固为保护人格及防卫社会为目的。对物则不然。所谓对物之保安处分,凡为直接排除其物不致于妨害社会,间接不致妨害于人之处分,皆为对物之保安处分。其反对危害公安物品没收为非保安处分,其最错误之点,亦在于不知对人保安处分之外,又有对物之保安处分。易言之,将对物保安处分亦误认为对人保安处分矣。试观意大利1930年之刑法,关于保安处分,有对人对物之分。危害公安物品之没收,即属于对物保安处分之范围内。法兰西1932年之刑法准备草案,亦将保安处分,分为剥夺自由、限制自由及财产处分等类。又可举1930年勃拉克国际刑罚监狱会议之决议案,其中关于保安处分,有对人(包括限制自由处分与非限制自由处分)处分,与有经济性质处分之别。所谓有经济性质之处分,即以没收危害公共安全之物品,或排除其危害性为目的者是也。例如鸦片、海洛因为违禁品,若不以之没收而焚毁,任其存在于犯罪之手,难免将来不再犯罪。是即鸦片、海洛因,有危害公共安全之物品矣。故得没收防其直接妨害于社会,间接防止人之犯罪,其立论非无理也。余故曰保安处分能适用于危害公共安全之物品矣。

于此以外,尤有说明之必要,各国关于没收物品之种类,无论归入于刑罚或保安处分内,大约不外四种:(一)违禁物,(二)供犯罪所用之物,(三)供犯罪预备之物,(四)因犯罪所得之物。第一种明知其有危害于公安,当然应以没收,余无他道。第二种、第三种之物品,若有妨害于公安者,亦得没收之,反之,则可视为财产刑之一。其第四种,适与第一种相反,绝对不能在保安处分之没收范围内,因犯罪所得之物,如赌博之金钱,官吏所收之贿赂,其金钱与贿赂等物品,与社会之安宁秩序无关。余以为刑法若采一元主义者固无问题,若采二元主义者,将没收之物品,有危害于公安安全者,应归入于保安处分内,其余之没收,可作财产刑以科之。至于两者之名词,亦应有区别之必要,属于财产刑者,仍用"没收",属于保安处分者,可用"没除",如是方合于刑法科学化,亦足以免两者混淆不清也。

第二项 解散法人

解散法人者,在刑法上即预防社会之危险性,使其与社会隔离之谓也。在民法上即一切权利能力丧失之状态也。盖公法上之制裁,认犯罪者既有犯罪行为实现或将为犯行之际,国家为维护个人、社会与其本身之法益,对将犯者予以预防,已犯者予以制裁,使达改善之目的;解散法人,即预防其将来犯罪之发生也。作者仿法兰西1932年《刑法准备草案》之立法例,将其列入本节内,便于阅者之研究。

解散法人之原因,在刑法上与民法上大有不同。在民法上解散之原因：（一）共通原因：（1）定于章程及捐助行为之解散事由发生。（2）法人之目的成功或不成功。（3）法人受破产宣告。（4）许可取消。（二）社团特有之原因：（1）社员总会决定解散。（2）社员缺乏。刑法上解散之原因，即凡对于社会有危险性者，如以广告诈欺行为对社会有重大之危险者，或贩卖违禁物等是。

法人之沿革、学说、种类、犯罪制裁，各国立法及法人应负刑责，在本编第一章法人节中已言之甚详，毋庸另赘。于今所应研究者，则在于法人之解散，其性质究为刑罚？抑为保安处分？

余以为法人之解散，其性质非保安处分，完全属于刑罚之范围。盖刑罚有能力刑（褫夺公权）、财产刑（罚金及没收）、自由刑（徒刑及拘役）、生命刑（死刑）之别，以上三种不在本问题之内，故不详述。其第四种之生命刑，即死刑也。自然人犯特定重大之罪，得科以死刑，剥夺其生存权，以减少社会之危险性。以此观之，法人若犯重大之罪，予以解散之制裁，不啻与自然人宣告死刑无异。因自然人之生命，始自呱呱坠地，法人之生命始期，在于法人成立之时。自然人之生命存续惟一目的，在于衣、食、住、行而活动，法人之存在，无非亦在为其目的而活动。此所以自然人之出生死亡，与法人之成立解散，实际意义相埒。余故曰解散法人之性质为刑罚，非保安处分也。况查世界各国刑法，除法兰西1932年之《刑法准备草案》认为解散法人为保安处分外，其余国家，未见有赞同者，亦足证法兰西之立法例，未见合于法理矣。

第三项 公布判决

世界各国，关于公布判决之立法例，约有四种，试列举如下：

（一）视为保安处分之立法　中国1933年之《刑法修正案初稿》第八十六条规定："法院得依被害人之声请，公布判决，其费用由被告负担。公布判决之范围及方法，由法院定之。第一项之声请，应于裁判确定后三十日内为之。"瑞士1893年之《刑草》第三十六条规定："判事于公益私益所必要，应以被宣告者之费用，发载其刑事判决于官报，或一种数种新闻纸。判事于公益私益所必要，应以国家或通告人之费用公示其放免之判决。"

（二）视为刑罚之立法例　波兰1932年之《刑法》，第五十一条规定："若犯罪之行为系在报纸上构成者，法院得判令犯人在各报公布其判决书。公布之方式及所应登载之报纸，由法院在判决书内指定之。"意大利1930年之《刑法》，其第三十六条规定："处死刑或徒刑之判决，应在犯罪地及犯罪人最后居所揭示之。处刑之判决，依法官指定之一种或数种新闻纸揭载之，以一次为限。公告以节略为之，但法官命令公告全文者，不在此限。判决之公告，当日为之，费用由犯人负担。公告之罪犯，于各本条定之，其方法依前二项之规定。"

（三）视为从处分之立法　古巴1926年之《刑草》，将公布判决，列入于从处分之内。其与前两种不同之点，在于刑法所采主义不同，《古巴刑草案》采刑法一元主义，无刑罚与保安处分之分，仅有主处分与从主处分而已矣。上述各国，系采刑罚与保安处分之二元主义也。

（四）视为程序法上之立法　中国1935年之《新刑事诉讼法》，第三百零七条规定："犯刑法伪证及诬告罪章，或妨害名誉及信用罪章之罪者，因被害人或其他有告诉权人之声请，得令将判决书全部或一部登报，其费用由被告负担。"

总而观之，上述各种立法例均无足取，余以为公布判决，根本不合于新刑事政策也，试申论之：

（1）违背新刑事政策　新刑事政策之主旨，谓各人之意志不能有完全自由，每为生理要素或社会环境之推动以致于犯罪，社会防卫之处分，以改善个人恶性为目的。今将受刑人之判决公布，岂能合乎目的主义、个别主义、人格主义、改善主义之刑事政策耶？余以为公布判决之立法，乃应报主义之思想，不合于新刑事政策矣。

（2）不合于法理　科处于人，贵在于俟犯人之改善，今被判决公布，受刑人之罪状已为社会人所共悉，其名誉可谓一败涂地矣，岂非绝人改悔之念，何有自新之路可言？其不合于法理明矣。

（3）耗损费用　公布判决，须使受刑人负登报费用，倘受刑人无负担费用能力，岂非损及国库，于国于民均非有利，实则不合于经济之原理。

基于以上理由，公布判决实利少害多，况现在各国立法，关于判决公布之罪，均采列举办法，岂非其他各罪与被害人及社会无关耶？益使吾人信其不合于新刑事政策矣。

于此以外，尤有说明必要之处，即公布判决，既非剥夺自由处分，又非限制自由处分，况各国刑法上未见有如此之立法例，实使此种处分无所归属。细心考察，判决为物之一，又其登载之费用须由被告负担，故余暂将其列入本节内，有待于贤者之指示。

第三章　保安处分之宣告

裁判除不经辩论者外应宣告之,否则,即不生裁判之效力,仅视为文稿之一种。查我国刑事诉讼法,谓论知判决应宣告之,但不经辩论之判决不在此限。裁定于审判时谕知者,应宣告之等规定,即指斯意而言也。故保安处分亦不出此例。保安处分之宣告,依其性质及时间而观察,可分为一般之宣告,与特别之宣告,容以下分节述明之。

第一节　一般宣告

一般宣告别乎特别宣告而言也。何谓一般宣告？即指裁判时一并宣告之之谓也。夫一案件之发生,法院在适用实体法时,须经侦查、起诉及审判等程序,然后可宣告其人应适用于何种之刑？何种之保安处分？在审判上之宣告,即一般宣告是也。查我国《新刑法》第九十六条规定:"保安处分,于裁判时并宣告之。"系指此而言。盖保安处分,有根本上不加刑罚,径予执行处分者。如对未满十四岁而不罚者,施以感化教育;因心神丧失而不罚者,施以监护等是。有于刑之执行完毕后,始为执行处分者。如因未满十八岁而减轻其刑者,施以感化教育;因精神耗弱或喑哑而减轻其刑者,施以监护；因酗酒而犯罪者，施以禁戒；有犯罪之习惯，或以犯罪为常业，或因游荡或懒惰成习而犯罪者，施以强制工作等是。有于刑之执行前，先为执行处分者。如犯吸食鸦片，或施打吗啡，或使用高根、海洛因，或其化合质料之罪者，施以禁戒；及明知自己有花柳病，或麻疯隐瞒而与他人为猥亵之行为，或奸淫致传染于人者，施以强制治疗等是。此种处分，均应于裁判时并宣告之。此外保护管束，若以替代以上各种处分者，依法理上当然解释，应同时宣告，断不能出此例外也。查阅各国保安处分之宣告，对此原则，大约皆同，已无赘述之必要矣。

第二节 特别宣告

特别宣告者，即因特种之情形，而认其对社会有危险性者，予以保安处分宣告之谓也。其与一般宣告不同之点，则一般宣告在于裁判时并宣告之，特别宣告在于裁判刑之宣告后宣告之。又一般宣告在裁判时已认其将来有社会之危险性存在为前提，特别宣告在裁判时，未能预见其对社会有危险性，须于刑之宣告后，有特别情事发生而不执行其刑者，但其固不免仍有社会之危险性，故得宣告。查我国《新刑法》第九十六条上段规定："保安处分，于裁判时并宣告之。"指一般宣告而言。又同条下段规定："但因假释或于刑之赦免后，付保安处分者，不在此限。"此指特别宣告之谓也。故特别宣告，须在刑之执行时，因假释或赦免后，认其对社会将来有危险性者，予以保安处分之宣告，以防其犯罪之发生也。

何谓假释？即受徒刑之执行，而有悛悔实据者，无期徒刑逾十年后，有期徒刑逾二分之一后，由监狱长官呈司法行政最高官署，得许假释出狱；但有期徒刑之执行未满一年者，不在此限（《新刑法》第七十七条）。此等受假释者，据《新刑法》第九十三条第二项规定："假释出狱者，在假释中付保护管束。"以此而观，假释出狱者，固应付保护管束，然在刑之宣告时，不知将来必能假释出狱也，故假释出狱者之付保安处分，须在许假释出狱时宣告之，此其与裁判时并宣告之之一般宣告截然不同矣。

何谓刑之赦免？即依大权处分而消灭具体刑罚权之方法也。赦免在各国为元首大权，多数国家均定于宪法中，我国训政约法，亦有赦免之规定，惟其赦免之权，不操于国家元首，乃在于国民政府。其第六十八条云："国民政府行大赦、特赦及减刑、复权。"

赦免有大赦、特赦之分，"大赦"谓对于某种之犯人全体同时赦免，使消灭刑事法上之一切效果者也。大赦非对于特定犯罪人行之，系对于某种犯罪或一般犯罪行之，而抛弃消灭其追诉权，及裁判执行权是也。"特赦"谓对于已受罪刑宣告确定裁判之特定犯罪人，免除其刑之执行之谓也。其与大赦之差异：（一）特赦仅消灭其刑，非消灭其罪，故若再犯仍构成累犯，大赦则有消灭裁判全部之效力。（二）特赦效力仅及于裁判确定后之犯罪，大赦有消灭裁判确定前一切犯罪之效力。（三）特赦对于特定犯人为之。大赦乃对某种犯罪下之犯人为之。（四）大赦须由立法院议决，特赦由司法院院长提请国民政府核准施行（《国民政府组织法》第二九条、第三七条参照，）以此观之，刑之赦免，依大权处分而消灭具体刑罚权者也，但受赦免者，未必对社会无危险性，倘然，非加以保安处分，断难使其不再犯，故《新刑法》第九十六条，对于刑之赦免后，得宣告保安处分。然此条之法文，实有商榷之处。该条云："保安处分于裁判时并宣告之,但因假释或于刑之赦免后,付保安处分者,不在此限。"又同法第八十六条第二项:"因未满十八岁而减轻其刑者,得于刑之执行完毕或赦免后,令入感化教育处所,施以感化教育。"第八十七条第二项,"因精神耗弱或喑哑,而减轻其刑者,得于刑之执行完毕或赦免后,令入相当处所,施以监护"。第八十九条:"因酗酒而犯罪者,得于刑之执行完毕或赦免后,令入相当处所,施以禁戒。"第九十条:"有犯罪之习惯,或以犯罪为常业,或因游荡或懒惰成习而犯罪者,得于刑之执行完毕或赦免后,令入劳动场所,强制工作。"其第九十六条下段于"刑之赦免后",究指第八十六条、第八十七条、第八十九条、第九十条之"赦免后"而言？抑另指其他之"赦免后"而言？实令人无所适从。若指上列四条之"赦免后"而言,然此四条之"赦免后",已包括第九十六条上段之一般宣告矣,毋庸另为特别宣告。倘其不然,何以上述四条中所谓"刑之执行完毕"不列入第九十六条下段之特别宣告中？今"刑之执行完毕"既未在特别宣告中加以明文规定,其包括于一般宣告中已无疑义矣,岂可以"刑之赦免后"复在特别宣告中规定？退一步言,若以刑之赦免,不似刑之执行完毕所能预见及其固定,亦应将上列四条之"刑之赦免后"另为规定,断不可与"刑之执行完毕"列入同条。总之,其立法上之技术,实未见其妥洽。今依其法文之解释,除假释出狱者当然适用特别宣告外,至刑之赦免后付保安处分者,亦在其例。

此种立法例,在日本、德意志、瑞士等国均不采取,因其对于保安处分之宣告,均采一般宣告之立法例也。惟奥地利亚之《刑草》及意大利之《刑法》,亦有采取特别宣告者,兹节录其法文如下：

（奥地利亚）

因关于货币之罪对于他人财产之罪及危险于公共之罪,被

处惩役后,法院认为有再犯同种犯罪之危险时,其危险依警察监视可以减轻者,付诸警察监视。(第三十九条)

(意大利)

依下列情形,得继续命令保安处分:

(一)有罪之宣告,在刑罚执行中,犯人故意遁免刑之执行时。

(二)(略)

(三)依法律上之规定,在任何时间。(第二〇五条)

已处死刑或徒刑之全部或一部,因大赦、特赦或减刑而免刑者,犯人得受三年以上之自由监视。(第二一〇条第三项)

下列情形,应命自由监视:

(一)(略)

(二)犯人许可假释出狱时。

(三)(略)

(四)(略)

送致农业惩治场或工业场处分终了时,法官得命令释放者,受自由监视,或善行保证。(第二三〇条)

常入酒肆及贩卖酒精饮料公共场所之禁止,最短期间为一年。

(略)

在违背情状,得命令附加自由监视,或善行保证。(第二三四条)

第四章 保安处分之执行

保安处分之执行者,依裁判对于特定犯人而执行其所宣告之保安处分也。执行之方法各依其所宣告之种类而有不同,属于执行之实体上规定者,则在于刑法之范围,属于执行之手续及执行之细则上规定者,则在于刑事诉讼法及各种保安处分之执行规则之范围。兹将摘录如次:

(一)裁判除关于保安处分者外,于确定后执行之。(《中国新刑事诉讼法》第四百六十条上段)盖刑罚除有特别规定外(如死刑之执行,须经司法行政部核准后方能执行是),于裁判确定后执行之;但保安处分有未经裁判确定后即须执行者,如精神病人之监护是。有在刑之执行前执行者,如吸食鸦片或海洛英等之禁戒,及有花柳病或麻疯人之强制治疗等是。有在刑之执行完毕或赦免后执行者,如精神耗弱或喑哑人之监护,未满十八岁人之感化教育,酗酒人之禁戒,常习犯、游惰犯之强制工作等是。故保安处分之执行,不能适用裁判确定后执行之原则,亦即斯意也。

(二)执行裁判由为裁判之法院之检察官指挥之,但其性质应由法院或审判长受命推事受托推事,或有特别规定者,不在此限。(《中国新刑事诉讼法》第四百六十一条)

(三)依刑法第八十六条第四项,或第八十八条第三项免其刑之执行,第九十六条但书之付保安处分,第九十七条延长或免其处分之执行,第九十八条免其处分之执行,及第九十九条许可处分之执行,由检察官声请法院裁定之。(《中国新刑事诉讼法》第四百八十五条)

第一节 感化教育之执行

第一项 感化教育执行之时期

感化教育执行之时期,有即时执行者,有刑之执行完毕或赦免后执行者,兹分述之:

(一)即时执行 即时执行,又可名之为普通执行,或一般执行。此种执行,又分为二项说明之:

(1)不罚者之执行 我国《新刑法》第八十六条第一项云:"因未满十四岁而不罚者,得令入感化教育处所,施以感化教育。"苏俄1927年《刑法》第十二条第一项云:"惩治矫正之社会防卫处分,不适用于十四岁以下之少年,仅适用医疗教化之社会防卫处分。"奥地利亚1909年《刑草》第五条云:"未满十四岁之幼年,有犯罪行为时,家庭教育不充分者,付诸救护教养。"又同法第六条:"十四岁以上十八岁以下之犯罪少年,基于身体精神之不健全,不能辨别是非,以之为无罪者,其家庭教育不充分时,付诸救护教养。"波兰1932年之《刑法》,第六十九条云:"对于下列各种人不罚:(甲)未满十三岁之未成年人犯罪者;(乙)十三岁至十七岁之未成年人,未具判别力而犯罪者,即犯人精神上及知识上皆未达到相当程度之发展,使其认识其行为之关系重大并知约束其操行者。法院对于上款之未成年人,只得适用感化教育。"意大利1930年之《刑法》,第一二四条云:"未满十四岁之少年,犯法律上论罪之行为,而该人有危险性时,法官斟酌行为之情节,及其家庭道德状况,得命令收容于刑事感化院,或受自由监视。(中略)前二项规定,于少年人犯法律上论罪之行为时,已满十四岁,未满十八岁者,亦适用之,但依第九十八条规定,认为不应归责者为限。"此等立法,均在少年人不负刑事责任时,即执行感化教育之处分也。

(2)受刑者之执行 我国《新刑法》第八十六条第二项云:"因未满十八岁而减轻其刑者,得于刑之执行完毕或赦免后,令入感化教育处所,施以感化教育;但宣告三年以下有期徒刑、拘役或罚金者,得于执行前为之。"波兰1932年《刑法》第七十三条云:"未成年人之有判别力而犯罪者,但其所犯之罪不致科以死刑或无期徒刑时,法院若认为适当,得以试验之名义,停止其一年至三年感化院之监禁。在此试验时期之中,法院得适用感化教育处分。"此等立法,在少年人减轻责任并其所宣告之刑轻者时,得在刑之执行前执行感化教育处分。

(二)刑之执行后之执行 刑之执行完毕后之执行,又名之为特别执行。我国《新刑法》第八十六条第二项云:"因未满十八岁而减轻其刑者,得于刑之执行完毕或赦免后,令入感化教育处所,施以感化教育。"意大利1930年《刑法》第二二五条云:"满十四岁未满十八岁之少年,认为应归责时,刑之执行后,法官得命令收容于刑事感化院,或受自由监视,并斟酌前条第一项记载之情状。"此等立法,在减轻刑事责任,而其刑重者时,得在刑之执行完毕,或赦免后,执行感化教育之处分。

综上观之,各国关于感化教育执行之时期,其立法例可分为四:即一元制;甲种二元制;乙种二元制;三元制是也。试列表以明之:

各国感化教育执行时期表

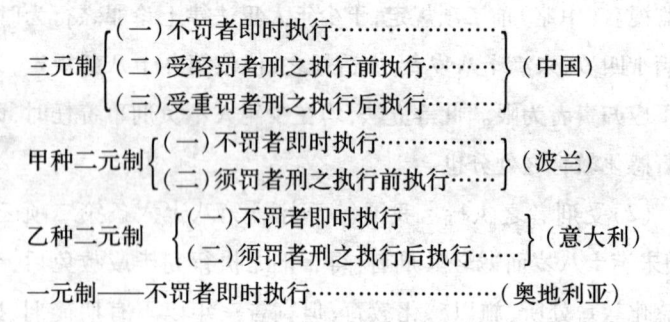

三元制 { (一)不罚者即时执行……………
(二)受轻罚者刑之执行前执行………
(三)受重罚者刑之执行后执行……… } (中国)

甲种二元制 { (一)不罚者即时执行……………
(二)须罚者刑之执行前执行……… } (波兰)

乙种二元制 { (一)不罚者即时执行……………
(二)须罚者刑之执行后执行…… } (意大利)

一元制——不罚者即时执行………………(奥地利亚)

刑法若采社会责任论,固无减轻责任之阶级可言,既无减轻责任阶级,自无对少年犯加以处罚之明文,当然适用感化教育处分以教化之,其执行感化处分应即时执行,无刑之前与刑之后执行之区别矣。

刑法若采社会责任与道德责任之折衷论者,一方视刑罚为应报,他方视保安处分为预防,故对于少年犯有不负责任、减轻责任、全负责任之阶梯,在不负责任者,得即时执行感化教育,减轻责任者得于刑之执行前或刑之执行后执行感化教育。

处现在应报思想未脱之时,采前者之立法例者,不啻寥若晨星,固无讨论之余地;但后者之立法例采之者最多,实为研究斯学者不可忽视,而尤以感化教育对于减轻责任能力人,究应在刑之执行完毕后执行?抑在刑之执行前执行?余以为应在刑之执行前执行之,因法律上已视减轻责任能力人之知识薄弱,既认其薄弱以致犯罪,实有急待教化之必要,何可又先置之狱中,然后施以感化教育？殊失特别预防主义之精神,故吾以为:凡关于得施感化教育者,应即执行之。

第二项 感化教育执行之场所

感化教育执行之场所,有在刑事感化院执行之,有在感化学校执行之,已在本编保安处分之种类感化教育节内言之甚详,毋庸另赘。

第二节 监护之执行

监护处分之执行,在时期上之观察,对于不负责任者即时执行,对于减轻责任者有在刑之执行前执行,有在刑之执行完毕后执行,试分述如次:

（一）不负责任者即时执行　此种立法例,为各国执行监护处分之通则,少有异议者。如我国《新刑法》第八十七条云:"因心神丧失而不罚者,得令入相当处所,施以监护。"日本1930年《刑法改正案》第九十九条第一项云:"对于犯相当于禁锢以上之刑之心神丧失人或喑哑人,为无罪或免诉之宣告者,于公益上认为必要时,得为付预防监护之宣告。"波兰1932年《刑法》第七十九条云:"对于不负刑事责任之犯人,苟任其自由行动,对于法律秩序,则有发生危险之虞时,法院得将该犯人交付封闭之疯人院或他种疗养院内监督之。"意大利1930年《刑法》第二百二十二条云:"因精神病、或酒精、或麻醉品、慢性中毒、或喑哑而宣告无罪者,应命令收容于刑事精神病院。(中略)本条规定,对于未满十四岁之少年,或已满十四岁而未满十八岁者,有本条第一项规定之状况,犯法律上论罪之行为,因未成年而宣告无罪者,亦适用之。"瑞士1908年《刑草》第十五条云:"有犯罪行为之负责无能力人有危险于公共及一般之平稳者,法院命其于病院或保护所保护之。"奥地利亚1909年《刑草》第三十六条云:"虽有犯罪行为,然因精神病或泥醉无负责能力,以之为无罪及不起诉者,其精神状态素行行为之性质危险于善良风俗及公安时,于其危险之继续间,收容于犯罪癫狂院。"此外德意志1934年之《刑法》,法兰西1932年之《刑法准备草案》,苏俄1927年之《刑法》,古巴1926年之《刑草》亦均有明文规定。

(二)减轻责任者刑之执行前执行或刑之执行完毕后执行　减轻责任者,即减轻科刑之人也,世界各国,对此执行监护处分之时期,有二立法例,一在刑之执行前执行,一在刑之执行完毕后执行,兹列举说明如下:

(1)刑之执行前执行监护处分　瑞士1908年《刑草》第十八条云:"于以上情形,已宣告刑罚者,停止其执行。其停止之理由消灭者,由法院定其执行刑罚与否,及于如何之期间执行之。"波兰1932年《刑法》第八十条云:"对于判别力或约束操行之能力减低而有实证之犯人,苟任其自由行动,对于法律秩序,则有发生危险之虞时,法院将该犯人交付封闭之疯人院或他种疗养院内监管之。若此等犯人,受徒刑之宣告时,法院得于其出疗养院之后,决定应否执行其刑。"意大利1930年《刑法》第二二二条第五项云:"收容于刑事精神病院,并须执行自由刑者,其刑之执行,在收容期间停止之。"此种立法,对于减轻刑事责任者监护处分之执行,均在刑之执行前为之。易言之,即停止刑罚之执行,先执行保安处分是也。

（2）刑之执行后执行监护处分　我国《新刑法》第八十七条第二项云:"因精神耗弱或喑哑,而减轻其刑者,得于刑之执行完毕或赦免后,令入相当处所,施以监护。"日本1930年《刑法改正案》第九十九条第二、第三项云:"对于已处惩治以上刑之心神丧失人或喑哑人,就与前犯同一或类似之罪种为刑之宣告,公益上认为必要时,与前项同。前项之预防监护,应于刑之执行终了后继续为之。"奥地利亚1909年《刑法草案》第三十七条云:"依继续病之状态辨别力、意思力减弱,犯一定之罪者,本人之素行及行为之性质有危险于一般之状态时,得于执行刑罚后监置之。"此等立法,视减轻责任能力人监护处分之执行,须在刑之执行完毕后执行其处分。

综上观之,监护处分之执行,对于不负刑事责任者,即时执行其处分,已为世界各国所公认,自无讨论之余地矣。于今所应研究者,则在减轻责任能力人监护处分之执行,应在刑之执行前执行? 抑在刑之执行完毕或赦免后执行? 余以为应在刑之执行前执行之,方足以吻合新刑事政策,其理由与前节感化教育处分之对于减轻责任之少年,应在刑之执行前执行处分同,恕不另赘。至其执行监护处分之场所,亦在本编前章已有详细说明,请详阅之。

第三节　禁戒之执行

禁戒处分,系对于吸食鸦片及酗酒人施以禁戒之谓也。其执

行处分之时期,各有不同,有在刑之执行前执行者,有在刑之执行完毕或赦免后执行者,兹分述如次:

(一)刑之执行前执行禁戒处分　我国《新刑法》第八十八条云:"犯吸食鸦片,或施打吗啡,或使用高根、海洛因,或其化合质料之罪者,得令入相当处所,施以禁戒。前项处分,于刑之执行前为之。"波兰1932年《刑法》第八十二条云:"若犯罪行为,系与饮酒过度或与服食其麻醉品有关时,法院得将犯人交付于适宜场所监管之;其监管期间为两年。对其宣告之刑,将来再为决定执行。"此等立法,认禁戒处分须在刑之执行前为之。

(二)刑之执行完毕后执行禁戒处分　我国《新刑法》第八十九条云:"因酗酒而犯罪者,得于刑之执行完毕或赦免后,令入相当处所,施以禁戒。"瑞士1918年《刑草》第四十二条云:"如因犯罪而被处监禁刑之人,系有酒癖,而其所犯之罪,又与饮酒之倾向有关系时,法官得令其于刑罚执行完毕后,遣送酒徒拘禁所。"日本1930年《刑法改正案》第一〇四条云:"对于有饮酒之习癖者,就因酗酊所犯之刑,宣告一年以下之惩治禁锢或拘留,或以心神丧失为理由为无罪或免诉之宣告者,于认为非矫正其习癖,即有再犯之虞时,得与其裁判同时为付酒癖矫正之宣告。酒癖矫正之执行,不得超过二年。对于受刑之宣告者之酒癖矫正,于刑之执行终了后继续执行之。"意大利1930年《刑法》第二二〇条第一项云:"犯人收容于治疗所及监护所之命令,在执行自由刑终了后,或其他方法消灭后,执行之。然法官斟酌犯人精神病特殊状态,得命令于执行自由刑开始前或终了前,收容之。"此等立法,认禁戒处分之执行,应在刑之执行完毕或赦免后为之。

我国《新刑法》,对于犯吸食鸦片,或其化合质料之禁戒处分,在刑之执行前执行之;因酗酒而犯罪者,在刑之执行完毕或赦免后执行之。将两者之禁戒,而异其执行之时期,在前者当极表赞成,而对于后者是否适当？实有研究之价值。余以为应采1910年华盛顿万国监狱会议之决议案,兹录如下:

近年来各国对于酗酒犯罪之徒及再犯,有建设特别监狱,而施以长期禁锢(二二年)者,其成效如何？并应否设特别医疗机关,以治此等罪犯？其决议如下:

(1)万国监狱会,查得禁锢酗汉之长期(二三年)特别监狱,甚为有效。

(2)万国监狱会,认为不必设特别医疗机关,可在监中之卫生事宜,当由有才能、有经验之医士主持。

(3)禁锢酗酒罪徒之事情,当由国家严加监督,俾于最短时期,废止酗酒习惯,以免屡施刑罚。

此等决议,确为最切合于酗酒之禁戒,并免于刑之执行前及执行后为之之争议。一方足以节省国家之经费并多设机关,一方足以于刑之执行完毕后,即能恢复自由,于国于民,两有裨益也。

此外关于禁戒之场所,在意收容于治疗所及监护所,日收容于酒癖矫正所,瑞收容于酒徒拘禁所,波及我国均规定收容于相当处所。在前章已言之尽详,毋庸另述矣。

第四节　强制工作之执行

强制工作执行之时期,有在刑之执行前为之,有在刑之执行完毕后为之,兹分述如下:

(一)刑之执行前为之　瑞士1908年之《刑草》第二十三条云:

"劳动教养院,基于游惰及劳动嫌恶为犯罪行为,被处禁锢,有劳动能力者,停止刑罚之执行,至少于一年以内收容之。管辖官厅于经过一年后,认定本人学得劳动,且有劳动之意思者,许假释出院。否则对于法院为执行刑罚之声请,但无论如何情形,经过三年后应放免之。"又1918年之《刑草》第四十一条云:"因犯罪而被处监禁之人,行迹不检,或游手好闲,而所犯之罪,又与此种生活有关系时,如犯罪人有工作能力,并能于工作上有所成就者,法官得停止刑之执行,而遣送之于专设之习艺所。"此种立法,视强制工作为代替刑罚,若在被付强制工作之期间内,或假释(《瑞士刑草》在遣送习艺所之期间内,得许假释)期满时,其行为善良者,则其刑视为消灭。

(二)刑之执行完毕后为之　我国《新刑法》第九十条云:"有犯罪之习惯,或以犯罪为常业,或因游荡或懒惰成习而犯罪者,得于刑之执行完毕或赦免后,令入劳动场所,强制工作。"日本1930年《刑法改正案》第一○七条云:"对于因无节制,或劳动嫌恶,常习之犯罪者,于宣告一年以下之惩治或拘留时,得与其裁判同时为付劳动留置之宣告。"又同法第一○九条云:"第一○一条、第一○三条、第一○四条第三项(于刑之执行终了后继续执行之)之规定,于劳动留置准用之。"此外德国1927年《刑草》,及1934年《刑法》之劳动所收容,亦有同样之规定。此等立法,认强制工作之执行时期,应在刑之执行完毕或赦免后为之,但认为无执行之必要者,法院得免其处分之执行。

观此二者之立法例,前者较后者为优,盖刑事政策之要求,在于扑灭犯罪之原因,游荡或懒惰成习既为犯罪之原因,则其人之应否恢复自由,不在刑罚已否执行,而在游荡或懒惰成习之癖性是否矫正。若先执行刑罚,实有背特别预防之政策矣。

于此以外,尤有说明之必要,即本节所述强制工作执行之时期,只限于游荡或懒惰成习之处分而言,因习惯犯及常业犯在各国均与游惰成习者异其处分之种类,在前章已屡有言及,请查阅之,故本节不将其列入同论,俟以后保安监置节中,再行详述。

至其执行之场所,凡足以使其劳动而能习艺者之场所是也,已为各国所公认,前章亦言之尽详,毋庸另赘。

再者执行之方法,被付劳动留置者,应收容于劳动留置所,为养成勤勉而有纪律之习惯,应命其就必要之工作。劳动留置所所长,得命令劳动留置人滞于留置所外,而于官公设或私设之工场农场或其他作业场工作(参照《日本刑法改正案》第一〇八条)。易言之,即使犯人各依其本能学习工作,俾其于释放后,得自谋生活,其智育、体育及职业教育均以教育发展之。又犯人夜间应隔离之。倘经过三月之试验,如证明犯人实无学习工作之能力时,主管机关得请求法官,执行已宣告之刑罚。否则,经过处分之期间,即得释放,以免其刑(参照《瑞士刑草》第四十条第二、第三款)。但采刑之执行后执行处分之国家(中国、日本、德意志),则无免刑之规定矣。

第五节　强制治疗之执行

强制治疗之执行时期,依照我国《新刑法》之规定,在刑之执行前为之。其第九十一条云:"犯第二百八十五条之罪者,得令入相当处所,强制治疗。前项处分,于刑之执行前为之,其期间至治愈时为止"。所谓第二百八十五条者,即明知自己有花柳病或麻疯,隐瞒而与他人为猥亵之行为或奸淫致传染于人者,处一年以下有期徒刑、拘役,或五百元以下罚金是也。盖其立法理由,视花柳病或麻疯究不能与精神耗弱、喑哑、酗酒、常习犯、游惰犯等可比。若发现其犯罪之原因,而不从速强制治疗,则病毒蔓延,无不死于狱中;况又其传染力之烈,本为医学界上所公认。我国《新刑法》以之规定于刑之执行前为之,确合于新刑事政策矣。

第六节 保安监置之执行

保安监置,德国保安处分中之一也,我国将其归并于强制工作处分内,在前章早已有详细之说明,无庸另赘矣。保安监置,在瑞士名幽禁所之收容,在波兰名适当场所之监禁,在奥国亦名监置。兹将其执行之时期、方法分述如下:

(一)执行之时期 德意志1927年《刑法草案》第五十九条规定:"裁判所得于刑罚之外,宣告保安监置"。奥地利亚1909《刑法草案》第三十八条规定:"得于执行刑罚后监置之。"波兰1932年刑法第八十四条规定:"于刑之执行后,若任其自由行动,则恐对于法律秩序发生危险时,法院得将犯人判令监禁于适当场所"。足知上述各国,对于保安监置,在刑之执行完毕后为之。但瑞士1918年《刑法草案》则不然,视遣送幽禁所为代替刑罚之执行(《瑞士刑草》第四十条),当在刑之执行前为之。

(二)执行之方法 应于专设之处所行之。受幽禁人应著囚衣,并应服规定之劳役,其膳食由所中供给。夜间应隔离监禁。被幽禁人于所宣告之刑期内,应留于所中,其期限最短为五年,五年

后主管机关,如认为无须再加幽禁时,得先征求监所人员之意见,予以三年之假释。(《瑞士刑法草案》第四十条参照)

第七节　预防拘禁之执行

预防拘禁,为《日本刑法改正案》中保安处分之一,其执行时期,应在刑之执行终了被释放后为之(《日本刑法改正案》第一一〇条)。执行之场所,应收容于预防拘禁所,为使其悛改,应为必要之处置(同法第一一一条)。预防拘禁之退所,被付预防拘禁者,无收容之必要时,应依行政官署之处分命其退所;但须经刑务委员会议决(同法第一一三条)。

第八节　保护管束之执行

保护管束执行之时期,在我国《新刑法》并无明文规定;但观第九十二条云:"第八十六条至第九十条之处分按其情形,得以保护管束代之。"又同法第九十三条云:"受缓刑之宣告者,在缓刑期内得付保护管束。假释出狱者,在假释中付保护管束。"即可知其执行之时期有如下五种:

(1)因未满十四岁及心神丧失而不罚者,即时为之。

(2)因未满十八岁而减轻其刑者,因精神耗弱或喑哑而减轻其刑者,因酗酒而犯罪者,有犯罪之习惯,或以犯罪为常业,或因游荡或懒惰成习而犯罪者,均在于刑之执行完毕或赦免后为之。

(3)因未满十八岁宣告三年以下有期徒刑、拘役或罚金者,犯吸食鸦片,或施打吗啡,或使用高根、海洛因,或其化合质料之罪者,均在于刑之执行前为之。

(4)受缓刑之宣告者,在缓刑期内开始时为之。

(5)受假释出狱者,在假释开始时为之。

以上解释,依论理解释。因保护管束,得代替感化教育、监护、禁戒、强制工作处分,故其执行之时期,当然适用各处分中之规定。至于受缓刑人及假释人之执行时期,在缓刑开始及假释开始之时为之,亦必无疑义矣。

上述问题,在意大利之自由监视(与保护管束之性质相同)则不难解决。因其刑法之保安处分一般共通规则内,已有明文规定。查《意大利刑法》第二一一条云:"拘禁刑附加之保安处分,于刑之执行后,或其他消灭后,施行之。非拘禁刑附加之保安处分,于罪之宣告确定后,施行之。拘禁保安处分,附加有期非拘禁保安处分者,在前刑终了后,施行之。"足见自由监视执行之时期,可依此通则而解决矣。

至其交付机关与受委托人之种类,在我国《新刑法》规定:"保护管束交由警察官署、自治团体、慈善团体、本人最近亲属或其他适当之人行之。"《日本刑法改正案》规定:"命为保护观察时,应以适当之条件,将本人交付保护司,或委托于寺院、教会、保护团体,或适当之人。"《意大利刑法》规定:"自由监视状态者之监督,委托保安官署行之。"又云:"幼年或精神病者,除非能以该人委托父母,或其他之人有供给教育,或补助之义务者,或社会补助机关外,不得受自由监视。"欲知其详,请阅本编前章之保护管束节中。

第九节　驱逐出境之执行

驱逐出境之执行,在时期上之观察,各国立法有如下之规定:

(德意志)

《1927年刑法草案》

外国人被处自由刑者,以其人在留于内国,对于他人及一般治安有危险为意味时,裁判所得至裁判有确定力后六个月以内,宣告逐放之于帝国外。

上揭期间,其人受刑罚执行之期间,及被相当官宪监置于一定设施内之期间不通算之。(第六十四条)

《1934年刑法》

被处三月以上之刑,其人在国内从来之行状,对于他人或一般之保安上有危险性之场合,法院得宣告行政官厅于裁判确定后六个月以内放逐之于国外。

对于外国人为保安矫正之自由拘束处分,或命去势之场合,行政官厅得于裁判确定后六个月以内,将其人放逐于国外。

以上期间,除其刑之执行及其他因官署命令受自由拘束之期间而计算之。

(意大利)

拘禁刑附加之保安处分,于刑之执行完毕后,或刑之消灭后执行之。(第二一一条第一项)

除法律明文规定情形外,外国人被宣告十年以上之惩役,法

官得命令驱逐于国家领域外。行政官署公布公安法律上驱逐命令之轻罪制裁,适用于违背法官宣告驱逐命令之外国人。(第二三五条)

(苏俄)

苏联苏俄国境外之驱逐处分,或在领域内指定居住地之驱逐处分,或划出一禁止居住地禁其居住之驱逐处分,或无此等限制之驱逐处分,裁判官于犯人之犯罪关系上,如认为留置其地于社会有危险时,得在五年以下之期间内适用之。

前项驱逐处分,如以作自由拘束处分之附加刑适用时之驱逐期间之开始,应自拘束自由期满日起行之。(第三十五条)

总观各国立法例,关于执行驱逐出境之时期,均在刑之执行完毕后为之。《德意志刑法》规定:"至裁判确定后放逐之于国外"一语,虽类似普通判决一经法定期间,即发生效力,然观其末项:"以上期间,除其刑之执行及其他因官署命令受自由拘束之期间而计算之"。云云,即可知其执行时期,亦在刑之执行完毕后。又《德意志刑法》,其中有两点最堪吾人所采取者,即裁判确定后六个月以内放逐之一也;代替其他保安处分二也。兹行分述如下:

(一)裁判确定后六个月以内放逐之 此种立法,能顾全被放逐人之利益,与社会之安宁。盖裁判确定后,若不于一定期间以内促其执行,则恐失法律之威信,及影响社会之公安。反之,若裁判一经确定,即驱逐其出境,亦失之于刻。因被放逐之人,大半均有财产或家属,应予以一定时间,使其得以处分或安置,方不背于事实。《德意志刑法》规定裁判确定后六个月以内放逐之,确有独特之处,可为各国之模范法也。

(二)代替其他保安处分　德意志1927年《刑草》第六十四条末项云:"对于外国人许其或命其收容于治疗所,或看护所,收容于饮酒者治疗所,或饮食节减所,及收容于劳动场,或保安监置时,得追放其人于帝国外以代替之"。又1934年《刑法》亦规定:"对于外国人为保安矫正之自由拘束处分或命去势之场合,行政官厅,得于裁判确定后六个月以内,将其人放逐于国外"。此种立法例,亦有可采之处。

我国《新刑法》关于执行驱逐出境之时期,观其第九十五条规定:"外国人受有期徒刑以上刑之宣告者,得于刑之执行完毕或赦免后,驱逐出境"。亦在刑之执行完毕后为之。至其执行之方法,在德国交行政官厅放逐之,我国《新刑法》未加以规定,有待于将来执行章程或规则之补充。

第十节　丧失公务员资格之执行

丧失公务员资格,本无庸加以执行之手续,但其宣告之效力究何时发生？实有研究之必要,据我国1933年《刑法修正案初稿》,及瑞士1893年《刑法草案》之规定,可分为二种:一在裁判确定时发生效力;一在刑之执行完毕或赦免之日起发生效力。兹分别列举于下:

(一)在裁判确定时发生效力　在裁判确定时发生效力,即丧失公务员资格之执行时期在裁判确定之时。我国《新刑法修正案初稿》第八十五条第三项上段规定:"依第一项宣告丧失公务员资格者,自裁判确定时发生效力"。所谓依第一项宣告丧失公务员资格者,即"宣告死刑或无期徒刑者,宣告丧失公务员资格"而言也。易言之,此为无期之丧失。盖被宣告死刑之人,其恶性已较普通犯人为重,虽未达于执行死刑之时,亦绝对不可使其有公务员之资格,故应自裁判确定时,即发生丧失公务员资格之效力。至于无期徒刑,已终身监禁于狱内,亦应适用同一之例,方能与事实相吻合。

(二)刑之执行完毕或赦免之日起发生效力　此即对于有期丧失公务员资格之立法。盖有期之丧失者,在经过一定刑期以后,则得释放出狱,断不能与死刑及无期徒刑者可比,故其丧失公务员资格之发生效力,当在自出狱之日起算。我国《刑法改正案初稿》第八十五条第三项后段云:"第二项宣告丧失公务员资格者,自刑之执行完毕或赦免之日起算"。所谓第二项者,即"宣告六月以上有期徒刑,依犯罪之性质认为不宜于服公务者,宣告一年以上十年以下丧失公务员资格"而言也。其意亦在乎此,明矣。

瑞士1893年《刑法草案》第三十二条,亦有同样之规定,该条第三项云:"被禁锢宣告者,于法律规定之场合,得于执行刑之时日内,及自禁锢场释放以后,一年至五年停止其国民名誉能力"。惟其中略有不同,因瑞士之《刑草》,对于丧失公务员资格发生效力,虽有刑内与刑后之分,然其在刑内发生效力者,非对于死刑及无期徒刑,乃指有期徒刑者而言也。

第十一节　善行保证之执行

善行保证,在意大利1930年刑法之规定,应供托一千里耳以上,二万里耳以下之金额,或提供以抵当方法之担保,或以连带担保之提供(《意大利刑法》第二三七条),然后完成其善行保证。倘不供托金额,或担保时,法官得以其他处分更易之(《意大利刑法》第二三八条)。瑞士1893年《刑法草案》,亦规定出相当之担保,若不肯允诺,或以恶意于一定期间之内不肯从担保者,得置之拘留场,使允诺或出具保证而后已(《瑞士刑草》第三十七条)。上述为善行保证执行之方法,至其已供托金额或担保时。在宣告之期间以内,若本人不犯法律上规定拘役刑重罪或轻罪者,得命令退还供托金额,或撤销抵当,其担保消灭。否则供托之金额或担保移转于国库(《意大利刑法》第三三九条,《瑞士刑草》第三十七条)。

第十二节　去势之执行

去势处分,乃对于危险风俗犯罪人为之,此为德国现在特有之立法,惟我国在唐尧时代,则有此制,延至南北朝以后,已不复采用矣。其执行之方法,据我国官刑,即男子去其势,女子予以幽闭也。今德国去势处分,亦当然不能出此以外之方法。所谓"势"者,依生理学之观察,即睾丸是也。因睾丸能使刺激中枢,阴茎勃起,发生淫念,若将其割去,即呈交接不能之状态。但德国之去势处分,究仅指男子? 抑男女并能适用? 未见有明文规定。按之事实,女子对于男子亦能发生强奸、强制猥亵等行为。因女子之卵巢,亦能促成淫欲之念,去之,则能消失。我国古代男女不以义交者,其刑宫,足见男女一律适用,惟查各国刑法,对于强奸之犯罪主体,均以男子为限,似德国去势处分,断不适用于女子;但强制猥亵之犯罪主体,不限于男子,即女子亦受同等之科处,似以德国之去势处分,女子亦在适用之范围,况又其在刑法上规定去势之人,不限于强奸,其他强制猥亵、公然猥亵,因性欲之刺激或满足,而犯谋杀或故杀被处刑者,及被认为危险风俗犯罪之人,均得施之,亦似以男女均同一适用此种处分;但以去势二字而观,不得不谓其仅限于男子矣。

第十三节 酒铺禁例之执行

酒铺禁例,仅禁止其人出入酒肆及贩卖酒精饮料公共场所而已,本无庸加以执行之手续,但其禁例究何时发生效力?实有研究之价值。查意大利1930年《刑法》第二项规定:"受习惯性沉醉之宣告人,或有沉醉性习惯状态而犯罪者,处刑外,应附加上述之禁止"。瑞士1893年《刑法草案》第二十七条规定:"因饮酒精之饮料过度而犯罪者,推事对于此罪责之人,得禁制其人一年至五年之期间以内不得出入于酒铺"。又1908年《刑法草案》第四十五条规定:"犯罪之原因基于暴饮者,推事得禁止其出入于饮食店"。以此观之,酒铺禁例之效力,在刑之执行完毕后发生,盖对于暴饮或习惯性沉醉而犯罪者,各国刑法无不科刑,仅得减轻耳。惟为预防将来再犯计,应消除其犯罪之原因,暴饮及习惯性沉醉,即犯罪发生之原因也。故对于此等之人,禁止其出入酒肆及贩卖酒精之公共场所。

第十四节 限制住居及禁止住居之执行

限制住居及禁止住居执行之时期,因各国之立法上不同,故发生有差别之点，试分述之：

（一）认为刑法中之保安处分者，当在刑之执行完毕或赦免后。如意大利1930年之刑法第二三三条规定："对妨害国家，或公共秩序之重罪，或犯有政治动机罪，或因该处特殊社会，或道德状态，致成重罪者，禁止居住于法官指定之一邑，或数邑或省"。是其明示禁止住居之要件，须成重罪者，应适用刑法（《意大利刑法》）第二一一条第一项之规定，该条云："拘禁刑附加之保安处分，于刑之执行后，或其他消灭后，施行之"。又如苏俄1927年之《刑法》，在其社会防卫处分章中第三十五条规定，亦云："如以作自由拘束处分之附加社会防卫处分，适用时之驱逐期间之开始，应自拘束自由期满日起行之"。

（二）认为刑罚者，当在裁判确定后发生效力。如日本1930年之《刑法改正案》第三十九条规定是；但此种立法不在本书之范围内，毋庸详论之。

第十五节　禁止执行业务或营业之执行

禁止执行业务或营业，本不必经其他执行之手续，只须在禁止期间以内，不准其执行业务或营业则为已足；但对于现任业务或营业之人，有时亦非经执行之手续不可。

禁止执行业务或营业之宣告，究何时发生效力？查阅德意志1934年《刑法》规定，被处三月以上之刑者，法院在认为有保护公众之必要场合，得对之禁止执行其业务，或营业，或其营业之一部。瑞士1893年《刑法草案》规定，行为者因犯罪而大伤其业务或营业贸易上之义务,且以后尚有妄用之虞者,推事即于一年至十五年拒绝其业务或营业贸易之认可。被自由刑宣告者,不得以此算入于上之期间以内。波兰1932年《刑法》规定,对于第四十七条第一项(受死刑及无期徒刑者;犯内乱罪或外患罪及妨害国交罪而受徒刑之判决者;其他各种以营利为目的而犯重罪,受徒刑之判决者)。所列各种之犯人,若证实其有下列情事之一者,法院得宣告褫夺执行某种职业权:(甲)犯人利用其职业而为犯罪之行为者;(乙)在犯罪之行为中,发现犯人无执行其职业之能力,而有危险社会之危险者。苏俄1927年《刑法》规定,裁判官对受刑人,有禁止其经营承包政府事业,承揽杂差,及公营官营企业,商行为交易,自营商业,或受他人委托经理商业,或介绍业之权。

以此观之,其禁止执行业务或营业在刑之执行完毕后发生效力。盖宣告禁止执行业务或营业者,无不以刑之执行为前提,况《瑞士刑法草案》明示被自由刑宣告者,不得以此算入于上之期间以内。均足以证明禁止执行业务或营业之宣告,须在刑之执行完毕后发生效力。

第十六节　褫夺亲权及监护权之执行

褫夺亲权及监护权,本无何种执行之手续,只须在宣告褫夺之期限以内,不准其行使亲权及监护权则为已足;但对于其宣告之效力究何时发生? 按波兰1932年刑法第五十二条第三项规定:"褫夺权利之期间,为两年以上十年以下,自裁判确定之时起,至主刑执行完结,免刑或主刑失效,以及第八十三条及第八十四条所规定感化院开释犯人之日止,其间日期,不得计算"。瑞士1893年之

《刑草》第三十五条规定:"凡人因犯罪而污渎亲权后见权者,推事则于一年至十五年剥夺其权限,被自由刑宣告者,不得以此算入刑期之内"。以此观之,足知褫夺亲权及监护权在刑之执行完毕或赦免出狱后发生效力。

第十七节　没收之执行

没收物何时归于国库?学者间约有五说,兹举其要义如下:(一)犯罪人犯罪之时,即为没收物所有权移交国库之时,没收宣告,仅有认定之效力,对于既行存在之事实,加之以宣告而已。(二)没收之判决,有设权之效力,没收物之所有权,自应与判决确定,同时移归国库。(三)没收之判决,有设权之效力。没收物,因判决确定,溯及犯罪人犯罪之时,而移转物之所有权于国库。(四)依没收宣告,因之使犯罪人负担移转没收物于国库之义务,国家对于犯罪人,发生要求履行债务之权利。(五)依没收确定判决之执行,犯罪人丧失物之所有权,同时国家取得没收目的物之所有权。综而观之,第一说认犯罪人犯罪之时,即为没收物移转国库之时,其说未见圆满,在未经审判官宣告,何能则谓其没收物移转国库之时?第二说亦不足取,判决确定,不过为国家执行没收物之基础,非因判决确定,即能取得没收物之所有权也。第三说谓因判决确定,溯及犯人犯罪之时,而移所有权于国库,有悖于刑事不溯既往之原则,益使不足信也。第四说认没收为债权债务之关系,殊不知没收为单方之行为,非与债权债务之有双方之关系,是此说亦不足采。第五说一方足以说明犯人丧失物之所有权,他方又能说明国家取得没收物之所有权。

没收在各国刑法，有视为刑罚者，有视为保安处分者，虽其性质上之认识不同，而其执行之方法及其手续，均在程序法上规定则一，兹引我国《新刑事诉讼法》内各条，借以说明：

没收之裁判，应依检察官之命令执行之。没收得就受刑人之遗产执行（第四七四条）。前条裁判之执行，准用执行民事裁判之规定（第四七五条）。没收物由检察官处分之（第四七六条）。没收物于执行后三个月内由权利人声请发还者，除应破毁或废弃者外，检察官应发还之，其已拍卖者，应给其拍卖所得之价金（第四七七条）。伪造或变造之物，检察官于发还时，应将其伪造变造之部分除去或加以标记（第四七八条）。扣押物之应受发还人所在不明，或因其他事故不能发还者，检察官应公告之，自公告之日起六个月内无人声请发还者，以其物归属国库（第四七九条）。

第十八节　解散法人之执行

解散法人之执行时期，当在判决确定后，盖未经裁判之时，犹难认其对社会必有危险性，断不能遽然命其解散，虽间有在未经裁判，或判决未确定时，将法人之事务所或总会先已查封，亦不能认其则为法人之解散。至其执行之方法，将其许可之取消，事务所或总会之封闭，及解散其组织等方法为之。

第十九节　公布判决之执行

公布判决虽各国之立法例，有视为保安处分者，有视为刑罚者，有视为从处分者，有视为程序法者，然其执行之时期，似无差别之处，所谓执行时期，即将判决实行公布之时期也。

按中国《刑法修正案初稿》第八十六条规定："法院得依被害人之声请，公布判决"。意大利1930年刑法第三十六条规定："判决之公布，当日为之"。波兰1932年《刑法》第五十一条规定："法院得判令犯人在各报公布其判决书"。中国1935年《新刑事诉讼法》第三百零七条规定："因被害人或其他有告诉权之声请，得令将判决书全部或一部登报"。足知其执行公布之时期，在裁判确定后为之。

公布判决之处所。应在犯罪地及犯罪人最后居所揭示之。(《意大利刑法》第三十六条第一项参照)。

公布判决之方法，依法官指定之一种或数种新闻纸揭载之，以一次为限。中国、瑞士、波兰、古巴等国之刑法，及中国之刑事诉讼法，均从此规定。

公布判决之费用，在中国、波兰、古巴、意大利等国之刑法，均认由被告负担；但瑞士1893年《刑法草案》第三十六条规定，不限于犯人，则国家亦须负担，惟限于放免判决之公布，至于被告对公益及私益上有关系时，仍应以被宣告者之费用，发载其刑事判决于官报，或一种数种新闻纸。

第五章　保安处分之期间

第一节　通论

保安处分在期间上之观察,有定期制与不定期制之分,又有法定期间与宣告期间之别,兹分别说明如次:

第一　定期制与不定期制

(1)定期制　定期制乃对于各种处分,以法律抽象规定最高或最低之限度,任审判官自由酌用也。此种制度,又可分为最高期间制、最低期间制、最高最低期间合一制:

(甲)最高期间制　最高期间制,即规定各种保安处分最高之期限,在此限度以内,审判官得自由裁量也。例如我国《新刑法》第八十六条,规定感化教育期间为三年以下。在此三年以下之范围内,有酌量定其处分之权是。

(乙)最低期间制　最低期间制,即规定各种保安处分最低之期限之保安处分实施之期间,至少必超过其限度也。例如《意大利刑法》第二一七条,规定送致农业惩治场或工业场,最短之期间为一年,习惯性重罪犯,最短期间为二年,职业性犯三年及犯罪性癖者四年。审判官在此一年、二年、三年、四年之限度内,不得取消其处分是。

（丙）最高最低合一期间制　最高最低期间合一制,即同时规定最高与最低之期间,俾审判官在最低期限以上,最高期限以下,酌量裁量也。例如瑞士1908年《刑法》第十一条,规定十四岁以上十八岁以下之少年,有犯罪行为时,其放纵堕落之程度重大者,于三年以上十二年以下之范围内,在其未改善以前,收容于矫正所。审判官在此三年以上十二年以下之范围内,有酌量定其处分之权是。

（2）**不定期制**　不定期制乃对于各种处分,不预定一定期间,以受处分人社会危险性除去时期为释放时期。例如我国《新刑法》第九十一条,规定强制治疗,其期间至治愈时为止。无最高期间及最低期间之限制,故名之曰不定期制。

上列各种制度,第一种定期制,其立法理由,系根据罪刑法定主义之观念,谓保安处分,虽为社会防卫之处分,亦为剥夺特定人之法益,实与刑罚无异,若不示以期间之限制,则恐审判官之专横擅断处分过低则不能收社会防卫之功,处分过高则人权无以保障。故由法律预为规定,以何种之处分,应在何种之最高期间以内,或最低期间以外,予以酌量裁用,若超出此法定期间,则为违背法律。

第二种不定期制,其立法理由,谓保安处分之作用,要在防止个别分子对于社会危险之发生,故保安处分之推用,即先因该分子之危险状态而成立,无俟其犯罪事实已发生之后。危险状态繁杂,心理上之征象个别不同,及危险性何时消灭？均全系个别问题,实无法普遍规定。以此,罪刑法定主义之原则,对于保安处分,断难适用。故关于保安处分之期间,不能预为规定,以受处分人社会危险性除去以后方能释放,易言之,则应采不定期制也。

综观两说,当以后者较前者为优,惜乎各国刑法,未见有尽量采用,我国《新刑法》除强制治疗其期间至治愈时为止外,余均采定期制,亦为刑法上之一大缺憾。

或谓若采不定期制,岂非审判官及行政官擅断专横。人民之自由权永无回复之日矣?殊不知咎不在法,而在审判官及行政官之不良,审判官及行政官不良,应锐意整顿,固不可因人而废法,因噎而废食也。若长存此观念,法律永无进化之日矣。须知保安处分,有三特征:剥夺法益,与教育医疗及其他方法并行,是其一;考察其人之性格,如其社会之危险性,犹不见消灭时,得继续拘束其身体,以不定期拘束为特色,是其二;保安处分之设,专在预防犯罪,既曰预防,则在犯罪事实发生以前,仍得施以保安处分,是其三。若保安处分均有一定期间之限制,已失上述第二特色,致成白璧玷瑕矣。

再申论之,先以法定制中之有最高限度者而言。假如今有甲某,因心神丧失而不罚,令入刑事精神病院施以治疗,先宣告二年以后释放,届时甲某之病状未愈,再由法院延长其期间一年,又未能痊愈。依照我国《新刑法》规定,其法定期间为三年以下,法院得就法定期间之范围内酌量延长之(我国《新刑法》第八十七条、第九十七条参照)。今甲某已执行法定最高之处分,已无延长之可能矣,依法应将社会危险性未除之甲某释放,岂非失保安处分消灭特定人危险性之特质矣。次以法定制中之有最低限度者而言,假如上述之甲某,于最低之期间以内,其精神病已达痊愈,理应释放,但迫于有法定最低之期间限制,亦难回复其自由。至于最高最低期间合一制,尤具上述两者之弊,更属显然。总之定期制之不足取,事实彰彰,何必再多所赘述也哉!

第二　法定期间与宣告期间

(1)**法定期间**　法定期间者,乃对于各种处分,以法律抽象规定最高期间或最低期间之限度,俾审判官得酌量运用也,即如前所谓感化教育期间为三年以下,或习惯性重罪犯最短期间为二年,其三年与二年之期间,则为法定期间,惟其所异者,前者三年以下之期间,为最高之法定期间;后者二年之期间,为最低之法定期间。至于其他一切,在本节法定制内已言之尽详,毋庸另赘矣。

(2)**宣告期间**　宣告期间者,乃对于特定人,认定其危险性之轻重,指定应施何种之处分及处以一定之期间,而为宣告者是也。例如我国《新刑法》,规定感化教育期间为三年以下,审判官酌量特定人之恶性,实际宣告处分之间期,或一年、或二年、以至于三年以内之处分者,此期间则宣告之期间。

总之,其两者所不同者,即法定期间,系对于一般之人,规定处分之标准期间,有酌量之余地是也。易言之,其期间有可分性。宣告期间,系对于特定人,实际宣告应受处分之期间,无伸缩之余地是也。易言之,其期间有不可分性。及前者能包括后者,其范围大,后者不能包括前者,其范围小。故法定期间与宣告期间,在研究法律学者,应有注意之必要。

第二节　感化教育之期间

感化教育之期间,其立法例,比其他处分之期间较为繁复,约而言之,可分为四种立法例,有最高限度之期间,是其一;有最低限度兼最高年龄之期间,是其二;有仅规定最高年龄之期间,是其三;有不定期间,是其四;试分述之:

第一　最高限度之期间

最高限度之期间,即法律上以抽象规定最高限度之期间,俾审判官得自由酌用,但不能超出此范围以外之谓也。查我国《新刑法》第八十六条规定:"感化教育期间为三年以下",则属此种之立法例也。审判官欲宣告实际处分之期间,只得在此三年以下之最高期间以内,斟酌宣告,断不能超出此法定最高限度之范围外。此种制度,其弊有二:(一)依保安处分之特色,以不定期拘束是其一,今感化教育,只得在此三年以下之期间酌量裁用,已失此特色矣。(二)保安处分之目的,以消灭其人之恶性,今有法定期间之限制,则虽恶性未除,亦即释放,已失保安处分之目的矣。

第二　最低限度兼最高年龄之期间

此种立法例,即感化教育之处分,不得低于法律上所规定之期间,并不能高于某种年龄之谓也。查意大利1930年之《刑法》,其第二二三条规定:"刑事感化院之收容,为少年之特别保安处分,其期间不得少于一年,该保安处分全部或一部之适用或执行后,倘少年人满二十一岁时,得以自由监视更易之;但法官认为有送致农业惩治场或工业场之命令时,不在此限"。又同法第二二四条及第二二六条规定:"未满十四岁之少年,犯法律上规定死刑、或徒刑、或最低限度三年以上之惩役之故意罪,得命令少年收容于感化院。及未满十八岁人,有习惯性,或职业性,重罪犯或犯罪性癖,应命令收容于刑事感化院,其期间不得少于三年,满二十一岁时,法官得命令移送于农业惩治场或工业场"。波兰1932年之《刑法》,其第七十二条及第七十五条规定:"法院得自动或依据感化院之意见,将未成年人,在有定期间内,放出感化院,但该未成年人至少必须经过六个月之监禁。未成年人受感化院之监禁者,至其达到二十一周岁为止"。审判官在此一年三年(意国规定)六月(波国规定)之最少期间之保安处分尚未终了时,不得取消之;但该保安处分执行后,倘少年人满二十一岁时,亦不得适用感化教育处分,以示年龄上之限制。盖其立法理由,不外乎认感化教育,非经最短之期间执行以后,断难消灭其恶性,又少年人已满二十一岁时,亦非感化教育处分可能奏效。故一方规定最短期间,一方又规定最高之年龄,以示限制,使其能达上述之目的。此外瑞士1909年之《刑草》,亦同此立法例,其第十一条云:"十四岁以上十八岁以下之少年,有犯罪行为时,其放纵堕落状态不甚重大者,于一年以上二十岁未满之范围内,以必须教养者为限,收容于强制教育所"。此种立法例,较前者进步多矣。其利有二:在法定最短期间经过后,若证明该人对于社会危险性尚未消灭,法官得延长其处分之期间,又不限次数,总以达其改善个性而后已,其利一也;过二十一岁后,认其人不适于感化教育时,得以他种处分更易之,亦合于新刑事政策,其利二也。但其既视感化教育处分,得不限次数之延长,何必又规定最短之期间?实属此制最大缺憾之一点。须知心理上之征象个别不同,危险性何时消灭?全系个别问题,实无法可以抽象之普遍规定,均足以证明其示以最短期间限制之弊处。

第三 最高年龄之期间

此种立法例,即继续执行感化教育,不得超过法定年龄之谓也。查日本《少年法》则属此例,该法第五条云:"前条第一项第五款乃至第九款之处分,得继续执行至满二十三岁;但在继续执行中,无论何时得取消或变更之"。其中所谓得继续执行至满二十三岁,即最高年龄期间上之限制。至其所谓第五款乃至第九款,如送致于感化院,送致于矫正院,交少年保护司监察等是。其利除与上述第二种相同外,另有无最低期间之限制,足以济上述第二种之弊端。但其满二十三岁后,未见有得更易其他处分之明文,倘一旦有恶性未除者,虽欲继续为之,亦为法所不许,岂非违反保安处分特别预防之本旨矣,此点不能不认此制中一大遗憾。

第四 不定期间

不定期间之立法例,即无最低之限度,亦无最高之限度。只须其人之恶性已除,则得释放之。查苏俄1927年之《刑法》,足为此例之代表。其第十二条云:"惩治矫正之社会防卫处分,不适用于十四岁以下之少年,仅适用医疗教化之社会防卫处分。对于十四岁以上十六岁未满之未成年人,非未成年人委员会认为不适用医疗教化之社会防卫处分时,始得适用惩治矫正之社会防卫处分"。无最高期间之规定,又无最低期间之限制,其采不定期之制明矣。至于此种立法例之优点,如考察其人之人格,认其对社会之危险性已经消灭时,则得取消其处分。倘其社会之危险性,犹未见消灭时,得继续拘束其身体,不受期间之限制,实足为本制之特色,其他各种优点,已于本章第一节通论之不定期制中,言之綦详,毋庸另赘。故此制非仅足以济上列各立法例之穷,抑且最合保安处分之本旨。

于此以外,尤有应行补充研究之一点,即我国《新刑法》,规定感化教育期间为三年以下之问题。其违背法理与事实,已在本节第一最高限度之期间内,言之甚详,毋庸重述。兹所应研究者,即三年以下之法定期间,其轻重是否妥洽?余以为其法定期间,似乎太轻。查各国刑法,采最低限度之期间者,如意大利规定期间不得少于三年,瑞士规定不得少于一年,其最低之期间,已如此之规定,故可采最高限度之期间者,亦仅止三年而已矣。其法定之期间为三年以下,实嫌太短,恐难吻合保安处分消灭社会危险性之本旨矣。

第三节 监护之期间

监护处分之期间,在各国之立法例各有不同,约分为三种:即(一)不定期间制;(二)最低期间制;(三)最高期间制。试分别说明如下;

第一 不定期间制

不定期间制,乃对于监护处分,不预定期间,以受处分人社会危险性除去之时,则为释放时期。查苏俄1927年《刑法》,系属此种立法例,其第十一条云:"不治之精神病者,及时发时愈之精神病者,并不解自己之行为何之病态者等之行为,其行为时,虽在精神常态中,而裁判时倘罹精神病时,不得施以惩治矫正之社会防卫处分;但应适用医疗之社会处分"。又同法第二十六条云:"医疗教化,医疗之社会防卫处分,裁判官对于认为不适用惩治矫正性质之社会防卫处分,及其附加刑之犯罪,得适用之;但此项处分,以该犯在听候裁判期限,当局无意适用惩治矫正之社会防卫处分时为限"。根本无最高与最低期间之规定,足见其立法已采不定期制矣。又德意志1934年之《刑法》,关于无责任能力人或限定责任能力人之治疗所收容,亦无期间之限制,惟法院有时待其一定期间之经过,非审查已否达收容之目的不可。此项一定期间,即治疗所为三年,而法院在上之期间内,亦得为审查。此制之优点,已于本章第一节通论之不定期制中言之,不赘。但其三年之绝对审查期间,似乎太长,虽法院在三年之内,亦得为之,然究非绝对,乃相对也。倘法院在此三年期间以内,惰于调查,则虽其危险性已除,亦无可如何?此点实有注意之必要。此外日本1930年《刑法改正案》,亦同此立法例,该草案第一〇一条云:"被付预防监护者,于无收容之必要时,应依行政官署之处分,命其退所。于为前项之处分,应经刑务委员会议决"。此对于无责任能力者而言。至于减轻责任能力人,则不然,容后最高期间制中详述之。

第二　最低期间制

最低期间制,即谓监护之期间,不得少于法律上所规定之期间。此制意大利1930年《刑法》,及波兰1932年《刑法》采之。《意大利刑法》第二二二条云:"因精神病或因酒精,或麻醉品慢性中毒,或喑哑而宣告无罪者,应收容于刑事精神病院,其期间不得少于二年；但轻罪，非故意罪，或法律上规定科其他财产刑，或未满二年最低限度之惩役，该项无罪之宣告，通知于保安处分之官署者，不在此限。关于法律规定死刑或徒刑之罪者，收容于刑事精神病院，其最短之期间为十年。关于法律规定最低限度十年以上之惩役罪，为五年。收容于精神病院，并须执行自由刑者，在收容期间内，停止刑之执行"。其二年、十年、五年之期间，即为最低之期间。易言之，在法定最低之期间尚未终了时，不得取消其处分之谓也。又波兰《刑法》第八十一条云："在第七十九条（无责任能力人），及第八十条（减轻责任能力人）所列疗养院内监管之日数，不须预先确定；但法院不得在一年之期间届满前，开释出院"。其一年之期间，即法定最低之期间。此制之利弊，已在本章第一节最低期间制中，及第二节感化教育期间之最低限度与最高年龄之期间制内，言之甚详，毋庸另赘；但其弊处，犹有补充说明之一点，即意大利规定最低期间，视各人社会危险性之轻重，分别抽象规定二年、十年、五年等期间，尤使人更认此制不之满处，余敢言危险性之轻重，各人不同，实无法可以抽象之观察，而为认定，致失法律与事实相背道而驰之慨。

第三　最高期间制

最高期间制，即规定监护处分之期间，在最高限度以内，任法院自由酌用也。此制在德意志1927年《刑法草案》之规定，则其一例。该草案第六十条第一项云："治疗所之收容，不得超过三年"。其三年之期间，即为最高之期间，但1934年《刑法》，已不采此立法例矣，请详本节不定期间制内。又日本1930年《刑法改正案》，对此亦有规定，该草案第一〇二条云："对于心神耗弱人或受刑之宣告之喑哑人，于有超过五年执行预防监护之必要时,应受法院之许可,尔后超过五年者,亦同"。其五年之期间,亦为法定最高之期间,惟不属绝对,乃相对之规定耳。我国《新刑法》,则采绝对最高期间制,该法第八十七条第三项云:"前二项处分期间为三年以下"。其三年以下之期间,即最高之期间也。此制之不足取,在本章第一节通论中言之,不赘。退一步言,其三年之期间,亦似太短。因心神丧失人、心神耗弱人,其病状重者,非三年期间可能痊愈。今我国《新刑法》,完全注重人权,致失保安处分消灭特定人社会危险性之本旨,殊深浩叹,古人云:"顾此失彼",其是之谓也欤?

于此以外,尤有进者,日本1930年《刑法改正案》,将无责任能力者采不定期制,减轻责任能力者,采最高制,颇似学者所谓之折衷制,本拟列举说明,惟为便利计,故将其附随于他制中论之,请阅者注意及之。

第四节 禁戒之期间

查阅各国刑法,关于禁戒处分之期间,约有二种立法例:其一,最低期间制;其二,最高期间制,兹分述如下:

第一 最低期间制

采此制者有意大利1930年之《刑法》,该法第二一九条云:"因精神病、或因酒精、或麻醉品慢性中毒、或因喑哑犯故意罪减轻其刑者,法律上规定最低之刑,为五年以上之惩役,须收容于治疗所及监护所,其期间不得少于一年。关于法律上规定死刑或徒刑,或最低限度十年以上惩役之重罪,其保安处分之期间,不得少于三年。关于其他之罪，法律上规定拘禁刑，而被宣告者，对社会确有危险性时，得命令收容于治疗所及监护所，其期间不得少于六个月，但法官得以自由监视更易之。因酒精或麻醉品慢性中毒减轻处刑者，不得以此更易"。又同法第二二二条云："因精神病、或酒精、或麻醉品慢性中毒、或喑哑而宣告无罪者，应收容于刑事精神病院，其期间不得少于二年；但轻罪，非故意罪，或法律上规定科其他财产刑，或未满二年最低限度之惩役，该项无罪之宣告，通知于保安处分之官署者，不在此限。关于法律规定死刑或徒刑之罪者，收容于刑事精神病院，其最短之期间为十年。关于法律规定最低限度十年以上之惩役罪，为五年"。其所定之六个月、一年、二年、三年、五年、十年等，皆为最低之期间，亦即在法定之限度内，不得缩短其范围是。惟其中最堪吾人所应研究者，其最低期间之种类何其多耶？因意大利之刑法，将酒精、或麻醉品慢性中毒不负刑事责任者，认其与精神病人无异，应收容于刑事精神病院，若对于减轻刑事责任者，须收容于治疗所，以示其两者状态之不同，而异其处分之各类。又以法律上规定刑之轻重如标准，而分为保安处分最短之期间为六月、一年、三年等限制。余以为此种分类，虽属立法上之精密，然衡诸事实，恐有许多不合之处，其理请详前节监护期间之最低期间制内。

第二　最高期间制

此制德意志1927年《刑法草案》及1934年《刑法》、波兰1932年《刑法》、日本1930年《刑法改正案》、中国1935年《刑法》均采之，兹录其法条如下：

《德意志刑法草案》第六十条云："收容于其目的上必要之期

间,继续饮酒者治疗所,或饮食节减所之收容,不得超过二年"。

《德意志刑法》规定:"收容在求达到其目的,应其必要而继续,但饮酒者治疗所收容,不得超过二年"。

《波兰刑法》第八十二条云:"若犯罪行为,系与饮酒过度或与服食其麻醉品有关时,法院得将犯人交付于适宜场所监管之,其监管期间为两年"。

《日本刑法改正案》第一百零四条第二项云:"酒癖矫正之执行,不得超过二年"。

《中国新刑法》第八十八条云:"犯吸食鸦片,或施打吗啡,或使用高根、海洛因,或其化合质料之罪者,得令入相当处所,施以禁戒。前项处分,于刑之执行前为之,其期间为六个月以下"。又同法第八十九条云:"因酗酒而犯罪者,得于刑之执行完毕或赦免后,令入相当处所,施以禁戒。前项处分期间为三个月以下"。

《中国刑法修正案初稿》第七十九条及第八十条云:"犯吸用鸦片或其他代用品之禁戒处分,其期间不得逾一年;因酗酒而犯罪者之禁戒处分,其期间不得逾六个月"。

上列各国立法,关于禁戒处分之期间,除吸食麻醉品有不同列者外,余如酗酒者之禁戒,其最高期间均为二年以下;惟我国《刑法修正案初稿》规定不得逾六个月,《新刑法》又减至为三个月以下。衡诸各国立法例,《修正案初稿》之最高期间六个月,已属太低,而《新刑法》又减至三个月以下,更不合于事实矣。至于吸食麻醉品之禁戒,其最高期间为六个月,对于普通之人,在此期间以内,固可戒绝;但对于其癖性太深,兼之身体衰弱者,断不能以硬戒之方法,致伤其身体或生命。若处此情况,恐六个月以下之期间,未能收效,余以为应维持原案之一年期间,任审判官酌量裁用,较为妥洽。

第五节　强制工作之期间

强制工作之期间,在各国之立法例,约分为四种:(一)最低期间制;(二)最高期间制;(三)最高最低合一期间制,兹分述如下:

第一　最低期间制

世界各国,关于强制工作之期间,采最低期间制者,有意大利1930年之《刑法》,及瑞士1918年之《刑法草案》,兹录其法文如下:

《意大利刑法》第二一七条云:"送致农业惩治场或工业场,最短之期间为一年。习惯性重罪犯,最短期间为二年,职业性犯三年,及犯罪性癖者四年"。

《瑞士刑法草案》第四十一条云:"因犯罪而被监禁之人,行迹不检,或游手好闲,而所犯之罪,又与此种生活有关系时,如犯罪人有工作能力,并能于工作上有所成就者,法官得停止刑之执行,而遣送之于专设之习艺所。犯人留所之期间,至少一年"。

上述意、瑞两国强制工作之期间,虽均采最低期间制;但其内容又略有不同,意国采个别主义,瑞士采一般主义,故前者视其犯人之种类不同,而有一年、二年、三年、四年等最少期间之分,后者仅规定至少一年之一种期间。两者之立法例,似以后者较前者为妥,其理由详前各节之最低期间制内,恕不另赘。

第二　最高期间制

关于强制工作之期间,采最高期间制者,有德意志1927年

《刑法草案》及1934年《刑法》、日本1930年《刑法改正案》、中国1935年《刑法》,兹录其法文如下:

《德意志刑法草案》第六十条云:"教育所或矫正所之收容,不得超过二年,被处刑罚者,未收容于劳动场,或未依第五十八条第三项收容于教育所或矫正所时,及劳动场之收容亦同。既一度收容于劳动场,及依第五十八条第三项,收容于教育所或矫正所者,得至三年"。

《德意志刑法》规定:"收容在求达到其目的,应其必要而继续,但饮酒者治疗所收容,与第一次劳动所收容,不得超过二年。治疗所收容,第二次以上劳动所收容,保安监置,则皆无期间之限制。惟法院有时待其一定期间之经过,非审查已否达收容之目的不可。此项一定期间,关于治疗所与保安监置为三年,劳动所为二年,而法院在上之期间,亦得为审查"。

《日本刑法改正案》第一百零七条云:"劳动留置之执行,不得超过三年"。

《中国新刑法》第九十条云:"有犯罪之习惯,或以犯罪为常业,或因游荡或懒惰成习而犯罪者,得于刑之执行完毕或赦免后,令入劳动场所,强制工作。前项处分期间,为三年以下"。上列各国之立法,虽均属于最高期间制,然其中亦有差别之点。《德意志刑法草案》在第一次劳动场收容不得超过二年,第二次以上劳动场收容,则得至三年。1934年《刑法》在第一次劳动场收容,亦不得超过二年;但第二次以上劳动场收容,则无期间之限制,足见其初次收容与再次收容,其期间即有轻重之别。《日本刑法改正案》及我国《新刑法》,均仅规定劳动留置之执行,不得超过三年,无初次收容与再收容之别。余以为两者均未见妥治,不如采《德意志刑法》第二次以上劳动所收容之立法例,应无期间之限制,于一定期间,只须调查已否达收容之目的则可,但不得将第一次与第二次收容加以期间上之区别,如是劳动所之收容,乃能臻于完善矣。

第三　最高最低合一期间制

最高最低合一期间制,系指有最少与最长期间限制之谓也,波兰1932年《刑法》,即属此种立法例。该法第八十三条云:"若犯罪行为系与厌弃工作有关系时,法院得将犯人交付于强制工作之场所监管之,其监管期间为五年。监管一年后,法院得判令开释之"。其一年与五年,则为最少与最多之期间。此外瑞士1908年《刑法草案》,亦采此立法例,其第二十三条云:"基于游惰及劳动嫌恶为犯罪行为被处禁锢,有劳动能力者,停止刑罚之执行,至少于一年以内收容之。管辖官厅于经过一年后,认定本人学得劳动,且有劳动之意思者,许假释出院。否则对于法院为执行刑罚之声请,但无论如何情形,经过三年后应放免之"。综之,此种立法例,实不足取,其理已在本章第一节内言之綦详,毋庸另赘矣。

第六节　强制治疗之期间

强制治疗之期间,据我国《新刑法》第九十一条云:"犯第二百八十五条之罪者,得令入相当处所,强制治疗。前项处分,于刑之执行前为之,其期间至治愈时为止"。是可知其采不定期制。盖花柳病与麻疯病,症状不一,有则数月痊愈,有则数年方可痊愈,甚至终身不能痊愈者亦有之，故其治愈之期间，实无法可以用抽象规定其一最低或最高之限度。此种立法，非仅与事实相符，并能适合于刑事政策，余在本章第一节通论内，已将其优点言之甚详，故不另赘。

持反对论者，谓"依同条第二项规定，强制治疗处分，于刑之执行前为之，其期间至治愈时为止，原期从此绝其根据；然花柳与麻疯病，亦有不能治疗者，苟经诊断之后，确属不治之症，则纵加强制治疗，于事何补？又此种病态，亦有于一定期间复发者，则一时的强制治疗，又何能防患于久远？故愚以对于第二百八十五条之犯人，应于强制治疗之外，更增设"并得施以保护管束之规定"，庶可视其情形，对于不治之人，及有复发性者，责付其亲属或其他适当之团体，施以监督，则功效益当增进"！又云："惟第九十一条所规定强制治疗处分，则以治愈为期间，并不规定一定之时日，病象本有重轻，诊疗所需时日之久暂，苦难悬断，若附以固定之限制，深恐实际有所窒碍，且保安处分，本以社会的防卫为目的，必其原因消灭，始可见其功效，犯罪人既具有病的原因，非至其治愈为止，则危险性依然存在，是仍未达预期之目的，故本条之规定，初亦未可厚非。虽然，病象既非一致，重轻亦不一律，有可治疗者，有为不治者，对于可以治疗之人，固得以治愈之时为处分期间，对于不治之人，岂令其终身在治疗所医治？诚属如是，复有何实益！故就此实有特设法定期间之必要，苟经法定最高度期间，尚未痊愈，并经医师认为无治愈之望者，得免继续执行，较为周至。至若谓该条第二项，既以治愈为处分期间，则同条第一项之治疗处分，当然对有治愈之望者而言，是则对于不治者之保护管束之处分，愈见事实上需要之殷矣"。（见二十四年《民报》弘之先生所撰之《新刑法评价》）

观此评述，似乎太着眼于"人权"，须知保安处分之目的，其一、社会之适合，其二、社会之隔离，在能医治者，其危险性已除，固无问题，间有终身不治者，亦非将其与社会终身隔离不可。若以经过法定期间，尚未治愈，得免继续执行，岂非失保安处分对于社会有危险性者，使之与社会隔离之目的矣？况又花柳病与麻疯病，其传染力之大，及危险性之烈，为中外医者所共认，亦断不能对于不治者，易以保护管束足以防其危险性。总之，持反对论者，其人权思想太重，致昧社会之危险性矣。

第七节　保安监置之期间

保安监置之期间，在各国之立法上观察，有不定期间制、有最低期间制、有最高期间制，兹列举说明如下：

第一　不定期间制

不定期间制，德意志1934年之《刑法》采之，该法规定，保安监置，无期间之限制。惟法院有时待其一定期间之经过，非审查已否达收容之目的不可。此项一定期间，保安监置为三年，而法院在上之期间内，亦得为审查。故曰不定期间制。

第二　最低期间制

此制波兰1932年之《刑法》采之，其第八十四条第二项前段云："监禁期间之长短，视犯人之情形而定；但至少必须五年"。审判官在此五年以上之范围内，有酌量定其处分之权，故名之为最低期间制。

第三　最高期间制

最高期间制，德意志1927年之《刑法草案》采之。该法第六十条第一项前段云："保安监置之收容,不得超过三年"。其三年之期间,即为最高之期间,故曰最高期间制。

总上观之,第一种之不定期制较为妥洽,因习惯犯及常业犯之恶性,比普通犯为重,断不能以抽象而定其执行之期间,须视其人之恶性已除,然后可以取消其处分,观此,似以采不定期间制较为公允。否则,有悖于保安处分特别预防之本旨矣。

第八节 预防拘禁之期间

预防拘禁之期间,在日本1930年《刑法改正案》之规定,系采最高期间制。其第二百十二条云："预防拘禁之执行,有超过二年之必要时,应受法院之许可,尔后超过二年者,亦同"。观其有超过二年之必要时,应受法院之许可,是二年之期间,为一般最高之期间。惟在得以延长其期间一点观之,又不能认其为绝对最高期间制,只可视为相对最高期间制矣。

第九节 保护管束之期间

保护管束之期间,各国立法例约可分为三种:其一、最低期间制;其二、最高期间制;其三、不定期间制。兹分述如下:

第一 最低期间制

最低期间制,即保护管束所宣告之期间,不得少于法定期间之谓也。意大利1930年之《刑法》,采此立法例,其第二百二十八条第五项云:"自由监视,不得少于一年之期间",其一年之期间,即为最低之期间。易言之,法院所执行之自由监视(与保护管束同),不得少于法律上所规定一年之期间。但在特别法律上有规定者,不在此限(《意刑法》第二二八条第六项参照)。所谓法律有特别规定者,即指第二百十条而言,该条云:"已处死刑或徒刑之全部或一部,因大赦、特赦或减刑而免刑者,犯人得受三年以上之自由监视"。总之,前者指一般最少期间,后者指特别最少之期间。

第二 最高期间制

最高期间制,即其所宣告之保护管束,不得超过法定最高期间之谓也。我国《新刑法》采之,其第九十二条云:"第八十六条至第九十条之处分,按其情形,得以保护管束代之。前项保护管束期间,为三年以下,其不能收效者,得随时撤销之,仍执行原处分"。足见其三年之期间,为最高之期间矣;但法律别有规定者从其所定,其详容后述之。

第三 不定期间制

不定期间制,即法律上未规定最高期间与最低期间,视其情形而定之谓也。如我国《新刑法》第九十三条受缓刑之宣告者,在缓刑期内,得付保护管束,及假释出狱者,在假释中付保护管束;《日本刑法改正案》之保护观察及保护监督等是。均无期间上之限制,须随其他法律而转移。例如假释出狱者,在假释中付保护管束,其假释期间若为十年,则保护管束之期间亦为十年。余此类推,故名之为不定期间制。

总上观之,意大利采最低期间制,日本采不定期间制,我国采最高期间制兼不定期间制,此各国关于保护管束期间制度相异之处也。然究以何种制度较为妥洽？余以为保护管束，与其他之保安处分不同，其收效亦比其他保安处分较迟，当然不能以伸缩性太狭之期间而拘束之，致失保护管事之本旨。观此，似以采不定期间制，任审判官酌量裁用较为妥洽。

第十节　驱逐出境之期间

查阅世界各国刑法，关于驱逐出境，均无一定期间之限制，此之不定最高与最低期间之限制，与前述之不定期间制不同，盖前者之不定期间制，虽无最高或最低期间之限制，然至其社会危险性消灭时，即得取消其处分，此则不然，若一经宣告驱逐出境，永无消灭该处分之日矣。据学者之间，亦有对此作不满意之反对论，兹略举其一二，俾作本问题研究之资：

蔡枢衡先生说："作者以为驱逐出境规定之不公允，不在其不能施之于本国人，而在其并无取消其处分之规定。盖驱逐之目的在保护社会之安全，如被驱逐者其后在安全上不致再有危险时，宜可取消驱逐处分，许可入国"。

弘之先生说："其次：为驱逐出境之处分者，刑法第九十五条，并无一定期间之限制，解释上当认该项处分，无消灭之时。夫犯罪人之心术，犯罪之实害，各有不同，此虽为科刑轻重之标准，然在决定保安处分时，亦非绝无斟酌之余地，假令犯罪系出于一时之过失，而其情节又甚轻微，则一经宣告保安处分，永无消灭之日，揆情未免过重。且法文上限定以被处有期徒刑以上刑之执行者为限，然有期徒刑之最低度为二月，拘役之最高度得加至四月（第三十三条第三款、第四款），刑之本质上，虽拘役较徒刑为轻（第三十五条第一项），在宣告刑期上观察，仍复重轻互见，今以被处徒刑之犯人为限，对被加处拘役刑期较长于最低度徒刑之人，不予一律适用，其结果相差之巨，两相比拟，不免有失平之感矣！在保安处分之本质上，于本条似应斟酌情形，于无期之外，更增设有期一种，庶可就情节之重轻，因人而施，至其法定期间，可即以其宣告之刑期为度，固亦不必另订若何之限制也"。

总上观之，彼等之主张，均认驱逐出境，应规定法定期间，以消灭其处分，似有可采之处，然衡诸事实，恐犹未见妥洽。夫驱逐出境之立法例，在各国之刑法上，有采取者，有不采取者。在不采取者，视驱逐出境，有妨害国际性，外人既居留本国领域内，应与本国人民同等看待，况又犯罪为国际之公敌，各国均有消灭其恶性之责任，断不可驱逐其出境，移祸于他国也。在采取者，视防止已经犯罪之外国人，恐再在本国领域内犯罪。则驱逐其出境，既可达保护社会安全之目的，同时可免其他保安处分之执行，实一举两得也。前者之立足点，在于国际共助，后者之立足点，在于国家观念，两者相较，处二十世纪之时代，当以前说较为妥洽，已在前章有详细说明，毋庸另赘。于今所应研究者，只限于有驱逐出境之立法。余以为既认驱逐出境为良法，当然以无消灭其处分之规定为合理，盖外国人被驱逐出境以后，非在本国监视之下，何能知其恶性已除；若以抽象规定于何种之罪，经过于何种之期间，认为恶性已灭，实非为预防犯罪之良法也。

第十一节　丧失公务员资格之期间

丧失公务员资格之期间，在苏俄1927年刑法采最高期间制，其

第三十二条云:"褫夺权利,不得逾五年以上"。只有最高度之限制,故曰最高期间制。余如中国 1933 年《刑法修正案初稿》,及瑞士 1893 年《刑法草案》,均采最高最低合一期间制,《中国刑法修正案初稿》第八十五条云:"宣告六月以上有期徒刑,依犯罪之性质认为不宜于服公务者,宣告一年以上十年以下丧失公务员资格"。又《瑞士刑法草案》第三十二条云:"在外国曾受惩役宣告之瑞士人,得依联邦检事局之申请,于二年至十年以内停止其国民名誉之能力。被禁锢宣告者,于法律规定之场合,得于执行刑时日内,及自禁锢场释放以后,一年至五年停止其国民之名誉能力"。此等立法,均一方示以最高之限制,一方又示以最低之期间,故曰最高最低合一期间制。但瑞士与中国之立法,其中略有不同,瑞士之法定期间,又视其人与刑之不同,而有二年至十年,一年至五年等区别。于此以外,又有例外之规定,即《中国刑法修正案初稿》所谓宣告死刑或无期徒刑者,宣告丧失公务员资格。《瑞士刑法草案》所谓累犯而受保管者,或保管时或保管释放之后,十年以内,停止其国民之名誉能力。即前者丧失公务员资格之期间,为无期之丧失,后者十年以内之期间,如最高之期间。

第十二节 善行保证之期间

善行保证之期间,各国有三立法例:其一、最高最低合一期间制;其二、最高期间制;其三、不定期间制。试分述之:
第一 最高最低合一期间制
此种制度,一方规定最高之限度,一方又规定最低之限度,即在其最高与最低之限度以内酌量运用也。意大利1930年之《刑法》，采此立法例。其第二三七条第三项云："该保安处分（指善行保证）之期间，不能少于一年，或多于五年，其期间以交付保证日开始"。其一年即为最低之期间，五年为最高之期间，故谓之为最高最低合一期间制。

第二　最高期间制

此种立法例，瑞士1893年《刑法草案》采之，其第三十七条云："既经允诺或其有担保之后，二年以内犯罪，则担保归于国家，不然，则还诸供与之人"。足知其在二年以内犯罪，则担保归于国家，其二年之期间，即为最高之期间。

第三　不定期间制

此种立法例，日本1930年《刑法改正案》采之，其第七十七条第二项云："前项之处分（指保证善行），因其情事，得随时撤销之"。无一定期间之限制，须视其所宣告刑之执行犹豫之期间为转移，又可在于保证善行之期间内，随时撤销之。其采不定期间制明矣；但日本之保证善行，不在保安处分中规定，仅能适用于宣告刑之执行犹豫者，此点不可不加以注意焉。

第十三节　酒铺禁例之期间

酒铺禁例之期间，在各国之刑法可分为二大立法例，其一、最低期间制；其二、最高最低合一期间制。兹列举分述如下：

第一　最低期间制

最低期间制，意大利1930年《刑法》采之，其第二三四条第一项云："常入酒肆及贩卖酒精饮料公共场所之禁止,最短期间为一年"。足见酒铺禁例之期间,至少为一年,其一年即为最低之期间。

第二　最高最低合一期间制

最高最低合一期间制,瑞士1893年《刑法草案》采之,该草案第二十七条云："因饮酒精之饮料过度而犯罪者,判事对于此罪责之人,得禁制其人一年至五年之期间以内,不得出入于酒铺"。法官得在一年以上,五年以下之范围内,酌量裁用,其一年之限度,为最低之期间,五年之限度,为最高之期间,今一方规定最高度,一方又规定最低度,故名之为最高最低合一期间制。

第十四节　限制住居及禁止住居之期间

限制住居及禁止住居之期间,各国之立法例约有两种:最低期间制,一也;最高期间制,二也。兹分述如下:

第一　最低期间制

采最低期间制者,有意大利1930年之《刑法》,其第二百三十三条第二项云："居住禁止之期间,至少一年"。审判官在此一年以上,得酌量运用,故名之为最低期间制。

第二　最高期间制

最高期间之立法例,苏俄1927年之《刑法》采之,该法第三十五条第一项末段云："如认为留置其地于社会有危险时,得在五年以下之期间内适用之"。其五年以下之期间,即为最高之期间,故名之为最高期间制。

第十五节 禁止执行业务或营业之期间

禁止执行业务或营业之期间,以俄、瑞、德、波诸国之刑法观之,可分为两种立法例:其一、最高最低合一期间制;其二、最高期间制。兹列举分述如下:

第一 最高最低合一期间制

此种立法例,德意志1934年之《刑法》采之,该法谓:"业务或营业之滥用,或因业务或营业上义务之重大违反,被处三月以上之刑者,法院在认为有保护公众之必要场合,得对之禁止于一年以上五年以下,执行其业务,或营业,或其营业之一部"。又波兰1932年之《刑法》,亦采此立法例,其第五十二条云:"褫夺权利之期间,为两年以上十年以下"。此外瑞士1893年《刑法草案》,亦同此之立法例,其第三十四条云:"判事即于一年至十五年拒绝其业务或营业贸易之认可"。上列各国法条;均规定最高与最低之期间,俾审判官在此范围内,有宣告其处分之权。

第二 最高期间制

此制苏俄1927年之《刑法》采之,其第三十八条云:"禁止经营某种事业,或就某种职业之处分,系裁判官认为犯人有恶用其业务之行为时,或将来有恶用之虞时,得适用之;但其期间不得逾五年"。其所谓不得逾五年,即禁止之期间,不得超过五年也;故名此制为最高期间制。

第十六节　褫夺亲权及监护权之期间

褫夺亲权及监护权之期间,约有两种立法例:其一、最高最低合一期间制;其二、最高制。试分述之:

第一　最高最低合一期间制

此种立法例,采之者有波兰1932年之《刑法》,其第五十二条第三项云:"褫夺权利之期间,为两年以上十年以下"。其二年即为最低之期间,十年即为最高之期间。易而言之,审判官得在二年以上十年以下之期间内,酌量科处,故谓之曰最高最低合一期间制。此外瑞士1893年之《刑法草案》,其第三十五条规定:"凡人因罪而污渎亲权后见权者,判事则于一年至十五年剥夺其权限"。亦足见其同采此立法例矣。

第二　最高期间制

采最高期间制者,有苏俄1927年之《刑法》,其第三十二条云:"褫夺权利,不得逾五年以上"。其所谓不得逾五年以上者,即为最高期间制之立法也。

第十七节　其他之期间

以上各节之各种保安处分,均有期间之规定,尚有下列数种,究应有期间之限制?抑无期间之必要?即一、公布判决;二、解散法人;三、没收;四、去势。试分述之:

第一　公布判决

公布判决，查各国刑法，未见有公布期间长短之规定，虽我国《刑法修正案初稿》(1933年)第八十六条，有应于裁判确定后三十日内为之之规定，然观其上文，此种期间为当事人声请法院准许公布判决，非公布判决之期间也。余以为各种保安处分既已采最高或最低之期间制者，似乎对于公布判决亦应有期间限制之必要。

第二　解散法人

解散法人之处分，亦未见有期间长短之规定，盖其立法理由，不外乎法人一经解散，已无消灭其处分之日矣。余以为法人之解散，若视其性质为刑罚，当然一经解散，无异于死刑，固无有期间规定之必要；但视解散法人为保安处分之一者，亦应有消灭其解散处分之规定。夫社会事业之发展，非个人之力所能及，实有赖于法人之辅助，今法人触犯刑章，恐将来对社会仍有危险性，将其解散以免后患，固为特别预防之一。但经过相当时间，亦不得不消灭其处分，断不可将其解散，则视为无期之解散，不啻与刑罚之死刑无异，何能称解散法人为保安处分哉！

第三　没收

没收在刑法上亦无期间之规定，盖没收为对物之保安处分，与对人之保安处分大有不同，断不能视其物经过相当期间，则其危险性已除，而返还其没收物。故各国不以之规定期间，非无理由也。

第四　去势

去势处分，即将其生殖机能割去之谓也，既已将其除去断无回复之可能，既无回复可能，当然无消灭其处分期间之必要矣。

第六章　保安处分之免除及延长

第一节　免除

保安处分之免除云者,受宣告处分人之危险性已除,法院得在保安处分之执行前或执行中免除其处分之谓也。盖保安处分,以社会之防卫为目的,其处分以有无必要为依归,故其期间亦当视已未达其预期之目的为断;苟已达目的,而宣告之期间,犹未届满,或绝无执行之必要者,自应免予执行其处分。保安处分之免除,有执行中之免除与执行前之免除之分,兹分述之:

第一　执行中之免除

执行中之免除,即在执行之期间内,其危险性已除,无继续必要者,法院得免其处分执行之谓也。我国《新刑法》第九十七条上段云:"依第八十六条至第九十条,及第九十二条规定。宣告之保安处分期间未终了前,认为无继续执行之必要者,法院得免其处分之执行"。所谓第八十六条至第九十条及第九十二条规定,即感化教育(第八十六条)、监护(第八十七条)、禁戒(第八十八条、第八十九条)、强制工作(第九十条)及保护管束(第九十二条)等处分是。盖保安处分之目的,以消灭个人之恶性,苟其危险性已除,仍将其所宣告之期间执行完毕后,然后释放,是有背于保安处分之本旨矣。故法律上为救济斯弊起见,特将已受保安处分者,虽在其宣告之期间未执行完毕,而其危险性已消灭者,则得免其处分之执行。此种立法例。世界各国,除不定期间制者外,余均采之。如意大利1930年《刑法》第二百零七条第三项云:"法律上规定最短期间,虽尚未终了,法官命令之保安处分,得以司法部长之勒令取消之"。德意志1927年《刑法草案》第六十二条云:"保安监置时,于法律上或裁判上所定收容期间未满了以前,以裁判所之同意为限,其被收容者得释放之"。日本1930年《刑法改正案》第一百零一条云:"被付预防监护者,于无收容之必要时,应依行政官署之处分命其退所。于为前项之处分,应经刑务委员会议决"。波兰1932年《刑法》第八十二条云:"若犯罪行为,系与饮酒过度或与服食其麻醉品有关时,法院得将犯人交付于适宜场所监管之,其监管期间为两年,对其宣告之刑,将来再为决定执行。开释在上款期限以前者,须由法院酌定之"。瑞士1918年《刑法草案》第四十二条第三、第四两款云:"治疗应于专设之处所内行之。主管机关于犯人之疾病愈后,应即开释"。上列各国立法,虽其名词上略有差别,然其免除保安处分则一。

第二　执行前之免除

执行前之免除,即在保安处宣告之后,执行之前,苟认其已无危险性,法院得免其处分执行之谓也。我国《新刑法》第九十八条云:"依第八十六条、第八十七条、第八十九条,及第九十条规定宣告之保安处分,于刑之执行完毕或赦免后,认为无执行之必要者,法院得免其处分之执行"。所谓第八十六条、第八十七条、第八十九及第九十条规定,即感化教育(第八十六条)、监护(第八十七条)、禁戒(第八十九条)、强制工作(第九十条)等处分是。盖保安处分,有于执行刑罚之前实施者,有于刑罚执行完毕或赦免之后实施者,前者如我国《新刑法》第八十八条之禁戒,后者如我国《新刑法》第八十六条第二项之感化教育、第八十七条第二项之监护、第八十九条之禁戒、第九十条之强制工作等是。均视其情形及需要之程度,而异其规定焉。保安处分,执行于刑罚之前者,如认为无执行刑之必要者,得免其刑之执行(我国《新刑法》第八十六条第四项、第八十八条第三项及瑞士1908年《刑草》与1918年《刑草》参照),此系保安处分代替刑罚之立法也,但不在本问题之范围内,毋庸详述。至于保安处分执行于刑罚执行完毕或赦免之后者,如法院认其人之危险性已除,已无执行其保安处分之必要时,亦得免予执行,此即学者所谓刑罚代替保安处分之立法也。日本1930年《刑法改正案》,亦采此立法例,其第一百零三条云:"被付预防监护之心神耗弱人,或喑哑人,于刑之执行中,不妨为假释之处分。假释放之处分,未被撤销,而刑期终了者,预防监护之宣告失其效力"。此外同法第一百零六条、第一百零九条,亦均有同样之规定。其立法理由,不外乎在刑之执行中,准许假释放者,其恶性已较一般犯人为浅,况又假释放之处分,未被取消,其恶性可断言已消灭无余,何必又执行保安处分,多此一举也欤? 故视其保安处分之宣告失其效力。此种立法,亦与我《新刑法》同其原理。

第二节 延长

保安处分之延长云者,受处分人在宣告期间执行完毕而其社会之危险性,犹未见消灭,法院得酌量延长之谓也。盖保安处分,以消灭社会危险性为目的,其执行应以有无必要为依归,倘考察其人之性格,关于社会之危险性,尚未消灭时,则虽其所宣告之期间执行已满,亦得酌予延展,务求达其目的,全其效果。故各国之刑法,均有延长之规定焉。延长约有二种立法例:其一、法定期间内之延长;其二、无期间限制之延长。兹分述如下:

第一 法定期间内之延长

法定期间内之延长,即其延长之期间,不得超过法定期间范围外之谓也。我国《新刑法》系属此种立法例,其第九十七条云:"依第八十六条至第九十条,及第九十二条规定,宣告之保安处分期间未终了前,认为无继续执行之必要者,法院得免其处分之执行。如认为有延长之必要者,法院得就法定期间之范围内,酌量延长之"。所谓法定期间之范围内,即第八十六条感化教育之期间为三年以下,第八十七条监护之期间为三年以下,第八十八条禁戒之期间为六个月以下,第八十九条禁戒之期间为三个月以下,第九十条强制工作之期间为三年以下,第九十二条保护管束之期间为三年以下等是。法院认其人之恶性未除,应有延长之必要者,亦仅止上列之法定期间内延长之,反之,则为法所不许。此种立法例,似欠妥洽。夫保安处分,有三特征,剥夺法益,与教育医疗及其他方法并行,是其一;考察其人之性格,如其社会之危险性,犹不见消灭时,得继续拘束其身体,以不定期拘束为特色,是其二;保安处分之设,专在预防犯罪,既曰预防,则在犯罪事实发生以前,仍得施以保安处分,是其三。今我国《新刑法》对于各种保安处分,均有最高之法定期间限制,而其最高之法定期间,几等于各国最低之期间,或有不能及之者,观此,倘延长已达法定期间,而其恶性犹未消灭,亦非取消其处分不可。此种立法,非仅不合于事实,抑且不合于保安处分第二之特征矣。

此外,我国《新刑法》所谓如认为有延长之必要者,法院得就法定期间之范围内,酌量延长之云云。依文理解释,其延长不以一次为限,只须在法定期间之范围内,均为法律所认许也。

第二　无期间限制之延长

无期间限制之延长,即考察其人之性格,如其社会之危险性,尚未消灭时,得任意延长,以达其社会防卫之目的而后已之谓也。此种立法,在绝对采不定期拘束者,当然宗之,固无庸议,而采最低期间制者,在延长执行期间,亦不能出此。兹录各国同此立法例者之法条如下,俾供研究斯学者之参考:

意大利1930年之《刑法》,其第二百零八条云:"法律上规定保安处分最短期间经过后,法官得再行调查受保安处分人之状况,以明该人是否尚有危险性。如证明该人对社会危险性尚未消灭,法官得更定日期,再度调查,对于危险性认为有取消之理由时,法官得随时为再度之确定"。

波兰1932年之《刑法》,其第八十四条云:"监禁期间之长短,视犯人之情形而定。但至少须五年,每五年之期间届满后,法院斟酌情形,是否需要再为延长五年之期间"。

日本1930年之《刑法改正案》,其第一百十二条云:"预防拘禁之执行,有超过二年之必要时,应受法院之许可,尔后超过二年者,亦同"。

德意志1927年之《刑法草案》,其第六十条云:"既一度收容于劳动场,及依第五十八条第三项,收容于教育所,或矫正所者,得至三年,裁判所在此期间终了前,更为命令者,得超过之。于第三项及第四项第三段之情形,须于三年期间经过前,更呈请裁判所之裁判,裁判所所定短于三年之期间者从之"。

上列各国刑法,均无最高之法定期间限制,亦无次数之限制。总之,其社会危险性已除,则得释放之;不然,视其危险性之程度如何,酌量延长之。此种立法,既足以免除前者之弊,又足以吻合保安处分之本旨,实较法定期间内延长之立法例进步多矣。

第七章　保安处分之时效及许可

时效者,因时日经过,其处分因之而消灭之谓也。许可者,经过相当时日未执行者,非得法院许可不得执行之谓也。前者之立法理由,不外乎久历岁月,被处分人在社会上所经过之生活关系,已不胜枚举,倘不顾而执行其处分,是之谓破坏社会之和平状态,有害社会之安宁矣。后者之立法理由,亦不外乎经过相当时日,被处分人之原因大半已失,若遽然而又执行,在恶性未除者,固无问题,但在恶性已除者,岂非失保安处分之本旨欤。查阅世界各国刑法,有前后两者兼采者,有不认前者而仅采后者,兹列举以说明之:

第一　时效与许可兼采之立法例

时效与许可并采之立法,即一方认许保安处分时效之消灭,一方又承认许可执行之谓也。此种立法例,瑞士1918年《刑法草案》开其先端,其第四十一条第七款云:"遣送在五年以内未执行者,不得执行"。同《草案》第四十二条第六款云:"遣送在五年以内未执行者,不得执行"。即前者指遣送于习艺所之处分,后者遣送酒徒拘禁所之处分。若经过五年未能执行者,不得执行,视为时效之消灭。又同《草案》第四十条第八款下段云:"如自处罚时起,已逾十年者,则主管机关决定应否执行所宣告之刑,或幽禁处分"。是知幽禁处分经过十年后,应否执行,由法院之许可。以此观之,第四十一条及第四十二条采时效之消灭,第四十条采许可之执行。

此外德意志1934年之《刑法》,亦采此立法例,该法公诉时效之规定中,附加保安矫正处分亦罹时效之本旨。刑之时效项下,亦规定保安矫正处分之执行时效为十年;但饮酒者治疗所收容,第一次劳动所收容及去势其时效五年完成,此即指保安处分因时效而消灭之谓也。又判决确定后,未执行收容处分而经过三年时,于法院更命收容之场合执行,仅得于有收容之必要时为之。此即指经过三年者,收容以有裁判所之许可为限。观此,亦足以证明其国之刑法,时效与许可兼采之立法也。

第二　仅采许可执行之立法例

仅采许可执行,即不认保安处分有时效之消灭,虽经过相当时间,只认其得不执行耳。如我国《新刑法》第九十九条云:"第八十六条至第九十一条之保安处分,自应执行之日起,经过三年未执行者,非得法院许可不得执行之"。日本1930年之《刑法改正案》第一百十四条云:"保安处分之宣告确定后,未受执行经过三年者,非得法院之许可不得执行之。惩治禁锢或拘留执行中之期间,不算入于前项之期间"。此等立法,均否认保安处分有时效消灭之理由存在,惟认其经过三年得不执行之,虽欲执行,亦须得法院之许可。

综上观之,前者之立法例,虽为一般学者所反对,然衡之事实,确有其真理存在,不容言讳耳。盖保安处分经过悠久时间,未再犯罪,其恶性消灭,已可断言;若又强而执行,岂能与保安处分之本旨相符?故余赞成前者之立法例;但其消灭时效之期间,不得太短,此点应特别注意之。

新旧译名对照表[*]

旧	新	页（首次出现的页码）

A

| 奥地利亚 | 奥地利 | 172 |
| 奥海奥州 | 俄亥俄州 | 309 |

B

Baer 卑耶尔	贝尔	216
Baltimore 波而迪摩尔	巴尔的摩	484
Bauer 宝厄	鲍尔	31
Beard 巴笃	比尔德	222
Beccaria 毕加利亚	贝卡里亚、贝卡利亚	29
Birkmeyer 俾克迈尔	毕克迈耶	37
Boulanger 波兰求	博兰格尔	438
Brockway 勃罗威	布罗克韦	345
伯鲁塞尔	布鲁塞尔	56
伯达拍斯特	布达佩斯	62
布加利亚	保加利亚	193

C

| Crispi 克立斯比 | 克里斯皮 | 438 |
| Crofton 高鲁顿 | 克罗夫顿 | 345 |

---

[*] 本译名对照表的排序，如果正文中附有外文原文的，按照英文字母排序；如果没有附外文原文的，按照汉字的汉语拼音排序。

D

Demme	德美	德姆	286
Dwight	威示	德怀特	345

F

Ferri, Enrico	焕雷	菲利	11
法西斯蒂党		法西斯党	133
斐利		菲利	47
费叶尔巴		费尔巴哈	120
佛兰克孚尔特		法兰克福	56

G

Girke	籍尔克	基尔克	409
Gladstone	格拉德斯东	格拉德斯通	485
Gramm	格兰姆	克	259
Groos	喀鲁斯	格鲁斯	31
Grose	格洛斯	格罗斯	30
Grotius	格罗特	格劳秀斯、格老秀斯	29

H

Hansen	海森氏	汉森	329
Herbart	黑巴	赫伯特	29
Hobbes	霍布士	霍布斯	10
Hubbell	游微	哈贝尔	345

I

Illinois	意仁诺示	伊利诺伊州	354

J

James	詹姆司	詹姆斯	451
加罗弗罗		加罗法洛	41

K

Kans 干沙示	堪萨斯(州)	354
Ketteler 克特尔氏	L. A. 凯特莱	11
Ketteler 刻忒勒	凯特莱	34
Klause 克劳西	克劳斯	31
Knecht 古尼希	克内希特	216
Krohne 古劳尼	克罗内	216
坎拿大	加拿大	193

L

Laborde 拉波德	拉博德	463
Lanson 兰苏	兰森	256
Liepmann, Moritz 立布曼	M. 利普曼	11
Liszt 李斯德	李斯特	11
Locke, John 陆克	洛克	10

M

Maconochie 马康奴志	麦科诺基	345
Michigan 密示根州	密歇根州	354
Minnesota 民利苏达	明尼苏达州	354
Mirabeau 密拉妙	米拉博	345
Molesworth 毛里示瓦示	莫尔斯沃斯	345
Mortara, Ludovico 毛尔代拉	莫尔塔拉	133
Mrs. Mills 梅耐德夫人	梅理士夫人	469
玛德里	马德里	91
麻六甲	马六甲	263
麻撒州	马萨诸塞州	303

N

Nathans 拉珊氏	内森	385
Neumann 老耶曼	诺伊曼	288
诺曼地	诺曼底	463

P

Paulus （包卢斯）	保罗	31
Pella　配拉	佩拉	91
Prins, Abolphe　白林斯	普林斯	34
普鲁森	普鲁士	50

Q

Quetelet　删答雷	奎特利特	34

R

Rabinowitz　拉比鲁威志	拉比诺维茨	389
Rocco, Alfredo　洛高	罗科	133
Rousseau　卢骚	卢梭	10

S

Savage　沙伐格	萨维奇	332
Savigny　萨樊尼	萨维尼	409
Saxon　索逊	萨克森	346
Schroeder　许赖德	施罗德	287
Schulze　叔尔才	舒尔策	31
斯特克孚尔姆	斯德哥尔摩	59

T

Taine　秦茵	泰纳	292

V

Virgil　惠尔吉利	维吉尔	256

W

Wach　瓦哈	瓦赫	37
Wieland　伟兰	威兰	31

Wines 温尔示	瓦恩斯	345
Wolff 倭尔夫	伍尔夫、沃尔夫	9
瓦萨	华沙	91

X

西比利亚	西伯利亚	261
暹罗	泰国	193

Y

亚拉伯	阿拉伯	256
亚美利加合众国	美利坚合众国	178
叶宁格	耶林	19
伊利古氏	耶林	115
印第亚拿州	印第安那州	309

Z

Zanardelli, Giuseppe 柴那代利	扎纳尔代利	132

翁腾环先生学术年表

葛磊*

1904 年(清光绪三十年)
出生于浙江永康一户农家,是家中第七个儿子,过继给了邻村同姓人家做养子。

1909 年
就读私塾,识字断文,所习四书五经等儒学传统文化,后入读县立高小。

1914 年
因民国建立,课本改为小学语文教程,翁腾环先生学起了新学,课业总是名列前茅,被永康县县长称誉:"该生行文雄伟,有经国之才"。

1918 年
考入永康县中学,其养父母借高利贷供其上学,翁腾环课余替人画画、为富家子弟补习功课赚取钱粮,以偿还高利贷。

1922 年
就任县立小学教员,在永康县城开设了"腾兰绘画社"。

1924 年
翁腾环先生独闯上海滩,在纹图社打工做学徒,后来自己开设了

---

* 葛磊,北京大学刑法学博士,现为北京航空航天大学法学院讲师。

"腾兰纹术社",替商家设计服装图案,几年后又开设了腾环制药厂。

1931 年

考入上海江南法学院,用三年时间修完本应六年修完的预科和本科课程。

1934 年

获得法学学士学位,与姚芸薇结婚,毅然弃商,赴江苏高等法院第三分院(地处上海法租界内)任职。在工作之余着力编写理论著作,还经常为《中华法学协会》、《法令周刊》、《民报》和《法言》写稿。

1935 年

出版了《法律常识》、《世界刑法保安处分比较学》、《民众基本丛书·第 1 集》(参编)等法学著作。其中《世界刑法保安处分比较学》,由时任司法院院长居正作序,司法行政部的前后任部长题词,陈立夫也为此书作序,发行人为王云五(上海商务印书馆馆长,四角号码字典发明者)。此书具有较高的学术价值,又颇具实用指导的意义,填补了中国这一专业学术领域的空白,被国内外各大图书馆收藏。

1937 年

翁腾环也随司法部入川,任重庆地方法院检察官兼法律专科学校讲师,后调任重庆江北地方法院及泸州地方法院,任检察官之职。出版著作《公正法释义与务实》。

1939 年

秘密赴西康做司法调查,为日后国府迁移该地区提供司法资情,主持起草了《西康司法特别法》。回渝后,自行举资筹办了"西康文物展览会",系抗战八年重庆除了当局举办过"新生活展览会"之外,最大规模的展览会。

1941 年

翁腾环撰著《调查西康司法报告书》,由司法部出版,共二十余万字。抗战期间,经司法部代部长洪陆东推荐,被调任侍从室第三处任处员,领少将衔。

1945 年

抗战胜利,因表现杰出,被授予"锦星勋章",获赠蒋介石亲笔签名戎装照和参加蒋介石夫妇私宴的殊荣。但因近距离地接触到了政治黑幕和腐败恶象,决定退出官场,专心从事科学技术研究和创办实业,创办了中美赛璐珞制造厂。

1953 年

成立了"翁腾环科学试验室",陆续发明了明光活性剂罗甸、飞机涂料不燃喷漆、蓝墨水无沉淀配方、闪光花杆金笔赛璐珞、白昼电影、蘑菇菌种、明光显影术、一分钟自动成像及立体照片等科技成果,但未被相关部门采用。一分钟成像照片技术中国直到1980年代才从国外进口。随后几年,翁腾环自筹资金拍摄的彩色纪录片和科教片:《红江湾》、《劳动大军》、《菜豆高产》、《花花绿绿》、《动物园》、《蝉蜕》、《人造卫星》等,推广科普知识,受到时任上海市副市长马天水接见和表彰奖励。

1980 年

病逝于上海,享年七十七岁。

附录:

翁腾环的主要著作:《世界刑法保安处分比较学》、《法律常识》、《公正法释义与务实》、《调查西康司法报告书》、《松化石考证》、《常见病自疗指南》等,散见于报章杂志文章,共计二百万余字。

翁腾环的科研成果：明光活性剂罗甸、飞机涂料不燃喷漆、蓝墨水无沉淀配方、闪光花杆金笔赛璐珞、白昼电影、蘑菇菌种、明光显影术、一分钟自动成像及立体照片。

翁腾环的文化建树：举办"西康文物展"、"松化石展览会"、"插花展览"，自筹资金拍摄的彩色纪录片和科教片：《红江湾》、《劳动大军》、《菜豆高产》、《花花绿绿》、《动物园》、《蝉蜕》、《人造卫星》等。

一元始复　灿若星河

——《世界刑法保安处分比较学》导读

葛磊*

保安处分制度曾是新中国刑法研究的一个禁区,今人论及保安处分,也多引证欧陆各国法例及法理,而对我国晚清到民国时期保安处分的立法、司法及研究之盛况鲜有提及。但鉴古而知今,保安处分制度当时是在何种逻辑下运作,先辈学者对其如何认识,其立法与世界各国有何差异,它又如何沦为国民党政府镇压革命的工具,我辈学人并不能因一朝被蛇咬而对其讳而不谈。历史不会因沧桑而被湮掩瑕光,作为那个时代保安处分研究的扛鼎之作,翁腾环先生的《世界刑法保安处分比较学》由商务印书馆付梓重印,为我们深度考察旧中国历史上保安处分制度及学术状况提供了极大的便利,实乃刑法学及法史学界之幸事。

一、《世界刑法保安处分比较学》成书的时代背景及内容提要

《世界刑法保安处分比较学》出版于 1935 年 11 月。在那个时

---

* 葛磊,北京大学刑法学博士,现为北京航空航天大学法学院讲师。

代，欧洲各国迈向了垄断资本主义时代，社会矛盾突出，犯罪浪潮席卷了西方社会。国家需要通过各种手段加强社会控制，从而要求变革刑事制裁体系，在新派教育刑理论和1930年第十届国际刑罚会议的推波助澜下，以往的种种保安处分措施遂由一种行政性处分上升为刑事制裁措施，大多数大陆法系国家的刑法中都规定了相应的保安处分制度，保安处分风行一时。① 时值中国社会"产业不振，经济日衰，刑事激增，罪犯盈监"，外有强敌环伺，内则动荡不安，而以预防、矫正和社会防卫为目的的保安处分制度，被奉行法治救国的国内刑法学者视为解决当时中国社会问题的一剂良药引荐到中国，并在1935年的《中华民国新刑法》中得以专章规定。翁腾环先生时任江苏高等法院第三分院官员，在工作之余，广搜博采，将世界各国保安处分的学说与立法以及中国历代与保安处分有关的法制与诸家学说详加比较，汇聚成此书。该书内容之全面，资料之翔实，令人叹为观止，即便当今通信便利、资讯爆炸之时代，能如此全面地搜集保安处分相关内容，也非易事，故对今人研究保安处分的演变发展，极具史料参考价值。更难能可贵的是，该书并非简单地罗列各种资料，而是以当时世界上最先进的教育刑理论和保安处分一元论为立场，对国外的各种保安处分理论与制度详加比较，条分缕析，以此评述民国的保安处分立法与实践之得失，其文中处处闪现着智慧的光芒，灿烂若星河。

  除此以外，与民国时期保安处分相关著述相比，该书尚有若干

---

① 这些立法包括1930年《意大利刑法典》，1931年《日本刑法改正案》，1932年《波兰刑法典》，1935年《中华民国刑法典》，1937年《瑞士刑法典》，1932年《法国刑法草案》，1934年《罗马尼亚刑法草案》，以及1933年德国和1935年西班牙等国对保安处分进行的特殊立法。

值得称道之处。其一,该书在国内建立了合理完善的保安处分研究体系。全书分总论和分论两大部分,总论部分主要对保安处分的一般理论性问题进行研究,从理念、性质、沿革、渊源等角度,将古今中外与保安处分有关的学说与法制择录比较,分论部分则对保安处分的具体制度问题分项拟题探讨,包括保安处分的适用、种类、宣告、执行、期间、免除及延长、时效与许可等内容。这一研究体系,不仅较1935年6月出版的国内第一部保安处分之力作——黄得中先生的《刑法上之保安处分》根据处分对象加以分类的研究更趋细化与实用,此后民国时期出版的保安处分相关专著,也再无能出其右者。[①] 其二,该书对保安处分制度的研究,注重理论与实践之调和。翁腾环先生不仅详尽地翻译了各国保安处分的具体法律规定,他还在分论中对各种类型的保安处分的各种具体措施逐一分项阐明,甚至应用本人所学到医学常识,对精神病、酗酒、花柳、麻风等病的病因、症状、治疗、预后及保安处分措施的适用进行了专业性的研究,对当时保安处分的司法实践颇具指导价值,这在后世的保安处分著作中都是非常罕见的。其三,该书首次将中国古代法、儒、道等诸家学说与历代法制作为保安处分的渊源进行研究。翁腾环先生在法家、儒家和道家的典籍中发掘整理出了与保安处分理论近似的论述,并对中国历代的法律制度中类似于保安处分的内容尽力收集,并加以注释。指出"一国之典章法制,自有一国之精神所在,虽在去人之长,补己之短,然亦不能尽弃吾国固有之文化"。[②] 翁腾环先生的这一研究成果,即便在当代构建符合中

---

① 沈军:《民国时期保安处分制度研究》,复旦大学硕士学位论文,2008年,第10页。
② 翁腾环:《世界刑法保安处分比较学》,商务印书馆2014年版,第92页。

国国情的保安处分制度也仍有重要的借鉴意义,同时也彰显了一个民国刑法学人崇高的爱国热忱和民族情结。

二、《世界刑法保安处分比较学》的刑法思想评述

(一)《世界刑法保安处分比较学》的刑法思想

《世界刑法保安处分比较学》一书中体现的刑法思想,可以归结为教育刑理论和保安处分一元论。翁腾环先生持刑法进化论的观点,认为世界文明各国的刑法在历经"警察国主义"、"法治国主义"和"新法治国主义"的演变,已发展到"文化国主义",此时刑罚之本质在于教育,以感化的方式"铲除犯罪人恶意愚钝及偏执之性质,使其成为社会的良民,以达到社会防卫之目的"。[①] 而保安处分是将有人身危险性的人予以改善治疗以去除其危险性,而使其适应于社会生活的措施,故刑罚与保安处分均以防卫社会为最终目的,没有区分的必要,从而倡导刑法一元论,并预测将来的刑法将"扫其威吓之要素,而代之以教育之成分",刑罚与保安处分将合二为一。翁腾环先生也认识到,过去刑罚报应的基础是建筑在社会心理之上,在社会心理未改变之前,欲将刑罚中的报应观念与痛苦成分完全驱除,一时之间绝不可能,因此,在"过渡时期"保安处分二元论也不能加以否认,刑罚和保安处分并存于刑事制裁体系中也是过渡时期的必然。[②] 但翁腾环先生坚持认为,保安处分一元主

[①] 翁腾环:《世界刑法保安处分比较学》,商务印书馆2014年版,第12页。
[②] 同上书,第119页。

义,将是未来世界刑罚演进的趋势,建立在报应基础上的刑罚导致了犯罪频发、累犯增加的结果,终将被扫入历史的故纸堆。这一观点贯穿全书,是翁腾环先生用以比较研究世界各国保安处分立法和司法的基本立场和核心思想。

(二)保安处分制度的历史演进

翁腾环先生强调刑罚的教育和矫正目的,彻底摒弃报应刑的刑罚思想,相对于清末修律前以威慑、镇压为主的封建法制思想而言无疑是先进的,但在今天看来,却又是片面的,也是充满理想主义色彩的。保安处分制度在二十世纪二三十年代突然在世界主要资本主义国家兴起,尽管教育刑理论的发展是一个不可或缺的因素,但并非根本原因。受时代的局限,当时我国的刑法学者无法认识到这一点。事实上,保安处分的产生和发展与其说是新派教育刑理论的促进和"法治国"发展到"文化国"的结果,不如说是自由资本主义发展到垄断资本主义后权力运作模式的一种调整,为加强社会控制而对刑事制裁体系变革的一种要求。而当时欧洲大陆各国政府为全面推行保安处分制度所鼓吹的"人道主义"和"防卫社会"仅仅是一个精心编织的谎言,用以粉饰统治者对社会加强控制的现实。

认真研究历史,我们可以发现尽管保安处分措施的产生实际上是早于保安处分的理论发展与立法实践的。以精神病院为代表的治疗性保安机构早在十八、十九世纪之交就已经遍布欧洲大陆。在这种专门处置精神病人的机构中,有一套特殊的"治疗方法"和对疯癫的独特体验。福柯以图克和皮尔内建立的两所精神病院为例向我们展示了疯人院中的规训机制。① 从图克和皮内尔的精神病院运作模式与结构中,我们可以发现,那个时代的精神病院和翁腾环先生在书中介绍的保安处分,特别是最狭义的保安处分在本质上并没有什么区别,在形式上也非常接近。尽管保安处分中的强制治疗处分在治疗方式上可能比十八世纪更加精巧,有更多的"知识",更加规范和科学,但二者都是体制性的,都宣称自己是"福利性"和"人道性"的,它们也都是以种种规训的手段对社会的异质体进行干预、控制、束缚、改造和矫正,而将不能驯服的个体以"保安"之名排斥在社会有机体的运行之外。

除了精神病院以外,从十八世纪到十九世纪中期诞生了相当多类似的机构,它们包括劳改农场、孤儿院、改造所、教养所、规训营、修道院、救济院、寄宿学校等等。这些机构都声称自己具有"福利"性,并且是为了治疗和挽救处分对象。以1840年的法国梅特莱农场为例,我们可以更加清晰地看到这些机构的运作方式,它与现代剥夺自由的保安处分几乎完全相同。梅特莱农场是一个收容被法庭定罪的少年犯和其他受到指控但又只能宣判无罪的未成人,以及代替家长管教的寄宿生的机构,这个机构可以说是对各种行为进行强制的技术集大成的标本。在这里,收容对象一来到农场就要接受调查,调查的内容包括出身、家庭、被指控的罪名以及生活经历与其他违法行为,这些调查被记录在一块小木板上,这块木板还将依次记录着他们在农场里与他相关的每一件事,在农场的停留时间以及离开农场后被送往何处。接受调查之后,他们根

---

① 〔法〕米歇尔·福柯:《疯癫与文明》,刘北成、杨远婴译,生活·读书·新知三联书店2003年版,第229页。

据不同的情况被分配在等级严明的小班中,这些班同时奉行五种模式:一为家庭模式,每个班都是由两个管理人员"老大哥"与收容对象的"小兄弟"组成的家庭;二是军队模式,每个班有一个班长,下分两个小组,每组各有一名组长,每个人都有自己的编号,都要学习基本的军事操练,每天一次卫生检查和三次点名,每周一次服装被褥检查;三是工厂模式,有监工和工头,负责管理工作秩序和学艺;四是学校模式,收容对象每天上一个小时到一个半小时的课,由训导员或副班长讲课;五是司法模式,每天在谈话室进行"司法"惩治,对任何轻微的不服从行为进行惩罚。这些模式的复合就能够进行有效的"训练",而这种训练是与其监督方式——医疗、一般教育和宗教指导联系在一起的,并以它们为基础。在农场的生活中,班长、工头和教师都必须和收容对象亲密地生活在一起,负责监督他们每天进行九或十个小时的工作,指挥各个班组按着号角或者哨声进行体育训练、军事操练、起床就寝、散步、教授他们体育动作、检查卫生、督促洗澡,从不离其左右,日夜观察他们,形成了一个持续的观察网。在训练和观察的同步进行中,他们根据收容对象的日常表现,不断积累起一套认识,并以此不断地评估收容对象,直到这些"无纪律者和危险分子"通过训练成为强壮能干的农业工人和学会服从一般规范的"顺从的臣民"。①

包括精神病院在内的这些机构就是保安处分机构的前身,虽然保安处分的理论在欧洲的刑法理论中尚未发展起来,但是这些机构和它们的各种处分措施就实实在在地普遍存在着,并且不断

---

① 〔法〕米歇尔·福柯:《规训与惩罚》,刘北成、杨远婴译,生活·读书·新知三联书店2003年版,第337—340页。

地将我们后来所称的"人格异常者"或"有人身危险性"的对象进行隔离和规训。它们在严格意义的刑罚边界之外,构筑起一个"监狱连续群岛"。可以说,保安处分早已具备了足够的实践基础和条件,而且在理论上德国法学家克莱因早在十八世纪末就已提出。然而,耐人寻味的是,在此后的一两百年时间里,保安处分在各国的刑法中却一直踪影难寻,而在二十世纪初的短短的一二十年的时间里,突然之间风靡各国。其根本原因,并非翁腾环先生所主张的刑法进化和教育刑理论的发展,而在于当时社会环境的变化。

(三)保安处分制度产生的原因和条件

1. 国家垄断资本主义与主流价值观的嬗变

首先,十九世纪下半叶,西欧各国由产业资本主义经济发展到独占资本主义经济,垄断取代了自由竞争,悄然由个人主义时代进入集体主义时代。此时,稳定的社会环境和公共安全显得越来越重要,人权的概念被赋予"具有个人权利与其他公共利益之间的关系的状态",① 国家权力扩张,对市民社会有了更多的干预,国家本身也上升为社会秩序的支柱。因此,西方的法律价值逐渐偏重于保护社会整体利益,在个人利益与社会整体利益发生冲突时,国家不惜对个人利益加以限制。国家本位、集体本位、社会本位成为主流的价值观,公益重于私益,秩序重于自由,注重实际功效的价值观念重于强调抽象正义的伦理教条。归结到刑法领域,必然要求刑事制裁措施讲求防卫社会之实效,讲求目的性和灵活性,突出积

---

① 〔美〕L.亨金:《权利的时代》,信春鹰等译,知识出版社1997年版,第4页。

极促进机能和刑事政策的功效,成为更有利于维护社会秩序和统治和实现国家干预的法律武器。因而有观点指出:"教育刑论者,虽未公开倡导罪刑法定原则,但事实上,在好多论点和刑罚制度上,用挖空心思的办法来削弱、抵制这一原则。"①这在翁腾环先生的书中也有多处体现,例如该书认为对各种保安处分措施的期间应采取绝对不定期制,对于审判官和行政官擅断专横导致人民的自由权永无回复的问题,则认为"咎不在法",不可"因人废法";②对保安处分期间的延长,则主张无期间和次数限制的延长制度,认为法定期间内的延长制度不符合保安处分的本旨。③

2. 社会动荡、犯罪问题与新兴的刑事理论

社会动荡与犯罪率急剧上升成为催生保安处分大规模立法化的直接动因。由于生产力的迅猛发展,自1825年以来,资本主义经济每隔一段时间就爆发一次危机,这些危机周期越来越短,程度越来越猛烈。因此到十九世纪后半期,整个西方的社会矛盾空前突出,少年犯罪、累犯、惯犯、职业犯罪、流落街头者、精神病患者及其他人格异常者比比皆是,犯罪浪潮的增长势头非常迅猛。十九世纪末,资本主义经济政治发展不平衡进一步加剧,帝国主义国家之间的战争此起彼伏,及至1914年第一次世界大战爆发,战争损耗使欧洲大陆的参战各国难以承受,而巨额的战争赔款使德国、保加利亚、奥匈帝国、罗马尼亚等战败国更是雪上加霜。战后各国的局势动荡不安,犯罪问题更加成为一个国际性的严重社会问题。而作为战争主角和主战场的法国、比利时、波兰、保加利亚、苏联等国家饱受战火蹂躏,满目疮

---

① 杨春洗、甘雨沛等:《刑法总论》,北京大学出版社1981年版,第333页。
② 翁腾环:《世界刑法保安处分比较学》,商务印书馆2014年版,第638页。
③ 同上书,第669页。

痪,大量企业破产倒闭、家庭流离失所,一贫如洗。

在这一时期,社会动荡、民不聊生,犯罪和其他破坏正常社会秩序的现象毫无疑问地、自然而然地成为大陆各国非常突出的问题。累犯、青少年犯罪成为举世瞩目的焦点,特别是青少年犯罪,与环境污染、吸毒贩毒并称为世界三大公害,而吸毒贩毒者中青少年又占据多数。① 同时,巨大的生活压力也增加了精神病患者和人格异常者的比例,这些人实施的危害行为也成了社会的一大疾患。事实上,在法国、德国、意大利等主要资本主义国家,犯罪率都远远超过了当时的人口增长率。在残酷的社会现实面前,十九世纪天真的乐观情绪与对主流古典人文主义的自信土崩瓦解了。古典学派刑法思想及大陆各国实行的刑法典遭遇到空前的合理化、科学化危机。菲利在《实证学派犯罪学》中指出:"在意大利,当古典派犯罪学理论发展到巅峰的时候,这个国家却存在着从未有过的数量极大的犯罪行为的不光彩状况,这确实是一种令人惊异的对比。"② 翁腾环先生也认为:罪刑法定原则"从来与客观主义相结合,在法律制度与使用上,往往超过其相当之限度,其结果即为犯罪之增加,尤其为累犯之增加,为免除此事实上之弊害,……必根本论理改进刑法理论值基础,于是社会防卫论生焉。"③

在对建立在报应学说和"心理强制"基础上的刑事古典学派被人们重重质疑与批判的同时,教育刑和社会防卫的新思潮登上历史舞台。二者互为表里,相得益彰,为四面楚歌、风雨飘摇中的战

---

① 康树华、向泽选:《青少年法学新论》,高等教育出版社1996年版,第104页。
② 〔意〕恩里科·菲利:《实证派犯罪学》,郭建安译,中国政法大学出版社1987年版,第3、6页。
③ 翁腾环:《世界刑法保安处分比较学》,商务印书馆2014年版,第118页。

后欧洲大陆各国政府采用强力的社会控制手段提供了一个极好的台阶。其中,社会防卫论将刑罚的目的鲜明地定位于积极主动地预防犯罪,认为社会防卫是刑事司法最为重要和直接的任务,将特殊预防置于一般预防之上予以大力崇扬,借助于"保卫社会"的口号,将早已在刑法之外普遍施行保安处分措施纳入刑法规范并大张旗鼓地放手施行,不仅合乎民意,转移视线,平息饱受犯罪等危害行为侵扰的民众对政府无力应对的不满,而且极大地方便了政府加强社会控制的需要。而教育刑理论使"社会防卫"措施的运用与消除犯罪人人身危险性方面紧密结合,以矫正和治疗为名,使保安处分制度显得温情脉脉,充满人道主义的色彩,因为对于中产阶级为主的社会大众而言,保安处分将被定义为"非我族类"的人格异常者、社会边缘人赶到社会的角落并予以隔离,部分加以改善,并不会感觉到是不人道的,反而被认为是一种社会"福利",从而为"保卫社会"的各种强力社会控制手段提供了绝佳的掩饰。①

总之,保安处分堂而皇之地"正式"登上刑事法律的殿堂,根本原因在于资本主义发展到垄断帝国主义阶段各种矛盾激化所导致的严重社会问题,使政府需要一种比监禁刑更方便、有效地实现社会控制,并且能够维系对人改善的乐观信心和满足虚幻的人权保障欲望的刑事制裁措施。1929年席卷世界的经济危机爆发之后,尚未从战争创伤中缓过劲来的意大利、德国将"保安处分"的社会控制机能发挥得淋漓尽致,使之成为非常有效的镇压工具的历史

---

① 需要说明的是,社会控制有两个论述的层次,一个是着重对人的消极防控,防止其流动,另一个是积极通过规范的内化以规训人的行为模式。这里的控制,显然偏重于前者。在社会防卫论与社会责任论的论调下,通过保安处分措施将"非我族类"的人格异常者隔离、排除出社会,消除危险源是这一时期保安处分的立法化的重点。

事实就是最好的证明。我们可以看到,保安处分立法和理论发展最为突出的国家,无一不是"一战"前后欧洲大陆社会、经济、政治问题最为严重的国家。作为保安处分制度完备和成熟之表率的1930年《意大利刑法典》,就是在法西斯统治年代由意大利大独裁者墨索里尼签署公布的,而翁腾环先生书中所推崇的"能合于最新刑事学派之思想",采取保安处分一元主义立法体例的苏俄刑法,恰恰也是在1927年斯大林专制统治时期颁布的,其间苏俄政府对社会控制的强度,尤甚于西方资本主义国家。因此,保安处分制度的产生和发展,与其说是新派教育刑理论发展的结果,不如说是菲利等新派刑法学者在合适的时候倡导了满足了社会控制的需要的理论,这种理论正好为保安处分作为加强社会控制的手段而大行其道提供了合理的依据。

这种情况,即便当时欧美先进国家的刑法学者也未必自知,何况民国时期主要刑法理论均继受于欧美的刑法学界。因此,翁腾环先生虽心存社稷,志在以法救国,但在当时的中国国情下,其倡导的教育刑和保安处分一元论必定不能实现其初衷。历史事实也证明,徒法不足以自行,以矫正和治疗为目的的保安处分制度要收到良好的效果,并非一纸立法和那些"主义"的提出就可以实现,须依赖于完善的配套设施、专业的矫正人员和严格的制度保障,但民国时期根本不具备相应的社会、经济条件,①故民国新刑法虽专设

---

① 当时司法部长王用宾给翁腾环先生的复函中也提及:"吾国以频年内忧外患,元气大伤,兼之水旱灾侵,国库不免时形支绌,一时遽谋普设全国保安处分之场所,实属势不可能……惟有以保护管束之处分代之,亦治本之一良好办法也,但保护管束处分,不可不加以特别监督,若仅由法院委托于警察官署管束,则今之警政之幼稚及腐败,人所共知,何能负此全责?"参见翁腾环:《世界刑法保安处分比较学》,商务印书馆2014年版,第555页。

保安处分一章,但大多数种类的保安处分措施只是流于纸面。而片面地强调对犯罪人异常人格的矫正,不以报应主义作为刑罚的根基,必然会导致保安处分制度走向反动,沦为国民党镇压革命的工具。当然,应当指出的是翁腾环先生所信奉的教育刑和保安处分一元论的刑事思想尽管片面,但正如陈兴良教授所言,正是这种片面所引起的深刻,瓦解了思维定式,促进了思想的成长。而思想不可能永远停留在一个水平上,片面的深刻必然否定片面本身,无数个深刻的片面组合成为一个新的全面,呈现出一个全面——片面——全面的否定之否定的发展轨迹。[①] 如今对保安处分理论的研究,无不以一种折中和调和的"二元论"思想为指导,均得益于翁腾环先生等先辈们研究的前鉴。

三、结语:《世界刑法保安处分比较学》的借鉴价值

翁腾环先生对保安处分的研究,虽然对民国时期的刑事司法状况的改观未见裨益,但并非其研究之过,唯不适时耳。保安处分的刑事政策意义和司法价值是毋庸置疑的,在"二战"以后,保安处分制度并没有因为其在历史上不光彩的一页而成为历史,反而绝大多数大陆法系国家的刑法典都有所规定,而且随着各国刑事法治的推进,保安处分立法模式正如翁腾环先生所预言的那样显示出更多的一元化倾向,如很多国家采取执行替代主义或宣告上的一元制,在立法上刻意避免使用"刑罚"、"刑法"等术语,代

---

① 陈兴良:《刑法的启蒙》,法律出版社1998年版,第259页。

之以"制裁措施"、"保护法"等等,使刑罚与保安处分的界限日益模糊。① 近年来,我国刑法的修订虽未直接增设保安处分的章节,但与保安处分异曲同工的社区矫正制度却得以大力建设,劳动教养制度的改造和完善也提上了日程,翁腾环先生的《世界刑法保安处分比较学》仍具有巨大的借鉴价值。事实上,保安处分就如同一把利刃,用之得当,则披荆斩棘,无所制约,用之不当,则祸害尤深,关键在于如何约束权力的滥用和准确评估犯罪人的人格状态。翁腾环先生虽坚持彻底的教育刑理论和保安处分一元论,但书中对保安处分的监督、各种对象的保安处分适用条件以及人身危险性的判断等内容着墨尤多,至今仍可作为立法和司法实践的参考。而学者若以书中罗列比较的各国保安处分立法与当时各国滥用保安处分的实然情形加以对照,再对比当代各国保安处分立法的改进,我国社区矫正、劳动教养等类似于保安处分的立法该如何完善则不言自明。

---

① 苗有水:《保安处分与中国刑法发展》,中国方正出版社2001年版,第56页。

编 后 记

伴随清末社会转型,在中华法系死亡与如何再生的迷茫之中,近代意义的法学顺西学东渐的巨大潮流接踵而至,此时,比较法学[1]也传入中国。以西方近代法为思路进行比较研究的,首推清末法学大师沈家本,其《寄簃文存》是将西方法理学作为研究传统法学的先河之著述,其后有陈顾远的《中国法制史》,按照西方近代部门法理论研究中国法律制度的演变,都堪称近代中国比较法研究的开创性作品。

20世纪前中期,在中国近代法学的成长中,比较法学恰逢一个较大发展的机遇,这一时期不仅出现了堪称中国比较法学院的东吴大学法学院,以英美法为教育蓝本与模范,汇集了一批法学精英,如盛振为(1900—1997)、吴经熊(1899—1986),担任法学院教务长、院长、教授。这批法学家运用比较法学的视野和方法,出版了一些部门法的比较法学著作,编辑了被誉为比较法论坛重点刊物的《法学杂志》(*China Law Review*)、《中国法学杂志》[2]。

民国时期比较法学的研究成果是中国法学发展不可替代的宝

---

[1] 即以法系为主研究各国法律传统与制度,它有别于明清之际出现的对于各朝律例的比较。

[2] 何勤华:《中国近代比较法的诞生及其成长》,载《外国法与比较法研究》第一卷,第10页,商务印书馆2006年10月。

贵思想源泉与文化遗产。现在读来也不乏新意,其中蕴涵的法律科学的常识与真意可以作为文明遗产传承。而且,那时的法学家,多有留学西方国家研习法政、经济的学术背景,具有宽广的学术眼界,国学基础扎实,有崇高信仰,也不乏拯救民族危亡的理想与抱负,著述具有中国近代问题意识与解决问题的针对性。

同时,民国时期学者普遍信仰三民主义,民主、民权、民生成为近代中国法治建设的至高精神追求,保存、开发近代法律文化遗产,探寻中国复兴的文化源头,需要继承近代以来中国法律文化遗产,这是一项重大的出版工程,商务印书馆已出版了《新译日本法规大全》《大清新法令》点校本,旨在保存经典,传播优秀法律文化,继而推出"民国·比较法文丛",为这一出版工程增添新品种。

目前"民国·比较法文丛",拟收入著作十部,包括:《比较法学概要》《政治学与比较法学》《联邦政治》《各国地方政治制度 法兰西篇》《宪法历史及比较研究》《比较刑法纲要》《世界刑法保安处分比较学》《比较劳动政策》(上、下)《比较破产法》《比较票据法》。今后,"文丛"尚需扩大收书范围,将这一法律文化传播工作继续下去。

最后,特别需要说明的是华东政法大学校长何勤华教授在百忙中主持"文丛"的勘校整理工作,中国政法大学图书馆曾尔恕馆长提供全部原始版本,在此向两位值得尊敬的校长、馆长致以最诚挚的谢意。*

---

* 本文由王兰萍执笔。

图书在版编目(CIP)数据

世界刑法保安处分比较学/翁腾环著.—北京:商务印书馆,2014
(民国·比较法文丛)
ISBN 978-7-100-08890-9

I.①世… II.①翁… III.①保安处分—比较法学 IV.①D914.01

中国版本图书馆 CIP 数据核字(2012)第 013660 号

所有权利保留。
未经许可,不得以任何方式使用。

民国·比较法文丛
世界刑法保安处分比较学
翁腾环 著

商 务 印 书 馆 出 版
(北京王府井大街36号 邮政编码 100710)
商 务 印 书 馆 发 行
北京瑞古冠中印刷厂印刷
ISBN 978-7-100-08890-9

2014 年 7 月第 1 版　　开本 880×1230　1/32
2014 年 7 月北京第 1 次印刷　印张 22½　插页 1

定价:82.00 元